执行典范

执　行　典　范　丛　书

顾问　宋朝武　肖建国

最高人民法院
股权执行司法解释
理解与适用

曹凤国　主编

法律出版社
LAW PRESS·CHINA
北京

图书在版编目(CIP)数据

最高人民法院股权执行司法解释理解与适用 / 曹凤国主编. -- 北京 : 法律出版社, 2023
ISBN 978 - 7 - 5197 - 7500 - 1

Ⅰ. ①最… Ⅱ. ①曹… Ⅲ. ①股权 – 执行(法律) – 法律解释 – 中国②股权 – 执行(法律) – 法律适用 – 中国
Ⅳ. ①D922.291.915

中国国家版本馆 CIP 数据核字(2023)第 011378 号

最高人民法院股权执行司法解释理解与适用
ZUIGAO RENMIN FAYUAN GUQUAN ZHIXING SIFA JIESHI LIJIE YU SHIYONG

曹凤国 主编

责任编辑 冯雨春 张 颖
装帧设计 李 瞻

出版发行 法律出版社
编辑统筹 法律应用出版分社
责任校对 晁明慧
责任印制 刘晓伟
经　　销 新华书店

开本 710 毫米×1000 毫米 1/16
印张 37.5 **字数** 667 千
版本 2023 年 10 月第 1 版
印次 2023 年 10 月第 1 次印刷
印刷 北京金康利印刷有限公司

地址:北京市丰台区莲花池西里 7 号(100073)
网址:www.lawpress.com.cn
投稿邮箱:info@lawpress.com.cn
举报盗版邮箱:jbwq@lawpress.com.cn

销售电话:010 - 83938349
客服电话:010 - 83938350
咨询电话:010 - 63939796

书号:ISBN 978 - 7 - 5197 - 7500 - 1
定价:158.00 元

凡购买本社图书,如有印装错误,我社负责退换。电话:010 - 83938349

作 者 一 览

（按姓氏拼音排序）

主 编

曹凤国 中国政法大学法学博士，中国法学会银行法学研究会副秘书长，中国行为法学会执行行为专业委员会常务理事

第一章第二节，第八章第三节，第四、五、七、九、十二、十六、十七、十八、十九、二十章（合）

撰稿人

陈中越 中山大学法学学士，广东省高级人民法院执行局综合处调研指导组组长

第一章第一节，第二章，第十一章

洪文光 中国政法大学法学硕士，北京市第一中级人民法院刑一庭四级高级法官

第五章，第十九章

季昱辰 大连海事大学法学硕士，山东省济南市中级人民法院执行二庭综合改革组组长

第二十一章第三节、第四节

赖江林 华南理工大学法学硕士，广东省珠海市中级人民法院执行局法官
第三章，第十二章，第十七章

刘佶意 中国政法大学法律硕士，原青海省高级人民法院执行局法官
第十三章，第十四章，第十五章

兰　真 中国政法大学法律硕士，中国行为法学会执行行为专业委员会
第二十一章第五节

牛晶琦 香港城市大学法学硕士，陕西省西安市中级人民法院执行一庭四级高级法官
第十六章，第二十章

孙佳思 西南政法大学法律硕士，上海大学法学院强制执行法律研究中心
第一章第三节

王齐亮 山东大学法律硕士，山东省济南市中级人民法院执行二庭庭长，山东省审判业务专家
第二十一章第一节、第二节

王圣杰 浙江工商大学法律硕士，浙江省台州市中级人民法院研究室主任
第六章，第七章，第十八章

张　宇 南开大学法律硕士，天津市高级人民法院四级高级法官
第四章，第十章

郑　哲 浙江大学法律硕士，浙江省舟山市中级人民法院行装处处长
第八章第一节、第二节，第九章

总　　序

曹凤国博士在军都山下和小月河畔度过了十年的求学生涯，算是一个土生土长的法大人。我记得那是十七年前的秋天，他硕士研究生在读，我在法律出版社参加一个学术研讨会，将要离开的时候，他很真诚地跑到前面请我一起合影留念，并表达了对学术研究的渴望。我以为他只是对民法感兴趣，没想到他分配至法院工作多年，成为一名法官后，并没有抛弃当初的理想，只不过研究的重点转向了民事程序法和强制执行法，这份坚持也很是难得。他认为，我国民事执行的理论研究尚属薄弱，加上制度建构的落伍，实践中反馈的问题较多，应得到理论界和实务届更广泛的关注，从理论和实务、实体和程序相结合的多维视角推进对民事执行的系统化研究。2019年初冬，他来看望我时，再次阐述了他针对民事执行领域重点和难点问题组织编写一套具有实践指导价值的丛书的愿望。尽管想法多少有些理想主义成分，且付诸实施的难度不小，但相信以他长期对执行理论的研究为基础，辅以丰富的立法和实务经验，能够高水平完成这样一个专门研究执行前沿问题的宏大工程，我对此深表嘉许并给予鼓励。

民事执行现在已经引起全社会的广泛关注，我也了解中国社会确实还存在执行难的问题，最高人民法院有针对性地开展了“基本解决执行难”的专项行动，从信息化和规范化的角度继续探索建立不再产生执行难的长效机制，也取得了一些成效，但执行难还未根治。从民事权利的保障看，裁判的执行是保障人权的重要手段、整合社会诚信体系的关键制度、司法权威的基本表征。执行程序作为实现公平正义的“最后一公里”，如果不能充分体现对权利的尊重，不能高效地兑现实体权利，对市场经济的主体而言，反而拉长了把纸面权利转换为现实权利的时空距离，也就弱化了社会主体内心所认知的司法公信力。目前看来，无论是审判权还是执行权，与其动辄对市场主体重大财产权利进行实体处分的强大功能相比，其行使还没有受到理性的制约，司法自由裁量权还没有生成相对统一、具有可预见性的尺度，这也是人民群众对司法实践仍有微词的症结所在。

在某种意义上，强制执行法的重要性不亚于《民法典》，但相对于发育较为成熟的民事实体法，强制执行法刚刚提上立法日程，能不能制定出一部适合中国国情、现代化的强制执行法，从理念定位、基本原则、体例结构、制度设计、措施手段等方面作出科学安排，仍具有较大的不确定性，需要顶层设计者以及每一位从事法学理论和实践研究的法律工作者高度关注并积极建言献策。

我对法治中国的前景依然保持乐观，法官和律师作为法律共同体的中坚力量，要站在正义河流的源头，多一些悲天悯人的济世情怀，不向强权屈服，只向真理低头。在通往法治国的道路上，不应仅是呐喊，还要顺应时代发展潮流，洞察社会需求，深入研究法律规则的运行效果和规律，以一点一滴的实际行动推动法治社会的来临。

生于忧患、死于安乐，我希望更多的青年才俊能珍惜当下，热切地投入中国法律制度的实证研究和理论研究中去，成为法治社会的践行者和推动者，为法治中国的建构贡献应有的力量。

是为序！

江　平*

2019年12月4日

* 中国政法大学终身教授。

序

公司作为现代市场交易的主体,不仅有可能成为民事执行程序中的当事人,而且被执行人持有的公司股权、股票、出资份额等投资权益,也已纳入可供执行的责任财产范围。对公司股权、股票的执行一直是执行实践中的难点和热点。从执行客体的视角看,因股权作为财产形式的特殊性、股权价值的不确定性以及对股权保全与执行的复杂性,实践中法院一般以劣后处理为原则,优先选择处置债务人名下的其他财产,对普通股权慎重采取执行措施,这导致对股权的处置与变现的成功率并不高。另外,有限责任公司人合与资合的双重属性,也决定了对股权的执行需要兼顾和平衡法律关系所涉主体的多元利益诉求,调协实体法与程序法设定的不同规则。法院在执行时需要将民事程序法与《民法典》《公司法》等实体法深度融合,既要遵循实体法关于权利实现的公平规则,也要彰显执行程序自身的效率价值。因此,如何在执行程序中平衡保护股东、债权人、债务人、利害关系人的合法权益,确实是执行理论和公司法理论需要共同认真研究的课题。

本书内容涵摄股权、股票执行的理论基础、制度诠释、操作指引和案例分析,包括执行客体、权属识别与认定、股权冻结、对股息和红利的执行、股权评估与拍卖、股权交付请求权的执行、股权确权案件的执行、股权价值稀释行为的应对与损害赔偿之诉以及特殊股权的强制执行。注重从理论与制度、程序与实体、实务与操作等多重视角,对股权、股票的执行问题予以全面梳理和系统总结。令人印象最为深刻的一点,是作者们能够将股权执行所涉实体法的法理与民事执行制度中完善、解决执行实际问题的路径融为一体,并将一立场和研究方法贯穿始终。这既是基于股权执行中实体与程序相互交错的现实需要,也是构建公平高效的股权执行规则体系的必由之路。比如,对股权的冻结是否及于股息、红利问题的分析,就凸显了这一方法论的运用。例如,从实体法上分析股息、红利的权益本质，将其归属于股东自益权中的资产收益权，类似债权，但又不是直接的债权请求权。在民法理论上，股息、红利属于法定孳息，而民事诉讼法和司法解释规定冻结股权的效力原则上只及于从物和自然孳息，这就厘清了股权冻结不能及于股息、红利的实体法根源，为执行立法和实践操作提供了理论支持。又如，执行程序中能否强制要求公司分红以清偿债权的问题，虽然分红权是自益权，但关于分红的决议须通过共益权实现，在公司法理论中，利润分配属于公司内部经营事务，司法权能否强行介入以及介入的深度如何，目前仍然是理论界和实务界共同研究的议题。可以说，实体法的规范边界决定了执行权行使的最远射程，从实体法的角度赋予执行权行使的正当性和合法性，也是本书浓墨重彩之所在。

本书虽然以现行法律和司法解释为立足点和出发点，但研究的视野广阔，内容翔实，逻辑缜密，聚焦于实务前沿。每一章节都从理论到实践，从制度到法理，从理解到适用，从问题到方案，系统阐述了制度建构的理论基础、立法背景，总结了股权执行实践前沿中最新鲜、最宝贵的司法经验，在操作层面提供了可行思路，对诸多立法空白领域的探讨深入而富有启发性。不仅对审判、执行实务工作具有很强的指导意义，也为理论界和实务界的后续研究打下了深厚的基础。

在我国民事执行理论研究尚属薄弱，执行难尚未根治的社会背景下，曹凤国博士能够与这些长期奋战在司法一线的法官们一起，以问题意识为导向，运用系统思维，就执行特定领域，众志成城、深入浅出地开展专业性研究，他们勇攀学术高峰的勇气、攻坚克难的毅力和敢于担当的精神值得充分肯定。适逢民事强制执行法提交立法机关审议、不久即将出台的历史契机，这样一部理论与实践紧密结合的作品问世，也是作者们为推动我国社会主义法治进程、切实解决执行难所作出的倾情奉献。

是为序！

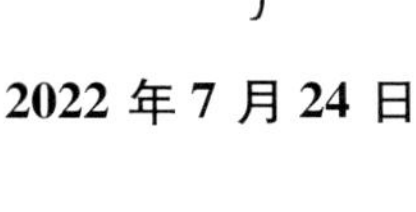
[*]

2022 年 7 月 24 日

---

* 中国人民大学一级教授、博士生导师，中国法学会民法学研究会会长。

民事执行权介入公司自治的思考

股权执行是公司法等商事实体法与民事程序法相互交汇最为密集的领域,股权作为基于股东地位形成的权利义务集合体,具有身份权和财产权的双面向,只是在法教义学上,为使其能够成为权利客体,才将这种权利义务的集合体浓缩为股权。公司作为人类伟大的发明之一,是现代经济永恒的现象,以有限责任和独立人格为表彰的公司自治,应当得到所有实证法的保护和尊重,在公司自治为最高准则的信条下,除非公司治理陷入僵局无法自行求解,任何其他事由包括对股权的强制执行不应成为司法权干预公司自治的正当理由。如此,立法允许对股权强制执行,必然要挑战传统公司法上的意思自治理念。

当股东作为被执行人时,人民法院对其股权采取的控制与处分措施,虽表面上看起来是对股权的换价,但实质为股权的强制性转让,这就必然要打破原来公司股东之间略显封闭的人合性,甚至对公司未来的决策和经营产生巨大影响,从法院发出冻结命令的那一刻开始,股权所在公司、其他股东、董事、监事、经理等高级管理人员都有可能卷入未来执行程序的旋涡。这也能够解释在一部完整的股权执行司法解释出台之前,法官为什么对拍卖变卖股权如此望而却步,普通股权变价程序中成交比率的低迷也不能完全归咎于民事执行理论对实践指导的滞后和股权执行制度的残缺。

既然股权冻结与拍卖过程如此曲折,变价的成本如此高昂,执行立法为何还要知难而进,将股权作为重点责任财产予以规制,在回答这个问题之前,我们可能还要面临一连串的灵魂追问:难道强制执行法的致用价值一定被实体法的框架所遮蔽?执行程序对债权实现的执着追求一定被审执分离的固有定式所束缚?执行权主动运行就不能介入实体法律关系?难道债务人不诚信的脱法行为一定要债权人再次另辟救济路径?这些追问似乎一时难以作答,但在当今社会情势下,债权之清偿始终是民事强制执行法不变之理念与永恒之主题。从公司和股东利益保障角度看,民事执行权似乎更应体现出谦抑的本性,如果被执行人提供其他等值或者价值更高的财产替换将要被执行的股权,人民法院如果再继续强行处置,执行权介入意思自治领域过深。但站在债权人的视角,财产除尽原则却不足以成为人民法院不执行股权的理由。责任财产的恒定性要求生效法律文书在确定债务人清偿责任的同时,也确定了债务人责任财产的范围,而责任财产一经确定,未经法定程序不得改变其作为债的担保之属性,股权作为归属于债务人的无形财产,并不能适用执行豁免的原则,从立法趋势看,民事强制执行法不仅规定可以执行股权,而且基于赋予债权人起诉赔偿的权利也难以抑制股东和公司相互串通损害债权的非理性行为的假设,人民法院可以限制股东表决权之行使,表露出立法者为保障债权清偿试图更深层次介入公司自治的冲动。

但是,当我们在立法导向上意图将陷入劣后执行认知的股权重新拉回人们的视野,股权执行司法解释施行后也将实际克服一些实务操作上的障碍,但人民法院对股权执行的天堑并没有顺理成章地变为通途。

首难是调处公权与私权之间的关系。执行股权的运作过程不可避免要对其他股东的权利行使与公司决策行为加以限制。在保护债权人和兼顾公司自治的双重考量下,为防止股东利用自治逃避执行,执行权就不得不撕裂股东之间的人合关系,公司自治权利需要暂时向执行权的运行回避和让渡,股东以及股东之外的第三人,也得暂时容忍,甚至执行机构替代公司的意思机关作出决定,可视为保障执行债权实现的无奈之举。执行权在左右为难之际总会面临射程远近、僭越与否的切责与诘问,但司法解释条文不应是枯燥的规则宣示,在规范实践乱象、统一裁判尺度的背后,还应当展现出强烈的问题意识和炽热的人文关怀,现代化的强制执行法在保障执行债权清偿的前提下,应尽可能减少执行权对公司自治的额外影响,在执行程序内部和外部寻求最大限度地平衡。因此,在聚焦债权清偿的同时,要围绕利用国家强制力保障债权实现之强度,设定保障债权实现的各种措施和方法,赋予债务人、利害关系人和案外人攻防之武器与救济之路径,这也是在两种不同利益保护考量下立法所能作出的最佳选择。

次难是协调司法权和行政权之间的矛盾。公司作为市场交易主体,要承担一定的社会责任,对于特殊公司股权的拍卖和转让,需要行政机关通过行政许可的方式予以审批,方能办理过户登记,这一行政许可事项并非司法机关所能决定,司法权不可能超越行政权使市场交易活动主体径行获得行政审批利益,而应当体现对行政权的充分尊重,体现司法执行权与行政权之间存在的冲突与协调,最大限度降低执行行为对社会公共利益和行政程序的影响,这就需要在股权的执行程序中专门设置一道必要的前置性审批程序,从股权冻结到办理过户,需要作为协助义务人的公司登记机关予以配合,从而确定人民法院执行行为的法律效力。

再难是消解私权与私权之间的冲突。股权执行程序参与主体众多,申请执行人、被执行股东、股权竞买人、股权所在公司及其他股东、第三人都可能参与其中,权利的碰撞和利益的取舍难以回避,对于无法通过执行权直接裁量的争议事项,只能赋予权利主体以另案诉权,通过衍生诉讼程序寻求二次解决。

最难是实现程序法与实体法之间的融合。我国民商事领域的立法,主要着眼于市场主体的自主交易,很少顾及民事强制执行行为的公法属性,公司法对当事人自主转让股权行为的强制性限制,能否同时规范人民法院的执行行为,构成对股权强制执行的法定约束?实体法中的强制性规定如果没有同时在程序法中加以宣示,执行程序可否直接依据实体法处分当事人权利?这可能是需要立法者和裁判者共同认真思考的话题。

不难看出,在众多程序反复交织和各种权利激烈冲突的映射下,股权执行司法解释的制定者小心翼翼行走在公权力介入与市场主体自治的中间线,既想雄心勃勃破解股权价值可能被公司掏空导致变现不能的困局,又在要求公司提交重大决策事项的书面报告后踯躅不前,或许,立法者颇具理想主义的愿景,还是难以摆脱法律条文在个案适用中的龃龉,所袒露的人文关怀,需要沉浸在实践场景中的法官具备更加高超的操作艺术才能完美演绎。毋庸讳言,股权执行司法解释一方面治愈了法院之间争夺股权处置权的旧疾,但仍然渗透出在各种利益取舍上徘徊往复的纠结情绪,以至于很多制度的设计给人欲说还休、浅尝辄止的模糊印象。另一方面,再完善的制度建构,也无法实现对每个利益主体的周到眷顾,无法找寻执行权与公司治理的应然边界,无论是司法解释的制定者,还是适用法律条文解决实际纠纷的法官,都不得不承认和接受这样略带缺憾的不完美现实。

本书作者皆为青年才俊,不少作者参与了股权执行司法解释的起草和制定工作，写作过程中，作者克服了重重困难，使得本书能够顺利完稿并付梓印刷。本书没有局限于股权执行司法解释条文的简单理解与适用，而是将与股权执行相关的全部法律、司法解释、指导意见加以整合，力争做到在充分研判立法背景和制度法理的前提下，使得针对条文的分析和法律适用更具全面性、准确性、指导性和权威性。

股权执行司法解释虽从2019年开始起草，但直至2022年1月才公布施行，至今尚不足两年，司法解释确立的一些制度，也具有一定的前瞻性，实践对司法解释的磨合、接纳和反馈还不是很充分，像股权价值贬损引发的诉讼，出资瑕疵股权、未届出资期限股权、限制转让股权拍卖的案例也比较稀少，即使是对股票、证券的执行，各地做法也不尽相同。更主要的是，对股权执行理论与实务的研究，需要非常深厚的公司法学功底，只有结合民商事实体法深入分析，才能实现通透掌握。

在本书撰写和统稿过程中，中国法学会民法学研究会会长、一级教授王利明老师和中国人民大学法学院朱虎教授给予了大力支持，王利明老师还拨冗作序以资鼓励。兰真和孙佳思对统稿和校对工作付出了很大辛劳，张颖编辑不厌其烦地反复排版和校对，在此一并予以感谢。限于时间和水平，本书仍存在不少尚待完善之处，烦请业内方家不吝批评指正！

曹凤国

2023年9月16日于北京西郊

凡　例

一、法律、法规、规章和规范性文件名称一律省略中华人民共和国，如《中华人民共和国民法典》，简称《民法典》。

二、叙述法律、法规、规章和规范性文件，如果因需要区分，有必要在名称前标注制定机关和制定、修改年份，如1991年《民事诉讼法》，对于现行的《民事诉讼法》，不再注明修改或修订年份，基于2023年9月1日第十四届全国人民代表大会常务委员会第五次会议通过了《关于修改〈中华人民共和国民事诉讼法〉的决定》，如无特别说明，本书中所引《民事诉讼法》条文序号均为此次修改后的序号；更改文号但未变更规定名称的，只在前面注明相应年份。

三、为行文方便，对于出现场合较多的法律、法规、司法解释和规范性文件，使用简称。具体如下：

1.《最高人民法院关于适用〈中华人民共和国民事诉讼法〉的解释》（法释〔2015〕5号，2022年修正），简称《民事诉讼法解释》；

2.《最高人民法院关于适用〈中华人民共和国民法典〉物权编的解释（一）》（法释〔2020〕24号），简称《民法典物权编解释（一）》；

3.《最高人民法院关于人民法院办理财产保全案件若干问题的规定》（法释〔2016〕22号，2020年修正），简称《保全规定》；

4.《最高人民法院关于民事执行中变更、追加当事人若干问题的规定》（法释〔2016〕21号，2020年修正），简称《变更追加规定》；

5.《最高人民法院关于公证债权文书执行若干问题的规定》（法释〔2018〕18号，2020年修正），简称《公证执行规定》；

6.《最高人民法院关于执行和解若干问题的规定》（法释〔2018〕3号，2020年修正），简称《执行和解规定》；

7.《最高人民法院关于人民法院办理执行异议和复议案件若干问题的规

定》(法释〔2015〕10号,2020年修正),简称《异议复议规定》;

8.《最高人民法院关于人民法院民事执行中查封、扣押、冻结财产的规定》(法释〔2004〕15号,2020年修正),简称《查扣冻规定》;

9.《最高人民法院关于人民法院执行工作若干问题的规定(试行)》(法释〔1998〕15号,2020年修正),简称《执行规定》;

10.《最高人民法院关于认真贯彻实施民事诉讼法及相关司法解释有关规定的通知》(法〔2017〕369号),简称《贯彻民诉法通知》;

11.《最高人民法院关于人民法院强制执行股权若干问题的规定》(法释〔2021〕20号),简称《股权执行规定》;

12.《最高人民法院关于冻结、拍卖上市公司国有股和社会法人股若干问题的规定》(法释〔2001〕28号),简称《国有股和法人股规定》;

13.《最高人民法院、国家工商总局关于加强信息合作规范执行与协助执行的通知》(法〔2014〕251号),简称《规范执行与协助执行通知》;

14.《最高人民法院关于人民法院委托评估、拍卖和变卖工作的若干规定》(法释〔2009〕16号),简称《委托评估拍卖规定》;

15.《最高人民法院关于适用〈中华人民共和国民事诉讼法〉执行程序若干问题的解释》(法释〔2008〕13号,2020年修正),简称《执行程序解释》;

16.《最高人民法院关于适用〈中华人民共和国公司法〉若干问题的规定(二)》(法释〔2008〕6号,2020年修正),简称《公司法解释(二)》;

17.《最高人民法院关于适用〈中华人民共和国公司法〉若干问题的规定(三)》(法释〔2011〕3号,2020年修正),简称《公司法解释(三)》;

18.《最高人民法院关于适用〈中华人民共和国公司法〉若干问题的规定(四)》(法释〔2017〕16号,2020年修正),简称《公司法解释(四)》;

19.《最高人民法院关于适用〈中华人民共和国公司法〉若干问题的规定(五)》(法释〔2019〕7号,2020年修正),简称《公司法解释(五)》;

20.《最高人民法院关于在执行工作中进一步强化善意文明执行理念的意见》(法发〔2019〕35号),简称《善意文明执行意见》;

21.《最高人民法院关于适用〈中华人民共和国民法典〉有关担保制度的解释》(法释〔2020〕28号),简称《民法典担保解释》;

22.《最高人民法院关于适用〈中华人民共和国企业破产法〉若干问题的

规定（一）》（法释〔2011〕22号），简称《破产法解释（一）》；

23.《最高人民法院关于人民法院民事执行中拍卖、变卖财产的规定》（法释〔2004〕16号，2020年修正），简称《拍卖变卖规定》；

24.《最高人民法院关于人民法院网络司法拍卖若干问题的规定》（法释〔2016〕18号），简称《网络拍卖规定》；

25.《最高人民法院关于认真做好网络司法拍卖与网络司法变卖衔接工作的通知》（法明传〔2017〕455号），简称《网络拍卖衔接通知》；

26.《最高人民法院关于民事执行中财产调查若干问题的规定》（法释〔2017〕8号，2020年修正），简称《财产调查规定》；

27.《最高人民法院关于人民法院确定财产处置参考价若干问题的规定》（法释〔2018〕15号），简称《财产处置价规定》；

28.《最高人民法院关于适用〈中华人民共和国民法典〉婚姻家庭编的解释（一）》（法释〔2020〕22号），简称《婚姻编解释（一）》；

29.《最高人民法院关于适用〈中华人民共和国仲裁法〉若干问题的解释》（法释〔2006〕7号，2008年修订），简称《仲裁法解释》；

30.《中央全面依法治国委员会〈关于加强综合治理从源头切实解决执行难问题的意见〉的通知》（中法委发〔2019〕1号），简称《执行难综治意见》；

31.《最高人民法院关于深化执行改革健全解决执行难长效机制的意见——人民法院执行工作纲要（2019－2023）》（法发〔2019〕16号），简称《执行工作纲要》；

32.《最高人民法院、国土资源部、建设部关于依法规范人民法院执行和国土资源房地产管理部门协助执行若干问题的通知》（法发〔2004〕5号），简称《国土房管部门协助执行通知》；

33.《最高人民法院关于印发〈全国法院民商事审判工作会议纪要〉的通知》（法〔2019〕254号），简称《九民纪要》；

34.《最高人民法院印发〈关于依法制裁规避执行行为的若干意见〉的通知》（法〔2011〕195号），简称《制裁规避执行意见》；

35.《最高人民法院关于人民法院司法拍卖房产竞买人资格若干问题的规定》（法释〔2021〕18号），简称《房产竞买人资格规定》；

36.《最高人民法院关于进一步完善执行权制约机制加强执行监督的意

见》（法〔2021〕322 号），简称《执行权监督意见》；

37.《最高人民法院执行局关于法院能否以公司证券登记结算地为财产所在地获得管辖权问题的复函》（〔2010〕执监字第 16 号），简称《最高院〔2010〕执监字第 16 号复函》；

38.《国家工商行政管理总局关于未被冻结股权的股东能否增加出资额、公司增加注册资本的答复意见》（工商法字〔2011〕188 号），简称《工商 188 号答复意见》；

39.《最高人民法院关于冻结、扣划证券交易结算资金有关问题的通知》（法〔2004〕239 号），简称《冻结证券资金通知》；

40.《最高人民法院、最高人民检察院、公安部、中国证券监督管理委员会关于查询、冻结、扣划证券和证券交易结算资金有关问题的通知》（法发〔2008〕4 号），简称《查冻扣证券和证券交易结算资金通知》；

41.《中央纪律检查委员会、中央组织部、中央宣传部等关于印发〈关于建立和完善执行联动机制若干问题的意见〉的通知》（法发〔2010〕15 号），简称《执行联动意见》；

42.《最高人民法院、最高人民检察院、公安部、中国证券监督管理委员会关于进一步规范人民法院冻结上市公司质押股票工作的意见》（法发〔2021〕9 号），简称《冻结质押股票意见》；

43.《最高人民法院、中国证券监督管理委员会关于试点法院通过网络查询、冻结被执行人证券有关事项的通知》（法〔2016〕72 号），简称《网络查冻证券通知》；

44.《最高人民法院关于人民法院委托评估、拍卖工作的若干规定》（法释〔2011〕21 号），简称《评估拍卖规定》；

45.《财政部关于上市公司国有股被人民法院冻结拍卖有关问题的通知》（财企〔2001〕656 号），简称《国有股冻结拍卖通知》；

46.《上海金融法院关于执行程序中处置上市公司股票的规定》（沪金融法〔2021〕1 号），简称《上海金融法院处置股票规定》；

47.《上海市高级人民法院关于选择财产所在地法院作为执行管辖法院有关问题的解答》，简称《上海高院问题解答》；

48.《广东省深圳市中级人民法院关于强制执行上市公司股票的工作指引（试行）》，简称《深圳中院股票执行指引》。

目　录

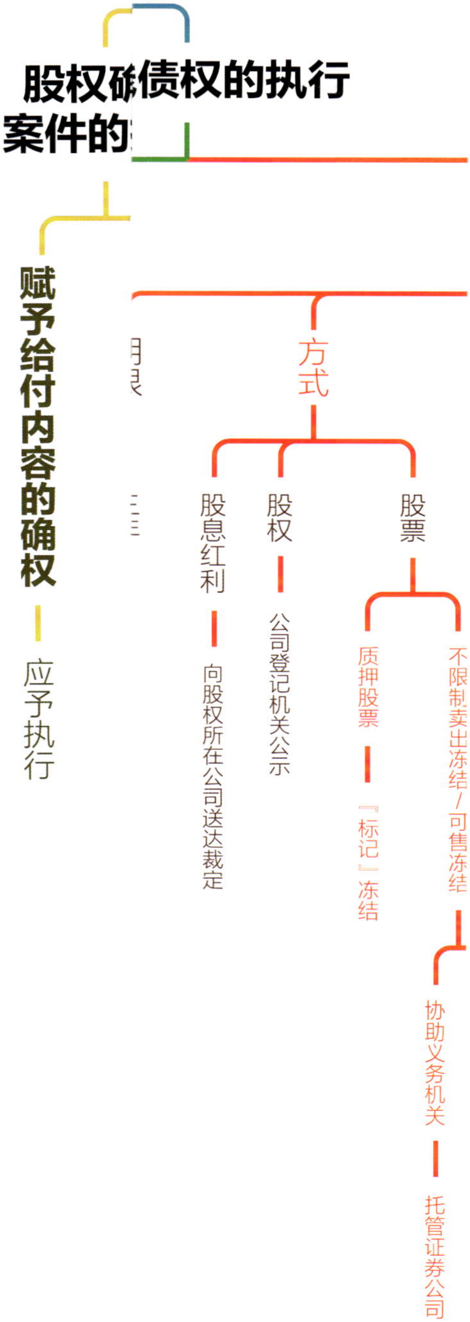
债权的执行
赋予给付内容的确权
应予执行
方式
股息红利
向股权所在公司送达裁定
股权
公司登记机关公示
股票
质押股票
『标记』冻结
不限制卖出冻结/可售冻结
协助义务机关
托管证券公司

第一章　股权执行制度概述

第一节　执行客体的一般理论

一、执行客体理论

（一）执行客体概念

执行客体，也称为执行对象、执行标的。关于执行客体的概念，存在多种学说，譬如，“执行标的即执行对象”①，“执行客体是指民事执行行为所指向的标的”②，“执行客体是强制执行行为的对象，是债务人用以履行义务的资料，包括债务人所有或有权处分的物以及行为”③；“执行客体是指执行根据中所载的用以实现权利人权利的义务或有权处分的财产以及行为”④；“民事执行客体是指民事执行行为所具体执行的对象，民事执行客体一般包括财产、行为等”⑤；“债务人所有之物或权利，得用以实现债权人之债权者”⑥；“债务人所有之物或权利，而得以实现债权人之私法上请求权者”⑦；“法院可以对之采取执行措施的资料”⑧；“民事执行行为指向的、用于满足债权人实体权利请求的

---

① 陈光中主编：《中华法学大辞典：诉讼法学卷》，中国检察出版社 1995 年版，第 772 页。

② 柴发邦主编：《民事诉讼法学》（修订本），北京大学出版社 1992 年版，第 362 页。

③ 谭兵主编：《民事诉讼法学》，法律出版社 1997 年版，第 464 页。

④ 江伟主编：《民事诉讼法学原理》，中国人民大学出版社 1999 年版，第 811 页。

⑤ 严军兴、管晓峰主编：《中外民事强制执行制度比较研究》，人民出版社 2006 年版，第 158 页。

⑥ 杨与龄编著：《强制执行法论》（最新修正），中国政法大学出版社 2002 年版，第 3 页。

⑦ 参见赖来焜：《强制执行法总论》，台北，元照出版有限公司 2007 年版，第 405 页。

⑧ 孙加瑞：《中国强制执行法制度概论》，中国民主法制出版社 1999 年版，第 150 页。

财产或者行为”[①]；“法院强制执行行为所指向的对象，为执行标的，又称执行对象或执行客体。债务人可供执行以实现债权人债权的资料，可以成为执行标的”[②]；“执行标的是指执行行为所指向的、用以实现债权人实体请求权及法院收取相关费用的物、权益或者行为”[③]；等等。

纷繁复杂的概念和学者们的各抒己见对繁荣法学理论争鸣不无益处，但理论必须坚持问题导向，为解决执行工作难题服务。本书认为，应当结合目前我国的执行法律法规，从容易理解、有利于实务操作的角度对执行客体下定义，即采用通说观点，把执行客体理解为执行行为指向的对象或者标的即可，而这些对象或者标的，指的就是财产和行为。

执行客体包括哪些种类？不管是哪种学说，无论是理论界还是实务界，对财产作为执行客体并无争议，区别仅在于表述的细微差别。前述学者们对执行客体下定义时就使用了物、权利、权益、财产、资料等多种表述，《最高人民法院关于适用〈中华人民共和国民事诉讼法〉若干问题的意见》（已废止）第254条的表述为“财物”[④]。由于“财产”这一概念涵盖了物和权利，近年来逐渐为理论界和实务界广泛接受。从《民事诉讼法》第三编“执行程序”的规定来看，“财产”共出现了24次，“财物”出现了4次，其中“财物”出现的第260条系关于交付执行财物行为的规定，第261条系强制迁出房屋搬出的财物如何处理的规定；而“财产”出现的条文主要系扣押、冻结、划拨、变价等方面的规定。《民事诉讼法》第260条和第261条之所以用“财物”而非“财产”，是由于交付和强制迁出房屋被搬迁的财物一般系指有形物而非无形财产，用“财物”比“财产”更为具体准确。随着无形财产的种类日趋多样化，用财产将有形的物和无形的权利或权益统揽起来，更为周延和准确。

执行客体包括行为，这是理论界与实务界的共识。英国、德国、法国、意大

---

① 谭秋桂：《民事执行法学》，北京大学出版社2010年版，第148页。

② 江必新主编：《强制执行法理论与实务》，中国法制出版社2014年版，第119页。

③ 肖建国主编：《民事执行法》，中国人民大学出版社2014年版，第93页。

④ 《最高人民法院关于适用〈中华人民共和国民事诉讼法〉若干问题的意见》（已废止）第254条：强制执行的标的应当是财物或者行为……

利等国家普遍把行为作为执行客体。[①] 也有个别观点认为，行为不宜作为执行客体。孙加瑞认为，行为不能作为执行标的（客体）的理由有三：一是从执行标的的概念看，行为不符合执行标的的特征，不能作为执行标的。行为仅是一个抽象概念，既不能为债务人所有或支配，也不能作为债务人履行义务所依托的资料，执行法院也不能对其采取执行措施。二是把执行行为作为执行标的，混淆了执行标的同执行内容的区别。强制执行的内容是法律文书已确定的给付义务，这种给付义务包括支付一定数额的金钱、交付指定的物和为或不为一定行为（作为或不作为）。行为是给付义务的一种，是执行内容的一个方面，正像支付金钱、交付指定物不能作为执行标的一样，行为也不能作为执行标的。三是把行为和物共同作为执行标的，也混淆了执行标的与民事法律关系客体的区别。民事法律关系客体包括物和行为，并不意味着执行标的也应是物和行为，执行标的应根据其自身特征确定。[②] 胡志超也持否定态度，他认为：如果行为是执行对象或执行标的——所有作为执行依据的生效法律文书的行为，那么给付金钱和迁出房屋、交出违法收养的他人子女一样，都应该是以行为为执行标的，而不能说迁出房屋是以行为为执行标的，而给付金钱却是以财产为执行标的。给付金钱和迁出房屋，都以行为为执行内容。为何迁出房屋要落脚到"行为"上而不是"财产"上，而给付金钱就要落脚在"财产"上而不是"行为"上？由此不难看出，"财产"和"行为"根本不能并列。[③] 上述观点毕竟为少数观点，实务中并未采纳该观点。行为不能作为执行客体的三点理由中，第一点关于行为不能被法院执行明显与我国执行实践不符，无论法院判决文书是否确定债务人为或不为一定行为，实践中都可以由法院强制债务人履行或替代履行；第二点和第三点理由则系其对执行标的、执行内容和民事法律关系客体的区别认识不到位所致。执行标的（客体）是法院执行行为指

---

① 《英国最高法院诉讼规则》将民事强制执行客体分为财产和行为两大类；《德国民事诉讼法》强制执行编将民事执行客体分为金钱和行为两类；《法国民事执行程序法》及其相关规定里，民事强制执行客体主要指物，但也针对某种不作为的行为规定了驱逐的执行措施；《意大利民事诉讼法典》将民事执行客体分为了动产、不动产和行为三大类。参见严军兴、管晓峰主编：《中外民事强制执行制度比较研究》，人民出版社2006年版，第166～170页。

② 参见孙加瑞：《中国强制执行制度概论》，中国民主法制出版社1999年版，第150页。

③ 参见胡志超：《执行威慑机制研究》，人民法院出版社2008年版，第147～148页。

向的对象，执行内容系生效法律文书确定的债务人应为的给付义务，而民事法律关系客体是民事权利义务所指向的对象，虽然都涉及物和行为，但是在不同意义上使用的，并不必然产生混淆。关于迁出房屋案件的执行，要看迁出房屋的原因和目的，如果系执行生效法律文书中的排除妨害行为、为了保障债权权人对房屋的占有使用收益等权利，则执行客体为行为；如果迁出房屋系为了将其交付给债权人，或者系拍卖清偿交付措施，其落脚点在于交付物或金钱，则执行客体为财产，并不存在财产与行为不能并列的逻辑障碍。

执行客体不包括人身。关于人是否可作为执行客体的问题，理论界存在正反两方面观点。杨与龄持肯定说，认为依执行之标的（客体）为准，强制执行包括对人执行——以债务人或应为债务人清偿债务人之身体、名誉或自由等为执行之对象，从心理上迫使其履行债务，如管收债务人或处债务人以怠金。[①] 肖建华教授认为，把人身作为执行标的（客体）是一种间接执行措施，为诉讼立法和司法所认可并有具体规定，也是人民政权的一项司法工作经验。[②] 胡志超认为，对人执行，是指人民法院强制执行措施直接指向被执行人或者相关人员的人身，通过执行人身实现裁判内容；或者直接指向被执行人的人身自由和人身权利，通过依法限制其人身自由或者限制其任职、从业、出境、获得荣誉的资格，贬损其名誉权、信用权迫使其履行债务。[③] 否定说乃通说观点，认为人身不能作为执行客体，理由如下：第一，强制措施并非执行行为，执行法院对债务人采取的搜查、拘留、拘传等不是执行行为，而是对妨害执行的强制措施。执行行为的目的是实现债权，而强制措施的目的是确保执行程序的顺利进行，《民事诉讼法》关于对被执行人以及协助执行单位的罚款、拘留等放在“对妨害民事诉讼的强制措施”予以规定。第二，判决债务人交付子女的执行，其执行客体并不是该子女的人身，而是债务人交付子女的行为。子女既不是婚姻案件中的债权人，也不是执行中的债务人，在执行程序中既不享有权利，也不负有义务，其人身无论如何也不能成为执行的客体。《最高人民法院执行办公室关于人身可否强制执行问题的复函》（〔1999〕执他字第18号）指

① 参见杨与龄编著：《强制执行法论》（最新修正），中国政法大学出版社2002年版，第9页。

② 参见肖建华：《执行标的若干问题研究》，载《诉讼法论丛》1998年第2期。

③ 参见胡志超：《执行威慑机制研究》，人民法院出版社2008年版，第148~149页。

出，抚养权案件的判决，发生法律效力后依法应予执行。但必须注意执行方法，不得强制执行王某的人身。[①]《婚姻编解释（一）》第 68 条规定："对于拒不协助另一方行使探望权的有关个人或者组织，可以由人民法院依法采取拘留、罚款等强制措施，但是不能对子女的人身、探望行为进行强制执行。"董志强先生认为特殊情况下应当允许直接执行，理由是：一是该类案件的未成年人一般年龄较小，多为无民事行为能力或限制行为能力人，对事物缺乏准确判断和识别力，法院在执行过程中将其直接抱走不违背其意见。二是法院直接将子女领走并非对该子女人身简单地强制执行，而是为了实现法律文书确定的交付内容。随着未成年子女年龄的增长和其世界观、人生观、价值观的形成，他一定会有一个正确的认识，更何况他与权利人之间还有特殊关系。三是如果不将该子女直接领走，势必会放纵被执行人的违法行为，给权利人造成更大的损失。四是从执行的效果上看，如果法院采取直接强制领走或抱走的方式，既可以及时实现债权人的权利，提高这类案件的执行效率和质量，又可以避免案件因久拖不决而带来的社会负面影响。[②] 2019 年《民事强制执行法草案（征求意见稿）》第 221 条以及 2022 年 6 月提交立法机关审议的《民事强制执行法（草案）》第 194 条吸纳了上述观点，规定"执行依据确定被执行人交出未成年子女的，除依照前条规定外，人民法院也可以将子女领交给申请执行人"。但这个条款，放在第二十章"行为请求权的执行"中，即仍然不认为人身是执行客体，而是将其作为一种行为去执行，即交付子女的行为。在不将人身作为执行客体的情况下，把交付子女视为一种行为执行纳入立法，既符合主流理论观点，又能解决实际问题。

（二）执行客体的特征

所谓执行客体的特征，是执行客体区别于其他事物所具有的独特之处。要充分认识执行客体，必须把执行客体的特征找出来。关于执行客体的特征，肖建华认为包括客体性、非抗辩性和法定性，[③]也有学者专门对执行客体的有

---

① 参见董志强：《人身可否强制执行问题请示案》，载中华人民共和国最高人民法院执行工作办公室编：《强制执行指导与参考》第 3 卷，法律出版社 2003 年版。

② 参见董志强：《人身可否强制执行问题请示案》，载中华人民共和国最高人民法院执行工作办公室编：《强制执行指导与参考》第 3 卷，法律出版社 2003 年版。

③ 参见肖建华：《执行标的若干问题研究》，载《诉讼法论丛》1998 年第 2 期。

限性进行了论述[①];有观点还把“多样性”“采取强制措施的多样性”列为执行客体的特征,也有观点在阐述执行客体具有范围有限性、确定性和非抗辩性上分析财产型执行客体所有权权能与所有权的分离性及行为型执行客体的意思表示与法律效果的分离性[②],还有观点认为包括有限性、非抗辩性和确定性。[③]本书认为,执行客体的特征主要为非抗辩性、有限性和法定性。

1. 非抗辩性。执行客体的非抗辩性,是指执行法院依执行根据采取强制执行措施,并不要求债权人充分举证证明,也无须法院查证证明某项财产确实属于债务人所有或支配,更无须在执行程序中进行言词辩论确认财产系债务人所有,执行法院即可采取强制执行措施。[④]

执行客体之所以具有非抗辩性,是因为执行依据所确定的给付义务或者经过了审判、仲裁程序判定,或者有了正当程序保障(如行政非诉执行),或者双方当事人对给付内容无明显的实质性争议(如赋予强制执行力的公证债权文书)。因此在进入执行程序后,自然无须再次运用类似争讼程序的规则确定执行客体。而且强制执行体现的是国家强制力,系由国家公权力介入以实现债权人的权利,确定执行客体乃执行法院的职权行为,无须当事人举证证明。

执行客体的非抗辩性主要体现在:一是债权人不需要提出证据证明某项财产为债务人所有或者受其支配。二是执行中对执行客体的实体权属的判断标准有别于审判程序。有形财产的权属判断标准为物权公示原则;无形财产的权属判断标准为权利外观主义[⑤],不需要债权人与债务人进行言词辩论以确认某项财产是否为债务人所有或者受其支配。债务人有义务向执行法院报告其财产情况,与诉讼程序中的“谁主张,谁举证”原则有所区别;执行法院有责任查明被执行人财产,不能以债权人提供证据证明债务人确有可供执行的

---

① 参见孙丽娟、谢俊:《论执行标的有限性及其救济》,载《法学杂志》2010 年第 5 期。

② 参见谭秋桂:《民事执行法学》,北京大学出版社 2010 年版,第 151 ~ 156 页。

③ 参见肖建国主编:《民事执行法》,中国人民大学出版社 2014 年版,第 95 页。

④ 参见肖建华:《执行标的若干问题研究》,载《诉讼法论丛》1998 年第 2 期。

⑤ 参见肖建国:《执行标的实体权属的判断标准——以案外人异议的审查为中心的研究》,载《政法论坛》2010 年第 3 期。

财产为强制执行的前提条件。①

2. 有限性。执行客体的有限性，又称执行范围的有限性，是指作为执行客体的财产、行为的范围是有限的，执行法院基于法律明文规定或法理不得将一些财产或者行为纳入执行客体。

执行客体的有限性主要表现在：首先，执行依据所确定的实体请求权具有相对性，申请执行人通常只能针对债务人的责任财产和行为实现其合法权益，而执行力客观范围的扩张属于法定例外情形。其次，执行债务人财产的范围是有限的，执行法院不得对豁免执行的财产采取执行措施。此外，特定执行案件还存在责任财产有限责任的情形，即基于执行依据确定的执行债权，仅能以债务人财产中的特定财产或一定范围内的财产作为执行客体。前者如在申请执行人以抵押人（抵押物系第三人提供）作为被执行人的案件中，执行标的仅限定于抵押物，而不能针对抵押人的其他财产采取执行措施；后者如在以继承人为被执行人的案件中，继承人仅以其继承的财产价值为限对被继承人的债务人承担担保责任。② 再次，执行法院不得对不能实现执行债权的财产或行为采取执行措施，并且执行财产不得明显超过执行债权及执行费用总额，如禁止超标的查封。最后，人身不得作为执行客体，不具有替代性的作为义务在一定情形下不能作为执行客体。

3. 法定性。执行客体的法定性，是指执行法院应依据执行根据所确定的给付内容确定执行客体，并采取相应执行措施，非依法定程序不得中止执行或改变、撤销执行根据，也不得变更执行客体或停止对执行客体的执行。执行客体的法定性是由充当执行依据的生效法律文书的稳定性和国家法律的权威性与人们对公权力的公信力决定的。需要指出的是，执行客体具有法定性，并不等于执行依据应当具体确定执行法院得以采取执行措施的对象，更不意味着金钱债权执行只能限定于某项特定的财产。

执行客体的法定性主要表现在：一是不得随意变更执行客体的基本类型。对交付种类物和完成可替代行为的非金钱债权的执行转为金钱债权的一般不作限制，但交付特定物或者完成不可替代行为的非金钱债权的执行只有在符

① 参见王红岩、张文香：《论执行标的》，载《政法论丛》2000 年第 3 期。

② 参见赖来焜：《强制执行法总论》，台北，元照出版有限公司 2007 年版，第 429 页。

合法定条件下才可以针对被执行人的财产采取执行措施。二是非依法定原因不得停止对执行客体的执行。只有在中止执行、暂缓执行以及终结执行的情况下，执行法院才可以暂时性或者永久性地停止对执行客体的执行。

（三）财产执行

与行为执行相比，财产执行的占比更高、数量更大，围绕财产评估、拍卖、变价的规定更为详尽。有观点认为，交付财物行为属于行为执行[①]；通说观点则认为，财产执行是以债务人所有或支配的财产作为执行对象的执行，包括金钱债权的执行和交付财物的执行。前者的给付义务是支付金钱，债务人的任何财产都可作为执行对象；后者的给付义务是交付特定物或种类物。

1. 责任财产。执行中的责任财产，一般是指债务人所有或支配的可供执行法院执行的用于兑现债权人利益的财产，既包括有形财产也包括无形财产。按照“默示归入”原则，凡是债务人所有或者受其支配的财产，无论表现为不动产、动产、债权、股权、基金份额或者其他形态，原则上都作为责任财产。

责任财产包括债务人现有的财产、可取得的财产以及第三人占有的财产。现有的财产是指开始执行时属于债务人所有的财产。可取得的财产是指债务人只要作出意思表示就能取得的财产，债权人可以通过行使代位权代替债务人作出意思表示，使该财产为债务人所有后，再对其进行执行。如到期债权，《民事诉讼法解释》第 499 条第 1 款规定：“人民法院执行被执行人对他人的到期债权，可以作出冻结债权的裁定，并通知该他人向申请执行人履行。”第三人占有的财产，是指由第三人占有或登记在第三人名下但实际上属于被执行人的财产，或者债务人非法处分而由第三人占有的财产。前者如《查扣冻规定》第 2 条第 3 款的规定：“对于第三人占有的动产或者登记在第三人名下的不动产、特定动产及其他财产权，第三人书面确认该财产属于被执行人的，人民法院可以查封、扣押、冻结。”后者如债务人为了逃避债务，与第三人恶意串通非法处分财产，被第三人占有或所有的财产因为处分行为无效而仍然属于债务人所有的财产，是被执行的客体。对此，债权人享有撤销权，可以向法院申请撤销债务人与第三人的法律行为，以防止债务人的责任财产积极减少或消极增加，从而保护债权人的债权。

---

① 参见肖建华：《执行标的若干问题研究》，载《诉讼法论丛》1998 年第 2 期。

2. 豁免执行的财产。原则上所有债务人所有或支配的财产均可作为执行客体。但执行客体具有有限性,部分财产由于自身性质或有关法律规定,不得作为执行财产,这就是豁免执行制度。有观点把豁免执行的财产分为绝对禁止执行、相对禁止执行和无益执行三类,[①]也有观点将其分为法定豁免执行和依财产性质豁免执行两类。[②] 法定豁免执行和依财产性质豁免执行的分类方法更为科学。法定豁免执行财产系指基于保障社会安全或者债务人的生存、维护社会公益或者第三人利益、促进社会文化发展等考虑,由实体法或程序法明文规定执行法院不得采取执行措施的财产范围。目前关于法定豁免执行财产的规定主要见于《民事诉讼法》和《查扣冻规定》,前者第 254 条第 1 款和第 255 条第 1 款分别对保留被执行人及其家属的生活必需费用和生活必需品作出原则规定,后者第 3 条列举了 8 种不得查封、扣押、冻结的财产,此外不少规范性文件也对一些不得执行或限制执行的财产作出了规定。依财产性质豁免执行的财产系指立法虽未明文规定予以豁免,但依财产本身的属性(主要指不符合执行客体构成要件),执行法院不适宜采取执行措施的财产。

法定豁免执行财产包括:第一,基于保护债务人的生存权而豁免执行。主要包括《民事诉讼法》第 254 条第 1 款和第 255 条第 1 款规定的生活必需费用和必需品,《查扣冻规定》第 3 条对生活必需费用和必需品的列举,以及其第 4 条规定的生活必需的居住房屋。为便于识别何为生活必需的居住房屋,《异议复议规定》第 20 条第 1 款规定,对被执行人有扶养义务的人名下有其他能够维持生活必需的居住用房,以及被执行人为逃避债务转让其名下其他房屋的,不支持其就执行标的系其及所扶养家属生活必需的居住房屋所提出的执行异议。此外,《异议复议规定》还规定了在申请执行人按照当地廉租住房保障面积标准为被执行人及所扶养家属提供居住房屋,或者同意参照当地房屋租赁市场平均租金标准从该房屋的变价款中扣除 5 ~ 8 年租金后,对被执行人及其所扶养家属生活所必需的房屋,也可以拍卖、变卖或抵债。第二,未公开的发明和未发表的著作不能执行。《查扣冻规定》第 3 条第 4 项规定,未公开的发明或者未发表的著作,不得查封、扣押、冻结。第三,与债务人荣誉、精神

---

① 参见姚一鸣:《执行豁免制度简析》,载《人民法院报》2018 年 1 月 4 日,第 6 版。

② 参见江必新主编:《强制执行法理论与实务》,中国法制出版社 2014 年版,第 179 ~ 188 页。

利益密切相关的财产不得执行。《查扣冻规定》第 3 条第 6 项规定,被执行人所得的勋章及其他荣誉表彰的物品,不得查封、扣押、冻结。第四,与公共利益密切相关的财产不得执行。主要包括消防设施、国防科研经费、党费、工会经费、党政机关部队特定财产、政府财政经费账户、军队和武警部队的特种存款、国库库款、救灾专用资金和物资、疫情防控的资金和物资等。第五,与维护社会安定密切相关的财产不得执行。主要包括信用证开证保证金,证券经营机构结算账户资金,证券、期货交易保证金,银行承兑汇票保证金,旅行社质量保证金,粮棉油收购专项资金,商业银行根据国家政策向特定企业发放的具有特定用途的贷款、金融机构的存款准备金和备付金,社会保险基金和社会基本保障资金,国有企业下岗职工基本生活保障金,工业企业结构调整专项奖补资金,商品房预售资金(不得被其他债权执行),农民工工资专用账户资金和保证金,中国人民银行及其分支机构的办公楼、运钞车、营业场所,军人抚恤优待经费等。第六,外交豁免及领事豁免执行的财产。《查扣冻规定》第 3 条第 7 项规定,以中华人民共和国、中华人民共和国政府或者中华人民共和国政府部门名义同外国、国际组织缔结的条约、协定和其他具有条约、协定性质的文件中规定免于查封、扣押、冻结的财产。

财产性质豁免执行的财产包括:一是禁止流通物。禁止流通物是指法律禁止转让的物,如自然资源(森林、草原等)、军事装备、武器枪支弹药、毒品、淫秽物品、部分公有物等。禁止流通物因其不具有可转让性,缺乏作为执行客体——财产的构成要件,执行法院自然不能对其采取执行措施。二是专属性权利。通说认为,性质上专属于债务人本身的权利,不得转移给他人,也不得由第三人收取,因此不能成为执行客体。专属性权利分为专属于债务人的权利,即专属享有权,以及行使上专属于债务人的权利,即专属行使权。专属享有权只能由权利人本人享有,如亲属间的扶养请求权、债务人的终身定期金等;专属行使权只能由权利人决定是否行使,不得让与或继承,一旦决定行使,或者与债权人达成协议,就与普通财产无异,可以执行,如债务人的身体、健康、自由、隐私、名誉,以及人格权益受到侵害而产生的人格权损害赔偿权利等。

(四)行为执行

行为是执行客体,根据表现形式的不同,可以分为作为与不作为;根据行为能否由他人代为实施，行为可以分为可替代的行为和不可替代的行为。

可替代的行为是指行为由被执行人自己实施或由第三人实施，对于债权人在经济上或法律上的效果并无不同。《民事诉讼法》第 263 条规定："对判决、裁定和其他法律文书指定的行为，被执行人未按执行通知履行的，人民法院可以强制执行或者委托有关单位或者其他人完成，费用由被执行人承担。"《执行规定》第 44 条第 2 款规定："对于可以替代履行的行为，可以委托有关单位或他人完成，因完成上述行为发生的费用由被执行人承担。"可替代行为既包括一般劳务的供给，如砍树、拆除房屋、运送物品、清除污水等，也包括技术性劳务的供给，如制造机器、设计图纸、修建房屋等。

不可替代的行为是指依债务的性质，只能由被执行人履行，由第三人代为履行无法实现应有的经济和法律效果的行为。对于不可替代履行的行为，执行法院可以采取以下措施：一是对被执行人处以罚款、拘留甚至追究刑事责任。《民事诉讼法解释》第 503 条第 1 款和《执行规定》第 44 条第 3 款规定，对于只能由被执行人完成的行为，如果被执行人不履行该义务，执行法院可以适用《民事诉讼法》第 114 条的规定，对其处以罚款、拘留甚至追究刑事责任。二是强制被执行人支付迟延履行金。根据《民事诉讼法》第 264 条规定，被执行人未按判决、裁定和其他法律文书指定的期间履行其他义务的，应当支付迟延履行金。据此，执行法院在执行不可替代履行行为的案件时，可以依此条款决定由被执行人支付一定的迟延履行金给债权人，以更好地保护债权人权益。

对于哪些行为不适用强制执行，我国目前并无明确规定。我国台湾地区学者认为具有下列情形之一的不得强制执行：一是债务人已无履行该行为的能力，如歌唱家嗓子已哑；二是债务人行为的先决条件尚未具备，如第三人尚未同意由债务人对其履行特定的义务；三是强制债务人履行违背社会文化观念的行为，如强制债务人不向父母履行赡养义务；四是债务人在受强制下所为的行为，该行为与债务的本旨不符；五是强制债务人履行的行为，其所需费用明显与债务人的负担能力相差悬殊。①

① 参见谭秋桂：《民事执行原理研究》，中国法制出版社 2001 年版，第 217 页。

二、无形财产执行

（一）无形财产概念

传统大陆法系国家的民事强制执行法以金钱债权的执行作为主要调整对象，同时以控制和变价不动产、特殊动产为代表的有形财产作为支撑金钱债权实现的制度工具。[①] 执行客体中的财产可分为有形财产与无形财产。无形财产源于古罗马法。公元二世纪罗马法学家盖尤斯在其所著《法学阶梯》里将物划分为有体物（也称有形物）和无体物（也称无形物），有体物是可以触摸的物品，如土地、衣服、金银；无体物则是不能触摸的物品，它们体现为某种权利，如继承权、债权和用益权等。[②] 通说认为，有形财产是指具有一定的物质形体，能够为人感知的财产。电、热、光、气、声以及空间等在物理上表现为无形状态的财产，具有不依赖于人的意志而客观存在，并且能为人们所支配的特点，一般认为其是有形财产的延伸，属于有形财产的范畴。可以作为被执行人责任财产的有形财产主要有房屋（包括地上建筑物、构筑物、地下室、仓库、停车场、桥梁、水坝、水塔、烟囱等）、林木、船舶、航空器和机动车等。无形财产是除有形财产之外的、非以实物形态存在的具有财产价值的权利。早期无形物的出现实际上是法学理论中所有权和物思维模式的产物。无形财产的诞生本身就是人类智力成果和信用体系制度化的结果。

（二）无形财产的性质和特点

无形财产本质上是一种权利，其核心特征是权利无形，而非客体无形。[③] 基于无形财产的包容性和适应性，无形财产具有扩张功能。无形财产除围绕有形物而设定外，还可以基于各种不同的行为形成，行为的多样性决定了无形财产类型的多样性；权利界定原因的多样化也导致无形财产多元化，比如，为制止环境污染，各国均不同程度地限制企业排污的程序，因而企业在一定范围内的排污权即成为一种无形财产权利，并且在一定情况下可以转让。无形财产不仅局限于市场机制自发的权利调整，而且也反映国家的宏观导向和价值

---

① 参见刘君博：《从“查封”到“诉讼”：无形财产执行的制度逻辑与立法选择》，载《华东政法大学学报》2021 年第 2 期。

② 参见［古罗马］盖尤斯：《法学阶梯》，黄风译，中国政法大学出版社 1996 年版，第 82 页。

③ 参见马俊驹、梅夏英：《无形财产的理论和立法问题》，载《中国法学》2001 年第 2 期。

取向，公权和私权界限的模糊化在无形财产上表现得最为充分，如知识产权、营业资产、销售特许权等不再是纯粹的私权，而是同时具有公权和私权的属性。① 王卫国教授将无形财产分为知识财产和信用财产，前者包括虚拟财产、商业秘密、特许经营权等保护型知识财产和包括知识产权、人格标志利用等利用保护型财产；后者主要指货币、有价证券、可交易的债权和股权、金融衍生品等。② 吴汉东教授建议，在民法学研究中建立一个大于知识产权范围的无形财产权体系，以包容一切基于非物质形态（包括知识经验形态、商业信誉形态、经营资格形态）所产生的权利，包括创造性成果权、经营性标记权和经营性资信权三种。③ 无形财产的独立性和分散性成为一种不可避免的发展趋势，无形财产逐渐表现为财产利益的总和。④

无形财产具有包容性，试图通过列举的方式明确无形财产的种类，难免挂一漏万。实践中，为了化解执行难问题，我国强制执行的司法实践一直在努力拓宽被执行人责任财产的边界，如北京、上海、深圳等城市，机动车的车牌、金融牌照、燃气石油管线、手机靓号等均可以成为执行对象，可以进行查封、变现。⑤ 根据现行法律以及实践探索，可作为执行客体的无形财产包括但不限于以下种类：国有土地使用权、乡镇企业用地权、宅基地使用权、土地承包经营权、矿业权（探矿权、采矿权）、海域使用权、林木采伐权、取水权、渔业权、专利权、商标权、著作权、股权、有价证券（如股票、债券、基金份额、存单、凭证式国库券等）、存款、收入、收益、退休金、住房公积金、企业住房基金、农用地征收补偿费、企业经营权、出口退税款、公路经营权、航道经营权、电话电传租用权、出租车运营权、到期债权、虚假财产、商业秘密、数据等。

（三）无形财产执行需要注意的问题

沿袭大陆法系的理论和立法体系，目前我国形成了相对稳定的物权法和债权法二元立法模式。在我国民事权利体系里，无形财产通常被纳入物权或

---

① 参见马俊驹、梅夏英：《无形财产的理论和立法问题》，载《中国法学》2001 年第 2 期。

② 参见王卫国：《现代财产法的理论建构》，载《中国社会科学》2012 年第 1 期。

③ 参见吴汉东：《无形财产权的若干理论问题》，载《法学研究》1997 年第 4 期。

④ 参见王卫国：《现代财产法的理论建构》，载《中国社会科学》2012 年第 1 期。

⑤ 参见刘君博：《从“查封”到“诉讼”：无形财产执行的制度逻辑与立法选择》，载《华东政法大学学报》2021 年第 2 期。

债权的范畴来讨论,这既不利于无形财产自身的理论研究和立法设计,也容易使人怀疑甚至否认传统财产分类理论的相对合理性。在执行立法领域,强制执行的调整对象主要是金钱债权,以控制和变价不动产、特殊动产为代表的有形财产作为支撑金钱债权实现的制度工具。这种基于有形财产特性而制定的执行法律法规,在适用于股权等无形财产执行时陷入了困境:一方面,在权属判断上,一般可以通过登记、占有等权利外观主义判断有形财产是否为被执行人的责任财产,而债权、股权、数据和网络虚拟财产等往往难以单纯依据外观主义进行判断;另一方面,在执行措施的效力范围上,对有形财产的查封、扣押和冻结的效力往往仅及于被执行人,而对无形财产的执行的效力往往要通过及于第三人来实现有效控制及变价。因此有学者认为,根据无形财产执行与有形财产执行的不同特点,我国无形财产执行立法需要遵循三个原则:一是无形财产的可变价化和执行措施法定化原则,通过正面规定无形财产的可变价性,为日益丰富的无形财产预留制度空间,解决明确列举豁免财产可能导致的遗漏,同时明确对无形财产执行措施的种类和程序坚持法定化原则,以更好保护执行第三人利益;二是从"对物"执行到"对人"执行转变原则,以解决现行执行体系无法对执行第三人持有、管理的无形财产产生有效的拘束力问题;三是"裁执"分离与程序保障原则,以解决因无形财产无法充分外观化、公示化,国家公权力对财产权的剥夺可能导致对第三人的不当侵害问题。根据上述三个原则,需对一般无形财产执行程序进行诉讼化改造,即如果执行对象是普通金钱债权、股权、特许经营权益等无形财产,则申请执行人均应当通过债权人代位诉讼(收取诉讼)的方式获得对执行第三人的拘束力。[①]

首先,把可变价化作为判断无形财产是否可作为执行客体的原则,随着经济社会不断发展,各种新型权利不断涌现,以是否可变价来识别这些权利是否可作为执行客体,能不断适应新形势的需要,解决诸如比特币等数字货币是否可执行的问题,更好兑现胜诉债权。其次,执行措施法定化是贯彻所有财产和行为执行的一条基本原则,无须在无形财产执行中专门突出强调。再次,从"对物"到"对人"的转变,应当说是无形财产执行区别于有形财产执行的最大

① 参见刘君博:《从"查封"到"诉讼":无形财产执行的制度逻辑与立法选择》,载《华东政法大学学报》2021 年第 2 期。

特点。因为我国现行的执行措施体系其实是以限制被执行人对有形财产的所有权行使为主要目的构建而来，对债权、股权、知识产权、行政特许权益等无形财产强制执行的实现并非对有体物的实际占有，而是对执行第三人拘束力的实现，这是一种对人的强制执行。因此无形财产的执行实际上是从“对物”转为“对人”，无形财产实际上是人与人之间的权利关系，与有形财产主要体现为人与物的关系有根本区别。最后，“裁执”分离和程序保障原则既是各国执行普遍遵循的原则，也是有形财产、无形财产和行为执行的通用原则，亦无须专门强调。无论是有形财产还是无形财产，非抗辩性均系其特征，即给付义务已经生效法律文书确定，而且为了体现执行效率这一执行基本原则，无对无形财产执行进行诉讼化改造之必要。

综上所述，基于无形财产自身特性，在无形财产执行中，对无形财产范围的确定应坚持可变价原则，在理念上要实现从“对物”执行到“对人”执行的转变，尤其要注重债权人、债务人与第三人之间的利益平衡。

第二节　股权作为执行客体的特殊性

一、股权的概念与法律性质

股权是指股东基于股东身份对公司享有的权利的总称。① 股权作为股东转让出资财产所有权的对价，是目的权利和手段权利的有机结合，是团体性权利和个体性权利辩证统一的权利。② 股权法律关系实质上是股东基于其地位而与公司直接形成的法律关系。以股权行使的目的与内容为标准，可将股权分为自益权与共益权，凡是以股东自己利益为目的而行使的权利是自益权，如股份转让过户、分配股利以及分配公司剩余财产的请求权；凡是以股东自己的利益兼以公司的利益为目的而行使的权利为共益权，如表决权、任免公司管理人员请求权、要求法院宣告股东会决议无效的请求权和对公司董事、监事提起诉讼的权利。共益权与自益权并非泾渭分明，有些权利如知情权兼具共益权

---

① 参见李建伟：《公司法学》（第 4 版），中国人民大学出版社 2018 年版，第 226 页。

② 参见江平、孔祥俊：《论股权》，载《中国法学》1994 年第 1 期。

与自益权性质。

关于股权的法律性质，学理上的认识大相径庭，大陆法系早期公司法理论认为股权既非物权，也非债权，而是基于股东地位所形成的多数权利义务的集合体。在近代，关于股权的性质，又有新的认识，并形成了各自有影响力的学说。

所有权说认为，股权性质属于物权中的所有权，表现为股东对投入公司财产的支配权，公司中并存法人所有权和股东所有权两个所有权，股权的所有者授权董事会对财产间接行使支配权，股权的客体为公司。

债权说认为，股权是以请求股利分配为目的的债权或附条件的债权，股东与公司的关系是债权人与债务人之间的关系，股东对公司的权利不断弱化，董事和经理的权利不断增强，股东所有权向债权转化，这一转化的完成，使公司成为所有权的唯一主体，完全按照自己的意志占有、使用、收益和处分公司的财产，不必受股东的左右和控制，股东只关心股利的兑现，无意参与管理和决策。

社会权说，由德国学者雷纳德于 1875 年首倡，认为股权使股东基于其在营利性社团中的社员身份而享有的权利，属于一种社员权，包括财产权和管理参与权，该学说为德国和日本学界通说。

股东地位说认为，公司是股东组成的营利性法人，股东按认缴的出资或持有的股份享有一定的权利、承担一定的义务，股权是股东因拥有股份后出资而在公司取得的成为各种权利基础的法律地位，股权是股东具体权利和义务的抽象概括。

独立民事权利说认为，股权是自成一体的独立权利类型，作为独立民事权利的股权是目的权利与手段权利的有机结合，具有团体权利和个人权利的辩证统一的特征，兼有请求权和支配权的属性，具有资本性和流转性。①

股权性质之讨论，固然带有概念法学的理论思辨色彩，但并非毫无实践价值，股权的法律定性对股权执行法律规则的建构具有重大影响，如对股息红利的执行程序的设计，在司法解释的制定过程中立法者可能受到股权的债权说的影响，将股息红利视为股东对公司的纯粹债权，主张对股息红利的冻结与提

---

① 参见赵旭东主编:《公司法学》(第 2 版)，高等教育出版社 2010 年版，第 315 ~ 326 页。

取参照到期债权规则，只要公司提出异议，执行程序即告停止，本质上未能将股权作为独立的民事权利看待，从而泯灭了股息红利的收益性质。另外，人民法院在执行某一股东股权的过程中，能否对该股东的共益权予以限制，也和对股权的法律性质定位有关。

二、股权作为执行客体的理论证成

股权执行是指人民法院根据债权人的申请，依据生效的法律文书，对作为公司股东的被执行人持有的该公司股份或股权所采取的一种强制转让措施。股权的执行表现形式为通过司法拍卖和变卖程序对股权进行变价，实质上是对股权的强制转让。无论是强制转让还是设立质押，均是作为法律关系的客体存在，而股权本质上既然指向股东地位或股东法律关系，既包括各具体股东权利，又内含各项股东义务要素，缘何能将股东法律关系抽象成概括性股权概念，从而作为民事法律行为和民事执行行为的客体？这需要从法教义学上寻找答案。张双根教授认为，股东权利要素在功能上居于主宰地位，各义务要素仅起辅助性作用，在法教义学意义上，股东地位之股权化，在于股权得成为权利客体，从而便利股权让与、股权质押、强制执行等制度的构建。股东地位借助“股权”概念，得以进入私法上的客体制度领域，成为客体理论中的“第二序列的权利客体”，尤其得成为处分行为之客体。如此一来，在股权转让与股权设质等股权处分行为、股权之成为强制执行的客体、股权能否受侵权法保护等具体制度问题的讨论中，股东法律关系权利化理论，遂具有不可替代的法教义学构建与阐释功能。①

无论股权作为一种法律关系，还是作为基于出资而形成的权利，股权首先是一种财产权利，具有资本性和流转性。② 股权作为执行标的具有适格性。

当股权作为执行行为客体的正当性证成后，股权作为权利束，执行的标的是股权的全部权利内容还是财产性质的自益权，有观点认为，股权的执行仅限于股权中的自益权内容，不包括共益权。但是，股权作为权利综合体，不可分

① 参见张双根：《论股权的法律性质——以成员权之法教义学构造为中心》，载《中外法学》2023 年第 3 期。

② 参见唐学兵：《股权强制执行中的利益平衡》，载《人民法院报》2021 年 12 月 29 日，第 7 版。

割转让,共益权自然属于被处分对象范畴,

尽管实证法允许股权设立质押、承认股权让与担保,但本质上也是股东权利与股东地位分离的结果。股东所享有的各项具体股东权利,仍然禁止从其股东地位或概括性股权中分离出去,这在德国法上称为"股权与股东地位禁止分离原则",对内含于概括性股权的各具体权利,不得单独转让给他人,国家执行机关或者私法上的第三人亦不得单独对某项具体股东权利采取查封、扣押、冻结、拍卖等措施。"禁止分离原则"既指向股东的管理性权利,也指向股东的财产性权利。倘若允许股东将某项具体权利转让给他人,该项股东权利即与股东地位发生分离:若所转让者为表决权等股东管理权的情形,这势必会导致不具有股东身份者参与决定公司意思之形成,自治即有转成他治的危险,公司自治原则必然在根基上遭到破坏;若所转让者为分红权等股东财产权的情形,受让人不必受制于附着于股东地位的股东义务,即使仅依自己之需求向公司主张相应的财产权,也会影响、干扰公司经营安排与规划,甚至会导致公司经营管理的失控。①

实践中,如果执行对象只限于股权中的自益权,股权受让人就没有行使共益权的资格,当原股东怠于行使权利时,作为受让人的新股东的利益难以实现;反之,如果只执行股权中的共益权,受让人由于没有受益请求权,也就没有行使共益权的积极性。

三、股权作为执行客体的难点

股权尽管作为执行客体,从学说和理论上能够得到认可,但在制度层面,用来规制执行股权的法律和司法解释、指导意见非常稀少,存在许多规则空白,加上执行股权与《公司法》等实体法律规定交织在一起,专业性强,法律关系也更复杂,实践中,执行人员往往对其望而却步。股权执行的难点主要集中四个方面:一是冻结规则不明确。冻结股权应该向股权所在公司还是公司登记机关送达冻结手续,抑或向两个单位都要送达冻结手续,由于冻结规则不明确,实践中做法不一,尤其是在不同法院向不同协助单位送达冻结手续时,如

---

① 参见张双根:《论股权的法律性质——以成员权之法教义学构造为中心》,载《中外法学》2023 年第 3 期。

何确定冻结先后顺序，存在很大争议。二是评估难。由于公司和被执行股东拒不配合，或者股权所在公司本身缺乏评估所需的有关材料，大量被冻结股权因未能评估而无法进行处置，造成司法和社会资源浪费。三是拍卖难。评估难导致大量股权无法确定起拍价，难以进入拍卖程序。另外，在公司注册资本认缴制下，对于未届出资期限的股权能否强制变价，变价后，后续出资义务应该由谁来承担；对于法律、行政法规、部门规章等限制自行转让的股权，人民法院能否强制变价；对于变更登记需要行政审批的股权，应该如何协调强制执行与行政审批之间的关系，也亟待明确。四是反规避执行难。股权被冻结后，被执行人为规避执行，与其他股东恶意串通或者利用其对公司的控制地位，恶意贬损被冻结股权的市场价值，如将公司名下仅有的土地使用权、房屋等不动产或者商标权、专利权低价转让，使公司成为空壳，股权价值贬损。在交付股权的案件执行中，公司在交付前先进行增资，大幅度降低交付股权的比例，使债权人受让股权后丧失对公司的控制权等。①

第三节　股权执行的立法演进

股权已成为除不动产等传统财产类型外现代社会的财富重要载体。早在国民政府时期，就已将有限公司股东之出资额、股份有限公司未发行股票之股份以及合伙人之股份的执行纳入立法范围。但因强制执行法与公司法等实体法相互交织致使民事执行法律关系颇为复杂，法律和司法解释关于强制执行股权内容少有规定，且相关规定分散在民事诉讼法、民法典、公司法、证券法等不同部门法中，人民法院关于执行股权的案件也缺乏系统全面的操作规程。

一、《股权执行规定》出台前阶段

1987 年《最高人民法院关于审理涉港澳经济纠纷案件若干问题的解答》（已废止）第 7 条第 4 项规定："香港、澳门地区的当事人被判决败诉的，如果

---

① 参见何东宁、邵长茂等：《〈最高人民法院关于人民法院强制执行股权若干问题的规定〉的理解与适用》，载《中国应用法学》2022 年第 2 期。

在内地有投资兴办的独资企业、合资经营企业或者合作经营企业而没有其他财产可供执行的，可以其投资所得的利润偿还债务，一般不宜以其投资清偿债务，确实必要的，应商得内地合资方或合作方和有关方面的同意，通过转让投资权益的方式进行。"这是我国股权强制执行的法律雏形。①

1992年最高人民法院给湖南省高级人民法院的《关于被执行人以其全部资产作股本与外方成立合资企业的应当如何执行问题的复函》(法函〔1992〕114号)中提出，为有利于改革开放，在征得合资对方同意后可强制执行被执行人在合资企业中享有的部分股权。该复函中所指的转让并非通过拍卖变卖的形式，而是以抵债的形式转让给申请执行人。但考虑合资企业的特殊性，该复函还提出，合资方享有优先受让权；合资方不同意转让股权的，可分期分批执行被执行人从合资企业分得的红利及其他收益。必要时可以先对红利及其他收益采取保全措施。

1998年《执行规定》首次以司法解释的形式确定有限责任公司的股权，股份有限公司的股份，中外合资、合作经营企业中的投资权益或股份，独资开办的法人企业中的投资权益均可成为强制执行的标的。第52条规定："对被执行人在其他股份有限公司中持有的股份凭证(股票)，人民法院可以扣押，并强制被执行人按照公司法的有关规定转让，也可以直接采取拍卖、变卖的方式进行处分，或直接将股票抵偿给债权人，用于清偿被执行人的债务。"第53条及第54条规定，人民法院可以冻结被执行人在有限责任公司、其他法人企业中的投资权益或股权。但需遵守《公司法》关于股权转让的规定，征得全体股东过半数同意后，才能以拍卖、变卖或以其他方式转让。同时允许被执行人自行转让其投资权益或股权。中外合资、合作经营企业中的投资权益或股份，需要征得合资或合作他方的同意和对外经济贸易主管机关的批准才可转让。但若已无其他财产可供执行的，在保障合资或合作方优先购买权的前提下，人民法院可强制执行。1998年《执行规定》制定时，市场经济刚刚建立，股权在当事人财产权中的比重不断提升，胜诉债权人对股权的强制执行需求十分迫切，但此阶段的股权执行坚持的是财产除尽原则，持十分慎重的态度。

为配合1998年《执行规定》的实施，1999年国家工商行政管理局(现为国

① 参见童兆洪主编：《民事强制执行新论》，人民法院出版社2001年版，第307页。

家市场监督管理总局）出台《关于协助人民法院执行冻结或强制转让股权问题的答复》（已废止），明确了企业登记机关对人民法院实施的冻结或转让股权提供协助的义务。但在协助执行的程度上仍有所保留，人民法院判决或裁定以拍卖、变卖或其他方式将股权转让给债权人或第三人，要求登记机关协助执行的，登记机关不能直接办理，而是通知企业限期办理，逾期不办理的，给予行政处罚。

随着国有企业改革的深入，人民法院受理上市公司相关的国有股、社会法人股的民事纠纷案件增多，为解决国有资本在退出部分领域和产业的过程中国有资产不流失问题，2001 年最高人民法院出台《国有股和法人股规定》，对国有股和社会法人股的冻结、评估和拍卖等司法处置流程和方式作出特别规定，这是我国第一次专门就强制执行有关上市公司的股权程序制定较为详细、具体的司法解释。

2004 年《拍卖变卖规定》第 4 条明确了股权评估过程中人民法院有权责令有关企业提供会计报表等资料，有关企业拒不提供的，可以强制提取，试图解决司法实务中因资料不易获取导致的股权评估难问题。

同年出台的《查扣冻规定》对查封、扣押、冻结财产进行了全面系统的规范，人民法院可以查封、扣押、冻结被执行人占有的动产、登记在被执行人名下的不动产、特定动产及其他财产权。股权即属于“其他财产权”，该规定进一步明确股权强制执行的方式。

2005 年《公司法》修订时明确了在强制执行程序中转让股权的规则，人民法院应当通知全体股东，其他股东在同等条件下有优先购买权。其他股东自人民法院通知之日起满 20 日不行使优先购买权的，视为放弃优先购买权。即司法强制执行股权程序仍应遵循《公司法》关于股东优先购买权的规定。

纵观上述股权执行规范的立法沿革，股权执行规则是伴随社会经济的发展及对股权这种财产形式认识的不断深入而逐步完善的，但在股权强制执行司法解释出台之前，有关股权执行的相关法律规定、司法解释仍过于简单，而且部分规则存在一定的冲突。实践中，各地法院对于个案的处理意见和做法也不统一。

二、《股权执行规定》的出台背景

为统一股权执行的法律适用，解决司法实践中的司法尺度多元问题，依法保障当事人、利害关系人的合法权益,最高人民法院于 2021 年 12 月 20 日出台了《股权执行规定》,该司法解释为全国法院提供了具体、统一的操作规范。最高人民法院在总结、重申既有规则的基础上,又增设股权执行的新规则,对股权执行实践中长期存在的疑难问题,如股权冻结、股权价值的评估与拍卖变卖、股权价值被恶意贬损的应对措施、交付股权类案件执行提供了较为清晰的解决路径。《股权执行规定》是第一部系统规定有限责任公司股权执行和未在证券交易所或"新三板"上市的股份有限公司股份执行的司法解释。作为 2021 年第二批全国法院执行领域突出问题集中整治的建章立制的成果,成为切实解决"执行难"过程中建章立制的务实举措。

为解决股权执行难题,在基本解决"执行难"期间,最高人民法院执行局就启动了对无形财产执行中争议较大的有限责任公司股权执行问题单独制定司法解释的工作。在制定过程中,最高人民法院执行局相关同志,以及北京、上海、浙江、江苏、重庆等地法院的业务骨干对初稿进行反复讨论修改;邀请多位程序法、实体法领域知名专家进行研究论证;召开股权执行司法解释逐条讨论会和股权执行问题专门研讨会,对其中的重点条文进行研讨;同时,还向市场监管总局、银保监会、国资委、资产评估协会以及最高人民法院相关部门、各地法院执行局书面征求意见。2018 年年底,最高人民法院执行局公布了《最高人民法院关于人民法院强制执行股权若干问题的规定(征求意见稿)》(以下简称《股权执行规定(征求意见稿)》)。自 2019 年开始,最高人民法院执行局牵头起草《民事强制执行法(草案)》,强制执行股权是其中一项重要内容。为确保《股权执行规定》与《民事强制执行法(草案)》相协调,在此期间暂时中止了《股权执行规定》的起草工作。此后,随着《民事强制执行法(草案)》起草工作接近尾声,就执行股权问题也已基本达成共识。起草单位根据前期征求意见情况和《民事强制执行法(草案)》讨论的情况,又经反复打磨修改,形成送审稿,并于 2021 年 11 月 15 日提交最高人民法院审判委员会讨论通过。[①]这部司法解释的出台,对统一股权执行法律适用和执行程序、解决股权执行难题具有里程碑意义。

---

① 参见何东宁、邵长茂等:《〈最高人民法院关于人民法院强制执行股权若干问题的规定〉的理解与适用》,载《中国应用法学》2022 年第 2 期。

三、《民事执行法草案》关于股权执行的规定

2022 年 6 月 21 日提请全国人大常委会审议的《民事强制执行法（草案）》第十二章，规定了对股权等其他财产权的执行，涉及股权和股票方面的只有两个条文，且仅就查封登记和增资减资行使表决权、如何行使优先购买权问题作出了规定。

四、《股权执行规定》的适用范围

（一）适用范围为有限责任公司股权和部分股份有限公司股份

《股权执行规定》适用于有限责任公司股权、部分股份有限公司股份，排除的主要是上市公司股票和股份公开转让的非上市公众公司股份，即《股权执行规定》第 1 条后半段所说的“但是在依法设立的证券交易所上市交易以及在国务院批准的其他全国性证券交易场所交易的股份有限公司股份除外”。从强制执行的角度看，有限责任公司的股份和非上市且未在“新三板”交易的股份有限公司的股份虽有差别，但对其冻结、变价的规则基本相同。与之相对，上市公司股份因具有专门的登记和交易场所，市场价格亦比较透明，冻结、变价等规则与前两者截然不同。在“新三板”交易的股份有限公司股份则介于有限责任公司股权和上市公司股份之间，对其的冻结、变价规则与上市公司股份类似。在证券交易所上市的是上市公司股份，除我国香港、澳门特别行政区及台湾地区外，我国现有上海证券交易所、深圳证券交易所、北京证券交易所这三家证券交易所。“在国务院批准的其他全国性证券交易场所交易的股份有限公司股份”目前指的是股票公开转让的非上市公众公司股份。《非上市公众公司监督管理办法》第 4 条规定，公众公司公开转让股票应当在全国中小企业股份转让系统（“新三板”）进行。2018 年《股权执行规定（征求意见稿）》中，曾用“在证券交易所上市交易以及在全国中小企业股份转让系统挂牌转让的股份有限公司股份，不适用本规定”的表述。当时我国的证券交易所仅有上海证券交易所和深圳证券交易所，2021 年 9 月国务院批准设立了北京证券交易所。该条文后来调整为“在国务院批准的其他全国性证券交易场所”，具有前瞻性，为未来新设立的全国性证券交易场所预留了空间。

在三大证券交易所上市的公司股份以及在“新三板”交易的公司股份一

般都在中国证券登记结算有限责任公司(以下简称中登公司)登记存管,司法冻结通常直接由中登公司完成,不需要通过公司登记机关。目前中登公司已分别为上海市场、深圳市场、北京市场制定了专门的协助执法业务指南,规则较为清晰完备。有限责任公司股权以及其他股份有限公司股份的冻结问题是《股权执行规定》的主要规制对象。

(二)其他投资权益参照适用

《股权执行规定》第 18 条规定:"人民法院对被执行人在其他营利法人享有的投资权益强制执行的,参照适用本规定。"依照《民法典》第 76 条规定,营利法人是以取得利润并分配给股东等出资人为目的成立的法人,包括有限责任公司、股份有限公司和其他企业法人等。公司是营利法人的一种,所以对被执行人在其他营利法人享有的投资权益的执行,可以参照适用《股权执行规定》。

(三)《股权执行规定》同样适用于保全执行

就人民法院查封、扣押、冻结行为而言,保全执行与终局执行没有本质区别,所以在财产保全过程中对被保全人的股权进行冻结的,当然也要适用《股权执行规定》。[①]

---

① 参见何东宁、邵长茂等:《〈最高人民法院关于人民法院强制执行股权若干问题的规定〉的理解与适用》,载《中国应用法学》2022 年第 2 期。

第二章　股权执行的基本原则

股权执行的原则，是指在股权执行活动中起指导作用且执行法院、当事人和其他参与人应当遵循的准则。《股权执行规定》作为一部以问题为导向、侧重为股权执行活动提供具体操作指引的司法解释，只有 19 个条文，并未专门就股权执行的原则作出系统规定。股权执行的原则须以《股权执行规定》为样本，结合民事执行基本原则、《民事诉讼法》等程序法以及《公司法》等实体法，深入分析、归纳和提炼。

一、强制执行的基本原则

我国的强制执行法仍在起草过程中，2019 年 10 月最高人民法院发布的《民事强制执行法（草案）（征求意见稿）》、2021 年 4 月最高人民法院发布的《民事强制执行法（草案）（讨论稿）》、2022 年 6 月提交立法机关审议的《民事强制执行法（草案）》，都规定了强制执行的基本原则。对于强制执行的基本原则，学者们也进行了概括和提炼，主要是：(1) 执行根据法定原则（以生效的法律文书为根据）；(2) 强制执行与说服教育相结合原则；(3) 全面保护当事人合法权益原则（保护双方当事人合法权益原则）；(4) 执行及时原则（迅速及时原则）；(5) 强制执行权由法院独立行使原则；(6) 申请执行与依职权执行相结合原则；(7) 执行当事人地位不平等原则；(8) 协助执行原则（强制执行与协助执行相结合原则）；(9) 执行标的有限原则（执行标的特定原则）；(10) 立执兼顾与审执配合原则；(11) 执行经济原则；(12) 执行合法原则；(13) 正确处理执行工作与社会安定关系原则；(14) 被执行人生存权之保障原则；(15) 各债权人之间实行平等清偿原则；(16) 执行程序非依法不得停止原则；(17) 执行处分原则;(18)执行穷尽原则;(19)执行检察监督原则;(20)执行比例原则。[①]

2019年《民事强制执行法(草案)(征求意见稿)》规定了六条原则,分别为:法院执行与协助执行原则、依法执行原则、执行效率原则、执行比例原则、科技执行原则和法律监督原则;2021年《民事强制执行法(草案)(讨论稿)》调整为:执行依法原则、执行高效原则、比例原则、科技执行原则、协助执行原则和法律监督原则。两者对比,除一些表述和顺序的调整外,最大的变化就是把法院执行原则予以删除;2022年《民事强制执行法(草案)(审议稿)》在第2条至第8条共计7个条文中规定了民事执行基本原则,即诚信原则、执行依法原则、执行高效原则、比例原则、科技执行原则、协助执行原则和法律监督原则,在之前的基础上增加了诚信原则。

本书认为,学理上对强制执行基本原则的归纳,普遍具有时代特征,与其当时执行工作所处阶段息息相关,而随着"基本解决执行难"这一阶段性目标的实现,执行工作环境发生了重大变化,一些在当时可以指导执行工作的基本原则在当前的时代背景下已不适宜。《民事强制执行法(草案)》,经过了多轮研究论证,所形成的基本原则反映了理论界与实务界的最新共识。

强制执行的基本原则必须以明确强制执行程序与民事诉讼程序之间的关系为前提。无论单独的民事强制执行法是否出台,强制执行都不能脱离民事诉讼程序,仅适用于审判程序的原则,比如,审判权由人民法院独立行使和人民法院依照法律规定独立行使审判权原则,自愿合法调解原则,实行合议、公开审判和两审终审原则,辩论原则等,不宜作为民事强制执行的原则;但是其他如以事实为根据、以法律为准绳原则,当事人在适用法律上一律平等原则,回避原则,使用民族语言文字原则,民族自治地方制度变通和补充规定原则,以及处分原则,同等和对等原则,是审判和执行程序通用的原则,由于其并非

① 参见常怡主编:《强制执行理论与实务》,重庆出版社1990年版,第68~70页;刘家兴编著:《民事诉讼教程》,北京大学出版社1982年版,第324页;柴发邦主编:《民事诉讼法学新编》,法律出版社1992年版,第438页;王怀安主编:《中国民事诉讼法教程》,人民法院出版社1992年版,第441~443页;李春林主编:《中国民事诉讼法理论与实践》,北京出版社1993年版,第393~396页;李广湖:《执行工作中的经济原则》,载《人民司法》1999年第1期;江必新主编:《强制执行法理论与实务》,中国法制出版社2014年版,第64~73页;孙加瑞:《中国强制执行制度概述》,中国民主法制出版社1999年版,第77~83页。

强制执行的特有原则,因此也没有必要在立法中专门确定。不同版本的《民事强制执行法(草案)》将《宪法》作为立法依据,并未把《民事诉讼法》列为依据,只在附则中规定:"民事强制执行,本法没有规定的,适用民事诉讼法的有关规定。"《民事诉讼法》中可以适用于执行程序的基本原则,无须在强制执行法中规定。因此,既然《民事诉讼法》第 14 条已规定"人民检察院有权对民事诉讼实行法律监督",第 246 条亦规定"人民检察院有权对民事执行活动实行法律监督"。是否仍有必要把检察机关的法律监督专门作为强制执行的基本原则,写入民事强制执行法仍有争论。

鉴于《民事强制执行法(草案)》第 8 条将民事执行检察监督原则纳入,本书主要以该法为准,认为强制执行的基本原则包括诚信原则、执行依法原则、执行效率原则、执行比例原则、协助执行原则、科技执行原则、检察监督原则。

(一)诚信原则

诚信原则在民事强制执行法中体现为两方面:一是民事主体应当自觉履行民事生效法律文书确定的义务,二是在执行活动中应当遵循诚信原则。将诚信原则作为民事强制执行基本原则之首,突出体现了国家加强社会诚信体系建设的决心以及战略定位。诚信原则入法是在十三届全国人大常委会于 2018 年 9 月将"民事强制执行法"列入立法规划二类项目之后出现的新发展和新认识。但诚信原则是否应当纳入执行基本原则在目前学界争议较大,任重教授认为,作为诚信原则具体内容的自觉履行有较为浓重的道德色彩,通过社会诚信的提倡引导义务人自动满足生效法律文书确定的债权,有可能会使执行机构将不自觉履行作为强制执行的前置条件反而提高了执行门槛,有加剧执行"申请难"的制度风险。①

(二)执行依法原则

强制执行是通过国家公权力的介入实现对公民私权的救济,必须严格依照法律的明确规定进行。执行依法原则是指强制执行必须以生效法律文书为依据,依照法定程序和方式开展执行工作。该原则是《民事诉讼法》以事实为

① 参见任重:《我国民事执行基本原则:功能重塑与系统整合》,载《中国应用法学》2022 年第 5 期。

依据、以法律为准绳原则在强制执行中的具体体现①,包括三层含义:首先,执行必须以生效的法律文书为依据,没有执行依据或者执行依据尚未生效,不能启动执行程序;所采取的执行措施也是为了实现执行依据的内容,不能脱离执行依据随意采取执行措施。其次,执行必须依照法定程序推进。在尊重当事人处分原则的同时,无论是执行程序的开始、中止、推进还是终结都必须符合法律规定,严格按照法律规定的方式进行。比如,采取强制执行措施时,执行员应当出示证件。执行完毕后,应当将执行情况制作笔录,由在场的有关人员签名或者盖章。又如,人民法院查封、扣押财产时,被执行人是公民的,应当通知被执行人或者他的成年家属到场;被执行人是法人或者其他组织的,应当通知其法定代表人或者主要负责人到场。拒不到场的,不影响执行。被执行人是公民的,其工作单位或者财产所在地的基层组织应当派人参加。最后,执行方式和执行对象必须合法。强制执行的对象只能是义务人的财产和行为,不包括义务人的人身。执行被执行人财产时,应当注意保障其基本人权,如对生活必需用品和费用执行豁免。同时,执行措施的法定化要求人民法院及其执行人员应按照《民事诉讼法》第252条至第266条规定采取执行措施。

(三)执行效率原则

执行效率原则,是指强制执行应当及时、连续进行,非因法定情形、非经法定程序,不得停止。与审判程序侧重公正不同,执行程序更加注重效率。在当事人权利义务经过审判或仲裁等程序确认后,因债务人拒绝履行义务而进入执行程序,人民法院应当迅速、及时推进执行程序,确保债权人的利益早日实现,更好地促进经济社会发展。执行效率原则具有三层含义:第一,对债权人申请执行或审判人员移送执行的案件,人民法院应当及时审查、及时启动强制执行程序、采取执行措施,直至执行依据确定的给付内容全部履行完毕时结束执行程序;第二,在进入执行程序后,强制执行应当不间断地进行,不得随意停止,各个阶段的执行行为都要在法定期限内进行和完成,不能久拖不决;第三,人民法院要穷尽执行措施,只有在对被执行人财产进行了必要的调查,采取了查封、扣押、冻结、拍卖、变卖等执行措施后,仍然不能足额兑现债权人利益的,符合终本条件的,才能以终本方式结案。

① 参见孙加瑞:《中国强制执行制度概述》,中国民主法制出版社1999年版,第83页。

（四）执行比例原则

比例原则是指强制执行应当公平、合理、适当，兼顾当事人之间、当事人和利害关系人之间的合法权益，不得超过实现执行目的所需的必要限度。虽然之前对于执行程序是否适用比例原则存在争议①，但近年来理论界和实务界的认识趋于统一，特别是《善意文明执行意见》明确提出执行工作要“坚持比例原则，找准双方利益平衡点，避免过度执行”，并就如何合理选择执行财产、灵活采取查封措施、严禁超标的查封等提出了指导意见。比例原则对执行人员在执行中出现相互冲突的法益如何进行权衡具有重要指导价值，《股权执行规定》第5条“人民法院冻结被执行人的股权，以其价额足以清偿生效文书确定的债权额及执行费用为限，不得明显超标的额冻结……”第10条“被执行人申请自行变价被冻结股权，经申请执行人及其他已知债权人同意或者变价款足以清偿执行债务的，人民法院可以准许……”以及第12条“……但是股权所在公司经营严重异常，股权明显没有价值的除外……”就是比例原则的具体体现。比例原则具有以下含义：一是合目的性原则，即强制执行权的行使要符合行为目的的达成，避免无益执行。无益执行、无益拍卖等执行行为，因所查封、拍卖的财产在扣除执行费用、优先债权、税收之后，已无剩余，申请执行人不获清偿，人民法院的无益执行除造成执行当事人的时间、精力、费用的支出以及司法资源的浪费外，对达成执行目的无任何意义。二是最少侵害性原则，即在达成执行目的的多个方法中，应选择对被执行人或利害关系人侵害最少的措施，人民法院要考量是否存在其他损害较小的且能满足执行债权的手段。比如，在被执行人责任财产的执行顺位上，要按责任财产的类型、执行的难易程度来妥当确定执行顺位；在责任财产的数额上，要奉行相当性原则，不得超标的查封、拍卖；在具体执行措施的选择上，应选择损害最小的措施。若执行债权数额不大，依强制管理处分责任财产的用益物权即可清偿债权时，就没有必要实施强制拍卖来处分责任财产的所有权。三是相称性原则，即执行行为所追求的目的或利益与所使用的执行措施方法，不能造成被执行人的过度负担，人民法院应斟酌被执行人的财产状况、履行能力，以及被执行人因执行行为所受损害与申请执行人所欲实现的利益是否显失公平，对二者

① 参见江必新主编：《强制执行法理论与实务》，中国法制出版社2014年版，第71页。

进行必要的利益衡量。比如,基于被执行人及其所扶养家属的生存权高于执行债权的价值判断,其生活必需费用和生活必需品成为法定豁免执行的财产;比如,考虑自由法益与财产法益的位阶,小额债权的执行,不宜轻率地以拘留债务人或者搜查债务人的人身、住宅等剥夺自由法益的方式进行,但被执行人拒绝报告财产或报告不实,瞒报、虚报财产状况,藐视司法权威,或者有能力履行而拒不履行,甚至隐匿、转移财产,逃避执行的除外;在衡量申请执行人和被执行人的利益时,可以遵循必要的量化指标。①

(五)协助执行原则

协助执行原则,是指任何国家机关、企事业单位、社会团体和个人,都应当对人民法院的强制执行行为积极地予以协助和配合。执行工作需要其他国家机关和个人的协助,但是由于部门保护主义、法治观念不健全和法律规定不明确等原因,早期一些地方和部门拒不配合人民法院执行工作,甚至非法干预人民法院执行工作,为此中央专门转发了《中共最高人民法院党组关于解决人民法院"执行难"问题的报告》,对各地区各部门支持、配合人民法院执行工作提出了明确的要求。近年来,特别是开展"基本解决执行难"工作以来,中央进一步加强对执行工作的领导,人民法院的执行工作环境发生了较大变化,各地区各部门抗拒执行、拒不协助执行的现象减少,但由于执行工作是一项系统工程,特别在财产查控、对被执行人的联合惩戒方面,都离不开各部门的支持与配合,因此有必要把协助执行作为一项原则确立下来。为切实贯彻和落实协助执行原则,一是有关国家机关、社会团体、企事业单位和个人,应当依法协助执行机构进行调查和执行生效法律文书,即将协助执行规定为一项法定义务;二是明确违反该义务的法律责任,即有法定协助执行义务的有关单位或个人在接到协助执行通知书后,如果拒绝协助执行,可以依法追究其相应责任,通过设立和加大制裁力度来强化协助执行义务的履行。

此外,还有科技执行原则,是指强制执行应当充分运用现代科学技术。该原则主要体现在人民法院运用信息化技术、人工智能开发和建设执行查控系统以及执行案件流程管理,关于检察监督原则,本书也不再展开论述。

---

① 参见江必新主编:《强制执行法理论与实务》,中国法制出版社2014年版,第73~75页。

二、股权执行的原则

股权执行本质上是一种强制执行程序下的股权转让和处分，因国家公权力介入私权纠纷，可能会改变公司内部的法律关系，难免对公司正常生产经营带来影响，个别情况下可能会对公司利益造成重大影响。股权的执行既要遵循前述的执行诚信、执行依法、执行效率、执行比例、协助执行、科技执行等基本原则，也要遵循《公司法》的基本原则，在实现申请执行人债权的同时，也要保护公司、股东以及公司其他债权人的利益。应当说，正是因为与《公司法》等实体法的交织，决定了股权执行原则的独特性。目前对股权执行原则的论述较少，归纳起来主要有：(1)以登记为执行股权认定标准原则；(2)股东财产与法人财产相分离原则；(3)执行财产自由选择原则；(4)拍卖优先、协议转让例外原则；(5)保护优先购买权原则(优先受让原则、保护性原则)；(6)资本维持原则；(7)利益平衡原则(债权人利益与公司秩序兼顾原则)；(8)替代处分原则。①

以登记为执行股权认定标准原则，是指当出资证明、股东名册、公司注册登记文件等对股权记载有冲突的情况下，应当以登记作为被执行人股权的认定标准。因为公司的登记对社会具有公示、公信效力，善意第三人有权信赖公司登记机关的登记文件，即便该登记有瑕疵，第三人仍可认为是真实的，可要求所登记的股东承担责任，这是商法公示主义与外观主义的体现。登记虽然不具有权证功能，仅有宣示性功能，但从维护交易稳定与安全考虑，应当统一股权的认定标准。由于股东名册和出资证明书等是公司内部的法律性文件，无法担负保护善意第三人的功能，因此执行股权必须坚持以登记为准的原则。② 本书认为，《股权执行规定》第 4 条第 1 款明确，人民法院冻结股权时，可以冻结股权所在公司的章程、股东名册等资料，公司登记机关的登记、备案信息，国家企业信用公示系统的公示信息载明的属于被执行人的股权，体现了

---

① 参见童兆洪：《民事执行调查分析》，人民法院出版社 2005 年版，第 472 页；陈国利：《股权强制执行问题初探》，载《法治研究》2007 年第 9 期；蔡世军：《股权强制执行的基本原则》，载《人民司法》2007 年第 3 期；戴俊勇：《论强制执行中的有限责任公司股权处分原则》，载《人民司法》2006 年第 10 期。

② 参见蔡世军：《股权强制执行的基本原则》，载《人民司法》2007 年第 3 期。

以外观作为执行标的权属的判断规则。根据《公司法》的有关规定，无论是有限责任公司还是股份有限公司，其股权均不采用登记生效主义，股东可以依据股东名册、公司章程或者股票等行使股东权利，也就是说，在公司登记机关的登记之外，还存在其他可以判断权属的书面材料。《股权执行规定》并未采纳以登记为股权权属认定标准，而是把所有显示被执行人股权的资料都作为冻结时的依据，以更充分地保护债权人利益。当这些记载被执行人股权的资料发生冲突时，案外人基于实体权利对被冻结股权提出排除执行异议的，人民法院应当依照案外人异议进行审查。也就是说，在执行中，基于执行标的的非抗辩性特征，人民法院仅需从形式上初步判断是否属于被执行人股权即可实施冻结，案外人提出异议的，人民法院进行实体审查。至于异议审查阶段以何标准来判断股权权属，则未必以登记为认定标准，因此，不能把以登记为股权权属认定标准作为股权执行的原则。

执行财产自由选择原则，是指在被执行人有多项可供执行的财产时，应当允许申请执行人自由选择执行财产的顺序。如果申请执行人认为被执行人所持有的股权易于执行，人民法院就应当首先执行股权。[①] 该观点从本质上与财产除尽原则是一致的，其目的都是及时充分实现债权人利益。虽然所有责任财产都对执行债权的实现发挥一般担保功能，债权人可以在金钱债权数额范围内请求对被执行人的不同财产或者财产先后顺序采取执行措施，不宜人为设定财产的执行顺位，更不允许由被执行人确定不同财产的执行顺位，只要申请执行人确定的执行顺序不明确造成执行迟延或者违背比例原则，人民法院应当遵循。[②] 但是人民法院应当根据效率原则和比例原则对执行财产的顺位进行判断，在股权执行普遍较其他财产执行难度大，且容易造成公司及其他债权人利益受损的情况下，应当对申请执行人的执行财产自由选择权施予必要限制，防止申请执行人恶意确定执行顺位，这也是善意文明执行理念的要求。故执行财产自由选择不能作为股权执行的原则。

资本维持原则又称资本充实原则，是公司法的三大基本原则之一，是指公司在存续过程中应维持与其资本总额相当的财产。资本维持原则是为了保护

---

① 参见蔡世军:《股权强制执行的基本原则》,载《人民司法》2007 年第 3 期。

② 参见肖建国主编:《民事执行法》,中国人民大学出版社 2014 年版,第 98 页。

公司债权人的利益,确保公司本身经营活动的正常开展。该原则要求股权执行不得引起公司资本和总股本的变化,从而影响公司的正常经营运转,即强制执行不得采取股东撤资的方式实现。本书认为,该原则和股东财产与公司财产相分离原则有重合之处,可以将该原则的有关精神合并到股东财产与公司财产相分离原则之中,且目前股权主要通过拍卖方式处置,实践中通过股东撤资的方式执行股权的做法少之又少,故无须单独将资本维持列为股权执行的原则。

拍卖优先、协议转让例外原则,是指执行股权应当优先采取拍卖的方式变价,一般不采用协议转让的方式变价。拍卖优先是司法解释和司法政策文件明确规定的原则。《国有股和法人股规定》第 8 条第 3 款明确"人民法院执行股权,必须进行拍卖",且《拍卖变卖规定》第 2 条明确"人民法院对查封、扣押、冻结的财产进行变价处理时,应当首先采取拍卖的方式";《善意文明执行意见》亦提出,"在坚持网络司法拍卖优先原则的基础上,综合考虑变价财产实际情况、是否损害执行债权人、第三人或社会公共利益等因素,适当采取直接变卖或强制变卖等措施"。本书认为,拍卖优先、协议转让例外不适宜作为股权执行的原则。首先,《股权执行规定》先是在第 10 条对被执行人自行变价被冻结股权作出规定,后在第 11 条至第 15 条对拍卖股权作出规定,这个安排与上述"适当采取直接变卖或强制变卖等措施"的精神是一致的,并未能体现出拍卖优先、自行变卖例外,而是希望被执行人自行主动通过变卖股权来清偿债务,以节约司法资源、避免强制拍卖对公司生产经营的不利影响。其次,这仅仅是财产变价程序中的一个原则,并不能对整个股权执行程序起指导作用。

保护优先购买权原则,是指在执行有限责任公司股权时,应当依照《公司法》的规定保护其他股东的优先购买权。本书认为,保护优先购买权过于具体、明确,不适宜作为指导性的法律原则,更不能直接承载股权执行的价值目标。

至于利益平衡原则、债权人利益与公司秩序兼顾原则,本书将其归入全面平等保护原则之中,使执行股权的原则更有指导意义。而替代处分原则,是指在执行股权中,如被执行人或第三人提出以其他财产替代股权或者提供其他担保,人民法院应当予以允许。这个原则完全可以纳入财产除尽原则。

综上所述,本书认为,股权执行的原则包括:全面平等保护原则、财产除尽原则、股权与公司财产相分离原则。

（一）全面平等保护原则

全面平等保护原则，是指股权执行在保护申请执行人利益、全力实现债权的同时，也要注重被执行人、公司、公司其他股东以及其他债权人的利益保护，尽量降低执行对公司正常生产经营、被执行人、其他股东及债权人合法权益的不利影响。

强制执行的目的在于及时充分地实现申请人的债权。因此，执行股权的过程中，首先，要加大执行力度，依法对被执行人的股权采取冻结、变价措施，保障申请执行人的债权。《股权执行规定》坚持问题导向，针对困扰股权执行的冻结规则不明确、评估难、拍卖难、反规避执行难提出了解决方案，比如，评估机构根据现有材料无法出具评估报告的，经申请执行人书面申请人民法院可以根据具体情况以适当高于执行费用的金额确定起拍价，被执行人、利害关系人以瑕疵出资、未届出资期限、自行转让受限等为由请求不得强制拍卖的，不予支持，都可以看出人民法院为实现申请执行人债权，想方设法推进股权变价的决心与努力，《股权执行规定》自始至终贯穿着如何最大限度保障申请执行人债权的理念。其次，股权执行要注重利益平衡，尽可能降低对被执行人的不利影响，更不得违法损害被执行人的合法权益。比如，不得明显超标的额冻结被执行人股权，不得超标的处置被执行股权，在符合一定条件情况下允许被执行人自行变价股权，充分体现了被执行人权益保护的价值追求，也是比例原则和善意文明执行理念的体现。最后，作为一种无形财产，股权执行具有很强的涉他性。股权执行除涉及申请执行人、被执行人的利益外，还涉及公司、公司其他股东、公司其他债权人的利益。由于有限责任公司的人合性特点，股东之间的信任关系是公司设立、运行的重要保证，股东的改变将有可能直接导致股东间信任关系的瓦解，从而直接损害其他股东与公司的利益。因此，在保障申请执行人债权、保护被执行人合法权益的同时，也要依法保护企业产权，最大限度地降低执行措施对公司正常经营的影响，保证其他股东权益免受损害。《股权执行规定》既贯彻了协助执行原则，对股权所在公司应当积极协助和配合人民法院工作提出明确要求，也就如何降低对公司经营的影响进行了精心的制度设计。比如，司法解释设计的“事先报告”和“事后救济”规则，在努力防范被冻结股权价值被恶意贬损的同时，也对公司的正常经营行为保持了最大的司法克制。变更股权登记需要相关部门审批的，买受人竞得股权后，只有在取得审批手续的情况下，人民法院才会为其出具成交裁定，以防止不符合条件的股东进入公司而给公司后续经营造成不利影响。此外，其他股东合法权益的保护，也是执行股权必须考虑的因素。限于篇幅，《股权执行规定》并未追求"大而全"，未将有关执行股权的规则全部囊括在内①，未就如何保护股东优先购买权作出规定。但《公司法》第 72 条已有关于强制执行股权时保护股东优先购买权的条款，②保护股东优先购买权是全面平等保护原则的重要内容。保护股东优先购买权，不仅是对被执行人以外其他股东利益的保护，也是对有限责任公司人合性、公司秩序的保护。

全面平等保护原则要求对申请执行人、被执行人、公司、其他股东、其他债权人的合法权益予以全面平等的保护，不能片面地只保护一方利益而忽略另一方利益。平等保护与申请人、被执行人的地位不平等原则并不冲突。执行程序中，申请执行人享有债权，可以申请法院强制执行并接受清偿，被执行人负有履行义务和容忍法院采取强制措施的义务。申请执行人与被执行人的权利和义务不是对等的，在执行中的地位也不是平等的。强制执行固然是为了实现申请执行人的债权，是利用国家公权力维护申请执行人私法利益的行为，在价值追求上是倾向保护申请执行人的，但是对于执行过程中的被执行人以及其他主体的合法权益，也应当予以平等保护。

全面平等保护原则要求，一是要严格适用《股权执行规定》，努力破解股权冻结、评估、拍卖等过程中的障碍，在如何变现股权上下功夫，不得随意以终本方式结案；二是要坚持比例原则，秉持善意文明理念，不得超标的冻结、拍卖被执行人股权，在一定情形下允许被执行人自行变卖股权，不得违法损害被执行人的权益；三是要充分评估执行股权对公司生产经营的影响，考虑有限责任

---

① 参见何东宁、邵长茂等：《〈最高人民法院关于人民法院强制执行股权若干问题的规定〉的理解与适用》，载《中国应用法学》2022 年第 2 期。

② 《股权执行规定（征求意见稿）》第 16 条：人民法院拍卖有限责任公司股权时，应当根据公司法第七十二条规定，在拍卖公告发布三日前以书面或者其他能够确认收悉的合理方式，通知公司及其他股东，并特别提示其他股东可以行使优先购买权。其他股东同等条件下行使优先购买权的具体方式，适用《最高人民法院关于人民法院网络司法拍卖若干问题的规定》第十六条、第十九条、第二十一条相关规定。

公司人合性特征，保护其他股东的优先购买权，对于上市股份有限公司要尽量避免因执行造成的股价大幅波动，尽最大可能保证公司日常经营秩序。

（二）财产除尽原则

财产除尽原则，是指只有当被执行人无其他财产可供执行或者其他可执行财产不足以清偿债务时，才能对被执行人所持有的股权采取强制执行措施，就是在执行顺序上股权应排在最后，也称财产穷尽原则、股权执行居次原则。关于股权执行是否应遵循财产除尽原则，理论及司法实务界一直存在争议，立法层面对此较为慎重，目前并无明文的法律规定，此次《股权执行规定》也未体现。但最高人民法院的司法解释对某些特殊股权的执行确实采取更为严格和审慎的态度。例如，1998 年《执行规定》第 55 条规定的被执行人在中外合资、合作企业中的股权。① 再如，《国有股和法人股规定》第 4 条第 1 款规定："人民法院在审理案件过程中，股权持有人或者所有权人作为债务人，如有偿还能力的，人民法院一般不应对其股权采取冻结保全措施。"第 8 条第 1 款规定："人民法院采取强制执行措施时，如果股权持有人或者所有权人在限期内提供了方便执行的其他财产，应当首先执行其他财产。其他财产不足以清偿债务的，方可执行股权。"虽然该规定的适用对象是上市公司国有股和社会法人股，但支持股权除尽原则者认为也应参照适用于有限责任公司股权以及股份有限公司股份。

股权除尽原则的主要优势有二：第一，提高执行效率，保障债权人权益。相比于其他财产，有限责任公司的股权评估历来是个难题，而且还涉及股东优先购买权等事宜，执行股权耗时普遍较长，放着其他更容易执行的财产不顾而选择执行股权，不符合效率原则，也不符合申请执行人的利益需求；第二，维护公司的人合性，保持公司秩序的稳定，更好地维持其他股东利益。执行股权往往不可避免地会对公司的生产经营造成影响，大型的上市公司和非上市股份有限公司如此，小规模的、人合性更强的有限责任公司更是如此。"对不同类别的财产实施执行时，应当注意执行顺序的合理性，尽量减少执行给债务人带来的震荡。"②上市公司大股东的相对稳定是上市公司经营和发展的前提条

---

① 该条在《执行规定》2008 年修正时被删除。

② 谭秋桂：《民事执行法学》，北京大学出版社 2005 年版，第 56 页。

件，只有上市公司稳定发展，才是对中小投资人利益的最大保护。同样，有限责任公司、非上市股份有限公司和中外合资、合作企业的稳定发展，才是对股东利益的最大保护。为使执行股权对公司、股东及其他债权人的影响降到最低，就必须对股权强制执行的启动条件作出严格限制①，财产除尽原则正是起到了这样的限制作用，将其他可执行财产置于股权之前，尽可能消除损害其他股东利益的隐患。该原则虽然在执行顺序上限制了股权执行的空间，但这种限制是出于对人合性的保护以及对公平的维护，是一种合理的限制。②

但财产除尽原则并非有利无弊，反对该原则的观点认为，财产除尽原则违背财产处分自由、过于机械和僵化以及偏袒被执行人利益，超过比例原则必要限度。而且，财产除尽原则所谓的优势也缺乏正当性及合理性。首先，公司的人合性并不属于国家利益社会公共利益，无权优先于债权得到保护。而且股权变动是市场活动中的正常风险，股东主动退出与被动退出，对其他股东而言并无实质差别。股东更换影响人合性，更多的是基于公司性质的一种推论，并无实证数据支撑。其次，股权相较于其他财产并不存在处置上的复杂性，《财产处置价规定》全面构建的参考价确定体系以及最高人民法院建立的司法评估机构名单库能有效破解股权评估难的问题。因势利导，股权处置如若确实耗费时间长、花费大、难度高，申请执行人自然会慎重选择执行股权，无须在立法层面作出强制性规定，反而挤压了执行程序灵活应对此问题的空间。如果要求财产除尽方能执行股权，是否意味着申请执行人需要穷尽调查手段，这对并不掌握查控资源的申请执行人而言并不现实。此外，僵化、机械地执行财产除尽原则，对愿意以股权变现清偿债务的被执行人来说，无疑是“好心办了坏事”。

对股权执行的顾虑主要源自对公司其他股东产生的影响以及处置的难度，但并不构成股权执行不可逾越的障碍。从平衡各方利益、效率与公平的角度，除尽的提法过于绝对，有条件地、慎重地执行股权更为妥当，③就其具体适

---

① 参见江达、孙慧杰：《有限责任公司股权强制执行的障碍》，载《西南石油大学学报（社会科学版）》2020 年第 6 期。

② 参见江达、孙慧杰：《有限责任公司股权强制执行的障碍》，载《西南石油大学学报（社会科学版）》2020 年第 6 期。

③ 参见李家军：《涉股权执行中财产除尽原则之辨析与改造》，载《法律适用》2022 年第 5 期。

用而言：一是在被执行人确无其他可执行财产（包括有可供执行财产已变现但尚无法清偿债务的情况），或有财产但处置难度及成本超过执行股权，或是处置行为严重影响被执行人及其抚养的家庭成员的生活，或损害国家、社会公共利益等情况下，应当执行股权；二是针对被执行人提出以其他财产代替执行，或者以第三人代偿或者提供担保等方式，请求解除股权冻结或停止处分股权的，人民法院在审查其真实性与可行性，并征得债权人同意后，应当准许；三是在股权较其他财产更易执行或执行当事人同意或事先有约定的情况下，可优先强制执行股权。[①] 例如，对于持股占比较低（如低于5%）的被执行人的上市公司流通股，由于上市公司股东人数较多，股东经常发生变动，且处置其股权亦无须公告，亦不存在优先购买权的情况，执行股权较其他财产更为便利。

（三）股权与公司财产相分离原则

股权与公司财产相分离原则，是指股权不等同于公司财产，执行股权时只能执行股东在公司享有的股权，不得直接执行公司的财产。

《股权执行规定》第2条规定："被执行人是公司股东的，人民法院可以强制执行其在公司持有的股权，不得直接执行公司的财产。"这条规定明确了股权与公司财产相分离原则。《公司法》第3条第1款规定："公司是企业法人，有独立的法人财产，享有法人财产权。公司以其全部财产对公司的债务承担责任。"公司成为独立法律主体的关键在于享有独立于股东财产（包括股权）的法人财产。[②] 公司作为具有法人地位的组织，具有独立的民事权利能力和民事行为能力，对外独立承担民事责任，拥有独立、完整的财产权。股权是股东基于股东身份对公司依法享有的资产收益、参与重大决策和选择管理者等权利。股东出资是一种转移所有权的法律行为，股东一旦将自己的财产出资于公司，即丧失了财产所有权而取得了股权，公司拥有股东出资形成公司资本的所有权，公司财产既非某一股东的个人财产，也非全体股东的共同财产，而是公司自身的财产。被执行人和股权所在公司是两个不同的法律主体，股权与公司财产是各自独立的不同的财产权。同样，股东个人债务也不等同于公

---

① 参见赵旭东主编：《公司法学》，高等教育出版社2015年版，第244页。

② 参见刘俊海：《现代公司法》（第3版），法律出版社2015年版，第15页。

司债务，公司不对股东的债务负责。作为被执行人财产的仅是其所持有的股权，而非股权所在公司的财产。股东无权直接处置公司资产，其行使股权财产性权益只能通过处分股权或者收取投资权益来实现。把股东债务等同于公司债务，直接执行股权所在公司的财产，不仅违背《公司法》关于公司人格独立、财产独立的规定，而且导致公司资产的减少，破坏资本维持原则，侵害公司及其他股东和其他债权人的利益。因此，人民法院只能执行股东持有的所在公司的股权或者投资权益，而不能直接执行股东所在公司的财产。

虽然一人有限责任公司只有一名股东，从公司独立法人和股东有限责任考虑，公司财产与股东财产仍不能混为一谈，不能直接对一人有限责任公司的财产强制执行。直接执行公司财产会使公司自身债务的担保财产随之减少，从而损害公司债权人的利益，使公司的资产状况和支付能力陷入一种经常性的不定状态，影响善意第三人的利益和市场交易的安全。具体而言，当被执行人持有的一人有限责任公司股权价值大于未执行标的金额时，只能在该标的范围内部分转让股权。转让后，受让人与被执行人共同成为公司的出资人，一人有限责任公司变为普通的有限责任公司。当股权价值等于或者小于未执行标的金额时，一人有限责任公司股权全部转让，受让人取代被执行人成为一人有限责任公司的全额投资人，该公司仍为一人有限责任公司。

如果申请执行人认为被执行人利用公司股东身份转移公司财产稀释股权价值，可以提起撤销权诉讼，撤销该转让行为，或者确认转让行为无效，使相关财产重新回到被执行人股权所在公司，再要求法院对股权进行变价。

三、股权执行原则的理解与运用

（一）结合程序法和实体法来理解和运用

股权执行既涉及《民事诉讼法》等程序法，又涉及《公司法》等实体法，股权执行的原则是在依法执行、执行效率、执行比例、协助执行、科技执行等强制执行的基本原则之下，结合《公司法》的有关规定提炼出来的。依法执行原则在全面平等保护原则和股权与公司财产相分离原则中都得到了充分体现，贯穿于股权执行的全过程。《公司法》关于有限责任公司人合性的保护、公司法人财产独立、资本维持等规定，要求股权执行必须坚持全面平等保护原则，公司法人财产独立和资本维持必须坚持股权与公司财产相分离原则。在理解和运用股权执行原则时，必须将强制执行法和《公司法》《民法典》等实体法有机结合起来，既遵循强制执行的一般原则，又遵循《公司法》对保护有限公司人合性、保护股东优先购买权等方面的规定，既要符合程序正义，又要符合实体正义。

（二）结合法人的不同类型来理解和运用

全面平等保护、股权与公司法人财产相分离原则适用的范围与《股权执行规定》所调整的法人范围一致，但对于在证券交易所上市交易以及在国务院批准的其他全国性证券交易场所交易的股份有限公司股份是否也适用？全面平等保护、股权与公司法人财产相分离原则同样适用于这两种类型的股份有限公司股份，我们认为，股权与公司法人财产相分离原则适用于所有有限责任公司、股份有限公司和营利性法人，而全面平等保护原则在适用于股份有限公司时与有限责任公司有一定区别，有限责任公司具有较强的人合性，而股份有限公司主要体现为资合性，因此执行股份有限公司股份时不存在保护股东优先购买权的问题，限制亦相较有限责任公司要小。财产除尽原则可作为执行有限责任公司、股份有限公司和其他营利法人股权、股份的考量因素，但对在证券交易所上市交易以及在国务院批准的其他全国性证券交易场所交易的股份有限公司股份而言，由于这些股份的执行往往可能比其他类型财产更为便利、高效，对公司稳定性的影响并不比执行其他类型财产大，没有必要兼顾财产除尽原则，以更好地保障胜诉债权。因此，要结合法人的不同类型适用股权执行的原则，注意不同类型法人在适用这些原则时的差别，才能做到准确无误。

（三）结合《股权执行规定》的具体条款来理解和运用

《股权执行规定》除股权与公司财产相分离原则之外，并未对全面平等保护原则和财产除尽原则作出规定，这两个原则是从有关法律、政策文件和司法实践中提炼出来的。要把股权执行的原则融合在《股权执行规定》的具体条文中。比如，在股权的冻结、评估、变价等方面，既要想方设法破解评估难题，又要防止超标的冻结；既要通过拍卖将股权变现用于清偿债权，又应当允许符合条件的被执行人自行变卖股权，这是全面平等保护原则的要求和体现。又如，在被执行人责任财产的执行顺位上，如果被执行人确有其他方便执行的财产可供执行时应当不执行股权，执行中被执行人提供其他财产替代执行的，应予准许。

第三章　股权、股票作为执行标的物的管辖

生效法律文书的一审法院和财产所在地法院管辖是执行管辖的一般原则。财产所在地是确定执行管辖法院的连接点之一。股权、上市公司股票以及非上市公司股份的执行管辖上，对"财产所在地"的理解尚存分歧，尤其是上市公司股票作为执行标的物，执行地域管辖如何确定，即股票所在地如何确定，在司法实务中多有争议，法律及相关司法解释也未作明文规定。

通过梳理法律法规、最高人民法院司法解释与个案复函、上海市高级人民法院相关疑难解答、上海市金融法院相关规定、深圳市中级人民法院办案指引、相关案例及其裁判观点，以上市公司住所地作为上市公司股票的"财产所在地"最为适宜。具体而言，以被执行股权所在地确定管辖法院的，股权所在地是指股权所在公司的住所地；以被执行的上市公司股票所在地确定管辖法院的，股票财产所在地是指发行该股票的上市公司住所地，以股权、上市公司股票作为执行标的物的执行案件的管辖法院为第一审人民法院，或者与一审法院同级的案涉股权所在公司的住所地、股票所在上市公司住所地的人民法院。

法律依据

《股权执行规定》第3条　依照民事诉讼法第二百二十四条[①]的规定以被执行股权所在地确定管辖法院的，股权所在地是指股权所在公司的住所地。

《最高院〔2010〕执监字第16号复函》　……"证券登记结算机构所在地"作为财产所在地不妥，应当以发行股票公司（上市公司）所在地认定为上市公

① 《民事诉讼法》第235条。

司股票的财产所在地。其中的本院认为部分:“证券登记结算机构是为证券交易提供集中登记、存管与结算服务的机构,但证券登记结算机构存管的仅是股权凭证,不能将股权凭证所在地视为股权所在地。由于股权与其发行公司具有最密切的联系,因此,应当将股权的发行公司住所地认定为该类财产所在地,深圳中院将证券登记结算机构所在地认定为上市公司的财产所在地予以立案执行不当。”

《民事诉讼法》第 235 条 发生法律效力的民事判决、裁定,以及刑事判决、裁定中的财产部分,由第一审人民法院或者与第一审人民法院同级的被执行的财产所在地人民法院执行。法律规定由人民法院执行的其他法律文书,由被执行人住所地或者被执行的财产所在地人民法院执行。

《仲裁法解释》第 29 条 当事人申请执行仲裁裁决案件,由被执行人住所地或者被执行的财产所在地的中级人民法院管辖。

《公证执行规定》第 2 条 公证债权文书执行案件,由被执行人住所地或者被执行的财产所在地人民法院管辖。前款规定案件的级别管辖,参照人民法院受理第一审民商事案件级别管辖的规定确定。

《公司法》第 10 条 公司以其主要办事机构所在地为住所。

《民事诉讼法解释》第 3 条 ……法人或者其他组织的住所地是指法人或者其他组织的主要办事机构所在地。法人或者其他组织的主要办事机构所在地不能确定的,法人或者其他组织的注册地或者登记地为住所地。

《民法典》第 63 条 法人以其主要办事机构所在地为住所。依法需要办理法人登记的,应当将主要办事机构所在地登记为住所。

《市场主体登记管理条例》第 11 条第 1 款 市场主体只能登记一个住所或者主要经营场所。

《上海高院问题解答》第 3 个问题第 6、7 项 上市公司流通股,以上市公司的住所地、主要营业地、主要办事机构所在地为财产所在地,由托管证券公司的营业部所在地法院执行更为方便的,也可以以托管证券公司的营业部所在地为财产所在地,不应因股票在上海证券交易所进行交易或者在中国证券登记结算公司上海分公司进行登记结算而认为财产所在地在上海法院辖区。非流通股,以非流通股所涉及的法人、其他组织的住所地、主要营业地、主要办事机构所在地为财产所在地。

《深圳中院股票执行指引》第2条 被执行的财产系上市公司股票的，在确定执行管辖法院时应当以该上市公司住所地为《中华人民共和国民事诉讼法》第二百二十四条①所规定的“被执行的财产所在地”，不能以存管该上市公司股票的证券登记结算机构所在地为“被执行的财产所在地”。

制度研究

证券登记结算机构是为证券的发行和交易活动办理证券登记、存管与结算服务的中介服务机构，不以营利为目的。《证券法》第159条规定，证券持有人持有的证券，在上市交易时，应全部存管在证券登记结算机构。实践中，有的法院将负责托管证券的登记结算机构所在地作为股权、股票财产所在地确定管辖依据，导致该登记结算机构所在地的法院执行案件激增。

股票所在地的认定问题上主要存在三种观点：第一种观点是将登记结算机构所在地作为股票财产所在地②，认为投资者证券账户是记录证券持有及变动情况的载体，依据《证券法》第157条和第150条的规定，我国采用证券直接持有模式，作为被执行人的投资者是直接的权利人，并且股票存管于登记结算机构。因此，被执行人持有的股票由证券登记结算机构存管，宜将登记结算机构所在地认定为执行标的所在地。该观点在司法实践中已不被采纳。第二种观点是将股票的托管券商的法人登记地、营业部所在地作为股票财产所在地，该观点曾经被部分法院采纳，但已并非司法实践中的主流观点。第三种观点是将发行股票的公司住所地作为股票财产所在地，这是现在司法实践中的主流做法，为《股权执行规定》第3条所采纳。

理解与适用

以被执行股权所在地确定管辖法院的，股权所在地是指股权所在公司的住所地，该执行管辖的规则源于《最高院〔2010〕执监字第16号复函》，该复函

① 《民事诉讼法》第235条。

② 参见张异冉：《上市公司股票执行的三个疑难问题》，载《人民法院报》2019年4月4日，第8版。

虽属于具体个案的请示答复,但无相反法律解释的情况下,人民法院办理同类案件应当参照该复函处理。

一、股权所在地的含义

从公司纠纷管辖的法律规定看,因公司设立、确认股东资格、分配利润、解散等纠纷提起的诉讼,由公司住所地人民法院管辖。执行管辖上,发行公司的住所地与股权具有最密切的联系,故应将股权的发行公司住所地认定为该类财产所在地。股票所代表的财产所在地应当是该股票的发行公司的住所地,而不是股票的托管地。[①] 将股票的登记结算地作为财产所在地这一观点无疑混淆了股权的物质载体所在地和股权所在地的区别。

公司住所地不一定是公司登记信息上的注册地址,也不一定是公司注册、登记机关所在地。法律法规规定以公司主要办事机构所在地为住所。依照《公司法》第 10 条"公司以其主要办事机构所在地为住所"、《市场主体登记管理条例》第 11 条第 1 款"市场主体只能登记一个住所或者主要经营场所"以及《公司法》第 10 条、《民事诉讼法解释》第 3 条第 2 款、《民法典》第 63 条等规定的"股权所在公司的住所地"应指"股权所在公司的主要办事机构所在地"。基于股权与公司之间的密切关系,将公司的主要办事机构所在地作为其住所,也更方便执行股权。

综上所述,以股权、上市公司股票作为执行标的物的执行案件的管辖法院为第一审人民法院,或与第一审法院同级的股权、上市公司股票所在地法院,其中股权所在地是指股权所在公司的住所地(主要办事机构所在地);股票财产所在地是指发行该股票的发行公司住所地(主要办事机构所在地)。

二、需要注意的问题

《股权执行规定》第 3 条与《最高院〔2010〕执监字第 16 号复函》在适用过程中,需注意以下问题:

在确定执行股权、股票案件的管辖法院时,法律赋予申请执行人一定的选择权,导致出现审判管辖法院与执行管辖法院分离的情形,在选择执行管辖法

---

① 参见江苏省扬州市中级人民法院执行裁定书,(2017)苏 10 执异 46 号。

院时首先选择被执行人财产所在地法院，避免法院的异地执行或者委托执行。

如被执行人以股权所在公司住所地与该公司主要办事机构所在地不一致为由，提出管辖异议或者主张执行法院相关法律文书送达地址有误，应当如何处理？我们认为，法人登记具有公示公信效力，法人应当依照《民法典》第63条规定，将主要办事机构所在地登记为住所，法人依法登记后，又以其登记的住所与其主要办事机构所在地不一致为由，提出管辖异议或者主张人民法院相关法律文书送达地址有误的，不予支持。①

关于主要办事机构所在地，实践中通常通过公司的宣传、租赁合同、业务往来合同记载、公司主要人员名片记载地址信息予以判断，②当公司的主要办事机构所在地、注册地或者登记地出现不一致时，只有在公司的主要办事机构所在地不能确定的情况下，才以其注册地或者登记地为住所地。

上市公司如果出现注册地址与主要办事机构所在地（住所地）不一致的情况，需结合上市公司公告、上市公司年报、关于办公地址的公告、该公司涉诉生效裁判文书中记载的住所地信息、第三方审计机构出具的审计报告、保荐机构出具的意见等证据材料判断发行公司住所地，即公司主要财产所在地。

操作指引

当事人可以依法选择有管辖权连接点的法院，即被执行人住所地或者被执行的财产所在地法院申请执行，但不能协议改变法定的执行管辖法院。

审判前沿

一、以股票的登记结算机构所在地作为被执行财产所在地

股票的登记结算机构所在地，包括上海、深圳、北京三地。上海证券交易所和中国证券登记结算有限公司上海分公司位于上海；深圳证券交易所和中

---

① 参见最高人民法院民法典贯彻实施工作领导小组主编：《中华人民共和国民法典总则编理解与适用》，人民法院出版社2020年版，第331页。

② 最高人民法院（2019）最高法民辖终212号案，就依据房产权属证明、物业管理协议、物业缴费凭证以及办公用房照片等认定该公司主要办事机构所在地在北京市海淀区。

国证券登记结算有限公司深圳分公司位于深圳；中国证券登记结算有限公司及其北京分公司、全国中小企业股份转让系统位于北京。

该观点曾被深圳市中级人民法院在中华乐业有限公司与唐山钢铁集团有限责任公司仲裁裁决一案中认可，该院以上市公司持有的证券在上市交易前存管于中国证券登记结算有限责任公司深圳分公司为由认定深圳市为被执行人的财产所在地，受理了当事人一方的执行申请。但该案最终被最高人民法院撤销，该做法在司法实践中已不被采纳。

二、以该股票的托管券商的法人登记地、营业部所在地作为被执行财产所在地

《上海高院问题解答》认为股票财产所在地是指该股票的托管券商处，包括券商的法人登记地、营业部所在地，该观点在少数案件中采用。

案例1　大申集团有限公司、信达证券股份有限公司合同、无因管理、不当得利纠纷执行审查案

【裁判要旨】

股票所代表的财产所在地应当是该股票发行公司的住所地，不能将证券登记结算机构所在地认定为上市公司的财产所在地予以立案执行。

【案例索引】

(2018)最高法执复43号

【基本案情】

(2018)最高法执复43号案中，大申集团有限公司与信达证券股份有限公司的争议焦点为是否应当依据最高人民法院执行局的个案答复，即《最高院〔2010〕执监字第16号复函》作出该公证债权文书执行案属于上海法院管辖的认定，被执行股票的财产所在地应如何确定。

【裁判观点】

公证机关依法赋予强制执行效力的公证债权文书，由被执行人住所地或被执行的财产所在地人民法院执行。上海市高级人民法院认定本案被执行的财产所在地为上海，并据以行使执行管辖权是否正当。本案被执行的财产为中毅达公司发行的股票。关于股票财产所在地的问题，目前并无法律或司法解释明文规定。因股票所代表的股权财产价值需要通过该股权的发行公司实现，故《最高院〔2010〕执监字第16号复函》认为，股票所代表的股权财产所在地应当是该股票发行公司的住所地。该函虽是个案答复，但在无相反法律解释的情况下，其他案件可以参照该答复的原则和精神处理。《上海高院问题解答》中的“非流通股，以非流通股所涉及的法人、其他组织的住所地、主要营业地、主要办事机构所在地为财产所在地”的意见，与上述复函意见是一致的。同时，该院并未仅以中毅达公司股票在中国证券登记结算有限责任公司上海分公司进行登记结算为由而认为财产所在地在上海法院辖区。本案上海市高级人民法院参照上述复函意见，以发行案涉股票的中毅达公司的住所地上海为被执行股票的财产所在地，并无不当。

案例2 吴某展诉冯某琪所有权确认纠纷案

【裁判要旨】

股票财产所在地为券商营业部所在地。

【案例索引】

(2018)沪01民辖64号

【裁判观点】

吴某展与冯某琪就B股证券账户内股票及资金的财产所有权发生纠纷，鉴于冯某琪居住在国外，本案依法应由诉讼标的物所在地或可供扣押财产所在地人民法院管辖。本案双方系争的股票账户在海通证券上海建国西路营业部(徐汇区)开户，诉讼标的物及可供扣押财产所在地位于上海市徐汇区，故徐汇区人民法院有管辖权。

案例3 方正证券股份有限公司与杨某杰、赵某等合同纠纷执行案

【裁判要旨】

以托管股票的机构所在地认定为被执行财产所在地。

【案例索引】

(2018)湘执复171号

【裁判观点】

我国法律有关执行管辖的规定,其价值取向在于方便执行法院经济、高效地实现申请执行人的胜诉权益,原则上以被执行人住所地和被执行财产所在地法院来确定执行管辖。被执行人住所地和财产所在地不在同一辖区法院的,各执行法院均具有执行管辖权。如当事人对执行管辖权有异议的,由在先受案的法院取得执行管辖权。本案已执行的被执行人杨某杰名下的乐视网股票因杨某杰与方正证券之间的股票质押回购交易,而由方正证券予以托管,天心区人民法院为方正证券营业部所在地法院,天心区人民法院执行由方正证券托管的乐视网股票具有方便和快速的地域优势。故方正证券营业部所在地可确定为本案被执行财产所在地,天心区人民法院对本案具有执行管辖权。股票存在质押托管情形,不宜参照适用《最高院〔2010〕执监字第16号复函》中的观点,以托管股票的机构所在地认定为被执行财产所在地。

【要点评析】

股票财产所在地是指该股票的托管券商处,包括券商的法人登记地、营业部所在地,部分法院以此为标准确定执行管辖,但并非司法实践中的主流做法,应属在特殊情况下便于执行的例外,不能以此作为确定诉讼管辖或者执行管辖的依据。

三、以发行股票的公司住所地作为被执行财产所在地

案例4　大申集团有限公司、信达证券股份有限公司合同、无因管理、不当得利纠纷执行审查案

【裁判要旨】

股票所代表的股权财产所在地应为该股票发行公司的住所地。

【案例索引】

(2018)最高法执复43号

【裁判观点】

关于股票财产所在地的问题,目前并无法律或司法解释明文规定。因

股票所代表的股权财产价值需要通过该股权的发行公司实现，故《最高院〔2010〕执监字第16号复函》认为，股票所代表的股权财产所在地应当是该股票发行公司的住所地。该函虽是个案答复，但在无相反法律解释的情况下，其他案件可以参照该答复的原则和精神处理。《上海高院问题解答》中的“非流通股，以非流通股所涉及的法人、其他组织的住所地、主要营业地、主要办事机构所在地为财产所在地”的意见，与最高人民法院上述复函意见是一致的。同时，上海市高级人民法院并未仅以中毅达公司股票在中国证券登记结算有限责任公司上海分公司进行登记结算为由而认为财产所在地在上海法院辖区。

案例5　鸿达兴业集团有限公司、江苏琼花集团有限公司股权转让纠纷执行审查案

【裁判要旨】

股票的托管地和实际扣划地为连接点确定管辖权的主张，并未得到法律或司法解释所确认，应以发行股票公司的住所地为被执行的股权财产所在地。

【案例索引】

(2017)最高法执监453号

【裁判观点】

因证券登记结算机构或者从事证券经纪业务的机构所登记、结算、托管的仅是作为股权凭证的股票，而股票所代表的股权财产价值需要通过该股权的发行公司实现，故《最高院〔2010〕执监字第16号复函》认为，股票所代表的股权财产所在地应当是该股票发行公司的住所地。鸿达集团关于以股票的托管地和实际扣划地为连接点确定管辖权的主张，并非法律或司法解释所确认的观点。因此，本案扬州市中级人民法院参照该复函意见，以发行案涉股票的鸿达股份公司的住所地为被执行的股权财产所在地，并无不当。

第四章 股权作为责任财产的识别

法律依据

《股权执行规定》第4条 人民法院可以冻结下列资料或者信息之一载明的属于被执行人的股权：

（一）股权所在公司的章程、股东名册等资料；

（二）公司登记机关的登记、备案信息；

（三）国家企业信用信息公示系统的公示信息。

案外人基于实体权利对被冻结股权提出排除执行异议的，人民法院应当依照民事诉讼法第二百二十七条①的规定进行审查。

《规范执行与协助执行通知》第9条第1款、第2款 人民法院对股权、其他投资权益进行冻结或者实体处分前，应当查询权属。人民法院应先通过企业信用信息公示系统查询有关信息。需要进一步获取有关信息的，可以要求工商行政管理机关予以协助。

《规范执行与协助执行通知》第10条 人民法院对从工商行政管理机关业务系统、企业信用信息公示系统以及公司章程中查明属于被执行人名下的股权、其他投资权益，可以冻结。

《异议复议规定》第25条第1款第4项 对案外人的异议，人民法院应当按照下列标准判断其是否为权利人……（四）股权按照工商行政管理机关的登记和企业信用信息公示系统公示的信息判断。

---

① 《民事诉讼法》第238条。

制度研究

形式化原则已成为民事执行中对财产权属判断的基本规则。人民法院在执行实施程序中，具有初步认定执行标的物是否为债务人所有之权能，以执行标的物之存在外观，债务人之实际占有状况，以形式上为判断认定，大概属债务人所有为已足，不以确实为债务人所有为必要。[①] 执行程序与审判程序不同，价值取向更侧重于效率，因此，只对执行标的权属进行外观上的审查，执行实施程序的目的是迅速、及时控制和处置被执行人的财产，财产归属的外观判断，符合执行程序非因法定原因不得停止、不得中断的基本原则。

遵循形式化的原则，以权利外观主义作为判断标准，股权不同于动产、不动产等其他有形财产，公示公信是关于物权变动的基本原则，对已登记的不动产应以登记为准，对动产则以占有或交付为准。权利外观主义"由德国商法学者首倡，是指以交易当事人行为的外观为准来认定其交易行为的效果"[②]。

因股权可以通过一定形式的载体予以表彰，当执行标的为股权时，执行程序识别其权属的判断标准主要为权利外观主义。在既往的执行实践中，人民法院原则上以公司登记机关的登记和公示信息为主、辅以公司章程，对股权的权利人作出认定，继而采取执行措施。股权执行司法解释继续坚持责任财产的外观主义识别标准，只要是法律和司法解释规定范围内的权利外观载体，能够为冻结被执行人的股权提供直接的权属识别依据，人民法院就可以采取执行措施，至于股权真实权利人的判定，最终可通过执行异议程序解决。

公司法上，拥有股权的前提需要具备股东资格，可以将股东资格的确认程序作为认定股权的前置程序，但股东资格的确认是实体法应当解决的问题，应当放到公司法层面上考量，而强制执行法律制度应当与实体法的有关规定相协调，以维护法律体系的内在统一性。[③] 无论是确定股东资格、股东身份还是股权归属，既要调谐商法规则和民法规则，也要遵循公司法理论上商法规则与

---

① 参见赖来焜：《强制执行法总论》，台北，元照出版有限公司 2007 年版，第 418 页。

② 肖建国：《论执行标的的实体权属的判断标准——以案外人异议的审查为中心的研究》，载《政法论坛》2010 年第 3 期。

③ 参见赵晋山：《〈最高人民法院关于人民法院民事执行中拍卖、变卖财产的规定〉的理解与适用》，载最高人民法院执行工作办公室编：《强制执行指导与参考》总第 12 集，法律出版社 2005 年版。

民法规则应有之界分，在认定股东资格、股权权属的执行程序中，应当优先适用商法规则，商法规则未设特别规定者，可补充适用民法规则，由此才能发现和判断不同权利载体对确认股权归属的内在价值。[①]

理解与适用

一、确认股权权属的形式标准

从股东资格确认开始认定股权归属，各国公司法及其理论研究确立实质要件说和形式要件说两种标准，所谓实质要件说指的是以是否履行出资义务作为确定股权资格的标准，形式要件说是指以股东是否被记载于公司章程、出资证明书、股东名册、公司登记等形式要件作为确定股东资格的标准。[②]

从《公司法》规定看，能够表明股东身份的载体主要有股票、公司章程、股东名册、公司登记、企业信用信息公示、出资证明书等。关于依法应当在证券登记结算机构登记的股权，表现形式为股票，发行、转让受到证券监督管理机构的监管，股票的过户、结算、托管等行为应当通过证券登记结算机构办理。[③]因此，上市公司股权归属，应以证券登记结算机构登记的账户名称为准。对于有限责任公司与非上市股份公司股权，因公司章程、股东名册、公司登记、企业信用公示信息等均能够彰显股权的静态存在，可以作为人民法院在执行中识别股权的一般标准。实际上，《股权执行规定》保留了此前人民法院根据公司登记机关登记、备案信息、企业信用信息公示系统公示信息和公司章程对股权权属进行识别的做法，又增加了股东名册等其他文件作为判断标准，使股权的形式化识别标准更加多元化。

（一）公司章程

公司章程是由发起设立公司的投资者制定的，并对公司、股东、公司经营

---

① 参见江必新主编:《强制执行法理论与实务》，中国法制出版社 2014 年版，第 670 页。

② 参见赵旭东主编:《新公司法讲义》，人民法院出版社 2005 年版，第 148 ~ 150 页。

③ 参见王胜明主编、全国人大常委会法制工作委员会民法室编著:《中华人民共和国物权法解读》，中国法制出版社 2007 年版，第 487 ~ 488 页。

管理人员具有约束力的，调整公司内部组织关系和经营行为的自治规则。[①] 公司章程是公司设立的必备文件，是公司经营行为的基本准则。[②] 股东姓名或名称、出资方式和出资额都属于有限责任公司章程必要记载事项，股权发生转让而改变股东姓名或名称时，也需要修改公司章程，重新予以记载，以反映股东及其股权的实际情况。

公司章程具有法定性、公开性和自治性特征。公司章程的称谓和形式有所不同，但能反映股东（或发起人）及其出资额的信息，并有股东签名、盖章。因此，公司章程不仅可以作为判断相关主体是否取得股东资格的标准，也可以作为人民法院认定股权权属的依据。

（二）股东名册

股东名册是指有限责任公司依据公司法的规定必须具备的用以记载股东及其所指股份数量、种类等事宜的簿册。[③] 我国公司法上，股东名册采取法定主义原则，应记载股东姓名或者名称及住所、出资额出资证明书编号等事项。股东名册主要作用是便于公司接受查询、向股东发放股利、登记股东股权的转让情况等，对公司和股东具有约束力，公司和股东应当依据股东名册行使权利和承担义务。股东名册首先具有确定股东身份的效力。首先，记载于股东名册上的股东才享有股东对公司的各项权利。其次，股东名册具有公示的效力，公司应当将股东的姓名或者名册及其出资额向公司登记机关登记。登记事项变更的，应当办理变更登记，未经登记或变更登记，不得对抗第三人。再次，股东名册具有推定股东和公司关系的效力以及公司免责的效力，即使出资发生转让，但未将受让人的姓名或名称记载于股东名册的，不得以转让对抗公司。

---

① 参见赵旭东主编：《公司法学》，高等教育出版社 2003 年版，第 295 页。

② 《公司法》第 25 条：有限责任公司章程应当载明下列事项：（一）公司名称和住所；（二）公司经营范围；（三）公司注册资本；（四）股东的姓名或者名称；（五）股东的出资方式、出资额和出资时间；（六）公司的机构及其产生办法、职权、议事规则；（七）公司法定代表人；（八）股东会会议认为需要规定的其他事项。股东应当在公司章程上签名、盖章。

③ 《公司法》第 32 条第 1 款：有限责任公司应当置备股东名册，记载下列事项：（一）股东的姓名或者名称及住所；（二）股东的出资额；（三）出资证明书的编号。《公司法》第 130 条：公司发行记名股票的，应当置备股东名册，记载下列事项：（一）股东的姓名或者名称及住所；（二）各股东所持股份数；（三）各股东所持股票的编号；（四）各股东取得股份的日期。发行无记名股票的，公司应当记载其股票数量、编号及发行日期。

从股东名册的法律效力看，股东名册不是以其记载来确认股权本身，不是确定谁为真正股东的权利所在的根据，其不过是确认推定谁可以无举证主张股权的“形式上资格的证据”①。股东名册虽并不调整公司和外部第三人之间的关系，但因公司法规定其具有公示性，故可以作为认定股权权属的形式标准。

（三）公司登记、备案

公司登记是指公司在设立、变更、终止时，由申请人依法向公司注册登记机关提出申请，登记机关审查无误后予以核准并记载法定登记事项的行为。因此，公司登记又可分为设立登记、变更登记和注销登记。② 以公司登记行为的强制性程度不同，公司登记立法可分为强制登记主义与任意登记主义。前者的特征是只有依法履行了公司登记程序才能取得公司人格，未经登记不得从事经营活动。依据《市场主体登记管理条例》第 3 条“市场主体应当依照本条例办理登记。未经登记，不得以市场主体名义从事经营活动。法律、行政法规规定无需办理登记的除外”的规定，我国采取的是强制登记主义。强制登记主义下，法定登记事项一经登记并公告后，就公司而言，发生使公司设立、变更、登记的法律效果。就第三人而言，发生登记对抗的效果，即不允许援引未经登记的法定事项对抗善意第三人。③

《市场主体登记管理条例》将应在市场监督管理部门办理的事项区分为“登记事项”和“备案事项”。有限责任公司的登记事项包括：(1)名称；(2)主体类型；(3)经营范围；(4)住所或者主要经营场所；(5)注册资本或者出资额；(6)法定代表人姓名；(7)股东的姓名或名称。股份有限公司除第 7 项是发起人的姓名或名称外，与有限责任公司一致。公司备案事项包括，公司章程、经营期限、股东或发起人认缴的出资额、公司董事、监事、高级管理人员和市场主体登记联络员。

---

① 参见李哲松：《韩国公司法》，吴日焕译，中国政法大学出版社 1999 年版，第 256 ~ 257 页。

② 参见赵旭东主编：《公司法学》（第 4 版），高等教育出版社 2015 年版，第 94 页。

③ 参见李建伟：《公司法学》（第 5 版），中国人民大学出版社 2022 年版，第 101 ~ 106 页。

结合《公司法》第25条[①]关于章程必要记载事项的规定可以发现，除主体类型外，登记事项均属公司章程绝对必要记载事项。由此可见，立法者认为股东信息是与公司设立或者组织活动有重大关系的基础性的事项。[②] 设立登记时，公司章程属于必须提交的文件之一；公司设立后，虽然登记管理条例将公司章程列为备案事项，但所有登记事项的变更都会涉及公司章程的修改，公司章程也成为变更登记时必须提交的文件。事实上，公司设立或变更登记时的股东信息源于公司章程。《公司法》明确赋予了公司章程对公司、股东、董事、监事、高级管理人员具有约束力。而上述约束力通过公司登记的形式向社会公示，进一步具备了登记对抗效力。公司登记具有公示效力，形式上是公示公司章程中记载的出资人身份信息等内容，实质上是将出资人与公司之间就其成为公司股东达成一致的意思表示公布于众，以此来保护交易相对方的合法权益。“记载于公司登记机关的有限责任公司股东的姓名或名称并无创设股东资格的效果，就股东资格而言，工商登记并非设权程序，只具有对善意第三人的证权功能。因此，工商登记材料可以被视为证明股东资格并对抗第三人的表面证据。”[③]如果出资人故意或过失在登记中进行虚假登记，则依据商法外观主义原则，该虚假登记事项不得对抗确信登记事项真实的善意第三人。市场监督管理部门对公司有关事项进行的登记，可以成为人民法院认定股权归属的直接证据。

非登记事项发生变更涉及公司章程修改的，公司应当将修改后的公司章程或公司章程修正案送公司登记机关备案，目的仅在于让登记机关掌握必要的信息，以利于这些信息面向全社会公示。[④] 实践中，公司登记机关对登记事项与备案事项的审查流程及审查标准都是一致的，而且部分备案事项的变更也会涉及登记事项的变更。如某一股东的认缴出资额发生变化，可能

---

① 《公司法》第25条：有限责任公司章程应当载明下列事项：（一）公司名称和住所；（二）公司经营范围；（三）公司注册资本；（四）股东的姓名或者名称；（五）股东的出资方式、出资额和出资时间；（六）公司的机构及其产生办法、职权、议事规则；（七）公司法定代表人；（八）股东会会议认为需要规定的其他事项。股东应当在公司章程上签名、盖章。

② 参见赵旭东主编：《公司法学》（第4版），高等教育出版社2015年版，第130页。

③ 蒋大兴：《公司法的展开与评判——方法·判例·制度》，法律出版社2001年版，第483页。

④ 参见李建伟：《公司法学》（第5版），中国人民大学出版社2022年版，第103页。

会引起注册资本的变化。《市场主体登记管理条例》关于登记事项与备案事项的区分,实际是根据相关信息对企业存续或经营的重要性进行划分的,这在企业的营业执照上也有所体现,登记事项中仅有股东姓名或名称未体现在营业执照中。备案事项中与股权有关的是“认缴的出资额”,该信息也属于公司章程绝对必要记载事项,关系到股东出资、持股比例,与注册资本密不可分。从信息来源以及通过公示获取对抗效力的角度看,备案与登记并无实质差别。因此,公司备案信息同样可以成为人民法院认定股权归属的依据。

《规范执行与协助执行通知》公布后,市场监督管理机关只协助办理有限责任公司的股东变更登记和股权冻结事项,并不包括股份有限公司,因股份有限公司只在发起设立阶段需要对发起人的姓名或名称予以登记,对出资事项予以备案,但后续的股份转让属于股份有限公司股东的自主行为,无须办理登记,也不强制要求股东或公司到登记机关办理变更备案。随着《国务院关于废止和修改部分行政法规的决定》的实施,以及《公司登记管理条例》的废止,多地市场监督管理机关对于非上市股份有限公司的股权变更登记备案甚至不再受理,有的省市明文禁止市场监督管理机关办理非上市股份有限公司的股权变更登记备案。有的市场监督管理部门面对法院执行人员查询股份有限公司股权的要求,强调市场监督管理部门只办理股份有限公司的初始设立登记,后续是否有变更登记由市场主体自行决定,登记信息具有一定的滞后性,并提示法院应当向市场主体进行信息核实。《市场主体登记管理条例》关于股份有限公司登记事项的规定与《公司登记管理条例》(已废止)保持一致,基于此,实践中,市场监督管理部门仍不受理关于非发起人股东的查询。股份有限公司非发起人股东的身份认定只能依赖于股东名册。[①] 结合司法解释规定及实践经验,冻结股份有限公司非发起人股东所持股份,需要向股份有限公司查询该股东持股情况,股份有限公司的股权在区域性股权交易市场进行托管的,也可向托管机关查询确认。在确认持股信息后,根据《股权执行规定》向公司登记机关送达冻结裁定及协助执行通知书,要求公司登记机关将冻结信息在企业信用信息公示系统公示,即视为完成有效冻结。

① 参见施天涛:《公司法论》(第4版),法律出版社2018年版,第242页。

（四）公示信息

为了促进企业诚信自律、强化企业信用约束、维护交易安全、提高政府监管效能，[①]2014 年，国务院发布《企业信息公示暂行条例》，要求工商行政管理部门（现为市场监督管理机关），通过企业信用信息公示系统，将公司登记机关履职过程中产生的，包括企业登记、备案、动产抵押、股权出质、行政处罚等信息，向社会公示。国家企业信用信息公示系统作为市场管理部门对外公示信息的窗口，所公示的内容应与登记备案事项一致。实践中，市场监督管理部门办理完毕的登记或备案事项无法快速同步至公示系统，会出现迟滞。为此，实践中很多交易主体以公示系统显示的时间作为登记或备案事项完成的时间。

《企业信息公示暂行条例》对公司登记、备案信息在内的重要企业信息的公示流程给予了明确的操作指引。[②] 无论是《公司登记管理条例》（已废止）还是《市场主体登记管理条例》，均规定有限责任公司股东、股份有限公司发起人的姓名或者名称属于登记事项。股东及股权变动既属于市场监督管理部门依职权公示的信息，也是市场主体应自行向社会公示的内容。这种自行公示是公司对自身情况的对外宣示，公司及公司股东应当对公示行为承担相应的后果。因此，无论是强制性公示还是公司自行公示，社会公众均有信赖上述

---

① 参见赵旭东主编：《公司法学》（第 4 版），高等教育出版社 2015 年版，第 94 页。

② 《企业信息公示暂行条例》第 6 条第 1 款：工商行政管理部门应当通过企业信用信息公示系统，公示其在履行职责过程中产生的下列企业信息：（一）注册登记、备案信息；（二）动产抵押登记信息；（三）股权出质登记信息；（四）行政处罚信息；（五）其他依法应当公示的信息。第 9 条第 1 款、第 2 款：企业年度报告内容包括：（一）企业通信地址、邮政编码、联系电话、电子邮箱等信息；（二）企业开业、歇业、清算等存续状态信息；（三）企业投资设立企业、购买股权信息；（四）企业为有限责任公司或者股份有限公司的，其股东或者发起人认缴和实缴的出资额、出资时间、出资方式等信息；（五）有限责任公司股东股权转让等股权变更信息；（六）企业网站以及从事网络经营的网店名称、网址等信息；（七）企业从业人数、资产总额、负债总额、对外提供保证担保、所有者权益合计、营业总收入、主营业务收入、利润总额、净利润、纳税总额信息。前款第一项至第六项规定的信息应当向社会公示，第七项规定的信息由企业选择是否向社会公示。第 10 条：企业应当自下列信息形成之日起 20 个工作日内通过企业信用信息公示系统向社会公示：（一）有限责任公司股东或者股份有限公司发起人认缴和实缴的出资额、出资时间、出资方式等信息；（二）有限责任公司股东股权转让等股权变更信息；（三）行政许可取得、变更、延续信息；（四）知识产权出质登记信息；（五）受到行政处罚的信息；（六）其他依法应当公示的信息。工商行政管理部门发现企业未依照前款规定履行公示义务的，应当责令其限期履行。

公示信息的合理性,全国企业信用信息公示系统的公示信息可以作为识别股权权属的直接证据。这也是《股权执行规定》第4条将国家企业信用信息公示系统的公示信息作为股权权属认定依据的原因。信用信息公示系统相对于其他股权载体,对权属识别的准确性更高。《规范执行与协助执行通知》提出人民法院对股权和其他投资权益进行冻结或者实体处分之前,应当首先通过企业信用信息公示系统查询有关信息,赋予公示信息高于其他查询途径的法律效力。

企业信用信息公示系统并非独立的登记机构,而是作为公司登记备案信息对外公示的一种途径。即公司登记主要通过向公众提供查阅或者复制的方式公开企业信息,而企业信息公示则是通过网络向社会公示所有经登记注册的市场主体的信用信息,其提供了更为便捷的信息获取渠道,节约了市场交易成本。理论上,公示的信息应当与企业登记备案的信息完全一致。但实践中,可能会出现市场监督管理部门记录的登记备案信息与公示系统所展示的信息不一致,按照信息产生的时间顺序,市场监督管理部门记录的信息应优先于公示系统的信息。

(五)出资证明书能否作为权属的认定标准

从股权执行司法解释规定看,人民法院从股权所在公司资料查询股权不限于公司章程和股东名册,其他资料如果能认定股权归属的,也可以作为判断依据,如出资证明书。出资证明书是有限责任公司股东出资的凭证,是公司成立后应当向股东签发的文件,是一种权利证书。① 出资证明书是在公司成立以后向股东签发的彰显股东股权的证书,证明股东的出资主体、出资数额和出资比例;同时,出资证明书是要式文件,必须依照法定条件编制,必须记载法定内容。从出资证明书的功能出发,出资证明书作为公司向出资人或认缴出资人签发的认可出资行为或认缴出资行为的证明文件,其功能主要是证明持有人已被公司接受并认可出资的份额或认缴出资的份额这一法律事实。公司法

① 赵旭东主编:《公司法学》(第4版),高等教育出版社2015年版,第263页。

修订后的第31条[①]扩大了出资证明书的适用范围，要求有限责任公司不仅要向成立时取得股东资格的出资人签发出资证明书，在公司存续期间也要向继受取得股东资格的新股东签发出资证明书。出资证明书只是投资人取得出资额的物权性凭证，它只是证明投资人是出资额的合法所有人，但无论从公司法还是司法实践看，出资证明书都不构成股东资格的证明文件，但如果执行机构无法取得公司章程、股东名册等其他文件时，也可以出资证明书可以作为股东资格和股权权属的凭证。

实践中，对于股权发生转让等情形，未及时办理登记的，股东会决议和股权转让协议也可以作为识别股权归属的证据。

二、执行中能否对股权进行实体判断

当证明股权权属的外观材料记载的信息不一致时，执行程序能否进行审查并作出判断，有以下两种不同观点。

一种观点认为，应当赋予人民法院一定的审查权，只要根据证据判断股权大概率归属于被执行人所有，就可以对该股权予以冻结。例如，在被执行人已受让股权并记载于股东名册、实际行使股东权利，但因公司怠于登记，登记和公示信息仍显示股权归属于原股东的，或者登记公示、股东名册记载案外人持有股权的情况下，如果申请执行人能够提交证据证明或者人民法院查明该股权由被执行人实际所有的，人民法院可以对登记公示于案外人（显名股东）名下但实际由被执行人享有的股权予以冻结。

另一种观点认为，应当确立相对统一的认定规则，仅将公司登记机关的登记信息和企业信用信息公示系统的公示信息作为判断股权权属的标准。当被执行人的股权、股东资格发生争议时，执行法院只有在判决等生效法律文书确定了股东的资格后，方能执行其股权。这样不仅能避免执行机构对权属问题

---

① 《公司法》第31条：有限责任公司成立后，应当向股东签发出资证明书。出资证明书应当记载下列事项：（一）公司名称；（二）公司成立日期；（三）公司注册资本；（四）股东的姓名或者名称、缴纳的出资额和出资日期；（五）出资证明书的编号和核发日期。出资证明书由公司盖章。第73条：依照本法第七十一条、第七十二条转让股权后，公司应当注销原股东的出资证明书，向新股东签发出资证明书，并相应修改公司章程和股东名册中有关股东及其出资额的记载。对公司章程的该项修改不需再由股东会表决。

进行实质性审查，而且可以减少对案外人权利造成不当侵害。此外，如果不同案件的执行法院按照不同的标准对同一股权冻结，也会使后续执行协调工作变得复杂。

以上两种观点的根本区别在于是否认可执行机构有权在执行过程中对股权权属进行实质判断。认为执行机构无权对股权权属进行实质判断的，就把股权权属的确认权赋予审判部门；认为执行机构有权对股权权属进行实质判断的，执行机构就可以在执行过程中对存有争议的股权权属进行认定。从执行权性质和实践需要，赋予执行机构对股权权属的判断权，具有合法性，也有必要性。首先，执行权有对部分实体问题作出判断的权能。审判权与执行权的分离运行原理，虽然确定了审判权对纠纷享有实体裁判职能，执行是对审判权所确定的权利的实现程序，但这一原理并未绝对否定执行权对某些实体事项具有判断权。特别是在案件进入执行程序后，执行法官不可避免要对财产权属进行判断，只是执行法官对财产权属的判断，并不等同于审判中对财产权利归属的实体裁判。审判中对财产权利归属的裁判具有既判力，对法院和当事人均具有约束力，而执行法官对财产权属的初步判断并不影响诉讼中对财产权属的最终裁判。其次，执行权对财产权属的判断有利于纠纷的高效解决。在执行中查询到的财产发生争议的情况下，如果执行法官一概不作判断，全部要求债权人另行提起诉讼确认财产权利归属，不仅造成程序空转，实质正义的天平会也向债务人倾斜，执行程序中如果对债权人附加过多的义务，必然推高债权实现的成本，加重“执行难”。在“执行难”尚未切实解决的社会背景下，应从制度上堵塞债务人利用隐名投资或其他措施混淆权利归属、逃避执行的漏洞，使其规避执行获得的利益远远低于其可能要承担的法律风险。因此，从债权人与债务人的利益平衡看，赋予执行法官对股权权属识别与判断的权力，不仅是反规避执行的权宜之计，而且具有法理上的正当性和必要性。

三、股权载体相互冲突时的处理规则

公司章程、股东名册、公司登记、公示信息等资料中所记载的股东，均可以推定为公司真实的股东。然而，如果股权转让后相关记载事项未及时变更，或实际出资人与名义股东不一致等情况下，如何判断股权的归属，目前仍是实践中经常发生问题，总体而言，无论是在审判程序还是在执行程序中认定股东资

格,一般遵循内外有别的原理对股东作出判断。

(一)诉讼中确认股东资格的规则

股东资格的准确认定是股权强制执行的基础与前提。判断股权权属与确认股东资格具有同质性。股东资格确认纠纷审判程序如何认定股东资格,对于执行机构判断股权权属具有重要参考价值。公司法理论上,股东资格的认定既有实质要件理论,也有形式要件理论。从实质方面考察,股东资格的取得以股东的出资为基础,从形式方面考察,出资人成为股东必须借助外观形式表彰。① 在诉讼中确定股东资格概括起来有形式主义、实质主义和折中主义三种理论,折中主义主张显名股东与实际股东同时存在的情况下,应区别对待三种不同的法律关系,一是实际股东与显名股东之间的内部法律关系;二是实际股东、显名股东与公司之间的内部法律关系;三是实际股东、显名股东与第三人之间的外部法律关系。在确定公司内部的股东权利义务方面,应以实质主义为标准;在涉及公司外部法律关系,应以外观主义为标准。②《公司法解释(三)》也采取的是折中主义的立场,但在证明材料记载不一致的情况下,如何认定不同证明文件的效力,理论界仍有不同认识。有观点认为,股东名册的记载效力最高,③也有观点认为,公司章程的记载具有确认股东资格的最高效力,股东名册的效力低于公司章程;④还有的观点认为,不必对各种证明文件进行区分,严格规定各种文件的证明力是不可能的,股权可以通过多种方式来证明,凡可以证明股权有效存在的,即为股东。⑤

实务中,司法机关的裁判观点也存在较大分歧。陕西省高级人民法院认为,"股东出资证明、股东名册、工商登记均是确认股东资格的重要依据,但最终依据哪一标准确认股东资格主要取决于争议当事人的不同而有所区别:对于公司与股东之间发生的股权纠纷,一般应以股东名册作为认定股东资格的

---

① 参见施天涛:《公司法论》,法律出版社 2006 年版,第 227 ~ 228 页。

② 参见程黎明:《有限责任公司股东资格确认的困惑及路径选择》,载《审判研究》编辑委员会编:《审判研究》第 1 辑,法律出版社 2009 年版。

③ 参见杜军:《试析股东资格的认定》,载《法律适用》2010 年第 5 期。

④ 参见马强:《有限责任公司股东资格认定及相关纠纷处理》,载《法律适用》2010 年第 12 期。

⑤ 参见虞政平:《股东资格的法律确认》,载《法律适用》2003 年第 8 期。

依据;对当事人均为股东的,则应侧重审查出资的事实;在第三人对公司股东的认定上,则应主要审查登记,因为登记对善意第三人具有宣示股东资格的功能,第三人系基于登记的依赖作出商业判断"①。山东省高级人民法院则认为,"当事人在股东资格发生争议时,人民法院应就结合公司章程、股东名册、工商登记、出资情况、出资证明书、是否实际行使股东权利等因素,充分考虑当事人实施民事行为的真实意思表示,综合对股东资格作出的认定"②。北京市高级人民法院认为,"依据《公司法》的相关规定,有限责任公司股东出资的确认,涉及实际出资额、股权转让合同、公司章程、股东名册、出资证明书、工商登记等。确认股东资格应当综合考虑多重因素,在具体案件中对事实证据的审查认定,应当根据当事人具体实施民事行为的真实意思表示,选择确认股东资格的标准"③。

从各地高级人民法院关于股东资格确认的标准和实践经验看,确认股东资格不能以单一的事项作为标准,应综合考虑股权的实质要件(投资行为)和形式要件(公司章程、股东名册的记载和公司登记机关的登记、企业信息公示平台的公示),公平合理地作出判断。具体而言,就股东与公司之间的关系而言,应确立股东名册优先,如争议发生在股东之间根据真实意思表示原则确定章程记载优先。在审理涉及"已登记股东"的股东资格确认案件时,应强调"登记资格优先"的原则,但以非法手段骗取登记或伪造登记的情形,则不受该原则保护。④

(二)执行程序在股权记载文件冲突时的判断规则

股东身份的确定需要符合两个条件:一是向公司出资或者认购股份,这是对股东身份的实质要求;二是姓名或者名称被记载在公司章程或股东名册并办理登记,这是确认股东身份的形式要求。如果公司章程、股东名册、公司登记备案、公示系统、出资证明书载明的股权权属不一致,以何种载体优先,是执

① 《陕西省高级人民法院民二庭关于公司纠纷、企业改制、不良资产处置及刑民交叉等民商事疑难问题的处理意见》第1条。

② 《山东省高级人民法院关于审理公司纠纷案件若干问题意见(试行)》第26条。

③ 《北京市高级人民法院关于审理公司纠纷案件若干问题的指导意见(试行)》第11条。

④ 参见李国慧:《研究公司法务指导审判实践——就新〈公司法〉适用中若干疑难问题访最高人民法院民二庭庭长宋晓明》,载《法律适用》2007年第4期。

行实施过程中需要面对的问题。

人民法院对被执行人拥有股权的权属识别，实际上是申请执行人主张某一股权归属于被执行人的过程，申请执行人向人民法院提供财产线索，称某一公司的股权归被执行人所有，人民法院据此对股东资格进行认定，不属于股东与股东之间或股东与公司之间的内部关系，而是属于申请执行人与公司之间以及申请执行人与股东之间的外部关系纠纷，应当优先适用商法的规则进行判断。外观主义要求人民法院必须选择能够表彰股权存在最强效力的载体作为识别标准。那么，从各种可以证明股东资格的载体的效力看，无疑出资证明书效力最弱，应当首先予以排除，其次，因执行程序中判断股东资格属于公司外部关系，故可排除公司章程换让股东名册记载的证据效力，依据商事外观主义原则，公司登记对公司以外的第三人具有公信力，即使股东名册、公司章程与公司登记机关登记信息记载不一致，人民法院也可以根据登记记载的信息确定股东资格，进而确定股权的归属。① 如果登记的股东确非被执行人，则需根据民法中的真实意思表示原则进行处理，股东名册或公司章程记载被执行人为股东，如果被执行人受让了股权，却没有登记机关办理登记，甚至被执行人是隐名股东的，人民法院可以书面告知登记的名义人，如登记名义人书面认可其登记名义人应为被执行人的，可以认定被执行人的股东资格，如果登记的名义股东已经将股权转让，未办理变更登记手续，拍卖之前则应当查看股东名册或公司章程记载，确定被执行人是否还拥有案涉股权。

操作指引

在处理显名股东与隐名股东之间的股东资格确认纠纷时，由于二者之间就权利义务分配所达成的契约与一般民法上的契约并无二致，按照真实意思表示的民法规则，隐名股东可依协议等实质证据直接对抗显名股东，同样，基于真实意思表示原则，如果有限责任公司半数以上其他股东明知实际出资人出资，并且公司一直认可其以实际股东的身份行使权利的，如无其他违背法律

① 这也与《查封规定》关于“人民法院可以查封、扣押、冻结登记在被执行人名下的其他财产权”的规定相吻合。参见江必新主编：《强制执行法理论与实务》，中国法制出版社 2014 年版，第 674 页。

法规规定的情形，可以确认实际出资人对公司享有股权。最高人民法院在不少股权代持纠纷案件中确立了这样的裁判规则。[①]

在隐名股东作为被执行人的情形下，如果显名股东对隐名股东为股权实际权利人予以认可，显名股东出具书面文件对股权实际权利状况予以说明，确认案涉股权实际属于隐名股东，执行法院即可对登记在显名股东名下的股权采取执行措施。

如果显名股东否认申请执行人所主张股权实际属于隐名股东。隐名股东作为被执行人的，申请执行人向执行法院主张登记在显名股东名下股权为隐名股东实际所有，申请对该股权采取执行措施，而显名股东对申请执行人所主张股权实际属于隐名股东所有且予以否认，执行法官有权对申请执行人提供的能够推翻公司章程、股东名册等证据材料作出判断，如能认定股权为隐名股东实际所有，则可以将登记在显名股东名下的股权，作为隐名股东财产予以执行，但是必须保障显名股东通过执行异议程序获得救济的权利。

审判前沿

案例1　庹某伟与刘某、李某芳、李某光及第三人邓某军、张某萍案外人执行异议之诉案

【裁判要旨】

从实际出资人与名义股东之间的股权代持法律关系看，股权代持关系本质上是实际出资人和名义股东之间的债权债务关系，从合同相对性原理出发，代持协议仅在实际出资人和名义股东之间发生债权请求权的效力，对合同当事人以外的第三人不产生效力。实际出资人的身份未经登记的，不能对抗公司或名义股东的债权人。

【案例索引】

(2019)最高法民再46号

【基本案情】

刘某、李某芳、李某光与邓某军、张某萍民间借贷纠纷一案，四川省成

① 参见江必新主编：《强制执行法理论与实务》，中国法制出版社2014年版，第674页。

都市中级人民法院(以下简称成都中院)作出(2013)成民保字第274号民事裁定,冻结被执行人邓某军持有的龙腾小贷公司12%的股份。四川省高级人民法院(以下简称四川高院)作出的(2014)川民终字第392号民事调解书生效后,因被执行人邓某军、张某萍未履行调解协议约定的还款义务,刘某、李某芳、李某光向成都中院申请执行,执行案号为(2014)成执字第1328号。执行过程中,成都中院于2015年6月10日作出(2014)成执字第1328－1号执行裁定:续冻邓某军所有的龙腾小贷公司12%的股份至2018年7月6日。

2013年7月10日,庹某伟向成都仲裁委员会提出仲裁申请,该仲裁委员会于2013年9月27日作出(2013)成仲裁字第239号裁决书,认定两份代为持股协议合法有效,裁决:(1)邓某军所持有的龙腾小贷公司2100股(占龙腾小贷公司股份总额的10.5%)的股份属试庹某伟所有;(2)在裁决书送达之日起10日内,邓某军、龙腾小贷公司协助庹某伟办理股份变更登记手续。此后,庹某伟向成都铁路运输中级法院申请执行前述仲裁裁决。2014年1月9日,成都铁路运输中级法院作出(2014)成铁中执字第8号执行裁决书,裁决查封(冻结)邓某军所有的龙腾小贷公司10.5%(2100股)的股权。

在(2014)成执字第1328号案中,因成都中院拟执行登记在邓某军名下的龙腾小贷公司2400股(占股本总额12%)的股份,庹某伟以其系邓某军持有的龙腾小贷公司2100股(占股本总额10.5%)股份的实际权益人,且成都仲裁委员会作出的(2013)成仲裁字第239号仲裁裁决已经确认为由,向成都中院提出执行异议,要求停止执行。成都中院于2015年10月22日作出(2015)成执异字第227号执行裁定书,裁定驳回庹某伟的异议。

庹某伟因不服前述裁定,遂提起案外人异议之诉,请求:依法确认邓某军所代持的龙腾小贷公司10.5%的股份系庹某伟所有;判决邓某军协助配合庹某伟办理其代持的龙腾小贷公司10.5%股份的工商变更登记手续;停止对上述股份的强制执行。

成都中院认定事实:龙腾小贷公司注册资本为1亿元,验资报告显示邓某军出资1900万元。2011年3月6日龙腾小贷公司作出股东会决议,新增刘某军等13人为股东,新增注册资本1亿元,验资报告显示邓某军新增资本500万元,核准登记时间为2014年5月16日。

成都中院另查明:(1)2010年1月20日,成都福林行典当有限责任公司(以下简称福林公司)通过中国工商银行成都东大街支行分两次向邓某军共计转款400万元。2010年1月21日,四川华伟投资担保有限责任公司(以下简称华伟公司)通过华夏银行成都分行营业部向邓某军转款600万元。2010年1月22日,华伟公司通过中信银行向邓某军转款255万元。个人业务凭证载明,2010年1月26日,庹某(庹某伟父亲)分两次通过其中国工商银行卡(卡号:95×××67)取款345万元(分别为200万元、145万元)。2010年1月26日,邓某军通过其中国工商银行卡向龙腾小贷公司共计转款1600万元。(2)庹某系华伟公司、龙腾小贷公司法定代表人。华伟公司系福林公司股东。(3)两份代为持股协议签订时间分别为2010年1月18日和2011年5月15日。协议均约定由庹某伟分别出资1600万元及500万元,成为龙腾小贷公司实际股东,邓某军名义上代庹某伟持有上述股份,两份代为持股协议由庹某伟、邓某军签字。两份代为持股协议、转款委托书、收条的内容及落款时间均为书面打印。

成都中院经审理后作出(2016)成民初字第482号民事判决:驳回庹某伟的诉讼请求。庹某伟不服,上诉至四川高院。

四川高院经核实,龙腾小贷公司增资核准的时间为2011年6月13日。四川高院另查明了庹某伟与邓某军签订的两份代为持股协议的相关内容及龙腾小贷公司设立时审批的相关事实,认定龙腾小贷公司设立时《验资报告》中载明的2010年1月26日邓某军缴存的款项中1600万元系由华伟公司、福林公司转入邓某军在中国工商银行账户的1255万元和庹某中国工商银行账户直接取现的345万元构成,认定龙腾小贷公司增资时《验资报告》中载明的2011年6月1日收到的邓某军缴存的款项中500万元系庹某转入,又查明龙腾小贷公司向庹某伟发放股权证的内容,以及登记在邓某军名下的龙腾小贷公司股份对应的三次分红情况,邓某军均未在"股东会决议"上签字。

四川高院经审理作出(2017)川民终54号民事判决:驳回上诉,维持原判。庹某伟不服，向最高人民法院申请再审。最高人民法院作出（2018）最高法民申258号民事裁定，提审本案。

最高人民法院再审认定如下事实：（1）根据龙腾小贷公司增资扩股股东大会决议载明，增资扩股后华伟公司占龙腾小贷公司股本比例为29.5%。（2）庹某伟与邓某军于2010年1月18日、2011年5月15日签订的代为持股协议第7条均约定："甲、乙双方在履行本合同过程中所发生的争议，首先应由甲、乙双方协商解决；协商不成的，则按照由成都仲裁委员会进行仲裁的方式解决。"

【裁判观点】

最高人民法院认为，《仲裁法》第9条第1款规定："仲裁实行一裁终局的制度。裁决作出后，当事人就同一纠纷再申请仲裁或者向人民法院起诉的，仲裁委员会或者人民法院不予受理。"本案中，庹某伟与邓某军于2010年1月18日、2011年5月15日签订的代为持股协议第7条均约定："甲、乙双方在履行本合同过程中所发生的争议，首先应由甲、乙双方协商解决；协商不成的，则按照由成都仲裁委员会进行仲裁的方式解决。"庹某伟据此于2013年7月10日向成都仲裁委员会提出仲裁申请，该仲裁委员会已于2013年9月27日作出（2013）成仲裁字第239号裁决书，裁决邓某军所持有的龙腾小贷公司2100股（占龙腾小贷公司股份总额10.5%）股份属庹某伟所有。故庹某伟关于确认邓某军代持的龙腾小额贷款公司2100股（占股份总数10.5%）股份属庹某伟所有的诉讼请求，不属于人民法院的受案范围，本院不予审理。

根据当事人的再审请求、答辩意见以及有关证据，并经当事人当庭确认，本案再审的争议焦点是：庹某伟对案涉股份是否享有足以排除强制执行的民事权益。

从本案认定的事实看，庹某伟与邓某军签订了两份代为持股协议，邓某军持有的龙腾小贷公司10.5%股份对应的2100万元出资款是由庹某伟的父亲庹某直接或间接持股的华伟公司、福林公司代庹某伟出资，登记在邓某军名下的股份对应的分红权益均由庹某伟的父亲庹某代为收取，邓某军并未实际享有案涉股份分红的权益。因此，可以认定庹某伟与邓某军之间形成了股份代持关系。

对于庹某伟与邓某军之间形成的股份代持关系，以及庹某伟对于邓某军所代持的案涉股份享有何种权益，成都仲裁委员会基于2013年7月10日庹某伟提出的仲裁申请，于2013年9月27日作出（2013）成仲裁字第239号裁决书，裁决邓某军所持有的龙腾小贷公司2100股（占龙腾小贷公司股份总额10.5%）股份属庹某伟所有。但从案涉股份被采取强制执行的时间来看，庹某伟所欲排除的强制执行系依据（2014）川民终字第392号民事调解书而为，该强制执行中的保全措施源自该案一审中法院采取的诉讼保全，即成都中院于2013年7月8日作出的（2013）成民保字第274号民事裁定，冻结被执行人邓某军持有的龙腾小贷公司12%的股份。根据2008年《查扣冻规定》第4条“诉讼前、诉讼中及仲裁中采取财产保全措施的，进入执行程序后，自动转为执行中的查封、扣押、冻结措施，并适用本规定第二十九条关于查封、扣押、冻结期限的规定”的规定，案涉股份被采取强制执行措施的时间应认定为2013年7月8日。这一时间早于庹某伟提出仲裁申请以及仲裁裁决作出的时间。《异议复议规定》第26条第2款规定：“金钱债权执行中，案外人依据执行标的被查封、扣押、冻结后作出的另案生效法律文书提出排除执行异议的，人民法院不予支持。”故（2013）成仲裁字第239号裁决书虽然对案涉股份的权属作出了裁决，但并不能因此而当然排除对案涉股份的强制执行。而对庹某伟就案涉股份是否享有足以排除强制执行的民事权益的评判，实际上涉及的是对作为邓某军债权人的刘某、李某芳、李某光的民事权益与作为邓某军所代持股份实际出资人的庹某伟的民事权益在案涉强制执行程序中何者更应优先保护的问题。对此，尚需综合相关法律规范对于股份代持关系的规定以及相关当事人权利的形成时间、股份登记名义人与实际权利人相分离的原因以及法律对于市场秩序的价值追求等因素加以考量。

首先，从实际出资人与名义股东之间的股份代持法律关系看，股份代持关系本质上是实际出资人和名义股东之间的债权债务关系；从合同相对性原则看，代持协议仅在实际出资人和名义股东之间发生债权请求权的效力，对合同当事人以外的第三人不产生效力。对于实际出资人与名义股东之间的内部关系，2014 年《公司法解释（三）》第 24 条规定："有限责任公司的实际出资人与名义出资人订立合同，约定由实际出资人出资并享有投资权益，以名义出资人为名义股东，实际出资人与名义股东对该合同效力发生争议的，如无合同法第五十二条规定的情形，人民法院应当认定该合同有效。前款规定的实际出资人与名义股东因投资权益的归属发生争议，实际出资人以其实际履行了出资义务为由向名义股东主张权利的，人民法院应予支持。名义股东以公司股东名册记载、公司登记机关登记为由否认实际出资人权利的，人民法院不予支持。实际出资人未经公司其他股东半数以上同意，请求公司变更股东、签发出资证明书、记载于股东名册、记载于公司章程并办理公司登记机关登记的，人民法院不予支持。"上述条款在有限责任公司领域承认了股权代持的法律效力。对于代持协议的外部关系，《公司法》第 32 条第 3 款规定，公司应当将股东的姓名或者名称向公司登记机关登记；登记事项发生变更的，应当办理变更登记。未经登记或者变更登记的，不得对抗第三人。2014 年《公司法解释（三）》第 26 条第 1 款规定："公司债权人以登记于公司登记机关的股东未履行出资义务为由，请求其对公司债务不能清偿的部分在未出资本息范围内承担补充赔偿责任，股东以其仅为名义股东而非实际出资人为由进行抗辩的，人民法院不予支持。"由上述规定可知，就外部关系而言，名义股东是其名义上所持股权的责任承担者。根据权利义务对等的原则，在名义股东作为被执行人时，其同样应当是登记的股权的权利享有者，即登记在其名下的股权应当作为其责任财产而对外承担责任。实际出资人的身份未经登记的，不能对抗公司或名义股东的债权人。上述法律和司法解释规定虽是针对有限责任公司的规定，但考虑到公司登记事项公示的重要性对于有限责任公司而言，较股份有限公司更弱，故在股份有限公司的股份代持关系的效力问题上，亦可参照适用上述规定处理。据此，庹某伟基于股份代持关系形成的对案涉股份的财产权益，并不能当然对抗名义股东的债权人。

其次，从信赖利益保护角度看，法定事项一经登记，即产生公信力，登记事项被推定为真实、准确、有效，善意第三人基于对登记的信赖而实施的行为，受到法律保护，即使登记事项不真实、不准确，与第三人的信赖不符，善意第三人也可依照登记簿的记载主张权利。只要第三人的信赖合理，第三人的信赖利益就应当受到法律的优先保护。前述《公司法》第32条第3款的规定体现了在商事领域应遵循的外观主义原则。一般而言，虽然外观主义是为保护交易安全设置的例外规定，一般适用于因合理信赖权利外观或意思表示外观的交易行为，但这并不意味着对交易之外领域适用地绝对排除。尤其是在涉及强制执行程序中对名义权利人所代持的股份进行强制执行时，就更应当注意申请执行人对于执行标的的信赖利益，并着眼于整个商事交易的安全与效率予以考量。一方面，执行债权人与被执行人发生交易行为时，本身也存在信赖利益的保护问题。因为执行债权人在与被执行人发生交易时，会对被执行人的总体财产能力进行衡量后与其进行交易，被执行人未履行生效法律文书确定的义务进入执行程序后，被执行人名下的所有财产均是对外承担债务的一般责任财产与总体担保财产。另一方面，即使执行债权形成于股份登记信息公示之前，债权人不是基于股份登记信息与债务人进行交易，在执行阶段，仍存在债权人的信赖利益保护问题。由于法律规定明确否定了超标的查封，申请执行人为实现对某项特定财产地查封，必须放弃对其他财产的查封申请，如果对该查封信赖利益不予保护，不仅有失公允，也损害了司法执行机构的信赖利益。因此，在案涉股份的实际出资人与公示的名义股东不符的情况下，不应将善意第三人的保护范围仅限于就特定标的从事交易的第三人，将其扩张到名义股东的执行债权人，具有正当性与合理性。

再次，从案涉股份未登记到实际权利人名下的原因看，《公司法》第129条规定，股份有限公司发起人的股份不能由他人记名。《公司登记管理条例》（已废止）第2条规定："有限责任公司和股份有限公司（以下统称公司）设立、变更、终止，应当依照本条例办理公司登记。申请办理公司登记，申请人应当对申请文件、材料的真实性负责。"第9条规定："公司的登记事项包括：……（八）有限责任公司股东或者股份有限公司发起人的姓名或者名称。"第26条规定："公司变更登记事项，应当向原告公司登记机关申请变更登记。未经变更登记，公司不得擅自改变登记事项。"由上可知，股份有限公司的发起人及认购股份数系公司登记机关应当登记的事项之一，且不得由他人记名，在登记后即具有公示公信力。本案中，庹某伟称公司成立前邓某军作为发起人认购股份1600股，但在金融主管部门批复后实际只能出资300万元。为了公司的顺利成立，庹某伟和邓某军才达成代为持股协议。庹某伟与邓某军约定股份代持的行为显然违反了上述法律、行政法规的规定。邓某军于2009年以前就对刘某等人负有1500万元的债务，庹某伟在选择由邓某军代持股份前，疏于对邓某军资信的考察，并在2011年继续委托邓某军代为持股500股，最终在邓某军不能偿还债务时导致案涉股份被冻结的后果。此外，龙腾小贷公司成立于2010年3月1日，庹某伟向成都仲裁委员会提出仲裁申请的时间为2013年7月10日。

根据双方签订的第一份代为持股协议的约定，庹某伟在龙腾小贷公司成立两年后，有权随时要求将邓某军所代持的股份过户到庹某伟名下，邓某军须无条件配合。而根据《四川省小额贷款公司管理暂行办法》的相关规定，发起人的股份于公司成立之日起三年内不得转让。庹某伟称其在2013年3月1日后，曾向邓某军催促，让其将股份转让至庹某伟名下，但邓某军因其他事宜耽误，双方未能及时办理。在符合变更登记的情况下，庹某伟并未采取仲裁、诉讼等有效措施将相应股份及时变更登记到自己名下，而是在刘某等人于2013年7月8日提起针对邓某军的民间借贷纠纷案两天后向成都仲裁委员会申请仲裁，其显然对于放任股份代持状态持续并导致自身财产权益处于风险状态存在重大过失。另外，《四川省小额贷款公司管理暂行办法》第7条规定，单一自然人、企业法人、其他社会组织及其关联方持有的股份，原则上不得超过小额贷款公司注册资本总额的30.0%。本案中，庹某伟的父亲庹某通过其控股的华伟公司持有龙腾小贷公司29.5%的股份，庹某伟则委托邓某军代持10.5%的股份，也不能排除其存在规避监管的意图。因此，案涉股份未能及时变更登记到庹某伟名下，其自身亦难逃干系。

复次，从名义股东的债权人和实际出资人的权责与利益分配上衡量，国家设立公司登记制度的原因在于公司的股东、经营状况等信息具有隐蔽性，公众无法知晓，将公司的必要信息通过登记的方式公之于众，有利于保护交易安全、降低交易成本。国家鼓励、引导公司以外的第三人通过登记信息了解公司股东情况和经营情况,对名义股东与实际出资人之间的代持关系,名义股东的债权人却难以知悉,属于其难以预见的风险,不能苛求其尽此查询义务,风险分担上应向保护债权人倾斜,制度以此运行则产生的社会成本更小。而实际出资人的权利享有相应的法律救济机制,即使名义股东代持的股份被法院强制执行,实际出资人依然可以依据其与名义股东之间的股份代持协议的约定,请求名义股东赔偿自己遭受的损失。从风险与利益一致性的角度看,实际出资人选择隐名,固有其商业利益的考虑,既然通过代持关系获得了这种利益,或其他在显名情况下不能或者无法获得的利益,则其也必须承担因为此种代持关系所带来的固有风险,承担因此可能出现的不利益。因此,由庹某伟承担因股份代持产生的相应风险和不利益,更为公平合理。

最后,从法律制度的价值追求及司法政策的价值导向角度看,代持关系本身不是一种正常的持股关系,与公司登记制度、社会诚信体系等制度相背离,股东之间恣意创造权利外观,导致登记权利人和实际权利人不一致,在给实际出资人提供便利的同时,放任显名股东对外释放资产虚假繁荣的信号,给公司的法律关系、登记信息带来混乱,增加社会的整体商业风险和成本,该风险和成本应当由实际出资人自行承担。本案中,庹某伟并非龙腾小贷公司的发起人,其以股份代持方式获得股东地位,享受股东投资利益,故应当对代持的风险承担相应责任。如果侧重承认和保护实际出资人的权利从而阻却执行,客观上会产生鼓励通过代持股份方式逃避监管、逃避债务的法律效果,原因在于"代持协议"是一种隐蔽关系,代持双方通常具有特殊的身份或利益关系,很容易通过对即将面临的外部风险的判断选择是否以"代持"规避法律风险。因此,认定实际出资人的权利不能排除强制执行,有利于实现法律在商事领域所注重和追求的安全、秩序与效率等价值。

综上所述,庹某伟就案涉股份不享有足以排除强制执行的民事权益。

二审判决认定事实清楚,适用法律正确,应予维持;庹某伟的再审请求不成立,不予支持。依照《民事诉讼法》第211条第1款、第170条第1款第1项的规定,最高人民法院作出(2019)最高法民再46号民事判决:维持四川高院(2017)川民终54号民事判决。

【要点评析】

支持隐名股东对股权享有的权益不足以排除强制执行的观点认为,尽管股权代持关系受到法律保护,但在法律和社会价值上,并不具有优先性。另外,显名股东的普通债权人属于"善意相对人"和"第三人"的范畴,其信赖利益应该得到保护。在处理显名股东普通债权人的强制执行中,采用了外观主义原则,优先保护显名股东普通债权人的信赖利益。

案例2　中国银行股份有限公司西安南郊支行与上海华冠投资有限公司及第三人陕西西安成城经贸有限公司、西安海舟实业有限公司、西安长安影视制作有限责任公司申请执行人执行异议之诉案

【裁判要旨】

商事外观主义作为商法的基本原则之一,其实质是一项在特定场合下权衡实际权利人与外部第三人之间利益冲突所应遵循的法律适用准则,目的在于降低交易成本、维护交易安全,故其适用范围不应包括非基于股权处分的债权人。申请执行人并非针对被执行人名下的股权从事交易,仅因债务纠纷而寻查被执行人的财产还债,并无信赖利益保护的需要,因此,其不能适用商事外观主义原则主张对股权进行强制执行。

【案例索引】

(2015)民申字第2381号

【基本案情】

2004年11月18日,陕西西安成城经贸有限公司(以下简称成城公司)向中国银行股份有限公司西安南郊支行(以下简称中行南郊支行)借款3000万元,西安海舟实业有限公司(以下简称海舟公司)、西安长安影视制作有限责任公司(以下简称长安公司)作为担保人。成城公司到期未偿还贷款,2006年11月中行南郊支行向西安市中级人民法院(以下简称西安中院)提起诉讼,2007年4月9日西安中院作出(2007)西民三初字第08号民事调解书。该调解书确定的履行期限届满后成城公司仍未还款。

2007年年底中行南郊支行向西安中院申请执行,2009年2月25日西安中院作出了(2009)西执民字第50号民事裁定,冻结了成城公司名下渭南信用社的1000万股权。2009年2月9日上海华冠投资有限公司(以下简称华冠公司)、西部信用担保有限公司与成城公司股权确认纠纷立案,西安中院(2009)西民四初字第226号、陕西省高级人民法院(以下简称陕西高院)(2009)陕民二终字第00053号民事判决确认:西部信用担保有限公司和成城公司名下渭南信用社的各1000万股份属华冠公司所有。后华冠公司以案外人的身份提出执行异议,请求西安中院中止执行成城公司名下渭南信用社的1000万股份及股息、红利,并解除该股份的查封。西安中院受理后作出(2013)西执异字第00017号裁决,认为案外人华冠公司提出的执行异议理由成立。中行南郊支行因不服前述裁定,遂提起案外人异议之诉。西安中院经审理作出(2013)西民一初字第00014号民事判决:驳回中行南郊支行的诉讼请求。中行南郊支行不服,上诉至陕西高院。陕西高院经审理作出(2013)陕民二终字第00077号民事判决:驳回上诉,维持原判。中行南郊支行不服,向最高人民法院申请再审。

【裁判观点】

最高人民法院认为,本案再审审查的焦点问题是:(1)公司股权实际权利人能否对抗该股权名义持有人的债权人对该股权申请的司法强制执行;(2)《异议复议规定》第26条第2款的规定能否适用于本案。

一、关于公司股权实际权利人能否对抗该股权名义持有人的债权人对该股权申请司法强制执行的问题

在本案所涉及的执行案中,中行南郊支行是申请执行人,成城公司是被执行人,华冠公司是提出执行异议的案外人,执行标的是成城公司名下登记的渭南市城市信用社股份有限公司(现更名为长安银行股份有限公司,以下简称长安银行)1000万股份。根据陕西高院(2009)陕民二终字第00053号生效民事判决,成城公司为该股权的名义持有人,华冠公司才是该股权的实际权利人。

中行南郊支行在原审及申请再审时均主张,案涉执标的长安银行1000万股份登记在成城公司名下,中行南郊支行已经信赖该登记并申请

将涉案股权采取执行措施,根据商事外观主义原则,上述股权应执行过户给中行南郊支行。商事外观主义作为商法的基本原则之一,其实际上是一项在特定场合下权衡实际权利人与外部第三人之间利益冲突所应遵循的法律适用准则,通常不能直接作为案件处理的依据。外观主义原则的目的在于降低成本,维护交易安全,但其适用也可能会损害实际权利人的利益。根据《公司法解释(三)》第25条的规定,股权善意取得制度的适用主体仅限于与名义股东存在股权交易的第三人。据此,商事外观主义原则的适用范围不包括非交易第三人。

案涉执行案件申请执行人中行南郊支行并非针对成城公司名下的股权从事交易,而是因为债务纠纷而寻查成城公司的财产还债,并无信赖利益保护的需要。若适用商事外观主义原则,将实质权利属于华冠公司的股权用以清偿成城公司的债务,将严重侵犯华冠公司的合法权利。依照《民法通则》(已废止)第75条第2款的规定,中行南郊支行无权通过申请法院强制执行的方式取得案涉执行标的长安银行的1000万股份。因此,二审判决适用法律正确,中行南郊支行基于商事外观主义原则要求强制执行取得案涉长安银行1000万股份的再审申请主张,依法不能成立。

二、关于《异议复议规定》第26条第2款能否适用于本案问题

2015年5月5日施行的《异议复议规定》第26条第2款规定:"金钱债权执行中,案外人依据执行标的被查封、扣押、冻结后作出的另案生效法律文书提出排除执行异议的,人民法院不予支持。"该条第4款规定:"申请执行人或者案外人不服人民法院依照本条第一、二款规定作出的裁定,可以依照民事诉讼法第二百二十七条规定提起执行异议之诉。"中行南郊支行据此提出了原审判决驳回其许可执行的诉请属适用法律错误的再审申请主张。经查,案涉执行案件案外人华冠公司向执行法院提出执行异议的情形虽符合上述第26条第2款规定的情形,但执行法院在作出支持华冠公司执行异议理由的执行裁定时,上述规定并未开始施行。另外本案为执行之诉,而上述规定仅适用于执行程序中的执行异议案件。故《异议复议规定》第26条第2款的规定依法不能适用于本案。本院对中行南郊支行的上述再审申请主张,依法不予支持。

综上所述，中行南郊支行的再审申请不符合2012年《民事诉讼法》第200条第6项规定的情形。最高人民法院依照2012年《民事诉讼法》第204条第1款的规定，裁定驳回中行南郊支行的再审申请。

【要点评析】

支持隐名股东对股权享有的权益足以排除强制执行的观点认为，股权善意取得制度的适用主体仅限于与显名股东存在股权交易的第三人。商事外观主义原则的适用范围不包括非股权交易第三人。如果显名股东债权人申请执行的是其与显名股东因借款关系等而形成的一般债权，债权人并没有与显名股东从事涉及股权交易的民事法律行为，从权利外观原则看，此时的债权人不是基于信赖权利外观而需要保护的民事法律行为的善意第三人，故其债权请求不能受到优先于实际权利人的保护。

第五章　股权的冻结

第一节　股权冻结的方式与顺位

法律依据

《股权执行规定》第6条　人民法院冻结被执行人的股权，应当向公司登记机关送达裁定书和协助执行通知书，要求其在国家企业信用信息公示系统进行公示。股权冻结自在公示系统公示时发生法律效力。多个人民法院冻结同一股权的，以在公示系统先办理公示的为在先冻结。

依照前款规定冻结被执行人股权的，应当及时向被执行人、申请执行人送达裁定书，并将股权冻结情况书面通知股权所在公司。

《执行规定》第38条第2款　冻结投资权益或股权的，应当通知有关企业不得办理被冻结投资权益或股权的转移手续，不得向被执行人支付股息或红利。被冻结的投资权益或股权，被执行人不得自行转让。

制度研究

冻结作为控制被执行财产的执行措施，与查封、扣押在方式、程序及适用的财产类型方面均有所不同。查封主要针对的是不动产和难以移动的动产，因无法转移占有，通常是以一定的方式揭示其已被法院所控制，如张贴封条、办理查封登记。扣押主要适用于可以移动的动产，以脱离被执行人转由法院或法院指定的保管人占有从而达到限制被执行人处分的目的。冻结则是针对存款、证券、股权、债权等其他财产权利，通常需要第三方机构或主体的协助。[1] 对股权进行控制的方式和程序的构建，是建立在厘清股权的内容、特征以及达致控制股权所要实现的目的基础上。

股权的内容主要分为自益权和共益权两大类。自益权，是股东为了自身利益而享有的权利，包括红利分配权、优先认股权、剩余财产分配权、出资转让权等。共益权，是股东享有的参与公司经营管理的权利，包括表决权、请求召开临时股东会会议权、账簿查阅权、建议或质询权等。[2] 以保障执行为目的的财产查控措施，主要是限制股东从公司获取利益以及处分股权，防止股权及其收益不当流失。即主要限制的是财产性权利，非财产性权利的共益权的行使则不受冻结的影响。限制股东从公司获取利益，通过要求公司不得向股东支付股息、红利等即可实现。限制股东处分股权，则既需要禁止股东自行转让股权，也需要禁止公司及市场监督管理机关办理被冻结股权的转移手续。由此，要达致防止股权及收益被处分的目的，股东、公司及市场监督管理机关都会成为法院实施查控措施所触及的对象。基于上述认知，《执行规定》第 38 条明确了冻结股权应通知股权所在企业，为其设定了不得办理被冻结投资权益或股权的转移手续及不得向被执行人支付股息或红利的协助执行义务，并对违反协助执行义务的法律后果进行了规则。《规范执行与协助执行通知》在上述基础上，明确了股权冻结情况下，市场监督管理机关的协助义务，即不得办理被冻结股权股东的变更登记、该股东向公司其他股东转让股权被冻结部分的公司章程备案，以及被冻结部分股权的出质登记。即要完成股权冻结，法院需向作为被执行人的股东、股权所在企业以及市场监督管理机关三方送达冻结裁定及协助执行通知。此外，股权冻结的方式和程序对债权人的清偿顺位也会产生实质影响。我国民事诉讼法禁止重复查封，同时借鉴“优先分配制度”和再查封制度，创制了轮候查封制度。轮候查封虽不产生正式查封的效力，但在特定情形下会影响债权实现的顺位。如《执行规定》第 55 条规定，多份生效法律文书确定金钱给付内容的多个债权人分别对同一被执行人申请执行，各债权人对执行标的物均无担保物权的，按照执行法院采取执行措施的先后顺序受偿。2004 年《查扣冻规定》将轮候查封适用范围从不动产扩展到所

---

① 参见江必新主编：《强制执行法理论与实务》，中国法制出版社 2014 年版，第 537 ~ 538 页。

② 参见李跃利：《论股权的性质》，载《法学论坛》1997 年第 3 期。

有财产（法律、司法解释明确规定不得查封的财产除外），股权也不例外。

但基于股权冻结目的认知所建立的冻结方式和程序，其逻辑周延性却给实践操作带来了诸多困扰，如法院仅向股权所在企业或公司登记机关送达冻结裁定及协助执行通知，是否产生冻结效力？企业层面已完成的股权变动（如已签署股权转让协议、股东会决议已审议通过股权转让）能否对抗法院向公司登记机关发出冻结裁定？上述问题的根源是股权内外登记制度导致的权利外观多元，[①]内部登记（公司股东名册或者公司章程记载）与外部登记（公司登记机关登记）之间难以确定冻结效力和顺序。股份有限公司股权的冻结更易引发争议，因股份有限公司发起人姓名或名称以外的变更登记事项非必须在公司登记机关办理的事项，公司登记机关既不了解也不掌握非发起人以外的股东信息，因此有观点认为，冻结非上市股份有限公司股份的，仅向公司登记机关送达冻结裁定不构成有效冻结，只有向被执行人及其股权所在的市场主体送达裁定，送达时始发生冻结效力。最高人民法院在该问题上的理解也曾前后不一致。[②] 但从方便实践操作出发，将冻结方式从多元化转向一元化是必然选择，协助义务机关的选择需要综合考量多方面因素。

股权冻结关注股权的财产属性，但公司的控制权形式上配置给股东，也就是说，通过股东资格“身份权”间接获得公司资产“财产权”，股权冻结的核心是限制股东法律地位的转让，即股权处分。股东法律地位的确立除受让与出让股东之间完成成员资格的转让、公司层面完成资格的转让（登记于股东名册）外，还需要公司登记机关完成变更登记，以产生对抗第三人、消除善意取得适用空间，获得完整保障的权利。[③] 若将股权所在公司作为协助义务机关，股权冻结情况无法向社会公示，无法隔绝不确定第三人与冻结股权的股东进行交易的风险。而公司登记机关的公示系统有良好的公示性能和广泛的社会认可度，能够保障交易秩序和控制股权。[④] 至于在股权变更登记办理完毕前

① 参见何东宁、邵长茂等：《〈最高人民法院关于人民法院强制执行股权若干问题的规定〉的理解与适用》，载《中国应用法学》2022年第2期。

② 参见北京市高级人民法院执行裁定书，（2018）京执复134号。

③ 参见陈克：《论股权冻结与变更登记冲突诸问题》，载《法律适用》2021年第6期。

④ 参见何东宁、邵长茂等：《〈最高人民法院关于人民法院强制执行股权若干问题的规定〉的理解与适用》，载《中国应用法学》2022年第2期。

股权被法院冻结的，公司登记机关不应再办理股权变更手续，受让人可通过案外人异议之诉寻求救济。

理解与适用

《股权执行规定》第 6 条统一规定向公司股权登记机关送达裁定书和协助执行通知书作为股权冻结的有效方式，股权冻结在公示系统公示时生效。消弭了冻结有限公司股权是以先送达股权所在公司还是先送达股权登记机关争议。

（一）《股权执行规定》施行前股权冻结的方式与程序

1. 对有限责任公司股权的冻结

根据《公司法》第 32 条第 3 款的规定，有限责任公司“应当将股东的姓名或者名称向公司登记机关登记；登记事项发生变更的，应当办理变更登记。未经登记或者变更登记的，不得对抗第三人”。根据该项规定，有限责任公司股东姓名或名称发生变化的，股权所在公司应当办理变更登记，未办理登记或变更登记的，不能对抗第三人。因此，对于有限责任公司，因股权所在公司对股东的名称及出资变化负有向市场监督管理部门申报登记之义务，市场监督管理部门对于股权所在公司的股权变更可以实时掌握。基于此，《执行规定》第 38 条规定，“冻结投资权益或股权的，应当通知有关企业不得办理被冻结投资权益或股权的转移手续，不得向被执行人支付股息或红利。被冻结的投资权益或股权，被执行人不得自行转让”，即向股权所在企业发出冻结裁定及协助执行通知为有效冻结。但此冻结因未公示，依据《查扣冻规定》第 26 条第 3 款的规定，不得对抗善意第三人，无法隔绝不确定第三人与冻结股权的股东进行交易的风险。为此，《规范执行与协助执行通知》第 11 条要求冻结股权既要向股权所在市场主体送达冻结裁定，也要向公司登记机关送达裁定，要求协助公示。《规范执行与协助执行通知》第 13 条以执行法院向登记部门送达冻结裁定的先后作为判定首冻与轮候的依据，其隐含前提是执行法院均已向第 11 条要求的主体送达冻结裁定。仅向股权所在市场主体送达冻结裁定但未向公司登记机关送达冻结裁定，并不意味着该冻结无效，而是不能对抗已公示的冻结。执行法院若仅向公司登记机关送达冻结裁定未向股权所在市场主体送达冻结裁定的,该冻结是否有效,《规范执行与协助执行通知》未给出答案。再者,两家法院均向公司登记机关和公司送达了冻结手续,但由于有的法院在先向公司登记机关送达,有的法院在先向公司送达,在这种情况下,哪家法院的冻结为在先冻结?《规范执行与协助执行通知》同样没有明确。《规范执行与协助执行通知》意图给股权冻结提供更全面的保障,但在实践中也确实引发诸多争议。①

2. 对股份有限公司②股权的冻结

股份公司的股权冻结相较于有限公司更为混乱,原因在于《公司登记管理条例》(已废止)、《市场主体登记管理条例》对股份有限公司的登记要求与有限责任公司不同。《公司登记管理条例》(已废止)第 9 条第 8 项规定,有限责任公司股东或者股份有限公司发起人的姓名或者名称属公司的登记事项,《市场主体登记管理条例》延续了上述规定。因股份有限公司非发起人股东的登记并未被纳入公司登记事项,股份公司没有向公司登记机关申报非发起人股东信息的义务,公司登记机关自然也就不掌握非发起人股东的持股信息。

因股份公司与公司登记机关在非发起人股东方面存在的信息差,关于股份有限公司非发起人股份的冻结如何实施,实践中产生巨大争议。股权冻结裁定及协助执行通知的送达对象究竟是股份公司还是公司登记机关?何者产生冻结效力?如均产生冻结效力,以哪个为在先冻结?关于上述疑问,实践主要形成三种观点:

(1)未向股份公司或公司登记机关送达冻结裁定不影响冻结效力,但未向公司登记机关送达冻结裁定影响冻结的公示效力

根据《民事诉讼法》第 253 条第 2 款和《查扣冻规定》第 23 条第 3 款的规定,人民法院作出查封、扣押、冻结财产的裁定并向当事人送达即产生法律效力,向协助义务机关送达执行裁定和协助执行通知书,对协助义务机关产生协助执行义务,其必须协助,予以办理。如其不履行协助执行义务,要承担不履行的法律责任。但是未向有关协助义务机关送达执行裁定和协助执行通知

---

① 参见何东宁、邵长茂等:《〈最高人民法院关于人民法院强制执行股权若干问题的规定〉的理解与适用》,载《中国应用法学》2022 年第 2 期。

② 此处仅讨论非上市股份有限公司。

书，并不会对查封、扣押、冻结财产裁定的效力产生影响。[①] 股份有限公司及公司登记机关并非执行当事人，人民法院未向股份有限公司与公司登记机关送达冻结裁定并不影响冻结的效力。公司登记机关对人民法院冻结股权信息进行信息公示而非冻结登记，未向公司登记机关送达冻结裁定，影响公示效力。[②]

（2）未向股份有限公司送达冻结裁定不产生冻结效力

持该观点者认为，股份有限公司非发起人的姓名或名称并不属于法定的需要办理登记的事项，公司登记机关不掌握非上市股份有限公司非发起人股东及其持股情况。此种情况下，向市场监督管理部门送达协助冻结非发起人股东股份的裁定和协助执行通知，有可能会遭遇市场监督管理部门的拒绝，不具备可行性。因此，在冻结被执行人持有的非上市股份有限公司股权时，仅向市场监督管理部门送达裁定和协助执行通知并不发生冻结效力，只有向被执行人及股权所在市场主体送达才发生冻结效力，并以此认定查封顺序。[③] 山东省高级人民法院在《山东省高级人民法院执行疑难法律问题解答（二）》中也提出："冻结被执行人持有的非上市股份公司的股权，应以被执行人股权所在市场主体为协助义务人，法院向股权所在市场主体送达冻结裁定及协助执行通知，即构成有效冻结。"

（3）以向公司登记机关送达冻结裁定确定冻结效力及顺位

依据《执行规定》第 38 条及《规范执行与协助执行通知》第 11 条、第 13 条关于人民法院冻结股权应要求公司登记机关协助公示并以首先送达协助公示通知书的执行法院的冻结为生效冻结的规定，对非上市股份有限公司股权的冻结，执行法院除应向股权所在市场主体送达冻结裁定及协助执行通知书外，还应向公司登记机关送达协助公示通知书等法律文书，要求公司登记机关

---

① 河南省高级人民法院民事判决书，（2019）豫民终 626 号。

② 安徽省高级人民法院执行裁定书，（2019）皖执复 56 号。

③ 最高人民法院执行裁定书，（2020）最高法执监 520 号；最高人民法院执行裁定书，（2020）最高法执复 60 号；青海省高级人民法院执行裁定书，（2020）青执异 13 号；江苏省高级人民法院执行裁定书，（2018）苏执监 587 号；江苏省高级人民法院执行裁定书，（2016）苏执复 14 号；均持此观点。

协助公示，并以此项送达情况确定冻结是否生效及顺位。①

法律规范之间的龃龉和错位，导致执行法院为确保冻结有效，一般选择既向市场监督部门送达股权冻结文书，也向股权所在公司送达冻结裁定。但执行法院在向市场监督管理部门送达冻结股份有限公司非发起人股份的裁定和协助执行通知时，可能也会遭遇公司登记机关以不掌握非发起人股份信息为由拒绝办理冻结公示的情况。

综上所述，正因股份有限公司对于发起人以外的股东，完成设立后的股权变化无备案登记、变更登记的义务，导致市场监督管理部门无法有效掌握股份有限公司的股权变化，且对于执行法院的股权冻结文书亦无统一要求，再加上股份有限公司住所地"形同虚设"情况较为常见，导致对股份有限公司的冻结效力和顺位在执行实践中产生了很大分歧。

（二）《股权执行规定》施行后的冻结程序与顺位

股权权利外观的多元与冻结规则的不明确，给股权冻结的司法实践制造了大量的争议和难题。确定统一的股权冻结协助执行义务主体，对有效查控财产推进执行、维护市场交易秩序有积极影响。股权所在公司作为协助义务机关的，无法克服股权冻结仍需公示的障碍，同时，公司登记住所地与实际经营地之间不一致会消耗更多的执行资源。基于国家企业信用信息公示系统良好的公示性能和广泛的认可度，在公示系统公示既能够达到控制股权的目的，也能够保护不特定的交易主体，②《股权执行规定》将公司登记机关作为协助义务机关，将在公示系统公示作为冻结发生效力的标志。《股权执行规定》的施行，对人民法院冻结股权的方式和程序作出了重大调整。

1. 统一协助义务机关

无论是有限责任公司股权还是股份有限公司股权，统一向股权所在的公司登记机关送达裁定书与协助执行通知书。这里的公司登记机关，即各省、市、区（县）市场监督管理部门（个别特殊，不在市场监督管理部门登记的公司除外）。是否向股权所在公司送达股权冻结文书，虽不影响股权冻结的效力，

① 最高人民法院执行裁定书，（2020）最高法执监2号。

② 参见何东宁、邵长茂等：《〈最高人民法院关于人民法院强制执行股权若干问题的规定〉的理解与适用》，载《中国应用法学》2022年第2期。

但影响股权所在公司承担协助执行义务。①

与《股权执行规定(征求意见稿)》相比,《股权执行规定》第6条删除了两项:一是删除"法律、行政法规规定股权变更应当由相关部门批准的,人民法院应当同时向相关审批部门送达协助执行通知书及裁定书副本,要求不予办理被执行人股权变更审批";二是删除"股权已在依法设立的区域性股权转让市场登记托管的,人民法院应当同时向托管机构送达协助执行通知书及裁定书副本,要求不予办理被执行人股权变更登记"。即不再要求人民法院必须承担向审批机构与托管机构送达的义务,但在执行实践中,如遇有需要报请审批部门审批或是区域性股权托管的,执行法院仍然需要向它们送达冻结法律文书,但不作为判断股权冻结生效与否和冻结位次的标准。

2. 明确了股权冻结的生效要件

《股权执行规定》第6条第1款对生效时间也作出明确规定,即"股权冻结自在公示系统公示时发生法律效力。多个人民法院冻结同一股权的,以在公示系统先办理公示的为在先冻结"。此处不同于《规范执行与协助执行通知》第13条规定的在多个法院冻结同一股权时,首先送达协助公示通知书的执行法院的冻结为生效冻结。但上述两个规定并不冲突。按照惯例,人民法院在向市场登记机关送达股权冻结文书时,送达在先的,一般也是公示在先的。

3. 明确了送达要求

《股权执行规定》对股权冻结法律文书的送达提出了具体而明确的要求,即除了向股权登记机关送达外,还必须向被执行人、申请执行人送达裁定书,并将股权冻结情况书面通知股权所在公司。即对案件的被执行人、申请执行人、股权所在公司必须及时进行股权冻结的通知,以达到冻结股息,禁止股权转让、抵押的效果,尽最大范围保护各方的知情权和其他相关权利。

除此之外,不再要求必须向股权登记机关提供协助公示通知书与协助公示执行信息需求书,将协助公示内容纳入协助执行通知书中,减少了文书数量。

---

① 参见最高人民法院执行裁定书,(2019)最高法执监416号。

操作指引

并非所有的股份有限公司登记机关都是市场监督管理部门。主板退市公司,有的进入全国中小企业股份转让系统或区域性股权交易市场挂牌转让,有的回归不再挂牌交易。在全国中小企业股份转让系统挂牌交易的公司,冻结其流通股的,既可以直接通过证券公司代为办理,也可以通过中国证券登记结算有限责任公司北京分公司办理;冻结非流通股的,则需前往中国证券登记结算有限责任公司北京分公司办理。在区域性股权市场挂牌交易的公司,因区域性的股权托管属于公司的自愿行为,目前并没有法律规定强制要求必须经过股权交易机构才能完成有效的司法冻结,即区域性股权交易中心并非协助股权冻结的法定机构。因此,在冻结区域性股权交易中心挂牌交易企业的股权时,建议既向公司登记机关送达,也向股权所在公司、区域性股权交易机构送达。

审判前沿

齐商银行张店支行与山东三联集团有限责任公司、山东三联城市建设有限责任公司借款担保合同纠纷执行异议案

【裁判要旨】

《股权执行规定》施行前,依据《公司法》及《公司登记管理条例》(已废止)的规定,非上市股份公司非发起人股东名称及其股份的变动不属于公司登记机关的法定登记事项,对在非法定登记事项范围内的股份进行冻结,应向被执行人及其股权、其他投资权益所在市场主体送达裁定,始发生股权冻结的效力。仅将裁定送达公司登记机关,并不构成对非上市股份有限公司股权的有效冻结。

【案例索引】

(2019)鲁03执异178号;(2020)鲁执复112号;(2020)最高法执监520号

【基本案情】

淄博市中级人民法院(以下简称淄博中院)在执行齐商银行张店支行

与山东三联集团有限责任公司、山东三联城市建设有限责任公司借款担保合同纠纷案时，案外人中国银行青岛分行向淄博中院提起执行异议，要求撤销淄博中院作出的(2008)淄执字第324号协助执行通知书，并将已经扣划的山东三联城市建设有限责任公司持有的齐鲁银行1000万股的股息及红利退还至齐鲁银行，淄博中院审查后驳回了中国银行青岛分行的异议请求。中国银行青岛分行向山东省高级人民法院（以下简称山东省高院）申请复议，请求撤销淄博中院的异议裁定，山东省高院作出(2020)鲁执复112号裁定，裁定撤销淄博中院的裁定书与协助执行通知书，齐商银行张店支行不服，向最高人民法院申诉，要求对山东省高院的裁定予以撤销，维持淄博中院裁定，最高人民法院驳回齐商银行张店支行申诉请求。

山东省高院审理查明，2016年5月10日，淄博中院向齐鲁银行送达股权冻结裁定书与协助执行通知书，轮候冻结了山东三联城市建设有限责任公司持有的齐鲁银行4000万股权及对应股息，同时向对应的山东省市场监督管理局送达股权冻结文件。2009年4月8日，山东省高院作出(2009)鲁执字第3－2号民事裁定书，冻结了山东三联城市建设有限责任公司持有的齐鲁银行4000万股权及对应股息，但并没有向工商登记管理机关送达。此后，案件移送济南市中级人民法院执行，执行法院济南市中级人民法院对上述股权续行冻结。

淄博中院认为根据《规范执行与协助执行通知》第13条之规定，在多家法院要求冻结同一股权、其他投资收益的情况下，首先送达协助公示通知书的执行法院的冻结为生效冻结，送达在后的为轮候冻结。因淄博中院向市场登记机关送达股权冻结文书在先，故其冻结为有效冻结，可以扣划相应股息。山东省高院认为，依照《公司法》相关规定，非上市股份有限公司的股权登记机关并非工商行政管理部门，依照2008年《执行规定》第53条（现第38条）之规定，执行法院向股权所在市场主体送达股权冻结法律文书，即已经达到股权冻结的目的，此后的冻结为轮候冻结。因此，山东省高院对山东三联城市建设有限责任公司持有的齐鲁银行4000万股权及对应股息的冻结为有效冻结，淄博中院为轮候冻结，其无权扣划对应股息。当事人不服向最高人民法院申诉，最高人民法院最终是支持了山东省高院的观点。

【裁判观点】

最高人民法院认为，以登记机关协助登记或公示作为人民法院对财产权的查封冻结生效要件的，应以存在该种财产权的登记义务机关为前提。具体到对公司股权的冻结，还应根据被执行主体所持股的公司的性质按照相关法律规定来判断。根据《查扣冻规定》第7条第2款的规定，查封、扣押、冻结已登记的不动产、特定动产及其他财产权，应当通知有关登记机关办理登记手续。未办理登记手续的，不得对抗其他已经办理了登记手续的查封、扣押、冻结行为。这里的有关登记机关应指需要登记的不动产、特定动产及其他财产权的机关，如果登记机关并非相关财产权的登记义务机关，则不以此项作为生效条件。因此，对于非上市股份有限公司的股权采取查封、冻结等执行行为的效力不应以是否向相关市场监管部门登记公示为必要条件。

【要点评析】

非上市股份有限公司与有限责任公司在公司登记管理方面存在的显著差别是，股份有限公司非发起人的姓名或名称并不属于法定的需要办理登记的事项，由此造成公司登记机关并不掌握非上市股份有限公司非发起人股东及其持股情况。此种情况下，向市场监督管理部门送达协助冻结非发起人股东股份的裁定和协助执行通知，有可能会遭遇市场监督管理部门的拒绝，不具备可行性。因此，有观点认为，在冻结被执行人持有的非上市股份有限公司股权时，仅向市场监督管理部门送达裁定和协助执行通知并不发生冻结效力，只有向被执行人及股权所在市场主体送达才发生冻结效力。最高人民法院在(2020)最高法执复60号裁定、青海省高级人民法院在(2020)青执异13号裁定、江苏省高级人民法院在(2018)苏执监587号裁定及(2016)苏执复14号裁定均持此观点。山东省高级人民法院在《山东省高级人民法院执行疑难法律问题解答(二)》中也指出“冻结被执行人持有的非上市股份公司的股权，应以被执行人股权所在市场主体为协助义务人，法院向股权所在市场主体送达冻结裁定及协助执行通知，即构成有效冻结”。

第二节　股权冻结的范围

法律依据

《股权执行规定》第2条　被执行人是公司股东的，人民法院可以强制执行其在公司持有的股权，不得直接执行公司的财产。

《股权执行规定》第5条　人民法院冻结被执行人的股权，以其价额足以清偿生效法律文书确定的债权额及执行费用为限，不得明显超标的额冻结。股权价额无法确定的，可以根据申请执行人申请冻结的比例或者数量进行冻结。

被执行人认为冻结明显超标的额的，可以依照民事诉讼法第二百二十五条的规定提出书面异议，并附证明股权等查封、扣押、冻结财产价额的证据材料。人民法院审查后裁定异议成立的，应当自裁定生效之日起七日内解除对明显超标的额部分的冻结。

制度研究

司法谦抑性，是指人民法院在司法活动中应保持适当的隐忍、克制和谦让，尊重权力和权利。司法谦抑性也适用于民事、行政审判和执行领域，表现为不诉不理的管辖被动性，不偏不倚的裁判中立性，尊重立法权和行政权，不干扰民事权、维护基本人权等。司法保持适度的谦抑，是司法作为社会公平正义最后一道防线的必然要求，以维持其裁判执行权的最后和最终之权威性。人民法院办理执行案件理应秉持谦抑性特点，执行中的“强制性”体现为对被执行人财产的强制，如实施查封、冻结、扣划和拍卖等。查封被执行人的财产，本质上是人民法院启动的民事交易行为，“强制性”针对的是被执行人，不考虑其意愿，无须征得其同意。但查封财产行为应当遵守相应的交易规则和要求，公司作为独立企业法人，享有由股东投资形成的全部法人财产权。人民法院未经任何法定程序直接执行案外人的合法财产，属于变相地将案外人追加为被执行人，没有任何法律规定。执行中冻结与处分公司财产主要有两种情形，一是基于作为被执行人的股东与公司存在财产混同、恶意转移财产规避执行的行为，但对于公司该行为债权人依法应通过其他诉讼程序另行予以救济。在未有生效法律文书确认公司应向申请执行人承担清偿责任的情况下，于执行程序中直接认定被执行人与公司存在财产混同并裁定执行公司的财产，超越了审判程序与执行程序审查的边界，缺乏法律依据。二是股东投资的一人公司，股东作为被执行人时，人民法院不能对一人公司的财产采取执行措施。有观点认为，一人公司对公司的社团性、人格性以及公司治理造成冲击，容易导致股东滥用有限责任，损害公司独立法人地位，公司人格被股东吸收。因此，应不予承认一人公司或直接将其认定为个人独资企业。承认一人公司实际上是为了顺应经济社会发展需要，而且公司的人格基础并不是建立在社团性上，一人公司独立享有民事权利，独立承担民事义务，对公司行为负责。而独立于股东的资产为一人公司人格独立提供了物质保障。最重要的是，一人公司必须具备的公司治理结构为公司的独立人格供应了所需的制度保障。所谓的股东与公司人格混同问题，是所有公司都可能存在的问题。[①] 因此，一人公司与其他有限责任公司在法人人格独立上并无差别，股东作为被执行人的，不能执行一人公司财产。而个人独资企业因不具备法人资格，当其出资人作为被执行人时，人民法院可以直接执行该个人独资企业的财产。选择一人公司还是个人独资企业，取决于投资人对于经营载体的需求。个人独资企业与其出资人之间没有“防火墙”，予取予求，自然就需要承受承担连带责任的风险。选择一人公司，就意味着各自财产独立，风险也同样隔离。

理解与适用

一、股东作为被执行人不得冻结公司财产

在股东与公司财产间存在两层关系，即股东与公司之间的关系及公司与公司财产的关系。厘清股权和法人财产权的性质，可以对控制股权与控制公司财产的区别形成正确认知。关于股权的性质存在多种学说观点，如所有权

---

① 参见施天涛：《公司法论》（第4版），法律出版社2018年版，第46～48页。

说认为，股权是股东对公司财产享有的所有权，按照该观点，为保障冻结股权的价值，冻结股权的裁定也应当可以对股权对应的公司财产产生查控效力。但该种学说因不符合“一物一权”理论并未成为主流观点。[①] 另有观点认为，所谓的所有权应解释为对企业的控制权以及对企业利润或剩余价值的索取权，与大陆法系强调绝对支配的所有权不同。[②] 但无论对股权性质作何界定，按照通常的理论，法人与其成员或者设立人的人格、财产、债务彼此独立，只有在法律明确规定的情形下，才会突破这种彼此独立的状态。法人财产的独立性决定了冻结股权的范围无法及于股权所在公司的财产。

2018 年《股权执行规定（征求意见稿）》曾经试图突破法人独立财产的边界，让股权冻结的效力在特定情形下及于公司财产。该征求意见稿第 9 条规定，“人民法院执行股权时，不得直接执行公司财产。人民法院冻结股权比例达到公司全部股权 50% 以上，申请执行人提供充分、有效的担保，以公司恶意处置财产将贬损股权价值为由，申请参照股权冻结比例对公司相应财产查封、扣押、冻结的，人民法院可以裁定予以准许。公司提供充分、有效的担保，申请对公司相应财产解除查封、扣押、冻结的，人民法院应当裁定予以解除”。该条在征求意见过程中遭到执行人员、律师、学者等的普遍反对，主要理由包括：第一，根据我国《公司法》股东出资与公司财产相互独立的原则，如因大股东负债，就可以允许冻结公司财产，则明显违反了股东出资与公司财产相互独立的原则，让公司、其他股东承担损失，没有法律依据；第二，股东作为被执行人，股权所在公司除非有担保承诺，否则其就是执行案件中的案外人，冻结案外人财产，执行行为违法；第三，此条内部逻辑相互矛盾，既然强调人民法院执行股权时，不得直接执行公司财产，那就包括了不得冻结公司财产，不能把执行公司财产狭义地理解为处置公司财产；第四，此条在实践中容易被滥用，何为恶意处置财产难以具体判断，对申请执行人的权益实属过度保护；第五，如此规定，有滥用执行权干涉公司经营的嫌疑，直接影响市场交易和社会稳定。基于上述原因，征求意见稿第 9 条规定只保留了“人民法院执行股权时，不得直接

---

① 参见范世乾：《论法人财产权和股权的性质》，载《北京化工大学学报（社会科学版）》2007 年第 2 期。

② 参见周游：《股权性质之争：误区释疑与价值重述》，载《经贸法律评论》2019 年第 2 期。

执行公司财产”。并且将其从第9条直接提升至第2条，以重点强调人民法院只能执行股权，不能查封、扣押、冻结公司财产，更不能处置公司财产。

二、超标的冻结的认定

查封、扣押、冻结的财产以被执行人应当履行义务的责任范围为限，此为查封时价值相当原则的体现，旨在防止因执行权的不当行使甚至滥用而侵害被执行人的合法权益。适用价值相当原则主要从以下三方面考量：一是对“相当”的认定，即不得明显超标的。因查封财产价值与债权金额无法做到完全一致，考虑到保护债权人的立场、查封财产价值和权利负担的不确定性、查封财产的变价风险及价值波动以及后续债权的增加，[①]《查扣冻规定》规定的是“不得明显超标的查封、扣押、冻结”。有条件认可和承认特定条件下的超标的查封，也是实际办案需要，不能视为错误查封。[②] 二是被执行人责任财产范围的确定。三是财产价值的确定。[③] 关于如何查封财产，有两种不同观点，一种是根据一般经验难以确定价值的财产，应先评估再进行查封；另一种是先行查封，若被执行人有异议的，可通过提出执行异议进行救济。

（一）超标的的参照要素

实践中，人民法院主要从标的物成本价格、可分性、权利负担、债权金额的增加、市场价格波动、司法拍卖及变卖不确定性等因素审查是否明显超标的。[④] 在股权执行中，审查是否超标的需要考虑以下几方面要素：

第一，股权并非不可分割物，申请人可以在被执行人或被保全人持有的股权份额范围内选择冻结的比例，这也是造成股权冻结的障碍之一，冻结的比例并非完全依申请人申请，而是要以拟冻结的股权价值不得明显超过债权额为前提。实践中申请人申请冻结价值十倍或几十倍于债权额的股权的事例并不鲜见。第二，拟保全的股权已经被质押的，即使股权整体价值高于冻结金额，

---

① 参见坚会新：《超标的查封的认定》，载《人民司法》2021年第13期。

② 参见曹凤国：《最高人民法院关于人民法院办理财产保全案件若干问题的规定理解与适用》，法律出版社2020年版，第182页。

③ 参见江必新主编：《强制执行法理论与实务》，中国法制出版社2014年版，第542页。

④ 参见曹凤国：《最高人民法院关于人民法院办理财产保全案件若干问题的规定理解与适用》，法律出版社2020年版，第185页。

也不能认定超标的。第三，冻结需要考虑变现程序中的折价。第四，股权是否为共有财产也是需要考虑的因素，如股权虽不属于夫妻共同财产，但转让股权而取得收益属于夫妻共同财产。第五，为债权增加预留必要的费用。

（二）拟冻结股权的估值

股权执行的难点之一在于确定股权价值。股权不同于其他财产，有限责任公司以及非上市股份有限公司虽然存在注册登记的份额，但注册资本的数额仅意味着股东计划投入企业的资金，是否已经实缴以及后续是否会减资都存在不确定性，无法体现股权的实际价值；实缴的出资额同样难以作为确定股权价值的依据，企业身负巨额债务或经营陷入停滞，即使该企业实缴注册资本数额可观，也难言该企业股权有可变现的价值。从财务数据的角度看，体现企业抗风险能力和偿债能力的净资产（也叫股东权益、所有者权益和企业自有资本）作为确定股权价值的依据更为合理。但净资产往往需要获取该企业的财务数据才能知晓，要求申请执行人提供存在一定障碍。因此，实践中申请人往往以公示系统发布的注册资本或实缴金额作为确定拟冻结股权价值的依据。司法实践中，对股权进行冻结时如何确定股权价值，各地法院做法不一，有的法院要求按照注册资本计算，而不区分是否实缴，有的法院要求必须提交评估报告，导致股权保全难，超标的查封判断难，债权人往往冻结股权后因无法处置使债权最终无法实现。

三、超标的冻结股权的限制

《股权执行规定》同样延续了《查扣冻规定》的禁止超标的冻结原则。从冻结股权的角度来说，影响股权价值的因素众多，无法通过一般经验和标准作出判断，在对股权进行评估前难以确定其价值，也就无法确定拟冻结的股权额度。若采取先评估再查封的方式，申请人需要花费的时间和成本更高，同时不利于法院及时有效地控制股权，影响执行效率。在执行程序中，为了尽可能高效地实现债权，法院往往会尽可能多地查控被执行人的财产，而股权往往是在无其他财产可供执行下的备选，即冻结股权不会必然过渡到变价程序，如若要求冻结前必须评估，无疑耗时耗力，影响债权人处置股权的意愿，进而影响债权实现。

《股权执行规定》吸收了上述两种做法：一方面规定不得明显超标的额冻

结,即人民法院在依职权或依申请冻结股权时,应对拟冻结股权的价值进行初步判断,可自行查询或要求申请人提供确定股权价值的依据。在缺乏判断依据的情况下,人民法院可以根据申请冻结的比例或者数量进行冻结。这解决了司法实践中关于冻结股权前无法确定股权价额时是否必须先进行评估的问题。但该条使用的"可以",也意味着人民法院也可以在缺乏判断依据的情况下不予冻结。即立法在这一问题上给予人民法院自由裁量的空间,以便根据实际情况作出具体调整。另一方面,被保全人或被执行人认为冻结明显超标的额的,可以提出执行行为异议,并附证明股权等查封、扣押、冻结财产价额的证据材料。兼顾执行效率与公平,实质上将股权价值的证明责任分配给被执行人,如果被执行人认为超标的额查封,则由被执行人承担举证责任,通过异议程序实现对超标的额查封的救济。

操作指引

实践中,法院裁定冻结合伙企业份额,同时冻结合伙企业财产的情况时有发生。合伙按照是否形成组织可以划分为"契约型合伙"与"组织型合伙"。前者属于纯粹的契约关系,由《民法典》合同编合伙合同进行调整,合伙财产并不具备独立性,其性质属于共同共有。但合伙人对合伙财产整体或单个合伙财产在合伙合同终止前都不享有份额。①

组织型合伙,典型如合伙企业,受《合伙企业法》调整。主体层面,《民法典》第 102 条承认了合伙企业独立民事主体地位,而财产独立性是合伙企业成为自主的民商事主体的基础。《合伙企业法》第 8 条、第 20 条明确规定合伙企业拥有自己的财产并受到法律的保护。合伙人在合伙企业清算前,不得请求分割合伙企业的财产。合伙企业财产与合伙人财产区隔的重要体现是合伙企业不承担合伙人个人债务。《合伙企业法》第 41 条规定,"合伙人发生与合伙企业无关的债务,相关债权人不得以其债权抵销其对合伙企业的债务;也不得代位行使合伙人在合伙企业中的权利"。第 42 条第 1 款规定,"合伙人的自有财产不足清偿其与合伙企业无关的债务的,该合伙人可以以其从合伙企业中

---

① 参见朱虎:《〈民法典〉合伙合同规范的体系基点》,载《法学》2020 年第 8 期。

分取的收益用于清偿；债权人也可以依法请求人民法院强制执行该合伙人在合伙企业中的财产份额用于清偿”。前述规定表明合伙人不能直接支配合伙企业财产，合伙企业不承担合伙人个人债务，也区隔了合伙人个人债务的债权人针对合伙企业财产的请求权。只有当合伙人取得分配收益，或者取得退伙、削减其在合伙企业份额所对应的财产后，该财产脱离了合伙企业财产范围，归属于合伙人个人财产范围，才能用于清偿合伙人的个人债务，此时债务的承担者是合伙企业合伙人，而非合伙企业。即便是对合伙企业债务承担无限连带的普通合伙人，其无限责任也是单向的，即合伙企业不承担普通合伙人与合伙企业事务无关的债务。即便在普通合伙人承担无限责任超出应当分担的比例时，追偿对象为其他普通合伙人，而非合伙企业。因此，若法院直接查封、冻结合伙企业的财产，属查封错误，在保全阶段，合伙企业可向作出保全裁定的法院申请复议；在执行阶段，可提出执行异议或案外人异议进行救济。

审判前沿

蒋某林、王某枚等借款合同纠纷执行异议

【裁判要旨】

被执行人是公司股东的，人民法院可以强制执行其在公司持有的股权，不得直接执行公司的财产。被执行人是个人独资企业股东的，人民法院可以直接执行该个人独资企业的财产。

【案例索引】

(2022)苏0722执异49号

【基本案情】

在执行王某枚与蒋某林、许某平、蒋某杰、蒋某民间借贷纠纷案中，执行法院于2021年3月27日作出(2018)苏0722执864号之三执行裁定及协助执行通知书，查封被执行人蒋某林全资持有的东海县永安居新型建材有限公司所有的位于××镇工业园×××路×××国用(2010)第000043号土地使用权；于2021年7月7日作出(2018)苏0722执864号执行裁定，查封被执行人蒋某持有的个人独资企业东海县新天地乳胶漆厂位于××镇××路东侧的土地及建筑。此外，还查封了其他被执行人名下的不动

产。蒋某林对执行法院作出的查封行为不服,认为存在超标的查封。执行法院经审查后认为蒋某林异议成立,撤销查封裁定。

【裁判观点】

东海县永安居新型建材有限公司的公司类型为有限责任公司(自然人独资),东海县新天地乳胶漆厂的企业类型为个人独资企业。根据《股权执行规定》第2条规定"被执行人是公司股东的,人民法院可以强制执行其在公司持有的股权,不得直接执行公司的财产"。据此,可以强制执行蒋某林在东海县永安居新型建材有限公司持有的股权,而不得直接执行该公司财产。故(2018)苏0722执864号之三执行裁定及协助执行通知书"查封被执行人蒋某林自然人独资的东海县永安居新型建材有限公司所有的位于××镇工业园×××路×××国用(2010)第000043号土地使用权",不符合法律规定,程序不当,应予纠正。东海县新天地乳胶漆厂系被执行人蒋某的个人独资企业,个人独资企业出资人作为被执行人的,人民法院可以直接执行该个人独资企业的财产。遂裁定撤销本院2021年3月27日作出的(2018)苏0722执864号之三执行裁定及协助执行通知书。

【要点评析】

股东为自然人的一人有限公司与个人独资企业经常被混淆。根据《公司法》和《个人独资企业法》的相关规定,一人有限公司属于法人组织,依法独立享有民事权利,独立承担民事义务。其股东的债务与公司债务无关,股东作为被执行人的,仅能执行该股东的财产,即股东持有的该公司股权,公司并非被执行人,不能执行该公司的财产。个人独资企业属于非法人组织,企业投资人对企业的财产享有所有权,对企业的债务承担连带清偿责任。基于此,《变更追加规定》第13条规定,个人独资企业投资人作为被执行人的,人民法院可以直接执行该个人独资企业的财产。本案中,执行法院未区分个人独资企业和股东为自然人的一人有限公司,错误查封了被执行人持有的一人有限公司的土地使用权,应予纠正。

第六章　股权冻结的相对效

第一节　股权冻结的对抗效力

法律依据

《股权执行规定》第 7 条　被执行人就被冻结股权所作的转让、出质或者其他有碍执行的行为，不得对抗申请执行人。

制度研究

司法查封相对效是指被保全人或被执行人就已经查封、扣押、冻结的财产所作的移转、设定权利负担或者其他有碍执行的行为，不得对抗申请执行人，但该处分行为在被执行人与相对人之间仍然有效。查封相对效的理论溯源于德国法上的让与禁止，日本则是直接将查封效力的绝对性转向相对性。我国在《查扣冻规定》中确立了查封相对效原则，但由于该规定与《民事诉讼法》《物权法》（已废止）、《担保法》（已废止）等程序及实体法相龃龉，未得到广泛认可，实践中存在争议。随着《民法典》《担保制度解释》放开了债务人对查封财产处分自由的限制（集中体现在允许抵押财产自由转让），民事执行领域的司法解释再次坚持了查封相对效，[①]《股权执行规定》第 7 条关于“被执行人就被冻结股权所作的转让、出质或者其他有碍执行的行为，不得对抗申请执行人”的规定即是查封相对效的体现。这意味着被执行人持有的股

---

① 参见毋爱斌：《民事执行查封相对效的体系展开》，载《法律科学（西北政法大学学报）》2022 年第 6 期。

权被查封后，被执行人所作的转让股权的处分行为在被执行人与受让人之间仍有效，即使办理了股权过户的变更登记，申请执行人仍有权申请执行该股权。

《民事诉讼法》及《民事诉讼法解释》中并未规定股权冻结，关于股权冻结的规定早见于1998年《执行规定》，第53条①："对被执行人在有限责任公司、其他法人企业中的投资权益或股权，人民法院可以采取冻结措施。冻结投资权益或股权的，应当通知有关企业不得办理被冻结投资权益或股权的转移手续，不得向被执行人支付股息或红利。被冻结的投资权益或股权，被执行人不得自行转让。"另在第56条②规定了未予协助执行的责任，"有关企业收到人民法院发出的协助冻结通知后，擅自向被执行人支付股息或红利，或擅自为被执行人办理已冻结股权的转移手续，造成已转移的财产无法追回的，应当在所支付的股息或红利或转移的股权价值范围内向申请执行人承担责任"。此后，《规范执行与协助执行通知》第12条规定："股权、其他投资权益被冻结的，未经人民法院许可，不得转让，不得设定质押或者权利负担。有限责任公司股东的股权被冻结期间，工商行政管理机关不予办理该股东的变更登记、该股东向公司其他股东转让股权被冻结部分的公司章程备案，以及被冻结部分股权的出质登记。"

关于冻结的效力，《执行规定》与《规范执行与协助执行通知》直接限定被执行人不得自行转让被冻结的股权，《查扣冻规定》则将冻结的效力调整为"不得对抗申请执行人"；在冻结的范围和羁束对象上，《执行规定》禁止自行转让股权，对相关企业要求不得办理被冻结投资权益或股权的转移手续，不得向被执行人支付股息或红利，《规范执行与协助执行通知》则将冻结的范围扩展到不得设定质押及其他权利负担，以及在协助执行的层面确定公司登记机关不予办理被冻结股权的股东变更、章程备案、质押登记等。说明执行中查封、扣押、冻结的效力在认识上不断深化，不同时期、社会条件下对股权这一特殊财产性权利的冻结在制度上也不断完善。

---

① 现《执行规定》第38条。

② 现《执行规定》第40条。

理解与适用

一、冻结的绝对效与相对效

股权冻结的绝对效力是禁止相关当事人(包括股权所有人及第三人)进行股权变更、出质等行为,具有绝对性,即冻结的效果令被执行人绝对丧失对股权的处分权,被执行人就冻结股权所作的处分行为,不仅对申请执行人无效,而且对任何第三人均无效。股权冻结的相对效是指被执行人就查封物所为的处分行为并非绝对无效,而是相对无效,只是不能对抗申请执行人,但在被执行人与处分行为的相对人之间仍属有效。①《查扣冻规定》虽然没有针对股权冻结做专项规定,但针对查封、扣押、冻结效力的一般性规定,自然延及股权的冻结,该处的冻结效力即已从绝对效力转为相对效力。《股权执行规定》承继了《查扣冻规定》的相对效制度,明确被执行人对冻结股权所作的转让、出质及其他有碍执行的行为不得对抗申请执行人。该项设定包含了两层含义:第一,被执行人对冻结股权进行转让,设定质押等权利处分的,申请执行人仍可根据冻结状态请求对该股权进行执行,不受上述处分行为的限制,也无须考虑保护处分行为相对人的利益;第二,在不妨害冻结目的、保护申请执行人利益的前提下,为了保护交易安全,维护交易秩序,被执行人对股权所作的转让、设定负担等行为,在当事人之间仍然有效,如股权解除冻结,当事人仍可以依约履行。

二、冻结效力所及之范围

股东权利包含共益权和自益权,共益权主要包括表决权、股东会或股东大会召集权、查阅权、提案权、质询权、撤销公司决议或宣告决议无效的诉权、代表诉讼的提起权、对董事或高管的直接诉权和解散公司的诉权等;自益权主要包括利润分配请求权、剩余财产分配请求权、新股优先认购权、异议股东退股请求权、股份转让权等。股权冻结的效力及于下列内容:

---

① 参见王飞鸿:《〈关于人民法院民事执行中查封、扣押、冻结财产的规定〉的理解与适用》,载《人民司法》2004 年第 12 期。

（一）股权冻结限制的是转让、出质以及其他有碍执行的行为

从股权执行的主要目的看，股权冻结首先是限制被执行人对股权的处分，保持权属不因被执行人的处分行为而发生变化，避免后续可能出现的股权变现障碍。本条在《查扣冻规定》第 26 条的基础上，进一步明确了对股权这一特殊财产权利的冻结与其他财产冻结应当遵循同一效力规则。关于对“其他有碍执行的行为”的把握，应该是指被执行人以其自有股权为客体所作的处分行为，将股权中的部分权能分离出来单独交易或放弃，如将持有股权的收益权转让给第三人，或者放弃或缩减股权的表决权，这些行为直接以自有股权权益为对象，虽非必然针对股权的财产性权益（如让渡表决权），但会导致股权权益受损，即使本可由被执行人自行处分，但限于冻结，使这些处分行为的效力不得对抗申请执行人。要注意该类行为与其他几类行为的区分：一是“其他有碍执行的行为”不包含被执行人在公司增资、减资、转让重大财产等事项中行使表决权的行为。虽然实践中股东假借公司经营行为稀释、减损股权价值的情形多有存在，限制股东表决权以强化股权执行效果的呼声也较为强烈，但该类行为系为公司实施的管理权能，并不直接以被执行人自有股权为对象，不属于本条规制的行为内容。二是要与公司增资、减资、转让公司财产、对外提供担保等公司行为相区分，该类行为主体系公司，行为对象系公司的独立财产，行为效力也归于公司及其相对人，不与申请执行人发生直接关联，也不应受冻结效力的羁束。至于股东行使表决权以及公司行为可能造成股权价值贬损影响执行债权实现的，司法解释也规定了相应救济路径。

（二）股权冻结不直接产生对股息、红利的冻结效力

《执行规定》规定冻结股权后人民法院“应当通知相关企业不得向被执行人支付股息或红利”，实际上在冻结股权的同时限制了股东对股权资产收益部分的提取权利。但《股权执行规定》第 7 条改变了《执行规定》的效力一体化模式，对股息、红利的冻结和执行与对股权的执行程序分离开来，将对股利的冻结剥离出股权冻结的效力范围。

（三）股权冻结未涉及对股东共益权的限制

股权权能包含共益权和自益权，自益权主要涉及股东财产权益，共益权则主要体现股东参与公司经营管理的权能，二者相辅相成，共同构成股东所享有的完整股权。共益权包含表决权、股东会议召集权、查阅权、解散公司诉权等，

其中表决权是核心权能,其他权能主要属于救济性质的。如前文所述,“其他有碍执行的行为”并不包括股东在增减资等可能影响股权价值的公司事务上行使表决权的行为,而目前实务中争议较大的也是对特定事项表决权的限制,而对其他如知情权、解散公司诉权等共益权仍属于被执行人享有的股东权利,《股权执行规定》第 7 条限制的权利内容不含上述共益权。

三、冻结的羁束对象

从股权冻结对相对人产生的法律效力看,本条与前期规范相比也存在变化。被执行人不得转让股份及设定其他权利负担,为应有之义,另根据《执行规定》《规范执行与协助执行通知》,股权冻结后,有关企业不得办理被冻结投资权益或股权的转移手续,不得向被执行人支付股息或红利;公司登记机关不予办理股东变更登记、股东内部转让冻结股权的章程备案、冻结股权的出质登记;《查扣冻规定》第 24 条规定,对于第三人未经人民法院准许占有财产或者实施有碍执行的行为,人民法院可以依据申请执行人的申请或者依职权解除其占有或者排除其妨害。但查封、扣押、冻结行为没有公示的,不得对抗善意第三人,即第三人不能对冻结财产实施妨害行为。而《股权执行规定》第 6 条规定冻结股权需向公司登记机关、被执行人、申请人送达裁定书,并将股权冻结情况书面通知股权所在公司,虽然在条文中未对前述主体在冻结生效后的对应义务作出规定,但上述关联规定目前仍然有效,且从保证股权冻结目的有效实现的角度,各主体在确认股权冻结后,亦应受到对应羁束,履行各自承担的协助义务。

四、冻结的时间范围

冻结效力从冻结至解除时止,不仅针对冻结期间新设的行为,同样针对冻结前已经达成协议但未生效或协议生效但未发生权利变动的行为,即在冻结时股权未发生权属或权利负担的实际变动,在冻结之后即使条件成就亦不能对抗申请执行人。

操作指引

实践中,要注意保护被执行人的正当权利,被执行人在股权冻结期间对股权所达成的转让合同或出质协议并非当然无效,只要其行为没有影响执行债权实现,不能在执行中直接否定该民事法律行为的有效性,尽量发挥股权价值以高效实现债权,在确保股权冻结效力的情况下,可经申请执行人同意由被执行人自行卖出股权或者利用股权质押融资。这与《股权执行规定》第10条允许被执行人自行变价相衔接,也符合《善意文明执行意见》"充分发挥查封财产融资功能"的精神。①

审判前沿

案例1 亚联盟资产管理有限公司与甘肃创新商贸集团有限公司案外人执行异议之诉案

【裁判要旨】

股份有限公司发起人违反股权转让期间限制转让股权的规定,不产生股权转让交付的法律效力。股权转让期限虽于执行法院对该部分股权冻结之后届满,但不能排除对该冻结股权的强制执行。

【案例索引】

(2020)最高法民终421号

【基本案情】

甘肃省高级人民法院在审理甘肃银行七里河支行与致远公司等金融借款合同纠纷案中,依法采取诉讼保全措施,于2016年11月4日冻结致远公司持有的兰州农商行股权2000万元。兰州农商行成立于2015年11月20日,致远公司、创新公司皆为公司发起人及股东。其中致远公司持有股权(金)2000万元。甘肃省高级人民法院此后于2017年3月作出生效民事判决,并经甘肃银行七里河支行申请进行强制执行,其后由亚联盟资产管理有限公司(以下简称亚联盟公司)变更为申请执行人。案件执行过

① 《善意文明执行意见》第6条第1款第2项:执行过程中,被执行人申请用查封财产融资清偿债务,经执行债权人同意或者融资款足以清偿所有执行债务的,可以准许。

程中，案外人创新公司提出书面异议，主张被执行人致远公司已于2016年8月即将股权转让给创新公司，该公司亦已支付对价，双方转让行为有效，要求排除执行。甘肃高院受理后作出(2018)甘执异60号执行裁定，驳回其异议请求。创新公司遂提起案外人异议之诉。甘肃高院一审判决确认创新公司对案涉股权享有所有权，不得执行案涉股权。亚盟公司不服该判决，向最高人民法院提起上诉。

【裁判观点】

最高人民法院认为，根据一审判决和亚联盟公司的上诉理由，本案的争议焦点为，创新公司对案涉股权是否享有足以排除强制执行的民事权益。

根据《公司法》第141条第1款的规定，发起人持有的本公司股份，自公司成立之日起一年内不得转让。法律之所以作出这样的规定，原因在于，股份有限公司是由发起人作为倡导者设立的，公司的设立宗旨、经营范围、经营方式等一般也都由发起人确定。在公司设立后的一定时间内，发起人应当作为股东留在公司，以保证公司的稳定和运营的连续性。如果允许发起人在公司成立后很短的时间内就进行股份转让，可能会出现发起人不适当地转移投资风险，甚至以设立公司的名义非法集资或者炒作股票营利。在法律已经明确规定不得为某种行为的情况下，行为人为该种行为，最终导致的后果应当由行为人自己承担。本案中，兰州农商行成立于2015年11月20日，案涉股权冻结时间为2016年11月4日，即在兰州农商行成立一年内，案涉股权被人民法院冻结。创新公司和致远公司均是兰州农商行的发起人股东，虽然创新公司、致远公司、兰州农商行签订了股权转让协议，创新公司、致远公司就股权转让及代持事宜达成了补充协议，创新公司支付了股权转让款，兰州农商行在创新公司持有的股金证上添注了受让股份，但上述行为均发生在兰州农商行成立一年之内，处于《公司法》规定的股份有限公司发起人股份的限制转让期间，在法定的股份转让限制期限届满前，不产生股权转让交付的法律效力。甘肃省高级人民法院在审理甘肃银行七里河支行与致远公司等金融借款合同纠纷案中，对致远公司持有的兰州农商行股权依法采取冻结措施时，致远公司持有的兰州农商行股份仍处于法律规定的限制转让期间,案涉股权尚不符合转让交付的时间条件。据此,创新公司的异议不足以排除对案涉股权的强制执行。

【要点评析】

本案裁判针对案外人对冻结股权主张的权利能否排除强制执行这个争议焦点,从两个层面做了分析。股份有限公司发起人在《公司法》规定的股权转让禁止期间内协议转让股权,即使当事人之间已经完成款项支付和股份登记,也不能产生股权转让交付的法律效力;在股权转让禁止期间内该部分股权已被冻结,案外人在禁止期届满后主张权属或提出交付请求,不能对抗申请执行人基于冻结而获得的执行权利,亦不能排除强制执行。

案例2　上海宏仑经贸有限公司与宿迁星月城房地产开发有限公司股东知情权纠纷案

【裁判要旨】

股东知情权系《公司法》赋予股东的一项法定权利,并不因股东持有的股权被冻结而受影响。股东持有的公司股权被法院依法冻结,该冻结仅限制股东在股权冻结期间转让该股权,并未限制其他股东权利的行使,股东知情权的行使并不因此而受限制。

【案例索引】

(2016)苏13民终3023号

【基本案情】

宿迁星月城房地产开发有限公司(以下简称星月城公司)于2004年12月10日在宿迁工商管理局经济开发区分局注册登记设立,由上海宏仑经贸有限公司(以下简称宏仑公司)、熊某两名股东组成。2014年11月6日,上海市浦东新区人民法院在一执行案件中冻结了被执行人宏仑公司在星月城公司拥有的30%的股权,冻结期限为两年。在股权冻结期间,宏仑公司诉请查询、复制星月城公司的股东会会议记录、董事会会议记录。星月城公司辩称2007年之后就没有召开股东会和董事会,也无会议记录,同时认为宏仑公司股权已经被司法冻结,宏仑公司已将股权转让给熊某,股东权利应受限制。一审法院判决支持了宏仑公司的诉讼请求。星月城公司不服,提起上诉。

【裁判观点】

一审、二审法院均认为,宏仑公司并不因其在星月城公司的股权被冻结而被限制行使股东知情权。理由如下:股东知情权系《公司法》赋予股东的一项法定权利,并不因股东持有的股权被冻结而受影响。本案中,宏仑公司持有的星月城公司的股权因故被法院依法冻结,该冻结仅限制宏仑公司在股权冻结期间不得转让该股权,并未限制宏仑公司的其他股东权利的行使,故本案其主张行使知情权并不因此而受限制。

【要点评析】

本案中关于股东在股权冻结状态下是否具有以及行使知情权的问题做了肯定的答复,具体理由并未展开。股权的内容分为自益权和共益权两大类,知情权属于共益权。以保障执行为目的的财产查控措施,主要限制的是财产性权益,非财产性的共益权行使对财产处分并不会造成实质影响,不属于股权冻结辐射的效力范围。

案例3　航融航空产业股权投资管理(天津)有限公司、雪松国际信托股份有限公司与湖南天润数字娱乐文化传媒股份有限公司、广州市润盈投资有限公司等执行异议案

【裁判要旨】

股权所在公司在股权冻结期间自行召开股东会议解除涉案股东的股东资格,其行为不能对抗申请执行人,不能排除对股权的冻结和执行。

【案例索引】

(2020)粤01执异463号

【基本案情】

申请执行人雪松国际信托股份有限公司(以下简称雪松公司)与被执行人恒润互兴公司、湖南天润数字娱乐文化传媒股份有限公司(以下简称天润传媒公司)、广州市润盈投资有限公司(以下简称润盈公司)、恒润华创公司、赖某锋、麦某金公证债权文书一案,广州市中级人民法院在执行过程中裁定冻结被执行人恒润互兴公司在案外人航融航空产业股权投资管理(天津)有限公司(以下简称航融公司)的股权,并要求天津市自由贸易试验区市场和质量监督管理局协助冻结涉案股权,冻结期限从 2019 年 6 月 19 日起至 2022 年 6 月 18 日止。此后,案外人航融公司提出异议,主张该公司系由恒润互兴公司等多个股东筹建,恒润互兴公司认缴出资 500 万元,认缴出资日期均为 2018 年 9 月 30 日前。但被执行人恒润互兴公司经多次催缴,一直未履行实缴出资义务。航融公司遂于 2020 年 3 月 27 日依法召开临时股东会,会议作出了解除恒润互兴公司在航融公司股东资格的决议。现因股权冻结导致对恒润互兴公司作出除名决议后,无法对相应股份办理法定减资程序或者由其他股东或者第三人缴纳相应的出资的程序。故向广州市中级人民法院提出异议,请求停止对该股权的执行,并解除冻结措施。

【裁判观点】

《异议复议规定》第 25 条第 1 款第 4 项规定:“股权按照工商行政管理机关的登记和企业信用信息公示系统公示的信息判断。”涉案股权登记在被执行人恒润互兴公司名下,(2018)粤 01 执 5209 号案对涉案股权采取冻结等执行措施,符合上述司法解释的规定,并无不当。在冻结被执行人恒润互兴公司持有的涉案股权后,航融公司召开临时股东会决议解除恒润互兴公司的股东资格,依据《查扣冻规定》第 26 条的规定,该股东会决议不能对抗本院对涉案股权的执行。《公司法》第 32 条第 3 款规定:“公司应当将股东的姓名或者名称向公司登记机关登记;登记事项发生变更的,应当办理变更登记。未经登记或者变更登记的,不得对抗第三人。”本案,航融公司虽然召开临时股东会决议解除恒润互兴公司的股东资格,但并未向登记机关办理变更登记,该股东会决议不能对抗本案的申请执行人。

【要点评析】

第三人实施其他有碍执行的行为,不能对抗申请执行人,法院有权排除妨害;未经登记机关登记的股东变更事项不能对抗第三人。在法理分析和法律适用上，本案援引的条款均指向该项公司行为不具有对抗效力，不能排除申请执行人对股权的冻结和执行，但是并未对公司在冻结期间召开股东会解除股东资格的行为效力本身进行评价。根据查封相对效原则，公司解除股东资格的决议对公司股东仍具有效力，但因该决议将使查封基础不复存在，实际结果影响债权实现，因此不得对抗申请执行人。对于未实际缴足资本金的股权，公司召开股东会议解除其股东资格并且将出资部分退至法院，其行为是否当然有效？我们认为，股东退资同样属于对冻结股权的变更行为，除非申请执行人同意，否则也不能产生对抗效力。

第二节　股权冻结后的价值维持

法律依据

《股权执行规定》第8条第1款、第2款　人民法院冻结被执行人股权的，可以向股权所在公司送达协助执行通知书，要求其在实施增资、减资、合并、分立等对被冻结股权所占比例、股权价值产生重大影响的行为前向人民法院书面报告有关情况。人民法院收到报告后，应当及时通知申请执行人，但是涉及国家秘密、商业秘密的除外。

股权所在公司未向人民法院报告即实施前款规定行为的，依照民事诉讼法第一百一十四条的规定处理。

制度研究

执行程序中，人民法院冻结股权，目的不仅在于对被执行人持有股权的转让、质押等处分行为予以限制，也在于防止该部分股权价值灭失或减损而导致被执行人偿付能力削弱，确保生效法律文书顺利执行。《股权执行规定》出台前，对股权所在公司的协助义务集中于限制股权权属变动和新设权利负担等方面，在防止股权价值贬损方面，虽然被执行人以及股权所在公司“做空”股权的情形在实务中时有发生，也已成为股权变现的主要障碍，但一直缺乏明确的法律规制。实践中,股权被冻结后,被执行人为规避执行,可能与其他股东串通或者利用其对公司的控制地位,恶意贬损被冻结股权价值。比如,在金钱债权执行中,将公司名下仅有的土地使用权、房屋等低价转让,使公司成为空壳;或者通过增资扩股的方式,使被冻结股权比例大幅降低,损害被冻结股权的控制利益等。但在现行的法律规定下,人民法院却无有效的反制措施。近年来,各地频繁出现股东控制公司转移大额资产导致股权价值严重贬损案件,如"成都金中元金属材料有限公司与四川汇源钢建科技股份有限公司等债权人撤销权纠纷案""苏州聚友源环保科技有限公司与张某杰、苏州市吴中区金山石材有限公司、袁某俭、虞某英侵权责任纠纷案"等。民事主体财富越来越集中于股权、股票等不占据物理空间且市场价值高的财产,如何保护被执行股权的价值,防止其非正常减少或贬损,已成为立法机关和司法实践部门无法回避且必须正视的问题。①

但公司股权被人民法院冻结后,人民法院的执行行为是否应当影响公司后续的增资、减资、合并、分立等经营活动,存在不同观点。一种观点认为,股权所在公司实施的增资、减资、合并、分立等重大经营行为,可能会影响被冻结股权的市场价值,导致股权价值减损甚至灭失。增资、减资、合并、分立等行为必然引起的股权比例的变化,对申请执行人有直接影响。另一种观点认为,如果冻结股权后,不区分具体情况对股权所在公司实施的增资、减资、合并、分立等行为予以严格限制,又会对公司这类商事交易主体的正常经营活动产生较大影响,有执行权越轨、不当干预私权主体自主经营的嫌疑。

原国家工商总局、最高人民法院曾针对上述问题作出个案答复,但是处理意见却出现相悖的情形。《工商 188 号答复意见》认为,冻结某股东在公司的股权,并不构成对公司和其他股东增资扩股等权利的限制。公司登记民事执行相关法律法规对冻结股权所在公司其他股东增加出资额、公司增加注册资本没有禁止性规定。因此,在法无禁止的前提下,公司登记机关应当依申请受理并核准未被冻结股权的股东增加出资额、公司增加注册资本的变更登记。根据该意见,即使公司某一股东的股权被冻结,公司申请增资不应被禁止。

---

① 参见丁磊、宋宗宇:《被执行股权价值保护的窘境与破局》,载《重庆大学学报(社会科学版)》2020 年第 2 期。

《最高人民法院研究室关于"未被冻结股权的股东能否增加出资额、公司增加注册资本"意见的复函》(法研〔2011〕121 号)对此问题的观点与原国家工商总局的意见基本一致,即冻结某股东在公司的股权,指向的是股权代表的财产权益,并不构成对公司和其他股东增资扩股等权利的限制。主要理由是:公司注册资本的增加可能会稀释被冻结股权在公司股份中的份额、比例,被冻结的股权的市场价值可能有所变动,但这种变动不具备必然性,公司注册资本增加与被冻结股权价值贬损不存在必然的因果关系。另外,冻结该股东在公司的股权,依据现有的规定亦不当然构成对公司和其他股东增资扩股等权利的限制。

但《规范执行与协助执行通知》第 12 条第 2 款的规定却相反:"有限责任公司股东的股权被冻结期间,工商行政管理机关不予办理该股东的变更登记、该股东向公司其他股东转让股权被冻结部分的公司章程备案,以及被冻结部分股权的出质登记。"最高人民法院(2013)执他字第 12 号函也认为,"在人民法院对股权予以冻结的情况下,公司登记机关不得为公司或其他股东办理增资扩股变更登记。本案在按判决执行股权时,应向利害关系人释明,作为案外人的其他股东可以提出执行异议,对异议裁定不服,可以提起异议之诉,要注意从程序上对案外人给予必要的救济"。

为了有效防范和打击被执行人所持股权被人民法院冻结后,被执行人与股权所在公司其他股东、董事以及高级管理人员恶意串通或者利用其对公司的控制地位,稀释股权、贬损被冻结股权的实际价值这类规避执行的行为,司法解释有必要创设性规定防范股权价值被贬损的具体应对措施,在设计具体规则方面,如果不能在股权冻结后禁止和杜绝股权所在公司实施增资、减资、合并、分立等经营活动,不妨可以采取折中方案,即事先警示与防范、事后惩治与诉讼救济,从而构建周密的"事先报告 + 事后救济"的规则体系。关于事后救济,除人民法院对违反协助义务的公司、董事和高管进行处罚外,主要通过构建赋予申请执行人对公司或者董事、高管诉权的实体法律制度,实现对申请执行人的权利保护,虽然不能保障申请执行人债权在本案执行中直接通过拍卖变卖被贬损股权实现,但也不至于因公司、董事、高管的规避执行的行为造成执行债权成为一纸空文。

具体而言,理念上,应当明确被冻结股权与公司行为之间相对独立的关系，冻结股权并不必然禁止股权所在公司实施增资、减资、合并、分立、转让财产、对外担保等日常重大经营行为。冻结某股东在公司的股权，只是对该股权财产权益的限制，并不构成对公司和其他股东增资扩股等正常经营权利的限制；执行行为方面，人民法院在冻结股权的同时，可以决定是否向股权所在公司送达协助执行通知书，要求其在实施增资、减资、合并、分立、转让财产、对外担保等行为前向人民法院书面报告有关情况。该新设立的事前报告制度属于对申请执行人的程序性保护，公司应承担的配合义务方面，在股权所在公司接到人民法院通知后，未向人民法院书面报告即实施可能贬损股权价值的行为的，人民法院在责令公司、董事、高管履行协助义务的同时，可以决定对其罚款，对仍不履行报告义务的，可以对公司法定代表人或者主要负责人予以拘留并可以向监察机关或者有关主管部门提出予以纪律处分、行政处罚的司法建议；法律后果方面，人民法院在收到报告后，并不作形式或者实体审查，除涉及国家秘密或者商业秘密外，应当及时通知申请执行人，以便申请执行人判断公司或者董事、高管是否存在有损股权价值的行为，从而决定是否提起损害赔偿之诉或者撤销权诉讼、代位权诉讼。

理解与适用

股权执行司法解释制定过程中，在征求意见阶段，关于股权冻结对公司恶意变更登记事项等的限制问题，最初设想了两种不同方案，方案一：人民法院冻结股权比例达公司全部股权 50% 以上，申请执行人提供充分、有效的担保，以公司恶意合并、分立、解散或变更相关登记事项将严重损害其合法权益为由，申请禁止公司合并、分立、解散或变更名称、住所、法定代表人姓名、注册资本、公司类型、经营范围、营业期限等登记事项的，人民法院可以裁定予以准许。公司提供充分、有效的担保，申请解除禁止的，人民法院应当裁定予以解除。人民法院作出上述裁定的，应当同时向公司登记机关送达协助执行通知书。方案二：人民法院冻结股权比例达公司全部股权 50% 以上的，被执行人对公司合并、分立、解散或变更相关登记事项行使股东会或股东大会表决权时，应当事先取得人民法院许可。人民法院应当重点审查表决事项是否导致股权价值贬损、股权比例减少等明显损害申请执行人权益的后果。人民法院向公司及公司登记机关送达的股权冻结协助执行通知书，可以载明公司对前款所列事项进行股东会或股东大会决议及公司登记机关办理公司相关登记事项时，需审查被执行人行使表决权是否已事先取得人民法院许可。

最终上述两个方案均未被采纳，而是采取“事前报告 + 事后救济”的规则设计。事前报告制度的效力仅限于公司应履行报告义务，并不会对公司实施的增资、减资、合并、分立的行为效力产生影响。而且公司实施的增资、减资、合并、分立等行为是否会对被冻结股权的价值造成贬损影响申请执行人债权实现涉及实体问题的审查，如在执行程序中予以审查并将其作为公司实施前述行为的前提条件，则超越了股权冻结的效力，实质上扩大了执行权范围。执行权虽以效率为原则，但在影响公司经营自主权、其他股东权利行使时仍需遵循谦抑的原则。通过将主动权交予申请执行人，在诉讼程序中解决公司或公司董事、高管实施的增资、减资、合并、分立等行为是否对被冻结股权的价值造成贬损的实体问题，从而对公司实施的上述行为效力作出判定。如此设计，既满足了公司的正常经营需求，也为人民法院制裁不法行为和申请执行人寻求救济预留了规则空间。①

一、稀释股权价值行为的类型化研究

（一）公司转让主要财产的行为

《公司法》及司法解释未对如何界定“主要财产”作出具体规定，诸多理论研究及实务操作多以“重大资产”概念代替，②因《公司法》第121条对重大资产出售提出了量化标准，进而《上市公司重大资产重组管理办法》对“重大资产”的计算公式成为“主要财产”的衡量依据。但也有越来越多的观点质疑“重大资产”的量化标准能否准确锚定“主要财产”。准确理解“主要财产”仍应从相关制度的理论基础入手。我国《公司法》关于“主要财产”的表述出现

① 参见何东宁、邵长茂等：《〈最高人民法院关于人民法院强制执行股权若干问题的规定〉的理解与适用》，载《中国应用法学》2022年第2期。

② 龙翔、陈国奇：《公司法语境下的重大资产出售定位——兼评〈公司法〉第75条、第105条和第122条》，载《法学家》2011年第3期。

在第74条,[①]该条理论上称为"异议股东股份回购请求权"或"评估权"。早期公司法理论坚持公司的任何决议均须经全体股东同意,随着这种观念被资本多数决代替,立法机关担心对交易持反对意见的股东的利益受损却得不到救济,尤其是在可能使公司发生根本性变化的决议问题上。设置评估权,可以让持反对意见的股东以较为公允的对价退出公司。《公司法》第74条第1款第2项将"转让主要财产"与"合并""分立"并列作为股东行使评估权的事由,由此可见,公司转让的"主要财产"应当是如同合并或分立一样,可能导致公司发生根本性改变的资产,此时股东利益受到重大影响,才有必要赋予股东评估权。[②] 由此可见,"主要财产"的本质是对公司设立目的及存续、主营业务产生根本性影响的资产。但该内涵较为抽象,留有大量可供法官裁量的空间,无法为统一裁判尺度提供助力。基于此,"重大资产"的量化标准仍有较强的参照和借鉴意义。

判断被冻结的股权所在公司及其公司董事、高管是否构成转移公司"主要财产"以稀释、贬损股权价值这一阻碍执行的行为,宜从宽采取"质或量的判断标准"。当公司或公司董事、高管转让公司的财产时,直接参照《公司法》第121条规定的认定比例。若该财产在公司财产总额中达到30%的份额,那么就可以认定该财产属于公司的主要财产、重大资产;或者尽管转让的财产未达到公司财产总额的30%,但若该财产属公司经营的常规核心资产,被转让后将导致公司原本经营的主要业务无法继续或经营规模、营业收入等大幅萎缩、减少,那么同样属于公司的"主要财产"。公司财产总额,应当包括有形财产和无形财产在内的各类形态的财产,按照相关审计、资产评估标准均可以折算成能够计算的市场价值,然后将各类财产的价值数据相加,数据总和即为公司的财产总额。

---

① 《公司法》第74条:有下列情形之一的,对股东会该项决议投反对票的股东可以请求公司按照合理的价格收购其股权:(一)公司连续五年不向股东分配利润,而公司该五年连续盈利,并且符合本法规定的分配利润条件的;(二)公司合并、分立、转让主要财产的;(三)公司章程规定的营业期限届满或者章程规定的其他解散事由出现,股东会会议通过决议修改章程使公司存续的。自股东会会议决议通过之日起六十日内,股东与公司不能达成股权收购协议的,股东可以自股东会会议决议通过之日起九十日内向人民法院提起诉讼。

② 参见施天涛:《公司法论》(第4版),法律出版社2018年版,第568~571页。

(二)公司合并、分立行为

1. 公司合并对股权价值的影响

公司合并分为吸收合并和新设合并。[①] 合并是为了适应市场经济变化将生产资源转移到不同的公司中的方法,但合并并非都产生正向效果,有些基于错误商业分析或行政命令进行的合并,反而会减少股东和社会的价值。[②]

公司合并对新的存续公司整体价值产生或多或少、或直接或间接的影响,进而影响被执行人所持股权的所占比例及其价值。概言之,因公司合并中异议股东股权回购请求权的行使[③]、合并程序中发生的审计评估费用、工人工资、赔偿费用等相关资金支出,可能出现合并公司一方成本的突增、利润下降以及债权债务的概括承受后新的存续公司净资产与负债的比率下降、公司的偿债能力下降等情形,合并后新的存续公司总资产存在减少的可能,从而有可能贬损公司股权的实际价值。

2. 公司分立对股权价值的影响

公司分立理论上有单纯分立和分立合并。单纯分立又分为存续分立和解散分立。

实践中,分立公司将优质或积极资产剥离分割出去而保留主要或全部债务,让新设公司获得分立公司所分割出的部分或全部财产却不承继主要债务;抑或分立公司和新设公司虽对财产、债务加以剥离,但是债务分割与财产剥离的比例不对应,免除或减少了新设公司的债务责任,相应地,被执行人所持股权的分立公司责任财产减少,大幅减损被冻结的分立公司股权的价值。

公司分立行为伪装成资产转让或股权转让,因此,对公司分立的判断宜遵循实质审查原则,采用以财产剥离的标准为主、以公司登记为辅的方式,综合界定公司分立行为,查明新设公司的资本、财产来源,判断分立公司在股权被冻结后是否存在故意剥离积极财产、降低分立公司偿债能力或以其他交易形

---

① 《公司法》第 172 条:公司合并可以采取吸收合并或者新设合并。一个公司吸收其他公司为吸收合并,被吸收的公司解散。两个以上公司合并设立一个新的公司为新设合并,合并各方解散。

② 参见施天涛:《公司法论》(第 4 版),法律出版社 2018 年版,第 527 页。

③ 《公司法》第 74 条第 1 款第 2 项:有下列情形之一的,对股东会该项决议投反对票的股东可以请求公司按照合理的价格收购其股权:……(二)公司合并、分立、转让主要财产的……

式掩盖分立行为等造成股权价值贬损的行为。

（三）公司增资、减资行为

1. 公司增资对股权价值的影响

增资扩股一般指公司出于多种正当商业目的的需要，扩大资本来源，优化股权结构和比例，依法定程序增加注册资本。增资扩股一般有三种方式：一是以未分配利润、公积金转增资本；二是公司股东在原出资基础上增加出资；三是新股东投资入股，即扩股。

原有股东以外的投资人（新股东）投资入股，经由认缴或实缴出资而取得股东资格，将同比减少原股东原有的股权比例。如作为被执行人的某股东持有的股权被冻结，无论是新股东投资入股还是公司原股东增加出资，该被冻结的股权比例会发生变化。

我们认为，宜引入商业判断规则与适用禁止滥用资本多数决原则来综合判断公司增资扩股是否会导致股权价值的贬损，从而平衡公司利益与股东利益。首先，增资的商业目的是否合法正当；其次，增资扩股是否为实现该商业目的唯一途径；再次，控股股东是否利用资本多数决原则、滥用股东权增资扩股；最后，从股权净资产估值的会计学维度判定被冻结股权是否被贬损。具体而言，若公司增资扩股后并未扩大生产经营、增长营收规模，且未发生经营增值，仅注册资本增加，净资产也随之增加，则被冻结股权因增资被稀释。因公司经营增值数额不变，尽管公司净资产增加，基于公司净资产与出资比例来评估的股权市场价值会随之减少。

2. 公司减资对股权价值的影响

"注册资本，是公司资产或财产的部分构成。"[①]现行公司法下的注册资本包括实收资本和认缴但未实收资本。公司在经营过程中，对资本的需求往往并非静止不变，既会有增资的需要，也会有减资的需要。[②]《公司法》第 177 条[③]允

① 邹海林、陈洁主编：《公司资本制度的现代化》，社会科学文献出版社 2014 年版，第 37 页。

② 参见刘玉姝：《认缴资本制视野下公司减资制度的构建》，载《法律适用》2016 年第 7 期。

③ 《公司法》第 177 条：公司需要减少注册资本时，必须编制资产负债表及财产清单。公司应当自作出减少注册资本决议之日起十日内通知债权人，并于三十日内在报纸上公告。债权人自接到通知书之日起三十日内，未接到通知书的自公告之日起四十五日内，有权要求公司清偿债务或者提供相应的担保。

许公司在符合法定条件下减少注册资本，但从程序上对减资行为予以严格规范。公司“减资”，根据是否影响公司实际资产可以划分为“形式性减资”和“实质性减资”。

形式性减资是指公司因经营不善营业亏损，使注册资本与净资产存在较大差额，为保持注册资本与净资产的一致，公司决定变更对外公示的注册资本数额，从本质上避免公司亏损、未发生净资产变动的减资行为。“形式性减资是不会损害公司和债权人的，不必过多地加以限制。”①

实质性减资是指公司在减少注册资本的同时，还需向股东支付减资对价，按照法定程序净资产将从公司流向股东，公司净资产减少。② 依据公司减少注册资本的性质，可以再将实质性减资细分为积极型实质性减资（减少实缴资本）与消极型实质性减资（减少认缴资本）。依据各股东的实际出资情况将积极型实质性减资与消极型实质性减资再具体分为三种类型：第一，全体股东出资到位，此时公司拟减资，即减去全体股东的实缴出资；第二，全体股东均未出资到位，此时公司拟减资，即减去全体股东的认缴出资；第三，部分股东已实缴到位，剩余股东尚未实缴到位，因为股东股份比例（或出资额比例）各不相同，此时公司拟减资，就可能出现对部分股东而言是减去实缴出资，但对其他股东而言却是减去认缴出资的情形。

公司实质性减资对债务的偿还能力产生消极影响、债权人的合法利益受到侵害。实质性减资时，无论是减少股东的实缴资本还是减少股东的认缴资本，公司资本在一定程度上都会流回股东，就会使股东优先于外部债权人得到公司财产，意味着公司责任财产减少、偿还债务能力降低，对公司债权人的债权实现具有不利影响，同时，公司股权的价值可能因净资产的降低而受损。因此，在被执行人持有的公司股权特定份额被司法冻结后，应当限制无偿债能力的公司实质性减资。

二、公司资产变动的事前报告义务

《股权执行规定》施行前，法律、司法解释和规范性文件并无关于股权冻

---

① 李志刚主编：《民商审判前沿：争议、法理与实务——“民商法沙龙”》第 1 辑，人民法院出版社 2019 年版，第 456 页。

② 参见傅穹：《公司减资规则论》，载《法学评论》2004 年第 3 期。

结期间执行人股东之外的其他主体应负担义务的规定，虽然《执行规定》第38条规定了“冻结投资权益或股权的，应当通知有关企业不得办理被冻结投资权益或股权的转移手续，不得向被执行人支付股息或红利”，但股权所在公司仅有限制办理股权变更登记和支付股息、红利的协助义务，并无对公司经营决策行为以及其他商业行为的限制。

所谓事前报告是指人民法院冻结被执行人股权的，可以向股权所在公司送达协助执行通知书，要求其在实施增资、减资、合并、分立等对被冻结股权所占比例、股权价值产生重大影响的行为前向人民法院书面报告有关情况。实际上，《公司法》已在相关条文中规定了公司增资、减资、合并、分立以及转让重大资产、对外提供担保等行为以及公司所需要的报告义务。《公司法》第43条、第103条规定有限责任公司的股东会、股份有限公司的股东大会作出修改公司章程、增加或者减少注册资本的决议，以及公司合并、分立、解散或者变更公司形式的决议，必须经代表2/3以上表决权的股东通过；第104条规定了股份有限公司董事会对《公司法》和公司章程规定公司转让、受让重大资产或者对外提供担保等事项必须经股东大会作出决议的，董事会应当及时召集股东大会会议，由股东大会就上述事项进行表决；另第173条、第175条、第177条分别规定了公司在决定合并、分立、减资后应该自作出决议之日起10日内通知债权人，并于30日内在报纸上公告。

要求公司履行事前报告义务需要注意以下几点：

（一）事前报告义务与冻结股权的关系

股权所在公司并不因为股权冻结而直接负有向法院报告相关事项的义务，而是需要法院在冻结后另行送达协助执行通知书，对其进行提示，要求其在实施重大影响行为前向法院书面报告。人民法院是否必须在股权冻结后要求公司做报告，条文未作强制性要求，即法院可以根据案件情况决定是否要求公司履行报告义务。

（二）报告内容系对冻结股权所占比例、股权价值产生重大影响的事项

增资、减资、合并、分立系导致公司资产和股权结构直接变动的重大事项。除增资外，其他三类行为发生时公司均需通知公司债权人，债权人可要求公司清偿债务或提供担保；而增资行为虽然对公司资本维持和对外担责并无不利，但在公司原股东增加出资或新股东入股的情形下，已冻结股权可能因为比例

稀释而导致其对公司管理权降低进而导致股权价值贬损，所以该项行为也与债权实现有重大影响。对“股权所占比例、股权价值产生重大影响的行为”，不限于司法解释列举的四类行为，但具体如何判断是否构成“重大影响”并要求公司事前报告，需要结合实际案件情况进行考量。

（三）违反报告程序的后果

公司在实施增资、减资、合并、分立等行为之前按照法院要求完成报告，执行法院收到报告后将相关情况及时通知申请执行人，条文并未要求人民法院采取其他后续执行措施，表明执行法院不对公司在冻结期间实施上述行为进行审查。股权冻结期间公司可以进行增资，法院不介入公司具体经营行为，不对公司行为与股权价值的关联性做实体判断，而采用信息披露的形式保障申请执行人及时获悉股权价值变动状况，以便其通过诉讼寻求救济。

股权所在公司未按要求履行报告义务的，人民法院按照《民事诉讼法》第117条的规定处理，即按照对有义务协助调查、执行的单位不履行协助调查或执行义务的情形予以处罚，除责令其履行协助义务外，可以进行罚款，对公司主要负责人或直接责任人员进行罚款后，仍不履行的，可以实施拘留。但公司违反报告义务并不影响交易行为效力，即不因未报告而导致增资、减资、分立、合并等行为无效以及相应的变更登记的效力。

人民法院要求公司履行报告义务，公司能否提出执行行为异议或者有无其他抗辩、救济方式？按照《异议复议规定》第5条第4项的规定，当事人认为人民法院要求协助执行的事项超出其协助范围或者违反法律规定的，可以作为利害关系人提出执行行为异议，即公司如果认为法院要求报告的事项超过司法解释规定的范围，或其本身并非报告的义务主体，可以对法院协助执行通知书限定的行为提出异议。另对需要报告的事项，公司也可以提出因涉及商业秘密、国家机密不能向申请执行人告知的请求，此外，如果法院在公司提示不能将涉及国家秘密、商业机密的情形通知他人，而法院自行通知了当事人，公司如认为法院该项行为侵害其合法权益，可以按照《异议复议规定》第5条第5项“认为其他合法权益受到人民法院违法执行行为侵害的”提出相应异议。

三、对股东表决权的限制

人民法院冻结股权，主要目的在于对被执行人名下所持有股权的转让等处分行为予以限制,也在于防止该部分股权价值灭失或减损而导致被执行人偿付债务能力减弱,最终确保股权的顺利执行。《股权执行规定》第 7 条直接针对被执行人处置股权的行为实施限制;第 8 条则侧重防止股权价值的不当贬损,但在规定公司协助报告义务以及申请执行人诉讼救济之外,没有规定人民法院是否应对被执行人表决权进行审查或限制。

人民法院冻结股权的同时对被执行人表决权予以限制,有利于从源头制约被执行人对公司行为的不当影响,防止被执行人借公司行为侵害债权。这种制度设计具有一定的实践需求,在征求意见稿中,也包含对表决权进行限制的规定。认为"冻结股权后,股权所在公司转让、受让重大资产、对外提供担保、增资、减资、合并、分立等会严重贬损冻结股权价值的,根据申请执行人的申请,人民法院可以裁定在被冻结股权范围内禁止被执行人在股东会就前述事项表决时表示同意。人民法院依照前款规定作出裁定的,应当将裁定书和协助执行通知书送达股权所在公司,并可以要求公司登记机关协助公示。股权所在公司就禁止被执行人表示同意的决议事项向公司登记机关申请变更登记的,公司登记机关经审查发现被执行人表示同意且影响决议结果的,不得办理变更登记。申请执行人申请解除或者被执行人提供充分有效担保请求解除对上述事项限制的,人民法院应当准许"。该征求意见稿希望赋予法院对被执行人在重大事项中行使表决权进行审查和限制的权力,并设计了申请、审查、裁定限制、协助公示、限制变更以及救济解除等具体程序,试图在限制被执行人股东权利与公司经营独立性之间寻求平衡。但司法解释最终放弃了限制表决权内容,只对增减资、合并、分立以及其他重大资产变动行为,要求公司协助报告,且不对后续行为进行实质性审查。

但现行司法解释并未明确执行法院不得对被执行人的股东表决权予以限制,是否可以对被执行人的股东表决权予以限制,应当根据案件情况灵活把握。我们认为,对被执行人实体权利的限制应当有明确的法律、法规或司法解释的依据,不得随意扩张执行权力边界;虽然实践中存在被执行人滥用股东权利损害债权人利益的情况,但毕竟公司经营事项属于法人的独立行为,公权力应当尊重私权利的正当行使;在金钱债权执行中,股权只是被执行人责任财产的一部分,但就公司和其他股东而言,则可能成为保障人合性以及正常经营决策的基础,执行程序需要在申请执行人、被执行人、第三人间寻求权利平衡,不能过度影响其他主体的正当权益;商业行为本身存在风险,执行法院也难以判断某项商业决策最终的走向和利弊,而且司法解释已明确对公司、股东、高管等实施的有害债权的行为,申请执行人可以提起诉讼。对股东表决权,人民法院不应再予以限制。

操作指引

一、关于公司事前报告义务的履行

(一)保障申请执行人的知情权

关于公司协助报告义务履行程序的启动,法院既可以依据申请执行人的申请,也可以依职权直接发送协助执行通知书。对于协助报告的内容,除增资、减资、合并、分立等事项外,执行法院能否根据申请执行人的要求或者执行需要扩大报告范围,对当事人或法院认为可能对股权价值产生重大影响的其他行为也一并要求公司予以报告?该项报告程序的设置初衷系为保障申请执行人对公司重大经营行为的知情权,以便其后续及时采取救济措施,而且对公司报告的事项,法院并不进行实体审查和限制,对涉及国家秘密或商业秘密的事项,还可以不向申请执行人告知,因此,扩大申请执行人对公司重大事项的知情权,并不会过分增加公司的负担,也符合权利平衡保障的要求。具体而言,申请执行人或执行法院认为可能对股权价值造成重大影响且属于《公司法》或公司章程规定应由公司股东(大)会讨论表决的事项,即可属于报告事项。同时应当让公司免于无限制的事项报告,对申请执行人提出的无明显关联事项,可以不予准许。关于报告的时间节点,应限定实施相关行为前,至于是形成动议时还是形成股东会决议时,抑或只需要在实际实施之前即可,并未明确规定。过早报告虽然有利于申请执行人掌握公司行为,但事项尚存变数,要求公司多次报告徒增负担,而且商业信息过早透露,公司难免有所顾虑;而若不作限定,则不利于申请执行人及时知晓,影响其后续救济路径的安排。因此,可以将报告时间节点设定在股东会决议形成后较为妥当。

(二)保障公司的正当权利

涉及国家秘密、商业秘密的事项,需要保护相关信息安全。公司如果以报告事项属于国家秘密，属于需要保护的商业秘密为由不报告，需要特别解释和说明，虽然立法未明确赋予法院对公司行为具有实体审查和限制的权力，但为防止公司规避报告义务，有必要审查公司提出的涉密事项是否为真实，如果伪造信息规避报告的，在后续当事人诉讼环节中对该项隐瞒情节可以作为认定其存在主观恶意的证据，而且人民法院在查证属实后，亦可以妨碍协助义务予以惩罚。

二、关于执行与诉讼的衔接

申请执行人如果基于股权价值贬损行为对公司、董事、高管提起撤销权或者代位权诉讼，还涉及执行程序应否继续的问题。申请执行以及提起诉讼两种路径在目的和功能上并行不悖，诉讼旨在对被执行人以及第三人或积极或消极地危害债权的行为实施救济，只要债权未完全实现，不影响诉讼进行；执行程序可以针对被执行人其他财产继续采取强制执行措施。

审判前沿

案例1　铜川声威建材有限责任公司与焦某丁、铜川市市场监督管理局、许某上工商登记行政纠纷案

【裁判要旨】

公司登记机关在股权冻结期间对公司增加注册资本进行变更登记，并非对冻结股权的变更登记，亦未对股权进行转让或设定质押及其他权利负担。在金钱债权执行案中，对债务人股权的冻结，目的在于实现其债权，股权所在公司的其他股东增加出资额以及公司增加注册资本将引起被冻结股权比例下降，但其所对应的出资额并未减少，不影响债权人权利实现。

【案例索引】

（2020）陕行再20号

【基本案情】

原告焦某丁与被告许某上民间借贷案在铜川市中级人民法院审理前，原告提出财产保全申请，铜川市中级人民法院作出（2015）铜中民保字第00006号民事裁定，冻结了许某上所持有的铜川声威建材有限责任公司

(以下简称声威公司)5%的股权,并向铜川市工商行政管理局(以下简称铜川市工商局)送达了相关的法律文书。铜川市工商局分别于2015年12月2日和2016年3月28日受理声威公司的变更注册登记申请并予以核准。原告认为铜川市工商局在明知法院冻结许某上持有的声威公司5%股权的情况下,未按照声威公司提交的公司章程修正案中约定的出资额、出资方式和出资期限履行审查义务,两次核准该公司增资扩股,对该公司注册资本变更登记,被冻结股权在声威公司所占比例从5%变为0.9679%,导致其冻结的股权价值贬损,影响债权的实现,故诉至法院,请求确认铜川市工商局就许某上所持有声威公司的股权变更登记违法,并撤销其非法的股权变更登记行为。一审、二审法院支持了焦某丁的诉讼请求。陕西高院指令铜川中院再审,铜川中院维持了原二审判决,后经陕西省人民检察院抗诉,陕西高院提审本案。

【裁判观点】

关于铜川市工商局的注册资本变更登记行为是否违法的问题。根据2004年《查扣冻规定》第26条第1款、第2款的规定:"被执行人就已经查封、扣押、冻结的财产所作的移转、设定权利负担或者其他有碍执行的行为,不得对抗申请执行人。第三人未经人民法院准许占有查封、扣押、冻结的财产或者实施其他有碍执行行为的,人民法院可以依据申请执行人的申请或者依职权解除其占有或者排除其妨害。"《规范执行与协助执行通知》第12条规定:"股权、其他投资权益被冻结的,未经人民法院许可,不得转让,不得设定质押或者其他权利负担。有限责任公司的股权被冻结期间,工商行政管理机关不予办理该股东的变更登记、该股东向公司其他股东转让股权被冻结部分的公司章程备案,以及被冻结部分股权的出质登记。"结合《工商188号答复意见》关于"冻结某股东在公司的股权,并不构成对公司和其他股东增资扩股等权利的限制"的答复意见,本案中,铜川市工商局受理声威公司的申请后,对该公司增加注册资本进行变更登记,并非对许某上股权的变更登记,亦未对许某上的股权进行转让或设定质押及其他权利负担。铜川市工商局的变更登记行为并未违反上述规定,焦某丁与许某上之间系民间借贷纠纷,而非股权纠纷,其申请冻结许某上的股权,目的在于实现其债权。声威公司的其他股东增加出资额,声威公司增加注册资本,引起许某上持有的声威公司的股权由5%变更为0.9697%,但其所对应的许某上的出资额并未减少,并未影响焦某丁对许某上债权的实现。焦某丁亦未提交由于铜川市工商局的变更登记行为导致许某上股权价值贬损、偿债能力减弱的相关证据。铜川市工商局的变更登记行为未违反法律规定,原再审判决认定铜川市工商局的变更登记行为明显不当缺乏事实和法律依据。焦某丁请求撤销铜川市工商局的变更登记行为的理由不能成立。

【要点评析】

本案虽系工商登记行政纠纷案,但其争议焦点集中于公司在股权冻结期间能否实施增资行为,该行为是否影响债权人利益实现,并以此为基础来评价登记机关变更登记的行为是否符合相关司法解释、规范性文件的规定,与本节所述问题直接关联。且本案经历一审、二审、当事人申请再审、检察抗诉再审,诉讼中各方关于争议焦点的意见较为全面地体现了当前实务中的认识分歧。

关于股权冻结期间,公司或其他股东能否实施增、减资,分立合并行为,一种观点认为,在诉前保全中,依照申请人的申请,对被申请人的股权进行冻结,目的在于限制被申请人对申请标的的处分,保持申请标的的财产价值及权利状态不受变动,使被申请人的偿付债务能力不被减弱,防止该部分股权价值灭失或减损,确保胜诉后判决能顺利执行。股权一经冻结,除禁止转移被冻结股权的权属或者对被冻结股权设定权利负担,即禁止转让与质押外,被申请人因股权而具有的收取红利、股息等财产收益权也将受到限制;因股权而具有的管理参与权,如影响股权估值,也不能继续行使。此时进行增资扩股,必然使被冻结的股权权利内容产生变动,如股权净资产估值、未分配的红利、股息等因股权比例的降低而减少,其管理权、参与权、表决权价值也相应降低,导致股权价值的贬损。因此,股权被冻结后,权利内容不能发生变动为人民法院强制执行权的应有之义。铜川市工商局于2015年12月2日和2016年3月28日受理声威公司的注册资本变更登记申请并予以核准,违反了其协助人民法院冻结许某上在声威公司股权的义务,其增资扩股变更行政行为违法。

反对的观点如本案中检察机关抗诉意见认为,人民法院依法冻结某股东在公司的股权,并不构成对公司和其他股东增资扩股等权利的限制。公司登记法律法规、民事执行相关法律法规对部分冻结股权的公司,其他股东增加出资额、公司增加注册资本没有禁止性规定。在法无禁止规定的前提下,公司登记机关应当依申请受理核准未被冻结股权的股东增加出资额、公司增加注册资本的变更登记;公司增资变更登记事关公司、股东、公司债权人、被冻结股权股东的债权人、公司潜在的投资人等多方利益,公司增加注册资本,净资产增加,经营资金相对更加充裕,债务清偿能力相应增加。本案实际冻结期限为4年,如果要求其他股东不能注资,企业不能增资,限制公司登记机关办理公司增资登记,必然限制企业的发展,实质上侵害了公司、其他股东及债权人的权益。声威公司注册资本两次变更,增资由1亿元变更为5亿元,应该说对国家、企业、股东都有好处,也增加了企业对外承担责任能力,现撤销变更登记又回到1亿元,是对企业自主权、其他股东权益的损害,以保护一方利益而损害其他股东和企业的利益为代价实属不妥。司法机关应坚持法无禁止即自由的民商法原则,在法无明确禁止的情况下,应当允许公司登记机关办理公司增资变更登记手续,尊重公司和股东的自主权。

上述分歧集中于两点:一是对冻结期间股权“外在的权利状态不受变动”的认识不同,一方认为这仅指被冻结股权不作主动的、直接的权利转让、设定负担或其他不利变动;另一方则认为股权不能受其他行为引起的被动的、间接的变化,如增资引起持股比例减少,即属于对权利状态的改变。二是对“内在的财产价值不受贬损”的分歧,一方认为增资并不导致被冻结股权的出资额减少,不影响债权实现,另一方则认为增资“必然使被冻结的股权权利内容产生变动,如股权净资产估值、未分配的红利、股息等因股权比例的降低而减少,其管理权、参与权、表决权价值也相应降低,导致股权价值的贬损”。《股权执行规定》将上述争议归结到实体上是否影响申请执行人债权实现,并由申请执行人通过诉讼请求法院进行审查、判断。

案例2　大和光学(苏州)有限公司股权转让纠纷执行案

【裁判要旨】

法院冻结股权意在对股权进行固化,防止股权价值的贬损。这种固化措施,不仅在于禁止股东转移、转让股权以及请求股息红利等财产权利,还在于限制股东行使涉及其股权价值变化的表决权、解散请求权、诉讼权等非财产性权利。如果股东在行使这些权利时,不恰当地增设负担或放弃权利,则会直接导致股权价值的贬损,需要对其诸如作出解散清算决定、放弃到期债权表决等涉及股权价值变化的非财产权利也予以限制。

【案例索引】

(2013)苏中执异字第013号

【基本案情】

苏州工业园区嘉信科技有限公司(以下简称嘉信公司)与株式会社大和产业(以下简称大和产业)股权转让纠纷案,(2010)苏中商外初字第0034号民事判决书发生法律效力后,因大和产业未按判决书履行还款义务,权利人嘉信公司向法院申请执行。法院在执行中于2013年2月18日依法冻结了被执行人大和产业在其全资子公司大和光学(苏州)有限公司(以下简称大和光学)的全部股权,并责令大和光学提供会计账簿、财务报表用于对大和产业的股权进行审计评估。2013年2月21日,法院向苏州市高新区工商行政管理局发出(2013)苏中执字第102号协助执行通知书,要求该工商行政管理局停止办理大和光学清算组备案等注销登记相关手续。2013年3月6日,大和光学以二审判决书因未送达而尚未生效,责令其提供会计账簿、财务报表以及停止办理清算组备案等注销登记手续于法无据为由提出执行异议申请。苏州中院作出(2013)苏中执异字013号执行裁定,驳回其异议申请。

【裁判观点】

被执行人不履行生效法律文书确定的义务,人民法院有权对其在有限责任公司、其他法人企业中的投资权益或股权采取强制执行措施。法院要求苏州市高新区工商行政管理局停止清算组备案等注销登记手续,意在对大和产业在大和光学的股权进行固化,防止其股权价值的贬损。这种固化措施，不仅在于禁止股东转移、转让股权以及请求股息红利等财产权利，还在于限制股东行使涉及其股权价值变化的表决权、解散请求权、诉讼权等非财产性权利。如果股东在行使这些权利时，不恰当地增设负担或放弃权利，则会直接导致股权价值之贬损。大和产业为大和光学的100%控股股东。现大和产业股权被冻结，则意味着大和产业在行使公司某些诸如作出解散清算决定、放弃到期债权表决等涉及股权价值变化的非财产权利也受到了限制。且大和产业除在大和光学的股权外已经没有其他可供执行的财产，人民法院介入进行股权的评估审计，可以最大限度地保证股权价值。

【要点评析】

股权冻结期间，股东股权表决权、公司解散请求权等非财产性权利亦应受限制。《民事诉讼法》没有授予法院限制被执行人行使涉及其股权价值变化的表决权、解散请求权、诉讼权的权力，法院限制被执行人大和产业行使上述权利没有法律依据。但工商机关批准注销，被冻结股权将不复存在，该财产权消灭有碍对冻结股权的执行，损害债权人利益。

案例3　深圳市靠谱保科技发展有限公司与南昌市行政审批局企业行政登记案

【裁判要旨】

冻结股东在公司的股权，并不构成对公司和其他股东增资扩股等权利的限制。行政部门对公司股权的变更登记，本质作用是信息公示，并非股权确权；造成被冻结股权价值贬损的直接原因不是变更登记，而是公司股东会关于增资扩股的决议，对此，相关债权人可以另行提起民事诉讼维护合法权益。

【案例索引】

(2019)赣7101行初486号

【基本案情】

2016年11月2日，原告深圳市靠谱保科技发展有限公司（以下简称靠谱保公司）与李某、第三人德宝源公司因股权转让纠纷，向深圳仲裁委员会申请仲裁。仲裁期间，靠谱保公司向南昌经济技术开发区人民法院（以下简称开发区法院）申请财产保全。2016 年 12 月 5 日，开发区法院根据（2016）赣 0192 财保 11 号生效裁定，向原南昌经济技术开发区市场和质量监督管理局发出协助执行通知书，载明：冻结李某持有的德宝源公司 90% 股权（股权、其他投资权益的数额）；查封期限 2 年，查封期限内不得办理交易、转让、变更、过户、抵押等手续。

2017 年 8 月 14 日，深圳仲裁委员会作出（2016）深仲裁字第 2199 号裁决书：裁决李某将持有的德宝源公司 90% 股权转让给靠谱保公司，并办理有关股权转让的工商变更登记手续。

2017 年 8 月 30 日，靠谱保公司向南昌市中级人民法院申请执行。2018 年 10 月 11 日，南昌市审批局受理德宝源公司增资扩股变更登记申请，南昌市审批局于 2018 年 10 月 15 日作出《准予变更登记通知书》，准予相关变更登记申请。靠谱保公司不服南昌市审批局变更登记，诉至南昌铁路运输法院。南昌铁路运输法院驳回了原告靠谱保公司的诉讼请求。

【裁判观点】

南昌铁路运输法院经审查认为，南昌市审批局变更登记行为合法，冻结股东在公司的股权，并不构成对公司和其他股东增资扩股等权利的限制，变更登记本质作用是信息公示，并非股权确权。造成股东李某所持德宝源公司股份比例由 98% 降至 24.5% 的直接原因不是变更登记，而是德宝源公司股东会关于增资扩股的决议。如果原告因李某所持德宝源公司股份比例变动而遭受损失，可以另行提起民事诉讼维护合法权益。

【要点评析】

股东在公司的股权被冻结并不当然限制其他股东增资扩股等权利，亦不影响其他股东对公司股权的变更登记。如债权人因公司股权比例变动而遭受损失，应另诉解决。该裁判思路与《股权执行规定》第 8 条规定的股权价值贬损情况下的处理及救济思路比较一致，《股权执行规定》第 8 条规定更创设了股权所在公司“实施增资、减资、合并、分立等对被冻结股权所占比例、股权价值产生重大影响的行为前向人民法院书面报告”的制度，有利于提前防范股权价值贬损情形的发生。

案例 4　杭州久大置业有限公司与淳安县工商行政管理局行政许可案

【裁判要旨】

对于人民法院发出的协助执行通知书,有关单位负有遵照执行的法定义务。因执行法院已冻结公司股东作为被执行人所持公司股权,并在协助执行通知书中明确不得以任何形式减少、变更相关股东的出资比例和股权份额,若行政部门按照公司的申请作出予以许可的决定,势必将变更案涉股东的股权比例,将直接与人民法院的协助执行通知书相违背。

【案例索引】

(2015)杭淳行初字第 20 号;(2015)浙杭行终字第 318 号

【基本案情】

2014 年 1 月 4 日,杭州久大置业有限公司(以下简称久大置业公司)召开股东会,形成增加注册资本 1000 万元、全体股东按原持股比例优先认购等决议。其中朱某等 8 个股东同意该决议,股东董某、李某、章某(以下简称董某等 3 股东)持反对意见并放弃认购增资。同年 3 月 10 日,久大置业公司召开董事会,对董某等 3 股东放弃认购的 225 万元股本金,决议由朱某等 8 个股东按比例认购。至同年 6 月 30 日,朱某等 8 个股东完成了认缴义务。同年 11 月 5 日,久大置业公司召开股东会,对公司增资至 2000 万元、最新股本结构和修改公司章程等事项形成决议。同年 11 月 20 日,淳安县工商管理局(以下简称淳安县工商局)受理了久大置业公司增资变更登记申请,并书面通知了久大置业公司。淳安县工商局在审查变更登记申请时发现,2014 年 1 月 3 日,安徽省黄山市中级人民法院(2013)黄中法执二保字第 00007 号协助执行通知冻结了朱某在久大置业公司持有的 50% 股权,期限至 2016 年 1 月 2 日,冻结期间不得以任何方式减少、变更朱某出资比例和股权份额;2014 年 12 月 17 日,淳安县工商局收到杭州市拱墅区人民法院协助执行通知书,要求冻结董某等 3 股东在久大置业公司 22.5% 的股份,限制其转让、抵押、质押并限制变更股份比例等处置行为。鉴于前述情况,淳安县工商局决定对久大置业公司申请的增加注册资本变更登记不予许可。久大置业公司对该决定不服而诉诸法院。

【裁判观点】

一审法院认为，有限责任公司的增资扩股是确定市场主体资格的事项，有限责任公司股东的股权是其参与公司事务、享受财产利益的依据。根据《规范执行与协助执行通知》第12条第2款“有限责任公司股东的股权被冻结期间，工商行政管理机关不予办理该股东的变更登记、该股东向公司其他股东转让股权被冻结部分的公司章程备案，以及被冻结部分的出质登记”的规定，淳安县工商局协助法院冻结股东的股权，是司法保全措施，旨在限制公司股东任意处置股权，从而使与该股东相对的债权人的债权实现有司法保障。董某等3股东的股权被冻结和公司增资扩股后股权结构的改变等事实，不影响股东应该享有的财产性利益。因此，该事实不应成为确定久大置业公司主体资格的限制条件，更不应该成为淳安县工商局作出不予许可的理由，遂判决撤销淳安县工商行政管理局于2015年2月9日作出的不予行政许可通知书。

淳安县工商局不服，向浙江省杭州市中级人民法院提起上诉。该院经审理认为，2012年《民事诉讼法》第242条①第2款规定，“人民法院决定扣押、冻结、划拨、变价财产，应当作出裁定，并发出协助执行通知书，有关单位必须办理”。因此，对于人民法院发出的协助执行通知书，有关单位负有遵照执行的法定义务。本案中，执行法院已冻结久大置业公司朱某等股东所持股权，并在协助执行通知书中明确不得以任何形式减少、变更相关股东的出资比例和股权份额。若淳安县工商局按照久大置业公司的申请作出予以许可的决定，势必将变更案涉股东的股权比例，将直接与人民法院的协助执行通知书相违背。因此，淳安县工商局在查明事实的基础上，作出不予许可决定，认定事实清楚。法律适用上，对于在股权冻结期间，工商机关能否办理增资扩股并无明确的法律规定，但最高人民法院、国家工商总局《规范执行与协助执行通知》及《最高人民法院关于济南迅华传媒广告有限公司与威海海澄水务有限公司股权确认纠纷案中涉及法律问题的请示答复》对此问题有明确意见，淳安县工商局遵循上述意见，作出不

① 《民事诉讼法》第253条。

予许可决定并无不当。基于前述理由，浙江省杭州市中级人民法院判决撤销原审判决及驳回原审原告杭州久大置业有限公司的诉讼请求。

【要点评析】

该案与前述案例1、案例3采取了截然不同的裁判观点，出现了不同的处理结果，杭州市中级人民法院认为公司股权被司法冻结后，工商部门不应许可公司股东再行办理股权变更登记。《股权执行规定》出台后，股权价值贬损的“书面报告制度”、另案起诉救济的处理思路应替代对公司股权被冻结后股权变更登记的严格限制。

第七章　对股息红利的执行

法律依据

《股权执行规定》第9条　人民法院冻结被执行人基于股权享有的股息、红利等收益，应当向股权所在公司送达裁定书，并要求其在该收益到期时通知人民法院。人民法院对到期的股息、红利等收益，可以书面通知股权所在公司向申请执行人或者人民法院履行。

股息、红利等收益被冻结后，股权所在公司擅自向被执行人支付或者变相支付的，不影响人民法院要求股权所在公司支付该收益。

《执行规定》第36条　对被执行人从有关企业中应得的已到期的股息或红利等收益，人民法院有权裁定禁止被执行人提取和有关企业向被执行人支付，并要求有关企业直接向申请执行人支付。

对被执行人预期从有关企业中应得的股息或红利等收益，人民法院可以采取冻结措施，禁止到期后被执行人提取和有关企业向被执行人支付。到期后人民法院可从有关企业中提取，并出具提取收据。

《执行规定》第38条第2款　冻结投资权益或股权的，应当通知有关企业不得办理被冻结投资权益或股权的转移手续，不得向被执行人支付股息或红利。被冻结的投资权益或股权，被执行人不得自行转让。

《执行规定》第40条　有关企业收到人民法院发出的协助冻结通知后，擅自向被执行人支付股息或红利，或擅自为被执行人办理已冻结股权的转移手续，造成已转移的财产无法追回的，应当在所支付的股息或红利或转移的股权价值范围内向申请执行人承担责任。

《公司法解释(四)》第14条　股东提交载明具体分配方案的股东会或者股东大会的有效决议，请求公司分配利润，公司拒绝分配利润且其关于无法执行决议的抗辩理由不成立的,人民法院应当判决公司按照决议载明的具体分配方案向股东分配利润。

《公司法解释(四)》第15条 股东未提交载明具体分配方案的股东会或者股东大会决议,请求公司分配利润的,人民法院应当驳回其诉讼请求,但违反法律规定滥用股东权利导致公司不分配利润,给其他股东造成损失的除外。

《查扣冻规定》第20条 查封、扣押的效力及于查封、扣押物的从物和天然孳息。

《国有股和法人股规定》第7条第2款 股权冻结的效力及于股权产生的股息以及红利、红股等孳息,但股权持有人或者所有权人仍可享有因上市公司增发、配售新股而产生的权利。

制度研究

我国公司法及会计制度未对股息和红利加以区分,通称股利,是指公司依照法律或章程的规定,按期以一定的数额和方式分配给股东的利润。有的将股利区分为股息和红利,并将股息定义为股东定期从公司取得的固定比率的利润;红利为股息分配后仍有盈余而另按一定比例分配的利润。无论是否作概念上的区分,股息、红利均源于公司的税后利润。换言之,股息、红利是公司向股东分配利润的表现形式。

股东投资于公司是为了获取经济回报,利润分配权成为股权自益权的主要内容。理论上,利润分配请求权被分为抽象意义上的利润分配请求权和具体意义上的利润分配请求权,当股东会或股东大会对有关利润分配事项作出决定后,抽象的利润分配权就转化为具体的利润分配权,成为股东对公司享有的数额确定的债权,因此又被称为利润给付请求权。由于具体的利润分配请求权具有债权性和既得权性,已经不再属于股权范畴,可以脱离股东权而被独立转让,应得到债权法意义上的保护。[①]《公司法解释(四)》第14条即是对具体利润分配请求权可诉性的确认。

但公司的营利性不意味着公司全部税后利息都用于对股东的分配,公司

① 参见邓峰、许德峰、李建伟主编:《最高人民法院公司法解释(四)理解与适用专题讲座》,中国法制出版社2018年版,第269页。

还需对涉及的多方利益关系承担责任、履行义务,《公司法》关于税后利润分配的规定,也体现了兼顾股东、债权人、公司和社会公共利益的特点,明确要求先弥补亏损、提留公积金,最后才能进行股息和红利的分配。[①] 也就是说,抽象的利润分配权向具体的利润分配权转化需要两个条件:一是公司可分配的利润,二是公司作出利润分配的决议。公司是否分配利润、分配多少原则上是公司自治和股东自治的范畴,司法原则上不宜干预利润分配的实体内容。但该原则的法理基础是公司及其股东会的决议是理性的。[②] 当公司管理层或控股股东滥用资本多数决原则,故意不分配利润压榨小股东的,此时便有司法干预的必要,即股东以公司为被告请求法院强制分配利润,由法院对公司利润进行裁量性分配。《公司法解释(四)》第15条初步明确了司法介入的原则与标准。[③]

综合分析,在公司作出利润分配决定前,股息、红利尚未脱胎于利润,公司经营具有的风险性劣后于第三人对公司之债权,股东是否可分得的股利、分得几许,均为未知数,故股东对公司享有的抽象利润分配请求权仅仅是一种期待权,无法作为执行标的。实践中,有人民法院直接在执行程序中对公司可分配利润进行司法鉴定进而强制执行被执行股东所持份额对应的利润,实际上是替代公司意思机关对利润分配作出决议,此做法不符合司法权干预公司治理时应有的谦抑性原则。《公司法解释(四)》第15条预设了司法权被迫介入的原则,司法应尊重公司自治,仅在存在违反法律规定滥用股东权利导致公司不能分配的情形时,才例外地允许司法权介入其中。而且,人民法院能否对公司利润进行裁量性分配,需要在审判程序中认定。人民法院在执行程序中对实体问题进行判断并采取强制性分配措施,也违反了审执分离的原则。

理解与适用

当公司作出利润分配决议后,股息、红利作为股东对公司享有的债权,故

① 参见赵旭东主编:《公司法学》(第4版),高等教育出版社2015年版,第340页。

② 参见刘俊海:《现代公司法》(上册)(第3版),法律出版社2015年版,第379~380页。

③ 参见邓峰、许德峰、李建伟主编:《最高人民法院公司法解释(四)理解与适用专题讲座》,中国法制出版社2018年版,第270页。

可成为执行对象，当股东作为被执行人不履行生效法律文书确定的金钱给付义务时，执行法院可以执行其在有关企业的股息或红利。①

一、股权冻结效力是否及于股息红利的立法考量

实践中，多数法院参照《国有股和法人股规定》的规定，认为冻结非上市公司股权的效力同样及于股权的收益。主要理由是，股东基于股权享有的股息或者红利实质上是股东的投资收益权，属于股权的内容。股息、红利等股权收益是股东权利的直接体现。作为主权利的股权被冻结，依附于股权而存在的附属权利理应处于被冻结状态。《股权执行规定》未采纳冻结股权的效力直接覆盖股息红利的观点，而是明确股权冻结的效力并不当然及于股息、红利，而是需要单独作出裁定或者在同一裁定中单独明示对股息红利的冻结。公司违反冻结裁定向股东支付股息红利，对申请执行人不产生对抗效力，法院可以继续要求股权所在公司支付该收益。

从法理上看，在公司作出利润分配决定后，股东享有的具体的利润分配请求权具有的既得权性、可脱离股权被单独转让的特点，决定了股息、红利可以独立于股权单独存在，和股权并列成为不同的责任财产形式，这就要求人民法院对股权的冻结效力范围不能当然及于股息、红利，而是要对其单独采取执行措施。此外，《查扣冻规定》也规定对不动产、动产的查封扣押效力只及于从物和天然孳息，法定孳息并不包含在主物的查封效力之内。股息、红利是基于股权所有人的投资行为所能获得的合法收益，为权利的法定孳息，只有将股权的法定孳息排除在股权冻结效力之外，作为单项责任财产予以冻结并执行，才能使相关法律规定的内在逻辑更为自洽。

从实践观察，股权冻结是以公司登记机关的登记公示为生效要件，冻结裁定和协助执行通知书未送达公司的，并不影响股权冻结的效力。如果冻结股权的效力当然及于股息、红利等收益，相当于要求公司分配股息、红利前，需通过企业信用信息公示系统查询股权是否被冻结或解除冻结，实质上赋予了公司更高的注意义务。

---

① 参见江必新主编：《民事执行法律条文释义》，人民法院出版社2011年版，第311页。

二、股息红利适用的执行规则

《执行规定》和《股权执行规定》两部司法解释均区分了已到期的股息红利和未到期的股息红利。对未到期的,只能冻结;已到期的,人民法院可以提取,也可以要求公司向申请执行人或者人民法院履行。在公司未作出利润分配决议前,股息、红利并不存在。因此,“到期”指的是利润分配方案中的分配时间已到期。《公司法解释(四)》第14条要求利润分配方案内容具体,应包括待分配利润数额、分配政策、分配范围以及分配时间等。[①] 分配时间已到期,公司即应向股东分配股息、红利,股东对公司享有的是到期债权;分配时间未到期的,股东享有的是未到期债权。

不过,虽然股息红利属于股东对公司的债权,《执行规定》第36条关于股息红利的执行与第45条到期债权的执行也有诸多相似之处,如人民法院有权裁定禁止向被执行人支付,并要求直接向申请执行人支付,对被执行人预期从有关企业中应得的股息或红利等收益,人民法院可以先行冻结,待到期后提取,与《制裁规避执行意见》第13条关于未到期债权的执行思路大致相同。但需要注意的是,《执行规定》及《股权执行规定》均未赋予公司提出类似次债务人阻却执行异议的权利。从实践角度,“考虑到投资收益权与一般债权有所不同,而且过去的规定中明确提出可以冻结和划拨被执行人的预期收益,以及在合资企业中应得的股息或红利,因此本规定仍沿用过去的规定,基本类似于执行自然人的收入的做法,没有设定第三人提出异议的程序”[②]。因此,在告知公司向申请执行人或法院支付之外,对到期股息、红利也可以按照《民事诉讼法》第254条的规定,以提取被执行人收入的形式作出裁定,从有关企业中提取被执行人股东应当履行义务部分的股息或红利。[③] 从权利性质看,立法者认为股息红利比债权具有更高的确定性。《企业所得税法实施条例》第17条第2款规定:“股息、红利等权益性投资收益,除国务院财政、税务主管部

---

① 参见杜万华主编:《最高人民法院〈公司法司法解释(四)〉理解与适用》,人民法院出版社2017年版,第306页。

② 黄金龙:《关于人民法院执行工作若干问题的规定(试行)实用解析》,中国法制出版社2000年版,第157页。

③ 参见江必新主编:《民事执行法律条文释义》,人民法院出版社2011年版,第311页。

门另有规定外,按照被投资方作出利润分配决定的日期确认收入的实现。”《国家税务总局关于贯彻落实企业所得税法若干税收问题的通知》(国税函〔2010〕79号)第4条第1款规定:“关于股息、红利等权益性投资收益收入确认问题:企业权益性投资取得股息、红利等收入,应以被投资企业股东会或股东大会作出利润分配或转股决定的日期确定收入的实现。”按照上述规定,公司作出利润分配决定后,司法机关无须再判断股息红利的有无问题,立法也就未赋予作为收益支付义务人的公司类似到期债权程序中次债务人的异议权。因此,若公司违反裁定要求,擅自支付或变相支付股息、红利的,除要求其向申请执行人继续履行之外,人民法院也可以对其在未支付范围内进行强制执行,并且可以追究其妨碍执行的责任。

三、对公司不分红的诉讼救济

公司分配股利,必须以有盈余为条件,没有盈余,原则上不能进行分配。虽然法院能在公司未确定分派决议的情形下对未来可能的收益先予冻结,但在执行前必须确认是否存在收益,如果经查实,被执行人在有关企业中确实没有收益,就不能执行。[①] 此处的收益,具体是指公司存在盈利符合股利分配的条件,还是指需要公司已就股利分配达成决议,需要厘清。《公司法》第166条第4款规定,公司弥补亏损和提取公积金后所余税后利润,有限责任公司依照本法第三十四条的规定分配;股份有限公司按照股东持有的股份比例分配,但股份有限公司章程规定不按持股比例分配的除外。但实践中存在被执行人与公司串通、在符合分配条件下不实施分配或公司不愿向股东分配利润的情形。这种情形在有限责任公司的股权执行中较为突出,因为此类公司人合属性更强,直接变价难度大,大股东和公司也更易操控股息、红利的分配。对于这种有利不分的情形,执行法院能否强制分红?申请执行人是否有其他救济渠道?

(一)对股息红利的执行限度

在执行程序中,法院是否有权审查公司是否符合分红条件,并在“有利不

---

① 参见黄金龙:《关于人民法院执行工作若干问题的规定(试行)实用解析》,中国法制出版社2000年版,第157页。

分”情形下强制分红并提取、扣划对应股利?《股权执行规定》以及现有法律规定未涉及此项权限和程序。肯定观点认为,在一定情形下法院执行权可以介入公司自治,并可以对未分配的股利实施强制执行措施,江苏省扬州市中级人民法院在中国农业银行有限公司扬州润扬支行诉上海蓝宝光电材料有限公司等利润分配执行纠纷案中即按照该观点采取了执行措施。[①]

否定观点认为,在公司未形成利润分配决议或者通过不分配利润的股东会决议时,股东享有的利润分配请求权尚未转化为具体的股利给付请求权,股东不能要求公司给付。如认为公司分配决议或不予分配股利的行为侵害股东权利的,应该按照《公司法》另行诉讼,在执行程序中法院不应对公司是否应该分配股利以及分配是否合理作审查判断。结合目前对股东提起盈余分配权是否具有可诉性以及司法介入的程度,审判理论与实务尚存认识分歧。《最高人民法院〈公司法司法解释(四)〉理解与适用》亦认为“公司利润分配属于公司内部经营事务,公司如不愿向股东分配利润,一般认为司法不应过分介入。如何规范公司长期不分配利润行为,合理保护小股东抽象利润分配请求权,是各国公司法面临的难题”[②]。在审判权尚对该类纠纷有所保留的情况下,执行权更应注意行使限度。

实务中把握对股息、红利的执行限度,应当结合法律规定与实务需求综合考量。单以执行目的论,强化执行权能和措施能够保障债权的最大化实现。但从现行法律和司法解释的关联条款看,并未授予执行法院对公司利润分配行为的直接审查和可以强制分配的权力,因此,在对股息、红利的执行中,法院不宜直接介入股权所在公司内部管理事务,对于公司不分配股息、红利的,不宜直接采取强制分配等执行措施,但对于公司以变相形式支付股息、红利的行为,如以借贷形式支付红利等,则不属于上述情形,在查证属实的情况下,应责令公司继续履行并可予以惩戒。

(二)当事人的救济路径

如果股东认为公司大股东过分提留公积金或者存在怠于分配股利侵害股

---

① 参见金香平、胡永康:《对被执行人在其入股公司的未分配利润可强制执行》,载《人民司法》2013年第16期。

② 杜万华主编:《最高人民法院〈公司法司法解释(四)〉理解与适用》,人民法院出版社2017年版,第310页。

东盈余分配请求权行为时，可以股东会决议侵犯其正当权利为由向法院提起撤销股东会决议的诉讼，或者提出强制公司分派股利之诉；如果被执行人股东怠于行使上述权利，申请执行人可以代位提起诉讼。

操作指引

《股权执行规定》对股息红利的冻结与执行程序，较以前规定有所调整，需要注意以下问题：

（一）对股息红利的冻结措施

对被执行人基于股权产生的股息、红利需要单独采取冻结措施，但并不意味着人民法院必须分别就股权和股息、红利作出两个冻结裁定，人民法院在冻结股权的裁定中明示一并冻结股息、红利并无不可。

（二）公司享有的救济权利

虽然《执行规定》《股权执行规定》并未赋予公司类似到期债权程序中次债务人的异议权，但对于人民法院错误的执行行为，公司依然有权依据《民事诉讼法》《异议复议规定》提出执行行为异议。如人民法院依申请或依职权冻结或提取被执行人在公司的股息红利，而公司未作出利润分配决议的，人民法院采取执行措施的对象错误，公司有权通过提出执行行为异议进行救济。

（三）对公司违反协助义务的处理

公司在人民法院冻结股利后未经允许擅自支付或变相支付股利的行为，人民法院可以要求公司继续完成协助支付义务。该做法与《执行规定》第 40 条并行不悖，执行法院可以要求公司继续向申请执行人或法院支付规定金额的股利，也可以按照《执行规定》第 40 条的规定，要求公司“在所支付的股息或红利或转移的股权价值范围内向申请执行人承担责任”，即法院可以对公司财产强制执行。

（四）关于股息红利的优先执行

“执行财产权利应当依照何种程序来进行，首先应考虑哪种控制性措施方法最实用而控制的效力又最显著；其次应考虑哪种变价程序方法最实际而又容易达到满足债权人金钱受偿的目的；最后要根据权利的性质和权利行使的方式而定。”[①]在保障债权实现的基本前提下，遵循善意执行和比例原则，提升执行效率，亦是实务需要关注的。因此，股权执行中，应当优先查询并执行股息、红利，在没有股息、红利或已经执行完毕的情况下，再对股权予以变价。

审判前沿

案例1　中国农业银行股份有限公司扬州润扬支行诉上海蓝宝光电材料有限公司等利润分配执行纠纷案

【裁判要旨】

公司股东依法享有资产收益权，在该股东成为被执行人后，如其入股公司经审计有未分配利润，且该股东利用其大股东优势地位长期不召开股东会对该利润予以分配，为保护债权人利益，法院应对该股东依其投资比例享有的利润予以强制执行。公司以未分配利润属于公司所有、司法不应干预公司自治为由提起执行异议不能成立。

【案例索引】

(2013)扬执异字第6号

【基本案情】

中国农业银行股份有限公司扬州润扬支行(以下简称农行润扬支行)与扬州隆耀光电科技发展有限公司(以下简称隆耀公司)、上海蓝宝光电材料有限公司(以下简称蓝宝公司)、上海福城投资管理有限公司(以下简称福城公司)、周某华、冯某清之间金融借款合同纠纷案，扬州市中级人民法院于2012年10月15日作出(2012)扬商初字第90号民事调解书，后因被执行人未履行义务，农行润扬支行于2012年12月24日向扬州市中级人民法院申请执行。执行过程中扬州市中级人民法院查明凤桐祥瑞公司注册资本2998万元，福城公司出资1349.1万元，持有45%股权；其士(成都)投资管理有限公司出资1319.1万元，持有44%股权；上海熙诚实业有限公司出资329.7万元，持有11%股权。在案件审理阶段，农行润扬支行

① 黄金龙：《关于人民法院执行工作若干问题的规定(试行)实用解析》，中国法制出版社2000年版，第173页。

申请财产保全,扬州市中级人民法院于2012年4月16日查封福城公司在凤桐祥瑞公司的全部股权。2013年1月,扬州市中级人民法院委托扬州苏中兴资产评估有限公司对福城公司持有的凤桐祥瑞公司45%股权价值进行司法评估。经评估,福城公司持有凤桐祥瑞公司45%的股权价值为11,338.88万元。2013年5月20日,扬州市中级人民法院以(2013)扬执字第0011-1号民事裁定书及协助执行通知书,要求异议人凤桐祥瑞公司将被执行人福城公司在其公司的到期收益39,066,776.20元汇至扬州市中级人民法院账户,并冻结福城公司在凤桐祥瑞公司的预期收益60,831,023.80元。

【裁判观点】

被执行人福城公司在异议人凤桐祥瑞公司具有因出资而取得的、参与公司事务并在公司中享有财产利益的权益,本院依法强制执行其到期收益和冻结其预期收益符合2008年《执行规定》第51条[①]的规定。且人民法院进行强制执行,不同于市场交易的民事行为。异议人以公司对其利润未分配等为由,规避人民法院强制执行被执行人的投资权益,缺乏事实和法律依据,对异议人凤桐祥瑞公司所提异议不予采信。依照2012年《民事诉讼法》第227条的规定,裁定驳回异议人执行异议。

【要点评析】

未分配利润虽然形式上是公司独立的法人财产,但其本质上应属于公司股东依法享有的资产收益,是实现股权中股利分配请求权的财产基础。在拍卖被执行人股权存在制约因素,且被执行人利用其大股东优势长期不召开股东会对利润进行分配等前提下,法院依照2008年《执行规定》第51条[②]的规定,对经评估的与其投资比例相对应的未分配利润直接扣划,并对该股权的预期收益予以冻结。主要基于以下两点理由:

一、未分配利润在本质上属于被执行人在该公司应得的资产收益

首先,从会计学分析,未分配利润属于所有者权益的组成部分。其次,从《公司法》分析,未分配利润属于股东应得的红利。按照《公司法》的规定,公司利润在缴纳税金、提取公积金后,剩余部分即应属于全体股东可期

① 现《执行规定》第36条。

② 现《执行规定》第36条。

待的红利,股东对该利润享有请求权。在公司股东对利润具体如何分配未作决定前,股东应得的红利往往不易确定,该请求权为抽象的利润分配请求权,是股东基于其公司股东资格和地位所享有的固有权能。但在执行过程中,法院在查明未分配利润已经提取相应公积金后,应按照股东出资比例核算其应得的红利。最后,法人财产的独立性并不是绝对的。为保护股东个人债权人利益,在一定情形下,法院应赋予债权人越过股东个人财产直接指向其入股公司的股权收益。尤其是在案件执行阶段,在特定的法律关系中有必要对法人财产的独立性提出异议,甚至否定,以此保障生效法律文书的权威性和实现债权的最大化。

二、在一定的情形下法院的执行权可以介入公司自治

一般情形下,法院司法权应尊重商事主体的经营自由,不必介入公司自治。但在特殊情形下,司法权有必要及时介入,维护相关方利益。

首先,司法实践中存在司法权介入公司利润分配的案例。最高人民法院司法解释规定,对于股东会形成利润分配方案决议的,法院应以公司盈余分配权纠纷为案由立案受理。这间接说明了具体利润分配请求权具有可诉性。其次,在执行未分配利润前已穷尽现有执行措施。综合整个案件来看,法院已经穷尽其他能够实行的强制执行措施。从案件执行效果看,即使隆耀公司的资产能够按照评估价10,408.4万元一次性拍卖成功,也仍然存在高达1.3亿元左右的债权无法执行到位,对债权人利益影响很大。再次,被执行人存在规避执行行为。在本案中,股权所在公司是唯一尚有经营前景的公司,但该公司从2005年开始就未曾向股东分配过利润,时间长达8年。而评估查明,该公司在2010年度就曾实现净利润10,501.88万元。从召开股东会讨论分配利润的现实可能性看,公司大股东被刑事羁押,该公司在实际上已经无法形成分配利润的股东合意。最后,法院系依据评估报告核定被执行人应得的红利和未到期红利。在评估福城公司股权价值时,凤桐祥瑞公司提供了2012会计年度的资产负债表,法院经研究讨论裁定,以股权评估价值减去已经到期的红利,再减去福城公司投入的股本,即为福城公司预期应得到的红利,总计达60,831,023.80元。

扬州市中级人民法院认为法院可以在一定情形下突破公司自治以及

公司财产独立性,“尤其是在案件执行阶段,在特定的法律关系中有必要对法人财产的独立性提出异议,甚至否定,以此保障生效法律文书的权威性和债权实现的最大化”。但上述观点和实务操作是否具有普适的法理和法律基础,尚待商榷。

案例2　涟水海林实业有限公司诉江苏涟水农村商业银行股份有限公司盈余分配纠纷案

【裁判要旨】

被执行人的股份被拍卖后产生的其持股期间未分配的红利属于法定孳息,实质上是股权附属的权利,在没有特别约定的情况下,应当视为该权利在股权拍卖时已经一并转让给买受人。

【案例索引】

(2020)苏08民终1379号

【基本案情】

涟水海林实业有限公司(以下简称海林公司)因未履行法院生效民事解书约定的还款义务,经债权人申请执行,法院于2019年2月依法对海林公司所持有的江苏涟水农村商业银行股份有限公司(以下简称涟水农商行)300万股进行司法拍卖,拍卖标的为“涟水农商行300万股”。后该300万股由长江万汇资本管理有限公司(以下简称万汇公司)拍得,对此法院裁定确认合法有效。万汇公司支付对价,该300万股于2019年3月变更登记至其名下。2019年4月,涟水农商行召开股东大会,决议对公司2018年度的未分配利润进行分配。后涟水农商行根据股东会决议将该300万股所享有8%的送股及2%的现金分红分配给作出决议时已登记在册的新股东,即万汇公司名下。海林公司认为该红利应归其所有,故诉至法院,要求万汇公司返还,并要求涟水农商行协助返还。一审法院判决万汇公司返还股息及红利,万汇公司不服,向淮安中院提起上诉。

【裁判观点】

淮安中院认为,股权产生的送股、分红、派息等属于法定孳息。对于法定孳息的归属，股东依据所持股份应享有该股份产生的全部收益，包括股息、红利以及其他衍生的孳息，这些收益都是股权价值的构成部分，属于股权附属的权利，在没有特别约定的情况下，应当视为该权利在股权转让时一并转让给买受人所有。

【要点评析】

本案系被执行人在股权拍卖后要求买受人返还前期未分配红利的诉讼。争议焦点即是拍卖冻结的股权，之前未分配的红利在拍卖公告未予明确的情况下，是否随股权一并转移。本案一审认为在明确约定的情况下，将红利附随股权转移不符合交易习惯，判决买受人返还股权红利，股权所在公司协助返还。二审则认为即使拍卖公告中没有明确拍卖标的附带股权红利，但根据红利为股权的法定孳息，系附属权利，在股权转让后应随之转让。法定孳息依附于基础的权利关系，在股权转移后法定孳息的收取权应随之转移，且在股权处置评估中，一般也包含对公司资产盈利的考量，所以即使拍卖公告中仅罗列股权未列明红利，在转让后亦应该由买受人领受红利。如果在处置股权之前，先行调查被冻结股权存在待分配红利，可以有效避免此类纠纷。这也是本次《股权执行规定》关于股息、红利需单独冻结、处置的应有之义。

第八章 股权的评估

第一节 股权处置参考价的确定

法律依据

《股权执行规定》第11条 拍卖被执行人的股权,人民法院应当依照《最高人民法院关于人民法院确定财产处置参考价若干问题的规定》规定的程序确定股权处置参考价,并参照参考价确定起拍价。

确定参考价需要相关材料的,人民法院可以向公司登记机关、税务机关等部门调取,也可以责令被执行人、股权所在公司以及控制相关材料的其他主体提供;拒不提供的,可以强制提取,并可以依照民事诉讼法第一百一十一条、第一百一十四条的规定处理。

为确定股权处置参考价,经当事人书面申请,人民法院可以委托审计机构对股权所在公司进行审计。

《财产处置价规定》第14条 法律、行政法规规定必须委托评估、双方当事人要求委托评估或者网络询价不能或不成的,人民法院应当委托评估机构进行评估。

制度研究

司法拍卖中,人民法院确定财产处置参考价,旨在确定财产拍卖的起拍价,处置参考价确定与否,关乎下一步网络拍卖程序能否如期开展。根据《财产处置价规定》,对需要拍卖、变卖的财产,人民法院应当在30日内启动确定财产处置参考价程序。确定处置参考价的方式包括当事人议价、定向询价、网络询价、委托评估等方式。同时人民法院确定参考价前，应当查明财产的权属、权利负担、占有使用、欠缴税费、质量瑕疵等事项。如果采取当事人议价方式确定参考价的，除一方当事人拒绝议价或者下落不明外，人民法院应当以适当的方式通知或者组织当事人进行协商，当事人应当在指定期限内提交议价结果。双方当事人提交的议价结果一致，且不损害他人合法权益的，优先采取议价方式确定财产处置参考价，当事人议价不成的，可以网络询价或者定向询价。法律和行政法规规定必须委托评估、双方当事人要求委托评估或者网络询价不能或不成的情形下，人民法院应当委托评估机构进行评估。

股权作为复合型权利，其价值直接与企业价值相关联。企业的财务报表可以作为判断经营状况的依据，但不足以衡量企业价值，反映的是企业某一时段内的经营状况和资金流转情况，无法客观体现该企业的价值，财务记录是否规范也会影响财务报表的真实性。此外，非上市公司的价值受企业经营管理能力和整体宏观市场环境等多重因素影响，须依赖专业机构综合多项因素进行评估。这也说明股权评估有时不得不借助司法审计才能完成。四种处置价确定方式中，委托评估是人民法院使用频率最高且难度最大的方式，委托评估不仅需要的材料多，而且需要股权所在公司和被执行人的密切配合，但实践中大量案件中的股权评估因当事人不配合、不提供财务资料而无法出具评估报告，导致执行法院不能确定起拍价，影响股权拍卖的顺利推进。①

理解与适用

一、股权处置参考价的确定方式

股权虽然不同于动产和不动产，但也应当依照《财产处置参考价规定》规定的程序确定处置参考价，并参照参考价确定起拍价。但股权价值的确定需要专业人员通过分析股权所在公司财务资料、经营情况等各种材料综合判断，并无统一的计税基准价、政府定价或者政府指导价，因此，定向询价和网络询价的方式并不适合股权，实践中，执行法院一般以委托评估为主，当事人议价

---

① 参见何东宁、邵长茂等：《〈最高人民法院关于人民法院强制执行股权若干问题的规定〉的理解与适用》，载《中国应用法学》2022年第2期。

为补充的处置价确定方式。

1. 当事人议价

《善意文明意见》提出，在不损害第三人合法权益的情况下，人民法院积极促成双方当事人就参考价达成一致意见，以进一步提高确定参考价效率，避免后续产生争议。委托评估之前，人民法院组织当事人进行议价，相对于采取传统委托评估机构线下评估方式的程序烦琐、耗时较长、评估费用较高的特点，议价效率较高，可以缩短财产变现时间，减轻当事人诉累，为当事人节省评估费用，但是由于股权价值的确定弹性较大，当事人之间存在利益冲突，议价时很难达成一致。因此，如果双方当事人不能就股权价值达成统一，需要在“议价”程序中嵌入权威且双方认可的价值参考，如向银行等机构发出询价函，复函股权价值，为当事人议价提供参考，促进当事人议价的成功率。另外，在评估机构很难获取评估资料的情况下，也可通过议价方式确定股权的处置参考价。

2. 定向询价

财产有计税基准价、政府定价或政府指导价，当事人议价不能、不成或者双方当事人一致要求定向询价的，人民法院应当积极协调有关机构办理询价事宜。定向询价结果严重偏离市场价格的，可以进行适当修正。股权一般没有财产有计税基准价、政府定价或政府指导价，故很难通过定向询价确定处置参考价。

3. 网络询价

网络询价效率高，而且绝大多数询价结果基本能够反映市场真实价格，对于财产无须由专业人员现场勘验或鉴定的，人民法院应积极引导当事人通过网络询价确定参考价，并对询价报告进行审查。

4. 委托评估

《拍卖变卖规定》第 4 条规定：“对拟拍卖的财产，人民法院应当委托具有相应资质的评估机构进行价格评估。对于财产价值较低或者价格依照通常方法容易确定的，可以不进行评估。当事人双方及其他执行债权人申请不进行评估的，人民法院应当准许……”①《财产处置参考价规定》颁布之前，人民法院绝大多数情况都是委托评估机构确定股权的价值，从股权所涉利益的非公开性看，也只有通过专业机构评估，股权的价值或价格更接近于真实性。但如果目标公司下落不明或者故意不配合法院和评估机构，也不适合通过委托评估方式确定处置参考价。委托评估和当事人申请不经过评估的议价方式可以结合运用，经委托评估确定参考价，被执行人认为评估价格严重背离市场价格并提起异议的，为提高工作效率，人民法院可以以评估价为基准，先促成双方当事人就参考价达成一致意见。无法快速达成一致意见的，依法提交评估机构予以书面说明，评估机构逾期未做说明或者被执行人仍有异议的，应及时提交相关行业协会组织专业技术评审。

二、处置参考价所需材料的提取

人民法院对于评估股权所需的资料有权强制提取，强制提取的对象范围，《股权执行规定》相对于《财产处置价规定》有所扩大，包括公司登记机关、税务部门、股权所在公司、控制相关材料的公司董事、高级管理人员和财务人员等；以及掌握相关材料的中介机构，如会计师事务所、代理记账公司。应当提取的相关材料包括：(1)公司登记机关查询到的公司登记、备案及其他相关资料；(2)企业信用信息公示系统显示的公司相关公示信息；(3)公司股东名册、公司章程及财务状况等相关资料；(4)依法设立的区域性股权转让市场的股权登记托管信息。②

---

① 对需要变卖的财产，可以不进行评估。《拍卖变卖规定》第 32 条第 1 款：当事人双方及有关权利人对变卖财产的价格有约定的，按照其约定价格变卖；无约定价格但有市价的，变卖价格不得低于市价；无市价但价值较大、价格不易确定的，应当委托评估机构进行评估，并按照评估价格进行变卖。

② 《股权执行规定(征求意见稿)》第 13 条：对股权价值进行评估时，人民法院可以根据评估机构的需要，要求公司或其他有关单位协助提供相关资料、配合办理相关事项。公司或其他有关单位拒不提供、隐匿、伪造相关资料以及拒不配合办理相关事项的，人民法院可以根据案件情况采取如下执行措施：1. 强制提取；2. 根据申请执行人的申请委托审计机构进行审计；3. 依据本规定第二十三条的规定追究公司或其他有关单位的法律责任；4. 其他执行措施。评估机构因不能达到最低资料标准、不能完成现场调查等评估程序受限原因而不能出具股权价值评估报告，人民法院可以依据评估机构出具的价值咨询意见确定股权拍卖起拍价。

本条相比《股权执行规定(征求意见稿)》,不仅突出了股权处置参考价应依据《财产处置价规定》,而且将主体从“公司”扩大到“被执行人、股权所在公司以及控制相关材料的其他主体”,明确了相关主体拒不提供,可以强制提取,同时人民法院可以依照《民事诉讼法》第114条、第117条的规定追究责任;将审计的申请从“根据申请执行人的申请”变为“经当事人书面申请”,即审计的申请不局限于申请执行人;并取消了“价值咨询意见”的规定。

三、强制提取与委托审计不作为评估的必经环节

司法审计是指人民法院依申请或依职权委托具有专业审计资格的审计事务所或会计师事务所对被执行人的财务进行审计,并以审计结果为依据,采取相应执行措施,实现债权人胜诉权益的财产调查方式。《制裁规避执行意见》首次提出运用审计方法调查被执行人财产。《执行难综治意见》和《执行工作纲要》将委托审计作为发现被执行财产手段。《财产调查规定》正式确立了审计调查制度,申请执行人认为被执行人有拒绝报告、虚假报告财产情况,隐匿、转移财产等逃避债务情形或者其股东、出资人有出资不实、抽逃出资等情形的,可以书面申请人民法院委托审计机构对该被执行人进行审计,被执行人隐匿审计资料的,人民法院可以依法搜查。审计在个案执行中能够发挥独特的作用,也是股权价值确定的重要方法。

司法审计并非股权评估的必然程序,而是特定情形下为确定股权参考价使用的辅助方法。如果不能经由议价或不能获得确定股权处置参考价的资料,经当事人书面申请,人民法院委托审计机构对股权所在公司进行审计。人民法院应当自收到书面申请之日起10日内决定是否准许。2022年《民事强制执行法(草案)》第54条规定,申请执行人申请对被执行人进行审计的,是否准许,由人民法院决定。审计决定由执行机构负责人签发。对被执行人进行审计,应当委托具备资格的审计机构,并责令被执行人及有关人员提交会计凭证、会计账簿、财务会计报告等与审计事项有关的资料。被执行人隐匿审计资料的,人民法院可以依法采取搜查措施。审计费用由提出审计申请的申请执行人预交。被执行人存在拒绝报告或者虚假报告财产情况,隐匿、转移财产或者其他逃避债务情形的,审计费用由被执行人负担;未发现被执行人存在上述情形的,审计费用由提出审计申请的申请执行人负担。

实践中，关于强制提取和委托审计是否为股权评估的必经程序争议较大。(2019)最高法执复46号裁定认为，对被执行人的股权进行评估时，人民法院可以责令有关企业提供会计报表等资料，有关企业拒不提供的，可以强制提取，但在评估机构已经获得其他评估资料并依法评估得出评估结论的情况下，未强制提取相关资料并不违反法律规定。委托审计也并非必经程序，《财产调查规定》第17条规定，"作为被执行人的法人或非法人组织不履行生效法律文书确定的义务，申请执行人认为其有拒绝报告、虚假报告财产情况，隐匿、转移财产等逃避债务情形或者其股东、出资人有出资不实、抽逃出资等情形的，可以书面申请人民法院委托审计机构对该被执行人进行审计"。股权评估中的委托审计，是确定股权处置参考价的辅助方式，审计对象为股权所在的公司。所需材料包括在税务、工商部门备案或提交的资产负债表、损益表、净资产表以及该公司公布的年度财产报表等。(2016)最高法执复59号裁定认为，为确定股权处置参考价，经当事人书面申请，人民法院可以委托审计机构对股权所在公司进行审计。但审计并非股权评估的前置程序。当事人主张对涉案股权评估前应当先进行审计，并无相应的法律依据，不能成立。委托审计将得到较为准确的价值估算，但同时必会延长整个执行程序的时间。故强制提取和委托审计不是股权评估的必经程序，是否启动强制提取和委托审计程序，需要执行法院综合考量案件情况后予以确定。

四、能否依据评估机构出具的价值咨询意见确定起拍价

股权执行司法解释起草过程中，关于人民法院可否依据价值咨询意见确定起拍价争议较大。所谓价值咨询意见，是指受人民法院委托的评估机构在根据评估准则无法出具评估报告的情况下，结合其已经掌握的情况，依靠专业技能，就股权价值出具的意见。实际上，依靠价值咨询意见确定起拍价是可行的，也更能兼顾被执行人和申请执行人的利益。一是在司法解释明确规定的议价、询价、委托评估等方式均无法确定起拍价时，应当允许通过其他方式确定起拍价，否则将导致股权价值悬而未决，执行程序难以推进；二是由于缺乏足够的财务资料，依据价值咨询意见确定的价值确实可能偏离股权本身价值，但人民法院参照该意见只是确定起拍价，而股权的价值最终要通过司法拍卖由市场确定；三是股权之所以无法评估，被执行人及其所控制的公司拒不配合

是主要原因。如果因为无法评估就不进行变价,实际上在对被执行人反向激励。这种做法一定程度上也经过了实践的检验,关于能否依据评估机构出具的价值咨询意见确定股权拍卖起拍价,2018 年《江苏省高级人民法院关于执行疑难问题的解答》规定,股权保留价可以根据最近三个月成交价、股权所在公司出具的价格意见(向股权所在公司的询价)确定;同时,还可以参照在税务、工商部门备案或提交的资产负债表、损益表、净资产表以及该公司公布的年度报表等确定股权价值。必要时,可以就确定价格征询评估公司、会计师事务所、审计部门等有关专业机构或人士的意见。《北京市法院执行局局长座谈会(第十次会议)纪要——关于强制执行中财产处置若干问题的意见》规定,可以由评估机构出具咨询报告或者咨询意见,咨询价格可以作为确定起拍价的参考价格。最高人民法院考虑到虽然实践中价值咨询意见在一些地方收效良好,但《财产处置价规定》规定委托评估只有评估报告一种结论,并未规定价值咨询意见,另行创设价值咨询意见的结论形式不免过于激进,因此,在最终出台的司法解释条文中,删除了关于价值咨询意见的规定。

操作指引

股权的价值评估,系对公司股权进行综合分析和评估,以确定其市场价值的活动,其目的在于发现股权公允的市场价格。根据《资产评估基本准则》的规定 ,资产评估可以采取多种方法,可以适用股权评估的方法目前有市场法、收益法、成本法、资产法、交易法和增值法等方法。市场法运用较多的是参考企业比较法和并购案例比较法,所谓参考企业比较法是指通过对市场上与被评估企业处于同一或类似行业的公司的经营和财务数据进行分析,计算适当的价值比率或经济指标,在与被评估企业比较分析的基础上得出评估对象价值的方法;并购案例比较法是指通过分析被评估企业处于同一或类似行业的公司买卖、收购及合并案例,获取并分析这些交易案例的数据资料,计算适当的价值比率或经济指标,在与被评估企业比较分析的基础上,得出评估对象价值的方法。采用收益法时,收益资本化法和未来收益折现法是最常用的两种方法。收益法评估中的预期收益、收益期间、资本化率或折现率的确定和选出是评估结论准确可靠与否的关键。资产法是指基于公司净资产价值来评估股权价值,用公司资产减去负债的净资产值,按照股东持股比例可以计算出股权的价值。

股权价值评估需要考虑公司的财务状况、市场状况、管理能力和技术实力等多种因素。同时,不同种类公司的股权应当选择的评估机构和适用的评估方法不尽相同,如矿业权公司股权的评估,如果不能由评估机构根据评估目的、评估对象、价值类型、资料掌握等不同情况选择恰当的评估方法,那么股权的评估价格将有很大差异。

审判前沿

案例1 周某与韦某宁及友容公司股权转让合同纠纷执行复议案

【裁判要旨】

审计并非股权评估的前置程序。当事人主张对涉案股权评估前应当先行审计,并无相应的法律依据。评估报告的评估结论只是确定拍卖保留价的参考,其真实价值需要市场的检验。涉案股权的拍卖经过了充分竞价,最终溢价成交,亦不存在法律规定的应当重新拍卖的情形。

【案例索引】

(2016)最高法执复59号

【基本案情】

原告周某与被告韦某宁以及第三人友容公司股权转让合同纠纷案,进入执行程序后,广西高院拍卖韦某宁所持有的博天公司25%股权,由案外人周某竞得,作出(2012)桂法执第2－35号执行裁定,上述25%股权由周某所有。其后,广西壮族自治区高级人民法院作出(2012)桂法执字第2－36号执行裁定,冻结韦某宁在其他企业的股权及投资权益。向广西壮族自治区高级人民法院提出执行异议,请求撤销广西壮族自治区高级人民法院作出的(2012)桂法执字第2－35、2－36号执行裁定。

广西壮族自治区高级人民法院认为,异议人韦某宁对评估报告提出的执行异议未能按照《拍卖变卖规定》第6条的规定向该院提交书面异议材料,该院先后四次向其释明其对评估程序享有的执行异议权利,并根据其服刑的特殊情况延长了提交异议材料的时间。因韦某宁仍未依法提出执行异议,为此该院依法作出(2012)桂法执字第2-35、2-36号执行裁定并无不当。

关于异议人韦某宁反映评估程序违法、评估方式错误以及评估价值偏低的问题。对于评估程序,广西壮族自治区高级人民法院按照《委托评估拍卖规定》通过摇珠方式选择评估机构,桂鑫诚资产评估有限公司有相应的评估资质,并将选择评估机构的情况及评估报告均送达韦某宁,程序合法;而对于评估方式和评估价值偏低的问题,因涉及评估技术性问题,该院也委托评估机构向韦某宁答复,2013年11月19日该院将评估机构复函送达给韦某宁。广西高院遂作出(2015)桂执异字第2号执行裁定,驳回其异议请求。韦某宁不服,向最高人民法院申请复议。

【裁判观点】

关于涉案评估拍卖机构选定程序是否违法的问题。本案在评估拍卖过程中,鉴于韦某宁本人正在监狱服刑且没有委托他人代理等客观情况,广西壮族自治区高级人民法院未组织当事人到场选定评估和拍卖机构,但广西壮族自治区高级人民法院根据《委托评估拍卖规定》通过摇珠方式选择评估、拍卖机构,评估及拍卖公司具有相应资质,并将选择评估机构的情况及评估报告均送达韦某宁,对股权拍卖的相关通知亦向韦某宁进行了送达,程序并未违反法律规定,亦未对韦某宁的相关权利造成实质损害。因此,韦某宁认为涉案评估及拍卖机构选定程序严重违法的复议理由不能成立。

关于涉案评估是否评估价格过低的问题。第一,涉案股权评估是依法委托具有评估资质的评估公司严格遵守法定程序进行的,韦某宁主张对涉案股权评估前应当先行审计,并无相应的法律依据,不能成立;第二,韦某宁主张评估机构漏评了两块土地资产,但是其提供的证据不足以证明评估报告存在漏评的情形;第三,对于韦某宁在笔录中提出的评估方式和评估价值偏低的问题,因涉及评估技术性问题,广西壮族自治区高级人民法院也委托评估机构向韦某宁答复,2013年11月19日该院将评估机构复函已送达给韦某宁。评估报告的评估结论只是确定拍卖保留价的参考,其真实价值需要市场的检验。涉案股权的拍卖经过了充分竞价,最终溢价成交，亦不存在法律规定的应当重新拍卖的情形。

【要点评析】

为确定股权处置参考价，经当事人书面申请，人民法院可以委托审计机构对股权所在公司进行审计。本案例对实践中审计是否是股权评估的前置程序做了回应，最高人民法院股权委托审计非评估股权的必经程序。

案例2　江苏国信公司与霍某借款合同纠纷执行复议案

【裁判要旨】

对被执行人的股权进行评估时，人民法院可以责令有关企业提供会计报表等资料，有关企业拒不提供的，可以强制提取。但在评估机构已经获得其他评估资料并依法评估得出评估结论的情况下，未强制提取相关资料并不违反法律规定。

【案例索引】

(2019)最高法执复46号

【基本案情】

霍某诉南通市通州区综信钢材贸易有限公司、南通明德重工有限公司、季某华借款合同纠纷案，辽宁省高级人民法院于2014年9月23日作出(2014)辽民二初字第31号民事调解书，主要内容为：南通市通州区综信钢材贸易有限公司和南通明德重工有限公司按照还款计划向霍某归还款项共计人民币139,650,333.34元；季某华对全部债务承担连带保证责任等内容。辽宁省高级人民法院于2014年12月1日立案执行。2015年6月17日，辽宁省高级人民法院作出(2014)辽执二字第79号执行裁定，裁定季某华持有的南通综艺投资有限公司(以下简称综艺公司)的6.5%股权归霍某所有，霍某可持本裁定到相关财产管理机关办理股权过户登记手续。

江苏国信公司诉季某华、程某华海事担保合同纠纷案，南京市雨花台区人民法院作出(2014)雨商初字第370号民事裁定，裁定将被告季某华、程某华价值1300万元的财产予以查封、冻结。南京市雨花台区人民法院要求南通市通州工商行政管理局限制办理被告季某华在南通综艺公司(652.15万元股权)的变更手续,限制办理被告程某华在南通综艺公司(652.15万元股权)的变更手续。

江苏国信公司不服辽宁省高级人民法院(2014)辽执二字第79号股权过户裁定,提出异议。

辽宁省高级人民法院认为,本案的争议焦点为评估拍卖过程中是否存在妨碍江苏国信公司轮候查封债权受偿的违法行为。《评估拍卖规定》第1条规定,人民法院司法辅助部门负责统一管理和协调司法委托评估、拍卖工作。《拍卖变卖规定》第3条规定,人民法院拍卖被执行人财产,应当委托具有相应资质的拍卖机构进行。该院司法辅助办公室随机选定了评估机构和拍卖机构。在拍卖过程中,该院对江苏国信公司所提的异议,多次交由评估机构复核,同时中止拍卖,聘请省内专家对评估报告进行论证,最终结论为评估报告合理。不存在妨碍江苏国信公司债权受偿的违法行为。根据《异议复议规定》第21条的规定,符合下列情形之一的,拍卖应予撤销:(1)竞买人之间、竞买人与拍卖机构之间恶意串通,损害当事人或其他竞买人利益的;(2)买受人不具备法律规定的竞买资格的;(3)违法限制竞买人参加竞买或者对不同的竞买人规定不同竞买条件的;(4)未依法公告的;(5)其他严重违反拍卖程序且损害当事人或竞买人利益的情形。该院在拍卖过程中不存在上述情形,因此江苏国信公司请求撤销(2014)辽执二字第79号司法拍卖成交确认裁定书的异议请求不能成立。异议人不服,向最高人民法院申请复议。

【裁判观点】

最高人民法院认为,本案的焦点问题是涉案股权价值是否明显偏低,辽宁省高级人民法院在评估过程中是否存在违法行为,应否重新评估。

评估机构接受人民法院的委托,对执行标的物进行评估所作出的评估报告,属于评估机构作出的专业技术性报告,就复议申请人所提出的有关评估方法是否正确、评估结论是否准确等问题,属于评估的专业性问题,如当事人对评估报告有异议,实践中,由评估机构对当事人的异议内容进行复核并作答复。本案中,辽宁省高级人民法院在收到江苏国信公司对评估报告的异议后，已经责成评估机构作出了书面答复，评估机构已针对其所提异议进行了多次回复。在江苏国信公司提供的网络数据资料和税务机关存档资料中，评估机构选择依据税务机关提供的南通综艺公司财务申报表进行评估，合法有据。江苏国信公司虽主张数据不合理，但未提供充分证据予以佐证，评估机构在无法获取南通综艺公司全部财务资料的情况下，依据税务机关存档的财务申报表等资料进行评估，并无不妥。《拍卖变卖规定》第4条第3款规定，对被执行人的股权进行评估时，人民法院可以责令有关企业提供会计报表等资料，有关企业拒不提供的，可以强制提取。但在评估机构已经获得其他评估资料并依法评估得出评估结论的情况下，未强制提取相关资料并不违反法律规定。并且，对拟拍卖财产进行评估，只是辅助人民法院确定拍卖保留价的参考依据，评估价格并非最终的交易价格，最终成交价格仍需市场检验。本案执行过程中，执行法院已依法通知相关优先购买权人，涉案股权依法进行司法拍卖，并无相关权利人行使优先购买权，最终申请执行人霍某通过公开竞价，以评估价竞得涉案股权，也从结果上印证了评估价格的客观性和合理性。因此，江苏国信公司认为评估结果远远低于其真实价值的复议理由缺乏证据支持。

【要点评析】

司法解释规定确定参考价需要相关材料，人民法院可以向公司登记机关、税务机关等部门调取，也可以责令被执行人、股权所在公司以及控制相关材料的其他主体提供。目的是确保评估机构在获取充分有效材料的基础上作出评估结论，克服实践中因评估材料获取难导致评估难进而阻滞处置程序的难题。

案例3　中瑞公司、鸿基公司等合同纠纷执行监督案

【裁判要旨】

执行法院已多次通知公司提交评估材料，通知其法定代表人、实际控制人到庭说明情况，并发出传票，在此情况下，该公司仍称需要时间准备评估材料，导致案涉股权未能进行评估。该情形直接影响执行程序的推进，

法院可以以公司存在拒不配合协助执行的行为作出处罚决定。

【案例索引】

(2021)最高法执监166号

【基本案情】

长春市中级人民法院在执行申请执行人鸿基公司与被执行人天华公司合同纠纷案时,依法查封了被执行人天华公司持有的中瑞公司100%股权。长春市中级人民法院拟继续对该股权网拍并向中瑞公司下达了协助执行通知书履行协助义务。因中瑞公司拒不配合,该院作出(2020)吉01执恢15号罚款决定书,依照2017年《民事诉讼法》第114条①、第115条②规定,决定对中瑞公司罚款100万元。

中瑞公司不服处罚决定,向吉林省高级人民法院申请复议,吉林省高级人民法院经审查认为,本案的焦点问题是长春市中级人民法院对中瑞公司罚款是否有事实依据和法律依据。本案中,被执行人天华公司持有中瑞公司100%股权,人民法院有权将该股权作为本案可供执行的财产。从对股权变现的执行过程看,中瑞公司对人民法院要求其协助执行义务始终采取规避、拖延消极协助的态度。具体表现为:一是在人民法院对股权冻结期间,中瑞公司办理新增股东及增加注册资本,该行为因妨碍了人民法院执行,已被长春市市场监督管理局经济技术开发区分局撤销,恢复到变更前状态。二是新增股东何某以其持有中瑞公司89.47%的股权,要求停止对中瑞公司89.47%股权执行为由,先后提出执行异议和案外人异议之诉,经长春市中级人民法院、吉林省高级人民法院审查后,均驳回了案外人何某的异议请求。后长春市中级人民法院拟对天华公司持有中瑞公司股权进行第一次拍卖时,天华公司又提出执行异议,要求中止拍卖、重新评估,该请求被吉林省高级人民法院驳回。三是中瑞公司在权利救济已经穷尽,其请求均未得到法律保护的情况下,理应积极协助配合人民法院实现股权变现,尽快执结此案,可中瑞公司对人民法院要求其法定代表人姜某辉和实际控制人何某本人亲自到庭接受调查并协助提供评估审计所需的

① 现《民事诉讼法》第117条。

② 现《民事诉讼法》第118条。

全部资料的义务时，仍以消极应付、怠于配合的态度来应对，派无任何决策权的单位内勤前去法院应付了事，并没有提供评估审计所需的全部资料。上述事实已构成或变相构成拒绝协助人民法院执行的行为，原审法院对中瑞公司予以罚款符合法律规定。中瑞公司不服复议裁定，向最高人民法院申请监督。

【裁判观点】

最高人民法院认为，本案审查的焦点问题为，中瑞公司是否存在拒不协助执行的行为，执行法院对其进行罚款是否具有事实和法律依据。

案涉股权2017年就已进入评估拟拍卖程序，恢复执行后，执行法院已多次通知该公司提交评估材料，多次通知其法定代表人姜某辉和实际控制人何某到庭说明情况，并发出传票，在此情况下，天瑞公司仍称需要时间准备评估材料，并仅派该公司内勤到庭，其一系列行为缺乏合理性。中瑞公司的上述行为导致案涉股权至今未能进行评估，直接影响本案执行程序的推进，长春市中级人民法院认定天瑞公司存在拒不配合协助执行的情形并作出罚款决定，具有事实和法律依据。

【要点评析】

为突出执行的强制性，对执行中存在拒不配合协助执行情形直接影响执行程序的推进的，法院可以以公司存在拒不配合协助执行行为作出处罚决定。

第二节　股权的现状评估

法律依据

《股权执行规定》第12条第1款　委托评估被执行人的股权，评估机构因缺少评估所需完整材料无法进行评估或者认为影响评估结果，被执行人未能提供且人民法院无法调取补充材料的，人民法院应当通知评估机构根据现有材料进行评估，并告知当事人因缺乏材料可能产生的不利后果。

制度研究

股权评估主要存在三个难点。[①] 首先,股权公允价值的发现难。原始注册资本或者公司净资产往往不能真实反映股权的市场价值。根据最高人民法院执行裁判规则研究小组的意见,查封标的为有限公司股权的,也不宜简单根据认缴出资额确定其价额。公司股权价值与股东的认缴出资额并无必然联系,主要取决于公司的资产负债情况以及未来的营利能力。[②] 其次,评估报告出具难。根据不完全统计,司法实践中股权能够成功评估的只占总数的 30%左右,甚至查封多年因无法评估而没有进入变价程序的股权所在多见。为了切实保护申请执行人的利益,不能仅因无法评估就停止变价。再次,评估资料获取难。股东及股权所在公司拒绝提供公司财务资料,是导致股权评估程序受阻主要原因,与此同时,不少评估机构按照评估价格的百分比计收评估费,基于利益驱动,倾向于将执行标的物的价格高评,影响后续拍卖成交比率。[③]

股权的价值不仅取决于公司资产,还取决于其盈利能力、经营状况、管理层对新入公司股东的态度等。对于股权这种价值隐蔽性高的财产,如果不经评估,即便是通过网络拍卖,也难以体现其真实价值。相对于动产、不动产的评估,影响股权评估的因素更多,如对公司整个资产状况的评估和对目标公司未来发展趋势的预判等都会纳入股权评估范畴,故对评估机构的水平也提出了更高的要求,[④]评估机构的能力水平也影响评估报告出具和精准估价。同时,执行法院虽可以冻结被执行人持有的公司股权,但不能直接查控公司的资

---

① 参见执行行为研究会:《股权强制执行理论与实务问题研讨会》,载搜狐网 2017 年 7 月 7 日,https://www.sohu.com/a/154504760_650144。

② 参见最高人民法院执行裁判规则研究小组:《禁止超额查封》,载最高人民法院执行局编:《执行工作指导》总第 74 辑,人民法院出版社 2021 年版。

③ 对此,有观点主张,可以采取浮动计费。将评估费分为两部分:一部分是股东费用,用来支付评估机构的人工成本;另一部分是浮动费用,在拍卖成交后再行支付。

④ 参见张阿剑:《探索公司股权冻结、评估和拍卖的法律问题》,载《法制与社会》2018 年第 35 期。

产，公司价值不能直接体现在股权价值中。[①] 因此，对股权的评估，如果缺乏必要的财务资料，评估机构很难出具符合股权真实价值的评估报告，直接导致股权变现程序无法启动。在拍卖机制不能有效运行、拍卖问题难以认定的情况下，当事人的不满就会转向评估程序。[②]

理解与适用

一、对股权进行现状评估的条件

人民法院要求评估机构对股权进行评估，评估机构在缺少完整财务材料时，要么无法出具评估报告，要么只能就现有材料作出评估结论，股权进行现状评估，需要满足三个条件：一是被执行人未能提供完整材料；二是人民法院也无法调取补充材料；三是应当告知被执行人缺乏材料可能影响评估价值等不利后果。对于评估中无法获取完整材料的处理，《股权执行规定》为破解因评估材料不全导致的股权评估难问题，吸收借鉴了《人民法院委托评估工作规范》的相关内容。2018 年最高人民法院办公厅与中国资产评估协会、中国土地估价师与土地登记代理人协会、中国房地产估价师与房地产经纪人学会、中国矿业权评估师协会、中国珠宝玉石首饰行业协会联合制定的《人民法院委托评估工作规范》（法办〔2018〕273 号）第 19 条规定："人民法院未按本规范附件中列明的委托评估需要提供的材料清单提供全部材料，评估机构认为无法进行评估或者影响评估结果的，应当及时告知人民法院。人民法院应当告知当事人，并要求当事人提供材料或材料线索。当事人不提供或未能提供，以及根据当事人提供的材料线索无法提取到相关材料的，人民法院应当通知

---

① 参见丁磊、宋宗宇：《被执行股权价值保护的窘境与破局》，载《重庆大学学报（社会科学版）》2020 年第 2 期。被执行股权价值非正常减少的表现形式至少包括以下几种：其一，公司放弃全部或部分到期或未到期债权，恶意延长到期或未到期债权的履行期，对未到期的债务提前清偿；其二，将公司对外有担保债权变为无担保债权；其三，公司无偿为他人提供担保；其四，通过延长公司担保期限、增加公司担保金额等方式加重担保义务；其五，公司赠与财产给第三人；其六，公司以明显不合理的低价转让或不合理的高价受让财产；其七，公司怠于行使其到期债权。

② 参见江必新、刘贵祥主编，最高人民法院执行局编著：《最高人民法院执行最新司法解释统一理解与适用》，中国法制出版社 2016 年版，第 57 页。

评估机构根据现有材料进行评估，并告知当事人因缺乏材料可能影响评估结果的风险。”

二、评估报告作出的适格性

执行法院向评估机构全面如实提供评估资料，是其应有职责范围，但执行法院不能越权在评估程序中对待评估股权所在公司的资产权属作出认定。无论评估机构掌握的相关资料是否全面完整，评估报告均需要按照评估规定和规范作出才具有法定效力，如果评估机构作出的并非正式的评估报告，仅是评估分析报告或是评估咨询报告，该报告咨询成分更多，不符合评估规范，就不能作为起拍参考价，评估报告的适格性要求，即使为评估准备的财务资料不完整，但据此出具的评估报告却不能不完整。

三、人民法院无法调取补充材料的认定

实践中，应当准确把握“人民法院无法调取补充材料”的界限。关于是否必须经过强制提取和委托审计才能认为符合无法调取的条件的问题，最高人民法院在相关案例中已明确观点，认为强制提取和委托审计非必经程序。《拍卖变卖规定》第 4 条第 3 款规定，对被执行人的股权进行评估时，人民法院可以责令有关企业提供会计报表等资料；有关企业拒不提供的，可以强制提取。该条并没有强制要求股权评估过程中必须提供有关公司的原始凭证及进行质证，也未要求对公司财务进行审计。虽然人民法院在确定股权处置参考价过程中可以采取强制提取和委托审计的方式，但并未规定上述方式为确定股权处置参考价的必经程序，只要执行法院采取了适当的方式调取，如果仍不能取得需补充的资料，就可以通知评估机构按照现有资料进行评估，由此产生的不利后果应当由相关当事人承担。

操作指引

一、评估资料的提供

《人民法院委托评估工作规范》要求提供的资料清单包括：投资协议、被

投资企业营业执照、公司章程，被评估单位具有实际控制权或有重大影响的长期股权投资单位，需单独提供本清单中企业价值评估所需资料等；法院查明的财产权属、质量瑕疵等材料，以及关于财产的特殊情况说明。还有被投资企业评估基准日及前三年的审计报告及会计报表，电子账套及记账凭证、账册，被投资企业近三年的利润分配情况等。

二、评估困难的克服

对资产评估机构来说，因客观条件限制，无法或者不能完全履行评估基本程序，但可以通过采取措施弥补程序缺失，且没有对评估结论产生重大影响的，可以出具评估报告，但是应当在评估报告中说明评估程序受限情况、处理方式及其对评估结论的影响。如果程序受限对评估结论产生重大影响或者无法判断其影响程度的，评估机构仍然不能出具评估报告。

三、股权评估报告的有效期①

评估报告的有效期按照评估报告载明的期限确定。进入拍卖程序后，评估报告有效期届满不影响后续拍卖、变卖和以物抵债程序的继续进行。但拍卖时间过长或市场行情发生重大变化的，应当重新评估，按重新评估的价格进行拍卖。评估报告已经过有效期，但在申请执行人与被执行人均无异议的情况下，人民法院仍可以参照该评估报告确定拍卖保留价。

审判前沿

广州市润树实业有限公司、中国信达资产管理股份有限公司广东省分公司等保证合同纠纷执行复议案

【裁判要旨】

无论评估机构掌握的相关资料是否全面完整，评估报告均需要按照评估规定和规范作出才具有法定效力，如果评估机构作出的并非正式的评估

---

① 参见最高人民法院执行局编：《人民法院办理执行案件规范》（第2版），人民法院出版社2022年版，第228页。

报告，仅是评估分析报告或是评估咨询报告，该报告咨询成分更多，不符合评估规范，就不能作为起拍参考价，评估报告的适格性要求，即使为评估准备的财务资料不完整，但据此出具的评估报告却不能不完整。

【案例索引】

(2021)粤执复312号

【基本案情】

申请执行人中国信达资产管理股份有限公司广东省分公司(以下简称信达公司)与被执行人广东恒昌实业股份有限公司(以下简称恒昌公司)、广东省食品企业集团公司(以下简称食品集团)金融借款保证合同纠纷案，广州市中级人民法院(以下简称广州中院)在执行过程中裁定拍卖被执行人恒昌公司持有的惠州市恒惠实业有限公司(以下简称恒惠公司)90%股权。双方当事人同意选定广东文曲房地产土地与资产评估有限公司(以下简称文曲公司)对拟拍卖股权进行评估。

文曲公司出具粤文评报咨字(2019)第005号评估分析报告，涉案股权评估价值为3,827,751.57元。恒昌公司提出异议，后广州中院协调相关当事人，2019年7月25日文曲公司对涉案资产进行补充勘查后出具粤文评报咨调字(2019)第002号调整报告。该调整报告反映：截至评估基准日2019年1月15日，恒惠公司资产评估值为45,647,413.46元，负债评估值为31,484,604.70元，全部股东权益评估价值为14,162,808.76元，其中恒昌公司所持有的90%股东权益评估值为12,746,527.88元。恒昌公司对上述股权价值再次提出异议，认为报告存在遗漏财产，未将恒惠公司名下发水米猪场土地纳入评估范围，评估结果不合理。文曲公司复函称，因发水米猪场尚在行政复议当中，权属待定，因此没有将发水米猪场纳入评估范围。最终此次股权评估调整价作为确定拍卖保留价的依据。

该股权在淘宝网络司法拍卖平台进行，拍卖公告中特别提醒部分披露，因恒惠公司发水米猪场土地使用权存在权属待定问题，本次拍卖涉案股权价值不包括该土地使用权，本次拍卖过户范围亦不包括该土地使用权，涉案股权对应的资产评估范围详见评估报告。

2019年12月14日，案涉股权网络拍卖成交。买受人为广州申扬投资咨询有限公司(以下简称申扬公司),成交价为10,197,222.3元。广州中院出具执行裁定书和协助执行通知书,裁定将恒昌公司持有恒惠公司90%的股权价值过户给买受人申扬公司,并于2019年12月25日送达给惠州市惠城区市场监督管理局,通知协助买受人办理过户手续。

广州市润树实业有限公司(以下简称润树公司)提出异议,申请撤销拍卖。理由是,广州中院没有调查收集股权评估所需材料,并且违法干涉评估业务,直接确定恒惠公司的资产和负债范围,导致评估程序严重违法。以执代审,错误认定鸡场土地属恒惠公司资产并列入评估范围且在拍卖公告中披露。

广东中院于2021年1月29日作出(2020)粤01执异568号执行裁定,驳回润树公司的异议请求。润树公司不服,向广东省高级人民法院(以下简称广东高院)申请复议。广东高院于2022年3月16日作出(2021)粤执复312号执行裁定,撤销(2020)粤01执异568号执行裁定,撤销拍卖成交裁定及协助执行通知书。

【裁判观点】

广东高院认为,本案争议焦点涉及广州中院在评估拍卖被执行人恒昌公司持有的恒惠公司90%股权过程中,采用文曲公司出具的评估分析报告确定股权起拍参考价,并将鸡场土地作为恒惠公司资产进行评估,该做法是否违反法定程序、是否与已生效执行裁定相悖、是否损害润树公司合法权益、本次拍卖是否应予撤销等问题。①

(一)关于执行法院及评估机构在评估股权价值过程中能否对土地权属自行作出认定的问题

首先,法院委托评估机构对股权价值进行评估,旨在确定股权的起拍参考价,在委托评估程序中,执行法院及评估机构无权对土地权属等涉及当事人实体权益的争议自行作出判断,更不得作出与登记的物权凭证或前诉生效裁判相反的认定。

其次,在执行程序中,案外人对执行标的如土地权属提出异议的,应通

① 此处仅对节选复议裁定书中与评估报告相关的内容。

过《民事诉讼法》第234条规定的案外人执行异议程序解决。《异议复议规定》第24条规定:“对案外人提出的排除执行异议,人民法院应当审查下列内容:(一)案外人是否系权利人;(二)该权利的合法性与真实性;(三)该权利能否排除执行。”因此,鸡场土地是否属于恒惠公司财产的争议,应由执行法院通过案外人执行异议程序审查判断或者通过确权诉讼解决。

最后,前诉裁判具有既判力,该裁判的当事人及相关权利义务的承担人不得在后诉中对前诉裁判已查明和认定的主要法律事实和法律关系提出争议;即使前诉裁判认定有误,也只能通过再审程序改判,而不能直接作出相反的判断。执行法院在评估拍卖程序中,同样应受前诉裁判内容的羁束,不能在评估程序中对土地权属自行作出认定,更不能将属于执行法院的司法裁判权交由评估公司去判定。否则,将出现剥夺当事人的知情权和诉讼权利,严重违反法定程序,属于处理失当的情况。

(二)关于文曲公司出具的评估分析报告能否作为正式的评估报告用于本次拍卖、广州中院是否尽到审慎义务的问题

首先,《财产处置价规定》第20条规定:“人民法院应当对评估报告进行审查。具有下列情形之一的,应当责令评估机构在三日内予以书面说明或者补正:(一)财产基本信息错误;(二)超出财产范围或者遗漏财产;(三)选定的评估机构与评估报告上签章的评估机构不符;(四)评估人员执业资格证明与评估报告上署名的人员不符;(五)具有其他应当书面说明或者补正的情形。”根据上述规定可以看出,审查评估报告是执行法院应尽的职责,不能简单地直接采信评估结论。

其次,本案因资料不齐全,广州中院先后摇珠选定的两家评估公司均称缺乏相关资料无法出具评估报告。其后信达公司和恒昌公司协商选择文曲公司进行评估,虽然文曲公司由申请执行人和被执行人共同选定,但文曲公司评估师在接受天河经侦大队询问时称“出具评估报告是根据《评估法》《评估准则》《评估操作指南》要求出具的,由于在评估恒昌公司持有的恒惠公司90%股东权益价值时,出现缺失财务资料,我判断当时的财务报表是临时编制的不可信,其他的财物基础资料不全,所以发现无法出具

正式的评估报告”“如果出具正式的评估报告,应该不能直接将股权价值减去31,484,604.70元债务,但是正因为无法出具正式的评估报告,所以我们直接将股权价值减去31,484,604.70元债务作为最终的价值出具评估分析报告,我认为在本案中这种计算方法是合理的”,评估报告需按照评估规定和规范作出才具有法定效力,文曲公司出具的评估分析报告咨询成分更多,法定效力弱于评估报告。

最后,向评估公司全面如实提供评估资料是执行法院的职责所在。文曲公司接受广州中院委托后,曾复函称其对现场进行勘察和分析后认为要完成该项评估工作需要补充提供包括鸡场土地国有土地证及使用证、(2010)惠中法民二初字第4号民事判决等资料。广州中院异议裁定称执行法院已责成恒昌公司提供评估所需资料故该院以股权评估调整价作为确定拍卖保留价并无不妥。但事实上,(2010)惠中法民二初字第4号民事判决经由惠州市中级人民法院于2010年4月30日作出后,针对恒惠公司对鸡场土地是否享有权益的争议,广州中院于2015年12月21日作出了(2015)穗中法执异议字第389号执行裁定,驳回恒惠公司的异议请求。而恒昌公司作为该裁定中的被执行人,明知恒惠公司主张其是鸡场土地实际权利人的异议请求已被法院生效执行裁定驳回的情况下,在本案中仍然称鸡场土地是恒惠公司财产,仅向文曲公司提供(2010)惠中法民二初字第4号民事判决等资料,而未提供(2001)穗中法执字第1177号民事裁定及(2015)穗中法执异议字第389号执行裁定,导致文曲公司依据(2010)惠中法民二初字第4号民事判决将鸡场土地认定为恒惠公司资产,作出与国有土地使用证及(2001)穗中法执字第1177号民事裁定、(2015)穗中法执异议字第389号执行裁定等已生效裁定相反的认定。广州中院在拍卖公告披露“涉案股权对应的资产评估范围详见评估报告”,支持了恒惠公司本已被生效执行裁定驳回的异议请求,出现同一执行法院在不同执行案件对同一土地权属作出相反认定的情况,可见,广州中院未尽到审慎义务,未全面提供评估资料,本院对此予以纠正。润树公司复议称文曲公司出具的评估分析报告不符合评估规范不能作为起拍参考价的主张,有事实依据。

【要点评析】

在评估机构因缺少评估所需完整材料无法进行评估或者认为影响评估结果的情况下，评估机构应当根据现有材料进行评估，保持评估结果的完整性，以满足评估报告需按照评估规定和规范作出才具有法定效力的要求。若违反评估规定和规范自行作出判断并出具评估结果，其分析和咨询的成分偏离评估报告的固有属性，法定效力弱于评估报告，不能作为确定处置价的参考依据。人民法院直接采信此类分析或咨询结果确定起拍价，未尽到审查职责，严重损害当事人的合法权益，最终会影响拍卖的效力。

第三节　股权的指价拍卖

法律依据

《股权执行规定》第12条第2款、第3款　评估机构根据现有材料无法出具评估报告的，经申请执行人书面申请，人民法院可以根据具体情况以适当高于执行费用的金额确定起拍价，但是股权所在公司经营严重异常，股权明显没有价值的除外。

依照前款规定确定的起拍价拍卖的，竞买人应当预交的保证金数额由人民法院根据实际情况酌定。

制度研究

一、强制执行法上的无益拍卖之禁止原则

（一）无益执行禁止原则含义

无益执行禁止原则又称为不动产剩余主义，即执行法院拍卖不动产时，须依职权计算拍卖不动产所得之全部价金能否用于清偿抵押权、优先受偿权，即强制执行费用外，另有剩余价金可供申请执行债权人之清偿，于有剩余之情形，执行法院始可进行拍卖，于无剩余之情形，则不许进行拍卖之主义。剩余

主义功能主要未补救不动产拍卖上的涂销主义所设。[①] 司法拍卖作为一种司法成本较高的执行措施，在财产变价结果已无法使执行债权人清偿的情况下，轻易启动拍卖程序将造成执行程序的极大浪费。司法拍卖的实施除要考虑执行当事人的利益外，还应兼顾优先权和社会效益，尽量避免对各方当事人都没有实际利益的拍卖活动。执行资源的有限性要求立法有必要奉行剩余主义，对无益拍卖予以限制或禁止。由于我国立法对动产、不动产和其他财产权利等不同类型的责任财产换价方式未进行细分，无益拍卖之禁止原则不仅适用不动产拍卖，也同样适用动产和其他财产权利。2004 年《拍卖变卖规定》已经规定了无益拍卖禁止原则，即保留价确定后，依据本次拍卖保留价计算，拍卖所得价款在清偿优先债权和强制执行费用后无剩余可能的，应当在实施拍卖前将有关情况通知申请执行人。申请执行人于收到通知后五日内申请继续拍卖的，人民法院应当准许，但应当重新确定保留价；重新确定的保留价应当大于该优先债权及强制执行费用的总额。依照前款规定流拍的，拍卖费用由申请执行人负担。无益拍卖之禁止虽然是《拍卖变卖规定》确立的新制度，但股权的网络拍卖遵循无益拍卖禁止原则应无疑义。

（二）债权人指价拍卖制度

无益拍卖虽然为强制执行法上财产处置的基本原则，但从克服消极执行、约束执行自由裁量权滥用、提高财产处置效率的视角看，是否属于无益拍卖的判断权和是否继续拍卖的决定权，也不应完全交由执行法院，同时，鉴于拍卖成交价与评估价之间往往存在差距，可以将拍卖与否的选择权交给申请执行人，如果申请执行人认为执行标的真实价值可能高于优先债权与执行费用的，可以申请继续拍卖。也就是说，只要申请执行人主观上认为执行标的真实价值高于优先债权与强制执行费用之和，执行法院则不再依职权作出属于“无益拍卖”的认定，但申请继续拍卖应当符合两个条件：一是该次拍卖的起拍价应当不低于优先债权与执行费用的总额，二是申请执行人自愿承担“流拍”的风险，即承担拍卖费用，这其实就是大陆法系国家适用的债权人指价拍卖制度。拍卖财产有无实益，以有无剩余作为判断，一般的判断方法为最低起拍价

---

① 参见沈建兴：《强制执行法逐条释义》（下）（增订二版），台北，元照出版有限公司 2020 年版，第 210 页。

与优先债权及执行费用进行比较，后者高于前者或两者等同，即符合不足清偿之情形。如果财产无法评估价值或者无法通过评估鉴定价值，执行法院应通知执行债权人在收到通知的一定期限内，证明将要拍卖的财产换价所得有剩余可能或指定超过该债权及执行费用总额之最低起拍价格，同时声明如果流拍自愿承担相关执行费用。否则，执行法院将撤销查封，将财产返还执行债务人。

《股权执行规定》第 12 条对债权人指价制度作出了变通规定，未赋予执行债权人指定起拍价的权利，起拍价仍由执行法院依职权根据具体情况予以确定。但指价拍卖程序仍需要经申请执行人书面申请而启动。

二、有保留价拍卖和无保留价拍卖

保留价又称底价，即可以据以确认拍卖价格的最低标准。如果竞拍人出价未达底价，拍卖不能成交，无保留价拍卖也称作“无底价拍卖”。无保留价拍卖的实质是拍卖前不确定保留价，竞买人一旦成为最高应价者，就成为合格的买受人，不受保留价的制约。保留价规则为各国拍卖实践所采用。为了避免应买人在拍卖过程中恶意串通，压低拍卖价格，损害当事人利益，对于不动产及价格不易确定或确定价值较高的动产，一般都应在拍卖前预先确定拍卖物底价。对于价值较低或者价值容易确定的动产，有些国家和地区则不要求事先设定底价。①

我国司法拍卖以有保留价拍卖为原则，《拍卖变卖规定》确立了司法拍卖的拍卖优先原则、及时拍卖原则和有保留价原则。② 禁止无保留价拍卖的原则要求法院在强制拍卖被执行财产时，对拍卖标的物设有保留价，保留价制度既考虑实现债权的最大化，又要考量避免使被执行人的合法权益遭到不必要的侵害。因此，《网络拍卖规定》同样未摒弃有保留价的拍卖原则，只不过对《拍卖变卖规定》规定的保留价确定方式进行了一定调整：从以评估价为保留价变为起拍价作为保留价，而起拍价可以在评估价的基础上进行下调。司法

① 参见江必新主编：《强制执行法理论与实务》，中国法制出版社 2014 年版，第 563 页。

② 《拍卖变卖规定》第 5 条：拍卖应当确定保留价。拍卖财产经过评估的，评估价即为第一次拍卖的保留价；未作评估的，保留价由人民法院参照市价确定，并应当征询有关当事人的意见。如果出现流拍，再行拍卖时，可以酌情降低保留价，但每次降低的数额不得超过前次保留价的百分之二十。

实践中，有的地方法院为不突破司法解释确定的有保留价原则的限制，又能快速处置执行财产，创造出保留价递减的拍卖方式。

在我国法律和司法解释中，无保留价拍卖作为司法拍卖的一种特殊形式，最早明确规定在《刑事涉财执行规定》第 12 条第 2 款，即："涉案财物最后一次拍卖未能成交，需要上缴国库的，人民法院应当通知有关财政机关以该次拍卖保留价予以接收；有关财政机关要求继续变价的，可以进行无保留价拍卖……"因刑事裁判涉财产执行案件的特殊性，该司法解释以实现拍卖标的物价值最大化为追求，在执行程序中引入了所谓的无保留价拍卖制度。但《股权执行规定》第 12 条规定的并非纯粹的无保留价拍卖制度，因此，将该债权人指价拍卖制度曲解为无保留价（低价）拍卖并不准确。[①]

无保留价拍卖一词的使用不仅与我国司法解释规定的有起拍价（保留价）制度不符，而且很难在制度逻辑上实现自洽。首先，无保留价拍卖最低起拍价到底是所少？是零元还是某一个固定数额，假如是零元，如何设置保证金标准？如果没有保证金或者保证金过低，如何解决买受人的悔拍问题？因此，严格意义上讲，股权执行司法解释第 12 条规定的评估不能之后以高于执行费用作为起拍价的拍卖方式，并不是严格意义上的无保留价拍卖或者说无底价拍卖，不管起拍价有多低，实际上仍存在起拍价即为保留价的问题，如果竞买人出价低于预先设定的高于执行费用的起拍价，拍卖仍然无法成交。因此将该种拍卖方式界定为无底价拍卖并不严谨，容易引起误解。实际上，因无法获取评估报告由法院酌定一定的价格作为起拍价，在实践中并非仅适用于对股权的拍卖，对于翡翠、玉石等特定动产的评估，因当事人不愿意支付评估费用，无法作出评估报告，不少地方法院对该类财产也多采取比较灵活的、设定一定较低数额作为起拍价的拍卖方式。

三、评估不能——指价拍卖的前提

对股权的指价拍卖，主要为了打破无法获取股权评估报告的困境。股权

---

① 参与股权司法解释起草的同志在解读相关法条的含义时，也认为第 12 条规定的是无底价拍卖，实际上未能厘清无底价拍卖和债权人指价拍卖制度的区分，实属误读。参见何东宁、邵长茂等：《〈最高人民法院关于人民法院强制执行股权若干问题的规定〉的理解与适用》，载《中国应用法学》2022 年第 2 期。

价值的评估，通常需要被执行人以及公司提供较为完整的财务资料。实践中，被执行人与公司拒不配合，公司财务制度不健全，财务资料不完整，都可能导致评估机构无法出具评估报告。评估机构无法出具评估报告是指人民法院责令被执行人提供评估需要的相关资料，责令目标公司提供评估需要的相关资料，强制提取评估需要的相关资料（如对目标公司的财务室、办公室等进行搜查，到公司登记机关、税务机关等部门提取资产负债表、损益表、净资产表等资料）后，评估机构仍无法作出评估结论，即属于评估不能转而适用指价拍卖的情形。

拍卖程序中，确定财产处置价主要作用在于拍卖底价的确定，在网络司法拍卖的时代背景下，如果过于依赖对股权的评估，则评估机构在无法作出评估结论的前提下，要么终结对该财产的处置程序，要么由执行债权人或人民法院参照必要执行费用确定起拍价格，继续财产处置程序。对公司股权的拍卖，越来越多的人认为，评估机构无法出具评估报告，不构成停止对股权处置的正当理由。人民法院完全可以设定某个标准作为参照系，将股权交由市场，通过竞价发现其真实价格，而不宜仅凭无法出具评估报告这一事实就对股权作出没有价值的认定。对于股权这类特殊财产，本就应当不以评估为原则，只有在被执行人按照法院要求提供足以评估材料的情形，才能委托评估机构评估，否则应以必要执行费用直接起拍，甚至可以零元起拍，这样才能吸引更多的竞买人参与拍卖，公开竞价的人越多，拍卖成功率就越高。法院不再委托评估机构进行评估，将股权直接挂网拍卖，还能够节省评估费用，激发执行债权人申请处置股权的积极性。①

理解与适用

一、指价拍卖的适用条件

股权执行司法解释对指价拍卖规定了基本的适用条件：

（一）评估机构无法出具评估报告

首先，通过委托评估方式确定股权处置参考价的，如果评估机构因为缺少

① 参见江达、孙慧杰：《有限责任公司股权强制执行的障碍》，载《西南石油大学学报（社会科学版）》2020年第6期。

相关材料无法进行评估或者认为影响评估结果的，人民法院应当要求相关主体提供或强制提取获取补充材料，确实无法获取的，通知评估机构根据现有材料进行评估，同时告知当事人因缺少材料可能产生的处置参考价偏离股权真实价值乃至适用“无底价拍卖”的不利后果；其次，评估机构根据现有材料出具评估报告的，人民法院根据该评估报告确定处置参考价；再次，评估机构根据现有材料无法出具评估报告的，执行法院应当将案涉股权的变价转入指价拍卖程序。

（二）依执行债权人申请启动

指价拍卖程序，一般要经申请执行人书面申请，人民法院不得依职权直接决定，主要源于执行费用的考量，但当事人的申请对执行法院并不具有约束力，人民法院在收到申请后，应当结合案件具体情况和股权所在公司实际情况进行研判，必要时可以进行听证或者组成合议庭进行合议。在排除股权所在公司经营严重异常，股权明显没有价值的情形后，决定是否继续拍卖。

（三）执行法院依职权确定起拍价

拍卖物底价的确定方式有两种：一是征求债权人或债务人的意见基础上确定。如果当事人能达成一致意见，自然可以以此为准确定底价，如果当事人之间不能达成一致意见，执行法院可以依职权决定。二是在评估的基础上确定。从理论上而言无论通过何种方式，底价的最终决定权都在执行法院，执行法院既不应受当事人意志的约束，也不应受评估价格的约束，而应在充分考量当事人的心理预期或者评估价格的基础上，结合当事人的基本情况、拍卖惯例、当地的市场行情以及案件执行的具体情况等因素，依公平原则确定拍卖底价。[①] 司法解释将确定起拍价的权力赋予了执行法院，但要求法院在确定起拍价时应当高于执行费用的金额，如果案涉股权设定了质押权，确定的起拍价应当参照《拍卖变卖规定》第 6 条规定，高于优先债权和执行费用的总额。

① 参见江必新主编：《强制执行法理论与实务》，中国法制出版社 2014 年版，第 563 ~ 564 页。

《股权执行规定(征求意见稿)》[①]曾经将股权评估价值为负或零作为指价拍卖的情形之一。"股权评估价值为负或零"也是实践中存在的一种常用评估方式,即评估机构应用资产基础法[股权价值 =(资产 - 负债)× 持股比例]评估股权,就存在股权评估价格为零或负数的情况。实际上,股权执行司法解释颁布之前,我国部分法院已经进行了积极有益的探索。[②]《北京市法院执行局局长座谈会(第十次会议)纪要——关于强制执行中财产处置若干问题的意见》规定,可以由评估机构出具咨询报告或者咨询意见,咨询价格可以作为确定起拍价的参考价格。股权、股份的评估价值为零或负值的,按照《拍卖变卖规定》第 6 条第 1 款的规定办理[③],申请执行人要求继续拍卖的,确定的拍卖保留价不得低于评估费用及强制执行费用的总额。

二、指价拍卖的避免

"指价拍卖"并非对禁止无益拍卖原则的否定,而是在特定情形下采用的拍卖措施,因此,人民法院也应当采取审慎的态度。首先,执行法院应积极调取补充材料,必要时进行强制提取和委托审计,尽可能促成评估机构出具评估报告,做到评估穷尽;其次,采取委托评估确定参考价的,人民法院应当确定三家评估机构并标明顺序,首家评估机构未在期限内出具评估报告、补正说明的,应另行委托下一顺序的评估机构重新进行评估;再次,"评估机构根据现有材料无法出具评估报告"系指三家评估机构均无法出具评估报告;最后,即使评估机构无法出具评估报告,人民法院如果能够通过其他方式确定参考价

---

① 《股权执行规定(征求意见稿)》第 14 条:有下列情形之一的,人民法院可以根据申请执行人的申请,裁定以必要执行费用为起拍价对股权进行拍卖:(一)股权评估价值为负或零;(二)评估机构因评估程序受限而不能出具股权价值评估报告,也不能出具价值咨询意见。符合上述情形,但是申请执行人不申请拍卖股权的,人民法院可以认定股权不能处置。如果被执行人已无其他可供执行财产,人民法院可以裁定终结本次执行程序。

② 《浙江省法院刑事案件涉案财物网络司法拍卖工作规程》创新设立"一元起拍、一次拍定"规则,从上拍到成交,动产一般为 21 天,不动产 41 天。

③ 《拍卖变卖规定》第 6 条第 1 款:保留价确定后,依据本次拍卖保留价计算,拍卖所得价款在清偿优先债权和强制执行费用后无剩余可能的,应当在实施拍卖前将有关情况通知申请执行人。申请执行人于收到通知后五日内申请继续拍卖的,人民法院应当准许,但应当重新确定保留价;重新确定的保留价应当大于该优先债权及强制执行费用的总额。

的，比如，通过组织当事人议价达成一致意见的，以当事人的议价结果作为参考价，如果不能通过其他方式确定处置参考价，人民法院亦要根据案件情况慎重决定是否进行拍卖，不能搞“一刀切”。例如，在股权已经质押的情况下，根据《拍卖变卖规定》第6条的规定，确定的保留价应当大于该优先债权及执行费用的总额。另外，股权所在公司经营严重异常、股权明确没有价值的情况下，如一些空壳公司，不得进行拍卖。[①] 人民法院需要根据股权所在公司是否仍持续经营，是否有资金流水、业务往来等情况判断股权是否确实有价值，是否有拍卖的必要。

三、指价拍卖流拍后的处理

《股权执行规定》第12条没有明确以适当高于执行费用的金额确定起拍价一拍流拍后，是否应启动二拍，二拍是否要降价，还是直接启动变卖程序，人民法院以高于执行费用的金额为起拍价拍卖股权后流拍的，不得继续降价拍卖。股权流拍后，市场行情出现重大转机的，人民法院可以依照《财产处置价规定》、《网络拍卖规定》以及《股权执行规定》确定的程序再次启动评估拍卖。具体而言，按照网络司法拍卖的一般规定，拍卖股权第一次流拍的，人民法院可以继续降价拍卖。但以高于执行费用的金额为起拍价进行拍卖后流拍的，说明股权市场行情不看好，继续降价拍卖也无法成交，故不得继续降价拍卖。不过，流拍后，如果股权价值因公司经营状况好转而出现重大转机，可以再次启动评估拍卖程序。

四、指价拍卖如何缴纳保证金

竞买保证金是指在拍卖活动中，为了防止竞买人恶意竞买或者竞买成功后违约，拍卖人要求竞买人向拍卖人缴纳的、待拍卖成交后予以冲抵拍卖价款或者退还的资金。主要作用在于防范竞买人不负责任地恶意竞价带来的不确定性风险，为买受人按约定支付拍卖成交价款提供担保。司法拍卖的竞买人交纳保证金是各国和地区的通行做法，目的主要是防止竞买人恶意竞买或者

---

① 参见何东宁、邵长茂等：《〈最高人民法院关于人民法院强制执行股权若干问题的规定〉的理解与适用》，载《中国应用法学》2022年第2期。

竞买成功后可能出现的悔拍行为。如果实行“无底价拍卖”，则不能适用《网络拍卖规定》第17条关于保证金数额由人民法院在起拍价的5% ~20%范围内确定的规则，而是由人民法院根据实际情况酌定保证金数额。从实践看，保证金数额的确定比较难把握，保证金过高，可能吸引不到更多的潜在竞买人；而保证金过低，难以发挥有效的担保作用，增加悔拍风险。如网络司法拍卖的“青眼白龙”游戏卡牌，保证金为100元，竞拍到87,326,098元被中止，平台显示中止原因为“拍品与实际竞拍价格严重不符，可能存在恶意炒作与竞价行为”。因悔拍成本过低，仅为100元，导致竞买价无限被推高。因此，应当在网拍中设置浮动数额的保证金。竞买价超过一定金额标准后，保证金数额也应当适当提高；不足的，应由竞买人在竞价过程中适时予以填补。

操作指引

实践中，应当注意法条竞合的情形。以适当高于执行费用的金额确定起拍价，应当对执行费用有明确的界定，保留价确定后，依据本次拍卖保留价计算，拍卖所得价款在清偿优先债权和执行费用后无剩余可能的，应当在实施拍卖前将有关情况通知申请执行人。申请执行人于收到通知后5日内申请继续拍卖的，人民法院应当准许，但应当重新确定保留价，重新确定的保留价应当大于该优先债权及强制执行费用的总额。因此，在股权拍卖中，存在优先债权的，应当适用《拍卖变卖规定》第6条的规定，这也说明《股权执行规定》第12条规定的并非无底价拍卖。

审判前沿

王某东、刘某借款合同纠纷执行异议案

【裁判要旨】

人民法院可以根据具体情况以适当高于执行费用的金额确定起拍价，法院以出资额作为起拍价对股权进行拍卖，已经充分保护了异议人的合法权益。当事人需对未提交公司相关财务资料导致的无法审计及股权价值确定承担后果。

【案例索引】

(2022)鲁0687执异5号

【基本案情】

在执行刘某与王某东民间借贷纠纷案中,异议人王某东对法院裁定拍卖其所持有和盈公司60%的股权提出书面异议,认为以600万元作为起拍价不适宜,与公司客观事实不符;异议人股权价值应经过专业机构进行核算,请求依法撤销(2016)鲁0687执429-12号执行裁定书,停止股权拍卖程序。

海阳市法院在评估异议人所持和盈公司60%股权的过程中,双方当事人(刘某、王某东)及和盈公司另外两位股东,均没有提交公司相关财务资料。法院分别于2021年12月13日、21日两次通过网上摇号方式选中了六家评估机构,并要求评估机构以现有财务资料(2020年工商年报财务数据)进行股权价值评估,但该六家资产评估机构均回函表示在没有会计报表、财务凭证、资产负债申报明细表、生产经营管理资料等财务资料的情况下无法对股权价值进行评估。2022年1月4日,刘某向法院提交股权拍卖申请书,要求根据《股权执行规定》第12条的规定,以中山公司所评估的股权价值532万元为起拍价,对王某东所持和盈公司60%的股权依法进行拍卖。法院于2022年1月28日作出裁定,裁定拍卖王某东所持有的和盈公司60%的股权。

【裁判观点】

法院经审查认为,和盈公司股东间确有纠纷在法院进行诉讼,但该公司对外经营并未受限,具有相关的经营合作对象,公司股权并非没有价值,不属于《股权执行规定》第12条中"但是股权所在公司经营严重异常,股权明显没有价值的除外"的情形。法院在前期对王某东所持股权进行价值评估时已询问过王某东本人、和盈公司另外两个股东、申请执行人等相关人员,上述人员均未能向法院提交和盈公司相关财务资料,根据《股权执行规定》第12条之规定,人民法院可以根据具体情况以适当高于执行费用的金额确定起拍价,法院本着保护被执行人相关权益的原则,以异议人出资额600万元作为起拍价对异议人所持和盈公司60%的股权进行拍卖，已经充分保护了异议人的合法权益。根据审计要求，对公司进行审计也需要提供相关财务账目资料，以便评估机构通过审计报告进行股权价值确定，而王某东本人、和盈公司另外两个股东、申请执行人等相关人员均无法提交公司相关财务资料，导致无法进行审计以及进一步的股权价值确定。

【要点评析】

评估机构根据现有材料无法出具评估报告的，经申请执行人书面申请，人民法院可以根据具体情况以适当高于执行费用的金额确定起拍价，但是股权所在公司经营严重异常，股权明显没有价值的除外。排除“股权所在公司经营严重异常，股权明显没有价值”的情形后，经申请执行人书面申请，人民法院可以根据具体情况以适当高于执行费用的金额确定起拍价。

第九章　股权的变价

第一节　被执行人对股权的自行变价

法律依据

《股权执行规定》第10条　被执行人申请自行变价被冻结股权，经申请执行人及其他已知执行债权人同意或者变价款足以清偿执行债务的，人民法院可以准许，但是应当在能够控制变价款的情况下监督其在指定期限内完成，最长不超过三个月。

制度研究

股权的自行变价制度，实际上是人民法院在特定情形下授权或准许被执行人不通过公开竞价的方式处置股权。所谓变卖是指依据市价、评估价格等相当的价格直接将执行标的物出卖给购买人，不需要经过公开竞价程序，变卖可以有三种方式：委托有关单位变卖、执行法院自行变卖和被执行人自行变卖。被执行财产的自行变价制度，并非股权执行司法解释首创，因《执行规定》并未创设拍卖优先的原则，倾向于通过变卖方式处置查封财产，《善意文明执行意见》确立了被执行人自行处置财产的三种模式：一是被执行人申请依法自行变卖。被执行人依据《执行规定》第33条的规定，申请自行变卖查封财产清偿债务的，人民法院在确保能够控制相应价款的前提下，可以监督其在一定期限内按照合理价格变卖。变卖期限由人民法院根据财产实际情况、市场行情等因素确定，但最长不得超过60日。二是径行变卖。根据《拍卖变卖规定》第31条第1款的规定，申请执行人、被执行人和相关权利人同意变卖的，可以不适用拍卖优先的原则，被执行人申请对查封财产不经拍卖直接变卖的，经执行债权人同意或者变卖款足以清偿所有执行债务的，人民法院可以不经拍卖直接变卖，但径行变卖不采取价高者得的原则，不能实现查封财产价值的最大化，应当慎重适用。三是价格矫正性变卖。被执行人认为网络询价或评估价过低，申请以不低于网络询价或评估价自行变卖查封财产清偿债务的，人民法院经审查认为不存在被执行人与他人恶意串通低价处置财产情形的，可以监督其在一定期限内进行变卖。此外，财产经拍卖后流拍且执行债权人不接受抵债，第三人申请以流拍价购买的，人民法院也可以准许。《执行权监督意见》也提倡探索建立被执行人自行处置机制。对不动产等标的额较大或者情况复杂的财产，被执行人认为委托评估确定的参考价过低、申请自行处置的，在可控制其拍卖款的情况下，人民法院可以允许其通过网络平台自行公开拍卖；有确定的交易对象的，在征得申请执行人同意或者能够满足执行债权额度的情况下，人民法院可以允许其直接交易。自行处置期限由人民法院根据财产实际情况、市场行情等因素确定，但最长不得超过 90 日。

比较法上，如果不动产经二次减价拍卖无结果，即已进行三次拍卖无结果，如许继续减价拍卖实有不妥，针对此种情况，日本民事执行规则第 51 条确立了特别变卖制度。我国台湾地区也执行此种制度，财产三次拍卖无人竞买后，不续予减价拍卖，而应由执行法院公告，有意应买者得于三个月内依原定拍卖条件为应买之表示，以免继续减价拍卖，有损债权人及债务人利益。惟于该三个月之期间内，不动产之价值容或有所变动，如不问当事人之意思，概许依原定价额买受，亦有不宜，故执行法院得先行询问当事人之意见，如确有价值上升情形，自亦可不许依原定价额买受。而在公告期限内，尚无人应买前，债权人亦得声请停止公告应买，而请求另行再送鉴价，重新估价拍卖，或请求另行减价拍卖，如仍未拍定或债权人亦不为承受者，视为撤回该不动产之执行。而在公告期限内，债权人未于该期限内声请另行估价或减价拍卖，且公告期限届满仍无人应买者，视为撤回该不动产之执行。如果第三人为应买之表示，经执行法院许其买受者，其性质与拍卖之拍定相同。[①] 股权虽为其他财产

---

① 参见沈建兴：《强制执行法逐条释义》（下）（增订二版），台北，元照出版有限公司 2020 年版，第 309 页。

权，但以财产换价效率最大化的视角，不存在引入特别变卖的制度障碍。允许被执行人自行处置冻结的股权，与特别变卖制度类似，有限责任公司具有很强的人合性，允许被执行人自行处置股权，既可以实现股权尽快变现，又可以充分保障其他股东和公司的利益，并未突破既往司法解释规定的范畴。

理解与适用

一、被执行人自行处置查封股权的条件

（一）被执行人提出书面申请

《执行规定》第 39 条第 3 款规定："人民法院也可允许并监督被执行人自行转让其投资权益或股权，将转让所得收益用于清偿对申请执行人的债务。"该条虽然没有明确要求被执行人需要书面申请自行转让，但人民法院"允许并监督"应当是在申请后作出的行为，自不待言。该条对于被执行人自行变价股权，明确需要向人民法院提出书面申请或者口头申请记入笔录，再由人民法院根据案件情况决定是否准许。被执行人申请自行变价被冻结股权，须符合司法解释规定的条件，如果变价款足以清偿执行债务，被执行人可以直接向执行法院递交股权自行变价申请书，不需要经过其他已知债权人同意。

（二）须征求已知债权人的意见

如果变价款不足以清偿执行债务，须征得申请执行人及其他已知执行债权人同意，所谓"已知的执行债权人"，包括已经向执行法院申请参与分配股权变价款和轮候冻结该股权的债权人。至于是被执行人提交申请后由执行法院征求已知债权人的意见还是由被执行人在申请前先行征求债权人同意处置的意见，两种方式皆无不可，实务中，因被执行人对于哪些是已知债权人，很难精确把握，如果硬性要求由被执行人在申请前必须征得所有债权人同意，将会大幅降低被执行人向法院提交书面申请的可能性，因此，不妨先由被执行人提交申请，执行法院将该申请发送已知债权人征求意见，更具合理性。如果已知债权人均不同意或者某一债权人不同意被执行人自行处置，执行法院不得允许被执行人自行处置，应当通过网络拍卖公开处置股权。

（三）执行法院经审核同意

如果变价款足以清偿执行债务或者虽不足清偿但已知债权人均已同意，执行法院在收到被执行人股权变价申请书后，应当认真审核，审核时要综合考虑被执行人是否征求了所有债权人的意见，变价财产实际情况，是否损害执行债权人、第三人或社会公共利益等因素。合理评估被执行人不存在故意利用该项制度拖延执行干扰执行的情形后，一般应当准许被执行人自行变价。但即使全部条件均符合被执行人自行处置股权的要件，也不构成对执行法院的法定约束，执行法院认为拍卖适合该股权的，仍有权决定拍卖股权。

（四）自行变价期限不超过3个月

人民法院准许被执行人自行变价的，应当指定不超过3个月的期限，并监督被执行人在指定期限内自行变价；人民法院准许自行变价后，应设置自行处置时间，指定不超过3个月的期限，执行法官可以设置30日、60日、90日不等的时间。在该期限内完成自行变价的，人民法院应当及时控制变价款，确保执行债务的清偿；在该期限内无法自行变价的，通过拍卖程序强制变价。

（五）执行法院控制变价款并履行督促职责

《执行规定》第33条规定："被执行人申请对人民法院查封的财产自行变卖的，人民法院可以准许，但应当监督其按照合理价格在指定的期限内进行，并控制变卖的价款。"但《股权执行规定》第10条未提及"合理价格"问题，对被执行人自行处置股票的价格是由被执行人自行确定还是由执行法院争取债权人意见、被执行人意见后作出认定，未作出明确规定。一般而言，允许被执行人自行变价，前提是存在比较确定的交易对象，因此，股权自行变价的价格也应审慎判断，不应完全交由被执行人决定，防止被执行人利用自行处置的机会低价转移财产，执行法院应当综合运用市场调查、征询申请执行人及其他债权人意见等，对价格进行审核，价格明显低于市场价格的，执行法院对申请自行变价不予准许。

执行法院应指定特定账户，股权变价后，要求被执行人在股权买卖合同中约定买受人将价款全部汇入执行法院指定的账户，由执行法院依法处理，实现监管和控制案款的目的。

二、执行法院不予出具办理过户登记的裁定

被执行人在不损害申请执行人利益的前提下，可以对冻结股权自行处置。

但成交后人民法院是否出具确权裁定尚存争议，一种观点认为，就买受人而言，如果不能办理过户手续或者办理过户手续存在重大风险，尤其存在多轮查封、质押的情况下，买受人的买卖意愿会受到重大影响。不明确由买受人自行办理过户手续还是由法院出具裁定办理变更登记，可能会影响自行处置的效果。被执行人自行处置类似于不经拍卖而进行变卖，在不损害他人利益的情况下，可以赋予变卖效力，由法院出具成交确认书和成交裁定，协助买受人办理过户手续。另一种观点认为，根据《执行和解规定》第6条的规定，当事人达成以物抵债执行和解协议的，人民法院不得依据该协议作出以物抵债裁定。双方当事人协商以物抵债是一种私法行为，为防止当事人恶意串通损害第三人利益或者通过裁定规避行政审查，人民法院不应出具裁定书。《重庆市高级人民法院关于规范执行财产处置提高变价效率的工作指引（试行）》第19条规定："自行变卖成交且价款已全部汇入指定账户的，执行法院经审查后予以确认，但不得作出成交裁定。"因此，被执行人自行变卖的行为虽经法院准许，并设置了限制条件，但法院不介入交易过程，故不宜由法院出具裁定确认权属。

操作指引

实践中，执行法院同意被执行人自行处置股权后，在指定处置的期限内，应当实时了解被执行人处置股权的进度，定期督促和提醒被执行人处置股权，而不能在同意之后对被执行人处置股权的行为放任不管。

审判前沿

平商公司与创新公司、王某借款合同纠纷执行监督案

【裁判要旨】

认定法院直接变卖行为是否违法，应视其是否违反了2004年《拍卖变卖规定》第34条[①]规定。根据该规定，对查封、扣押、冻结的财产，当事人

① 现《拍卖变卖规定》第31条。

双方及有关权利人同意变卖的,可以变卖。放弃拍卖而选择变卖方式,对双方当事人和有关权利人利益影响较大,应当经过其同意。

【案例索引】

(2020)最高法执监18号

【基本案情】

兰州市中级人民法院在执行申请执行人平商公司与被执行人创新公司、王某借款合同纠纷案中,创新公司对兰州市中级人民法院作出的处置其在平商公司所占股份和终结执行的裁定不服,向该院提出书面异议。

兰州市中级人民法院认为,《拍卖变卖规定》第2条规定:"人民法院对查封、扣押、冻结的财产进行变价处理时,应当首先采取拍卖的方式,但法律、司法解释另有规定的除外。"《民事诉讼法解释》(已修改)第491条①规定:"经申请执行人和被执行人同意,且不损害其他债权人合法权益和社会公共利益的,人民法院可以不经拍卖、变卖,直接将被执行人的财产作价交申请执行人抵偿债务……"该案在执行中,对涉案股权未经公开拍卖,亦未经被执行人同意,直接作出以物(股权)抵债的裁定,并同时作出终结执行的裁定,不符合相关法律规定。据此,兰州市中级人民法院作出(2018)甘01执异字第768号执行裁定,裁定:(1)撤销(2017)甘01执811号之一以物抵债执行裁定;(2)撤销(2017)甘01执811号之二终结执行裁定。平商公司不服该裁定,向甘肃高院申请复议。

甘肃省高级人民法院认为,关于兰州市中级人民法院对涉案股权的执行行为是否违反法律规定的问题。《拍卖变卖规定》第2条规定:"人民法院对查封、扣押、冻结的财产进行变价处理时,应当首先采取拍卖的方式,但法律、司法解释另有规定的除外。"《公司法》第72条规定:"人民法院依照法律规定的强制执行程序转让股东的股权时,应当通知公司及全体股东,其他股东在同等条件下有优先购买权。其他股东自人民法院通知之日起满二十日不行使优先购买权的,视为放弃优先购买权。"兰州市中级人民法院在执行创新公司所持平商公司30.7692%的股权中,平商公司召开

① 现《民事诉讼法解释》第489条。

股东会议,并向兰州市中级人民法院提交书面意见,确认其股东甘肃新大商贸有限公司以评估价19,086,785.75元购买创新公司所持平商公司30.7692%的股权,其余股东放弃优先购买权。兰州市中级人民法院在作出(2018)甘01执811之一、(2018)甘01执811之二执行裁定后,优先购买权人甘肃新大商贸有限公司亦将评估报告确认的19,086,785.75元股权购买款支付给了申请执行人平商公司。买受人甘肃新大商贸有限公司支付股权对价的行为并未损害被执行人创新公司的利益,不违背法律、司法解释的规定,同时亦符合原平商公司的公司章程规定。兰州市中级人民法院异议裁定认定事实不充分,适用法律不当,应予纠正。遂作出(2019)甘执复66号执行裁定,裁定撤销兰州市中级人民法院(2018)甘01执异768号执行裁定。创新公司、王某不服该复议裁定,向最高人民法院申诉。

【裁判观点】

围绕创新公司、王某的申诉事由,最高人民法院归纳本案焦点问题为:兰州市中级人民法院将涉案股权裁定转给平商公司股东的行为是否违反法律规定。

关于兰州市中级人民法院所作的(2018)甘01执811号之一执行裁定的性质。本案中,兰州市中级人民法院在对股权进行评估后,未经拍卖程序,直接将被执行人持有的平商公司30.7692%的股权裁定归平商公司股东之一甘肃新大商贸有限公司所有。虽然平商公司是申请执行人,但其与股东甘肃新大商贸有限公司属于不同的民事主体。即使经申请执行人和被执行人同意可以不经拍卖、变卖程序直接将被执行人的财产作价交申请执行人抵偿债务,也是交申请执行人,而不是交申请执行人的股东。因此,本案兰州市中级人民法院所作的(2018)甘01执811号之一执行裁定,其性质不属于以物抵债裁定,其本质是将涉案股权未经拍卖程序直接变卖给甘肃新大商贸有限公司。

兰州市中级人民法院直接变卖的行为是否违法,应视其是否违反了2004年《拍卖变卖规定》第34条[①]规定。根据该规定,对查封、扣押、冻结

① 现《拍卖变卖规定》第31条。

的财产，当事人双方及有关权利人同意变卖的，可以变卖。可以直接变卖涉案查封、扣押、冻结的财产的前提是当事人双方及有关权利人明确向执行法院提出同意变卖的意见。在执行程序中，人民法院对查封、扣押、冻结的财产进行变价处理时，应当首先采取拍卖的方式，以拍卖方式处置财产的，应当采取网络司法拍卖方式。采取网络司法拍卖，可以使潜在竞买人及时、准确地获得信息，从而参与到司法拍卖竞价中来，通过充分竞价，使财产变价价格充分反映其市场价值。变价所得价款越高，越有利于实现债权，也有利于兼顾债务人的合法权益。基于此，如果要放弃拍卖而选择变卖方式，对双方当事人和有关权利人利益影响较大，应当经过其同意。本案中，平商公司将进入执行程序前当事人在借条中所作意思表示“视为被执行人已明示同意”，不符合司法解释规定精神。

【要点评析】

最高人民法院认为，可以自行变卖涉案查封、扣押、冻结的财产的前提是当事人双方及有关权利人明确向执行法院提出同意变卖的意见。执行中既要对债务人体现善意执行的理念，又要在程序上符合司法解释规定的精神。

第二节　股权的强制变价

法律依据

《股权执行规定》第13条　人民法院拍卖被执行人的股权，应当采取网络司法拍卖方式。

依据处置参考价并结合具体情况计算，拍卖被冻结股权所得价款可能明显高于债权额及执行费用的，人民法院应当对相应部分的股权进行拍卖。对相应部分的股权拍卖严重减损被冻结股权价值的，经被执行人书面申请，也可以对超出部分的被冻结股权一并拍卖。

制度研究

一、司法拍卖的公法性质

司法拍卖作为财产的一种变价方式和手段，是关于金钱债权执行中在查封后所采取的执行措施，本质上是国家执行机关基于公权力而实施的执行措施，与变卖、以物抵债和强制管理一起，构成对被执行人财产的主要变价措施，属公法上的处分行为。关于司法拍卖的性质，学界主要形成了私法说、公法说和折中说三种观点。私法说认为，强制拍卖是私法上买卖契约的一种，拍卖公告作为要约邀请、竞买人的竞买意思表示为邀约，人民法院确认拍卖成交的表示为承诺，拍定人系继受债务人对于拍卖物的所有权。因对出卖人认识的不同，又形成了债务人出卖人说、债权人出卖人说、执行机关出卖人说和担保物的所有人为出卖人说四种学说。

公法说认为，法院拍卖与私法上的买卖行为不同，司法拍卖是公法上的处分行为，虽以买卖的方式进行，但法律效果并不当然适用民法上买卖契约的原则，拍定人原始取得标的物的所有权。公法说又分为类似公用征收之司法处分说、公法契约说和裁判上的形成手续说。其中公用征收之司法处分说为公法说的主流学说，不少日本学者和史尚宽先生均坚持此说。折中说则调和了公法说和私法说，认为拍卖有双重性质，在程序法上拍卖是公法上的强制处分，但同时拍卖又具有私法上买卖的性质及效果。从拍卖制度设置的目的出发，将司法拍卖定位为公法上的处分行为，更为合适。首先，拍卖在于通过一定的程序最大限度地实现标的物中蕴含的经济价值，以使债权人的债权得到充分满足，因此在确定底价、减价拍卖、交付和所有权转移等方面有特殊的规则设计，民法上的拍卖无法实现上述特殊的制度设计。其次，司法拍卖作为一种执行行为，也应该属于公法范畴。最后，将司法拍卖定位为私法上的特殊买卖，无法解释何人为出让人、当事人没有买卖合意等理论难题。①

二、司法拍卖的优先原则

拍卖具有公开、公平竞争的特点，通过拍卖变价可以充分实现标的物蕴含

---

① 参见江必新主编：《强制执行法理论与实务》，中国法制出版社 2014 年版，第 551 ~ 555 页。

的金钱价值,既有利于债权的实现,也有利于保护债务人的合法权益,因此现代各国均将拍卖作为优先变价措施。如在德国,土地等不动产只能通过拍卖方式进行变价。[①] 我国1982年《民事诉讼法》只规定了变卖一种变价措施,但从法律适用看,将拍卖视为变卖的一种方式。1991年《民事诉讼法》首次将拍卖和变卖并列作为变价措施,但并未明确拍卖应当优先适用,实务中对执行财产的变价主要通过变卖进行。1998年《执行规定》要求财产变价应当委托拍卖,只有无法委托拍卖、不适于拍卖或当事人双方同意不需要经过拍卖的,人民法院才可以交有关单位变卖或自行组织变卖。《拍卖变卖规定》确立了除法律、司法解释另有规定外人民法院对查控财产应首先采取拍卖方式的变价原则。2012年《民事诉讼法》从法律上明确了拍卖优先原则。但拍卖优先并不意味着执行过程中一概采取拍卖措施进行变价,当事人同意变卖、有市价或者已商定价格的物品,以及需要尽快变价的物品,可以通过变卖的方式,避免当事人利益受损。[②]

三、网络司法拍卖优先的原则

网络司法拍卖,是指人民法院依法通过互联网拍卖平台,以网络电子竞价方式公开处置财产的行为。在网络拍卖中,人民法院作为司法拍卖的主体,第三方交易平台提供技术支持和平台服务,通过计算机程序设定,让竞买人利用平台独立开展自由竞价,网络司法拍卖模式凭借公开透明、便捷高效、成本低廉、广泛参与等优势,解决了传统拍卖模式中存在的不少问题,基于此,2016年《网络拍卖规定》确立了司法拍卖应以网络司法拍卖为原则,并相继出台了一系列办法和通知,完善网络司法拍卖配套制度。网络司法拍卖相较于传统拍卖,其主要优势和特点是突破地域限制、提高参与程序、程序方便快捷、交易成本低廉、信息公开透明,可以有效降低流拍率,最大限度吸引竞买人通过公开竞价的方式实现标的物价格的最大化,减少司法腐败和权力寻租空间,保护

---

① 参见江必新主编:《强制执行法理论与实务》,中国法制出版社2014年版,第560~561页。

② 《民事诉讼法》第258条:财产被查封、扣押后,执行员应当责令被执行人在指定期间履行法律文书确定的义务。被执行人逾期不履行的,人民法院应当拍卖被查封、扣押的财产;不适于拍卖或者当事人双方同意不进行拍卖的,人民法院可以委托有关单位变卖或者自行变卖。国家禁止自由买卖的物品,交有关单位按照国家规定的价格收购。

当事人合法权益。但网络拍卖的委托拍卖之处在于，既然属于法院自主拍卖，拍卖的准备工作、信息上传、接受咨询和标的物现场勘察等工作量较为巨大，这些拍卖辅助工作可以委托社会机构或者组织承担，费用最终由被执行人承担。从各地高院制定的管理办法看，网络司法拍卖辅助机构承担的网络司法拍卖辅助性工作范围一般包括：(1)协助法官或执行员调查拍卖财产的权属证明、他项权证明、租赁及实际占有、物理现状、质量瑕疵、交易税费等情况，负责记录、资料收集、档案整理等事务性工作；(2)制作拍卖财产的文字说明、照片或者视频等资料；(3)草拟拍卖公告等文书材料，并提交执行法官审核；(4)对拍卖财产信息进行公开宣传，根据拍卖财产的特点向潜在竞买人推介拍卖信息；(5)接受咨询(电话、现场等咨询)，宣传网络司法拍卖有关法律、司法解释的规定，辅导竞买人参与竞拍，引领看样等；(6)协助法官或执行员办理清场、搬运、破锁等；(7)拍卖财产的仓储、保管、运输等；(8)委托法院安排的其他应当完成的工作事项。但关于确定拍卖保留价、保证金数额、税费负担，通知当事人和优先购买权人，制作拍卖成交裁定书，办理财产交付，制作分配方案等，属于法官应当履行的职责，不得委托拍卖辅助机构办理。

正是由于多数拍卖的辅助工作由社会机构承担，导致网络拍卖出现的很多问题亟待解决，如网络平台数据抓取存在错误、不当利用竞买人信息、辅助机构消极推诿、保证金规则不合理导致竞买人恶意悔拍、联合竞买存在障碍等。

四、股权的变价方式

关于股权的变价方式，各国和地区的强制执行立法规定不尽相同，我国台湾地区“强制执行法”规定，有限公司股东之出资额和股份有限公司未发行股票之股份，执行法院核发扣押命令后，换价方法可以准用该法第 115 条第 2 项核发收取命令或移转命令或支付转给命令或申请准用对于动产执行之规定拍卖或变卖，并可以采用该法第 117 条所规定的命令让与方式。实务上，我国台湾地区执行法院对于上述出资额或股份一般准用动产执行之规定进行拍卖，拍卖前命令鉴定机关或产业工会对价格作出鉴定，作为拍卖底价。[1]

《执行规定》第39条第2款规定："对被执行人在有限责任公司中被冻结的投资权益或股权，人民法院可以依据《中华人民共和国公司法》第七十一条、第七十二条、第七十三条的规定，征得全体股东过半数同意后，予以拍卖、变卖或以其他方式转让。不同意转让的股东，应当购买该转让的投资权益或股权，不购买的，视为同意转让，不影响执行。"从该条文的内容看，对股权这类财产，可以采取的变价的方式有拍卖、变卖和其他方式转让等，不限于拍卖，但《股权执行规定》则明确股权应当采取网络司法拍卖方式处置，不仅不适用传统拍卖方式，也未提及变卖和以其他方式转让，但该网络拍卖并不排斥两次拍卖流拍后的网络变卖、被执行人自行变卖以及以股抵债等执行措施。

五、股权分割拍卖的制度渊源

股权分割拍卖目的在于设定股权拍卖之限度，防止超标的拍卖情形之发生。《善意文明执行意见》也提出，同一类型的执行财产数量较多，被执行人认为分批次变价或者整体变价能够最大限度实现其价值的，人民法院可以准许。尤其是对体量较大的整栋整层楼盘、连片商铺或别墅等不动产，已经分割登记或事后可以分割登记的，被执行人认为分批次变价能够实现不动产最大价值的，一般应当准许。多项财产分别变价时，其中部分财产变价款足以清偿债务的，应当停止变价剩余财产，但被执行人同意全部变价的除外。该项制度类似于我国台湾地区不动产的分割拍卖，因不动产之价值高低，于鉴定人鉴定其价格前，执行人员甚难于查封时确定不动产之确实价格，且设定之抵押权，实际债权金额若干，亦非执行人员于查封时所能知悉，且不动产如进行拍卖，需鉴价、登报等执行必要费用，土地拍卖之价金尚需优先扣缴土地增值税、地价税、房屋税，另不动产之拍卖常因经济景气影响，市场供需关系等因素而须数次减价拍卖之情形，能否拍定亦不一定，而强制执行中依法复准许有执行名义之债权人及对执行目标物有担保物权或优先受偿权之债权人依法参与分配，查封时纵有超额之情形，除系极端之超额外，尚难认违反超额查封之规定。

---

[1] 参见沈建兴：《强制执行法逐条释义》（下）（增订二版），台北，元照出版有限公司2020年版，第515～517页。

但是,已经查封之不动产将来以拍卖等执行方法所得之价金足以清偿强制执行之债权额及债务人应负担之费用者,即应停止拍卖,故执行法院于拍卖时即须就超过债权额及执行费用额之执行目标物不予拍卖,纵有拍定,亦得撤销拍定称之。[①]

理解与适用

一、股权的分割拍卖

人民法院处置被执行人财产,如果部分财产的处置价款足以清偿债务和支付被执行人应当负担的费用,对其他财产应当停止处置,即使股权作了整体查封,实践中,有的法院明显超标的额拍卖公司的股权,不排除申请执行人为获取股权所在公司的控制权故意为之。法律的作用,除尽可能地满足一些利益,同时使牺牲和摩擦降到最低限度外,还需要通过一种分配方式,达到主体间的利益均衡状态。[②] 为使对被执行人的不利影响降到最低,就必须对股权强制执行的启动条件作出严格的限制。[③] 基于此,除非经被执行人书面申请,否则不得对超出部分的被冻结股权一并拍卖。[④]

司法解释虽然规定人民法院不得明显超标的额冻结股权,但股权冻结与拍卖有一定时间差,拍卖时股权价值可能产生变动,或者贬值或者增值,需人民法院应在处置股权时再次根据处置参考价和实际情况予以衡量。股权拍卖

---

① 参见沈建兴:《强制执行法逐条释义》(下)(增订二版),台北,元照出版有限公司2020年版,第319页。

② 参见丁亮华:《强制执行的规范解释:在实体法与程序法之间》,中国法制出版社2011年版,第100页。

③ 参见江达、孙慧杰:《有限责任公司股权强制执行的障碍》,载《西南石油大学学报(社会科学版)》2020年第6期。

④ 是否超标的额拍卖的判断上,现行司法解释与征求意见稿(《股权执行规定(征求意见稿)》第17条:股权评估价值明显超出被执行人债务总额,人民法院应当对股权分割拍卖。但是,分割拍卖将严重贬损股权价值或者被执行人申请整体拍卖的,人民法院可以对股权整体拍卖。)相比,将征求意见稿中"债务总额"修改为"债权额及执行费用",并将执行费用纳入执行标的总额内;将"严重贬损股权价值或者被执行人申请整体拍卖"修改为"相应部分的股权拍卖严重减损被冻结股权价值的,经被执行人书面申请"。主要考虑在拍卖被冻结股权所得价款可能超标的额情况下,人民法院对是否存在控制权溢价要进行判断,进而决定是否整体拍卖。

前可能出现两种情形:一是执行法院因不能预估股权价值而冻结被执行人的全部股权,但在拍卖前经评估发现明显超标的额;二是人民法院虽经预估冻结了被执行人相应比例的股权,但在拍卖前经正式评估发现仍然明显超标的额或者不能清偿。因此,综合考虑市场行情、降价幅度等因素并根据财产处置参考价确定的价格,有分割拍卖和整体拍卖的必要性。另外,网络拍卖过程中,因股权价值的不确定性与可变动性,对于已经冻结的股权,是部分拍卖还是全部拍卖,需要结合财产处置价和执行债权的实际情况综合判定,避免超标的执行行为的发生。

股权执行司法解释在抑制超标的执行股权行为方面,首先要求人民法院在冻结被执行人财产前应当对财产价值预估,并以债权额及执行费用为限冻结其相应价值的财产,禁止明显超标的额冻结,这是依法规范执行和善意文明执行的体现,在股权执行中必须严格贯彻落实。最高人民法院制定的司法解释和指导意见中,强调严禁超标的额查封、乱查封。对被执行人财产的执行,以其价值足以清偿生效法律文书确定的债权额为限。如果因被执行人不配合等导致无法预估股权价值的,应当由被执行人承担不利后果,人民法院可以冻结被执行人在该公司持有的全部股权。但股权价值经评估确定后,发现明显超标的额冻结的,人民法院应当及时解除对超出部分股权的冻结,对剩余部分予以拍卖,即分割拍卖。

二、股权的整体拍卖

如果一定比例的股权已足以覆盖债权额及执行费用,法院拍卖对应比例的股权即可,但考虑到不同比例股权对公司控制权的不同,在特定情况下,被执行人考虑控制权溢价,且会影响买受人的竞拍的积极性与成交率,整体拍卖股权可以获取更大的收益,申请人民法院对全部冻结的股权进行拍卖的,人民法院也可以进行整体拍卖。

司法解释将股权整体拍卖的决定权赋予被执行人,而非由人民法院依职权决定,适用的情形:一是分割拍卖而贬损股权价值的情形;二是被执行人认为可能存在“控制权溢价”的情形,例如,被执行人在有限责任公司中属于大股东,即使经评估发现冻结的股权已经明显超标,但被执行人认为通过整体拍卖可以获取控制权溢价。所谓控制权溢价,是评估学上的概念,控制权溢价是拥有公司控制权的股东能够获得的与其所持股权份额比例不对等的超额利益，控制权必须要给投资人带来收益，取得控制权，就可以掌控公司管理，改变原有公司的管理方式，更好地发挥投资人所带来的协同效应，无论是收入协同还是成本协同，都可以带来经济价值的提升。取得控制权，就可以掌控公司的现金流，对现金流进行归集并使用，提升资金的使用效率。如果是少数股权，则只能在公司分红的情况下，才能取得收益。关于控制权溢价并没有一个绝对的标准可供参考。①

需要注意的是，因"控制权溢价"对超出部分的被冻结股权一并拍卖，须由被执行人书面申请。实践中，有的法院以控制权溢价为由整体处置股权却不征求被执行人的意见，严重损害被执行人利益。(2015)最高法执申字第12号裁判观点认为："有限责任公司股权系特殊财产，股东表决权对于股权价值具有较大影响，一般而言，股权比例越大则其价值较之相应资产净值将有所溢价。被执行人公司所持市政公司股权已属绝对控股，拍卖处分前，已由二十余个案件轮候冻结，如果分割拍卖，不利于实现股权价值最大化，不利于其他案件债权人利益，亦不利于被执行人自身利益。"《股权执行规定》施行后，对超出部分的被冻结股权一并拍卖，必须要由被执行人提出书面申请；如果被执行人未提出申请，视为是对自己权利的处分，放弃"控制权溢价"带来的相应利益，人民法院不得以其他理由将超出部分的股权一并拍卖。

---

① 以实例进行说明，2009年9月，国投电力有限公司斥资10亿元收购华电集团持有的二滩水电开发有限责任公司4%的股权，收购完成后国投电力有限公司将持有二滩水电开发有限责任公司52%股权，而国投电力有限公司也理所当然地取得二滩水电开发有限责任公司绝对控股地位。此次国投电力有限公司收购二滩水电开发有限责任公司4%股权的价格为10亿元，而截至2009年7月31日二滩水电开发有限责任公司的净资产账面值为53.17亿元，净资产评估值为67.7亿元，对应的4%股权净资产评估值为2.7亿元。10亿元的收购价格相对于其净资产有超过400%的溢价，如此高溢价收购究竟是什么原因？从国投电力有限公司公告看，主要是考虑雅砻江流域水电的资源稀缺性、二滩水电开发未来良好的发展前景以及二滩水电开发有限责任公司4%股权收购后本公司获得绝对控股权的重要性，经与华电集团协商后确定的价格。收购前，国投电力有限公司、川投能源和华电集团持股比例分别为48%、48%和4%，股权结构比较分散。因此，华电集团的4%股权对任何其他两方来说都是弥足珍贵，无论谁得到这4%的股权，都会拥有公司的控制权，成为项目的主要控制方。所以，这4%的股权价格代表的就是控制权溢价，起到了四两拨千斤的作用。

三、股权拍卖公告的内容

网络司法拍卖的整个过程都通过网络交易平台完成,各方主体不进行面对面的竞价交易,竞买人前期只能通过网络平台了解拍品特征,只有在某些特殊情况下才能实地看样,故网络司法拍卖对拍卖信息的告知和披露程序较传统拍卖要求更高。实践中,各法院拍卖公告存在瑕疵的情况屡见不鲜,极易引发拍卖纠纷。[①] 在征求意见过程中,有观点认为股权的拍卖公告除详细载明股权比例、认缴出资额、实缴出资额、出资期限、出资方式外,还应增加后续出资义务人、权利负担、股息红利等收益的归属等事项。另有观点认为,公司资产负债大致情况、股权结构、其他股东出资义务的履行情况等对判断股权价值有重要影响的事项也应作为公告的内容。公司股权结构分布,关系公司股东间的人合性以及公司内部的控制关系,对股权买受人来说也非常重要。此外,其他股东的出资义务履行情况,关系买受人是否负有承担连带补充责任的风险,也是买受人关注股权价值的重要事项。与征求意见稿[②]相比,《股权执行规定》第 13 条将拍卖公告的发布时间及公告载明内容予以删除。

人民法院通过网络司法拍卖平台发布拍卖股权的公告后,仍须同时另行通过"法定途径"发布拍卖公告。在网络司法拍卖中之所以对"法定途径"发布作出规定,主要考虑股权等特殊财产的拍卖,人民法院除通过网络司法拍卖平台发布拍卖公告外,还需通过报纸等"法定途径"发布拍卖公告;如拍卖标的并非股权等特殊财产,则拍卖公告除通过网络司法拍卖平台发布外,人民法院无须同时另行通过报纸等"法定途径"发布。目前,人民法院通过某一纳入网络服务提供者名单库的司法拍卖平台发布拍卖公告的同时,人民法院诉讼资产网等其他入库司法拍卖平台及中国执行信息公开网也会同时发布拍卖公

① 参见饶群:《网络司法拍卖公告瑕疵的规制与救济》,载《人民司法(应用)》2018 年第 22 期。

② 《股权执行规定(征求意见稿)》第 15 条:人民法院拍卖股权的,应当采取网络司法拍卖方式。人民法院拍卖股权,应当在拍卖三十日前公告。拍卖公告除包括《最高人民法院关于人民法院网络司法拍卖若干问题的规定》所规定的内容外,还应当详细载明股权比例、认缴出资额、实缴出资额、出资期限、出资方式及其他需要特别提示的内容。

告。简言之，在不涉及股权等特殊财产的网络司法拍卖中，人民法院通过网络司法拍卖平台发布拍卖公告，即可尽到拍卖前的信息披露义务。[①]

操作指引

如果人民法院对股权部分冻结的，拍卖前发现已冻结股权价值不足以清偿债权及执行费用，需要对股权整体拍卖，应先行查封拟拍卖的其他股权，对被执行财产，非经查封、扣押、冻结不得处分，整体拍卖限于已冻结的股权，对未冻结的股权，不得直接整体拍卖。

根据《企业国有资产法》第54条[②]的规定，除国家规定可以直接协议转让的外，国有资产转让应当在依法设立的产权交易所公开进行。人民法院拍卖国有股权能否采取网络拍卖，司法解释起草过程中，一致认为，国有资产转让应当遵循等价有偿和公开、公平、公正的原则，应当通过产权交易所公开进行的目的，主要是避免国有资产流失，突出强调不能协议转让。通过网络司法拍卖处置国有股权，实际上更能起到避免国有资产被贱卖的目的，防止国有资产流失。因此，人民法院拍卖国有股权，可以采取网络司法拍卖的方式。

审判前沿

案例1　金某与银盛公司股权执行审查案

【裁判要旨】

执行股权已达到有限公司控制权的比例，其具有的股东表决权有较高价值，相较相应资产净值将有所溢价，股权的整体拍卖有利于实现拍卖价值最大化，分别拍卖可能严重贬损其价值，执行法院应当合并拍卖。

---

① 参见薛贵忠、盛强：《网络司法拍卖中拍卖公告发布途径的认定》，载最高人民法院执行局编：《执行工作指导》总第75辑，人民法院出版社2021年版。

② 《企业国有资产法》第54条：国有资产转让应当遵循等价有偿和公开、公平、公正的原则。除按照国家规定可以直接协议转让的以外，国有资产转让应当在依法设立的产权交易场所公开进行。转让方应当如实披露有关信息，征集受让方；征集产生的受让方为两个以上的，转让应当采用公开竞价的交易方式。转让上市交易的股份依照《中华人民共和国证券法》的规定进行。

【案例索引】

(2015)执申字第12号

【基本案情】

2013年5月,金某向无锡市中级人民法院申请强制执行银盛公司1亿元本息等相关费用。执行过程中,关于银盛公司持有的市政公司9949.65万股的股权情况,无锡市中级人民法院委托会计师事务所进行专项审计,又委托资产评估有限公司对上述股权价值进行评估,估值为30,275.18万元。银盛公司不服并提出异议,无锡市中级人民法院书面答复,不予采纳其要求重新评估的主张。2013年7月,无锡市中级人民法院作出(2013)锡执字第187-2号执行裁定:拍卖银盛公司在市政公司的9949.65万股投资股权。经查明,本案执行过程中,同时期银盛公司持有的市政公司9949.65万股股权,亦已在20多个案件(案由大多为借款合同纠纷)中先后冻结,保全金额累计1亿多元(不包括本案)。银盛公司不服,就评估、拍卖执行行为,特别是对案涉股权打包拍卖等,提起执行异议(无锡市中级人民法院)及执行复议(江苏省高级人民法院),均被法院驳回。

江苏省高级人民法院认为:关于涉案股权的评估程序是否违法的问题,目前市政公司工商登记载明的法定代表人仍为唐某,市政公司的印章也未更换,且银盛公司并未主张唐某提供的资料虚假,也未向法院提供其认为真实可靠的审计资料。故对其所称"唐某签署的市政公司财务报表及使用该公司作废的公章签署的协议和资料所进行的评估报告均是违法和无效"的主张不予支持。银盛公司虽称本案评估存在低评、漏评情况,但未提供证据予以证明,故对该主张亦不予支持。关于涉案股权拍卖程序是否违法的问题,本案执行标的本金为1亿元,评估机构评估银盛公司持有市政公司9949.65万股股权的价值为30,275.18万元。市政公司系有限责任公司,具有人合性,相较于分散拍卖,股权的整体拍卖有利于实现拍卖价值最大化,也有利于市政公司经营发展。另外,银盛公司作为被告的案件众多,除本案外,诉讼保全标的1亿多元。故无锡市中级人民法院将银盛公司持有的市政公司股权整体拍卖并不损害银盛公司的利益。关于银盛公司主张无锡市中级人民法院在人民法院诉讼资产网发布参考价的问题，发布的第一次拍卖参考价40,000万元高于评估价，无锡市中级人民法院发布该参考价没有依据，但报纸所登载的拍卖公告内容符合法律规定。该瑕疵不足以导致拍卖应被撤销的法律后果。关于第二次拍卖没有让银盛公司人员进入拍卖现场的问题，拍卖公司未让其进入拍卖现场不当，但银盛公司此前并未缴纳保证金参与竞买，该行为亦未对银盛公司权益造成实质损害。

【裁判观点】

关于无锡市中级人民法院能否将案涉股权一并打包拍卖。其一，2004年《拍卖变卖规定》第18条规定，执行财产分别拍卖可能严重减损其价值的，应当合并拍卖。有限责任公司股权系特殊财产，股东表决权对于股权价值具有较大影响，一般而言，股权比例越大则其价值较之相应资产净值将有所溢价。本案中，银盛公司所持市政公司股权已属绝对控股，拍卖处分前，已由20余个案件轮候冻结，如果分割拍卖，不利于实现股权价值最大化，不利于其他案件债权人利益，亦不利于被执行人自身利益。其二，虽然案涉股权拍卖时其余轮候冻结案件绝大多数并未审结，但是，从股权拍卖款项的最终分配情况看，扣除金某优先受偿债权后，拍卖款项尚不足以向其余债权人全额分配，足见银盛公司权益并未因股权打包拍卖受到损害。因此，无锡市中级人民法院将案涉股权一并打包拍卖，并无明显不妥。

【要点评析】

本案例与《股权执行规定》第13条第2款“依据处置参考价并结合具体情况计算，拍卖被冻结股权所得价款可能明显高于债权额及执行费用的，人民法院应当对相应部分的股权进行拍卖。对相应部分的股权拍卖严重减损被冻结股权价值的，经被执行人书面申请，也可以对超出部分的被冻结股权一并拍卖”相关。根据该款规定，对超出部分的被冻结股权一并拍卖，必须要由被执行人提出书面申请；如果被执行人未提出申请，应是对自己权利的处分，放弃“控制权溢价”带来的相应利益，执行法院不得将超出部分的股权一并拍卖。但本案例的观点，在存在“控制权溢价”的情况下，对一定数量的股权一并拍卖，并未考虑被执行人的意见。《股权执行规定》施行后，对超出部分的被冻结股权一并拍卖应考虑被执行人的意见。

案例2　林某与佛山市华和合亿投资有限公司、陈某等民间借贷纠纷执行复议案

【裁判要旨】

人民法院对被执行人持有的公司股权进行评估拍卖,如果不进行整体处置,则每一次拍卖都可能需要评估且可能涉及其在该公司的表决权、申请公司解散的权利等,不利于公司的经营运作和股权价值。该财产评估值与债务大略相当,应当整体拍卖执行。

【案例索引】

(2018)粤06执复353号

【基本案情】

原告林某诉被告佛山市华和合亿投资有限公司、陈某、宋某、何某、钟某民间借贷纠纷案,因被告未履行付款义务,林某向南海区法院申请强制执行。申请执行标的为10,787,280元。南海区人民法院于2015年11月立案执行,案号为(2015)佛南法桂执字第1444号。在执行过程中,南海区人民法院于2018年3月作出(2015)佛南法桂执字第1444号执行裁定,裁定拍卖被执行人陈某持有的中南恒展集团有限公司28%的股权。经佛山大诚房地产土地估价与资产评估有限公司评估,被执行人陈某所持有的中南恒展集团有限公司28%的股权现市值为407,398,299.03元。南海区人民法院于2018年5月作出(2015)佛南法桂执字第1444号通知及网络拍卖事项告知书,告知拟拍卖被执行人陈某持有的中南恒展集团有限公司8.6%的股权。后异议人(利害关系人蔡某1)提出异议,请求对陈某所持有的中南恒展集团有限公司28%的股权进行整体拍卖。

南海区人民法院认为,异议人提出停止对陈某所持有中南恒展集团有限公司分割8.6%的股权进行司法拍卖,请求对陈某所持有中南恒展集团有限公司28%的股权进行整体拍卖的异议是否成立,是本案的争议焦点。

本案申请执行标的为1078.728万元。(2016)粤0605执12181号执行案的申请执行标的为6360万元,此外,该院移送参与分配的(2017)粤06执599号案执行标的本金为2000万元,禅城区人民法院移送参与分配的16件执行案未执行标的额约为3亿元,前述案件的执行标的约为4亿元。评估机构评估陈某持有的中南恒展集团有限公司28%的股份价值为407,398,299.03元。前述执行案件的执行标的金额与陈某持有中南恒展集团有限公司28%的股份评估价值相当。而且,股权在变现的过程中可能存在降价拍卖和流拍的情况,即使是评估的股权价值,也并不等同于股权最后变现的价格。此外,中南恒展集团有限公司为有限责任公司,相较于分散拍卖,股权的整体拍卖有利于实现拍卖价值最大化,以更好地维护债权人利益,也有利于中南恒展集团有限公司经营发展。南海区人民法院遂裁定变更拍卖被执行人陈某持有的中南恒展集团有限公司8.6%的股权为拍卖被执行人陈某持有的中南恒展集团有限公司28%的股权。陈某飞不服该裁定,向佛山市中级人民法院申请复议。

【裁判观点】

佛山市中级人民法院认为,首先,中南恒展集团有限公司是有限责任公司,公司股东为蔡某2、陈某、蔡某1。人民法院对陈某持有的中南恒展集团有限公司的股权进行评估拍卖,如果不进行整体处置,则每一次拍卖都可能需要进行一次评估,且每一次拍卖均可能涉及陈某在该公司的表决权、申请公司解散的权利等,不利于中南恒展集团有限公司的经营运作,也影响其他股东持有的中南恒展集团有限公司股权的价值。因此,异议人蔡某1作为中南恒展集团有限公司的法定代表人及股东,就人民法院对陈某持有中南恒展集团有限公司28%的股权的拍卖问题,有一定利害关系,有权提出执行异议。复议申请人陈某认为其股权可分别拍卖,分别拍卖不影响中南恒展集团有限公司生产经营活动及其他股东合法权益,异议人蔡某1无权提出异议的主张,理据不足,法院不予采纳。

其次,被执行人陈某所涉债务,佛山市中级人民法院、南海区人民法院、禅城区人民法院三家法院已向南海区人民法院申请参与分配的未受偿金额(不含另案抵押财产)已超过4亿元,而南海区人民法院在评估陈某所持有的中南恒展集团有限公司28%股权的价值时,评估价值也仅为407,398,299.03元,即该财产评估值与债务大略相当,完全应当整体拍卖执行。至于其他法院其他案件的轮候查封,因被执行人陈某为公民个人,既可以执行陈某的其他财产,在陈某财产不足时也可以参与分配。因南海区人民法院已对陈某持有的28%的股权全部查封,有权处分该28%的股权,其他法院只是轮候查封,在南海区人民法院处分前并无权执行。因此,执行中,只有可能存在当事人未及时主张权利的情况,而不存在损害轮候查封人或其他债权人利益的问题。复议申请人陈某认为整体拍卖将损害其他轮候查封人或其他债务人利益明显司法不公的主张,理据不足,法院不予采纳。裁定驳回复议请求,维持南海区人民法院(2018)粤0605执异316号执行裁定。

【要点评析】

本案例与《股权执行规定》第13条第2款"依据处置参考价并结合具体情况计算,拍卖被冻结股权所得价款可能明显高于债权额及执行费用的,人民法院应当对相应部分的股权进行拍卖。对相应部分的股权拍卖严重减损被冻结股权价值的,经被执行人书面申请,也可以对超出部分的被冻结股权一并拍卖"相关。已经向执行法院申请参与分配股权变价款和轮候冻结该股权的债权人均属于"已知的执行债权人"。本案例的指导意义在于当整体拍卖执行优于分割拍卖时,应考虑整体拍卖,"一揽子"解决问题,体现了执行效率。

案例3　李某与张某民间借贷纠纷执行案

【裁判要旨】

申请以物抵债是实现债权的一种形式,但应不以损害被执行人及其他利害关系人的合法权益为前提。拍卖标的为有限责任公司的股权,根据执行的金额对拍卖股权进行拆分抵债,既不损害被执行人利益,又能实现以物抵债的执行目的。

【案例索引】

(2019)最高法执监258号

【基本案情】

李某与张某民间借贷纠纷案进入执行后,南阳市中级人民法院(以下简称南阳中院)对张某持有的正茂公司60%的股份进行评估拍卖,流拍后申请执行人李某申请以拍卖流拍价用股份抵债,南阳中院作出(2017)豫

13执83号之六裁定,将张某持有的正茂公司51%的股份作价11,420万元,交付申请执行人李某抵偿债务。张某提出异议。

南阳中院认为,对于异议人提出本案涉案股份评估价值过低,损害了其合法权益以及本案超标的执行的问题,本案中异议人对评估报告提出的异议,评估机构也及时作出了答复。对于评估报告的异议,不属于执行异议审查的范畴。鉴于可能降价拍卖的因素,依据相关法律规定,本案最多可处置张某持有的评估价值约1.6亿元的股份。法院拍卖涉案51%的价值即约1.6亿元的股份并未明显超标的额处置。遂于2018年12月6日作出(2018)豫13执异136号执行裁定,驳回张某的异议请求。张某不服,向河南省高级人民法院申请复议。

河南省高级人民法院认为,本案争议的焦点问题应是该以物抵债行为是否公正合法,是否存在损害当事人利益的问题。本案评估拍卖的标的系该公司51%的股份,有限责任公司的股份具有资合性与人合性的双重属性,金钱债权执行中,根据执行的数额对股份进行拆分,既不减损股份价值,又能实现以物抵债的执行目的。本案在以物抵债过程中,南阳中院以评估拍卖的全部股份整体以物抵债,损害了被执行人的利益,有失公平,应执行与债权数额相应的股份,将剩余股份返还被执行人。河南省高级人民法院作出(2019)豫执复11号执行裁定,撤销上述以股抵债裁定及异议裁定。李某、张某不服,向最高人民法院申诉。

【裁判观点】

关于流拍股权是整体抵债还是分割抵债的问题,最高人民法院认为,关于流拍股权是整体抵债还是分割抵债的问题。申请执行人申请人民法院强制执行的主要目的就是实现对被执行人的债权,申请以物抵债是实现债权的一种形式,但应以不损害被执行人及其他利害关系人的合法权益为前提。本案中,重新拍卖涉案股份时,将悔拍保证金1142万元冲抵本案债务后,剩余债权额约9000万元,将涉案51%的股权作为整体抵债,债权额与流拍价的差额部分约2000万元,差额较大,返还被执行人金钱,强制被执行人出让股权违背公平保护债权人和债务人合法权益的原则。拍卖标的为有限责任公司的股权,根据执行的金额对拍卖股权进行拆分抵债,既不损害被执行人利益,又能实现以物抵债的执行目的。故河南省高级人民法院对案涉股权拆分抵债,将多余股权返还被执行人,撤销异议裁定及以物抵债裁定,并无不当。

【要点评析】

本案例与《股权执行规定》第 13 条第 2 款“依据处置参考价并结合具体情况计算,拍卖被冻结股权所得价款可能明显高于债权额及执行费用的,人民法院应当对相应部分的股权进行拍卖。对相应部分的股权拍卖严重减损被冻结股权价值的,经被执行人书面申请,也可以对超出部分的被冻结股权一并拍卖”相关。根据执行的金额对拍卖股权进行拆分抵债,既不损害被执行人利益,又能实现以物抵债的执行目的。本案例的指导意义在于严格落实了《执行权监督意见》第 15 条中“强制执行被执行人的财产,以其价值足以清偿生效法律文书确定的债权额为限,坚决杜绝明显超标的查封”的规定,体现了依法规范执行和善意文明执行。

第十章　瑕疵出资股权与限制转让股权的拍卖

法律依据

《股权执行规定》第14条　被执行人、利害关系人以具有下列情形之一为由请求不得强制拍卖股权的，人民法院不予支持：

（一）被执行人未依法履行或者未依法全面履行出资义务；

（二）被执行人认缴的出资未届履行期限；

（三）法律、行政法规、部门规章等对该股权自行转让有限制；

（四）公司章程、股东协议等对该股权自行转让有限制。

人民法院对具有前款第一、二项情形的股权进行拍卖时，应当在拍卖公告中载明被执行人认缴出资额、实缴出资额、出资期限等信息。股权处置后，相关主体依照有关规定履行出资义务。

制度研究

本条规定了四种特殊情形的股权拍卖，可归结为两类：一类是出资瑕疵和未届出资期限的股权，另一类是限制自行转让的股权。

对于第一类股权能否处理，以往的司法解释并没有具体规定，本条吸收了执行实务中的做法，明确拍卖公告应当载明被执行人的认缴出资额、实缴出资额、出资期限等信息，让潜在的竞买人知悉上述信息，并且在参与竞拍时即视为了解并接受受让股权后的出资补足义务。股权处置后，被执行人和买受人分别作为被拍卖股权的原股东和继受股东，如何承担出资义务的履行责任，需要依照实体法来确定。公司、其他股东和债权人等主体也可以根据相关法律和司法解释规定主张权利和进行救济，因此，“相关主体依照有关规定履行出资义务”的表述更具原则性。

对于第二类股权，主要是关于法律、行政法规、部门规章和公司章程、股东协议等对股权自行转让进行限制的情形。股份有限公司的发起人、董事、监事、高级管理人员持有股份，依照《公司法》第141条的规定，应当在一定期限或者比例内限制转让，根据《最高人民法院执行办公室关于执行股份有限公司发起人股份问题的复函》(〔2000〕执他字第1号)，《公司法》第147条[①]中关于发起人股份在3年内不得转让的规定，是对公司创办者自主转让其股权的限制，其目的是防止发起人借设立公司投机牟利，损害其他股东的利益。人民法院强制执行不存在这一问题。被执行人持有发起人股份的有关公司和部门应当协助人民法院办理转让股份的变更登记手续。为保护债权人的利益，该股份转让的时间应从人民法院向有关单位送达转让股份的裁定书和协助执行通知书之日起算。该股份受让人应当继受发起人的地位，承担发起人的责任。本条的规定再次明确了该复函中的观点，法律、行政法规、部门规章以及公司章程、股东协议等对股权自行转让有限制的，被执行人不能对抗法院的强制执行。

理解与适用

一、对出资不实股权的执行

出资是公司股东的基本义务。尽管我国《公司法》在2013年修改后，取消了公司注册资本最低限额的要求，并将注册资本由实缴制变更为认缴制，从而赋予股东更多的自主权，但它实质上并没有否定公司资本制，以及由此而产生的股东出资义务。《公司法》仍然坚持法定资本制度，即公司成立时，在公司登记机关登记注册的资本必须全部发行完毕，而且被全部股东认购完毕，只是在股东缴纳出资的时间上不再做强制要求。[②] 公司注册资本制度由有限认缴制变更为完全认缴制，也并未实质性改变股东的出资范围及相关义务，股东

① 现《公司法》第141条规定发起人所持股份1年内不得转让。

② 参见王保树主编：《商法》(第2版)，北京大学出版社2014年版，第113页。

所承担出资义务范围,依然是公司全部注册资本总额。[①] 因此,股东仍需受公司章程或股东协议约定的出资条件的约束,并需要在规定的时间内以约定的方式完成出资,履行足额出资义务。所谓出资不实股权,是指股东出资不到位的股权。出资不到位是指股东违反了《公司法》、公司章程以及股东协议等所规定的出资义务或者未届出资期限。

（一）出资不实股权的分类

依据《公司法解释(三)》,出资不实包括未履行出资义务、未全面履行出资义务与抽逃出资。

1. 未履行出资义务。未履行出资义务是指股东在认缴出资并取得股东资格后,未按照协议约定或公司章程的有关规定缴纳相应的出资以取得股权。

2. 未全面履行出资义务。未全面履行出资义务即未足额缴纳出资,是指股东在认缴出资后,虽进行了出资,但因各种原因未足额缴纳出资的行为,强调股东在出资标的、出资数额、出资时间等方面不符合法律强制性规定或者公司章程的约定。

未全面履行出资义务分为:(1)未足额出资。未足额出资是指股东客观上存在出资行为,但是并未完全按照约定的认缴出资额足额缴纳。实质上未足额出资是股东的出资数额或者实物与实际认缴的数额不一致,导致出资瑕疵。(2)迟延出资。迟延出资是指负有出资义务的股东未在约定的履行出资期限内办理出资财产权属转移的相关手续,致使财产转移给付延迟的行为。(3)标的出资的瑕疵。标的出资的瑕疵是指非货币出资财产不符合法定或者约定的质量要求,不具备应有的功能或者效用;以法律所禁止的劳务、信用等禁止出资的财产出资;股东以不享有处分权的财产或者非法取得的财产出资。

3. 抽逃出资。抽逃出资是指公司成立后,股东采取暗中转移或抽回的方式取回已实际缴纳出资额的行为。抽逃出资是股东未经法定程序取回已经交付公司的财产,实质上还是股东未履行出资义务,应当将其视为瑕疵出资的表现形式之一。虽然有学者认为采用抽逃的方式实际上不是取回股东的出资,而是构成了对公司财产的侵占,股东抽逃出资不再是股东瑕疵出资的类型,甚

---

① 参见赵旭东主编:《公司法学》(第4版),高等教育出版社2015年版,第196页。

至其作为一个法律概念将退出历史的舞台，由“侵占公司财产”取而代之，[①]但股东抽逃出资的，公司或者其他股东可请求其返还出资本息，公司债权人可请求其在抽逃出资本息范围内对公司债务不能清偿的部分承担补充赔偿责任，此种责任与股东未履行或者未全面履行出资义务承担的责任类似。

《股权执行规定》第 14 条第 1 款列举的第一种情形，仅列明了“未依法履行或者未依法全面履行出资义务”的情形，虽然没有明确规定抽逃出资的情形，但抽逃出资的股权亦涵摄在内。

（二）瑕疵出资股权的可执行性

股东对公司的出资虽然存在瑕疵，但仍然享有其出资部分的股东权利，应该具有支配和处分该部分股权的权利。我国现行《公司法》取消了公司注册资本最低限额要求，并实行公司资本认缴制，也就是说，公司出资额被全部认缴之后，便可以依法设立公司。发起人或者认股人只要认缴股份或出资额即可相应地获得股东资格，成为公司股东。所谓认缴出资，即承诺出资，是指发起人或认股人与设立中公司或者已成立公司就其出资内容达成的合意。而实际缴纳出资则是认缴出资后的履行行为，是取得股东资格后所产生的义务。认缴出资人违反出资义务，构成瑕疵出资行为的，相应股东应承担法律责任，包括但不限于承担对其他出资股东的违约责任、损害赔偿责任、后续的资本补足责任等，但其股东资格不能据此被直接否定，只有在公司作出对该瑕疵出资者除名的决定时，其股东资格才被剥夺。承认瑕疵出资人的股东身份是追究其出资违约责任的前提；相反，如果不承认其股东资格，还要求其承担出资违约责任，则显然存在逻辑上的悖论。[②] 因此，瑕疵出资并不会影响股东资格的取得，瑕疵出资人仍然可以享有股权。当瑕疵出资人是被执行人时，人民法院可否强制执行其持有的股权，可以从以下两个方面进行分析：一是可能性，即瑕疵出资股权能否转让；二是必要性，即瑕疵出资股权是否具有执行价值。

1. 瑕疵出资股权转让的问题。相较于普通的股权而言，瑕疵出资股权由于没有履行出资义务，具有两个明显特征：首先，股权所具有的权能存在缺失。

---

① 樊云慧：《从“抽逃出资”到“侵占公司财产”：一个概念的厘清——以公司注册资本登记制度改革为切入点》，载《法商研究》2014 年第 1 期。

② 参见李建伟：《公司法学》（第 3 版），中国人民大学出版社 2014 年版，第 216 页。

虽然瑕疵出资人可以取得股东资格，但因其出资义务的履行存在瑕疵，如果允许其享有如同全面履行出资义务相同的权利，显然对其他已经足额认缴的股东不公。因此，法律对此类股东权利的行使加以限制，《公司法解释(三)》第16条明确规定，公司有权利根据章程或者股东会决议，对瑕疵出资股东的股权权利进行合理限制，包括利润分配请求权、新股优先认购权、剩余财产分配请求权等。这里所谓的"合理限制"，是指以实缴出资比例作为瑕疵出资股东行使权利的基准，而非认缴的出资比例。其次，瑕疵出资股权所具有的缺陷可以得到补正。《公司法解释(三)》为瑕疵出资股权的补正提供了依据①。股权瑕疵出资的情形既有可能发生在股东履行出资义务之前，也有可能发生在股东履行出资义务的过程中。瑕疵出资股权可以通过补缴的方式恢复正常。当然，基于瑕疵出资所引发的法律责任则应当依照法律的规定承担。

瑕疵出资股权与完全出资股权的区别应当体现在权利内容方面，但在可转让性方面则不应存在差异。对于瑕疵出资股东而言，其因瑕疵出资而产生的法律责任并不会因其股权转让或者股东资格的丧失而消灭。股权受让人还可能与转让股东一起对瑕疵出资行为承担连带责任，对于公司、其他股东乃至公司债权人都是有利无害的，所以没有必要禁止该类股权的转让。

2. 瑕疵出资股权的价值。虽然公司的资本额在一定程度上反映了股权的价值，但瑕疵出资的股权仍然具有价值。首先，股权是一项综合性权利，即使未实际缴纳出资的股权，也具有财产价值。瑕疵出资股权的价值体现在其享有的剩余财产分配请求权、股利分配请求权等财产性权利上，只是在出资未缴足前，这些权利将会受到一定的限制。其次，瑕疵出资股权的价值还体现在股东所拥有的非财产性权利上，如选择管理者的权利、表决权等。最后，由于股东在公司的持股比例决定了其是否掌握公司的管理权，在公司经营良好的情况下，瑕疵出资股权也具有很大的流通性，第三方往往也愿意受让该股权，以取得公司股东资格。瑕疵出资股权既然具有财产价值，也可以转让，当然可以被强制执行。

另外，瑕疵出资股权被强制执行后，相关主体还承担履行出资义务的责任，资本补足责任完成后有利于尽早充实公司资本，实现公司经营正常化。买

① 参见李凡：《瑕疵出资股权转让法律问题探究》，载《法制与社会》2016年第12期。

受人受让瑕疵出资股权是承受了一定风险的,因此人民法院在强制执行时,应当在拍卖前公告该股权存在的瑕疵,以便让竞买人自主决定是否愿意承担该风险。

(三)瑕疵出资股权处置后的补缴出资责任

人民法院在强制执行股东在公司持有的股权后,执行程序并不直接规制瑕疵出资股权处置后的补缴出资责任问题,股权处置后,相关主体依照有关规定履行出资义务。

瑕疵出资股权被强制执行后,第三方取得了股权,瑕疵股权的补缴出资责任应由谁承担的问题,可以参照瑕疵出资股权在商事主体之间转让后相关主体责任承担的规定来处理。瑕疵出资股东对公司的责任主要包括差额补缴责任和损害赔偿责任。差额补缴责任是瑕疵出资股东对公司承担责任的形式。《公司法》第28条第2款、第30条、第83条、第93条和《公司法解释(三)》第11条、第13条、第14条等作出了明确的规定。包括货币出资不足的缴纳与交付,以及实物估价不实的价额填补。瑕疵出资股东的差额补缴责任与股权取得时间无关,只要股权存在出资瑕疵就应当对此负担补缴义务。

瑕疵出资股权转让后,对公司资本充足的责任承担主体存在不同的观点,如出让股东完全责任说、受让股东完全责任说、出让股东与受让股东连带责任说等。结合《公司法解释(三)》第18条的规定,受让人在股权转让时如对股权具有瑕疵是知晓的,则需承担相应的连带出资补缴责任。受让人善意与否作为承担连带责任的前提,又赋予了受让人追偿权,而受让人是否追偿则基于约定优于法定的原则,这样既最大限度地保护了公司和债权人的利益,又能在尊重当事人意思自治的基础上保护受让人的追偿权。因股权拍卖时有在拍卖公告中载明被执行人认缴出资额、实缴出资额、出资期限等信息的规定,经由强制执行受让股权的第三人属于明知股权拍卖信息的具体披露情况,受让人应承担连带补缴责任。

需要指出的是,股东瑕疵出资必然会引发公司资本出现不充实的问题,股权转让双方当事人与公司、其他股东,以及公司债权人等主体之间又产生了新的法律关系。在公司作为被执行人的案件中,还存在追加转让股东、继受股东为被执行人的问题,这些问题都需要结合其他的实体法律和司法解释处理,依照法定程序保障各方主体的合法权益。

二、出资未届期股权的执行

股东对公司的出资义务，源于《公司法》的强制性规定和公司章程的自治性约定。认缴制的实施意味着只要股东之间达成一致就可以约定向公司注资的总额、出资时间等，公司只能支配股东已经实缴的资本，对于已认缴但还未实缴的出资，股东根据公司章程的记载享有期限利益，可以拒绝提前缴纳出资。认缴制赋予了认缴出资的股东一定的期限利益，同时使既有出资责任的落实出现了空缺。

出资未届期的股权并非出资瑕疵，既没有逾期未缴付，也不存在抽逃出资或出资数额不足的情形。《公司法》所称的“未履行或者未全面履行”并不适用于认缴期限未届满的情形。在认缴期限内即便尚未履行出资义务，但在公司章程没有特殊规定的前提下，只要在期限届满前完成出资，就符合按期足额缴纳的要求，属于合法有效的履行出资义务。如果公司章程有期限规定，如分若干期缴纳出资，那么股东不迟于每一期的时间点完成相应的出资即可。《公司法》之所以对瑕疵出资股东规定严格的补充赔偿责任，是因为其在股权转让前即已发生违法事由，有利用公司人格逃避出资义务之嫌，股权转让不得阻却其承担相应的违法责任。认缴期限届满前的未实缴出资与瑕疵出资在合法性上存在本质的区别，除非股东存在其他违法事由逃避出资义务，否则应当保障法律赋予股东的此项期限利益。

“未履行或者未全面履行出资义务”的股权，能够被强制执行，认缴制的公司股东只需要承诺出资而并不需要实际出资，就可以取得股东资格，股东认而未缴的情况因为出资尚未到期而属于合法的情形，举重以明轻，实缴出资不是处置此类股权的先决条件，人民法院可以强制执行。人民法院在执行过程中，应当在拍卖公告中载明相关认缴出资额、实缴出资额、出资期限等信息，以明示竞买人参与竞买的风险以及竞买成交后承担出资义务的责任。

人民法院在强制拍卖出资未届期股权后，由买受人即受让股东承担约定的出资义务，出资义务并非公司发起人的专有义务。《公司法》第 3 条确立了股东有限责任的原则，其中享有股东权利并且承担股东义务的身份为“股东”

而非“发起人”。股权转让除了权属变更，还包括受让人股东身份的取得，[①]股权转让后股东身份发生了变化，受让人既然已承继股东身份，且已明知认缴出资额、实缴出资额、认缴期限等信息，那么就应当承担出资义务。其他法律规定也仅对股份有限公司发起人出于股份有限公司的公众性在程序上进行特殊限制，发起人虚假出资和抽逃出资的行为因违法而应承担责任。股东法定出资义务存在的前提是股东资格，取得股东资格的股东自然要履行出资义务，股东资格的转让也伴随出资义务的转移。因此所谓的出资法定义务只是不能免除，并非不能转移。

实务中争议的问题是，未届期股权被强制拍卖后，被执行人即原股东应否继续承担出资责任。《公司法解释(三)》第 18 条对有限责任公司股东未履行出资义务即转让股权后的出资责任归属问题做了明确的规定，依据该条规定，有限责任公司的股东未履行或者未全面履行出资义务即转让股权，受让人对此知道或者应当知道，公司请求该股东履行出资义务、受让人对此承担连带责任的，人民法院应予支持；公司债权人向该股东提起诉讼，同时请求前述受让人对此承担连带责任的，人民法院应予支持。但是该条规定并未涉及公司认缴资本制下的股东出资期限利益问题。且《公司法解释(三)》旨在明确瑕疵股权的法律适用问题，而瑕疵股权是在履行出资义务方面存在违法或者违约行为，这不同于认缴资本制下股东依法享有的出资期限利益。无论是《公司法》第 28 条第 2 款还是《公司法解释(三)》第 13 条第 2 款，均明确将“未履行或者未全面履行出资义务”规定为违约行为，其立法宗旨是惩罚违法或违约行为。这些规则均是在出资期限届满的语境下展开的，对出资未届期股东，不能任意要其承担提前出资的责任，剥夺其合法的期限利益。而且，被执行人持有的出资未届期股权因人民法院的强制拍卖而处置，并非被执行人即原股东自行转让行为，被执行人主观上没有恶意转让股权侵害债权人、公司、其他股东等主体的故意。

三、限制转让股权的执行

股东依照法律法规和公司章程的规定，将其股东权益转让给其他股东或

① 参见胡晓静：《股权转让中的股东资格确认——基于股权权属与股东资格的区分》，载《当代法学》2016 年第 2 期。

者其他股东以外的第三人,是一种具有处分性质的民事法律行为,股东在不损害社会和他人利益的前提下有权自由处分其股权。然而,考虑到维护公司的人合性和兼顾效率等多种因素,法律、公司章程或者股东协议仍然可以对股东自行转让股权设置了一定的限制。

(一)限制转让股权的分类

按照限制转让的效力来源来划分,股权转让限制可以分为两种情形:第一种情形为法定限制;第二种情形为约定限制,包括公司章程规定的限制和股东协议等以合同为依据所作出的限制。

1. 法定限制。所谓法定限制,主要指的是立法对股东自行转让股权明确作出的条件限制。主要包括以下几种情形:第一种是封闭性限制。《公司法》第71条规定:“有限责任公司的股东之间可以相互转让其全部或者部分股权。股东向股东以外的人转让股权,应当经其他股东过半数同意。股东应就其股权转让事项书面通知其他股东征求同意,其他股东自接到书面通知之日起满三十日未答复的,视为同意转让。其他股东半数以上不同意转让的,不同意的股东应当购买该转让的股权;不购买的,视为同意转让。经股东同意转让的股权,在同等条件下,其他股东有优先购买权。两个以上股东主张行使优先购买权的,协商确定各自的购买比例;协商不成的,按照转让时各自的出资比例行使优先购买权……”第二种是对发起人持股时间的限制。发起人持有的本公司股份,自公司成立之日起一年内不得转让。第三种是对董事、监事、高级管理人员三类特殊任职主体转股的限制。公司董事、监事、高级管理人员应当向公司申报所持有的本公司的股份及其变动情况,在任职期间每年转让的股份不得超过其所持有本公司股份总数的25%;所持本公司股份自公司股票上市交易之日起一年内不得转让。上述人员离职后半年内,不得转让其所持有的本公司股份。

2. 约定限制。所谓约定限制,是指股东之间达成意思表示一致,通过章程或合同对股权转让在法定限制的基础上作出约定,从而最大限度地维护公司人合性。

公司章程可以对股权转让的条件作出规定,限制股权转让。对于有限责任公司,《公司法》第71条第4款规定:“公司章程对股权转让另有规定的,从其规定。”对于股份有限公司,第141条第2款规定,公司章程可以对公司董事、监事、高级管理人员转让其所持有的本公司股份作出其他限制性规定。赋予了公司章程对股权转让另行规定的权利。

以股权协议为依据限制股权转让，主要是指通过合同约定对股权转让行为进行限制。由于该限制形成于股东意思自治，所以其结果应受到民事法律行为相关规范的调整，股东必须按照股东协议的规定履行自己的义务。

（二）法定限制转让股权的执行

对于有限责任公司股东对外转让股权的限制，人民法院在强制执行中对其他股东的“通知”和“优先购买权”的保护，法律和司法解释已经有了比较详细的规定。《公司法》第72条规定：“人民法院依照法律规定的强制执行程序转让股东的股权时，应当通知公司及全体股东，其他股东在同等条件下有优先购买权。其他股东自人民法院通知之日起满二十日不行使优先购买权的，视为放弃优先购买权。”《股权执行规定》第13条第1款规定：“人民法院拍卖被执行人的股权，应当采取网络司法拍卖方式。”《网络拍卖规定》第16条规定：“网络司法拍卖的事项应当在拍卖公告发布三日前以书面或者其他能够确认收悉的合理方式，通知当事人、已知优先购买权人。权利人书面明确放弃权利的，可以不通知。无法通知的，应当在网络司法拍卖平台公示并说明无法通知的理由，公示满五日视为已经通知。优先购买权人经通知未参与竞买的，视为放弃优先购买权。”第19条规定：“优先购买权人经人民法院确认后，取得优先竞买资格以及优先竞买代码、参拍密码，并以优先竞买代码参与竞买；未经确认的，不得以优先购买权人身份参与竞买。顺序不同的优先购买权人申请参与竞买的，人民法院应当确认其顺序，赋予不同顺序的优先竞买代码。”第21条规定：“优先购买权人参与竞买的，可以与其他竞买人以相同的价格出价，没有更高出价的，拍卖财产由优先购买权人竞得。顺序不同的优先购买权人以相同价格出价的，拍卖财产由顺序在先的优先购买权人竞得。顺序相同的优先购买权人以相同价格出价的，拍卖财产由出价在先的优先购买权人竞得。”

对于发起人股份限制转让的问题，《最高人民法院执行工作办公室关于执行股份有限公司发起人股份问题的复函》（〔2000〕执他字第1号）已经作出了明确解答，即《公司法》关于发起人股份在3年内不得转让的规定，是对公司创办者自主转让其股权的限制，其目的是防止发起人借设立公司投机牟利，损害其他股东的利益;人民法院强制执行不存在这一问题;该股份受让人应当继受发起人的地位,承担发起人的责任。虽然现行《公司法》将发起人股份不得转让的期间从 3 年修改为 1 年,该复函内容亦应相应调整,但本复函的精神不变,人民法院强制执行仍不受此限制。对于董事、监事、高级管理人员持有股份的转让限制,应当理解为适用于当事人自行协议转让行为,而不是同样规范法院的执行行为。《公司法》规定该项限制的目的是防止特殊主体借设立公司投机牟取不正当利益,损害其他股东合法权益及社会公共利益;人民法院拍卖该类型股份则是为了债权人利益而实施的强制执行行为,不存在投机牟利的动机,但人民法院在拍卖公告中应当明示该股权受限制的相关信息,以使竞买人知悉相关情况。

(三)约定限制转让股权的执行

1. 股权约定限制转让的现实性基础

公司章程中关于限制股权转让的条款当然对公司和股东具有拘束力,通过公司章程限制股权转让是对公司利害关系人利益保护的体现,亦是保护股东期待利益的要求。允许公司章程对股权转让作出适当限制已成为多数国家的普遍做法,我国公司法也有体现,[①]且通过公司章程等约定的方式对有限责任公司股东转让股权予以适当的限制存在现实性基础。但公司章程对股权转让的限制不适用于强制执行程序。

2. 约定限制转让股权的可执行性

公司对股权转让限制主要是为了将股权保留在特定群体内部,并非出于限制股东权利的目的。公司自治并非完全的自由,而是在法律框架下的一种自律机制。公司章程或股东协议对股权转让限制的规定不能无限制地适用于所有股权转让的场合,且公司章程、股东协议对于股权转让的限制不能达到实质禁止的程度。

股权强制执行的效果并不必然影响有限责任公司的人合性。有限责任公司股东的股权可以在内部和外部进行转让,虽然对外转让股权有一定限制,但是并非绝对禁止,当然可以强制执行。如果规范执行措施,充分保障原有股东的权利,按照法律和司法解释规定在拍卖前提前发出通知,在拍卖期间充分保

① 参见江必新主编:《强制执行法理论与实务》,中国法制出版社 2014 年版,第 676 页。

障其优先购买权等,至于是否行使优先购买权、允许新的股东加入公司,完全由原有股东自主把握,并非法院强加,这种可控的结果未必会影响公司的人合性。有限责任公司具有人合性,并不意味着可以直接排除国家的合法干预。公司具有一定程度的自治,但这种自治也是在法律、法规框架内进行的;同时,这种自治不应以牺牲他人的合法权益为代价,否则,国家公权力必然会进行干预,以维护当事人之间利益的平衡和社会公平。因此,为了维护有限责任公司的人合性,《公司法》第72条规定了优先购买权等制度,但同时规定如果其他股东在限定时间内不行使优先购买权的,视为放弃。因为申请执行人的利益同样需要保护。

我国民商事实体法中,一般只规范民商事活动中的自主交易行为,罕有考虑民事强制执行程序和财产权属变动的情况,公司法中对股权、股份转让的限制,应当理解为适用于当事人自主协议转让的行为,而不是规范人民法院的执行行为,既然公司法的强制性规定都不能构成对股权强制执行的限制,更何况作为公司自治规约的章程。[①]

操作指引

(一)出资瑕疵股权的价值判定

出资瑕疵的股权,实务中是不能按照实际出资额折算股权,然后予以强制执行。我国《公司法》确立了资本确定、资本维持和资本不变的资本三原则,股东认缴出资并进行登记后,非经法定的增资或减资程序不得随意变更,尤其不得擅自减少注册资本。如果在执行中允许按瑕疵股权的实际出资额折算股权价值,实际上是变相降低了公司的注册资本,这不符合《公司法》的基本原则,也损害了其他股东和公司债权人的利益。

瑕疵股权不可折算执行,如何对瑕疵股权的价值进行评估?股权价值的评估方法主要有资产基础法、相对价值法和收益折现法。在运用这些方法评估时,股权出资瑕疵并不会对价值判断产生实质性的影响。一是在会计分录中,瑕疵出资是通过其他应收款这个科目来对应实收资本科目,而其他应收款

---

① 参见江必新主编:《强制执行法理论与实务》,中国法制出版社2014年版,第677页。

属于资产类科目，不会影响公司整体净资产；二是从市场综合价值评估的角度看，股权的价值并不仅仅取决于其出资额即股本原值，公司的经营管理情况、盈利模式和空间等也是股权市场交易价格的重要评价因素，所以出资瑕疵与股权价值并不存在必然关联。

（二）能否追加已被拍卖的瑕疵股权的原股东为被执行人

《变更追加规定》第 19 条规定，“作为被执行人的公司，财产不足以清偿生效法律文书确定的债务，其股东未依法履行出资义务即转让股权，申请执行人申请变更、追加该原股东或依公司法规定对该出资承担连带责任的发起人为被执行人，在未依法出资的范围内承担责任的，人民法院应予支持”。若未履行或未全面履行出资的股权被强制司法拍卖变卖或以物抵债后，被执行人的债权人能否追加该股东为被执行人？

《变更追加规定》第 19 条关于可以追加未履行或未全面履行出资义务即转让股权的股东为被执行人，依据的是《公司法解释（三）》第 18 条，该条对瑕疵股权转让后的出资主体作出了规定，公司债权人可起诉要求原股东履行出资义务，受让股东知道或者应当知道原股东未履行或未全面履行出资义务的，承担连带责任。也就是说，瑕疵股权转让后，出资义务主体仍是原股东，受让股东在特定情况下才承担补充连带责任。[①]《公司法解释（三）》第 18 条之所以如此规定，源于公司法理论上对股东出资义务的认识。股东关于出资的约定本质上是股东与公司之间的契约，出资期限届满，转让方股东已实际发生的出资义务处于违约状态，该出资义务不因股权转让而转移，依旧由转让方承担。因此，无论是公司债权人诉请转让方股东承担出资补足责任，还是公司债权人依据《变更追加规定》第 19 条申请追加转让方股东为被执行人，均源于转让方股东的出资义务并未随股权转让而转移，并不考虑股权转让方是否存在逃避债务的故意。

《股权执行规定》第 14 条规定，人民法院可以拍卖被执行人瑕疵股权。我们认为，除股权对价的确定方式不同外，股权被司法拍卖强制转让与股东自

---

① 《变更追加规定》第 19 条并未将受让股东列入可追加的范围，是因为追加继受股东需审查该股东受让股权时是否“知道或者应当知道”未缴纳或未足额缴纳出资情况，这类问题非常复杂，不宜过于扩大执行权而通过执行程序审查认定，应在诉讼程序中予以审查认定。因此，《变更追加规定》并未规定追加继受股东问题，执行程序不能代替诉讼程序予以审查。

行转让并无本质不同。原股东的出资义务并未随司法拍卖或股权转让发生转移。《股权执行规定》第14条要求人民法院应在拍卖公告中载明被执行人认缴出资额、实缴出资额、出资期限等信息。股权处置后,相关主体依照有关规定履行出资义务。该条施行后产生的影响并不在转让股东一方,而在受让股东一方。司法拍卖程序中的受让股东“知道或者应当知道”转让股东未履行或未全面履行出资义务,此时能否依据《公司法解释(三)》第18条突破《变更追加规定》第19条追加受让股东为被执行人,仍值得探讨。

审判前沿

案例1　河南省郑州市中级人民法院司法拍卖河南省国有资产控股运营集团有限公司尚未完成实缴出资且未届出资期限的河南省国控租赁建房有限公司35%的股权

河南省郑州市中级人民法院分别于2022年3月8日、4月14日在淘宝网司法拍卖网络平台上发布拍卖公告,拍品为河南省国控租赁住房建设有限公司35%的股权(出资额17,500万元),均以流拍告终。后于2022年5月11日再次在淘宝网司法拍卖网络平台上发布司法变卖公告。

经查询国家企业信用信息公示系统,河南省国控租赁住房建设有限公司注册资金50,000万元,实缴出资1000万元。该企业2021年年度报告显示,唯一股东河南省国有资产控股运营集团有限公司认缴出资50,000万元,认缴出资期限为2046年12月31日,实缴出资1000万元,实缴出资日期为2018年6月1日。启动司法变卖时,河南省国有资产控股运营集团有限公司持有的河南省国控租赁建房有限公司35%的股权尚未完成全部实缴出资,且未届出资期限。

由此可知,股权未完成实缴出资且未届出资期限的,并不影响法院对其进行拍卖变卖。

案例 2 济南市历下区人民法院拍卖山东二五六互联网科技有限公司未完成实缴出资且已届出资期限的山东国晟小额贷款有限责任公司20%的股权

济南市历下区人民法院于2021年10月19日在京东网络司法拍卖平台上发布拍卖公告,拍卖标的为山东二五六互联网科技有限公司持有的山东国晟小额贷款有限责任公司20%的股权。并在竞买须知中特别提示,山东二五六互联网科技有限公司尚未进行任何实际出资,实际出资金额为0元人民币。若竞买成功者需出资并履行相应的责任义务,根据山东国晟小额贷款有限责任公司章程确认出资时间。

《资产评估报告书》(青海德评鉴字〔2021〕第021号)显示,截至评估基准日2021年8月31日,山东二五六互联网科技有限公司认缴出资额20,000万元,实缴出资额0元,认缴持股比例20%。山东国晟小额贷款有限责任公司向济南市历下区人民法院出具的回复函中载明:“根据山东国晟小额贷款有限责任公司章程第十二条的约定:股东山东二五六互联网科技有限公司应于2020年12月24日进行货币出资,出资金额为20,000万元人民币,但截至2021年9月6日,山东二五六互联网科技有限公司尚未进行任何实际出资,实际出资金额为0元人民币。无论股权如何处置,请贵院首先考虑山东二五六互联网科技有限公司未实际出资的实际情况,并请贵院确保山东二五六互联网科技有限公司及拍得人负有向我司缴足注册资本金的义务。”

根据《股权执行规定》第14条第2款的规定,人民法院对具有被执行人未依法履行或者未依法全面履行出资义务情形的股权进行拍卖时,应当在拍卖公告中载明被执行人认缴出资额、实缴出资额、出资期限等信息。股权处置后,相关主体依照有关规定履行出资义务。济南市历下区人民法院通过在竞买须知中进行特别提示以及公布股权所在公司章程关于出资期限约定的方式,履行了前述法定义务。

第十一章　股权执行与股东优先购买权的行使

法律依据

《公司法》第71条　有限责任公司的股东之间可以相互转让其全部或者部分股权。

股东向股东以外的人转让股权，应当经其他股东过半数同意。股东应就其股权转让事项书面通知其他股东征求同意，其他股东自接到书面通知之日起满三十日未答复的，视为同意转让。其他股东半数以上不同意转让的，不同意的股东应当购买该转让的股权；不购买的，视为同意转让。

经股东同意转让的股权，在同等条件下，其他股东有优先购买权。两个以上股东主张行使优先购买权的，协商确定各自的购买比例；协商不成的，按照转让时各自的出资比例行使优先购买权。

公司章程对股权转让另有规定的，从其规定。

《公司法》第72条　人民法院依照法律规定的强制执行程序转让股东的股权时，应当通知公司及全体股东，其他股东在同等条件下有优先购买权。其他股东自人民法院通知之日起满二十日不行使优先购买权的，视为放弃优先购买权。

《公司法解释（四）》第21条　有限责任公司的股东向股东以外的人转让股权，未就其股权转让事项征求其他股东意见，或者以欺诈、恶意串通等手段，损害其他股东优先购买权，其他股东主张按照同等条件购买该转让股权的，人民法院应当予以支持，但其他股东自知道或者应当知道行使优先购买权的同等条件之日起三十日内没有主张，或者自股权变更登记之日起超过一年的除外。

前款规定的其他股东仅提出确认股权转让合同及股权变动效力等请求，

未同时主张按照同等条件购买转让股权的，人民法院不予支持，但其他股东非因自身原因导致无法行使优先购买权，请求损害赔偿的除外。

股东以外的股权受让人，因股东行使优先购买权而不能实现合同目的的，可以依法请求转让股东承担相应民事责任。

《公司法解释（四）》第22条　通过拍卖向股东以外的人转让有限责任公司股权的，适用公司法第七十一条第二款、第三款或者第七十二条规定的"书面通知""通知""同等条件"时，根据相关法律、司法解释确定。

在依法设立的产权交易场所转让有限责任公司国有股权的，适用公司法第七十一条第二款、第三款或者第七十二条规定的"书面通知""通知""同等条件"时，可以参照产权交易场所的交易规则。

制度研究

股东优先购买权是一种为保障有限责任公司的人合性而赋予股东的权利，不仅成为股权转让纠纷频发的原因之一，也成为司法审判实务中困扰法官的疑难问题。[①]《股权执行规定》虽无有关优先购买权的条款，但不意味着执行股权不需要保护股东优先购买权。相反，应按照法定程序给予股东优先购买权充分的保护，否则可能因程序违法而影响股权拍卖的法律效力。在全面分析强制执行中的股东优先购买权保护之前，须先了解自行转让股权时的股东优先购买权制度，掌握两种不同转让模式下对股东优先购买权的制度设计。

一、优先购买权概述

优先购买权，是指依法定或约定，在出卖人出卖特定标的物时，优先购买权人得在同等条件下优先于第三人购买该标的物的权利。[②] 优先购买权在法国、德国、瑞士的民法中称先买权，我国台湾地区有关法律则称优先承买权、优先承受权等。[③]

---

① 参见胡晓静：《论股东优先购买权的效力》，载《环球法律评论》2015年第4期。

② 参见史浩明、张鹏：《优先购买权制度的法律技术分析》，载《法学》2008年第9期。

③ 参见戴孟勇：《先买权的若干理论问题》，载《清华大学学报（哲学社会科学版）》2001年第1期。

（一）优先购买权的性质

股权强制执行中对于其他股东的优先购买权的保障问题归根究底是以国家强制力为保障的强制执行程序与现代契约精神为基础的有限责任公司人合性架构“交会”时的价值衡量问题。其中，人合性是股权强制执行中优先购买权的行使基石。[①]

关于优先购买权的性质，向来存在理论分歧，学者大多数以某一类型的优先购买权为样本，继而试图推断出所有不同类型优先购买权的共同法律性质[②]，近年来，学者更多根据不同类型的优先购买权来确定其相应的法律性质，但总体而言学者的认识仍欠统一。概括起来，主要有形成权说（附条件形成权说）、期待权说、请求权说以及其他学说。形成权说是德国和我国台湾地区通说，认为优先购买权是一种形成权，优先购买权人可以通过单方意思表示在自己与形成权的相对人之间成立买卖合同。传统民法理论曾坚持绝对形成权说，认为形成权的行使不得附条件或附期限。由于绝对形成权说过于僵化，而且优先购买权的行使需以出卖人转让财产为前提，附条件形成权说逐渐被更多学者采纳。附条件形成权说认为，优先购买权是形成权，但该项形成权附有停止条件，即只有在义务人将财产出卖给第三人时，优先权人才得行使其优先购买权。[③] 义务人不再将其财产出让给外部第三人，则优先购买权将丧失其行使基础。我国学者多持附条件形成权说观点。期待权说认为，由于基础法律关系的存在，优先购买权已经具备权利的部分要件，但权利尚未现实化，优先购买权人在标的物出卖于第三人之前只处于期待权状态。当出卖人出卖财产给第三人时，优先购买权人可行使权利，期待权即可获得实现。因此，法律保护的是权利人在某种法律关系变动中的可期待利益。请求权说认为，优先购买权是权利人享有的请求出卖人与自己订立合同的权利，应其请求，出卖人有承诺的义务。但依该说，优先购买权人所作以同等条件购买的意思表示

---

① 参见高星阁：《有限责任公司股权执行程序中股东优先购买权保障论》，载《当代法学》2023年第2期。

② 参见戴孟勇：《先买权的若干理论问题》，载《清华大学学报（哲学社会科学版）》2001年第1期；史浩明、张鹏：《优先购买权制度的法律技术分析》，载《法学》2008年第9期；常鹏翱：《论优先购买权的法律效力》，载《中外法学》2014年第2期。

③ 参见王泽鉴：《民法学说与判例研究》（第1册），北京大学出版社2009年版，第315页。

只是要约,如果出卖人拒绝承诺,则合同不得成立。因此有观点将请求权说发展为附强制缔约义务的请求权,认为在出卖人违反义务将标的物卖给第三人时,优先购买权人可以诉请公权力介入,强制该出卖人对其作出承诺的意思表示。也就是说,出卖人对于优先购买权人购买标的物的请求负有强制承诺义务。① 其他学说包括附双重条件的买卖合同说、物权取得权说、机会权说和承诺权说等,由于这些学说存在的问题较多,影响力较为有限。

由于优先购买权包括按份共有人优先购买权、承租人优先购买权、股东优先购买权和合伙人优先购买权等多种类型,优先购买权赖以产生的基础法律关系不同,所处法律部门不同,所要达到的目的不同,法律规定的情况有异,对应的标的物不同,笼统、不加区别地对不同种类的优先购买权统一定性并不可取,实际上也无法达成共识。研究物权的学者基于物权的绝对性将优先购买权视为一种形成权,在形成权规则上研究所有类型的优先购买权效力;研究债权的学者则基于契约相对性将优先购买权视为一种请求权,侧重讨论优先购买权作为请求权的行使条件。② 对于优先购买权法律性质的认识,各种学说之所以长期争论不下,与上述这种研究思路有很大关系。③ 在最高人民法院不同司法解释中,对优先购买权所持立场也有区别。例如,在对承租人优先购买权法律性质的解释上,《最高人民法院关于审理城镇房屋租赁合同纠纷案件具体应用法律若干问题的解释》采强制缔约请求权的立场④,并设定了相应的法律规则;而在按份共有人优先购买权法律性质的理解上,《最高人民法院关于适用〈中华人民共和国物权法〉若干问题的解释(一)》(已废止)又采附条件形成权的立场⑤,也设定了相应的优先购买权行使规范。甚至同一种类的优先购买权,立法部门和最高人民法院的定性也不一致,最高人民法院前后的定性亦发生变化。例如,对承租人的优先购买权,最高人民法院民法典贯彻

① 参见易军、宁红丽:《合同法分则制度研究》,人民法院出版社 2003 年版,第 198 页。

② 参见郑彧:《股东优先购买权"穿透效力"的适用与限制》,载《中国法学》2015 年第 5 期。

③ 参见江必新、刘贵祥主编:《最高人民法院关于人民法院网络司法拍卖若干问题的规定理解与适用》,中国法制出版社 2017 年版,第 266 页。

④ 参见杜万华、冯小光、关丽:《〈关于审理房屋租赁合同纠纷案件具体应用法律若干问题的解释〉的理解与适用》,载《人民司法(应用)》2009 年第 21 期。

⑤ 参见杜万华主编:《最高人民法院物权法司法解释(一)理解与适用》,人民法院出版社 2016 年版,第 313 页。

实施工作领导小组主编的《中华人民共和国民法典合同编理解与适用(三)》认为属于形成权[①],而由全国人大常委会法制工作委员会民法室主导编写的《中华人民共和国民法典释义(中)》则认为属于请求权[②]。因此,本书认为,对优先购买权的性质必须根据不同优先购买权的法律规定来确定,不能一概而论。

(二)优先购买权的效力

根据优先购买权行使产生什么样的效力以及效力范围的大小,可以分为物权效力和债权效力。两种效力的共同之处在于,在同等条件下,优先购买权人要求出卖人首先向自己交付标的物的权利,出卖人也应当向优先购买权人履行交付标的物的义务。区别在于出卖人不履行向优先购买权人首先交付标的物的义务时,两种效力的优先购买权将产生不同的法律效果。物权效力的优先购买权,是指优先购买权人不仅可以要求出卖人首先向自己交付标的物,还可以对抗第三人。换言之,如果出卖人将标的物卖给第三人,则该行为因侵犯了优先购买权人的权利,将被宣告无效。物权性质的优先购买权以登记为公示方法,并基于公示产生对抗第三人的效力。德国法认为,物权效力的优先购买权获得预告登记的法律效果,任何与该优先购买权(预告登记)的内容相冲突的物权变动都将被宣告无效。[③] 出卖人向第三人首先交付标的物也是没有效力的,优先购买权人可以依据其和出卖人成立的买卖关系要求后者向自己交付标的物,并因此获得标的物的所有权。债权效力的优先购买权,是指该权利仅仅在出卖人和优先购买权人之间发生效力,优先购买权人只能请求出卖人优先履行双方的买卖合同,但不得以该权利对抗第三人。也就是说,如果出卖人将标的物卖给了第三人,优先购买权人只能请求出卖人承担合同履行不能的责任。债权性质的优先购买权是基于合同约定或者法律规定对出卖人处分的限制,使权利人在同等条件下取得优先缔结合同的权利。由于不同种类的优先购买权法律条款不同、所依附的基础关系不同、涉及标的物公示方

① 参见最高人民法院民法典贯彻实施工作领导小组主编:《中华人民共和国民法典合同编理解与适用(三)》,人民法院出版社 2020 年版,第 1555 页;黄薇主编:《中华人民共和国民法典释义》(中),法律出版社 2020 年版,第 1367 页。

② 参见黄薇主编:《中华人民共和国民法典释义》(中),法律出版社 2020 年版,第 1367 页。

③ 参见史浩明、张鹏:《优先购买权制度的法律技术分析》,载《法学》2008 年第 9 期。

法、第三人知晓程度等因素不一，通过建构优先购买权体系来寻求统一的物权效力或债权效力的适用规则，并不可取。[①] 因此，需要在实务中根据优先购买权的种类不同判断其效力。

二、股权自行转让中的优先购买权

根据股权转让的方式，股东优先购买权可分为自行转让中的股东优先购买权和强制执行中的股东优先购买权。自行股权转让中的股东优先购买权，是指有限责任公司的现有股东向第三人转让股权时，在同等条件下，该公司的其他股东享有的优先于第三人购买该股权的权利。

(一)股东优先购买权的制度价值

在公司治理结构和股东关系方面，有限责任公司的存续不仅信赖于股东各自对于资本的投入，还取决于公司股东之间的相互信任和彼此关系。[②] 有限责任公司的人合性属性决定了其股权不能像公众公司那样自由流动，因为有限责任公司大多由关系密切者所组建，第三人可能与现行股东并不熟悉，一旦进入股东会，与其他股东的共处会产生一定的磨合成本，增大了股东之间的矛盾和对抗。[③]

《公司法》设置股东优先购买权，[④]旨在维护有限责任公司人合性，尽量让

---

① 参见杜万华主编：《最高人民法院物权法司法解释(一)理解与适用》，人民法院出版社2016年版，第325页。

② 参见郑彧：《股东优先购买权“穿透效力”的适用与限制》，载《中国法学》2015年第5期。

③ 参见虞政平：《中国公司法案例精读》，商务印书馆2016年版，第336～337页；郑云瑞：《公司法学》，北京大学出版社2016年版，第130页。

④ 2005年《公司法》修订时对优先购买权制度进行了完善：“有限责任公司的股东之间可以相互转让其全部或者部分股权。股东向股东以外的人转让股权，应当经其他股东过半数同意。股东应就其股权转让事项书面通知其他股东征求同意，其他股东自接到书面通知之日起满三十日未答复的，视为同意转让。其他股东半数以上不同意转让的，不同意的股东应当购买该转让的股权；不购买的，视为同意转让。经股东同意转让的股权，在同等条件下，其他股东有优先购买权。两个以上股东主张行使优先购买权的，协商确定各自的购买比例；协商不成的，按照转让时各自的出资比例行使优先购买权。公司章程对股权转让另有规定的，从其规定。”本次修订把“出资”改为“股权”。出资仅仅是股东投入给公司的财产，未能反映其对公司享有的一系列权利，用股权更为准确。明确了股东向股东以外的人转让股权的书面通知义务，以及其他股东答复期限。明确了两个以上股东主张优先购买权时的解决规则。明确公司章程可以对股权转让作出另行规定，充分尊重公司意思自治。

公司的股东维持在现有范围内。有限责任公司可以通过公司章程对股东转让股权进行限制,以“防止那些对公司不满的股东将自己的股价出卖给所有其他股东对其不信任的人,从而确保公司其他股东之间所持股价的平衡,防止公司组织内部出现新的比例失衡”。[①] 为应对公司章程或合同中约定的优先购买权在行使中遭到“股权归属个人财产,个人私权处置自由”观点的挑战,《公司法》通过将优先购买权“法定化”的方式,以“原则适用,约定例外”的方法将优先购买权从意定上升为法定,是《公司法》作为“公司合同模本”对当事人未约定股份转让限制情形下的“公司合同漏洞填补”,实现了法律对于有限责任公司“人合”目的的默认保护。[②]

维护公司的人合性,追求的制度价值主要是对其他股东和公司利益的保护。另有观点认为,把优先购买权理解为一种旨在关照其他股东利益、封闭公司股东结构的设计,整体上看作保护其他股东利益的特殊权利安排未免过于狭隘。从优先购买权的行使前提——“同等条件”的要件中,可以看出优先购买权不仅体现了对其他股东利益的保护,还体现了对转让人和股东以外的受让人利益的保护。优先购买权是一种平衡工具,其制度价值在于平衡转让人、股东以外的受让人、其他股东以及公司的利益,从北京新奥特斯公司诉华融公司股权转让合同纠纷案[③]和有关承租人优先购买权的司法解释[④]中也可以得到印证。[⑤]

本书认为,应当综合通说与利益平衡说来理解股东优先购买权的制度价值。股东优先购买权制度的出发点,或者首要目的在于维护有限责任公司的

---

① 张民安:《公司法上的利益平衡》,北京大学出版社 2003 年版,第 245～246 页。转引自郑彧:《股东优先购买权“穿透效力”的适用与限制》,载《中国法学》2015 年第 5 期。

② 参见郑彧:《股东优先购买权“穿透效力”的适用与限制》,载《中国法学》2015 年第 5 期。

③ 参见北京新奥特公司诉华融公司股权转让合同纠纷案,最高人民法院民事判决书,(2003)民二终字第 143 号。该案中,最高人民法院认为:“优先购买权是法律规定股东在同等条件下对其他股东拟对外转让的股份享有的优先购买的权利,是一种为保护有限责任公司的人合性而赋予股东的权利。优先权的规定并不是对拟转让股份的股东股权的限制或其自由转让股份的限制。”

④ 根据 2009 年《最高人民法院关于审理城镇房屋租赁合同纠纷案件具体应用法律若干问题的解释》(已修正),最高人民法院对侵害承租人优先购买权的行为,从《最高人民法院印发〈关于贯彻执行《中华人民共和国民法通则》若干问题的意见(试行)〉的通知》(已废止)认定出租人与第三人买卖合同无效,转向赋予承租人损害赔偿请求权。

⑤ 参见蒋大兴:《股东优先购买权行使中被忽略的价格形成机制》,载《法学》2012 年第 6 期。

人合性，但限制股东自由转让只是一种手段而非目的，不仅要保护优先购买权人，也要注重转让人和股东以外受让人利益的保护。当然从股东优先购买权的制度初衷看，其首要保护的利益是同等条件下的其他股东，而非转让股东与股东以外的受让人。①

（二）股东优先购买权的性质

股东优先购买权的性质也有期待权说、请求权说与形成权说等几种学说。其中形成权说一度成为我国公司法学者的共识。②

形成权说认为，根据股东优先购买权维护有限责任公司人合性的目的，为了防止股东任意对外转让其股权，赋予其他股东在特定条件发生时凭借自己单方行为即可受让该股权的权利，是最有效的方法，这也是形成权存在合理性的法理基础。而且股东优先购买权的形成权属性在司法实践中深入人心，在大量相关案件的处理中，人民法院都持此立场。③

请求权说对形成权说提出了以下质疑理由：其一，按照《公司法》规定，股东优先购买权的行使，不一定如同形成权一样能直接形成法律关系。其二，按照现行《公司法》的规定，股东优先购买权并非绝对的强制性权利。形成权有强制缔约的效果，但在《公司法》上股东优先购买权可用章程另行作出安排的，不能说是一种强制性权利。其三，将股东优先购买权解释为形成权，无疑会对股东的私权意思施加过多管制，从而影响私法自治。④ 基于此，有学者将股东的优先购买权定位为“优先购买请求权”，而非绝对的“优先购买形成权”。⑤ 依此逻辑，其他股东在满足同等条件的前提下，向转让股东主张请求权，实际效果相当于要约；转让股东对行使优先购买权股东主张的认可，实际效果上相当于承诺。仅仅有意向愿意以同等条件购买转让股东的股权的意思表示，是无法达成交易的。也就是说，其他股东主张优先购买权是否能够达到

---

① 参见赵磊：《股东优先购买权的性质与效力——兼评〈公司法司法解释四〉第20条》，载《法学家》2021年第1期。

② 参见赵旭东：《股东优先购买权的性质和效力》，载《当代法学》2013年第5期。

③ 参见赵磊：《股东优先购买权的性质与效力——兼评〈公司法司法解释四〉第20条》，载《法学家》2021年第1期。

④ 参见蒋大兴：《股东优先购买权行使中被忽略的价格形成机制》，载《法学》2012年第6期。

⑤ 参见蒋大兴：《股东优先购买权行使中被忽略的价格形成机制》，载《法学》2012年第6期。

取得标的股权的法律效果,取决于转让股东的意思表示。

期待权说则认为,股东优先购买权并非基于物权的形成权,也不是基于债权的请求权,而是股东基于其作为公司成员而享有的社员权基础上的一种期待权。期待权是既得权的对称,它是指已具备权利构成的部分条件,但须待其他条件发生时才可完全构成的权利。需要特别指出的是,这种期待权并非存续股东对其他股东所持有的"股权"的期待(一种"对物的期待"),而是基于转让股东所转让股权对应的股东资格"适格性"的期待(一种"对人的期待")。因此,股东优先购买权原本保护的不是存续股东对他人股权的权利,而是确保有限责任公司人合性实现的一种被动防御措施,股东优先购买权本身就是一种有别于股权的股东权利,是社员权的一种表现形式。只有基于对公司股东之间人合关系的保护才成就了股东优先购买权存在的法律意义。也就是说,为了维护有限责任公司的人合性而赋予存续股东优先受让的权利是优先购买权的产生基础。股东优先购买权作为期待权的表现形式取决于有限责任公司人合性特征而非资合性特点,这也正是有限责任公司股权受限转让区别于股份有限公司股价自由转让的根本原因所在。[①]

形成权说、请求权说、期待权说之间的实质区分在于其背后的利益保护取向,或者说是价值取向。形成权说、期待权说偏重于通过保护其他股东优先购买权,以维护有限责任公司的人合性特征,确保有限责任公司的秩序稳定;而请求权说试图通过最大限度地平衡转让股东、其他股东和第三人的利益,追求的是平等保护。但是这三种学说都有着明显的瑕疵,比如,依形成权说,其他股东可以依单方意思与转让股东成立股权转让合同,侵害股东优先购买权可能承担违约责任,由于形成权的不可侵害性,侵权之诉也就无从提起;依请求权说,其他股东可能因转让股东不履行缔约义务而受损害,侵害行为发生在缔约阶段,因而侵害优先购买权可能承担缔约过失责任,其与违约责任在救济手段、赔偿范围等方面差异明显;依期待权说,仅是对权利状态的一种描述,未揭示股东优先购买权的实质,因为任何权利在行使前都有"期待状态"。要准确对股东优先购买权准确定性,需要结合现行法律规定,从解决实际问题出发,跳出传统民事权利的类型界定,避开学理争议的桎梏,转而更多关注制度的目

---

① 参见郑彧:《股东优先购买权"穿透效力"的适用与限制》,载《中国法学》2015 年第 5 期。

的和功能的实现。

《公司法解释(四)》出台前,形成权为商法界通说。但是随着《公司法解释(四)》第20条设置了转让股东反悔权制度后,形成权说被抛弃。该条规定:"有限责任公司的转让股东,在其他股东主张优先购买后又不同意转让股权的,对其他股东优先购买的主张,人民法院不予支持,但公司章程另有规定或者全体股东另有约定的除外……"有学者认为,据此规定,享有优先购买权的股东无法凭借自己单方面的意思表示实现其权利,只能向转让股东主张,那么股东的优先购买权就被视为请求权了。而将股东优先购买权视为请求权,使股东与股东以外的人在股权转让合同的订立上无任何"优先"可言,丧失了股东优先购买权维护公司人合性的制度价值,也不利于股东合法权利的保障。① 但反对者认为,因为股东优先购买权的立法目的并非在于保障其他股东获得拟转让的股份,而是在于保障原有的公司内部股东关系的稳定。故允许转让股东终止转让意向,即已实现立法目的,当然不必再强求转让股东一定要将拟转让的股权转让于其他股东了。② 李建伟认为,该规定突破性地创立转让股东反悔权,使在传统民事权利的框架内无论以请求权抑或形成权都难以解释,因此公司组织法上的特殊权利说成为新的有力学说。③ 该学说认为,股东优先权具备较强的程序性权利特征,难以完全对应某项民事权利类型,请求权说、形成权说均认为其他股东得基于优先权要求转让股东强制缔约甚至交付,就公司组织内部而言,虽有利于维护有限责任公司的封闭性,却损害转让股东转让股权的自由,不仅利益失衡,也不符合公司正义;从公司外部的角度看,转让股东很可能因此不敢轻易将其与第三人达成的交易条件通知其他股东,不仅增加交易成本,也增大了道德风险。④ 优先权赋予其他股东的是相较于第三人受让拟转让股权的顺位优势,而非积极要求强制取得拟转让股权

---

① 参见赵磊:《股东优先购买权的性质与效力——兼评〈公司法司法解释四〉第20条》,载《法学家》2021年第1期。

② 参见郑彧:《股东优先购买权"穿透效力"的适用与限制》,载《中国法学》2015年第5期。

③ 参见李建伟:《有限公司股东优先购买权侵害救济研究——兼评〈九民纪要〉的相关裁判规则》,载《社会科学研究》2020年第4期。

④ 参见曾宏伟:《〈公司法司法解释(四)〉若干难点问题的理解与适用》,载《中国审判》2017年第26期。

的权利。本书认同该观点，把优先购买权视为公司组织法上的特殊权利，以摆脱传统民事权利类型的束缚，将其置于公司组织法的广阔视野里，对其予以保护，以更好实现其制度价值与功能目的。

（三）股东优先购买权的保护

股东优先购买权的保护，可以从股东优先购买权的效力、转让人与第三人合同的效力以及对侵害股东优先购买权的救济三个维度加以理解。

1. 明确股东优先购买权的物权效力。对于其他股东而言，股东优先购买权具有什么样的效力，决定了其在优先购买权受到侵害时能否最终获得转让的股权。如果具有物权效力，则可以对抗第三人，行权往往能最终获得股权；如果具有债权效力，由于无法对抗第三人，往往只能获得相应赔偿。《公司法解释（四）》明确了股东优先购买权的物权对抗效力，该解释第 21 条第 1 款规定："有限责任公司的股东向股东以外的人转让股权，未就其股权转让事项征求其他股东意见，或者以欺诈、恶意串通等手段，损害其他股东优先购买权，其他股东主张按照同等条件购买该转让股权的，人民法院应当予以支持，但其他股东自知道或者应当知道行使优先购买权的同等条件之日起三十日内没有主张，或者自股权变更登记之日起超过一年的除外。"据此规定，其他股东的优先购买权原则上可以对抗第三人，可以产生阻却第三人取得股权的效果。无论第三人是善意还是恶意，只要股东行使优先购买权，即可在一定期限内对抗第三人，即使转让股东与第三人的股权转让合同有效，也得不到实际履行，基于该合同的变动被宣告无效，诉争股权的权属状态恢复原状，回归原股东，行权的其他股东得以同等条件实现股权内部转让。

《公司法解释（四）》明确股东优先购买权物权效力，目的是维护有限责任公司人合性、防止外人随意进入公司。这种物权效力的法理基础在于，股东优先购买权系一种法定优先权，通常通过公司登记等形式进行公示，基于商法上的注意义务，拟受让股权的任何第三人都应当知道其他优先权的存在，并确认其他股东有无受让意愿，因此，在第三人与转让股东的股权转让行为侵害了其他股东优先权的情况下，应当优先保护其他股东而非第三人。

需要注意的是，股东优先购买权的物权对抗效力是有限制的：一是时间限制，超过一定时间不行使则丧失。《公司法解释（四）》第 21 条第 1 款的"但其他股东自知道或者应当知道行使优先购买权的同等条件之日起三十日内没有主张,或者自股权变更登记之日起超过一年的除外”,此处的“三十日”“一年”是不变期间,不适用中止、中断和延长的规定。[①] 股权转让与股权变动以后如果达到一定期间,则新股东与其他股东的人合性和经营管理都进入了一个新的稳定状态,如果此时支持其他股东行使优先购买权,将破坏公司的稳定经营。二是行使优先购买权必须购买相应股权,而不能仅确认转让股东与第三人的合同或股权变动无效。《公司法解释(四)》第21条第2款规定:“前款规定的其他股东仅提出确认股权转让合同及股权变动效力等请求,未同时主张按照同等条件购买转让股权的,人民法院不予支持……”仅确认合同及股权变动无效,而不主张购买,则因此造成无意义的诉讼,人民法院不予支持。[②]

2.转让股东与第三人合同的效力。转让股东与第三人合同效力问题,直接关系到第三人的利益保护,对于其他股东而言,转让股东与第三人合同效力对其优先购买权的行使并无实质性影响,但对其的救济路径有一定影响。在损害其他股东优先购买权情况下,如何处理转让股东与第三人先转让合同的效力问题,此前理论及实务界均存在较大分歧,产生了有效说、无效说、附法定条件生效说、效力待定说、可撤销说、相对无效说等各种观点。《公司法解释(四)》并尚未对合同效力作出统一解释,而是基于损害其他股东优先购买权的手段和方式的多样性,以及存在影响转让股东与第三人股权转让的其他因素,交由法官结合具体案件,根据有关法律规定具体确定。[③]《公司法解释(四)》出台后,鉴于司法实践中仍有大量判决以侵害其他股东优先购买权为由否定转让股东与第三人合同效力的情况,《九民纪要》第9条进一步指出:“审判实践中,部分人民法院对公司法司法解释(四)第21条规定的理解存在偏差,往往以保护其他股东的优先购买权为由认定股权转让合同无效。准确理解该条规定,既要注意保护其他股东的优先购买权,也要注意保护股东以外的股权受让人的合法权益,正确认定有限责任公司的股东与股东以外的股权

---

① 参见杜万华主编:《最高人民法院公司法解释(四)的理解与适用》,人民法院出版社2017年版,第432页。

② 参见贺小荣、曾宏伟:《〈关于适用中华人民共和国公司法若干问题的规定(四)〉的理解与适用》,载《人民司法(应用)》2017年第28期。

③ 参见贺小荣、曾宏伟:《〈关于适用中华人民共和国公司法若干问题的规定(四)〉的理解与适用》,载《人民司法(应用)》2017年第28期。

受让人订立的股权转让合同的效力。一方面,其他股东依法享有优先购买权,在其主张按照股权转让合同约定的同等条件购买股权的情况下,应当支持其诉讼请求,除非出现该条第1款规定的情形。另一方面,为保护股东以外的股权受让人的合法权益,股权转让合同如无其他影响合同效力的事由,应当认定有效。其他股东行使优先购买权的,虽然股东以外的股权受让人关于继续履行股权转让合同的请求不能得到支持,但不影响其依约请求转让股东承担相应的违约责任。"根据上述规定,《公司法》第71条的股东优先购买权并非强制性效力性规定,其物权对抗效力仅在于确保其他股东以同等条件取得转让股东转让给第三人的股权,并非在于否定转让股东与第三人股权转让合同的效力。不能仅以侵害了其他股东优先购买权为由认定转让股东与第三人股权转让合同无效,而应当根据不同情况对合同效力进行判断:第一,转让股东未通知其他股东即与第三人签订股权转让合同,仅为程序瑕疵,原则上合同有效,除非存在欺诈、恶意串通等行为或其他导致合同被否定的法定事由。第二,转让股东欺诈其他股东,由于这种欺诈发生在转让股东与其他股东之间,第三人并未参与,故股权转让合同不因此而有瑕疵,应属有效。如果其他股东受到转让股东的欺诈,比如,按照转让股东告知的非真实同等条件签订股权转让合同的,可以请求撤销该合同,但不影响转让股东与第三人股权转让合同的效力。第三,转让股东与第三人恶意串通,故意抬高股权转让价格,或者存在股权转让的"阴阳合同",第三人实际支付的价款显著低于合同表面价款,其他股东可以依据《民法典》第154条主张转让股东与第三人的合同无效。

3. 侵害股东优先购买权的救济。对侵害股东优先购买权的救济,主要有两种方式:一是实现优先购买权。基于股东优先购买权的物权对抗效力,其他股东得依照《公司法解释(四)》第21条第1款的规定,主张按照同等条件购买转让股东的股权,人民法院应当支持。即便转让股东与第三人已就转让股权完成了股东名册变更或者公司登记变更,也将被人民法院宣告无效,其他股东得依据同等条件购买取得该股权。如果转让股东与第三人的股权转让合同尚未履行,则转让股东不得与之实际履行,而应与股权以同等条件转让给其他股东。实现优先购买权,取得转让股东的股权,是救济的首要方式。至于第三人,则可以依《公司法解释(四)》第21条第3款的规定,请求转让股东承担相应的民事责任,这种责任属于违约责任。但是如前所述,实现优先权有时间的限制,在股权已经变更登记的情况下,其他股东在股权变更登记之日起的1年以内,知道或者应当知道同等条件,应当在30日内提出优先购买的主张;超过1年,无论是否在该30日内提出优先购买权主张,均不予支持。在股权还没有变更登记的情况下,其他股东可以自知道或者应当知道行使优先购买权的同等条件之日起30日内主张优先购买,超过期限提出主张的不予支持。此时,就其他股东行使优先购买权并没有规定最长期间,但应当受到诉讼时效的限制。需要注意的是,根据《公司法解释(四)》第20条的规定,在转让股东行使反悔权的情况下,其他股东优先购买权亦不能实现。二是损害赔偿。侵害股东优先购买权是一种侵权行为,侵权人为转让股东,如果转让股东与第三人恶意同意,则构成共同侵权。此外,目标公司如果在股权变更登记过程中未尽注意义务,如提供虚假的股东会决议以配合办理股权变更登记等,也构成共同侵权,与转让股东等承担连带责任。但是公司在股权变更登记中仅负有形式审查义务,尽到相应注意义务的不构成共同侵权。根据《公司法解释(四)》的规定,分为以下几种情形:其一,转让股东行使反悔权时,其他股东可以向其主张赔偿合理损失;其二,其他股东非因自身原因导致无法行使优先购买权的,可以请求转让股东承担相应民事责任。在转让股东行使反悔权时,其对其他股东的损失赔偿应限定为其他股东的直接损失,其范围相对好确定,因为实际上因转让股东的反悔,对其他股东的优先购买权并未构成实际上的损害。但在转让股东将股权转让给第三人,非因其他股东怠于行权等原因导致无法实现优先权时,损害赔偿的范围除了包括直接损失、间接损失,还包括可得利益损失。直接损失比较容易确定,难的是间接损失和机会利益损失。有观点认为,间接损失表现为另行购买股权的差价,由于有限责任公司股权价格不好确定,可在实际交易中借助净资产法,即以转让股权的比例所对应的净资产作为股权转让的价格来确定,以计算其间接损失;机会利益损失则应当由法院根据案件具体情况,综合考虑受害人自身经济实力、股权价值变动幅度、股权差价损失与侵权人过错行为之间的关联程度等因素,以股权差价损失为参照,按照公平原则酌定具体数额。①

---

① 参见李建伟:《有限公司股东优先购买权侵害救济研究——兼评〈九民纪要〉的相关裁判规则》,载《社会科学研究》2020年第4期。

三、自行转让与强制转让中股东优先购买权的比较

强制执行股权，是人民法院为兑现申请执行人利益，对被执行人持有股权通过拍卖、变卖等方式将股权变现为金钱，或者将被执行人股权交付给申请执行人的行为。

强制转让股权的首要目的在于实现申请执行人债权，优先购买权是否适用于强制转让以及拍卖程序，存在不同观点。第一种观点认为，优先购买权仅适用于当事人双方自主交易场合，而强制执行系由人民法院依国家强制力代替债务人处分被执行的财产，无须考虑优先购买权人的利益。① 第二种观点认为，拍卖的目的在于更精确、更公平地确定标的物价格以成立买卖关系，如果适用优先购买权，会导致应买之人数锐减、卖价偏低，不利于债权人及被执行人，也有损拍卖的效力，因此优先购买权不适用拍卖程序。第三种观点认为，优先购买权适用于强制执行程序以及拍卖程序。无论是强制执行还是拍卖程序，其本质都是将标的物进行转让，仍属于买卖合同关系，相关权利人的优先购买权应当受到保护。《拍卖变卖规定》第 16 条、《公司法》第 72 条和《网络拍卖规定》第 17～22 条均明确执行程序及拍卖程序中要保障优先购买权。其实，无论是自行转让还是强制转让，无论是通过拍卖还是自主议价，股东优先购买权这种法定的优先权都应获得保护，但是必须结合不同程序的价值追求，准确把握在股东通知、同等条件确定、其他股东参与竞拍、侵害股东优先购买权救济等方面的区别。

理解与适用

一、司法拍卖中优先购买权行使存在的问题

法律设置优先购买权旨在维护有限责任公司的人合性。2004 年《拍卖变卖规定》第 14 条②规定了人民法院对优先购买权人的通知义务，第 16 条③规

---

① 参见王利明：《中国物权法草案建设稿及说明》，中国法制出版社 2001 年版，第 53 页。

② 现《拍卖变卖规定》第 11 条。

③ 现《拍卖变卖规定》第 13 条。

定了拍卖中优先购买权人的行使方式。2005 年《公司法》修订后规定了关于强制转让股权中的优先购买权："人民法院依照法律规定的强制执行程序转让股东的股权时，应当通知公司及全体股东，其他股东在同等条件下有优先购买权。其他股东自人民法院通知之日起满二十日不行使优先购买权的，视为放弃优先购买权。"此后，2016 年《网络拍卖规定》对优先购买权人保护，从程序法的视角根据网络司法拍卖的特性进一步作出规定。人民法院在拍卖公告发布 3 日前，应通过书面或其他能确认收悉的合理方式将网络司法拍卖的事项通知当事人和已知优先购买权人。权利人明确放弃权利的情况下，可以不予通知。若无法通知到优先购买权人，法院应在网络司法拍卖平台公示并说明无法通知的理由，公示满 5 日视为已通知。对于经通知未参与竞买的优先购买权人，视为放弃其优先购买权。优先购买权人需要经人民法院确认后，方能取得优先竞买资格、优先竞买代码和参拍密码，然后以优先竞买代码参与竞拍。未经法院确认的优先购买权人不得以其优先购买权身份参与竞拍。对于拥有不同顺序的优先购买权人同时申请参与竞拍的情况，法院应确认其顺序并分配不同顺序的优先竞买代码。优先购买权人参与竞拍时，可以与其他竞买人以相同价格出价。若无其他更高出价者，拍卖财产将由优先购买权人竞得。对于顺序不同的优先购买权人以相同价格出价的情况，拍卖财产将由顺序在先的优先购买权人竞得。若顺序相同的优先购买权人以相同价格出价，拍卖财产将由先出价的优先购买权人竞得。

在股权执行司法解释起草过程中，曾一度在征求意见稿中规定了股东优先购买权条款，该征求意见稿第 16 条规定："人民法院拍卖有限责任公司股权时，应当根据公司法第七十二条的规定，在拍卖公告三日前以书面或者其他能够确认收悉的合理方式，通知公司及其他股东，并特别提示其他股东可以行使优先购买权。其他股东在同等条件下行使优先购买权的具体方式，适用《最高人民法院关于人民法院网络司法拍卖若干问题的规定》第十六条、第十九条、第二十一条相关规定。"该条款并未出现在最终公布的股权执行司法解释中，主要是源于坚持问题导向，不追求"大而全"的考虑①，并非对该条款内容

① 参见何东宁、邵长茂等：《〈最高人民法院关于人民法院强制执行股权若干问题的规定〉的理解与适用》，载《中国应用法学》2022 年第 2 期。

有争议。鉴于强制转让股权中的优先购买权已经在公司法和网络拍卖司法解释中作出规定，股权执行司法解释未重新予以明确规定。其实，《股权执行规定》第 13 条第 1 款明确拍卖股权应当采取网络司法拍卖方式，因此网络司法拍卖中有关股东优先购买权保护的程序，同样适用对股权的变价程序。但仍有观点认为，股权执行司法解释回避了强制执行程序中股东优先购买权的具体行使规则，而导致执行程序中股东优先购买权处于一种“有权但无从行使”的尴尬状态。①

关于优先购买权的保护，在公司法及其司法解释和拍卖司法解释都作出规定的情况下，因实践对优先购买权行使的程序理解不同，导致出现的问题较多：一是通知股东行使优先购买权的内容不明确。从《公司法》第 72 条关于股东自人民法院通知之日起满 20 日不行使优先购买权即视为放弃的规定看，人民法院的通知中理应包含处置价格，股东才能确定是否行权。但《网络拍卖规定》《拍卖变卖规定》设定的价高者得的竞价机制，决定了人民法院在拍卖前通知股东时无法告知其处置价格。此外，《拍卖变卖规定》并不要求优先购买权人参与竞价，而是在最高应价出现时，询问其是否行使优先购买权，与《网络拍卖规定》规定的优先购买权人需要跟其他竞买人一同竞价的模式不同。后一种方式，优先购买权人如果没有经人民法院确认取得优先购买资格以及优先竞买代码、参拍密码，将导致其无法行使优先购买权。因此，人民法院在通知股东时，是否应根据适用“询价法”“跟价法”的不同确定具体的通知内容，同样需要明确。二是通知股东行使优先购买权的时间混乱。《公司法》仅规定应在拍卖前通知，但应当给予股东 20 日行权的期限，《拍卖变卖规定》要求在拍卖 5 日前，《网络拍卖规定》缩短为拍卖公告发布 3 日前。很明显，《公司法》规定优先购买权的行使期限与起算时点与司法拍卖股权的实际操作存在龃龉，拍卖前通知的期限究竟是按照 3 日还是 5 日，适用混乱。三是通知股东行使优先购买权的方式有争议。《拍卖变卖规定》《网络拍卖规定》均要求，人民法院应当以书面或者其他能否确认收悉的方式通知股东。但实践中人民法院对于通知的方式有不同理解。有的认为应当书面通知；有的认为

---

① 参见高星阁：《有限责任公司股权执行程序中股东优先购买权保障论》，载《当代法学》2023 年第 2 期。

通知公司等于通知股东，股东应当知悉；有的认为拍卖公告载明了优先购买权人可以参与竞买即视为人民法院履行了通知义务。股东以人民法院通知瑕疵申请撤销司法拍卖的情况非常普遍。四是认定“同等条件”形成的机制不清晰。《网络拍卖规定》要求优先购买权人在拍卖前向人民法院提交行权申请，经人民法院审查确认后，取得优先竞买资格以及优先竞买代码、参拍密码，即股东要行使优先购买权必须交纳保证金并与其他竞买人一同参与竞价。与之相比，《拍卖变卖规定》规定在竞价结束后，再询问优先购买权人是否以最高价买受，股东无须交纳保证金，对竞价过程持观望态度，更符合股东在“同等条件”下行使优先购买权的内涵。股东行使优先购买权的方式亟待统一。①

二、股权强制转让中优先购买权行使的程序

股权执行本质上是一种强制执行程序下的股权转让，但因为国家公权力介入，强制转让中的股东优先购买权制度价值、程序设计、救济程序等方面仍有较大差别，在股权执行程序中，因允许被执行人自行变价，亦即让股东自行转让股权，此时其他股东优先购买权的行使及保护应依照《公司法》第 71 条和《公司法解释（四）》第 17～22 条的规定行使。人民法院通过网络拍卖方式对股权进行变价时，同样也要尊重其他股东的优先购买权，因为无论是自行转让还是强制转让，都有可能导致股东改变，影响股东之间的内部关系。人民法院强制转让股权由于公权力介入，一般通过拍卖方式转让股权，股东优先购买权的行使、侵犯股东优先购买权的救济等与自行转让股权也有区别。

股权强制转让中的股东优先购买权的行使，应结合《股权执行规定》和《网络拍卖规定》的有关规定理解。人民法院对其他股东的通知方式、竞买资格的审查、组织竞拍、成交裁定应当严格依据法律和司法解释的规定进行。

1. 人民法院通知公司及全体股东。人民法院依照确定网络服务提供者、起拍价，准备好拍卖公告有关事宜，并在拍卖公告发布 3 日前通知当事人及已知优先购买权人。人民法院强制转让股东的股权时，应当通知的对象包括公司及全体股东。既要关注股东优先购买权的保护以及有限责任公司人合性的

---

① 参见高星阁：《有限责任公司股权执行程序中股东优先购买权保障论》，载《当代法学》2023 年第 2 期。

维护，也要关注和保障当事人、利害关系人的知情权，《公司法》第71条和《网络拍卖规定》要求通知的对象既有重合又有不同。全体股东涵盖了被执行的股东和其他优先权股东，当事人一般也涵盖了被执行股东。有关解读认为，拍卖股权时，公司对该股权并没有法律上的特定权利，拍卖过程中公司也无须履行特定的义务，因此可以不必强制要求通知公司。[①] 本书认为，《公司法》虽未明确强制执行股权时在哪个阶段通知公司，但鉴于股权拍卖后，有可能系公司股东以外的人拍得股权，从而成为公司的新股东，对公司的人合性及稳定经营造成冲击，不能说公司与股权拍卖无利害关系，而应把公司视为利害关系人，在通知当事人、全体股东的同时，一并通知公司。其他股东在收到通知后，如欲行使优先购买权，应当在收到通知之日起在《公司法》第72条规定的20日内或者人民法院指定的期限内向人民法院提出。采用网络司法拍卖处置股权与股东自行转让股权和第三人协商确定转让条件不同，网络司法拍卖的同等条件只能待竞拍之时通过竞价确定。如未向人民法院报名参与后续竞买程序，则被视为放弃优先购买权。

2. 优先购买权人报名并取得竞买资格。一般竞买人只需要在拍卖竞价程序结束前交纳保证金经人民法院或者网络服务提供者确认后即取得竞买资格。优先购买权人的竞拍代码与出价规则虽不同于一般竞买人，但有意参加竞拍的优先购买权人，也应当实名足额预交竞拍保证金，以获得竞拍资格。而其他股东欲行使优先购买权的，必须在法定或人民法院指定期间内持有关优先购买权的证明向人民法院报名，由人民法院审查确认其优先购买权是否成立。人民法院应当依法组成合议庭评议确定优先购买权资格及其顺序，赋予优先购买权人优先竞买代码，由其凭优先竞买代码参与竞买，以对拍卖的股权行使优先购买权。

如果两个或者两个以上的股东均主张行使优先购买权，便会产生股东优先购买权的冲突问题。此时，如何确定股东优先购买权人的顺序？在传统线下拍卖中，顺序相同的多个优先购买权人同时表示买受的，以抽签方式决定买受人。网络司法拍卖中，多个股东行使优先购买权的顺序如何，《网络拍卖规

---

① 参见江必新、刘贵祥主编：《最高人民法院关于人民法院网络司法拍卖若干问题的规定理解与适用》，中国法制出版社2017年版，第232页。

定》并未明确，只是笼统规定“顺序不同的优先购买权人申请参与竞买的，人民法院应当确认其顺序，赋予不同顺序的优先竞买代码”。本书认为，其他股东无论出资比例大小，基于优先购买权系维护有限责任公司人合性的制度价值，无论哪个股东拍得股权，对公司的人合性保护功能并无区别，因此各个股东的顺序应当是一致的，并无孰优孰劣之说。如区分不同份额优先权人不同的优先级，反而会造成不必要的对立。此外，在网络司法拍卖中规则设置得过于复杂，可能影响拍卖的效率，增加了执行负担。因此在对股权的拍卖中，各股东顺位相同，平等参与竞买。

3. 优先购买权人参与竞买。股东以优先购买权人身份参与竞买时，可以与其他竞买人以相同的价格出价，没有更高出价的，拍卖财产由优先购买权人竞得。顺序不同的优先购买权人以相同价格出价的，拍卖财产由顺序在先的优先购买权人竞得。顺序相同的优先购买权人以相同价格出价的，拍卖财产由出价在先的优先购买权人竞得。在自行转让中，两个以上股东主张行使优先购买权的，协商确定各自的购买比例；协商不成的，按照转让时各自的出资比例行使优先购买权。在网络司法拍卖中，多个股东均行使优先购买权时，其竞买顺序应当是相同的，究竟是依照《公司法》的规定，先由股东各自协商各自的购买比例，协商不成则按转让时各自的出资比例行使优先购买权，还是由股东在竞买时按照出价高低以及出价先后来定，不区分比例？按照《公司法》第 71 条的规定，比如，五人各占公司 20% 的股价，其中一人欲将股价卖出，剩余四人均要求以同等条件行使优先购买权，则四人将平均认购 20% 的股价。但在司法拍卖中，如果要按照该规定，则必须将 20% 的股份拆分为四份分别处置，严重影响执行效率，故将被执行财产的股份作为一个整体的拍卖物，在一次拍卖中统一处置。而四个股东同为优先购买权人，在拍卖过程中享有优先地位，在竞价过程中仅有一人可以拍卖成交。①

如果网络司法拍卖，并不支持多个股东按出资比例行使优先购买权。只有一名股东主张优先购买权时，是否可以部分行使优先购买权？本书认为，股权往往关系公司控制权，多数股权因含有较大的控制权，其价格往往高于少数

---

① 参见江必新、刘贵祥主编：《最高人民法院关于人民法院网络司法拍卖若干问题的规定理解与适用》，中国法制出版社 2017 年版，第 298 页。

股权。如果允许股东部分行使优先购买权，将降低股权价格，不利于申请执行人债权实现，亦有损被执行人的利益。而在股东行使部分优先购买权后，有可能导致第三人因无法取得控制而放弃竞买剩余股权。故应不允许股东部分行使优先购买权。

4. 拍卖成交并实现优先购买权。股东参与竞拍，出价与其他竞买人相同时，由股东竞得股权；存在多个优先权股东的，出价在先的股东竞得股权。网络司法拍卖平台将以买受人真实身份自动生成确认书并公示。确认后由人民法院出具拍卖成交裁定书，此时股权已转移给股东，股东持拍卖成交裁定书及协助执行通知书，请公司协助办理股权变更登记，到此股东优先购买权得以实现。股权变更应当由相关部门批准的，在拍卖成交后，人民法院应当通知买受人持成交确认书向相关部门申请办理股权变更批准手续。买受人取得批准手续的，人民法院作出批准成交裁定书；买受人未在合理期限内取得批准手续的，应当对股权重新进行拍卖。重新拍卖的，原买受人不得参加竞买。

三、强制转让中侵害股东优先购买权的救济

人民法院通过网络司法拍卖进行处置，则侵权的主体既有可能是人民法院，也有可能是网络司法拍卖服务提供者，《网络拍卖规定》针对不同的侵权主体规定了不同的救济途径及责任承担方式。

1. 侵害股东优先购买权情况下股权强制转让的效力。自行转让时，股东优先购买权具有对抗第三人的物权效力，即转让股东在侵害其他股东优先购买权情况下将股权转让给第三人时，其他股东原则上可以行使优先购买权，对第三人的救济主要采取损害赔偿的方式。而在股权强制转让过程中，如果侵害了某个股东的优先购买权，最终转让股东的股权被其他股东或第三人成功竞买，此时的强制转让效力如何？

有观点认为，根据《民法典物权编解释(一)》第 7 条和《拍卖变卖规定》第 26 条的规定，强制执行中因拍卖获得的财产会发生权利的转移，而且最高人民法院给山东省高级人民法院《关于对第三人通过法院变卖程序取得的财产能否执行回转及相关法律问题的请示》的复函指出，“人民法院在执行中依法采取的拍卖……的行为，具有公信力，买受人通过法院拍卖……所得的权益应当予以保护”，因此在股权强制转让中，即便股东的优先购买权受到侵害，也

不应否定强制拍卖的法律效力，由最高竞价确定的买受人获取出让股权这一权属状态不因此而受到影响，从而维护交易的稳定与安全。①

另有观点认为，侵害股东优先购买权的司法拍卖因程序违法且损害当事人利益，应予撤销。《拍卖变卖规定》第11条明确了人民法院应当在拍卖五日前以书面或者其他能够确认收悉的适当方式，通知当事人和已知的担保物权人、优先购买权人或者其他优先权人。《网络拍卖规定》第16条重申了前述《拍卖变卖规定》的规定，并进一步强调“无法通知的，应当在网络司法拍卖平台公示并说明无法通知的理由，公示满五日视为已经通知”“经通知未参与竞买的，视为放弃优先购买权”。为落实前述程序规则，第13条将“优先购买权主体以及权利性质”“通知或者无法通知当事人、已知优先购买权人的情况”作为人民法院应当在拍卖平台公示的内容。上述两个司法解释通过多个条款设置程序规则，保障优先购买权人的利益及其权利的行使，已表明股东优先购买权是司法强制执行程序中关系当事人或者竞买人利益的重要事项，是应优先保障的权利。违反上述司法解释规定侵害股东优先购买权的司法拍卖，因严重违反司法拍卖程序且损害其他股东利益，其他股东可请求人民法院撤销。在司法实务中，拍卖股权所在公司其他股东以人民法院未保障其优先购买权提出异议申请撤销司法拍卖的，人民法院的审查重点仍在于执行法院是否履行了通知优先购买权人参与竞买的问题，说明侵害股东优先购买权会引发撤销司法拍卖的后果。但不同法院对“通知”作出了不同理解，导致同案不同判的情况时有发生。②

2.强制转让股权中侵犯股东优先购买权的救济。人民法院在强制拍卖股权过程中，因为遗漏通知或者违法不予确认股东优先购买权资格等情形，从而

① 参见杨鹏：《冲突与协调：有限公司股权强制执行中股东优先购买权的保护》，载《社科纵横》2020年第10期。

② (2018)冀执复515号执行裁定认为，人民法院在拍卖涉案股权过程中存在未在拍卖公告发布3日前以书面或者其他能够确认收悉的合理方式通知优先购买权人的情形，形成目前优先购买权人异议请求保障其优先购买权的局面，拍卖程序存在瑕疵，根据《网络拍卖规定》第31条第6项的规定，该次拍卖应予撤销。(2019)浙07执复162号执行裁定书、(2021)川01执异303号执行裁定书认为，人民法院在司法拍卖公告中告知了与拍卖标的相关人员均可参加竞拍，优先购买权人参加竞买的时间方式及逾期法律后果等内容，并作了特别提示，该拍卖公告已起到公示通知效果。股东以法院未将网拍事项通知、损害其优先购买权等为由，请求撤销拍卖，于法无据。

对股东优先购买权造成侵害的，受侵害的股东可以利害关系人的身份提出异议请求撤销网络司法拍卖。《网络拍卖规定》第31条第5项规定，当事人、利害关系人以违法限制竞买人参加竞买或者对享有同等权利的竞买人规定不同竞买条件为由提出异议请求撤销网络司法拍卖的，人民法院应当支持。通过撤销网络司法拍卖，重新启动司法拍卖，让其他股东以优先购买权人资格参与竞拍，虽然会对之前的买受人利益造成一定的损害，但因为该买受人系在其他具有优先购买权股东未参与竞买的情况下竞得股权的，其竞得股权本身就有程序瑕疵，其本就应该与所有有资格及意向的优先购买权人一起竞争。该买受人可以在第二次拍卖中再次参加竞买。根据《网络拍卖规定》第32条的规定，网络司法拍卖被人民法院撤销，当事人、利害关系人、案外人认为人民法院的拍卖行为违法致使其合法权益受损害的，可以依法申请国家赔偿；认为其他主体的行为违法致使其合法权益遭受损害的，可以另行提起诉讼。一般而言，撤销网络司法拍卖的情况下，由于其他股东可行使优先购买权，其权利重新得到保障，如不能举证有其他损失，则无法申请国家赔偿。

操作指引

强制转让侵害其他股东优先购买权的，其他股东可以不行使优先购买权，可以选择请求国家赔偿，或者其他主体承担侵权责任。

审判前沿

案例1　烟台市威利发食品有限公司借款合同纠纷执行案

【裁判要旨】

人民法院在强制执行程序中拍卖股东的股权时，享有优先购买权的其他股东有权参加到拍卖程序中并在同等条件下行使优先购买权。但其他股东的优先购买权不能阻却人民法院拍卖股权。被执行人主张只有在其他股东不行使优先购买权的情形下人民法院才能裁定对股权强制拍卖，没有法律依据，法院不予支持。

【案例索引】

(2014)鲁执异字第4号

【基本案情】

山东省高级人民法院(以下简称山东高院)在执行申请执行人边某玺与被执行人烟台中奥广场置业有限公司(以下简称中奥公司)、烟台市威利发食品有限公司(以下简称威利发公司)借款合同纠纷案中,应申请执行人边某玺之申请,于2013年10月22日作出了(2013)鲁执字第5－2号执行裁定,拍卖威利发公司持有的中奥公司35%的股权。威利发公司提出异议,请求停止拍卖股权。其理由如下:(1)山东高院依法应对异议人的异议作出裁定,以保障异议人的程序权利。(2)在未对异议人的异议作出裁定的情况下,异议人不同意选择拍卖机构,山东高院在异议人未到场的情况下根据被异议人一方的申请确定拍卖机构不符合法律规定,程序违法。(3)组织拍卖应在股东不行使优先购买权的情况下才能进行。(4)中奥公司章程第18条规定,股权只能内部转让,人民法院不得违反章程对外组织拍卖。山东高院驳回了威利发公司的异议。

【裁判观点】

山东高院认为,被执行人威利发公司未按照人民法院指定期间履行义务,法院裁定拍卖其持有的中奥公司35%的股权,符合2017年《民事诉讼法》第247条的规定。针对威利发公司的异议理由,法院认为,第一,2008年《执行程序解释》第10条规定:“执行异议审查和复议期间,不停止执行。”据此,法院裁定拍卖威利发公司享有的股权并不存在程序违法。威利发公司主张法院应在执行异议处理完毕后才能裁定拍卖股权,没有事实和法律依据,依法不予支持。第二,根据《公司法》第73条以及2004年《拍卖变卖规定》第14条、第16条的规定,人民法院在强制执行程序中拍卖股东的股权时,享有优先购买权的其他股东有权参加到拍卖程序中并在同等条件下行使优先购买权。基于此,其他股东的优先购买权并不能阻却人民法院裁定对股权进行拍卖。威利发公司主张只有在其他股东不行使优先购买权的情形下人民法院才能裁定对股权强制拍卖,没有法律依据,法院依法不予支持。第三,《公司法》第11条规定:“设立公司必须依法制定公司章程。公司章程对公司、股东、董事、监事、高级管理人员具有约束力。”中奥公司章程中“股东不得向股东以外的人转让股权”的规定，系针对股东在民事活动中自主决定转让股权所作出的限制，仅对公司、公司股东及公司内部人员具有约束力，并不能约束人民法院的强制执行行为，威利发公司不能以章程的规定对抗人民法院的强制执行。

【要点评析】

股东优先购买权虽然是有限责任公司股东的法定权利，但为了保护债权人利益，优先购买权不能阻却人民法院的强制执行。公司章程对公司、股东、董事、监事、高级管理人员具有约束力，同样不能阻却人民法院的强制执行。对此，《股权执行规定》第14条明确规定，被执行人、利害关系人以法律、行政法规、部门规章以及公司章程、股东协议等对股权自行转让有限制为由请求不得强制拍卖股权的，人民法院不予支持。事实上，《公司法》第72条已经明确了人民法院可以强制执行股权，对于股东优先购买权，股东可以通过参与竞拍等方式主张。如果仅仅以股东优先购买权为由阻却人民法院强制执行，则容易导致利益的失衡。

案例2　赵某明、赵某英等与辛某嵚、王某台借款合同纠纷执行案

【裁判要旨】

案涉优先购买权人在执行异议中主张对拍卖的股权享有优先购买权，因其未在优先购买权通知书中指定的期限内办理行使网上拍卖优先权的相关手续，该不作为已明示其已放弃了优先购买权的行使，故其在案涉股权拍卖中主张优先购买权的异议理由不能成立，法院依法不予支持。

【案例索引】

（2017）陕01执异359号

【基本案情】

赵某英、赵某与辛某嵚、王某台借款合同纠纷案，因义务人辛某嵚、王某台不履行生效法律文书所确定的义务，权利人赵某英、赵某于2017年1月10日申请强制执行，西安中级人民法院（以下简称西安中院）于同日立案受理。2017年3月17日，西安中院裁定拍卖（变卖）陕西悦盛科工贸有限公司(以下简称悦盛科公司)50%股权。2017年4月21日、24日,西安中院分别向申请赵某英、赵某和被王某台送达了拍卖该股权的执行裁定书。2017年4月28日,西安中院向悦盛科公司的股东赵某明送达网拍时间告知书及网拍优先购买权通知书。该网拍优先购买权通知书载明:“本院在执行赵某英、赵某与辛某嵌、王某台借款合同纠纷案中,定于2017年5月25日10时至26日10时在京东司法拍卖平台上进行公开拍卖被执行人王某台持有的悦盛科公司50%股权。你作为悦盛科公司的股东,具有同等条件下的优先购买权。本院现书面通知你:若你要行使优先购买权,请最迟于2017年5月20日之前至本院网拍小组处办理行使网上拍卖优先权的相关手续,逾期未来办理相关手续的视为放弃优先购买权。”2017年4月24日,西安中院将涉案冻结的股权在司法拍卖平台上拍卖,同时在该网站上发布拍卖公告及竞拍须知。拍卖公告对其他股东优先购买权行使期限、行使方式、竞买人需解决好当天支付限额等作了提示。自2017年5月25日10时至26日10时拍卖结束,涉案拍卖股权因无人竞买而流拍。悦盛科公司股东赵某明因未足额交纳保证金145万元,未取得涉案股权竞买资格。赵某明提出执行异议,称其在拍卖前其已向法院表示参与此次拍卖活动,但法院并未将其列为优先购买权人,亦未赋予其优先竞买资格,也未向其提供优先竞买代码和参拍密码,致使异议人不能以优先购买权人的身份参与竞买,侵害了其优先购买权。故请求法院纠正错误做法,维护其优先购买权。西安中院经审查,认为赵某明未在法院指定期限内参与竞买,系自动放弃优先购买权,故驳回其执行异议。

【裁判观点】

法院认为,根据《网络拍卖规定》第16条的规定,优先购买权人经通知未参与竞买的,视为放弃优先购买权。本案中,法院于2017年4月28日向异议人赵某明分别送达了网拍时间告知书及网拍优先购买权通知书,并告知异议人赵某明若要行使优先购买权,请最迟于2017年5月20日之前至本院网拍小组处办理行使网上拍卖优先权的相关手续,逾期未来办理相关手续的视为放弃优先购买权,且在京东网站上发布的拍卖公告及竞拍须知上亦有相同的表述。但作为对涉案拍卖的股权享有优先购买权的异议人赵某明,并未在2017年5月20日之前至该院网拍小组处办理行使网上拍卖优先权的相关手续,提供优先购买权人相关的资料,法院亦无法确认其为优先购买权人,赋予其优先竞买资格以及优先竞买代码、参拍密码。赵某明的上述不作为已明示其放弃优先购买权的行使,故其在涉案股权拍卖中主张优先购买权的异议理由不能成立。

【要点评析】

本案中,赵某明作为优先购买权人,因系其自身原因,未在法院指定期限内办理相关手续,从而未能被确认为优先购买权人,应视为放弃了优先购买权的行使。这是《网络拍卖规定》第16条的明确规定,所有优先权人必须遵守。

案例3　祀某东与杨某林、杨某坡转让协议纠纷执行审查案

【裁判要旨】

执行法院在司法拍卖程序中未按照司法解释规定的程序通知优先购买权人的,拍卖程序存在瑕疵,应予撤销。

【案例索引】

(2018)冀执复515号

【基本案情】

承德市中级人民法院(以下简称承德中院)执行祀某东与杨某林转让协议纠纷案中,承德中院于2017年10月30日作出(2017)冀08执60号执行裁定书,裁定拍卖杨某林持有的滦平县宝蓝鑫建材有限公司(以下简称目标公司)58.77%股权(以下简称涉案股权)。2017年12月22日,该院在《承德日报》、人民法院诉讼资产网、河北产权网发布拍卖公告。2018年1月22日10时,申请执行人祀某东以1元竞得涉案股权。杨某林、杨某坡提出执行异议。杨某林以法院的拍卖未履行通知、公告等法定程序,侵害其知情权并导致股权以不合理的超低价格被拍出为由申请撤销拍卖;杨某坡则以承德中院侵犯其优先购买权为由申请撤销拍卖。承德中院认为异议理由成立,作出(2018)冀08执异72号裁定,撤销了(2017)冀08执60号执行裁定书。祀某东不服,向河北省高级人民法院(以下简称河北高院）申请复议。河北高院认为，承德中院拍卖案涉股权程序合法，但未通知优先购买权人，存在程序瑕疵，遂作出（2018）冀执复515号裁定，变更承德中院的异议裁定为，撤销案涉股权拍卖，维持（2017）冀08执60号执行裁定书。

【裁判观点】

承德中院认为，《公司法》第72条规定："人民法院依照法律规定的强制执行程序转让股东的股权时，应当通知公司及全体股东，其他股东在同等条件下有优先购买权。其他股东自人民法院通知之日起满二十日不行使优先购买权的，视为放弃优先购买权。"依据此规定，该院虽在《承德日报》、人民法院诉讼资产网、河北产权网发布拍卖公告拍卖涉案股权，但在拍卖该股权前，未通知目标公司另一名股东杨某坡，且在该院通知杨某林（2018年1月10日）后不足20日的2018年1月22日即拍卖了上述财产，该拍卖行为不符合上述法律规定。该院2017年10月30日作出的（2017）冀08执60号执行裁定应予撤销。异议人杨某林、杨某坡提出的异议理由成立，予以支持。承德中院于2018年9月14日作出（2018）冀08执异72号执行裁定书，撤销该院2017年10月30日作出的（2017）冀08执60号执行裁定。

河北高院认为，各当事人对目标公司涉案股权为杨某林名下财产均无异议，杨某林系昶某东申请执行案的被执行人，承德中院依据生效执行依据对涉案股权采取拍卖措施，于2017年10月30日作出（2017）冀08执60号执行裁定书，裁定拍卖杨某林持有的目标公司涉案股权，符合法律规定。目标公司有被执行人杨某林、利害关系人杨某坡两名股东，依据《公司法》第71条、第72条，《执行规定》第54条之规定，承德中院在处分拍卖杨某林名下涉案股权时，杨某坡为优先购买权人，承德中院应当依法通知杨某坡。但承德中院在作出上述拍卖裁定之后具体实施拍卖的过程中，于2017年12月22日在《承德日报》、人民法院诉讼资产网、河北产权网发布拍卖公告，于2018年1月10日通知杨某林并告知由其通知其他优先购买权人，于2018年1月22日进行网络司法拍卖。《网络拍卖若规定》第16条规定，网络司法拍卖的事项应当在拍卖公告发布三日前以书面或者其他能够确认收悉的合理方式,通知当事人、已知优先购买权人。故承德中院拍卖涉案股权过程中存在未在拍卖公告发布三日前以书面或者其他能够确认收悉的合理方式通知优先购买权人杨某坡的情形,形成目前杨某坡异议请求保障其优先购买权的局面,拍卖程序存在瑕疵,根据《网络拍卖规定》第31条第6项的规定,承德中院本次对涉案股权的拍卖应予撤销。承德中院在异议审查中认定该院本次对涉案股权的拍卖过程存在程序瑕疵,至此无不妥,该院只需裁定撤销本次拍卖即可,但该院却在(2018)冀08执异72号执行裁定书中裁定撤销(2017)冀08执60号执行裁定,结果不正确,应予变更。河北高院遂作出(2018)冀执复515号裁定,变更承德中院(2018)冀08执异72号执行裁定主文将“撤销本院2017年10月30日作出的(2017)冀08执60号执行裁定书”变更为“撤销河北省承德市中级人民法院本次对杨某林持有的滦平县宝蓝鑫建材有限公司58.77%股权的拍卖,维持河北省承德市中级人民法院于2017年10月30日作出的涉案(2017)冀08执60号执行裁定”。

【要点评析】

股东优先购买权在执行程序中如何得到落实和保障一直是股权执行的难点,尤其是在股权拍卖已经完成的情况下,能否因未能保障股东优先购买权撤销司法拍卖?持反对意见者认为,撤销后重新拍卖既有损于司法拍卖的权威性,也会造成司法资源的浪费,形成程序空转。但支持应当严格保障股东优先权行使的观点认为,相关司法解释之所以设置保障优先购买权行使的程序规则,还是基于司法在介入公司治理方面的谦抑性,这是平衡了强制执行与公司治理利益之后的结果。司法实务也普遍认可侵犯股东优先购买权的司法拍卖可以被申请撤销的做法。但各地法院对于是否履行了通知股东行使优先购买权的义务理解不尽一致。本案例中,异议法院及复议法院严格按照《拍卖变卖规定》及《网络拍卖规定》的程序和期限认定执行法院是否尽到通知义务。但在(2019)浙07执复162号执行裁定、(2021)川01执异303号执行裁定中,法院认为,人民法院在司法拍卖公告中告知了与拍卖标的相关人员均可参加竞拍,优先购买权人参加竞买的时间方式及逾期法律后果等内容,并作了特别提示,该拍卖公告就已起到公示通知效果。

第十二章　前置审批类股权的执行

前置审批类股权的执行，又称变更登记应审批类股权的执行，是指拍卖被执行人持有的某些军工涉密股权、特定国有股权、外商投资企业股权以及其他因行业监管需要特殊审批的股权，如商业银行、证券公司、期货公司以及保险公司等金融机构的股权，在经过拍卖、变卖等司法处置程序后，需经行政机关审批才能登记到竞买人名下。执行前置审批类股权，涉及司法权与行政审批权的冲突与协调，[①]亦涉及股权买受人与公司之间的利益平衡。因此，需要处理好执行权的行使与法律、法规和国家政策关于股权转让以及股东资格取得的行政限制性规定之间的关系。

第一节　股权拍卖竞买人资格的取得

法律依据

《拍卖法》第33条　法律、行政法规对拍卖标的的买卖条件有规定的，竞买人应当具备规定的条件。

《股权执行规定》第15条第1款、第2款　股权变更应当由相关部门批准的，人民法院应当在拍卖公告中载明法律、行政法规或者国务院决定规定的竞

① 2001年12月11日国务院行政审批制度改革工作领导小组发布《关于贯彻行政审批制度改革的五项原则需要把握的几个问题》（国审改发〔2001〕1号），文中有对行政审批的表述为："行政审批，是指行政审批机关（包括有行政审批权的其他组织）根据自然人、法人或者其他组织依法提出的申请，经依法审查，准予其从事特定活动，认可其资格资质，确认特定民事关系或者特定民事权利能力和行为能力的行为。"

买人应当具备的资格或者条件。必要时，人民法院可以就竞买资格或者条件征询相关部门意见。

拍卖成交后，人民法院应当通知买受人持成交确认书向相关部门申请办理股权变更批准手续。买受人取得批准手续的，人民法院作出拍卖成交裁定书；买受人未在合理期限内取得批准手续的，应当重新对股权进行拍卖。重新拍卖的，原买受人不得参加竞买。

《拍卖变卖规定》第12条第1款 法律、行政法规对买受人的资格或者条件有特殊规定的，竞买人应当具备规定的资格和条件。

《网络拍卖规定》第14条第1款第1项 实施网络司法拍卖的，人民法院应当在拍卖公告发布当日通过网络司法拍卖平台对下列事项予以特别提示：（一）竞买人应当具备完全民事行为能力，法律、行政法规和司法解释对买受人资格或者条件有特殊规定的，竞买人应当具备规定的资格或者条件。

制度研究

国家出于保障经济建设发展和社会秩序稳定或者维护某一特定利益需要，对限制流通物和国家经济建设物资予以一定范围和程度的管制，限定某些特殊财产应当在特定主体之间流转，要求竞买这些特殊财产的主体资格需要按照法律、行政法规、司法解释以及有关国家政策予以确定，作为财产处置程序的司法拍卖活动也不应突破国家对财产主体资格的限制。对于直接涉及国家安全、公共安全、经济宏观调控、生态环境保护以及直接关系人身健康、生命财产安全等特定活动，需要按照法定条件依据行政法设立行政许可。法律和行政法规对特殊股权的转让、变更加以限制，目的在于使这些股权只在具备相应资格的主体之间转让，通过法律、行政法规、司法解释等对股东资格作出限制，实现国家对某些特殊行业的监管需要，如国有股权，外商投资公司股权，商业银行、证券公司、保险公司等金融机构的股权，电信行业公司股权，民用航空业公司股权的拍卖，竞买人均需取得行政机关的审批，对前置审批类公司股权的变更登记，体现了司法执行权与行政审批权之间存在的冲突与协调，[①]以及

---

① 参见江伟、赵秀举：《论执行权的性质与执行机构的设置》，载张启楣主编：《执行改革理论与实证》，人民法院出版社2002年版，第75页。

执行行为对社会公共利益和行政程序的影响,因而司法解释在前置审批类股权的执行程序中专门设置了一个必要的申请审批程序,构建了“以自由转让为原则,以限制转让为例外”的股权拍卖法律制度。①

人民法院在拍卖特殊公司股权时,是否仍有必要考量相关行政审批部门的批准程序?一种观点认为,人民法院作出生效裁判文书或者协助执行通知书时,已代替相关行政部门对股权变更的适法性问题进行了审查,无须相关行政部门再行审查,公司登记部门对于人民法院的协助执行,不应要求提供审批文件,而是径行变更,即使需要提供审批文件,人民法院也可以要求相关行政部门协助执行,行政部门不应当再进行实体审查,只需径行作出批准文件。②另一种观点则认为,“特殊公司股权执行中的前置审批,由于涉及行政许可法上的国家安全、公共安全、经济宏观调控等事项,必须由相关行政部门进行前置实体审查,属于典型的行政许可。人民法院与行政部门职能定位不同,对于行政许可事项,不能代替为之,行政许可事项并非司法机关所能决定,司法权不可能超越行政权使市场交易活动中的主体获得行政审批利益,而应当体现对行政权的充分尊重。因此,人民法院在要求公司登记部门协助变更特殊有限责任公司股权之前,必须要经过商务部门及银监部门、证监部门、保监部门的前置审批”。③

正常情况下,人民法院在拍卖行为完成后,作出股权拍卖成交裁定书并送达股权受让主体时就已经产生权利变动的法律效果,股权权属在被执行人与受让人之间发生转移;市场监督管理部门对股权作出的变更登记,在法律性质上属于行政确认行为,不属于行政许可④,依照登记对抗主义理论,该行政行

---

① 《股权执行规定(征求意见稿)》第 19 条:法律、行政法规规定股权变更应当由相关部门批准的,人民法院拍卖股权之前,应当针对竞买资格、股权比例等问题,征询审批部门意见,并将审批部门的意见在拍卖公告中予以特别提示。竞买人参加股权拍卖,视为承诺符合竞买资格。拍卖成交后,竞买人应当自行应当向相关部门申请办理股权变更审批手续。

② 参见张元:《执行程序中行政部门协助变更股权若干问题研究》,载《人民司法(应用)》2014 年第 21 期。

③ 张元:《执行程序中行政部门协助变更股权若干问题研究》,载《人民司法(应用)》2014 年第 21 期。

④ 根据《行政许可法》的相关规定,行政许可是指行政主体根据公民、法人或者其他组织的申请,经依法审查,准予其从事法律一般禁止事项的权利和资格的行政行为,是一种授益性行政行为。

为仅对股权被强制转让的事实加以确认，使股权变更登记产生公示公信的对抗效力。但股权拍卖成交后登记变更前的审批程序，属于行政许可的范畴，需要遵循行政许可法的规定。股权竞买人资格的取得与股权变更登记是法院拍卖股权的两个必经阶段，股权竞买人资格的取得与确认是前置审批类股权权属变动的前提条件。因此，人民法院在拍卖前置审批类股权后要求市场监督管理部门协助执行变更登记之前，经过相关行政部门对包括司法拍卖、变卖买受人、以股抵债申请执行人在内的股权受让人资格的审查，是行政许可法律制度对执行程序的基本要求。

理解与适用

一、司法买卖竞买主体资格限制的立法渊源

司法拍卖对竞买主体资格的限制，最早从《拍卖法》开始，在最高人民法院出台的多部司法解释中均有体现，之后，最高人民法院基于对全国各地城市房地产调控政策的落实，出台的《房产竞买人资格规定》对司法拍卖中竞买人的购房资格作出明确限制性规定，要求人民法院组织司法拍卖房产活动时，发布的拍卖公告载明竞买人必须具备购房资格及其相应法律后果等内容，竞买人申请参与竞拍的，应当承诺具备购房资格及自愿承担法律后果，人民法院在司法拍卖房产成交后、向买受人出具成交裁定书前，应当审核买受人提交的自其申请参与竞拍到成交裁定书出具时具备购房资格的证明材料；经审核买受人不符合持续具备购房资格条件，买受人请求出具拍卖成交裁定书的，人民法院不予准许。

二、对竞买人资格实行事中审查的制度设计

依据《拍卖变卖规定》26 条的规定，不动产、动产或者其他财产权拍卖成交或者抵债后，该不动产、动产的所有权、其他财产权自拍卖成交或者抵债裁定送达买受人或者承受人时起转移。人民法院在拍卖成交后应当出具成交裁定书并送达给买受人，买受人即取得该财产的所有权。但在股权拍卖中，即使拍卖成交，如果竞买人没有取得行政机关的审批文件，因其不符合股权受让的

资格条件,人民法院不予出具成交裁定书,买受人将无法取得股权所有权。

关于人民法院应当要求竞买人在网络拍卖、变卖程序中取得相关部门的审批,无论是在参与竞拍前获得审批,还是在竞买成功后获得审批,再或者可以在拍卖裁定作出后取得再办理审批手续,在司法解释起草过程中,观点并不一致,一种观点认为,在拍卖前人民法院只要明示竞买人应有相应资格和条件即可,竞买人在竞买成功后自行办理审批手续。获得审批的,人民法院出具成交裁定书;未获审批的,人民法院对股权重新进行拍卖。此种方式的优势在于,可以提高拍卖效率,确保充分竞价,最大限度实现股权价值。劣势在于,此种方案会出现竞买人在竞买成功后因无法获得审批而导致重新拍卖的问题。另一种观点认为,只有获得相关部门审批的竞买人才可以参加竞买,此种方式的优势在于,能够确保竞买成功的竞买人已获得审批资格,尽可能避免重新拍卖情形的出现。劣势在于:一是在竞买前即限定竞买人的资格,合理性存疑,且会导致股权拍卖竞价不充分,可能会存在"暗箱"操作;二是由审批部门对所有竞买人的资格进行审核,实际操作上并不可行,征求意见时,相关部门也提出这样的意见;三是即使在竞买前已获得审批,在竞买成功后办理变更登记时,也可能会因种种原因出现不能办理变更登记的情形。[①] 各地做法差异较大。从实践中看,拍卖成交后买受人未能完成资格审批的,有的法院将所有权与产权登记区分开来,在协助执行通知书中载明"买受人须取得资格审批后,方可办理股权变更登记手续",买受人取得股权所有权但要自行承担无法办理变更登记的风险。有的法院在拍卖公告中明示拍卖成交确认后因买受人不能取得资格审批的,按照悔拍处理,通过保证金罚则规制和调整竞买人的非理性行为。

股权执行司法解释最终采用了《房产竞买人资格规定》的制度逻辑,将拍卖程序拆分成拍卖成交确认和拍卖成交裁定两个阶段,将审查竞买人资格条件的环节放在拍卖成交之后,拍卖裁定作出之前。这是因为,竞买人报名参与竞买时,人民法院无须事先审查竞买人的资格或者条件。只需要承诺具备相应的资格或者条件或者承诺可以取得行政机关的资格审批即可。执行法院在

---

① 参见何东宁、邵长茂等:《〈最高人民法院关于人民法院强制执行股权若干问题的规定〉的理解与适用》,载《中国应用法学》2022 年第 2 期。

拍卖成交后，出具拍卖成交裁定书前，应给予买受人办理股权变更登记相关审批手续的合理时间，由竞买人持拍卖成交确认书自行前往相关行政部门申请办理股权变更批准手续而取得审批文件，并交由人民法院进行形式审查，最后作出拍卖成交裁定书，并以拍卖成交裁定书与协助执行通知书要求股权所在地的市场监督管理部门协助办理该类特殊股权的过户登记。

实际上，特殊股权的变更登记，即使人民法院未设置一个前置性的审批程序，在竞买人取得资格之前作出拍卖成交裁定，市场监督管理部门对该类特殊股权的变更登记，也会要求股权受让人提供相关行政部门的审批文件。

三、人民法院对竞买资格的披露义务

拍卖公告属于拍卖的表示阶段，是指拍卖人对于委托拍卖的物品和财产权利，按照法律规定在媒体上对公众发布的通告。[①] 人民法院司法拍卖公告对特殊股权竞买人应当具备的资格或者条件具有查明、披露和公开告知的义务。人民法院在发布的拍卖公告中，应当详细说明法律、行政法规、国务院决定等方面的强制性规定，竞买人应当具备的资格或者条件，如果购买股权需要的资格条件，没有在拍卖公告中披露，导致不具备购买资格的竞买人购买成交，当事人、利害关系人可以买受人不具备法律、行政法规和司法解释规定的竞买资格为由请求撤销股权的网络拍卖。如果人民法院对某一类股权的竞买人资格并不清楚，可以结合《外商投资法》《中国银保监会中资商业银行行政许可事项实施办法》《中国银保监会农村中小银行机构行政许可事项实施办法》《证券公司监督管理条例》《公开募集证券投资基金管理人监督管理办法》《信托公司管理办法》《期货公司监督管理办法》《金融租赁公司管理办法》等具体分析、判断处置涉案股权是否属于限制投资或者许可准入的领域，或者相关法律法规是否对涉案股权变更登记规定了审批程序。

必要时，人民法院还需要就股权竞买人的竞买资格或者条件提前发函征询相关部门的意见，依职权查明后在网络拍卖公告中对竞买人的主体资格、条件及相应要求予以披露，防止对竞买人资格或条件的审查力度不够、竞买人主

---

① 参见江必新、刘贵祥主编，最高人民法院执行局编：《最高人民法院关于人民法院网络司法拍卖若干问题的规定理解与适用》，中国法制出版社 2017 年版，第 167 页。

体资格或条件的公示存在瑕疵而引发的拍卖无效风险，节约有限的司法资源。目前，各地法院对股权竞买人主体资格或条件如何在拍卖公告中披露，做法不一致，有的法院只笼统地公告法律、行政法规、司法解释、行政规章等对竞买人资格或者条件有特殊规定，竞买人应当具备相关规定的资格或者条件，提示竞买人自行前往相关监管部门或者股权所在公司了解是否具备受让资质；有的法院会在拍卖公告中详细披露竞买人应当具备哪些资格或者条件。人民法院应当在网络拍卖公告和竞买须知内容中的显著位置对法律、行政法规或者国务院决定规定的竞买人应当具备的资格或者条件作特别标注、提醒，同时明确出具成交裁定前要审查相关部门作出的股权变更批准文件，供竞买人根据自身实际情况判断其是否符合竞买资格或条件，是否参加竞拍。

操作指引

人民法院对竞买人是否实际具备购买资格，不做事前审查，只要参与竞买此类特殊股权，即视为承诺具有相应的资格或者条件，并自愿承担相应法律后果。股权拍卖成交后，买受人负有持拍卖成交确认书自行向相关审批部门申请办理股权变更批准手续并获得批准文件的义务。行政部门审批重点是审查受让人是否符合案涉股权的受让主体范围，然后就该资格和条件作出书面许可文件。

审判前沿

金东投资集团有限公司与哈尔滨亚翔航空建设投资有限公司等人股权转让纠纷执行复议案

【裁判要旨】

执行法院已经在拍卖公告的《竞买须知》第三项内容明确载明竞买限制条件，因《竞买须知》属于拍卖公告的一部分，应视为对《拍卖公告》第二项竞买人条件的特别提示，复议申请人以《拍卖公告》未对竞买人条件进行限制为由主张撤销拍卖，理由不成立。执行法院的拍卖程序符合法律规定，不存在应依法撤销拍卖的情形。

【案例索引】

(2020)黑执复137号

【基本案情】

金东投资集团有限公司(以下简称金东投资公司)与哈尔滨亚翔航空建设投资有限公司(以下简称亚翔公司)、哈尔滨湘玉金制品销售有限公司(以下简称湘玉公司)、龙江航空有限公司(以下简称龙江航空公司)、张某铭股权转让合同纠纷案,北京仲裁委员会作出[2019]京仲裁字第0745号裁决书,仲裁过程中,哈尔滨市香坊区人民法院于2018年10月25日作出(2018)黑0110财保221号民事裁定书,仲裁保全亚翔公司持有的涉案股权及湘玉公司持有的龙江航空公司3%的股权。因亚翔公司、湘玉公司、龙江航空公司、张某铭未履行上述生效法律文书确定的给付义务,金东投资公司向黑龙江省哈尔滨市中级人民法院(以下简称哈尔滨中院)申请执行。在执行中,哈尔滨中院作出(2019)黑01执629号执行裁定书,冻结湘玉公司持有龙江航空公司34%股权及张某铭持有的湘玉公司99%的股权。哈尔滨中院于2020年8月28日发布拍卖公告,将于2020年9月29日10时至30日10时在京东网络司法拍卖平台上公开拍卖龙江航空公司股东部分权益价值项目(亚翔公司持有龙江航空公司61%股权、湘玉公司持有龙江航空公司37%股权,共计98%股权)(以下简称《拍卖公告》);该《拍卖公告》第2项载明:"竞买人条件:凡具备完全民事行为能力人的公民、法人和其他组织均可参加竞买。"《竞买须知》第3项载明:"本次拍卖不限制竞买人数量,但竞买人应当具备完全民事行为能力,法律、行政法规和司法解释对买受人资格或者条件有特殊规定的,竞买人应当具备规定的资格或者条件……"

被执行人亚翔公司、湘玉公司对哈尔滨中院发布的《拍卖公告》内容提出执行异议,其认为哈尔滨中院发布的《拍卖公告》第2项在竞买人条件部分未按法律、法规对竞买人条件进行限制,存在严重瑕疵,故请求撤销、中止该拍卖公告。

哈尔滨中院在(2020)黑01执异161号案中认为,《网络拍卖规定》第14条规定,"实施网络司法拍卖的,人民法院应当在拍卖公告发布当日通过网络司法拍卖平台对下列事项予以特别提示：（一）竞买人应当具备完全民事行为能力，法律、行政法规和司法解释对买受人资格或者条件有特殊规定的，竞买人应当具备规定的资格或者条件……”在（2019）黑01执629号案中，该院已经在拍卖公告的《竞买须知》第3项载明上述内容，因《竞买须知》属于拍卖公告的一部分，故其应视为对《拍卖公告》第2项竞买人条件的特别提示，故异议人亚翔公司、湘玉公司以《拍卖公告》未对竞买人条件进行限制为由主张撤销拍卖，理由不成立。依照2017年《民事诉讼法》第225条①、《异议复议规定》第16条之规定，裁定驳回亚翔公司、湘玉公司的异议申请。

异议人亚翔公司、湘玉公司不服异议结果，向黑龙江高级人民法院（以下简称黑龙江高院）申请复议，请求撤销（2020）黑01执异161号执行裁定，发回哈尔滨中院重新审查，理由是：（1）拍卖公告不作必要的限制性规定违背航空公司管理规则，导致执行审查存在程序问题。（2）国家对于民航公司主体具有明确的限制。拍卖公告中不作任何的限制违反相关规定。

【裁判观点】

黑龙江高院认为，在（2019）黑01执629号案中，哈尔滨中院已经在拍卖公告的《竞买须知》第3项载明竞买限制条件，因《竞买须知》属于拍卖公告的一部分，应视为对《拍卖公告》第2项竞买人条件的特别提示，复议申请人以《拍卖公告》未对竞买人条件进行限制为由主张撤销拍卖，理由不成立。哈尔滨中院的拍卖程序符合法律规定，不存在应依法撤销拍卖的情形。综上所述，复议申请人亚翔公司、湘玉公司的复议理由缺乏事实及法律依据，其复议请求依法不能支持。裁定如下：驳回亚翔公司、湘玉公司的复议申请，维持哈尔滨中院（2020）黑01执异161号执行裁定。

【要点评析】

《网络拍卖规定》第14条规定原已对网络司法拍卖中竞买人资格问题作出原则性概述，要求人民法院在拍卖公告/网拍平台中对有特定要求

① 《民事诉讼法》第236条。

或规定的竞买人资格予以特别提示。而在特殊前置审批类股权的拍卖处置过程中涉及的竞买人资格审查问题,《股权执行规定》第15条第1款、第2款进一步明确了对竞买人资格的提示义务,并细化了对竞买人资格审查的实务操作。

第二节　竞买人未取得资格审批的法律后果

法律依据

《股权执行规定》第15条第2款、第3款　拍卖成交后,人民法院应当通知买受人持成交确认书向相关部门申请办理股权变更批准手续。买受人取得批准手续的,人民法院作出拍卖成交裁定书;买受人未在合理期限内取得批准手续的,应当重新对股权进行拍卖。重新拍卖的,原买受人不得参加竞买。

买受人明知不符合竞买资格或者条件依然参加竞买,且在成交后未能在合理期限内取得相关部门股权变更批准手续的,交纳的保证金不予退还。保证金不足以支付拍卖产生的费用损失、弥补重新拍卖价款低于原拍卖价款差价的,人民法院可以裁定原买受人补交;拒不补交的,强制执行。

制度研究

前置审批类股权变更需要取得相关部门的行政审批方能得以登记的,类似于附条件生效的股权转让合同,最终股权作为物权在得到登记确认、条件达成后,完成物权变动;若股权受让主体在结果上未取得股权变更批准手续的,类似于股权转让合同的相关条件未成就,拍卖、变卖成交或者以股抵债的行为期待产生的物权变动亦不发生效力。股权拍卖成交后,买受人因不符合股权竞买资格或条件而未获股权变更批准手续,是由当事人或利害关系人申请撤销拍卖或者由执行法院依职权认定拍卖行为无效?还是应当建立法院依职权确认拍卖无效和当事人或利害关系人依申请认定拍卖无效的救济机制?如果买受人不符合股权竞买资格或条件且非恶意参拍、非有意扰乱司法拍卖秩序的，是否可以根据《网络拍卖规定》第31条之规定由法院依职权确认拍卖无效，退还无竞买资格买受人交纳的保证金，裁定重新拍卖？明知不符合股权竞买资格或条件仍然参加竞买的买受人，如果其最终未取得股权变更批准手续而造成拍卖无效的，应当承担怎样的不利法律后果？上述问题均需要在制度建构上予以厘清。司法拍卖无效事由一般以“重大而显著的瑕疵”为评判标准，重大瑕疵包括执行名义不存在；拍卖物未经查封或者查封无效；拍定人不具备法律规定的竞买资格；拍卖标的物系禁止流通等情形。对于其他拍卖中的瑕疵，一般赋予当事人、利害关系人提出撤销异议的权利，由人民法院依申请进行审查，民事诉讼法和司法解释对拍卖的撤销和无效没有作出明确规定。《房产竞买人资格规定》创设了买受人虚构购房资格参与司法拍卖房产活动且拍卖成交的，当事人、利害关系人可以违背公序良俗为由主张该拍卖行为无效的制度，为股权竞买人没有取得审批资格人民法院依职权确认拍卖无效奠定了基础。

理解与适用

《股权执行规定》第15条第2款作为股权执行类司法解释中的特别条款，实践价值在于从文义限缩解释的角度弥合了以行政审批为股权变更生效要件与上位法《民法典》第229条以及司法解释如《拍卖变卖规定》第26条、《民事诉讼法解释》第493条、《网络拍卖规定》第22条第2款规定之间的规则分歧，在一定程度上也化解了与股权变更相关的行政审批权与司法执行权之间的冲突。

一、竞买人未取得资格审批的拍卖无效

一般情况下，司法拍卖、变卖成交后，人民法院应当作出拍卖成交执行裁定书或者变卖成交裁定书对股权拍卖行为予以确定。但为了防止成交裁定书作出后竞买人却无法取得资格审批情形的出现，司法解释设计了司法拍卖或者变卖成交后，法院先不出具拍卖成交执行裁定书或者变卖成交执行裁定书，待买受人持成交确认书向相关部门申请办理股权变更批准手续后再根据具体情况决定是否出具成交裁定书的制度，成交确认书是对拍卖、变卖结果具有法

律效力的初步认定,目的在于辅助买受人办理批准手续。如果买受人未在合理期限内取得股权变更批准手续,人民法院不再出具成交裁定,而是应当依职权认定拍卖无效,同时对案涉股权重新启动拍卖程序。对于申请以股抵债的申请执行人,执行法院应当审查申请人从申请以股抵债到出具以股抵债执行裁定书期间,申请人是否已获得相关部门的股权变更批准手续;未取得股权变更批准手续,不予出具以物抵债裁定。如此制度设计可以避免出现买受人未获得股权变更批准手续时执行法院需另行作出法律文书处理已作出的拍卖成交执行裁定以及以股抵债执行裁定书的程序问题。

买受人在竞拍结束后到拍卖成交裁定作出前这一时间范围内仍未取得资格审批的,此时拍卖效力应当如何认定。《异议复议规定》第 21 条和《网络拍卖规定》第 31 条分别规定了当事人、利害关系人可以提出执行异议、请求撤销拍卖的多种情形,均包含买受人不具备法律、行政法规和司法解释规定的竞买资格,但对拍卖无效问题未作出明确规定。股权竞买人在成交后未能取得资格审批,人民法院对已经成交的股权拍卖应当如何处理,是由当事人、利害关系人申请撤销,还是由人民法院直接依职权认定本次拍卖无效,要看哪一个程序更有利于高效启动下一次拍卖程序,如果通过撤销成交确认书程序使财产重新启动拍卖,程序不免过于烦琐冗长,因此,对于未出具拍卖裁定的成交确认书,人民法院直接依职权认定无效即可。

二、保证金罚则

买受人明知自身不具备竞买资格参加竞买,导致法院无法实现拍卖目的而重新拍卖,严重影响司法拍卖效力和执行效率,视为干扰司法拍卖秩序的行为,应承担不低于悔拍责任的后果,将保证金不予退还作为惩罚措施。对于司法拍卖悔拍的,《网络拍卖规定》第 24 条和《拍卖变卖规定》第 22 条规定了不同的保证金罚则,网络拍卖成交后买受人悔拍的,交纳的保证金不予退还,依次用于支付拍卖产生的费用损失、弥补重新拍卖价款低于原拍卖价款的差价、冲抵本案被执行人的债务以及与拍卖财产相关的被执行人的债务,悔拍后重新拍卖的,原买受人不得参加竞买,另有观点主张适用"重新拍卖的价款低于原拍卖价款造成的差价、费用损失及原拍卖中的佣金,由原买受人承担。人民法院可以直接从其预交的保证金中扣除,扣除后保证金有剩余的,应当退还原买受人”。

股权拍卖适用网络拍卖方式，对成交后未取得资格审批的原因进行了区分，将恶意竞拍股权行为认定为悔拍行为，按照悔拍对待，交纳的保证金一律不予退还，保证金不足以支付拍卖产生的费用损失、弥补重新拍卖价款低于原拍卖价款差价的，人民法院可以裁定原买受人补交；对于保证金不足应当由原买受人补交的部分，拒不补交的，人民法院可以对其强制执行。如果竞买人并非恶意竞拍，而是因为客观原因未能取得行政机关的行政许可，司法解释虽然没有明确此时保证金应当如何处理，但对照恶意竞拍行为的罚则，不应当按照悔拍行为对待，应当按照规定退还竞买人交纳的保证金。

三、对恶意的识别

“买受人明知不符合竞买资格或者条件依然参加竞买”中“明知”的内涵和认定标准，实践中，难以把握。此处的“明知”的含义只能是“知道”，不包括“应当知道”，“应当知道”是过失心理状态的表现，属于过失的范畴；“明知”则属于故意的范畴。“明知”的认定标准是，竞买人在竞拍开始阶段就已阅读、知悉人民法院司法拍卖或者变卖公告中载明的法律、行政法规或者国务院决定规定的竞买人应当具备的资格或者条件，可以根据自身情况清楚地判断是否符合竞拍主体资格或条件，不符合相关资格或条件却仍执意参加竞拍程序、在竞拍出价环节中给出最高价，对扰乱司法拍卖秩序明显具有较大的主观恶意。

操作指引

一、买受人范围

《股权执行规定》第 15 条第 2 款中的“买受人”应作扩大解释，包括司法拍卖的买受人、司法变卖的买受人、以物抵债的申请人。

二、合理期限

关于《股权执行规定》第 15 条第 2 款中的“合理期限”，应当指股权竞买人向相关行政部门递交审批材料所需的合理期限加上相关主管部门作出行政审批结果所需的法定审查期限的总和。

三、未取得审批丧失再次竞拍资格

无论竞买人是否明知不符合股权竞买资质或条件参与竞拍，只要在拍卖成交后的合理期限内未取得资格审批的，都要被剥夺再次参与拍卖的资格，即人民法院裁定重新拍卖股权的，原买受人不得参加竞买。

审判前沿

案例1　何某民与张某辉、湖南嘉某实业有限公司借款合同纠纷案

【裁判要旨】

根据拍卖公告，竞买人必须符合保险公司股东资格条件，且必须在参与竞拍前，向执行法院提交相关书面证明资料，法院将委托保险公司对意向购买人股东资格进行初步审核，但该审核仅为初审，不作为认定是否符合保险公司股东资格的最终依据。是否符合保险公司股东资格，最终需报备中国银保监会同意后方能确定；成交后，如买受人被认定不符合保险公司股东资格，法院概不赔偿损失。由于买受人天津艺龙互联投资管理有限公司（以下简称天津艺龙）不具备法律、行政法规和司法解释规定的竞买资格，拍卖被撤销。

【案例索引】

（2018）湘0111执2644号

【基本案情】

2014年7月20日，何某民与张某辉签订《借款协议》，约定张某辉向何某民借款人民币3000万元，期限自2014年7月至2015年1月止，月利息为2%，湖南嘉某实业有限公司（以下简称嘉某实业）以其所持有的财信吉祥人寿保险股份有限公司（以下简称财信吉祥人寿）4000万股股权为张某辉的借款提供质押担保，并办理质押登记。因张某辉多次未按约还本付息，何某民到湖南省长沙市雨花区人民法院（以下简称雨花区法院）起诉张某辉、嘉某实业并请求法院裁定拍卖、变卖被质押的4000万股股权所得

价款由何某民优先受偿，包括借款本金3000万元及利息、实现债权的相关费用。雨花区法院对何某民的诉请予以支持。因被执行人张某辉未履行生效判决确定的义务，经何某民申请，雨花区法院依法立案执行，案号为(2018)湘0111执2644号。

【裁判观点】

在该案执行中，雨花区法院裁定拍卖嘉某实业所持有的财信吉祥人寿4000万股股权，并于2019年10月28日10时至29日10时在阿里司法拍卖平台公开拍卖上述保险公司股权，雨花区法院在拍卖公告第2项、第3项明确告知“……二、竞买人必须符合保险公司股东资格条件，且必须在参与竞拍前，向雨花区法院提交相关书面证明资料，具体如下：(1)根据持股比例、资质条件和对保险公司经营管理的影响，此标的物仅占吉祥人寿保险公司不足5%的股权，应属于财务Ⅰ类股东。(2)投资人必须符合以下规定条件才可以成为保险公司股东：一是境内企业法人；二是境内有限合伙企业；三是境内事业单位、社会团体；四是境外金融机构。事业单位和社会团体只能成为保险公司财务Ⅰ类股东，国务院另有规定的除外。自然人只能通过购买上市保险公司股票成为保险公司财务Ⅰ类股东。中国保监会另有规定的除外。因财信吉祥人寿为非上市保险公司，自然人不得参与本次竞拍。(3)前条所列法律主体参与本次竞拍成为保险公司财务Ⅰ类股东，应当具备以下条件……三、竞买人需提供的申报材料申请参与本次竞买的竞买人应当按照中国银保监会要求的前述股东资格条件提交相关证明文件，证明文件必须真实、准确、完整。证明文件包括基本情况类、财务信息类、公司治理类、附属信息类以及中国银保监会要求提交的其他相关材料”。最终由天津艺龙以4040.8万元的价格成功竞得财信吉祥人寿4000万股股权，但要正式成为财信吉祥人寿股东，还需得到中国银保监会的核准批复。在中国银保监会的核准批复期间，天津艺龙因“不具备法律、行政法规和司法解释规定的竞买资格”，此次保险公司股权的司法拍卖也随后被雨花区法院撤销。

2021年5月，雨花区法院在阿里拍卖平台重新拍卖财信吉祥人寿的4000万股股权，两次拍卖均出现流拍，直至2021年7月，在上述股权的变卖阶段,艺龙网信息技术(北京)有限公司(以下简称艺龙网)以3232.64万元的价格竞得上述股权。该股权拍卖事项由财信吉祥人寿向银保监会报备,最终得到了核准,艺龙网以1.15%持股比例成为财信吉祥人寿第九大股东。

【要点评析】

该案发生在《股权执行规定》出台前,该案中竞买人因在竞拍成交后未能取得相关部门的行政批准手续,致使人民法院对案涉股权进行重新拍卖。《股权执行规定》第15条第2款规定:"拍卖成交后,人民法院应当通知买受人持成交确认书向相关部门申请办理股权变更批准手续。买受人取得批准手续的,人民法院作出拍卖成交裁定书;买受人未在合理期限内取得批准手续的,应当重新对股权进行拍卖。"该案例属于对未取得资格审批的拍卖与重新拍卖情形的直接阐释,后续实务操作中可予借鉴、参考。

案例2　郑某与郭某、贾某民间借贷纠纷案

【裁判要旨】

1.拍卖成交结束后,因买受人在竞买前无购房资格的,在竞拍结束后至拍卖成交裁定作出前的合理期限内仍未取得资格审批的,人民法院可认定买受人为"悔拍",并由该买受人承担"悔拍"的法律责任。如果人民法院认为竞买人存在其他"恶意"竞拍行为的,可以通过处置妨害执行行为的相关司法程序办理。

2.如果竞买人在网络拍卖程序开始前确有购房资格,但因行政审批等客观原因无法在拍卖前提交资格证明的,人民法院可酌情同意买受人在竞拍结束、拍卖成交并按规定支付全部拍卖价款后延期提交资格证明。

【案例索引】

(2020)沪0106执恢1174号

【基本案情】

郑某诉郭某、贾某民间借贷纠纷案,上海市静安区人民法院(以下简称静安区法院)于2019年1月作出(2018)沪0106民初16285号民事判决书,判决:郭某、贾某应返还郑某借款本金600万元及相应利息、律师费等;

若郭某、贾某未履行付款义务,郑某可以与郭某、贾某协议,以上海市松江区北翠路某处房屋折价或者以申请拍卖、变卖该抵押物,所得款项在超出顺位在先的抵押担保债权部分优先受偿等。判决生效后,因郭某、贾某均未主动履行,郑某到静安区法院申请强制执行。后静安区法院于2020年11月5日作出拍卖执行裁定书,裁定拍卖郭某、贾某名下上述房产。静安区法院于2021年5月17日在淘宝网司法拍卖平台发布《拍卖公告》载明:拍卖成交确认后,因买受人在上海市无购房资格的,将依法承担悔拍等法律后果;房屋交易审核情况通知书(购房资格证明材料)至迟应在支付全部价款后10日内向执行法院提交。2021年7月8日,竞买人许某以1094万余元的最高价竞得上述不动产,并于2021年7月21日支付全部价款。2021年8月11日,买受人许某向法院提交延期出具房屋交易审核情况通知书的申请,考虑到买受人可能由于行政审批的原因不能及时提交购房资格证明材料,出于善意执行的理念,静安区法院同意其延后到8月21日前提交。但是,2021年8月31日,许某才提交房屋交易审核情况通知书。对此,静安区法院向当地房产交易中心调查,查明许某在竞买上述法拍房时,并未取得购房资格,而是迟至8月31日才取得购房资格。

【裁判观点】

静安区法院于2021年9月9日作出(2020)沪0106执恢1174号执行裁定书,裁定许某应当承担违约责任:拍卖标的将重新拍卖,且许某不得参加竞买;许某交纳的保证金不予退还;重新拍卖的价款低于原拍卖价款的,许某应当补足差价。

【要点评析】

该案发生在《房产竞买人资格规定》颁布施行前,案例中人民法院依据《网络拍卖规定》《拍卖变卖规定》中关于悔拍所涉惩罚性规定对虚构购房资格的法拍房竞买人予以惩戒。《股权执行规定》第15条第3款规定:"买受人明知不符合竞买资格或者条件依然参加竞买,且在成交后未能在合理期限内取得相关部门股权变更批准手续的,交纳的保证金不予退还。保证金不足以支付拍卖产生的费用损失、弥补重新拍卖价款低于原拍卖价款差价的,人民法院可以裁定原买受人补交;拒不补交的,强制执行。"该案亦可予以借鉴参考。

第十三章　执行中的以股抵债

民事执行中的以物抵债，是指执行法院不公开拍卖执行标的，而是将该标的作价交予申请执行人以抵销债务。以物抵债是《民事诉讼法解释》与《执行和解规定》等司法解释确立的制度。以物抵债行为的性质存在契约说与处分行为说两种观点。契约说认为，以物抵债实质是当事人之间达成以他种给付替代原定给付的合意，清偿效果是当事人基于以物抵债协议的约定，分别实施了新合同中约定的"债务人实际交付抵债物，债权人现实受领抵债物"的行为。[①] 契约说根据协议达成后是否履行给付义务可以区分为"代物清偿说"与"诺成合同说"。如果采用"代物清偿说"，那么以物抵债协议将因未实际履行给付而不成立；而采用"诺成合同说"，则以物抵债协议的效力并不因是否实际履行给付而受影响，未实际履行给付的，法院将判决履行义务。从法理上看，是否交付是合同的履行问题，以是否履行给付作为判断以物抵债性质的依据在根本上存在逻辑矛盾。根据我国《民法典》第 646 条的规定，以物抵债协议作为无名合同应当参照适用买卖合同的有关规定，但以物抵债的核心在于转移替代物的所有权以履行原债务，这与当事人合意买卖所产生的法律关系截然不同，以物抵债准用买卖合同会违反当事人意思自治原则。正是由于契约说存在的上述缺陷，有学者认为以物抵债本质上是对原债权债务的履行，具有履行行为的特点，在性质上应当属于处分行为。[②] 我们认为，民事执行程序中的以物抵债实质上是将申请执行人的金钱给付请求权转变为物之交付请求权，在不违反法律法规的前提下，当事人之间可以自主变更债的标的。从负担

---

① 参见李冠桥、隋欣：《民事执行程序中以物抵债适用问题及虚假诉讼防范机制研究》，载《法制博览》2022 年第 19 期。

② 参见陈永强：《以物抵债之处分行为论》，载《法学》2014 年第 11 期。

行为与处分行为的区别分析，在债之关系产生的权益变动中，前者属于创设义务，后者属于履行义务。以物抵债中，给付行为旨在消灭原债，但给付内容已不同于原债务内容，其不同源于双方之合意，因此，以物抵债应当被定性为有偿的要物契约。

以物抵债分为合意抵债与强制抵债两种类型。在股权强制执行程序中，具体分为直接以股抵债与股权流拍后的以股抵债。两种不同的抵债方式适用的情形和构成要件也不相同。

第一节　当事人合意以股抵债

法律依据

《执行规定》第37条　对被执行人在其他股份有限公司中持有的股份凭证（股票），人民法院可以扣押，并强制被执行人按照公司法的有关规定转让，也可以直接采取拍卖、变卖的方式进行处分，或直接将股票抵偿给债权人，用于清偿被执行人的债务。

《民事诉讼法解释》第489条　经申请执行人和被执行人同意，且不损害其他债权人合法权益和社会公共利益的，人民法院可以不经拍卖、变卖，直接将被执行人的财产作价交申请执行人抵偿债务。对剩余债务，被执行人应当继续清偿。

《执行和解规定》第6条　当事人达成以物抵债执行和解协议的，人民法院不得依据该协议作出以物抵债裁定。

制度研究

非经拍卖、变卖直接以物抵债的制度，最早规定在《民诉意见》（已废止）中。1998年《执行规定》明确以物抵债制度适用对股票的执行。2001年《国有股和法人股规定》第8条将上市公司国有股和社会法人股排除在不经拍卖、变卖直接抵债的适用范围之外。《民事诉讼法解释》第491条[①]准许非经拍卖变卖直接以物抵债，只是增加了“不损害其他债权人合法权益和社会公共利益的”的限制条件。《执行和解规定》不反对经由执行和解程序以物抵债，只是人民法院不得依据执行和解协议出具以物抵债裁定。

最高人民法院在起草《民事诉讼法解释》第491条时，最初设计了两种方案，一是保留原条文，二是增加第2款：“符合前款规定的，人民法院不予出具以物抵债执行裁定书。”人民法院能否作出执行裁定对当事人之间的抵债予以确认，存在不同认识。一种观点认为，可以作出执行裁定，理由是符合双方当事人的意思，如果不予作出执行裁定，在抵债财产被查封的情况下，双方当事人的以物抵债协议难以履行。另一种观点认为，双方当事人协商以物抵债是一种私法行为，属于执行和解，为了与执行和解制度保持一致，防止当事人恶意串通损害第三人的权利或者通过执行裁定来规避审查，法院不应出具裁定书。因两种方案各有道理，最后将两种方案予以折中，以第一种方案为基础，吸收第二种方案的合理成分，在原条文的基础上，增加“且不损害其他债权人合法权益和社会公共利益”作为前提条件。[②] 因该条对人民法院是否可以作出抵债裁定，没有作出明确规定，导致司法实践中的做法也不一致。《执行和解规定》起草过程中，人民法院能否作出以物抵债裁定再次成为争议的焦点。经过充分研究和讨论后，最终明确规定人民法院不得依据执行和解协议作出以物抵债裁定。[③]

理解与适用

一、合意以股抵债的条件

合意抵债以不具有“损害其他债权人合法权益和社会公共利益”为前提

① 现《民事诉讼法解释》第489条。

② 参见最高人民法院修改后民事诉讼法贯彻实施工作领导小组编著：《最高人民法院民事诉讼法司法解释理解与适用》（下），人民法院出版社2015年版，第1311～1312页。

③ 参见最高人民法院执行局编著：《最高人民法院执行司法解释条文适用编注》，人民法院出版社2019年版，第240～241页。

条件，执行程序中，为避免因拍卖、变卖可能产生的损失或者其他不利影响，当事人可以达成和解，以股权、股份、股票、投资份额抵偿债务。但人民法院应当对当事人达成的抵债协议进行审查，查明是否存在“损害其他债权人合法权益和社会公共利益”的情形，如：(1)用以抵债的股权、股份、股票、投资份额的作价是否明显低于评估价值（如有评估报告）；(2)是否有其他债权人申请参与分配；(3)是否会损害已知其他债权人的利益①；(4)是否可能构成《企业破产法》第32条规定的个别清偿；(5)用以抵债的股份是否属于《国有股和法人股规定》规定的股权②。

二、人民法院不得作出抵债裁定和协助执行通知书

对未经拍卖、变卖直接以股权、股份、股票、投资份额抵偿债务的，人民法院不得作出以股抵债裁定。当事人可以自行办理股权的变更登记手续，人民法院不向股权所在公司、公司登记机关发出变更登记的协助执行通知书。

操作指引

申请执行人与被执行人签订以未经拍卖、变卖的股权抵偿债务的执行和解协议时，应注意以下几个风险：

一、存在轮候冻结的风险

申请执行人因与被执行人签订以股权、股份、股票、投资份额抵偿债务的和解协议向执行法院申请解除冻结时，需要查明该股权、股份、股票、投资份额是否被其他法院轮候冻结。存在轮候冻结的情况下，在执行法院解除冻结后，轮候冻结立即成为正式冻结，则抵偿债务的目的可能无法实现。

---

① 最高人民法院在(2016)最高法执监85号执行裁定书中认为，执行程序中，双方当事人协商以物抵债是一种私法行为，属于执行和解的一种形式，人民法院应当审查执行当事人抵债行为是否触犯第三人权益，不宜出具执行裁定予以确认，以防止当事人恶意串通损害第三人利益或者通过执行裁定来规避行政审查等情形发生。

② 《国有股和法人股规定》第8条：人民法院在执行上市公司国有股时，必须进行拍卖，不得未经拍卖直接将股权抵偿给债权人。

二、股权被另案生效法律文书确权或转让给第三人的风险

如果用以抵债的股权在诉讼、执行中没有冻结，申请执行人在与被执行人签订抵债协议时，需要查明该股权是否被另案生效法律文书确权给其他债权人及被执行人是否已经将该股权转让给第三人。

执行法院解除对股权冻结后，申请执行人应当及时要求被申请人配合办理该股权变更登记，以防止被其他机关冻结或者被执行人转移股权。

审判前沿

深圳市正大城投置业有限公司与张某萍执行监督案

【裁判要旨】

司法解释允许当事人达成合意非经拍卖、变卖直接以股权抵偿债务；《执行和解规定》施行后，对于当事人达成的以物抵债和解协议，执行法院不得出具以物抵债裁定。

【案例索引】

(2019)粤执监11号

【基本案情】

惠州市惠城区人民法院(以下简称惠城法院)在执行深圳市正大城投置业有限公司(以下简称正大公司)申请执行张某萍民间借贷纠纷案中，依据双方当事人达成的执行和解协议，作出(2013)惠城法执字第715号执行裁定，将张某萍持有的深圳市建材设备有限公司的股权转移过户至正大公司名下以抵偿债务。利害关系人深圳市创新实业公司等人向惠州市中级人民法院(以下简称惠州中院)申请执行监督，请求撤销该执行裁定。惠州中院经审查后作出(2018)粤13执监2号执行裁定，撤销惠城法院(2013)惠城法执字第715号执行裁定及其协助执行通知书。正大公司不服惠州中院执行监督裁定，向广东省高级人民法院申诉。

【裁判观点】

2013年6月19日，申请执行人正大公司与被执行人张某萍经协商，达成《执行和解协议》，主要内容：一是以张某萍持有的案涉股权以人民币

450 万元的价格抵偿给申请执行人；二是过户手续办理完毕后，双方之间的债权债务消灭，正大公司向执行法院申请结案。由此可见，该协议是以双方当事人合意抵债为表现形式的执行和解协议。执行法院据此作出(2013)惠城法执字第715 号执行裁定，载明“张某萍所有的建材设备公司1.85%的股权作价 450 万元，交付申请人正大公司抵偿本案尚欠的债务450 万元；上述股权的财产权自本裁定送达申请人正大公司时起转移；申请执行人正大公司可持本裁定书到有关机构办理相关产权过户登记手续”。因此，执行法院是以出具以物抵债执行裁定书的形式对双方当事人的合意抵债和执行和解协议予以确认。对此，本院认为：其一，双方当事人可以经协商一致，不经拍卖、变卖等强制执行过程合意抵债。该行为发生时有效的《最高人民法院关于适用〈中华人民共和国民事诉讼法〉若干问题的意见》(已废止)第 301 条规定：“经申请执行人和被执行人同意，可以不经拍卖、变卖，直接将被执行人的财产作价交申请执行人抵偿债务，对剩余债务，被执行人应当继续清偿。”2015 年《民事诉讼法解释》第 491 条①规定：“经申请执行人和被执行人同意，且不损害其他债权人合法权益和社会公共利益的，人民法院可以不经拍卖、变卖，直接将被执行人的财产作价交申请执行人抵偿债务。对剩余债务，被执行人应当继续清偿。”可见，无论是执行行为发生时还是现行的司法解释对于双方当事人合意抵债的方式都是允许的。其二，2018 年 3 月 1 日施行的《执行和解规定》第 6 条规定：“当事人达成以物抵债执行和解协议的，人民法院不得依据该协议作出以物抵债裁定。”自此，对于以物抵债和解协议，执行法院不出具财产权利转让的裁定成为必须遵照执行的标准。在 2018 年《执行和解规定》实施之前，本院在相同或类似的案件中，亦认为当事人达成的执行和解协议应自行履行。这也与执行和解的实质即“自行和解”的内涵相一致。因此，惠州中院执行监督裁定认为“申请执行人与被执行人达成以涉案股权抵债协议，是当事人之间自行和解的一种方式，可由当事人按照协议内容自行履行，涉及财产办理过户手续的，应当由当事人自行办理，执行法院只

① 现《民事诉讼法解释》第 489 条。

需按照上述法律规定作执行结案处理即可，不宜直接裁定进行过户确定和协助”的结论正确。

【要点评析】

当事人在2018年《执行和解规定》施行之前，达成以未经拍卖的股权抵偿债务的执行和解协议，人民法院能否据此作出裁定，法律、司法解释对此没有明确规定。广东省高级人民法院在本案中认为，当事人达成的以未经拍卖的股权抵偿债务的执行和解协议，符合《最高人民法院关于适用〈中华人民共和国民事诉讼法〉若干问题的意见》(已废止)第301条的规定。但是，这是当事人之间自行和解的一种方式，由当事人按照协议内容自行履行，人民法院不宜据此作出以股权抵偿债务的裁定，不宜向公司登记机关发出变更股权登记的协助执行通知书。本案例对《执行和解规定》施行之前当事人达成的以未经拍卖的股权抵偿债务的执行和解协议，人民法院应该如何执行，具有一定的参考价值。

第二节　拍卖变卖程序中的以股抵债

法律依据

《拍卖变卖规定》第16条　拍卖时无人竞买或者竞买人的最高应价低于保留价，到场的申请执行人或者其他执行债权人申请或者同意以该次拍卖所定的保留价接受拍卖财产的，应当将该财产交其抵债。

有两个以上执行债权人申请以拍卖财产抵债的，由法定受偿顺位在先的债权人优先承受；受偿顺位相同的，以抽签方式决定承受人。承受人应受清偿的债权额低于抵债财产的价额的，人民法院应当责令其在指定的期间内补交差额。

《拍卖变卖规定》第25条　对于第二次拍卖仍流拍的不动产或者其他财产权，人民法院可以依照本规定第十六条的规定将其作价交申请执行人或者其他执行债权人抵债。申请执行人或者其他执行债权人拒绝接受或者依法不能交付其抵债的，应当在六十日内进行第三次拍卖。

第三次拍卖流拍且申请执行人或者其他执行债权人拒绝接受或者依法不能接受该不动产或者其他财产权抵债的，人民法院应当于第三次拍卖终结之日起七日内发出变卖公告。自公告之日起六十日内没有买受人愿意以第三次拍卖的保留价买受该财产，且申请执行人、其他执行债权人仍不表示接受该财产抵债的，应当解除查封、冻结，将该财产退还被执行人，但对该财产可以采取其他执行措施的除外。

制度研究

股权拍卖流拍或变卖未成交后，申请执行人、其他债权人可以申请抵债。但对于能否在首次流拍后就申请以物抵债存在不同观点。一种观点认为，第一次流拍后不能申请抵债，只有在第二次流拍后才能申请抵债。主要是基于《网络拍卖规定》第 26 条第 1 款得出的结论，即网络司法拍卖竞价期间无人出价的，本次拍卖流拍。流拍后应当在 30 日内在同一网络司法拍卖平台再次拍卖，拍卖动产的应当在拍卖 7 日前公告；拍卖不动产或者其他财产权的应当在拍卖 15 日前公告。再次拍卖的起拍价降价幅度不得超过前次起拍价的 20%。根据该条规定，第一次拍卖流拍后人民法院应当在 30 日内启动第二次拍卖，排除了申请执行人或者其他债权人在第一次流拍后申请抵债的权利。另一种观点认为，第一次流拍后，债权人可以申请抵债。主要是基于不同司法解释相互衔接得出的结论，《股权执行规定》第 13 条规定："人民法院拍卖被执行人的股权，应当采取网络司法拍卖方式。"《网络拍卖规定》未规定流拍后以物抵债的内容。因此，流拍后申请抵债应适用《拍卖变卖规定》。而《拍卖变卖规定》第 16 条第 1 款规定："拍卖时无人竞买或者竞买人的最高应价低于保留价，到场的申请执行人或者其他执行债权人申请或者同意以该次拍卖所定的保留价接受拍卖财产的，应当将该财产交其抵债。"该条赋予了申请执行人或者其他债权人在第一次流拍后申请抵债的权利。

其实，债权人在股权第一次流拍后申请抵债不存在法律障碍。首先，从解释论层面看，《拍卖变卖规定》规定"应当在六十日内再行拍卖"，《网络拍卖规定》规定"第一次流拍后三十日内再次拍卖"。因相比传统拍卖，网络司法拍卖启动第二次拍卖所需要的时间更短，本意是要求人民法院在第一次流拍后及时启动第二次拍卖，并不是排除申请执行人或者其他债权人申请抵债的权利。另外，《网络司法拍卖与网络司法变卖衔接通知》规定，网络拍卖二拍流拍后，人民法院应当于10日内询问申请执行人或其他执行债权人是否接受以物抵债。不接受以物抵债的，人民法院应当于网拍二拍流拍之日起15日内发布网络司法变卖公告。从目的解释及体系解释看，人民法院于10日内询问申请执行人或其他执行债权人是否接受以物抵债的目的是督促人民法院及时询问申请执行人或其他执行债权人是否接受以物抵债，在申请执行人或其他执行债权人不接受以物抵债的情况下，人民法院应当及时发布网络司法变卖公告，以便迅速推进后续执行程序，也不是排除申请执行人或其他执行债权人在第一次拍卖流拍后申请抵债的权利。

其次，从法律适用考察，《网络拍卖规定》相对于《拍卖变卖规定》，是新法、特别法，根据法律适用原则，新法和旧法均有规定的，新法优先于旧法，特别法优先于一般法；新法、特别法没有规定但旧法有规定的，在不违背新法精神的前提下，可以适用旧法、一般法。《网络拍卖规定》第26条虽然规定网拍一拍流拍后应当再次拍卖，但并未对一拍流拍后能否以起拍价以物抵债作出明确规定。此种情况应当适用《拍卖变卖规定》第16条的规定，"拍卖时无人竞买或者竞买人的最高应价低于保留价，到场的申请执行人或者其他执行债权人申请或者同意以该次拍卖所定的保留价接受拍卖财产的，应当将该财产交其抵债"①。

最后，从执行效果看，因抵债的价格是流拍的价格，该价格经过了市场检验，不存在损害被执行人利益的问题。因此，股权第一次流拍后，申请执行人或者其他执行债权人申请以股权抵偿债务，既有利于申请执行人或者其他执行债权人快速实现债权，又不损害被执行人的权益，还可以节省司法资源。实务中，第一次拍卖流拍后裁定以物抵债的做法，也在(2019)最高法执监96号、(2019)粤执复299号、(2018)沪执监52号等执行裁定中得到印证。

---

① 参见金殿军、张丽利:《网拍一拍流拍后以物抵债的正当性》，载《人民法院报》2019年7月11日，第8版。

理解与适用

一、申请抵债的主体

（一）申请执行人

以物抵债的主体应当是执行中的债权人或优先权人，股权、股份、股票、投资份额流拍或者变卖未成交后，该执行案件的申请执行人及被执行人其他执行案件的申请执行人均可以提出抵债申请。

（二）其他未进入执行程序的债权人

关于其他未进入执行程序的债权人，能否申请抵债的问题。我们认为，设计以流拍财产抵债制度，是鼓励符合条件的债权人接受流拍财产实现债权，最大限度促成财产的变价。“在出现流拍的情况下，由债权人直接接受拍卖标的抵偿债务，既可以使其债权早日得到实现，也可以使被执行人避免因降低底价拍卖所造成的损失，同时还可以节约执行的成本，提高执行效率。”①申请抵债的主体不应仅限于已经进入执行程序的债权人，具备接受流拍股权资格的本案申请执行人、取得执行依据申请参与分配的债权人及未取得执行依据但对该股权享有优先受偿权的债权人，均可申请以流拍或者变卖未成交的股权抵债。申请抵债的债权人，申请抵债时应当查询拍卖或变卖公告及有关法律、行政法规关于持有条件或者资格的规定，确保符合上述条件或者资格时再申请抵债，否则可能因不符合抵债条件而承担不能变更登记的风险。

（三）案外第三人申请以流拍价购买

财产经拍卖后流拍且执行债权人不接受抵债，第三人申请以流拍价购买的，可以准许。例如，在股权二次流拍后，第三人申请以二次流拍价购买的，人民法院可将其直接变卖给第三人。在制度评价上，对于以流拍价直接变卖财产给第三人是否要征求被执行人的意见，是否会受到被执行人的挑战，实践中一直争议较大。有观点提出，在坚持网络司法拍卖优先的基础上，法院应当对是否变卖有一定的自由裁量权。以前述二次流拍变卖给第三人为例，首先，司法解释并未禁止第一、第二次流拍后不能以流拍价变卖。“第三次拍卖流拍

---

① 人民法院出版社编：《解读最高人民法院司法解释（含指导性案例）·民事诉讼卷》（下），人民法院出版社2019年版，第733页。

且申请执行人或者其他执行债权人拒绝接受或者依法不能接受该不动产或者其他财产权抵债的,人民法院应当于第三次拍卖终结之日起七日内发出变卖公告”规定的条件只是法院决定进行变卖的一个考虑因素。[①] 其次,第一、第二次流拍后既然申请执行人可以以流拍价以物抵债,在申请执行人不同意抵债的情况下,如果进行第三次拍卖,再次降价才能卖出的可能性极大,此时第三人同意以二拍流拍价购买流拍财产,对于申请执行人及被执行人的利益实际更有保障。

二、抵债价格的确定

股权流拍后抵债的价格是该次拍卖的保留价,变卖未成交后抵债的价格是第二次拍卖的保留价。抵债的价格由司法解释明确规定,排除了当事人对抵债价格的约定。如果当事人想通过约定变更抵债的价格,则不适用流拍或者变卖未成交后的抵债规定,而应适用未经拍卖、变卖抵债的规定,即适用《民事诉讼法解释》第 489 条、《执行和解规定》第 6 条和《拍卖变卖规定》第 32 条的规定。

三、抵债程序启动

股权每次流拍或者变卖未成交后,符合条件的申请执行人或者其他债权人可以在人民法院启动处置该股权下一个流程之前,向执行法院书面提交以该股权抵债的申请,其他债权人申请抵债时,还应当提交债权的性质、数额的相关证据。股权每次流拍或者变卖未成交后,执行法院也可以就是否接受抵债向本案的申请执行人,申请参与分配的债权人及已知的对该股权享有优先受偿权的债权人征求意见。

操作指引

一、审查债权情况

人民法院收到申请执行人、其他债权人提交的以物抵债申请及相关材料

① 参见邓展雄、刘恒军:《浅析以流拍价变卖不动产是否必须经被执行人同意》,载中国法院网 2006 年 11 月 23 日,https://www.chinacourt.org/article/detail/2006/11/id/225570.shtml。

后，应当及时审查并确认申请人的债权性质、数额，对于已经在其他法院申请执行的债权，可以向该法院发函核实该债权的执行情况。必要时，可以组织听证核实申请人的债权情况。

二、确定权利承受人

有两个以上债权人申请以流拍或者变卖未成交的股权抵债的，应当根据《股权执行规定》第 16 条第 2 款规定的顺序确定承受人，即由法定受偿顺位在先的债权人优先承受，受偿顺位相同的，以抽签方式决定承受人。

三、办理批准手续

股权流拍后，债权人申请以该股权抵债的，人民法院应参照前置审批类股权拍卖规定，在确认抵债承受人后，要求该债权人在合理期限内向相关部门申请办理股权变更批准手续。拍卖成交后，买受人持成交确认书向相关部门申请办理股权变更批准手续，但在申请以物抵债的情况下，没有成交确认书。如办理批准手续的行政机关要求类似成交确认书之类的文书，人民法院可以向相关部门出具该债权人拟承受股权函文，为债权人申请办理变更批准手续提供便利。

四、补交抵债差额

如果承受人应受清偿的债权额低于抵债股权价值的，法院应当通知其在指定的期间内补交差额，承受人应当按照法院的要求及时补交差额；如其未在指定期限内补交差额，法院应当重新确定承受人或者裁定进入下一个变价程序。

五、作出抵债裁定

在承受人符合承受股权条件时，法院应作出以该股权抵债裁定，并在承受人按照法院的要求补交差额后 10 日内，将抵债裁定送达承受人。

审判前沿

案例1　常州华瑞福海电子科技有限公司与江苏高通资产监管有限公司执行监督案

【裁判要旨】

以流拍或者变卖未成交的股权抵偿债务,其他债权人申请参与分配,符合参与分配条件的,执行法院应当制作分配方案。

【案例索引】

(2016)最高法执监205号

【基本案情】

常州华瑞福海电子科技有限公司(以下简称华瑞公司)申请执行被执行人江苏高通资产监管有限公司(以下简称高通公司)企业借贷纠纷案,江苏省南京市中级人民法院(以下简称南京中院)根据华瑞公司的以物抵债申请,作出(2013)宁执字第386-4号执行裁定:"(1)高通公司持有的金鼎公司8000万股中的25,605,737股归华瑞公司所有;(2)解除对高通公司持有的金鼎公司(3500万元)股权的冻结。"该执行裁定送达华瑞公司后,案涉股权办理了股权变更登记手续。后南京中院依案外人异议之诉案件原告的申请,冻结了华瑞公司持有的金鼎公司的股权。华瑞公司以南京中院未准予其以物抵债请求为由,向江苏省高级人民法院(以下简称江苏高院)申诉,江苏高院立(2015)苏执监字第00012号案件监督。常州久和电子有限公司(以下简称久和公司)因其申请执行与被执行人高通公司、常州新北区商汇担保有限公司(以下简称商汇公司)借款合同纠纷案,认为南京中院在执行(2013)宁执字第386号案中的拍卖行为、以物抵债个别清偿行为损害其权益,向江苏高院申诉,江苏高院立(2015)苏执监字第00013号案件监督。上述两案因相互关联,江苏高院立案监督后合并审查。江苏高院经审查后作出(2015)苏执监字第00012号、(2015)苏执监字第00013号执行裁定,撤销南京中院(2013)宁执字第386-4号执行裁定。华瑞公司对江苏高院的执行监督裁定不服,向最高人民法院申诉。

【裁判观点】

江苏高院经审判委员会讨论认为：其一，南京中院于2014年12月2日作出以物抵债裁定前，未对另案申请执行人商汇公司、久和公司、吴某琴、谢某平的参与分配申请及执行异议予以全面审查，亦未将参与分配申请处理情况告其他执行法院及参与分配申请人，程序违法。理由是：第一，2014年9月11日，南京中院对华瑞公司要求继续执行的申请，经审判委员会研究，根据《执行程序解释》第20条的规定，在申请执行人华瑞公司提供了充分、有效的担保请求继续执行的情况下，决定华瑞公司申请执行案应当继续执行符合法律规定。但对华瑞公司申请执行案件的继续执行应依法进行，不应因此而剥夺或免除被执行人高通公司其他平等债权人申请参与分配或有机会成为以物抵债标的承受人及公平受偿的权利。第二，根据1998年《执行规定》第91条[①]第1款“对参与被执行人财产的具体分配，应当由首先查封、扣押或冻结的法院主持进行”的规定，首查封法院负有主持参与分配的法定义务。本案中，高通公司持有的金鼎公司8%股权（8000万股）为南京中院首先冻结，南京中院作为首先冻结法院，有义务对另案申请执行人商汇公司、久和公司等提出的参与分配申请是否符合参与分配条件进行审查，并将审查结果告知原执行法院及参与分配申请人。第三，南京中院于2014年12月2日作出以物抵债裁定前有条件对被执行人高通公司相关债权人的参与分配申请进行审查。根据1998年《执行规定》第92条“债权人申请参与分配的，应当向其原申请执行法院提交参与分配申请书，写明参与分配的理由，并附有执行依据。该执行法院应将参与分配申请书转交给主持分配的法院，并说明执行情况”的规定，南京中院于2014年2月13日、3月13日已收到南京市鼓楼区人民法院（以下简称鼓楼法院）转交的吴某琴、谢某平的参与分配申请，于2014年11月18日、20日亦已收到常州市新北区人民法院（以下简称新北法院）请求将商汇公司、久和公司纳入参与分配对象函及商汇公司、久和公司的参与分配申请书及相应的执行依据。南京中院虽于2014年11月25日赴常州调查

---

① 现《执行规定》第56条。

高通公司法定代表人王某芳涉嫌犯罪及王某芳对外投资等相关情况,但该院在2014年12月2日以物抵债裁定作出前,未对高通公司的其他债权人商汇公司、久和公司参与分配申请是否符合条件予以审查,亦未将审查处理情况告知新北法院及上述参与分配申请人。对于吴某琴、谢某平于2014年5月23日提出的由全体债权人按比例参与分配的书面执行异议、久和公司于2014年10月30日书面提出的请求中止拍卖行为、使高通公司全体债权人公平清偿的执行异议亦未依法立案审查,该院径行裁定高通公司所持金鼎公司8%股权(8000万股)中的25,605,737股权归华瑞公司所有,对华瑞公司债权进行个别全额清偿,程序违法。

其二,南京中院于2014年12月2日作出的以物抵债裁定,损害其他平等债权人的合法权益。理由是:第一,被执行人高通公司的其他持有执行依据的平等债权人向首封法院申请对高通公司股权执行款参与分配符合法律规定。(1)评判南京中院2014年12月2日作出(2013)宁执字第386-4号执行裁定是否符合法律规定,应适用当时法律法规及司法解释的规定。华瑞公司认为应适用2015年2月4日起施行的《民事诉讼法解释》第516条①规定,被执行人住所地人民法院不受理破产案件的,对于普通债权,按照财产保全和执行中查封、扣押、冻结财产的先后顺序清偿的补充申诉理由无法律依据,江苏高院不予采纳。(2)1998年《执行规定》第96条规定,被执行人为企业法人,未经清理或清算而撤销、注销或歇业,其财产不足清偿全部债务的,应当参照本规定第90条至第95条的规定,对各债权人的债权按比例清偿。本案中,高通公司法定代表人王某芳早于2012年12月即已下落不明,高通公司无人工作,生产经营活动已终止满一年。2014年8月22日,南京中院经查询高通公司工商登记信息,该公司仅通过2011年度工商年检,2014年6月23日已被核准吊销。据此,根据《企业法人登记管理条例》(已废止)第22条"企业法人领取营业执照后停止经营活动满一年的,视同歇业"的规定,久和公司、商汇公司、吴某琴、谢某平等申请参与分配人认为高通公司早已歇业有事实法律依据。

① 现《民事诉讼法解释》第514条。

(3)《破产法解释(一)》第4条第1款第2项和第3项亦规定,债务人账面资产虽大于负债,但存在法定代表人下落不明且无其他人员负责管理财产,无法清偿债务;经人民法院强制执行,无法清偿债务的,人民法院均应当认定其明显缺乏清偿能力。本案中,鼓楼法院、新北法院转交南京中院请求该院主持参与分配及南京中院自行执行的案件,被执行人高通公司经法院判决的到期债务执行标的数额已达1.8亿余元。该公司法定代表人王某芳自2012年12月起即下落不明且无其他人员负责管理财产,除高通公司持有金鼎公司8000万股权可供执行外,高通公司已无其他财产可供执行。高通公司向常州银联公司实际出资5800万元,占出资额43.9%的股权,系轮候冻结且常州银联公司经营期限已于2014年11月25日届满,法定代表人王某芳下落不明。根据《公司法》第180条第1款第1项和第4项"公司因下列原因解散:(一)公司章程规定的营业期限届满或者公司章程规定的其他解散事由出现……(四)依法被吊销营业执照、责令关闭或者被撤销"的规定,高通公司、常州银联公司均已出现法定解散原因。事实上,被执行人高通公司亦已不能清偿法院判决确认的债权,多起案件经法院强制执行未能执结,高通公司已明显缺乏清偿能力。在高通公司未被裁定受理破产申请前,高通公司其他债权人对高通公司财产申请参与分配,符合上述司法解释所规定的参与分配条件,对各债权人的债权均应按比例分配。

第二,如南京中院依法主持参与分配事宜,根据2004年《拍卖变卖规定》第19条①的规定,拍卖时无人竞买或者竞买人的最高应价低于保留价,到场的申请执行人或者其他执行债权人申请或者同意以该次拍卖所定的保留价接受拍卖财产的,应当将该财产交其抵债。有两个以上执行债权人申请以拍卖财产抵债的,由法定受偿顺位在先的债权人优先承受;受偿顺位相同的,以抽签方式决定承受人。承受人应受清偿的债权额低于抵债财产的价额的,人民法院应当责令其在指定的期间内补交差额。本案中,华瑞公司系被执行人高通公司的普通债权人,对被执行人高通公司所持金

① 现《拍卖变卖规定》第16条。

鼎公司股权强制执行流拍后，各申请执行人均应有机会成为上述抵债股权的承受人，而南京中院在2014年5月23日、11月18日、11月20日已收到吴某琴、谢某平、久和公司、商汇公司请求对高通公司股权执行参与分配，由全体债权人按比例分配书面申请的情况下，未告知吴某琴、谢某平恢复拍卖案涉股权事宜，未通知吴某琴、谢某平、商汇公司、久和公司等其他债权人拍卖流拍及可申请以物抵债事宜，未征询其意见，亦未根据2008年《执行程序解释》第25条①“多个债权人对同一被执行人申请执行或者对执行财产申请参与分配的，执行法院应当制作财产分配方案，并送达各债权人和被执行人。债权人或者被执行人对分配方案有异议的，应当自收到分配方案之日起十五日内向执行法院提出书面异议”的规定，制作财产分配方案，即径行作出（2013）宁执字第386－4号执行裁定，剥夺了久和公司等申请执行人成为高通公司股权以物抵债承受人、提出执行分配方案异议的机会和权利。

第三，在高通公司各平等债权人申请参与分配有事实法律依据情况下，南京中院对华瑞公司的抵债申请，按华瑞公司其债权金额（本金2191万元）占所有判决确认的对高通公司债权总金额（本金18,273万元）的比例估算，华瑞公司债权可按约12%比例抵债受偿。而南京中院作出的（2013）宁执字第386－4号以物抵债执行裁定，仅由高通公司其中债权人之一华瑞公司的债权个别全额受偿，损害了其他债权人的合法权益，该裁定依法应予以撤销。

最高人民法院的裁判观点：本案的争议焦点是南京中院（2013）宁执字第386－4号执行裁定是否合法。

首先，本案符合参与分配的法定条件，申诉人华瑞公司认为本案不符合参与分配条件的理由不能成立。由于南京中院作出（2013）宁执字第386－4号执行裁定时，《民事诉讼法解释》还未施行，因此仍应适用1998年《执行规定》的有关规定。该规定第96条规定，被执行人为企业法人，未经清理或清算而撤销、注销或歇业，其财产不足清偿全部债务的，应当参

① 现《执行程序解释》第17条。

照本规定第90条至第95条的规定,对各债权人的债权按比例清偿。本案中被执行人高通公司为企业法人,未经清理或清算。高通公司法定代表人王某芳于2012年12月即已下落不明,高通公司无人工作,生产经营活动已终止满一年,符合《企业法人登记管理条例》(已废止)第22条关于企业法人领取营业执照后停止经营活动满一年的视同歇业的规定。目前已经查明的经判决进入执行程序的被执行人高通公司的债务数额达到18,535.5322万元,但可以执行的财产只有高通公司持有金鼎公司8000万股,评估价值为8403.42万元,属于财产不足清偿全部债务的情况。新北法院2015年10月19日裁定受理久和公司对高通公司的破产清算申请,也印证了高通公司确实存在资不抵债的情况。综上所述,本案符合参与分配的法定条件。申诉人华瑞公司提出,本案是在案外人异议之诉仍在进行、案外人提供担保申请停止执行以及华瑞公司亦提供担保请求继续执行的情况下,南京中院继续执行的,其他债权人因未提供担保和申请继续执行,因此不能申请参与分配。该理由不能成立,因为另案债权人是否提供担保并申请继续执行,并非法定的申请参与分配的条件。案外人异议之诉的存在以及案外人提供担保申请停止执行可能会延缓最终的分配,但不能剥夺另案债权人参与分配的权利。

其次,南京中院对华瑞公司予以全额清偿违反法律规定,并损害其他债权人的合法权利。在原告华瑞公司与被告高通公司、商汇公司企业借贷纠纷案中,常州中院于2012年10月9日对高通公司在金鼎公司所持有的8%的股权予以冻结,10月16日将该案移送南京中院管辖,南京中院于2012年10月30日受理后,为该股权的首先冻结法院。该院于2014年2月13日、3月13日收到鼓楼法院转交的吴某琴、谢某平的参与分配申请,于2014年11月18日、20日收到新北法院请求将商汇公司、久和公司纳入参与分配对象的函以及两个公司的参与分配申请。作为首先冻结法院,南京中院应当根据《执行规定》第90条至第96条的规定对参与分配申请进行审查,依法对同一顺位的执行债权按比例进行分配。但南京中院对另案债权人的参与分配申请和异议申请置之不理,作出(2013)宁执字第386-4号执行裁定对华瑞公司全额清偿,违反了上述规定,损害了其他债权人的合法权利。

【要点评析】

最高人民法院认为，执行法院在执行股权中，案外人提供担保申请停止执行，申请执行人亦提供担保申请继续执行的，另案债权人是否提供担保并申请继续执行，并非法定的申请参与分配的条件。在有另案债权人申请参与分配的情况下，符合司法解释规定参与分配条件，股权流拍后，以该股权抵偿债务适用司法解释关于参与分配规定的，执行法院应当依法制作参与分配方案。本案例对申请执行人、另案债权人均申请以流拍的股权抵偿债务时，执行法院应如何确定承受股权的主体，具有一定的参考价值。

案例2　德州市德信资产管理有限公司与德州市财政局执行监督案

【裁判要旨】

债权人申请以流拍的股权抵偿债务时，股权的市场价值发生了明显变化，距流拍已经过了较长时间，人民法院不应再以流拍的保留价作为以物抵债的价格。

【案例索引】

(2021)鲁执监1号

【基本案情】

山东省德州市中级人民法院(以下简称德州中院)在执行申请执行人德州市财政局与被执行人德州市德信资产管理有限公司(以下简称德信资产公司)欠款纠纷案中，对被执行人德信资产公司在中泰证券股份有限公司持有的0.2745%的股权进行拍卖。经过拍卖、变卖均未成交，德州市财政局申请将标的股权以变卖保留价以物抵债，债权人鲁银投资集团股份有限公司(以下简称鲁银投资)申请参与分配，德州中院作出(2012)德中执字第123号执行财产分配方案，内容为：债权人德州市财政局的受偿数额为9234.09648万元、债权人鲁银投资的受偿数额为0元。鲁银投资对该分配方案不服，提起分配方案异议之诉，一审驳回鲁银投资的诉讼请求，二审维持原判。后德州中院将该案指定至德州市德城区人民法院(以下简称德城区法院)执行,德城区法院作出(2020)鲁1402执1415号执行裁定,将德信资产公司名下在中泰证券股份有限公司持有的0.2745%股权以流拍价9234.09648万元交付申请执行人德州市财政局抵偿(2012)德鲁北证经字第1568号执行证书确认的债务。德信资产公司不服德城区法院以物抵债裁定,向该院提出执行异议,该院作出(2020)鲁1402执异228号执行裁定,裁定驳回德信资产公司的异议请求。德信资产公司不服,向德州中院申请复议,德州中院作出(2020)鲁14执复257号执行裁定,驳回德信资产的复议请求,维持(2020)鲁1402执异228号执行裁定。德信资产公司不服,向山东省高级人民法院申诉。

【裁判观点】

本案争议的焦点是德城区法院作出的以物抵债裁定是否符合法律规定的合理期限,是否损害当事人、利害关系人的合法权益。《财产处置价规定》第27条第3款规定:"人民法院在议价、询价、评估结果有效期内发布一拍拍卖公告或者直接进入变卖程序,拍卖、变卖时未超过有效期六个月的,无须重新确定参考价,但法律、行政法规、司法解释另有规定的除外。"《善意文明执行意见》第2条规定,执行工作对各方当事人影响重大,人民法院在执行过程中也要强化善意文明执行理念,严格规范公正保障各方当事人合法权益;要坚持比例原则,找准双方利益平衡点,避免过度执行。综合本案执行标的股权的司法处置看:

其一,德信资产公司持有的中泰证券股份有限公司的股权,其处置参考价的合理确定,对申请执行人、被执行人、其他债权人合法权益的实现至关重要。从涉案股权被作出以物抵债裁定时的价值参考因素看,中泰证券股份有限公司已于2020年4月21日发布《首次公开发行股票发行安排及初步询价公告》,2020年5月19日发布《中泰证券股份有限公司首次公开发行股票发行公告》,2020年6月2日发布《首次公开发行A股股票上市公告书》,6月3日上市。德城区法院在2020年5月28日作出以物抵债裁定前,标的股权价值因上市原因已经存在发生重大变化的可能。这一变化是发生于流拍和法院可以及时作出以物抵债裁定的合理期限之后,因不存在通过竞价程序检验标的市场价值的可能,此时再以最后变卖时所定的保留价裁定以物抵债，会对被执行人显失公平。德城区法院在未考虑该重大变化的情况下，仍以司法变卖流拍时的起拍价作为以物抵债的依据不当。

其二，标的股权作出以物抵债裁定是否在合理期限内。标的股权于2019年3月6日至5月5日，通过司法拍卖网络平台进行了公开变卖流拍后，德州市财政局于2019年5月24日即书面申请将标的股权以变卖保留价以物抵债。因债权人鲁银投资申请参与分配并提出执行分配方案异议之诉，德州中院中止案件执行。该诉讼案件经过一审、二审后，于2020年4月28日作出终审判决。虽然德城区法院因异议之诉的影响没有适时作出以物抵债裁定，但是在2020年5月28日作出以物抵债裁定时，离股权评估有效期已经过去18个月，离变卖流拍时也已超过12个月，而且此前标的股权因拟上市已经客观上存在发生市场价值重大变化的因素，作出以物抵债裁定的基础事实、客观依据已经发生情势变更，此时再按照原执行程序作出以物抵债裁定，超出了合理的期限。

【要点评析】

本案的股权流拍后，股权所在公司成为在证券交易所公开发行股票的上市公司，案涉股权成为限售股票，价值已经发生了重大变化。这一变化是发生于流拍和法院可以及时作出以物抵债裁定的合理期限之后，因不存在通过竞价程序检验股权市场价值的可能，且执行法院作出抵债裁定离股权评估有效期、变卖流拍的时间较长，已经超出了合理的期限。此时，执行法院裁定以流拍价抵偿申请执行人的债务，对被执行人、其他债权人都不公平，应当撤销该抵债裁定，重新启动对该股份的变价程序。

案例3　广东冠粤路桥有限公司与广州市润树实业有限公司、广州市粤桥开发建设有限公司执行复议案

【裁判要旨】

以物抵债程序中允许优先购买权人依法主张行使优先购买权。其他股东自人民法院通知之日起满20日不行使优先购买权的，视为放弃优先购买权。申请执行人申请将股权以拍卖保留价抵债，其他股东也申请以该股权抵债，但又以拍保留价过高为由提出异议的，应视为其不能接受原拍卖保留价，不符合行使优先购买权的“同等价格”的条件。

【案例索引】

(2019)粤执复952号

【基本案情】

广东省广州市中级人民法院(以下简称广州中院)在执行申请执行人广州市润树实业有限公司(以下简称润树公司)与被执行人广州市番禺区桥梁开发建设集团公司(以下简称桥梁公司)、广州市番禺区城镇建设综合开发公司(以下简称城建公司)、广州市粤桥开发建设有限公司(以下简称粤桥公司)借款合同纠纷案中，拍卖桥梁公司持有的广东冠粤路桥有限公司1.16%的股权。流拍后，润树公司向广州中院申请将涉案股权以评估价的90%抵偿债务。广州中院收到润树公司的申请后，将申请执行人申请以物抵债的情况告知了广东冠粤路桥有限公司的股东冠粤集团有限公司(以下简称冠粤公司)，冠粤公司提出异议，请求依法再次拍卖涉案股权。后广州中院作出(2017)粤执恢81号执行裁定，将案涉股权作价5,539,182元，过户给润树公司以抵偿相应的债务。冠粤公司以该执行裁定损害了其优先购买权为由提出异议。广州中院经审查认为，润树公司是以申请执行人的身份向该院申请以物抵债，该以物抵债的权利是申请执行人或其他执行债权人专有的权利，而冠粤公司并不具备该身份，故其主张行使优先购买权不符合法律的规定，其异议请求不能成立，据此作出(2019)粤01执异820号执行裁定，驳回冠粤公司的异议。冠粤公司不服，向广东省高级人民法院申请复议。

【裁判观点】

其一，关于优先购买权人能否在以物抵债程序中主张行使优先购买权的问题。依我国现行法律、司法解释的规定，民事执行程序中对执行标的物的变现方式主要有拍卖、变卖和以物抵债三种方式。虽然现行法律、司法解释仅对拍卖、变卖程序中优先购买权的保障做了明确规定，但通常来讲，以物抵债程序虽与拍卖、变卖程序不同，但其目的仍在于通过对执行标的物的转移而代替债务人应偿付的金钱给付，在此程序中，优先购买权人在同等条件下主张行使优先购买权，转让人也因此能够获得物的对价以此偿还债务，对于以物抵债的双方当事人而言，并不会导致以物抵债的目的丧失，故应在以物抵债程序中允许优先购买权人依法主张行使优先购买权。《异议复议规定》第5条第3项规定，当事人以外的自然人、法人和其他组织，认为人民法院的拍卖、变卖或者以物抵债措施违法，侵害其对执行标的的优先购买权的，可以作为利害关系人提出执行行为异议。该规定亦表明以物抵债和行使优先购买权是可以竞合的立法精神。故广州中院认为“以物抵债的权利是申请执行人或其他执行债权人专有的权利”不符合以物抵债的目的及上述规定的精神，本院予以纠正，应允许符合法律规定的优先购买权人在以物抵债程序中主张行使优先购买权。

其二，关于本案中复议申请人冠粤公司是否还能行使优先购买权的问题。《公司法》第72条规定：“人民法院依照法律规定的强制执行程序转让股东的股权时，应当通知公司及全体股东，其他股东在同等条件下有优先购买权。其他股东自人民法院通知之日起满二十日不行使优先购买权的，视为放弃优先购买权。”《公司法解释（四）》第18条规定：“人民法院在判断是否符合公司法第七十一条第三款及本规定所称的‘同等条件’时，应当考虑转让股权的数量、价格、支付方式及期限等因素。”根据上述规定，有限责任公司股权转让时，享有优先购买权的基础是包含同等的价格在内的“同等条件”，并约定了行使期限的限制，即“自人民法院通知之日起满二十日”。本案中，执行法院于2018年11月23日告知冠粤公司申请执行人申请以物抵债的情况，但该司于11月26日向执行法院提出执行异议，以“在第一次网拍过程中，因网拍保留价过高，异议人及其他报名人均未报价，以期再次拍卖对起拍价下调后再进行竞价”等为由请求执行法院再次拍卖涉案股权。冠粤公司提出该异议的目的在于要求对涉案股权降低保留价进行二次拍卖，在其明知申请执行人申请以原拍卖保留价以物抵债的情况下，其提出该异议的行为应视为不能接受原拍卖保留价，不符合行使优先购买权的“同等价格”的条件，应视为冠粤公司在同等抵债价格行使优先购买权和要求降价进行二次拍卖之间选择了降价二次拍卖。

且从另一角度来谈，优先购买权的行使建立在“同等条件”之上，该“同等条件”包括“同等期限”的限制。合理确定优先购买权的行使期限，在保证相关财产关系稳定的同时，能最大限度地防止一方滥用该权利对转让人和第三人的合法权益造成损害。《公司法》第72条“自人民法院通知之日起满二十日”的规定，就是对股权转让过程中优先购买权的期限限制。本案中，冠粤公司在知道申请执行人申请以物抵债的情况后，虽然先行主张了优先购买权，但该司在此之后提出上述异议，视为对之前主张优先购买权的否定。上述异议复议程序之后，执行法院已于2019年8月12日裁定将涉案股权以物抵债给申请执行人润树公司，此时冠粤公司再行主张优先购买权，超出上述法律规定的合理期限。故冠粤公司再行请求在以物抵债中保障其优先购买权，本院不予支持。

【要点评析】

股权流拍后，其他股东在同等条件下主张行使优先购买权，转让人因此能够获得股权的对价以此偿还债务，符合执行程序中对股权进行变价的目的，应允许优先购买权人在以物抵债程序中依法主张行使优先购买权。广州中院认为“以物抵债的权利是申请执行人或其他执行债权人专有的权利”，不符合以物抵债的目的及相关司法解释规定的精神。广州中院将润树公司申请以案涉股权抵债的情况通知了冠粤公司，冠粤公司虽然主张行使优先购买权，但未在《公司法》第72条规定的期限内行使优先购买权，视为放弃优先购买权。冠粤公司以拍卖保留价过高为由提出异议的，应视为其不能接受以拍卖保留价行使优先购买权，不符合行使优先购买权的“同等价格”的条件。

案例4　天津滨海新区大港中原置业有限公司与天津泰志商贸有限公司执行异议案

【裁判要旨】

申请执行人以被执行人持有申请执行人的股份抵偿债务，实质上构成收购本公司股份，应当证明符合法律规定公司收购本公司股份的除外情形，否则不予准许其以股权抵债的请求。

【案例索引】

(2022)津02执异133号

【基本案情】

天津市第二中级人民法院(以下简称天津二中院)在执行申请执行人天津滨海新区大港中原置业有限公司(以下简称中原公司)与被执行人天津泰志商贸有限公司(以下简称泰志公司)借款合同纠纷案中,拍卖泰志公司持有中原公司的股份,二拍流拍后,中原公司申请以该股份抵偿泰志公司所负的部分债务。天津二中院认为,中原公司以泰志公司持有的中原公司股权抵债的申请不符合《公司法》第142条等规定,向中原公司发出通知书,不予准许中原公司的申请。中原公司不服,向天津二中院提出执行异议。

【裁判观点】

本案争议焦点为本院不予准许中原公司以物抵债申请是否符合法律规定。《公司法》第142条第1款规定:"公司不得收购本公司股份。但是,有下列情形之一的除外:(一)减少公司注册资本;(二)与持有本公司股份的其他公司合并;(三)将股份用于员工持股计划或者股权激励;(四)股东因对股东大会作出的公司合并、分立决议持异议,要求公司收购其股份;(五)将股份用于转换上市公司发行的可转换为股票的公司债券;(六)上市公司为维护公司价值及股东权益所必需。"该条第2款规定:"公司因前款第(一)项、第(二)项规定的情形收购本公司股份的,应当经股东大会决议;公司因前款第(三)项、第(五)项、第(六)项规定的情形收购本公司股份的,可以依照公司章程的规定或者股东大会的授权,经三分之二以上董事出席的董事会会议决议。"中原公司提出以被执行人泰志公司持有的该公司的股权抵债的申请,其性质为收购本公司股份,应当证明符合上述法律规定的除外情形。因中原公司未能举证证明符合上述法律规定的除外情形,因此本院向该公司发出通知,不予准许其以股权抵债的请求符合法律规定。

【要点评析】

执行法院拍卖的股份是被执行人持有的申请执行人的股份,股份流拍后,申请执行人申请以该股份抵偿债务,实质上会导致公司收购本公司的股份。而公司收购本公司的股份,必须符合《公司法》第142条规定的例外情形。申请执行人中原公司申请以该股份抵偿债务时，未提供证据证明符合上述例外情形。天津二中院对其以该股份抵偿债务的申请，不予准许，符合《公司法》第142条规定的精神。

第十四章　股权交付请求权的执行

法律依据

《民事诉讼法》第262条　在执行中，需要办理有关财产权证照转移手续的，人民法院可以向有关单位发出协助执行通知书，有关单位必须办理。

《股权执行规定》第16条　生效法律文书确定被执行人交付股权，因股权所在公司在生效法律文书作出后增资或者减资导致被执行人实际持股比例降低或者升高的，人民法院应当按照下列情形分别处理：

（一）生效法律文书已经明确交付股权的出资额的，按照该出资额交付股权；

（二）生效法律文书仅明确交付一定比例的股权的，按照生效法律文书作出时该比例所对应出资额占当前公司注册资本总额的比例交付股权。

制度研究

一、股权交付请求权执行的原理

根据执行依据所载债权的种类，可将执行依据分为金钱债权请求权的执行和非金钱债权请求权的执行。金钱债权请求权的执行，是指执行依据所载债权是金钱债权；非金钱债权请求权的执行，是指执行依据所载债权不是金钱债权。非金钱债权请求权的执行又分为物之交付请求权的执行和行为请求权的执行[①]。所谓“关于物之交付请求权之执行”，是指执行机关，为实现债权人

① 参见杨与龄编著：《强制执行法论》（最新修正），中国政法大学出版社2002年版，第10页。

请求债务人交付一定动产或不动产之请求权，而转移该物之占有之执行而言。[①] 所谓“关于行为及不行为请求权之执行”，是指行政机关依执行名义，使债权人得以请求债务人为一定行为或不为一定行为之权利，发生实行之效果所为强制执行而言。[②] 根据行为请求权执行的具体执行内容和执行方法，行为请求权的执行又可分为行为请求权的执行、不行为请求权的执行、意思表示请求权的执行、继承财产或者共有物分割裁判的执行。[③] 所谓“意思表示请求权之执行”，是指执行名义所载债权人请求权，以债务人为一定之意思表示为标的，而使其实现之执行而言。意思表示，以发生一定之法律效果为目的。

（一）股权的性质

在对交付股权请求权执行的性质进行界定时，应当先对股权的性质进行界定。对于股权在权利性质上究竟是物权、债权还是其他权利的争议，一直持续不断，在此不作详述，只从《民法典》《公司法》关于股权的规定着手，对股权的法律性质进行分析。《民法典》第 125 条规定：“民事主体依法享有股权和其他投资性权利。”从该条规定来看，股权既不属于物权，也不属于债权、财产权，而是属于投资性权利，是与物权、债权并列的一项权利。“股权根据行使目的和方式的不同可分为自益权和共益权两种。自益权是股权基于自身利益诉求而享有的权利，可以单独行使，包括资产收益权、剩余财产分配请求权、股份转让权、新股优先认购权等；共益权包括基于全体股东或者公司的利益诉求而享有的权利，包括股东会表决权、股东会召集权、提案权、质询权、公司章程及账册的查询权、股东会决议撤销请求权等。”[④]《公司法》第 4 条规定：“公司股东依法享有资产收益权、参与重大决策和选择管理者等权利。”根据该条规定，股权是一项包含资产收益权、参与重大决策和选择管理者等权利的复合性的投资权利。

（二）股权交付的特点

《公司法》第 31 条规定：“有限责任公司成立后，应当向股东签发出资证

① 杨与龄编著：《强制执行法论》（最新修正），中国政法大学出版社 2002 年版，第 548 页。

② 杨与龄编著：《强制执行法论》（最新修正），中国政法大学出版社 2002 年版，第 561 页。

③ 参见杨与龄编著：《强制执行法论》（最新修正），中国政法大学出版社 2002 年版，第 562 页。

④ 黄薇主编：《中华人民共和国民法典总则编解读》，中国法制出版社 2020 年版，第 402 页。

明书。出资证明书应当载明下列事项:(一)公司名称;(二)公司成立日期;(三)公司注册资本;(四)股东的姓名或者名称、缴纳的出资额和出资日期;(五)出资证明书的编号和核发日期。出资证明书由公司盖章。""股东出资证明书,是指有限责任公司签发给股东的,证明其已履行出资义务、享有股东权利的法律文书,是投资人成为有限责任公司股东,并依法享有股东权利和承担股东义务的法律凭证。"①《公司法》第32条规定:"有限责任公司应当置备股东名册,记载下列事项:(一)股东的姓名或者名称及住所;(二)股东的出资额;(三)出资证明书编号。记载于股东名册的股东,可以依股东名册主张行使股东权利。公司应当将股东的姓名或者名称向公司登记机关登记;登记事项发生变更的,应当办理变更登记。未经登记或者变更登记的,不得对抗第三人。"②根据该条第2款的规定,未经公司股东名册记载的主体,不具有股东的身份,不能享有股东的权利。"股东名册作为公司的法定置备文件,具有三个特定的法律效力,即在股东名册上记载为股东的,推定为公司股东;凡是未在股东名册记载为股东的人,均不能视为公司股东;公司只将股东名册上记载的股东视为股东,股东依据股东名册主张自己的股东权利。"③《公司法》第32条第3款规定,公司应当向公司登记机关登记股东姓名或者名称,股东发生变更的,应当办理变更登记;没有登记或者变更,不能对抗第三人。因此,股权的交付具有如下特点:(1)股权交付是通过公司将股东的姓名或者名称记载于公司股东名册实现的;(2)公司将股东记载于公司股东名册后,还应向公司登记机关办理变更登记;(3)公司向股东交付股权时,还应向其签发出资证明书。

(三)股权交付请求权执行的定性

通过上述分析可以得出,股权交付请求权,实质上是债权人请求将其姓名或者名称记载于公司股东名册并向公司登记机关进行登记的权利。从司法实践中看,股权交付请求权的判决、调解书、裁决的内容一般为:债务人于判决、调解书、裁决生效后或者在债权人履行对待义务后(如支付股权转让款、返还股权转让款等)一定期限内,将一定数额或者比例的股权登记至债权人名下。

---

① 宋燕妮、赵旭东主编:《中华人民共和国公司法释义》,法律出版社2019年版,第65页。

② 最高人民法院民事审判第二庭编著:《〈全国法院民商事审判工作会议纪要〉理解与适用》,人民法院出版社2019年版,第135页。

③ 宋燕妮、赵旭东主编:《中华人民共和国公司法释义》,法律出版社2019年版,第70页。

通过前文中关于执行依据分类的理论,股权交付请求权的执行显然属于非金钱债权的执行。股权交付请求权的执行虽然是交付股权,但因股权既不是动产,也非不动产,而是包含资产收益权、参与重大决策和选择管理者等复合性的投资权利。从股权交付请求权的执行内容及股权交付的特点来看,因股权不是物权,股权交付请求权的执行不能从债务人手中交付给债权人,需要借助向股权所在公司、公司登记机关进行登记才能完成。因此,股权交付请求权的执行属于行为请求权的执行,属于意思表示请求权的执行。

根据意思表示请求权执行的理论,在确定债务人将股权登记在被执行人名下的执行依据生效之时,视为债务人已经作出将该股权登记在执行人名下的意思表示;如果该执行依据中确定债权人负有对待给付义务的,在债权人履行对待给付义务后,视为债务人已经作出将该股权登记在债权人名下的意思表示。但目前的有关执行的法律、司法解释均未规定意思表示的执行。鉴于意思表示请求权的执行属于行为请求权执行的特殊情形,在法律、司法解释均未规定意思表示执行的情况下,人民法院在对股权交付请求权进行执行时,可以按照《民事诉讼法》第 263 条①、《执行规定》第 44 条②关于行为请求权执行的规定、《民事诉讼法》第 262 条及《规范执行与协助执行通知》的规定进行执行。

二、股权收益的交付

财产权转移的执行方法是向有关单位发出协助执行通知书,要求有关单位协助办理登记(变更登记)手续。

股权交付请求权的执行内容主要是办理股权变更登记,自交付股权的法律文书生效之日起至股权实际交付之日止,这期间的股权收益是否属于执行的范围。一种观点认为,这期间的股权收益不属于执行的范围,股权收益属于

① 《民事诉讼法》第 263 条:对判决、裁定和其他法律文书指定的行为,被执行人未按执行通知履行的,人民法院可以强制执行或者委托有关单位或者其他人完成,费用由被执行人承担。

② 《执行规定》第 44 条:被执行人拒不履行生效法律文书中指定的行为的,人民法院可以强制其履行。对于可以替代履行的行为,可以委托有关单位或他人完成,因完成上述行为发生的费用由被执行人承担。对于只能由被执行人完成的行为,经教育,被执行人仍拒不履行的,人民法院应当按照妨害执行行为的有关规定处理。

股东的特有权利,非股东不享有该权利。根据《公司法》第 32 条第 2 款"记载于股东名册的股东,可以依股东名册主张行使股东权利"的规定,只有记载于股东名册的股东,才能主张股东的权利。虽然生效法律文书确定债权人享有交付股权的权利,但在债权人的姓名或者名称未记载于股东名册时,其不是该股权的股东,不能享有专属股东的股权收益权,交付股权的生效法律文书的执行内容不应该包括该股权的收益。另一种观点认为,这期间的股权收益属于执行的范围,股权交付请求权经生效法律文书确定后,该股权所产生的收益属于股权的孳息,应当属于股权交付请求权的内容。虽然该生效法律文书权利人的姓名或者名称未记载于股东名册,但不妨碍其基于股权交付请求权所享有的因该股权所产生的收益。本书认为第二种观点更值赞同,申请执行人是基于股权交付请求权而不是股东权利主张该收益,该收益的交付请求权应当在股权交付请求权的范围内,且该收益的具体数额在执行程序中容易查明。因此,人民法院可以对执行依据依法进行解释,将该收益纳入执行范围。如要求申请执行人对该股权所产生的收益另行提起诉讼,徒增当事人诉累。对该收益具体执行时,如公司已经将该股权所产生的收益支付给被执行人,执行法院应要求被执行人向申请执行人交付该收益;如公司还未将该股权所产生的收益支付给被执行人,执行法院可直接要求公司协助将该收益支付给申请执行人。

理解与适用

一、股权交付请求权的类型

在司法实践中,股权交付请求权的纠纷,多出现在以下几种情形:(1)公司设立后,发起人请求公司向其签发出资证明书并将其姓名或者名称记载于股东名册;(2)公司增加注册资本且原股东新增认缴后,原股东请求公司向其签发出资证明书并将其新增认缴的出资额记载于股东名册;(3)公司增加注册资本后,新的投资人请求公司向其签发出资证明书并将其姓名或者名称记载于股东名册;(4)股东死亡后,该股东的继承人或者受遗赠人请求公司将其姓名记载于股东名册;(5)股东将其股权赠与他人,受赠人请求公司将其姓名记载于股东名册;(6)公司股东转让其股权,受让人请求转让人向其交付股权;(7)股东因离婚时,通过离婚协议将股权全部或者部分分割给其配偶,该股东的配偶请求交付股权;(8)股权转让中,公司已经将受让人记载于股东名册,后股权转让合同因无效或者被解除后,原股东请求受让人返还股权;(9)强制执行中人民法院裁定以股权抵偿债务后,原执行依据被撤销或者变更,引起执行回转的,原股东请求接受抵债的债权人返还股权。上述 9 种情形,可以归纳为 2 种类型:第一类,只涉及股东、公司、公司登记机关 3 方主体,即上述第 1 ~ 5 种情形;第二类,涉及原股东、新股东、公司、公司登记机关 4 方主体,即上述第 6 ~ 9 种情形。

二、股权比例发生变化时的交付规则

执行依据确定被执行人交付一定数量出资额的股权,因该数额是确定的、不变的,在执行依据生效后,即使公司增资或者减资导致被执行人实际持股比例降低或者升高,也不会影响人民法院的执行。此时,执行法院按照执行依据确定的出资额执行即可。如 A 通过认缴出资成为甲公司的股东,其认缴出资额为 100 万元,每股股份对应出资额是为 1 元,甲公司的注册资本为 1000 万元。A 与 B 签订股份转让协议,约定 A 将其在甲公司的 100 万元出资额转让给 B,B 支付股份转让款后,A 拒绝履行股权转让协议。B 向法院提起诉讼,请求法院判令 A 向 B 交付甲公司 100 万元的出资额。判决生效后,甲公司的注册资本增加至 2000 万元。后来,B 向法院申请执行。此时,执行法院应当执行的标的是 A 在甲公司的 100 万元出资额所对应的股份,即 A 持有甲公司的 100 万股股份。

执行依据确定被执行人交付一定比例的股权,因该比例会随着公司注册资本的增减发生变化,公司增资或者减资导致该股权比例发生变化时,人民法院如何确定执行的股权比例,在司法实践中存在争议。《股权执行规定》第 16 条对此确定了统一的规则,即“按照生效法律文书作出时该比例所对应出资额占当前公司注册资本总额的比例交付股权”。为更直观呈现该司法解释所确立的规则,在此试举一例:A 与 B 股权转让合同纠纷案中,法院判决 B 向 A 交付其持有 C 公司(C 公司注册资本 200 万元)60% 的股权。该判决生效后,C 公司的注册资本增加至 600 万元。人民法院在执行时,应按以下步骤进行:

(1)计算出执行依据作出时60%股权所对应的出资额,即120万元(200万元×60%);(2)计算出上述出资额占当前公司注册资本总额的比例,即20%(120万元÷600万元×100%);(3)按照20%的比例向A交付股权。按照这样的规则执行,是符合执行依据及当事人的本意的,如仍按照60%的股权比例执行,则会损害B或者C公司其他股东的利益,也不符合A、B之间股权转让合同的本意。

在上述案例中,在A未取得上述股权之前,由于其不是C公司的股东,在A公司增加注册资本时,C无法行使优先认购权。虽然A在诉讼中申请保全B持有的60%股权,但保全冻结的效力并不能有效阻止C公司增加注册资本。这就导致在判决作出后、A向人民法院申请执行前,C公司通过增加注册资本稀释后续A取得的股权比例,可能会损害A的利益(尤其是A受让该股权的目的是对C公司进行控股,且股权转让价款中包含了控股的价值的情况)。对此,《股权执行规定》第8条规定了申请执行人的救济措施,即人民法院在保全或者执行过程中已经冻结诉争股权并要求公司在增资、减资前向人民法院报告,公司未报告即增资、减资的,人民法院可以对公司进行处罚,申请执行人认为利益受损的,也可依照该条依法提起诉讼,追究公司及相关责任人的法律责任。[①]

三、股权交付请求权执行中的异议

在股权交付请求权执行中,公司、公司登记机关、公司其他股东、对该股权主张实体权利的案外人等相关主体都可能会提出异议。

(一)对公司或者公司登记机关以申请执行人不符合股权持有人条件为由提出异议的处理

公司或者公司登记机关收到人民法院的协助执行通知书后,如果认为申请执行人不符合该股权持有人的条件,应当按照《异议复议规定》第5条第4项的规定向执行法院提出异议。在司法实践中,公司、公司登记机关提出异议通常有以下情形:(1)股权所在公司是一人有限责任公司,申请执行人是自然

---

① 参见何东宁、邵长茂等:《〈最高人民法院关于人民法院强制执行股权若干问题的规定〉的理解与适用》,载《中国应用法学》2022年第2期。

人，其名下已经有一个一人有限责任公司；(2)股权所在公司是一人有限责任公司，申请执行人也是一人有限责任公司(非国有独资公司)；(3)股权所在公司是商业银行，执行的股权比例与申请执行人已经持有该商业银行的股权比例之和达到5%，但申请执行人未取得国务院银行业监督管理机构批准；(4)申请执行人不具备法律、行政法规规定成为公司股东的其他条件；(5)股东不具备公司章程规定的条件；(6)公司章程规定股东不得对外转让股权。对第1~4种情形，执行法院经审查，认为申请执行人确实不具备成为公司股东的条件的，可以中止执行，并责令申请执行人限期办理相应手续，使其具备成为公司股东的条件。若申请执行人在指定期限内具备成为公司股东的条件，执行法院恢复执行；若申请执行人在指定期限届满后仍然不具备成为公司股东的条件，执行法院可以依据《民事诉讼法》第268条第6项的规定裁定终结执行。终结执行后，若申请执行人具备成为公司股东的条件，且未超过申请执行期限的，可以再次向人民法院申请执行；申请执行人也可以通过将执行依据确定的股权转让给符合条件的第三人或者申请拍卖该股权以其价款折价补偿[①]。对第5~6种情形，因公司章程约束的对象主要是公司、股东、董事、监事、高级管理人员等公司内部的主体，一般情况下不能约束股权的受让人、受赠人或者股东的继承人。因此，对第5~6种情形的异议，执行法院通常会裁定驳回。

(二)对公司其他股东以股权转让侵犯其优先购买权为由提出异议的处理

首先，由于执行法院是依据确定交付股权的生效法律文书进行执行的，其他股东以股权转让侵犯其优先购买权，实际上是对执行依据提出的异议，其应通过申请撤销执行依据等途径主张权利。其次，即便其申请撤销执行依据，除非其能提供证据证明转让股东与申请执行人恶意串通损害其他股东优先购买权，否则很难得到法院的支持。“除转让股东和股东以外的股权受让人恶意串通损害其他股东优先购买权订立的合同无效外，一般情况下，转让股东与股

---

① 参见最高人民法院民事判决书，(2020)最高法民终642号。最高人民法院在该判决书中认为，案涉股权转让协议解除后，明达意航公司因不符合商业银行股东条件而不能重新取得抚顺银行股东身份，但其在该股权中的财产性权益却应依法予以保护，明达意航公司可通过申请拍卖案涉股份而以其价款折价补偿。

东以外的股权受让人之间签订股权转让合同时即使没有履行《公司法》第71条第2款、第3款的义务侵犯了其他股东的优先购买权，该合同也是有效的，主要理由如下：股东优先购买权的行使目的在于通过保障其他股东优先获得拟转让股份而维护公司内部信赖关系，因此，法律所要否定的是股东以外的股权受让人优先于公司其他股东取得公司股份的行为，而不是转让股东与股东以外的股权受让人之间签订的股权转让合同的效力。"[①]最后，如其他股东认为作为被执行人的股东转让股权侵犯了其优先购买权，可以根据《公司法解释(四)》第21条第2款的规定，请求转让股东赔偿其损失。

（三）案外人以对交付股权享有实体权利为由提出排除执行异议的处理

常见的案外人异议有：(1)被执行人将同一股权转让给2人以上，其中一人在取得交付股权的生效法律文书后申请执行，该股权的其他受让人提出异议；(2)确定交付股权的生效法律文书后，被执行人将该股权转让给第三人或者以物抵债给第三人，该第三人提出异议；(3)被执行人是名义股东，执行中，隐名股东提出异议；(4)其他案外人以股权确权生效法律文书提出异议。对于案外人的异议，执行法院应当根据《异议复议规定》第24条、第25条的规定，区分不同情况进行审查。具体而言，若案外人未取得交付股权或者确认股权的生效法律文书的，按照股权在公司登记机关的登记和企业信用信息公示系统公示的信息判断股权的所有权人，进而裁定案外人的异议是否成立。若案外人取得交付股权的生效法律文书的，由于案外人对该股权的权利也是股权交付请求权，与申请执行人对该股权的权利相同，人民法院需依法判断哪个裁判所认定的给付权利具有优先性，进而判断是否可以排除执行。若案外人取得确认该股权属于其所有的生效法律文书的，申请执行人的执行依据也是确权裁判的，此时，申请执行人与案外人的权利最终都指向股权的所有权，案外人的异议实质上是对执行依据的异议，执行法院根据《异议复议规定》第26条第3款"非金钱债权执行中，案外人依据另案生效法律文书提出排除执行异议，该法律文书对执行标的权属作出不同认定的，人民法院应当告知案外人依法申请再审或者通过其他程序解决"的规定，裁定案外人对该股权享有的

---

① 最高人民法院民事审判第二庭编著：《〈全国法院民商事审判工作会议纪要〉理解与适用》，人民法院出版社2019年版，第143~144页。

权利仍然不能排除强制执行，并告知其可以通过申请再审或者其他程序解决。对于案外人交付股权或者确定股权为其所有的生效裁判文书提出异议被驳回后，提起案外人异议之诉的，人民法院在审理案外人异议之诉时，可以根据《九民纪要》第 123 条①的规定进行判断和处理。

四、对公司、登记机关未按人民法院要求登记的处理

在股权交付请求权执行中，公司作为被执行人，如公司未按照执行法院的要求履行向申请执行人签发出资证明书、将申请执行人的姓名或者名称记载于股东名册的义务，执行法院可以依据《民事诉讼法》第 264 条的规定，裁定公司支付迟延履行金；同时，公司的行为属于《民事诉讼法》第 114 条第 1 款第 6 项"拒不履行人民法院已经发生法律效力的判决、裁定"的，执行法院可以依据该条对公司的主要负责人或者直接责任人员予以罚款、拘留；构成犯罪的，还应当依法追究公司及相关人员的刑事责任。

在股权交付执行请求权中，公司、公司登记机关作为协助执行义务人的，如公司、公司登记机关不按照协助执行通知书的要求将申请执行人的姓名或者名称记载于股东名册，执行法院可以依据《民事诉讼法》第 117 条的规定，对公司、公司登记机关的主要负责人或者直接责任人员予以罚款、拘留；对属于国有企业的公司、公司登记机关，执行法院还可以向监察机关或者有关机关提出予以纪律处分的司法建议。

五、对公司登记机关协助执行行为不服的处理

公司登记机关对按照执行法院的要求办理登记、变更登记、公示信息产生

---

① 《九民纪要》第 123 条：审判实践中，案外人有时依据另案生效裁判所认定的与执行标的物有关的权利提起执行异议之诉，请求排除对标的物的执行。此时，鉴于作为执行依据的生效裁判与作为案外人提出执行异议依据的生效裁判，均涉及对同一标的物权属或给付的认定，性质上属于两个生效裁判所认定的权利之间可能产生的冲突，人民法院在审理执行异议之诉时，需区别不同情况作出判断：如果作为执行依据的生效裁判是确权裁判，不论作为执行异议依据的裁判是确权裁判还是给付裁判，一般不应据此排除执行，但人民法院应当告知案外人对作为执行依据的确权裁判申请再审；如果作为执行依据的生效裁判是给付标的物的裁判，而作为提出异议之诉依据的裁判是确权裁判，一般应据此排除执行，此时人民法院应告知其对该确权裁判申请再审；如果两个裁判均属给付标的物的裁判，人民法院需依法判断哪个裁判所认定的给付权利具有优先性，进而判断是否可以排除执行。

的后果,不承担责任。当事人、案外人对公司登记机关按照执行法院的要求办理登记、变更登记、公示信息的行为,不能提出异议,也不能申请行政复议。当事人、案外人对公司登记机关协助执行的行为不服,提出异议或者行政复议的,市场监督管理机关不予受理;向人民法院起诉的,人民法院不予受理。当事人、案外人认为人民法院协助执行要求存在错误的,应当按照《民事诉讼法》第236条之规定,向人民法院提出执行异议,人民法院应当受理。当事人认为市场监督管理机关在协助执行时扩大了范围或者违法采取措施造成其损害,提起行政诉讼的,人民法院应当受理。

操作指引

一、只涉及股东、公司、公司登记机关三方主体股权交付请求权的执行

此类股权交付请求权的执行,因股权所在公司是执行依据中的债务人,即执行程序中的被执行人,执行法院可以依据《民事诉讼法》第263条、《执行规定》第44条的规定执行,具体程序和方法如下:(1)向公司发出执行通知书,责令公司在一定期限内按照《公司法》第31条、第32条的规定向申请执行人签发出资证明书并将申请执行人的姓名或者名称记载于股东名册,或者责令公司按照《公司法》第32条的规定将申请执行人的姓名或者名称记载于股东名册;责令公司在一定期限内向公司登记机关办理登记或者变更登记,登记或者变更登记的信息包括申请执行人的股东姓名或者名称、股权数量或者比例、出资时间等信息。(2)如公司不向公司登记机关办理登记或者变更登记,执行法院可以向公司登记机关发出协助执行通知书,要求公司登记机关将申请人执行作为股权所在公司股东的相关信息进行公示,公示的信息包括股东姓名或者名称、股权数量或者比例、出资时间等。

二、涉及原股东、新股东、公司、公司登记机关四方主体股权交付请求权的执行

此类股权交付请求权的执行,因原股东是执行依据中的债务人,股权所在公司是法定的协助义务人,执行法院可以依据《民事诉讼法》第262条、《规范

执行与协助执行通知》第16条的规定执行，具体程序及方法如下：(1)向被执行人发出执行通知书，责令其在一定期限内向公司提出将申请执行人记载于股东名册的申请，并提交相应材料；(2)向股权所在公司发出协助执行通知书，要求公司按照《公司法》第32条的规定，将申请执行人的姓名或者名称记载于股东名册；(3)向公司登记机关发出协助执行通知书，要求公司登记机关将申请执行人作为股权所在公司股东进行变更登记，并将相关信息进行公示。

审判前沿

案例1　夏某亮与丁某凯、胡某武、陈某、詹某萍执行监督案

【裁判要旨】

生效法律文书确定在股权受让人支付股权转让款后，股权转让人将股权登记至受让人名下，受让人未履行判决确定支付股权转让款义务的，不符合申请执行的条件。

【案例索引】

(2019)最高法执监428号

【基本案情】

原告(反诉被告)湖北诗雨鼎泰置业有限公司(以下简称诗雨鼎泰公司)、夏某亮与被告(反诉原告)丁某凯、胡某武、陈某、詹某萍、第三人武汉晨阳酒店厨具用品有限公司(以下简称晨阳公司)股权转让合同纠纷案，湖北省武汉市中级人民法院(以下简称武汉中院)作出(2017)鄂01民初3827号民事判决，内容为：……(3)原告(反诉被告)诗雨鼎泰公司、夏某亮于本判决生效之日起15日内支付被告(反诉原告)陈某、胡某武、詹某萍、丁某凯剩余股权转让款1.25亿元(已付的1000万元已冲抵股权转让款)；(4)在原告(反诉被告)诗雨鼎泰公司、夏某亮履行完毕上述第3项判项确定的义务后15日内，被告(反诉原告)陈某、胡某武、詹某萍、丁某凯将其所持第三人晨阳公司100%股权转让给原告(反诉被告)诗雨鼎泰公司、夏某亮名下，其中95%股权登记至诗雨鼎泰公司名下，5%股权登记至夏某亮名下……该判决生效后，夏某亮、诗雨鼎泰公司向武汉中院申请执行，武汉中院以(2018)鄂01执1961号执行裁定驳回申请执行人夏某亮、诗雨鼎泰公司的执行申请。夏某亮向武汉中院提出异议,武汉中院驳回异议人夏某亮的异议请求。夏某亮向湖北省高级人民法院申请复议,湖北省高级人民法院驳回夏某亮的复议申请。夏某亮向最高人民法院申请监督。

【裁判观点】

本案执行依据武汉中院(2017)鄂01民初3827号民事判决主文第3项载明"原告(反诉被告)诗雨鼎泰公司、夏某亮于本判决生效之日起15日内支付被告(反诉原告)陈某、胡某武、詹某萍、丁某凯剩余股权转让款1.25亿元(已付的1000万元已冲抵股权转让款)";第4项载明"在原告(反诉被告)诗雨鼎泰公司、夏某亮履行完毕上述第3项判项确定的义务后15日内,被告(反诉原告)陈某、胡某武、詹某萍、丁某凯将其所持第三人晨阳公司100%股权转让给原告(反诉被告)诗雨鼎泰公司、夏某亮名下,其中95%股权登记至诗雨鼎泰公司名下,5%股权登记至夏某亮名下"。从该执行依据可以看出,只有在诗雨鼎泰公司和夏某亮履行完毕第3项判项确定的义务即支付被告(反诉原告)陈某、胡某武、詹某萍、丁某凯剩余股权转让款1.25亿元(已付的1000万元已冲抵股权转让款)之后,才可以主张被告(反诉原告)陈某、胡某武、詹某萍、丁某凯将其所持第三人晨阳公司100%股权转让给原告(反诉被告)诗雨鼎泰公司、夏某亮名下。但根据武汉中院查明的事实,诗雨鼎泰公司和夏某亮并未按照判决主文第3项要求将股权转让款1.25亿元直接向执行法院提存,而是向法院提供了一张案外人电子商业承兑汇票和履约公函。由于该承兑汇票的承兑人是案外人中商盛世(福建)实业发展有限公司而非商业银行,能否承兑、贴现以及承兑汇票本身的真实性均无法确定。申诉人也未提供充分的证据证明其已经按照执行依据主文第3项内容履行了前置性义务。因此,武汉中院认为夏某亮和诗雨鼎泰公司不符合申请执行的条件,从而驳回夏某亮、诗雨鼎泰公司的执行申请并无不当。

【要点评析】

(2017)鄂01民初3827号民事判决属于当事人互负给付义务,且有先后履行顺序的执行依据。《执行规定》第16条第1款规定:"人民法院受理执行案件应当符合下列条件……(4)义务人在生效法律文书确定的期限内未履行义务……”(2017)鄂01民初3827号民事判决确定的履行顺序是,诗雨鼎泰公司、夏某亮支付剩余股权转让款后15日内,陈某、胡某武、詹某萍、丁某凯将其所持第三人晨阳公司的股权转让给夏某亮、诗雨鼎泰公司。在诗雨鼎泰公司、夏某亮按照判决支付剩余股权转让款的情况下,陈某、胡某武、詹某萍、丁某凯转让股权的义务还没有进入自动履行期限,即不符合上述司法解释“义务人在生效法律文书确定的期限内未履行义务”的规定。故本案诗雨鼎泰公司、夏某亮申请执行,不符合执行案件受理条件。

案例2　鸿达兴业集团有限公司与江苏琼花集团有限公司执行监督案

【裁判要旨】

确定交付股票的判决生效后,当事人对该股票所产生的权益归属有争议的,应当结合诉讼过程和裁判理由审查确定;判决确定按照某一时间点的股票价值交付股票的,交付标的是该时间点股票价值所对应的股票数额;判决确认债权人享有股权,该判决生效后、股份实际交付前,在此期间基于该股票所产生的全部权益属于执行范围。

【案例索引】

(2017)最高法执监452号

【基本案情】

江苏琼花集团有限公司(以下简称琼花集团)与鸿达兴业集团有限公司(以下简称鸿达集团)、第三人鸿达兴业股份有限公司(以下简称鸿达股份公司)股权转让纠纷案,广东省高级人民法院(以下简称广东高院)作出(2016)粤民终924号民事判决:(1)撤销广州中院(2015)穗中法民二初字第66号民事判决;(2)确认琼花集团在2014年12月19日享有按2014年12月18日收市价计算市值1亿元的鸿达股份公司自由流通股股票;(3)在判决生效之日起十个交易日内,鸿达集团向琼花集团交付以2014年12月18日收市价计算的市值1亿元的鸿达股份公司自由流通股股票。

琼花集团依据该判决向江苏省扬州市中级人民法院(以下简称扬州中院)申请执行,要求鸿达集团交付26,012,552股鸿达股份公司股票并支付现金分红6,800,530.56元。扬州中院裁定:(1)冻结鸿达集团持有的鸿达股份公司股票26,012,552股;(2)冻结鸿达集团银行存款6,800,530.56元。鸿达集团向扬州中院提出书面异议称,二审判决确定的履行内容为:以2014年12月18日收市价计算的市值1亿元的鸿达兴业股票(收市价为9.69元/股,市值1亿元股票应为10,319,917股股票),二审判决指向的对象只有10,319,917股股票,没有相关股票的权益归属确认或给付的内容,判决主文没有的判项,不能由执行法院通过查明的方式作出与二审判决不一致的结论。扬州中院作出(2017)苏10执异45号裁定:鸿达集团关于停止向琼花集团支付二审案件受理费和停止向该院缴纳执行10,319,917股股票部分的执行费用的异议成立;驳回鸿达集团的其他异议请求。鸿达集团不服上述异议裁定,向江苏省高级人民法院申请复议,江苏省高级人民法院作出(2017)苏执复110号执行裁定,驳回鸿达集团的复议申请,维持扬州中院(2017)苏10执异45号执行裁定。鸿达集团不服江苏省高级人民法院的复议裁定,向最高人民法院申诉。

【裁判观点】

关于扬州中院执行26,012,552股股票和现金股利6,800,530.56元,是否超出生效法律文书确定范围的问题。

第一,从裁判主文内容看。本案二审判决主文确定的实体内容为两项:一是第2项确认琼花集团在2014年12月19日享有按2014年12月18日收市价计算市值1亿元的鸿达股份公司自由流通股股票;二是第3项鸿达集团向琼花集团交付以2014年12月18日收市价计算的市值1亿元的鸿达股份公司自由流通股股票。上述两项内容应当联系起来考虑,不应当人为割裂,忽视判决第2项中关于“确认”、“享有”以及“2014年12月19日”这个关键时间节点所代表的含义。结合两项判决主文的表述,其内容可以理解为,从2014年12月19日这一时点起,按2014年12月18日收市价计算市值1亿元的股票就已经归属于琼花集团,由此,相应股票的全部权益已由权利人琼花集团享有,鸿达集团应向琼花集团交付的“股票”,

应当包含2014年12月19日之后该股票所产生的全部权益。在对此含义有争议的情况下,应当结合诉讼过程和裁判理由审查确定。

第二,从本案的诉讼过程和二审改判的理由看。本案一审判决鸿达集团向琼花集团支付市值1亿元的鸿达股份公司自由流通股股票(以该股票实际支付前一日收市价计算,最高不超过10,319,917股)。琼花集团不服该判决,提起上诉,在上诉理由中明确提出,本案诉讼标的是鸿达股份公司的股份,而不是现金或者市值,相当于1亿元是支付标的数量的计算依据,而不是支付标的本身。并确认其所称的"支付10,319,917股股票",系按合同约定的2014年12月18日该股票收市价计算。同时提出,一审判决变相支持了鸿达集团关于1亿元现金补偿的抗辩理由,将琼花集团的股票溢价收益权利判归违约方所享有,显失公平,剥夺了琼花集团自2014年12月19日合同约定的履行期限至本案审理判决生效并得到执行之日对上市公司应享有的股东权益,最直接的证明就是2015年6月23日股东分红权益丧失,该部分分红已被鸿达集团非法占有且得到一审判决支持,即鸿达集团因违约非法占有了本应为琼花集团享有的分红。

广东高院二审认定,根据双方协议约定,鸿达集团最迟应于2014年12月19日前向琼花集团实际支付前一日收市价计算市值1亿元的"补偿股份",而鸿达集团未按照协议约定向琼花集团支付"补偿股份"。在裁判理由中,明确表示支持琼花集团的上诉理由,认为一审判决对协议约定的支付时间以及支付股票数量认定有误,依法予以纠正,并特别指出:从2014年12月19日起,按2014年12月18日的收市价计算市值相当于1亿元的股权的全部权益应归属于琼花集团所有。此外,广东高院对最高人民法院的回复也进一步明确,本案判决是考虑到了2014年12月19日之后该股票可能发生股权拆分等变动,为避免执行中产生歧义,才以判决主文中的两项内容予以明确。

上述诉讼过程和裁判理由,可以清晰表明,二审判决主文中确认琼花集团享有及鸿达集团应当交付的"以2014年12月18日收市价计算市值1亿元的鸿达股份公司自由流通股股票",是对琼花集团上诉中关于琼花集团自2014年12月19日至本案判决生效并得到执行之日对上市公司应享有的股东权益应得到保护，不应被违约方鸿达集团非法占有的主张的回应。其实质含义是，鸿达集团应交付按照2014年12月18日收市价计算的市值相当于1亿元的鸿达股份公司股份及该日后相关的全部权益，而并未限定其仅交付10,319,917股股票。鸿达集团主张无论何时实际交付，其需要交付的都只是依据2014年12月18日收市价9.69元/股计算的10,319,917股股票，而不包含其他股票权益，实质上相当于按照一审判决执行，由此鸿达股份公司进行权益分派之后，琼花集团得到的同等数量股票所对应的价值减少，相应的股利仍然归属于鸿达集团，显然违背二审判决改判的本意。

人民法院在执行中，不可避免需对生效裁判的主文内容进行一定的解释，并不能一概认为属于以执代审。但在解释的过程中对存在重大争议的问题应当注意听取原审判部门的意见。本案扬州中院在当事人就判决主文产生重大理解分歧后，未取得作出判决的广东高院的意见，程序处理上欠妥。但该院根据查明的事实，认定2014年12月19日之后应归属于琼花集团所有的10,319,917股因三次权益分派所新产生的15,692,635股股票及6,800,530.56元现金股利应当一并向琼花集团给付，并采取相应执行措施，符合生效判决的内容，未超出生效判决确定的范围。扬州中院及江苏省高级人民法院驳回鸿达集团的异议和复议请求，并无不当。

【要点评析】

本案的执行依据(2016)粤民终924号民事判决的主要内容是：(1)确认琼花集团在2014年12月19日享有按2014年12月18日收市价计算市值1亿元的鸿达股份公司自由流通股股票；(2)在判决生效之日起十个交易日内，鸿达集团向琼花集团交付以2014年12月18日收市价计算的市值1亿元的鸿达股份公司自由流通股股票。结合判项主文的表述及当事人在诉讼中的诉讼请求、法院的裁判理由，对该判决的正确理解应为：从2014年12月19日这一时点起，按2014年12月18日收市价计算市值1亿元的股票就已经归属于琼花集团，相应股票的全部权益已由权利人琼花集团享有，鸿达集团应向琼花集团交付的“股票”，应当包含2014年12月19日之后该股票所产生的全部权益。最高人民法院在本案中关于“鸿达集团按照2014年12月18日收市价计算的市值相当于1亿元的鸿达股份公司股份”的观点，与《股权执行规定》第16条第1款第1项“生效法律文书已经明确交付股权的出资额的，按照该出资额交付股权”的含义在实质上是一致的，即在法律文书生效之日或者确定交付股权之日，按照每股股权或者股份的价格计算出该出资额所对应的股权或者股份数额作为执行标的。(2016)粤民终924号民事判决确认琼花集团在2014年12月19日享有按2014年12月18日收市价计算市值1亿元的鸿达股份公司自由流通股股票，本案执行依据的该判项属于确权判决，该判项所涉的股份自2014年12月19日属于琼花公司所有，自2014年12月19日起由该判项所涉的股份产生的分派股份、股息等权益当然属于琼花公司所有，鸿达集团取得由该判项所涉的股份产生的分派股份、股息没有合法的依据，案涉收益应当返还给琼花公司，这些收益属于执行依据的内容。

第十五章 股权确权判决的执行

法律依据

《股权执行规定》第17条 在审理股东资格确认纠纷案件中，当事人提出要求公司签发出资证明书、记载于股东名册并办理公司登记机关登记的诉讼请求且其主张成立的，人民法院应当予以支持；当事人未提出前述诉讼请求的，可以根据案件具体情况向其释明。

生效法律文书仅确认股权属于当事人所有，当事人可以持该生效法律文书自行向股权所在公司、公司登记机关申请办理股权变更手续；向人民法院申请强制执行的，不予受理。

制度研究

一、确权判决的可执行性

确认股权归属（股东资格）的诉讼，在民事诉讼法理论上属于确认之诉，对应的判决属于确权判决。由于强制执行的请求权源于实体法上的请求权，而实体法上的请求权是通过具有给付内容的生效法律文书予以确定的。因此，仅有确权内容的判决没有执行力，不能作为执行依据，当事人不能依据仅确认股权归属（股东资格）的生效法律文书向人民法院申请执行。为解决司法实践中股东资格确认判决因无给付内容而无法申请人民法院强制变更登记的问题，减少当事人的诉累，《股权执行规定》第17条第1款明确规定，人民法院在审理股东资格确认纠纷案中，当事人提出要求公司签发出资证明书、记载于股东名册并办理公司登记机关登记的诉讼请求且其主张成立的，人民法院应当予以支持；当事人未提出前述诉讼请求的，可以根据案件具体情况向其释明，以确保其主张成立时，判决能够体现此项给付内容。[①]

虽然民事诉讼法理论认为仅有确权内容的判决没有执行力，不能作为执行依据，通过对相关司法解释的反向解释也可以得出这样的结论，但是，由于法律、司法解释没有直接、正面规定仅有确权内容的判决不能作为执行依据。司法实践中对于仅有确权内容的判决能否作为执行依据在一定程度上还存在争议。为解决这个争议，统一司法实践的做法，《股权执行规定》第17条第2款明确规定，当事人不能依据仅确认股权属于当事人所有的生效法律文书向人民法院申请执行，同时明确了该类生效法律文书权利实现的途径。

二、股东资格确认纠纷释明权的行使

执行依据应当具有执行力，申请执行的法律文书应当具有明确的给付内容。由于仅确认股权归属（股东资格）的法律文书没有具体的给付内容，当事人不能向人民法院申请执行，但可以持该生效法律文书自行向公司、公司登记机关申请办理股权变更手续。因此，人民法院在审理股东资格确认纠纷案中，对当事人提出要求公司签发出资证明书、记载于股东名册并办理公司登记机关登记的诉讼请求的，应当一并审理并作出裁判，当事人未提出前述诉讼请求的，人民法院可以主动释明。

理解与适用

一、股东资格确认之诉与给付之诉的合并

理论上，当事人在一个确认之诉的案件中，提出给付诉讼请求的，符合合并审理条件的，人民法院可以将确认之诉与给付之诉合并审理。“我国司法实务中不少纠纷解决直接以确认之诉的形式进行，法院在判决确认了合同效力或者权利归属后，当事人持该确认判决向法院申请执行时，如果法院遵循法理告知其必须另行提起给付之诉，不仅当事人会感到陷入法理形式主义的怪

---

① 参见何东宁、邵长茂等：《〈最高人民法院关于人民法院强制执行股权若干问题的规定〉的理解与适用》，载《中国应用法学》2022年第2期。

圈,法官自己也会产生平添诉累的疑问。”[①]因此,在股东资格确认之诉中,当事人提出要求公司签发出资证明书、记载于股东名册并办理公司登记机关登记的诉讼请求的,人民法院有必要合并审理并作出裁判,当事人没有提出要求公司签发出资证明书、记载于股东名册并办理公司登记机关登记的诉讼请求的,人民法院可以向其释明。从法律规定层面看,在股东资格确认之诉中能否提出要求公司签发出资证明书、记载于股东名册并办理公司登记机关登记的诉讼请求,需要考察股东资格确认之诉与要求公司签发出资证明书、记载于股东名册并办理公司登记机关登记的给付之诉是否属于同一人民法院管辖。《民事诉讼法》第 27 条规定:“因公司设立、确认股东资格、分配利润、解散等纠纷提起的诉讼,由公司住所地人民法院管辖。”《民事诉讼法解释》第 3 条规定:“公民的住所地是指公民的户籍所在地,法人或者其他组织的住所地是指法人或者其他组织的主要办事机构所在地。法人或者其他组织的主要办事机构所在地不能确定的,法人或者其他组织的注册地或者登记地为住所地。”《公司法解释(三)》第 21 条规定:“当事人向人民法院起诉请求确认其股东资格的,应当以公司为被告,与案件争议股权有利害关系的人作为第三人参加诉讼。”因此,股东资格确认纠纷应由公司的主要办事机构所在地或者注册登记地所在地的法院管辖。股东与公司之间因签发出资证明书、记载于股东名册、向办理公司登记机关登记的纠纷而提起诉讼的,因公司是被告,应由公司的主要办事机构所在地或者注册登记地所在地的法院管辖。由此可见,股东资格确认之诉与要求公司签发出资证明书、记载于股东名册并办理公司登记机关登记的给付之诉,均由公司的主要办事机构所在地或者注册登记地所在地的法院管辖,可以合并审理。为减少当事人的诉累、节省司法资源、保障判决生效后顺利办理登记,当事人在股东资格确认之诉中,提出要求公司签发出资证明书、记载于股东名册并办理公司登记机关登记的诉讼请求,人民法院应当一并审理并作出裁判,当事人没有提出该诉讼请求的,人民法院可以根据案件具体情况主动向其释明。

确定股权归属于某权利人,且确定公司向该权利人签发出资证明书、将该股东的姓名或者名称记载于股东名册并办理公司登记机关登记的生效法律文

---

① 刘哲玮:《确认之诉的限缩及其路径》,载《法学研究》2018 年第 1 期。

书，既是确权判决，也是给付判决，因具有明确的给付内容，可以作为执行依据。该权利人依据判决向人民法院申请执行的，人民法院应当立案执行。

二、纯粹确权法律文书的执行力

由于仅确认股权归属的法律文书不符合“申请执行的法律文书应当具有明确的给付内容”的要求，不符合执行立案条件，该法律文书的权利人向人民法院申请强制执行的，人民法院应当参照《民事诉讼法》第126条的规定，裁定不予受理。人民法院立案后，发现据以申请执行的法律文书仅有确认股权归属内容的，应当裁定驳回申请。根据传统的民事诉讼法学理论，确权判决的权利人无须通过强制执行即可实现其民事权益，权利人可以持确权判决单方面向登记部门申请变更登记。[①] 确认股东资格生效法律文书的权利人可以持该生效法律文书，自行向股权所在公司申请将其姓名或者名称记载于股东名册，并向公司登记机关进行登记。人民法院在不予受理裁定书或者驳回申请裁定书中，可以告知当事人，其可以依据《股权执行规定》第17条第2款的规定实现生效法律文书确定的权利。

操作指引

如果股权已经被人民法院查封、扣押、冻结，则案外人应当通过提起案外人执行异议之诉的诉讼方式确认权利，人民法院对涉案股权归属问题以及是否足以排除强制执行进行实质性审查和利益衡量。案外人单独就股权提起确权诉讼的，人民法院应当依法驳回起诉。

审判前沿

李某亮与北京星宝宏房地产开发有限公司执行监督案

【裁判要旨】

判决仅确定当事人之间的权利义务关系，没有给付内容，不符合《民

① 参见黄忠顺：《执行力的正当性基础及其制度展开》，载《国家检察官学院学报》2016年第4期。

事诉讼法解释》第461条及《执行规定》第18条关于人民法院受理执行生效法律文书的条件的规定，人民法院不应予以立案受理。

【案例索引】

(2019)最高法执监507号

【基本案情】

李某亮与王某军确认合同效力纠纷案，河北省张家口市中级人民法院（以下简称张家口中院）作出(2015)张商初字第22号民事判决：确认李某亮与王某军签订的协议书中出资与收益的约定有效，李某亮已履行出资1000万元的义务，并享有协议书第2条约定的收益权利。李某亮依据该判决向张家口中院申请强制执行，该院立(2017)冀07执46号案件执行。王某军与北京星宝宏房地产开发有限公司（以下简称星宝宏公司）合同纠纷案，张家口中院作出(2015)张商初字第32号民事调解书，星宝宏公司支付王某军补偿金4300万元。因星宝宏公司未履行，王某军向张家口中院申请强制执行。张家口中院在执行钢管厂清算组与跃通公司、王某军借款合同纠纷案中，向星宝宏公司送达了(2015)张执字第2号协助执行通知书，请星宝宏公司协助停止支付被执行人王某军在该公司投资款2000万元及利润分成等收益。后张家口中院将本案与(2015)张执字第2号[(2017)冀07执恢9号]案件统一执行，并作出(2017)冀07执恢9号、执46号责令限期追款通知书，责令星宝宏公司如数追回擅自支付的款项1700万元，并与仍然持有的600万元款项，共计2300万元交存张家口中院；逾期未能追回及交存，该院将依法裁定星宝宏公司以自己的财产向申请执行人承担责任。星宝宏公司向张家口中院提出异议，张家口中院作出(2018)冀07执异10号执行裁定，驳回星宝宏公司的异议。星宝宏公司向河北省高级人民法院（以下简称河北高院）申请复议，河北高院作出(2018)冀执复95号执行裁定：撤销张家口中院(2018)冀07执异10号执行裁定；撤销张家中院(2017)冀07执恢9号、执46号责令限期追款通知书。李某亮对河北高院的复议裁定不服，向最高人民法院申诉。

【裁判观点】

本案的焦点为执行依据(2015)张商初字第22号民事判决是否具有

给付内容；河北高院以该判决系非给付之诉的判决为由撤销张家口中院关于要求星宝宏公司限期追款的通知是否正确。

本案执行依据(2015)张商初字第22号民事判决的主文为：确认原告李某亮与被告王某军于2009年10月12日签订的协议书中出资与收益的约定有效，李某亮已履行出资1000万元义务，并享有协议书第2条约定的收益的权利。此为确认之诉的判决，判决内容仅确定了当事人之间的权利义务关系，没有给付内容，不符合《民事诉讼法解释》第461条及《执行规定》第18条关于人民法院受理执行生效法律文书的条件的规定。张家口中院受理并以(2017)冀07执46号案立案执行李某亮与王某军确认合同纠纷案缺乏法律依据。

因此，张家口中院将(2017)冀07执恢9号案与(2017)冀07执46号案并案执行，并作出的(2017)冀07执恢9号、(2017)冀07执46号责令限期追款通知书应予撤销。李某亮作为(2017)冀07执46号案申请执行人主张应维持该责令限期追款通知书，依据不足。

【要点评析】

根据《民事诉讼法解释》第461条第1款第2项的规定，当事人申请人民法院执行的生效法律文书，应当具备"给付内容明确"的条件。《执行规定》第16条第1款第3项规定，人民法院受理执行案件应当符合"申请执行的法律文书有给付内容"的条件。因此，具有给付内容，是执行依据及人民法院受理执行案件必须具备的条件。本案申请执行的(2015)张商初字第22号民事判决属于单纯的确权判决，仅确定了李某亮与王某军签订的协议书中出资与收益的约定有效，李某亮已履行出资1000万元的义务，享有协议书第2条约定的收益权利，但没有任何给付内容，不符合执行案件受理条件。

第十六章　股权执行的协助义务

第一节　协助执行义务的性质

法律依据

《民事诉讼法》第 253 条　被执行人未按执行通知履行法律文书确定的义务，人民法院有权向有关单位查询被执行人的存款、债券、股票、基金份额等财产情况。人民法院有权根据不同情形扣押、冻结、划拨、变价被执行人的财产。人民法院查询、扣押、冻结、划拨、变价的财产不得超出被执行人应当履行义务的范围。

人民法院决定扣押、冻结、划拨、变价财产，应当作出裁定，并发出协助执行通知书，有关单位必须办理。

制度研究

协助执行义务的产生与我国民事执行程序的职权主义因素密切相关。协助义务是指有协助执行义务的有关单位收到人民法院协助执行通知书后，必须办理相应的协助执行业务，履行协助执行义务。比较法上，《德国民事诉讼法》第 758 条规定，为执行实施需要官厅的援助时，法院可以请求官厅给以援助。《法国民事执行程序法》第 L153－2 条规定，负责执行的司法执达员可以要求公共力量给予协助。《日本民事执行法》第 18 条规定，民事执行中，执行裁判所或执行官认为必要时，可请求政府机关或公署援助。上述法律均规定了执行机关享有要求特定机关协助执行的权力。

一、协助执行义务的产生

为什么会有协助执行义务？这与我国的社会治理体系、治理结构以及司法模式的职权主义、执行的非社会化有关，不仅是一个司法理论与实践问题，也是一个社会问题，面对的是社会整体制度环境的牵制。我国法院还没有配备足够的权力与实力，在整个国家行政运行体系中的权重也是有限的，无论社会控制还是权利保障，法院的权力话语与施展空间难以有大的拓展，法院在社会治理中的有限职能与法院判决必须得到执行之间的矛盾，决定了民事执行规范的落实需是在多重目标和不同利益部门机构相互作用下展开。[①] 我国一贯坚持民事执行权由国家独享，而民事执行的非社会化模式排除社会力量的参与，行政机关、金融等部门不向律师和当事人开放，当事人无法自己办理查询和冻结事项，必须司法机关出面，由此催生出广泛的协助执行义务。[②]

二、协助义务人的确定

谁有协助执行义务，谁是协助执行义务人？学理上将协助执行义务人界定为根据法律规定或者民事执行机构的要求，协同、辅助民事执行机构采取民事执行行为，迫使债务人履行债务、实现债权人权利的组织或者个人。究其原因，协助执行义务人与债务人之间存在着某种财产关系，或者掌握着足以控制债务人处分财产行为的权力或权利，或者具有采取执行措施的便利性，能够参与和推动民事执行程序。[③] 有关单位或个人在特定情形下是否负有协助执行义务，在实践中并非具有十分清晰的界限。

人民法院要求有关单位和个人协助执行，通常可以分为三种情形：一是向掌握被执行人有关信息的单位查询被执行人身份信息或财产信息，以便采取进一步的执行措施；二是对被执行人的财产采取的有实质影响的执行措施，如冻结、变更登记等，需要通过具有管理、登记职能的有关机关协助完成这些事项；三是人民法院的执行措施需要与被执行人具有特定权利义务关系的第三

① 参见栗峥：《中国民事执行的当下境遇》，载《政法论坛》2012 年第 2 期。

② 参加彭云翔：《民事执行调查社会化问题研究》，载《甘肃政法学院学报》2020 年第 1 期。

③ 参见江必新主编：《强制执行法理论与实务》，中国法制出版社 2014 年版，第 115 页。

人协助才能完成的事项。从人民法院需要协助执行的这三种情形来看,相关单位和个人是否负有协助执行义务,主要从以下三个方面界定。

第一,是否掌握被执行人有关身份信息或财产信息。人民法院执行活动的核心是发现并处分被执行人的财产,从而实现债权人已经生效法律文书确定的权利。其中,发现财产是这一核心工作的首要环节。尽管现有法律、司法解释设立了被执行人报告财产制度,但实践中,人民法院通过向有关单位和个人查询被执行人的相关身份、财产信息,依然是发现被执行人财产的主要手段。该执行活动的主要目的是发现被执行人的身份信息和财产信息,这一目的决定了负有协助执行义务的有关单位和个人必须是掌握被执行人身份信息和财产信息的相关主体,否则人民法院查询目的无法实现。因此,掌握被执行人财产信息的有关单位,必须协助人民法院执行。

第二,是否具有一定的管理、登记职能。目前,被执行人财产主要表现为存款、不动产、特定动产、其他财产权等形式,其中大部分财产均有相关的管理、登记机关。人民法院在执行中对被执行人有关财产采取执行措施时,均离不开具有管理、登记职能作用机关的协助。比如公司登记机关,其对有限责任公司股东或者股份有限公司发起人的姓名或者名称负有登记职能。《执行联动意见》第17条规定,公司登记机关应当协助人民法院查询有关企业的设立、变更、注销登记等情况;依照有关规定,协助人民法院办理被执行人持有的有限责任公司股权的冻结、转让登记手续。此后,随着中央对公司登记制度的改革,《规范执行与协助执行通知》第11条规定了人民法院冻结股权、其他投资权益时,工商机关负有协助公示的协助执行义务。

第三,是否与被执行人具有一定的权利义务关系。人民法院在享有要求协助执行权力的同时,亦应注意该权力的行使应当限定在一定条件下。一方面,人民法院要求协助执行必须是在执行中,且为执行工作所需,即人民法院不得要求有关单位和个人履行与执行工作无关的事项。另一方面,人民法院只能通知与协助执行事项相关的单位和个人,比如该协助义务人与被执行人之间有特定的权利义务关系,人民法院不通过该协助义务人无法独自实施一定的执行行为,此时该协助义务人即负有协助执行的义务。反之,如人民法院不经过他人协助独自即可完成某执行措施,则人民法院不得随意赋予无关单位和个人协助执行义务。

三、协助执行义务的边界

民事诉讼法及司法解释未明确协助执行义务主体，概念的模糊可能引致协助义务无条件地泛化。确定执行义务的边界，是在扩张协助执行义务主体范围解决执行难与泛化协助执行义务的正当性之间的寻求平衡。2022 年《民事强制执行法（草案）》将协助执行作为民事执行的基本原则，草案第 7 条规定，有关组织和个人应当对民事强制执行依法予以协助、配合。在立法层面确立了有关单位和个人负有普遍地协助执行义务，此种协助义务无法通过有关单位或个人声称某一事项不属于管理范畴而免除。

一种观点认为，草案虽然将协助执行义务提升到执行基本原则的层面，但因未对协助义务机关设定一般性的法定协助义务，即使其不协助也不用承担法律责任，所以最终落实到实践中，仍然收效甚微。例如，草案规定人民法院可以向公安机关调查、可以通知公安机关协助查找控制被拘留人、在交付标的物时到场协助，但并没有设定公安机关一般性的法定协助义务，对推动执行力度有限。

另一种观点认为，草案的规定突破了前述有关列举的协助义务主体与债务人之间的关联性，正当性有待考问。一方面，协助执行原则可能会为司法解释、行政法规等规范性文件或者法官通过裁定肆意扩张协助执行义务埋下隐患；另一方面，任何人都需要担忧是否会因未给予执行程序足够的协助而承担损害赔偿甚至遭受处罚或刑罚。[①] 更重要的是，我国现行法律、司法解释确定的以及司法实践所涉及的协助执行主体都有一定的法律依据作为支撑。如市场监督管理部门协助股权冻结的义务，源于《市场主体登记管理条例》赋予其承担商事登记的社会职能；公司的协助义务，可以从《民法典》《公司法》关于公司从事经营活动必须承担社会责任的规定中找到解释。若有关单位和个人负有普遍地协助执行义务，人民法院是否可以突破法律依据或事实联系，以此享有自由界定协助义务人的权力？例如，《股权执行规定》明确规定，对股份有限公司股份的冻结，也应向公司登记机关送达冻结裁定和协助执行通知，以在公示系统公示时发生冻结效力。但无论是根据《市场主体登记管理条例》

---

① 参见肖建国、庄诗岳：《论协助执行义务的边界》，载《法学杂志》2020 年第 11 期。

的规定还是实践操作,市场监督管理部门都不予办理股份有限公司非发起人股东的信息登记,此时如何界定市场监督管理部门不予办理冻结登记的行为,是不予协助还是协助不能?因此,划定协助执行义务边界的意义还在于,不能向有关单位和个人施加超越其基于宪法、其他法律所获取的权力、权利。[①]

四、不履行协助义务的后果

协助义务人按照法院的裁定和协助执行通知书履行协助义务,即使后来发现执行行为错误,给当事人、利害关系人造成损害,也不承担赔偿责任,而且有豁免被起诉的权利。如果不履行协助义务,则可能发生两种后果:一是程序法上的后果,二是实体后果。

1. 程序法上的后果,不协助执行,民事诉讼法规定除责令履行协助义务外,可以对该单位、该单位的主要负责人或者直接责任人员罚款,还可以向监察机关或者有关机关提出予以纪律处分的司法建议。但没有规定对拒不履行协助义务人实施拘留。2007 年《民事诉讼法》关于对拒不协助执行的制裁增加了在罚款后仍不履行协助义务的,可以予以拘留,旨在强化对妨害民事诉讼行为的惩罚。根据《民事诉讼法》第 117 条第 1 款第 2 项的规定,协助义务人拒不协助查询、扣押、冻结、划拨等均属于拒不协助执行的行为。此外,《民事诉讼法解释》第 483 条规定了人民法院查询被执行人的身份信息与财产信息属于有关单位和个人应当履行的协助义务。《财产调查规定》第 12 条进一步明确了人民法院有权通过网络、现场等方式进行调查,有关单位和个人亦应依法办理。

2. 协助执行义务人未能履行协助义务,或是故意拒绝履行,或以间接方式规避履行,或是因为疏漏未能履行,均可能导致当事人的实体权利受到损害。如银行等金融机构未能冻结被执行人银行账户或者通过其他方式帮助被执行人转移款项,最终就会引发债权无法实现的结果。再如,不动产登记部门未按照查封裁定和协执办理查封登记,其后该财产被设定抵押。因未公示的查封不能对抗善意第三人,此时债权人的查封劣后于抵押权,势必影响债权的实现程度。在财产查控类协助执行中,协助执行义务的不履行,虽不影响执行行为

---

① 参见肖建国、庄诗岳:《论协助执行义务的边界》,载《法学杂志》2020 年第 11 期。

的效力,但会影响财产查控的效果,无法达致执行行为的目的。

五、执行协助义务的扩展

执行作为一种侵入被执行人生活圈的活动,会自然地受到被执行人所发动的地缘优势上的抗拒,执行过程中的每一种执行行为都可能被被执行人的某些策略消解。法院在社会治理中的有限职能在面对社会系统性的阻力面前,呈现"执行难"的局面几乎是必然的。

1999 年《中共中央关于转发〈中共最高人民法院党组关于解决人民法院"执行难"问题的报告〉的通知》,将"执行难"归结为"四难",即被执行人难找、执行财产难寻、协助执行人难求、应执行财产难动。① 完善协助执行制度,一是从财产类型、特征及执行措施的性质准确定位协助执行义务的承担方式,二是通过立法推动协助执行义务的法定化,三是构建一个通过社会力量合作推进解决执行问题的联动机制。

民事诉讼法修订后,协助执行义务范围不断扩展,首先,协助义务人范围扩大,从原来的银行、信用合作社和其他有储蓄业务的单位,扩展到"有关单位",对债券、股票、股权、基金份额以及其他投资权益采取执行措施时,对这些财产具有托管、管理、登记、结算等职能的单位负有协助执行的法定义务;其次,执行对象范围的扩大,从原来的存款增加为存款、债券、股票、基金份额等财产,以便人民法院的执行措施能及时适应社会经济发展的客观现实;最后,增设执行措施,由原来的查询、冻结、划拨措施,增加为查询、扣押、冻结、划拨、变价,以化解责任财产类型逐渐丰富而对应的执行措施过于单一的矛盾。

理解与适用

一、协助查询的义务

《民事诉讼法》第 253 条第 2 款规定的执行措施中,虽然没有包含查询的事项。实践中,执行法院向有关单位或个人查询被执行人的身份信息和财产

---

① 参见肖建国、庄诗岳:《论协助执行义务的边界》,载《法学杂志》2020 年第 11 期。

信息,有关单位和个人办理协助查询事项当然属于协助执行义务的范畴。人民法院在执行程序中向有关单位和个人查询被执行人的身份信息与财产信息,属于协助义务人履行协助执行义务的范畴。但应注意协助查询与协助调查的区别,《民事诉讼法》第70条规定了人民法院行使调查取证权,有关单位和个人不得拒绝。《民事诉讼法》第117条明确将拒绝或妨碍协助调查与拒不协助执行加以区分。实践中,对这两种不同的行为制裁时,首先要界定该行为是属于拒绝或妨碍调查取证还是拒不协助执行,对行为的不同定性将决定是适用《民事诉讼法》第117第1款第1项还是第2项。

二、冻结股权、股票、股息、红利、投资权益的协助义务

人民法院在执行程序中通常采取的控制性措施主要包括查封、冻结、扣押,《查扣冻规定》将被执行人的财产类型分为动产、不动产及其他财产权,针对不同财产的特性,分别规定了不同的执行措施。对动产进行控制时,易于移动占有,可以采取扣押措施,将动产扣押至指定地点保管,使其脱离被执行人的占有,如对机动车、家具、金银首饰的扣押。对不方便移动的机器设备,更适合采取查封措施。对不动产主要采取查封措施,通过登记机关协助办理查封登记,或在现场张贴封条、公告等足以公示的方式实现查封。对于不具备有体物的外观形态,但具有财产利益的内容,如股权、信托受益权、债权等,应采取冻结措施,要求对该财产权进行管理、托管、登记、结算的机构或与被执行人有特定关系的主体协助冻结。

三、扣划的协助义务

对上市公司股票进行扣划,人民法院通过证券登记结算机构或者证券公司扣划证券和证券交易结算资金。人民法院可以冻结、扣划被执行人在证券公司营业部开设的资金账户中的资金,证券公司应当协助执行。但对于证券公司在存管银行开设的客户交易结算资金专用存款账户中属于所有客户共有的资金,人民法院不得冻结、扣划。当证券公司为被执行人时,人民法院可以冻结、扣划该证券公司开设的自有资金存款账户中的资金,但不得冻结、扣划该证券公司开设的客户交易结算资金专用存款账户中的资金。其基本原理是人民法院通常只能执行被执行人的责任财产。

四、变更登记的协助义务

人民法院对被执行人在有限责任公司、其他法人企业中拥有的股权、其他投资权益通过拍卖、变卖等方式变价后，需要为买受人办理所处分标的物所有权的变更登记，负有管理或登记义务的有关单位，应当依法按照人民法院协助执行通知的要求办理该标的物的变更登记手续。由于《民事诉讼法》第253条没有变更登记的相关规定，按照《民事诉讼法解释》第500条的规定，此时应适用《民事诉讼法》第262条规定，向有关的单位发出要求办理变更登记手续的协助执行通知书。人民法院对被执行人持有的上市公司流通股股票在二级市场进行变价时，按照《冻结证券资金通知》第5条的规定，被执行人所在的证券公司营业部按照人民法院指令负有通过证券交易将该证券卖出的协助义务，人民法院应向证券公司营业部送达变价该股票的执行裁定书以及指令卖出该股票的协助执行通知书。需要注意的是，按照《股权执行规定》第17条第2款的规定，在确权纠纷案件中，如生效法律文书仅确认股权或其他投资权益属于当事人所有，如权利人据此申请执行，请求将该股权或其他投资权益变更登记至其名下的，人民法院不予支持。因生效法律文书仅确定股权或其他投资权益属于当事人所有，没有给付内容，不符合执行案件受理条件，但不影响当事人持生效法律文书自行向有关单位申请办理变更登记手续。这种情况下，有关单位为当事人办理变更登记手续，并非按照人民法院的要求履行协助执行义务。但是股份有限公司股东转让其股份，应当在依法设立的证券交易场所进行或者按照国务院规定的其他方式进行。依照该规定，对于非上市股份有限公司的股权登记机关由国务院另行规定，目前并未明确规定市场监管部门为登记公示的机关及部门。而依照《公司法》《市场主体登记管理条例》的相关规定，公司的登记事项包括有限责任公司股东或股份有限公司发起人的姓名或者名称。就非上市股份有限公司而言，除发起人外，其他股东不在登记机关的登记范围内。即股份有限公司非发起人股东名称及其股权变动亦不属于登记机关的法定登记事项。因此，人民法院强制处分被执行人持有非上市股份有限公司的股份后，登记机关并无对该股份办理变更登记的协助义务，人民法院应通知股份所在公司办理相应的股份变更登记手续。

五、解除冻结的协助义务

人民法院冻结的股权或其他投资权益，在符合法定情形，人民法院要求解除冻结时，有关单位负有协助解除冻结的义务。《民事诉讼法》第253条仅规定了人民法院可以采取的控制性、处分性措施，没有关于解除控制性措施的规定。此时应按照《查扣冻规定》第28条第2款的规定，人民法院向登记机关发出协助执行通知书的，登记机关即负有办理解除冻结的协助执行义务。

六、书面报告的协助义务

由于股东责任与公司责任严格区分，在股东作为被执行人的情况下，人民法院不得对目标公司的责任财产采取执行措施。被执行人持有目标公司的股权被冻结后，如果部分被执行人利用目标公司通过增资、转移重大资产、对外提供担保等方式，稀释被冻结的股权，使人民法院冻结的股权价值严重贬损。为应对以上规避执行的行为《股权执行规定》第8条创设性规定了被执行人持有目标公司股权被人民法院冻结后，人民法院可以要求目标公司在实施增资、减资、合并、分立等对被冻结股权所占比例、股权价值产生重大影响的行为前，履行向人民法院书面报告有关情况的协助执行义务。如目标公司不履行协助执行义务，人民法院要依照《民事诉讼法》第117条的规定处理。

操作指引

被执行人责任财产的形态不断丰富和执行措施的类型越发多样，也会引发协助执行义务的问题。例如，比特币或其他虚拟货币的执行，目前我国境内并没有合法的比特币第三方交易平台，面对比特币申请执行案件，依据现有的技术条件，还无法做到对网络虚拟财产的通查，更无法确定协助义务主体。此时对比特币等虚拟货币的执行，只能参考行为执行的方式，即督促被执行人完成虚拟货币的交付，否则对其采取强制措施。[①]

钢铁产能作为财产被执行后，依据被拍卖产能进行建设的项目投产前须

① 参见肖幼新：《比特币申请执行案件类型化处置路径探析》，载《人民法院报》2021年12月15日，第7版。

拆除用于置换的退出设备，使其不具备恢复生产条件。被执行人被置换的产能对应的设备未被拆除的，产能的受让主体也无法就取得的产能组织生产。拆除设备的责任主体，需要根据各地产能置业的实施规范确定。例如，《河南省钢铁行业产能置换实施细则（试行）》规定，出让方所在市政府按照拆除置换设备承诺书和拆除方案拆除退出设备，确保退出设备按期拆除到位。但同时也规定，出让方不能按承诺时限拆除置换设备，影响建设项目正常投产的，对所在市实施钢铁项目限批，暂停其产能置换方案的公告，并在全省通报。在强制执行产能的情况下，被执行人不大可能承诺拆除置换设备，此时人民法院能否以各地产能置换实施规范为依据，要求被执行人所在市政府协助拆除设备？市政府不履行的，能否追究其拒不履行协助义务的责任？还是参照对房产的执行，在拍卖公告中明确由受让人承担拆除设备的责任？

新型责任财产形态的出现，虽然有利于以实现债权为目标的执行工作，但也对执行规范的不断完善提出更高的要求，人民法院协助执行义务的正当性及合理性，以及协助义务机关所能给予的配合、协助，有赖于民事执行规则与其他法律规范之间的契合。

审判前沿

大和光学（苏州）有限公司股权转让纠纷案

【裁判要旨】

股东的股权被冻结后，其财产权利和涉及股权价值变化的非财产权利受到限制。

【案例索引】

（2013）苏中执异字第013号；（2013）苏执复字第0060号

【基本案情】

苏州工业园区嘉信科技有限公司（以下简称嘉信公司）与株式会社大和产业（以下简称大和产业）股权转让纠纷案，苏州市中级人民法院（以下简称苏州中院）于2010年12月15日作出（2010）苏中商外初字第0034号民事判决，判决大和产业自本判决生效之日起30日内向嘉信公司支付涉案剩余股权转让款600万元及利息。大和产业不服该判决向江苏省高级人民法院(以下简称江苏高院)提起上诉,江苏高院于2012年11月30日作出(2011)苏商外终字第0025号民事判决:驳回上诉,维持原判。因大和产业未按判决履行义务,嘉信公司向苏州中院申请执行。

苏州中院立案执行后,于2013年2月18日冻结了被执行人大和产业在其全资子公司大和光学(苏州)有限公司(以下简称大和光学)全部股权,冻结期限为2年。2013年2月21日,苏州中院向公司登记机关发出协助执行通知书,要求停止办理大和光学清算组备案等注销登记相关手续。2013年2月28日,苏州中院向大和光学发出责令提供会计账簿、财务报表通知书,内容为因需对大和产业所持大和光学股权进行审计、评估,要求大和光学立即提供所有的会计账簿、财务报表等财务资料,拒不提供,该院将强制提取。2013年3月6日,大和光学以二审判决书未向大和产业送达尚未生效,责令该公司提供会计账簿、财务报表以及停止办理清算组备案等注销登记手续于法无据为由向苏州中院提起执行异议。

【裁判观点】

苏州中院经审查认为,被执行人不能履行法律文书确定的义务,申请执行人有权要求法院执行被执行人的股权或投资权益。大和光学为被执行人大和产业的全资子公司,法院依法可以冻结大和产业在大和光学处的全部股权并责令大和光学提供账簿、账册用于评估审计,以便于拍卖、变卖被执行人名下的股权进行清偿债务。法院要求工商局停止办理清算组备案等注销登记手续,意在对大和产业在大和光学的股权进行固化,防止其股权价值的贬损。这种固化措施,不仅在于禁止股东转移、转让股权以及请求股息红利等财产权利,还在于限制股东行使涉及其股权价值变化的表决权、解散请求权、诉讼权等非财产性权利。如果股东在行使这些权利时,不恰当地增设负担、放弃权利,则会直接导致股权价值之贬损。本案中,大和产业为大和光学的100%控股股东,是唯一股东。现大和产业股权被冻结,则意味着大和产业在行使公司某些诸如作出解散清算决定、放弃到期债权表决等涉及股权价值变化的非财产权利也受到了限制。而且,本案中大和产业除在大和光学的股权外已经没有其他可供执行的财产,现法院介入进行股权的评估审计，可以最大限度地保证股权价值。另外，根据《最高人民法院关于涉外民事或商事案件司法文书送达问题若干规定》第4条之规定，本案二审时大和产业并未明确其聘请的委托代理人无权接受司法文书，故二审法院向其委托代理人送达法律文书合法有据，本案并不存在民事判决书未送达生效的情形。综上所述，大和光学的异议理由不能成立，该院不予采纳。据此，苏州中院于2013年5月9日作出（2013）苏中执异字第013号民事裁定，驳回大和光学的异议申请。大和光学不服该裁定，向江苏高院申请复议。

关于苏州中院执行过程中是否有权向工商机关发出协助执行通知书，要求其停止办理大和光学清算组注销登记手续，以及苏州中院向大和光学发出责令提供会计账簿、财务报表通知书是否有法律依据的问题，江苏高院认为：

第一，苏州中院依法冻结被执行人大和产业在其全资子公司大和光学的股权，因需对该股权价值进行评估后执行，大和光学负有向苏州中院提供评估所需的会计账簿、财务报表的协助义务。在大和光学拒不履行该协助义务的情况下，执行法院有权责令其提供相关会计账簿、财务报表。故大和光学该复议请求无事实和法律依据，应予驳回。

第二，关于苏州中院执行过程中是否有权向工商机关发出协助执行通知书，要求其停止办理大和光学清算组注销登记手续的问题。江苏高院于2012年11月30日作出（2011）苏商外终字第0025号民事判决后，作为被执行人大和产业唯一股东的大和光学即申请公司清算注销。苏州中院依法冻结大和产业在大和光学的股权后，如大和光学经工商机关核准注销，将有碍苏州中院对冻结股权的执行，损害债权人利益。故苏州中院要求工商机关协助停止办理大和光学清算组注销手续并无不当。

【要点评析】

《股权执行规定》出台之前，人民法院冻结了被执行人持有的股权后，如何防止被执行人与股权所在公司其他股东恶意串通或者利用其对公司的控制地位，恶意贬损被冻结股权的实际价值，是长期困扰执行实践的难题。人民法院冻结股权后，能否因此限制股东的表决权等非财产性权利的行使，也在实践中存在一定争议。在本案中，大和产业为大和光学的100%控股股东，是唯一股东，如果冻结案涉股权不能限制股东行使清算决定等权利，必然会促使被执行人滥用股东权利，造成执行程序迟滞。因此，在本案中，两级法院均认为大和产业股权被冻结，则意味着大和产业在行使公司某些诸如作出解散清算决定、放弃到期债权表决等涉及股权价值变化的非财产权利也受到了限制。

第二节　股权执行的协助义务人

法律依据

《股权执行规定》第6条　人民法院冻结被执行人的股权，应当向公司登记机关送达裁定书和协助执行通知书，要求其在国家企业信用信息公示系统进行公示。股权冻结自在公示系统公示时发生法律效力。多个人民法院冻结同一股权的，以在公示系统先办理公示的为在先冻结。

依照前款规定冻结被执行人股权的，应当及时向被执行人、申请执行人送达裁定书，并将股权冻结情况书面通知股权所在公司。

《股权执行规定》第9条　人民法院冻结被执行人基于股权享有的股息、红利等收益，应当向股权所在公司送达裁定书，并要求其在该收益到期时通知人民法院。人民法院对到期的股息、红利等收益，可以书面通知股权所在公司向申请执行人或者人民法院履行。

股息、红利等收益被冻结后，股权所在公司擅自向被执行人支付或者变相支付的，不影响人民法院要求股权所在公司支付该收益。

《民事诉讼法》第117条　有义务协助调查、执行的单位有下列行为之一的，人民法院除责令其履行协助义务外，并可以予以罚款：

（一）有关单位拒绝或者妨碍人民法院调查取证的；

（二）有关单位接到人民法院协助执行通知书后，拒不协助查询、扣押、冻结、划拨、变价财产的；

（三）有关单位接到人民法院协助执行通知书后，拒不协助扣留被执行人的收入、办理有关财产权证照转移手续、转交有关票证、证照或者其他财产的；

（四）其他拒绝协助执行的。

人民法院对有前款规定的行为之一的单位，可以对其主要负责人或者直接责任人员予以罚款；对仍不履行协助义务的，可以予以拘留；并可以向监察机关或者有关机关提出予以纪律处分的司法建议。

制度研究

司法解释对某一财产查封、冻结、扣押的协助义务人的认定，将实质性影响该执行措施的法律效力及顺位认定，就股权及其股利的执行，无论是司法解释、指导意见还是实践操作，协助义务机关均发生较大变化。人民法院在执行冻结被执行人持有的有限责任公司股权、非上市股份有限公司股份以及其他投资权益时，如何确定具体协助义务人，一直处于相对混乱和摇摆不定的状态，不同法院在对同一股权冻结时，由于先后不同时间将冻结股权的执行裁定书及协助执行通知书送达市场主体和工商机关，法院之间经常就谁为第一顺位冻结法院问题产生争议。《股权执行规定》明确冻结股权的协助义务人是公司的登记机关，并就股权冻结生效时间、不同法院之间的冻结顺位的判断予以明确。同时创立了股权所在公司书面报告的协助执行义务，丰富了股权所在市场主体的协助义务内容。

1998 年《执行规定》（已修正）第 53 条规定，人民法院冻结被执行人在有限责任公司、其他法人企业中的股权、投资权益的，应当通知有关企业不得办理被冻结股权、投资权益的转移手续。从该条文意看，人民法院冻结股权、投资权益的协助义务人应为股权所在的市场主体。至于冻结时是否需要公司登记机关予以协助，当时没有明确。1999 年 5 月 27 日，原国家工商行政管理局对北京市、浙江省工商行政管理局作出《关于协助人民法院执行冻结或强制转让股权问题的答复》（工商企字〔1999〕第 143 号，已废止），明确人民法院依法要求登记机关协助冻结或者协助转让股权的，登记主管机关应当协助执行，即冻结股权时登记机关的协助执行义务。

因公司登记机关的职能和登记事项发生变化，2014 年最高人民法院与国家工商总局联合发布的《规范执行与协助执行通知》，将登记机关协助人民法院办理冻结、解除冻结股权、投资权益的登记义务改为公示义务。对多家法院冻结同一股权、投资权益的，首先送达协助执行通知书的执行法院的冻结为生效冻结。但实践中，有的法院向股权所在公司送达协助执行通知书，有的法院向登记机关送达协助执行通知书，有的法院既向目标公司送达也向登记机关送达，冻结股权、投资权益的协助义务人仍不明确。

《股权执行规定》第 6 条规定明确了冻结股权时的协助义务人为登记机关，由登记机关履行公示义务，且将公示作为冻结股权的生效要件，这就弱化了股权所在公司在股权冻结中的协助义务，股权所在公司不再作为人民法院冻结股权的协助义务人，仅是人民法院将股权冻结情况书面通知的对象。但对于股息、红利的冻结，协助执行义务人并非公司登记机关，仍为股权所在的公司。

理解与适用

财产的表现形式不同，协助义务主体也不一样，人民法院冻结股权时协助义务人是公司登记机关；特定情形下履行协助书面报告义务的协助义务人是股权所在公司。股份有限公司记名股票转让后由公司将受让人的姓名或者名称及住所记载于股东名册，故人民法院执行记名股票时的协助义务人应为股票所在公司。股息、红利的执行协助义务人是公司而非登记机关，人民法院查询、冻结、扣划证券和证券交易结算资金的协助义务人为证券登记结算机构或者证券公司。

一、公司登记机关

人民法院冻结股权采用向登记机关送达的一元模式，改变了以往需要在股权所在公司、公司登记机关同时办理股权冻结手续的二元模式，有利于避免协助义务人不同导致对同一股权冻结时间不同而产生冻结顺位争议。股权冻结的要件是登记机关在国家企业信用信息公示系统对人民法院冻结股权的事项进行公示，人民法院冻结股权时，如未向登记机关送达相关法律文书，没有在公示系统对冻结进行公示，则该冻结行为不发生法律效力。

二、股权所在公司

《股权执行规定》第 8 条首次规定了人民法院冻结股权的，可以通知股权所在公司在实施增资、减资、合并、分立等对被冻结股权所占比例、股权价值产生重大影响的行为前向人民法院书面报告有关情况，对股权所在公司增加了特定经营行为的书面报告的协助义务。《查扣冻规定》第 10 条规定了人民法院查封财产后的保管，被执行人的财产查封后，被执行人或者其他受托管理该财产的主体对被查封财产负有善良管理义务，该规则同样适用于作为无形财产的股权，故被冻结股权所在公司在采取可能对被冻结股权价值产生严重影响的行为时，应当向人民法院书面报告。

股权所在公司拒不履行书面报告的协助义务时将面临法院的制裁措施，人民法院可以依照《民事诉讼法》第 117 条的规定处理。在股权所在公司接到人民法院通知后，未向人民法院书面报告即实施《股权执行规定》第 8 条第 1 款规定行为的，人民法院在实践中在责令其履行协助义务的同时，可以予以罚款。对仍不履行协助义务的，可以予以拘留；并可以向监察机关或者有关机关提出予以纪律处分的司法建议。

关于对股息、红利冻结的执行，与《执行规定》第 36 条设计的执行规则不同的是，股息、红利到期后，人民法院是否可以从股权所在公司直接提取，也就是说，股息、红利所在的公司是否为协助执行义务人。有观点认为，《股权执行规定》关于如何执行股息、红利等收益的表述与以前司法解释有异，股息、红利在财产属性上属于被执行人对公司享有的债权，应当遵循债权执行的一般规则。人民法院冻结股息、红利等收益时，无论是否到期，均可以先采取冻结措施，股息、红利等收益由股权所在公司负责支付，故冻结股息、红利等收益时的协助义务人为股权所在公司。对已到期的股息、红利等收益，人民法院可以通知股权所在公司要求其向申请执行人或者人民法院履行，与《民事诉讼法解释》第 499 条关于到期债权的执行规则类似，只是增加了可以向人民法院履行的规定。对未到期的股息、红利等收益，执行法院可以依法冻结，待到期后按照已到期股息、红利等收益的方式执行。股息、红利等收益被冻结后，股权所在公司提出不存在股息、红利的异议或者未到期的异议，或者擅自向被执行人支付或者变相支付的，均对申请执行人不发生法律效力，人民法院依然可以要求股权所在公司支付该收益或者采取强制扣划的执行措施。

三、证券登记结算机构或证券公司

证券和证券交易结算资金，人民法院既可以冻结也可以扣划。此时的协助义务人为证券登记结算机构或者证券公司。人民法院指令被执行人所在的证券公司将被执行人证券卖出时，被执行人所在的证券公司系协助义务人。人民法院对在证券公司托管的证券进行冻结时，由于证券登记结算机构和证券公司均可以作为冻结证券的协助义务人，实务中出现不同法院在同一交易日分别在证券登记结算机构和证券公司办理证券登记手续，这种情况下证券公司协助办理的为在先冻结。

操作指引

冻结股权时，除向登记机关送达公示手续外，还要注意通知股权所在公司，应当将裁定书送达双方当事人。书面通知股权所在公司股权被冻结情况，一般应当包括冻结股权数量、时间、期限等事项，在向登记机构办理完冻结股权的登记手续后，再书面通知股权所在公司冻结股权的具体情况。

审判前沿

鹤壁市山城区农村信用合作联社不服河南省周口市中级人民法院罚款决定书申请复议案

【裁判要旨】

协助义务人拒不履行协助义务的，应当依法承担相应的法律责任。

【案例索引】

(2014)周执字第1号；(2014)豫法执复字第24号

【基本案情】

河南省周口市中级人民法院（以下简称周口中院）在办理周某祥诉鹤壁市玖泰经贸有限公司（以下简称玖泰公司）、鹤壁市聚鑫经贸有限公司（以下简称聚鑫公司）等七被告民间借贷纠纷案中，先后于2013年12月4日、21日作出(2013)周民初字第87-1号和(2013)周民初字第87-2号民事裁定书，查封或冻结玖泰公司和聚鑫公司各价值2000万元的财产，并于2014年1月3日作出协助执行通知书，要求鹤壁市山城区农村信用合作联社（以下简称山城信合）协助冻结玖泰公司和聚鑫公司在山城信合的股金各2000万元，不得变更、转让，不得对其分取红利。后周口中院于2014年3月4日作出（2014）周执字第1－2号执行裁定书，裁定提取玖泰公司和聚鑫公司在山城信合的到期红利收入，于2014年4月21日向山城信合送达了（2014）周执字第1－2－4号协助执行通知书，要求将玖泰公司、聚鑫公司在山城信合2000万元股金、2013年的红利全部收入3日内汇至周口中院账户。此外，鹤壁市中级人民法院（以下简称鹤壁中院）在办理山城信合与被告玖泰公司、聚鑫公司借款合同纠纷案中，于2014年2月24日向山城信合送达（2014）鹤民初字第1－16号和（2014）鹤民初字第4－35号协助执行通知书，要求协助冻结玖泰公司、聚鑫公司在山城信合的股金分红。因山城信合未在限定时间内向周口中院履行协助义务，周口中院于2014年5月7日向山城信合发出罚款决定书，决定对其罚款50万元。

山城信合不服该罚款决定，向河南省高级人民法院（以下简称河南高院）申请复议称：周口中院要求提取的玖泰公司和聚鑫公司在山城信合各2000万元股金红利收入，目前被鹤壁中院冻结，鹤壁中院先于周口中院冻结，且周口中院并未冻结红利。两个法院均有司法裁决，客观上无法协助周口中院执行。因此，要求纠正周口中院的错误做法，撤销周口中院（2014）周执字第1－1号罚款决定书。

【裁判观点】

河南高院认为，周口中院于2014年1月3日作出协助执行通知书，要求山城信合协助“冻结鹤壁市玖泰经贸有限公司和鹤壁市聚鑫经贸有限公司在你处的股金各2000万元，不得变更、转让，不得对其分取红利”。因股金投入山城信合后，已不属被执行人的可执行财产，周口中院对玖泰公司、聚鑫公司在山城信合的各2000万元的股金进行冻结属于不当，但“不得对其分取红利”的表述明确，即冻结被执行人投入股金的分红和收益部分，与该院（2013）周民初字第87－1号和（2013）周民初字第87－2号民事裁定书中“查封或冻结玖泰公司、聚鑫公司各价值2000万元的财产”的表述并不矛盾。玖泰公司、聚鑫公司在山城信合的分红和收益属于可执行财产，法院对其查封或冻结并无不当。鹤壁中院于2014年2月24日向山城信合送达(2014)鹤民初字第1－16号和(2014)鹤民初字第4－35号协助执行通知书，其送达时间是在周口中院之后。因此，山城信合关于“鹤壁中院先于周口中院冻结，且周口中院并未冻结红利”的说法没有依据。周口中院和鹤壁中院都曾先后向山城信合送达了相关法律文书，均要求山城信合协助冻结玖泰公司和聚鑫公司的股金分红或不得对其分取红利。周口中院于2014年4月21日又向山城信合送达协助执行通知书，要求将玖泰公司、聚鑫公司在山城信合2000万元股金、2013年的红利全部收入3日内汇至周口中院账户。虽然股金不能作为被执行人的财产予以执行，但作为协助义务人，应当而且可以只将被执行人的收益即红利部分提取后交付周口中院，并将履行法院协助义务的事实告知鹤壁中院及玖泰公司、聚鑫公司即可，而不能以种种理由拒不协助。因此，山城信合关于“两个法院均有司法裁决，我社陷入两难境地，客观上无法协助周口中院执行”的复议理由不能成立。

综上所述，协助义务人拒不协助执行行为时，按照法律规定可以予以罚款，同时人民法院可以对其主要负责人或者直接责任人员予以罚款；对仍不履行协助义务的，可以予以拘留；并可以向监察机关或者有关机关提出予以纪律处分的司法建议。

【要点评析】

在本案中，山城信合属于负有提取义务的协助义务人，在执行法院通知其履行协助义务时，其拒不履行协助执行义务，按照法律规定可以予以罚款，同时人民法院可以对其主要负责人或者直接责任人员予以罚款；对仍不履行协助义务的，可以予以拘留；并可以向监察机关或者有关机关提出予以纪律处分的司法建议。

需要注意的是，本案中周口中院可以对山城信合罚款的理由主要是：山城信合作为提取红利的协助义务人拒不履行协助义务。但《股权执行规定》出台后，关于股息、红利的执行规则已经发生变化，《股权执行规定》

第9条改变了2020年《执行规定》第36条关于股息、红利的执行规则，到期后人民法院不得再从股权所在公司直接提取。之所以对股息、红利的执行规则作上述改变，主要是因为《股权执行规定》起草中明确采纳了股息、红利等受益，在财产属性上仍属于被执行人享有的债权，应当遵循债权执行的一般规则。故人民法院冻结被执行人享有的股息、红利等受益时，无论是否到期，均可以先采取冻结措施，由于股息、红利等收益由股权所在公司负责支付，故冻结股息、红利等收益时的协助义务人为股权所在公司。对已到期的股息、红利等收益，人民法院可以同时通知股权所在公司要求其向申请执行人或者人民法院履行，这与《民事诉讼法解释》第499条关于到期债权的执行规则基本保持一致。《股权执行规定》相比《民事诉讼法解释》第499条的规定，增加了可以向人民法院履行的规定，更好地与司法实践做法保持了一致。因此，《股权执行规定》生效后，人民法院执行股息、红利等收益时，股权所在公司是冻结该股息、红利的协助义务人，不再是提取股息、红利的协助义务人。如股权所在公司拒不履行冻结股息、红利的协助义务，执行法院可以追究其拒不履行协助义务的法律责任。但股息、红利作为债权执行时，股权所在公司是到期债务执行中的第三人，不再是协助执行人，此时如其不履行到期债务，应按照到期债权执行规则承担相应法律责任，不能再按拒不履行协助执行义务予以制裁。

第十七章　股权价值贬损的诉讼救济

法律依据

《股权执行规定》第8条第3款　股权所在公司或者公司董事、高级管理人员故意通过增资、减资、合并、分立、转让重大资产、对外提供担保等行为导致被冻结股权价值严重贬损，影响申请执行人债权实现的，申请执行人可以依法提起诉讼。

《民法典》第535条第1款　因债务人怠于行使其债权或者与该债权有关的从权利，影响债权人的到期债权实现的，债权人可以向人民法院请求以自己的名义代位行使债务人对相对人的权利，但是该权利专属于债务人自身的除外。

《民法典》第538条　债务人以放弃其债权、放弃债权担保、无偿转让财产等方式无偿处分财产权益，或者恶意延长其到期债权的履行期限，影响债权人的债权实现的，债权人可以请求人民法院撤销债务人的行为。

《民法典》第539条　债务人以明显不合理的低价转让财产、以明显不合理的高价受让他人财产或者为他人的债务提供担保，影响债权人的债权实现，债务人的相对人知道或者应当知道该情形的，债权人可以请求人民法院撤销债务人的行为。

《民法典》第1165条　行为人因过错侵害他人民事权益造成损害的，应当承担侵权责任。

依照法律规定推定行为人有过错，其不能证明自己没有过错的，应当承担侵权责任。

《民事诉讼法解释》第313条第2款　被执行人与案外人恶意串通，通过执行异议、执行异议之诉妨害执行的，人民法院应当依照民事诉讼法第一百一十六条规定处理。申请执行人因此受到损害的,可以提起诉讼要求被执行人、案外人赔偿。

《公司法》第147条第1款 董事、监事、高级管理人员应当遵守法律、行政法规和公司章程,对公司负有忠实义务和勤勉义务。

制度研究

股权所在公司及其股东、董事、高级管理人员违反忠实勤勉义务导致股权价值非正常贬损的情形主要表现为故意通过增资、减资、合并、分立、转让重大资产、对外提供担保、无偿放弃债权等造成公司资产流失,导致股权严重贬值。

以《民法典》《公司法》相关实体法为基础,在股权执行程序中,有必要在股权价值非正常贬损情形出现后构建申请执行人事后诉讼救济制度,赋予申请执行人请求公司、董事、高级管理人员等责任主体承担民事责任的权利。

从《公司法》的立法走向看,董事、高级管理人员执行职务,因故意或者重大过失,给他人造成损害的,应当与公司承担连带责任,可能突破董事、高级管理人员行为的法律后果应由公司单独承担的传统认识,完善了董事、高级管理人员对债权人承担责任的义务体系。

一、申请执行人对公司、董事、高级管理人员的诉权

从债的保全视角,《民法典》构建了代位权及撤销权制度。因债务人怠于行使其债权或者与该债权有关的从权利,影响债权人的到期债权实现的,债权人可以向人民法院请求以自己的名义代位行使债务人对相对人的权利,但是该权利专属于债务人自身的除外。债务人放弃债权、放弃担保、无偿转让财产、恶意延长到期债权履行期限或者以明显不合理的低价转让财产、以明显不合理的高价受让财产以及为他人债务提供担保等情形的,债权人可以诉请法院撤销债务人的行为。由此推之,对被执行人怠于行使债权对申请执行人造成损害的,可以提起代位权诉讼;对被执行人放弃债权、无偿转让财产或者以明显不合理的低价转让财产的,可以提起撤销权诉讼。司法解释准许申请执行人对公司或其董事、高级管理人员恶意贬损股权价值的行为另行诉讼,并不

是一项赋权规定，而是通过对现有实体法规范和程序法规范进行整合，确定申请执行人可以通过诉讼保全债权，体现了审执分离原则以及执行程序的功能定位，也为人民法院采取制裁措施和救济申请执行人预留了空间。

二、申请人提起诉讼的基础类型

股权价值非正常贬损行为衍生的保全执行债权的诉讼，如何寻找请求权基础，司法解释没有给出答案。我们认为，为最大限度遏制被冻结股权价值非正常贬损现象，构建有利于执行债权人维权的体系，按照现行实体法及程序法的规定，申请执行人在债权利益因公司或关联人员行为受到损害的情况下，有权提起“代位权诉讼”“撤销权之诉”及“侵权损害赔偿之诉”。

（一）代位权诉讼

根据《民法典》第535条第1款规定的债权人代位权行使规则，债权人代位权诉讼制度，是指债权人为了保全其到期债权、确保其到期债权的顺利实现，当债务人怠于行使其对次债务人享有的债权或者与该主债权相关的从权利并且实际影响或者严重危及债权人的债权实现时，债权人可以以本人的名义诉至法院代位行使债务人对相对人的权利，使债务人的责任财产得以保全。《民法典》扩大了可代位行使权利的范围，将债务人怠于行使债权的从权利纳入代位权的客体范围（这里的从权利，主要是指从属于主债权的担保）。

在域外立法例中，债权人可以代位行使的权利比较广泛，如《法国民法典》第1166条规定，债权人可以行使债务人的一切权利和诉权，日本的民事立法及理论也认为，债权人原则上均可以代位“属于债权人的权利”。相比之下，我国代位权客体比较狭窄，限定于“债务人的债权或与该债权有关的从权利”。[①] 学理上，债权人代位权的规范目的在于债务人责任财产的保全，而能够构成债务人责任财产者，不限于债权，物权及物上请求权、形成权、诉讼法上的权利或公法上的权利等均包括在内。[②] 因此，在导致股权价值贬损的事由中，被执行人作为股东怠于主张权利的，债权人有权代位主张权利的有以下几种：

---

① 《民法典（合同编草案）》一审稿和二审稿规定的代位权的客体是“债务人的权利”。

② 参见韩世远：《债权人代位权的解释论问题》，载《法律适用》2021年第1期。

（1）代被执行人向其他股东、董事、高级管理人员提起损害赔偿之诉

《公司法》第20条规定，公司股东应当遵守法律、行政法规和公司章程，依法行使股东权利，不得滥用股东权利损害公司或者其他股东的利益；不得滥用公司法人独立地位和股东有限责任损害公司债权人的利益。公司股东滥用股东权利给公司或者其他股东造成损失的，应当依法承担赔偿责任；

《公司法》第152条规定，董事、高级管理人员违反法律、行政法规或者公司章程的规定，损害股东利益的，股东可以向人民法院提起诉讼。

如果出现公司或公司其他股东、董事、高级管理人员故意通过增资等行为导致股权价值严重贬损的情形，即损害了作为被执行人的股东的财产权利，被执行人就有权向上述主体主张赔偿；如果被执行人怠于行使该请求权，债权人就有权代位向上述主体提起诉讼。

（2）代位提起代位权诉讼

《公司法》第151条第2款、第3款规定了公司权利受损后股东具有代位诉讼权利，“监事会、不设监事会的有限责任公司的监事，或者董事会、执行董事收到前款规定的股东书面请求后拒绝提起诉讼，或者自收到请求之日起三十日内未提起诉讼，或者情况紧急、不立即提起诉讼将会使公司利益受到难以弥补的损害的，前款规定的股东有权为了公司的利益以自己的名义直接向人民法院提起诉讼。他人侵犯公司合法权益，给公司造成损失的，本条第一款规定的股东可以依照前两款的规定向人民法院提起诉讼”。执行程序中，如果公司董事、高级管理人员故意实施低价转让重大资产、对外提供担保等导致股权贬损的行为，被执行人有权作为股东代公司向有关主体提起诉讼。但若被执行人怠于行使自己的代位权利，申请执行人能否代位被执行人提起代位诉讼，即代位权之代位，《民法典》及相关程序法未作出规定，但王泽鉴先生对代位权之代位持支持观点，认为“代位权本身得为代位权之客体。”[①]

（3）代位被执行人提起撤销公司决议的诉讼

《公司法》第22条规定了股东对公司决议的撤销权利，公司股东会或者股东大会、董事会的决议内容违反法律、行政法规的无效。股东会或者股东大会、董事会的会议召集程序、表决方式违反法律、行政法规或者公司章程，或者

① 王泽鉴：《民法学说与判例研究》（重排合订本），北京大学出版社2015年版，第1298页。

决议内容违反公司章程的，股东可以自决议作出之日起60日内，请求人民法院撤销。如果被执行人怠于行使该项撤销权并由此使股权价值遭受贬损，申请执行人能否提起代位诉讼，要看代位权的客体能否包含撤销权，因撤销权系形成权，而非请求权。王泽鉴先生认为，代位权的客体也包含“债权人对诈害债权之撤销权”①。如果撤销权可以纳入代位权客体范围，申请执行人就有权对撤销公司决议提起代位诉讼。

综上所述，根据代位权诉讼法理，从追求扩张代位权客体的角度，结合《股权执行规定》第8条第3款与《民法典》第535条第1款之规定，当被执行人作为股东，怠于行使其股东权利时，申请执行人可以代位作为股权所在公司的股东，行使相应诉权；在符合《公司法》第20条、第149条、第151条、第152条规定的股东可以提起诉讼的情形时，申请执行人作为股东的债权人，可以代位提起诉讼，诉请人民法院要求股权所在公司的其他股东、董事、高级管理人员承担赔偿责任，撤销增资、减资、合并、分立、转让重大资产、对外提供担保等公司决议。不过，理论界对债权人撤销权的客体范围争议较大，“与该债权有关的从权利”是否能当然地包括合同解除权、撤销权等形成权，目前尚无较为明确的规范予以限定；另外，股东代表诉讼亦有较为严苛的程序及主体限定。就结果而言，与其间接地“代位”向股权所在公司的董事、高级管理人员主张赔偿责任或撤销相关决议，债权人直接提起侵权之诉可能更为便捷。

（二）债权人撤销权诉讼

《民法典》第538条规定：“债务人以放弃其债权、放弃债权担保、无偿转让财产等方式无偿处分财产权益，或者恶意延长其到期债权的履行期限，影响债权人的债权实现的，债权人可以请求人民法院撤销债务人的行为。”第539条规定：“债务人以明显不合理的低价转让财产、以明显不合理的高价受让他人财产或者为他人的债务提供担保，影响债权人的债权实现，债务人的相对人知道或者应当知道该情形的，债权人可以请求人民法院撤销债务人的行为。”撤销权的客体系债务人对自身财产权益的主动放弃或不合理增加财产负担的行为。对于债务人和相对人之间的不当处分财产从而影响债权人实现债权的

① 王泽鉴：《民法学说与判例研究》（重排合订本），北京大学出版社2015年版，第1298页。

法律行为，债权人可以行使撤销权，诉请人民法院撤销。[①] 即使债务人和相对人对可撤销法律行为提起诉讼或申请执行均不影响债权人继续行使实体法上的撤销权，即不排除债权人依据实体法提起的债权人撤销权之诉，请求法院通过判决直接撤销债务人和相对人之间的法律行为。[②] “债权人可以请求人民法院撤销债务人的行为”能够扩大解释为除了债务人以自己名义实施的行为，还应当包括债务人指示他人实施的无偿转移债务人资产的行为。[③]

公司经营中发生的增资、减资、转让公司财产、提供对外担保等公司行为并非被执行人行为，申请执行人直接以影响股权价值为由主张撤销公司行为，似乎超越了撤销权的范围。在现有制度框架内，申请执行人能否申请撤销公司或其董事、高级管理人员损害股权利益的表决行为，进而对公司行为再依《公司法》第 22 条主张权利？我们认为，《股权执行规定》第 8 条第 3 款指引的“提起诉讼”可以是“撤销权之诉”。对于被冻结股权所在公司及其董事、高级管理人员故意实施增资、减资、合并、分立、转让重大资产、对外提供担保等行为造成股权价值非正常贬损而影响申请执行人债权实现的，申请执行人对该一类诈害行为，可以参照适用《民法典》第 538 条、第 539 条的规定行使撤销权。《股权执行规定》第 8 条第 3 款在一定程度上承继了已被司法实践证明为妥当的债权人撤销权规则，该条以对“影响申请执行人债权实现”为构成要件充分吸纳了《合同法》（已废止）第 73 条“对债权人造成损害的”与《民法典》第 538 条、第 539 条“影响债权人的债权实现”的规定。

《民法典》第 538 条和第 539 条分别指向无偿诈害行为和有偿诈害行为的类型。债务人无偿处分其财产影响债权人的债权实现时，债权人可以撤销。[④] 在股权执行中，冻结的股权所在公司及其公司董事、高级管理人员无偿转让公司财产，实施公司合并或分立将公司优质或积极资产无偿剥离、分割等导致股价价值贬损这两大类行为均属于无偿诈害行为，落入《股权执行规定》第 8 条

---

① 参见宋史超：《论债权人撤销权判决的实现路径——以指导案例 118 号为中心》，载《政治与法律》2021 年第 1 期。

② 参见金印：《诉讼与执行对债权人撤销权的影响》，载《法学》2020 年第 11 期。

③ 参见丁磊、宋宗宇：《被执行股权价值保护的窘境与破局》，载《重庆大学学报（社会科学版）》2020 年第 2 期。

④ 参见崔建远：《论债权人撤销权的构成》，载《清华法学》2020 年第 3 期。

第 3 款指引的申请执行人撤销权范围。被冻结的股权所在公司及其公司董事、高级管理人员以明显不合理的低价转让公司财产与明显不合理的高价受让他人财产,实施公司合并或分立将公司优质或积极资产低价剥离、分割,以及增资扩股、实质减资、对外提供担保等导致股价价值贬损这三大类行为均属于有偿诈害行为,亦落入《股权执行规定》第 8 条第 3 款指引的申请执行人撤销权范围。

(三)侵害债权诉讼

《民法典》第 120 条规定,"民事权益受到侵害的,被侵权人有权请求侵权人承担侵权责任",改变了《侵权责任法》(已废止)具体列举侵权责任保护范围的做法,采取概括方式规定《民法典》总则编第五章规定的民事权益都属于侵权责任的保护范围。对于债权是否为侵权责任的保护客体仍有不同观点。一种意见认为,债权原则上不属于侵权责任编的保护客体。另一种意见认为,债权作为侵权责任保护客体是各国侵权法的通例,[①]通过对第三人故意侵害债权的行为科以责任的方式来救济债权人,以达到保护债权的目的。[②] 我们认为,第二种观点更为妥当。

债权作为侵权责任保护对象,需符合以下四个条件:第一,该债权合法有效。债权不存在或者债权因违反法律、行政法规的强制性规定而无效,不会发生第三人侵害债权的问题。第二,行为人具有主观故意。行为人对该债权的存在知道或应当知道。从维护行为自由以及交易便捷和安全的角度,不可就社会不特定人对其并不能知晓的债权苛以过高注意义务。第三,行为人实施了相应的侵害债权的行为。这一行为通常为妨碍债权的实现,至于其为个人单独行为还是与他人、债务人合谋,在所不问。第四,该行为造成了债权部分或者全部不能实现的后果。该要件既有损害后果的要求,也有因果关系上的要求。

公司、董事、高级管理人员对执行债权人侵权行为成立的要件如下:首先,申请执行人与被执行人间的债权已经生效法律文书确认,合法有效存在。其

---

① 参见杨立新:《民法典对侵权责任保护范围的准确界定——对〈民法典〉第 1164 条含义理解的进一步厘清》,载《兰州大学学报(社会科学版)》2021 年第 1 期。

② 参见最高人民法院民法典贯彻实施工作领导小组主编:《中华人民共和国民法典侵权责任编理解与适用》,人民法院出版社 2020 年版,第 17 页。

次，在人民法院向股权所在公司送达了协助执行通知书后，公司及其公司董事、高级管理人员已经知悉了股东作为被执行人所持股权被冻结的情况及其负有协助报告义务。公司或董事、高级管理人员故意实施增资、减资、合并、分立、转让重大资产、对外提供担保等行为导致股权价值非正常贬损，此时公司或董事、高级管理人员这一类第三人的行为难言其善意。最后，被冻结股权所在公司或者公司董事、高级管理人员故意实施增资、减资、合并、分立、转让重大资产、对外提供担保等行为导致被冻结股权价值非正常贬损，实际上是直接侵害了申请执行人对被执行人债权的实现。

公司、董事、高级管理人员侵害债权诉讼与《民事诉讼法解释》第 313 条第 2 款所规定的诉讼有殊途同归之处。相当于增加了债务主体或被执行人主体数量，有效规制被冻结股权价值遭遇非正常贬损的行为，破解被执行股权价值保护的困境。

操作指引

一、适格原告

《股权执行规定》第 8 条第 3 款规定的可以依法提起诉讼的主体是“申请执行人”。此处的申请执行人应作扩张解释，并非限定为查封股权案件的申请执行人。债权实现受到股权价值严重贬损直接影响的其他债权人也可作为原告提起该诉讼，如轮候查封的债权人。首封债权从股权变现中得到清偿的程度对轮候债权的实现有着直接的影响，首封债权人未就股权价值贬损问题采取诉讼救济，此时若不允许轮候查封债权人起诉，无疑与该制度的立法初衷背道而驰。同理，在参与分配情形下，股权的价值及变现结果对被执行人的所有债权人产生更加直接影响，参与分配的债权人理应有权提起该诉。但需要注意的是，虽然被执行人的其他债权人也可以依据《股权执行规定》第 8 条第 3 款起诉，但人民法院审查的重点是一致的，即股权所在公司或者公司董事、高级管理人员实施的增资、减资、合并、分立、转让重大资产、对外提供担保等行为，是否导致冻结股权价值严重贬损。人民法院对该诉讼作出的生效判决能否对未参与该诉讼的其他债权人均产生既判力，值得思考。

二、确定适格的被告

被告一般是公司或公司的董事或高级管理人员。实践中，认定董事、高级管理人员身份时，一般采取以形式审查为主、实质审查为辅的标准。形式审查原则上以公司登记信息、公司章程等为依据；形式审查相关文件指向不明的情况下，则再根据相关证据判断行为人是否在实质上利用其他身份来行使董事、高级管理人员的职权。

对于股权所在公司及其董事、高级管理人员故意实施增资、减资、合并、分立、转让重大资产、对外提供担保等严重贬损股权价值的经营行为，申请执行人可以在执行程序（包括在终结本次执行程序后）中另行提起诉讼（包括侵权损害赔偿之诉、撤销权之诉、代位权之诉）。如果被执行人名下财产或者被执行人的人数众多，即使股权价值的非正常贬损也不足以证明申请执行人的债权遭受损害，被执行人无财产可供执行时即可初步证明申请执行人债权遭受了损害，因此终结本次执行程序裁定作出后，申请执行人即足以认定其债权遭受损害。

三、提起诉讼的阶段

申请执行人提起诉讼是否必须待执行程序终结或终本后提出，值得探讨。不同诉讼类型基于不同的权利受损情形、不同的诉讼目的以及对应的不同请求权基础，诉讼阶段也存在差异。如代位权诉讼与撤销权诉讼，针对的原因行为不同，代位权诉讼是针对被执行人的消极行为，目的是争取必要的权利实现以保证股权价值；而撤销权诉讼是针对被执行人的主动行为，目的是减少因为被执行人的不当行为对股权价值造成贬损。但这两类诉讼目的均是维持股权价值，需在行为发生后而股权尚未处置时进行，即在执行中提起。在诉讼阶段，执行法院应当中止对该冻结股权的执行，待相应权利确定后再启动。对于侵害债权诉讼，如果目的在于要求第三人排除妨害、停止侵权，应在股权执行过程中提起；如果是主张损害赔偿，应区分具体的执行标的，若执行标的是交付股权，在股权变价后可以价值损失主张赔偿，若执行标的是一般金钱债权，应该确定除股权之外亦无其他可供执行的财产，申请执行人可以就未受清偿债权在股权价值贬损范围内主张赔偿。

四、如何理解“故意”

关于股权所在公司或其董事、高级管理人员实施增资、减资、合并、分立、转让重大资产、对外提供担保等行为的主观状态，司法解释坚持主客观相统一的原则进行判断，公司及其董事、高级管理人员客观上实施了增资、减资、合并、分立、转让重大资产、对外提供担保等行为，主观上对“该行为会导致被冻结股权价值严重贬损”具有故意。只要申请执行人认为股权所在公司或其董事、高级管理人员实施了上述行为，导致股权价值贬损，申请人即可提起该诉讼。由公司或其董事、高级管理人员举证证明实施“增资、减资、合并、分立、转让重大资产、对外提供担保等行为”未导致股权贬损，或没有贬损股权价值的主观故意。首先，企业正常经营也可能会亏损，导致股权价值贬损，但不能说公司或其董事、高级管理人员有贬损股权价值的故意；其次，公司或其董事、高级管理人员是否具有贬损股权价值的故意往往是通过其实施的外观行为判断，不能要求申请执行人举证证明行为人的主观心态；最后，对是否存在“故意”，应由公司或其董事、高级管理人员结合企业的经营计划，发展规划，宏观、区域经济因素，所在行业现状和发展前景综合解释、证明实施的增资、减资、合并、分立、转让重大资产、对外提供担保等行为符合企业的利益，而不是为了贬损股权价值。

五、妨碍执行的责任不予豁免

申请执行人向公司、股东、董事、高级管理人员提起诉讼，如果在诉讼中被认定故意贬损股权价值，即使申请执行人通过诉讼可以使债权获得救济，执行法院仍可追究相关责任人员妨碍执行的法律责任。

审判前沿

案例 1　内江市国有资产经营管理有限责任公司、西部汇源钢建科技有限公司与成都金中元金属材料有限公司、四川汇源钢建科技股份有限公司、四川省川威集团有限公司债权人撤销权纠纷案

【裁判要旨】

债务人利用其控股地位指使其控股子公司对外无偿转让资产，导致其所持子公司股权价值遭受严重损失的，其滥用公司法人独立地位转移财产的行为属于债权人撤销权制度中“债务人的行为”的范畴；债权人可依法行使撤销权，同时有权基于债务人对其股权价值贬损的侵权损害赔偿请求权，代债务人向受让方主张侵权责任。

【案例索引】

（2017）川 0191 民初 8055 号；（2018）川 01 民终 6588 号

【基本案情】

成都金中元金属材料有限公司（以下简称金中元公司）因成都市中级人民法院（以下简称成都中院）作出的生效判决确认对四川汇源钢建科技股份有限公司（以下简称四川汇源公司）享有到期债权，成都中院依法冻结了四川汇源公司持有的西部汇源钢建科技有限公司（以下简称西部汇源公司）100% 的股权，西部汇源公司名下持有位于内江市城西工业园汉阳路的四宗国有出让工业用地使用权。股权冻结期限内，为解决四川省川威集团有限公司（以下简称川威集团公司）所欠内江市政府债务，四川汇源公司作为西部汇源公司的股东，就“川威集团公司协调西部汇源公司将其所有的位于内江市城西工业园的 511，108 平方米的工业用地过户给内江市国有资产经营管理有限责任公司的事宜”作出股东决定，同意将前述土地使用权过户给内江市国有资产经营管理有限责任公司（以下简称内江国资公司）。其后，案涉的四宗土地顺利登记过户至内江国资公司名下，随即内江市国土资源管理委员会便决定对案涉的四宗土地进行收储，登记在内江国资公司名下的四宗土地证书被内江市国土资源局收回，土地证书予以注销。金中元公司认为，案涉土地过户交易行为有损其作为债权人的利益，遂向成都高新技术产业开发区人民法院诉请撤销西部汇源公司、川威集团公司、内江国有公司签订的《国有建设用地使用权过户协议》中对应其债权价值的宗地过户交易；由于案涉四宗土地事实上已无法返还，因此请求法院判令四川汇源公司、西部汇源公司、川威集团公司、内江国有公司共同向其支付四宗土地对应其债权价值范围内的折价补偿款。

【裁判观点】

一审中，成都高新技术产业开发区人民法院认为，关于撤销权是否成立,债权人撤销权制度中债务人“无偿转让的财产”应当是债务人的全部财产,既包括债务人直接所有的财产,也应当包括由其完全实际控制的财产;“债务人的行为”应既包括债务人以自己名义实施的行为,也应当包括债务人指示他人实施的无偿转移债务人资产的行为。本案中,四川汇源公司充分利用其与西部汇源公司均为独立法人的外观形态,由四川汇源公司作出股东会决议,由西部汇源公司具体实施,西部汇源公司以无对价转移巨额财产的方式,直接导致了西部汇源公司巨额资产流失,西部汇源公司股份的原有价值因巨额资产流失不复存在,四川汇源公司享有的相应股权价值也不复存在。四川汇源公司通过这一方式使其被法院冻结的股权实际价值缩水,导致执行不能,损害了债权人即金中元公司的利益,金中元公司可以依照《合同法》(已废止)第74条①的规定请求撤销。而就债权人代位权是否成立的问题,案涉协议相应内容被撤销后,内江国资公司负有向西部汇源公司返还财产或者折价补偿,恢复四川汇源公司股权价值的义务。虽然西部汇源公司不是金中元公司的直接债务人,但西部汇源公司已明确表态不会向内江国资公司主张返还财产或折价补偿,其股份价值消失的事实将继续存在,四川汇源公司持有西部汇源公司股份的股权价值也因此继续受到损害。由于股权作为财产权益属于《民法典》侵权责任编的客体范畴,四川汇源公司因其股权价值受到损害,享有要求内江国资公司承担赔偿责任的权利,该赔偿请求权仍然是四川汇源公司对内江国资公司享有的债权,作为四川汇源公司的债权人金中元公司有权提起诉讼代四川汇源公司主张股权损害赔偿。基于前述理由,成都高新技术产业开发区人民法院判决支持了金中元公司的撤销权及代位权请求。

内江国资公司、西部汇源公司不服该一审判决,上诉至成都中院,成都中院最终判决驳回上诉,维持原判。

【要点评析】

本案中,债权人综合采取债权人撤销权、债权人代位权、损害赔偿请求权、法人人格逆向否认等诉讼策略形成“组合拳”,以债务人股权价值贬损

---

① 现《民法典》第538条、第539条。

为由逐点击破,并最终达成让次债务人直接向债权人赔偿损失的胜诉结果,这就是股权价值贬损救济命题中另案诉讼的典型案例。

案例2　深圳市盛康达投资有限公司、天津隆侨商贸有限公司、天津九策实业集团有限公司与深圳市利明泰股权投资基金有限公司、原审第三人深圳市惠泽津龙投资有限公司侵权纠纷案

【裁判要旨】

债务人将其对某公司100%股权质押给债权人以担保其借款债务,在股权质押期间又引进外部投资者对某公司进行增资扩股,但是外部投资者均以认缴方式进行增资的,应当认定债务人主导的该增资扩股行为属恶意串通损害他人利益的情形,应认定无效。

【案例索引】

(2016)津民初84号;(2018)最高法民终281号

【基本案情】

成立于2001年12月的天津隆侨商贸有限公司(以下简称隆侨公司),注册资本5.6亿元,深圳市利明泰股权投资基金有限公司(以下简称利明泰公司)持有隆侨公司100%的股权。2011年11月,利明泰公司与天津九策实业有限公司(以下简称九策公司)签订《关于隆侨公司股权转让协议》,约定九策公司同意以债务承担及现金支付方式受让隆侨公司100%股权,包括:(1)九策公司向利明泰公司支付股权转让款3.75亿元;(2)九策公司同意受让隆侨公司股权后,由隆侨公司承担其之前的或有债务及债务共计18.5841亿元。上述协议签订后,九策公司分别于2011年12月、2012年1月向利明泰公司支付股权转让款5000万元和1.25亿元。2012年3月2日,利明泰公司与九策公司签订还款协议约定,双方确认九策公司应付的股权转让款金额为2亿元,九策公司保证在3个月内将上述未付股权转让款支付完毕,并承担拖欠期间的资金成本,同意将其持有的隆侨公司100%股权质押给利明泰公司。2012年3月7日,九策公司与利明泰公司签订股权质押合同,约定九策公司将其持有的隆侨公司的100%股权出质给利明泰公司，以确保九策公司按照还款协议的约定履行还款义务。同日，利明泰公司与九策公司在工商部门办理了股权出质登记手续。

2013年1月25日，九策公司向利明泰公司支付股权转让款4800万元。因九策公司未依约支付剩余部分股权转让款，利明泰公司提起诉讼。2014年7月31日，广东省深圳市中级人民法院（以下简称深圳中院）以(2014)深中法商初字第10号民事判决判令九策公司向利明泰公司支付欠付股权转让款1.52亿元及相应利息。2015年1月28日，广东省高级人民法院（以下简称广东高院）以(2015)粤高法民二终字第8号民事判决维持了深圳中院上述判决。

2015年2月10日，因九策公司未履行深圳中院(2014)深中法商初字第10号民事判决确定的给付义务，利明泰公司向法院申请强制执行。在执行中，利明泰公司发现九策公司持有的隆侨公司股权比例从100%减至29.98%，损害了其合法权益，故提起新的诉讼，诉至天津市高级人民法院请求：(1)确认隆侨公司、九策公司转让股权的行为无效并恢复原状；(2)确认隆侨公司增加注册资本并吸收股东的民事行为无效并恢复原状。

【裁判观点】

一审法院天津市高级人民法院在(2016)津民初84号民事判决中的"本院认为"部分说理如下：

利明泰公司与九策公司基于对隆侨公司股权转让而形成的债权债务关系，已由广东高院(2015)粤高法民二终字第8号生效民事判决确认，依据双方于2012年3月7日签订的股权质押合同，利明泰公司作为债权人和抵押权人有权以九策公司持有的隆侨公司100%股权优先受偿。现因隆侨公司增资扩股，九策公司在隆侨公司的持股比例从100%减至29.98%。关于利明泰公司是否有权请求确认九策公司、隆侨公司与盛康达公司、惠泽津龙公司的增资扩股行为无效的问题，具体分析如下：

1. 九策公司与深圳市盛康达投资有限公司（以下简称盛康达公司）、深圳市惠泽津龙投资有限公司（以下简称惠泽津龙公司）就隆侨公司增资扩股的行为损害了利明泰公司的质权。综观本案，惠泽津龙公司和盛康达公司现对隆侨公司并没有实际投入，增资扩股后隆侨公司的资产在实质上并没有发生变化。但九策公司持有的隆侨公司的股权比例从100%减至29.98%。现利明泰公司仅能就九策公司持有的隆侨公司29.98%的股权折价,或者拍卖、变卖所得的价款优先受偿。而众所周知,公司股权价值衡量的依据通常为公司资产的价值,一般情况下股权转让的价格等于被转让股权对应的公司资产的价值。因此,从某种意义上讲,股权转让实质是对公司资产的转让。在九策公司持有隆侨公司100%股权的情况下,利明泰公司的债权可以在隆侨公司全部资产的价值范围内优先受偿。而在隆侨公司增资扩股,第三人又未对公司进行实际投入的情况下,利明泰公司的债权仅能在隆侨公司原资产价值的29.98%范围内得以受偿。故在隆侨公司增资扩股后,利明泰公司通过处分九策公司的股权所获取的利益远远低于双方当初设定质权时可以获得的利益,利明泰公司的债权已受到实质性的损害。此外,因隆侨公司增资扩股,稀释了九策公司的股权比例,极有可能降低九策公司原有股权的价值。因为持有公司100%的股权意味着享有公司的经营决策权和控制权,而持有29.98%的股权则意味着在公司中系小股东的法律地位,股权的变现能力会降低,进而在某种程度上影响变现的股权价格。

2.九策公司与盛康达公司、惠泽津龙公司就隆侨公司增资扩股的行为在主观上存在恶意。九策公司在广东高院(2015)粤高法民二终字第8号民事判决作出后的不足半月内,作为隆侨公司的唯一股东作出股东会决议,将公司注册资本从5600万元增至18.68亿元,增资部分由其控股股东惠泽津龙公司和与惠泽津龙公司同一法定代表人的盛康达公司认缴,其从隆侨公司100%的控股股东变更为占股权比例为29.98%的小股东。公司增资扩股的目的在于提升公司的资信度,增强公司的竞争力,但因本案的增资采取认缴资本制,盛康达公司和惠泽津龙公司认缴出资的时间为隆侨公司营业期限截止的前两日。惠泽津龙公司和盛康达公司现尚未实际出资,隆侨公司自身并没有实际受益。而惠泽津龙公司和盛康达公司作为与老股东九策公司有关联关系的新股东,在没有对隆侨公司进行任何实际投入的情况下,即使九策公司的股权被法院强制执行,依据惠泽津龙公司、盛康达公司对隆侨公司占有的股权比例仍享有对隆侨公司的绝对控制权。

而《公司法》规定公司资本认缴制的初衷在于降低公司的准入门槛，增强市场活力。公司股东可以认缴资本的法律规定，不应成为掩盖行为人损害他人合法权益、自身获取不正当利益的合法外衣。故本案九策公司及惠泽津龙公司、盛康达公司在主观上存在恶意，九策公司及惠泽津龙公司、盛康达公司抗辩增资扩股是基于隆侨公司生产经营需要，一审法院不予支持。

通过以上分析，利明泰公司主张九策公司与惠泽津龙公司、盛康达公司对隆侨公司的增资扩股行为损害了其合法权益，事实充分。然九策公司虽为隆侨公司的股东，利明泰公司却并非隆侨公司的债权人，而是九策公司的债权人。依据《公司法》的相关规定，利明泰公司不能作为股东损害公司债权人利益责任纠纷案件的原告。隆侨公司的增资扩股虽系公司法上的行为，但九策公司与盛康达公司、惠泽津龙公司就隆侨公司增资扩股达成的合意及履行的法律行为在受《公司法》调整的同时，亦受《民法通则》（已废止）等基本法的制约。《民法通则》（已废止）第58条第1款第4项明确规定，恶意串通，损害国家、集体或者第三人利益的行为无效。利明泰公司变更后的诉请为确认九策公司、隆侨公司及盛康达公司、惠泽津龙公司的增资扩股行为无效。

最高人民法院在（2018）最高法民终281号民事判决中的“本院认为”部分说理如下：

在公司注册资本认缴登记制下，公司经过增资扩股，如果新股东加入导致原股东持股比例发生变化，则新股东认缴的出资是否到位，直接影响原股东所持股份对应的公司资产价值是否发生改变。如果新股东认缴出资实际到位，因有新的出资注入公司，虽然原股东持股比例发生变化，但其对应的公司资产价值并未变化，进而以增资扩股前所持股份设定的质押权通过优先受偿所能获得的实际利益亦未发生变化。如果新股东认缴的出资未实际交付，公司的实际资产价值并未改变，则原股东持股比例的减少，必然导致所对应资产价值的减少，以增资扩股前所持原比例股份设定的质押权，在股份比例减少后通过优先受偿所能获得的实际利益亦会减少。本案中，隆侨公司增资扩股后，新股东盛康达公司、惠泽津龙公司未将认缴的出资实际注入隆侨公司，隆侨公司的实际资产价值并未增加，原股东九策公司持股比例从100%降为29.98%，其所持股权对应的实际资产价值亦实际降低。根据天津市第一中级人民法院(2017)津01破申3号民事裁定书认定，本案一审期间，截至2017年11月30日，隆侨公司资产总计为479,361,239.45元，到期债务达到1,090,141,165.4元，利明泰公司就九策公司所持隆侨公司29.98%股权通过优先受偿能够获得的实际利益，相比增资扩股前就九策公司所持隆侨公司100%股权通过优先受偿能够获得的实际利益，明显减少。盛康达公司和惠泽津龙公司亦未提供证据证明上述两公司具有将认缴出资实际交付的能力，利明泰公司债权可以得到清偿。同时，九策公司因持股比例降低而失去对隆侨公司的经营决策权和控制权，存在致使九策公司所持股份原有的控制权溢价利益受损、实际市场价值降低的可能，进而影响利明泰公司质权的实现。因此，案涉增资扩股行为损害了利明泰公司的利益。

从案涉增资扩股的增资时点看，相关另案判令九策公司向利明泰公司支付股权转让款1.52亿元及利息的生效判决于2015年1月28日作出后，在不足半个月时间内九策公司即于2015年2月10日作为唯一股东通过隆侨公司作出增资扩股的决议；从增资主体来看，新增资本由持有九策公司95%股份的惠泽津龙公司和与惠泽津龙公司法定代表人一致的盛康达公司认缴，三方存在紧密关联关系；从增资能力来看，盛康达公司、惠泽津龙公司共同认缴70.02%的股份，但二者的注册资本分别为100万元和300万元，与认缴出资额2.4亿元和10.68亿元差距明显；从增资期限来看，增资扩股各方将认缴出资的期限设定为隆侨公司营业期限截止的前两日。可见，隆侨公司的实际价值并未因增资扩股而增加，增资扩股并无合理的商业目的和经营目的，新增资本的认缴期限对于增强隆侨公司的资信度、竞争力和经营能力并无实际意义，而与九策公司关联的盛康达公司、惠泽津龙公司在没有实际投入的情况下取得了隆侨公司的控制权。综合以上因素和整体案情，依据《民事诉讼法解释》第109条的规定，九策公司、盛康达公司、惠泽津龙公司对隆侨公司的增资扩股行为存在恶意串通。

综上所述，案涉增资扩股行为符合《民法通则》(已废止)第58条第1款第4项规定的情形，应当认定为无效。判决：驳回上诉，维持原判。

【要点评析】

本案中,债权人主要依据债务人所持公司股权质押后发生的增资扩股行为存在关联交易、恶意串通等情形,进而利用恶意串通规则中的无效结果进行推导,直接否认案涉增资扩股行为的效力,进而使股权价值贬损状态得到根本扭转。然而,由于恶意串通规则运用过程中赋予了债权人较高的举证责任,在实务操作中仍需视具体案件事实进行审慎选择。

第十八章　对其他营利法人投资权益的执行

法律依据

《股权执行规定》第 18 条　人民法院对被执行人在其他营利法人享有的投资权益强制执行的，参照适用本规定。

《民法典》第 76 条　以取得利润并分配给股东等出资人为目的成立的法人，为营利法人。

营利法人包括有限责任公司、股份有限公司和其他企业法人等。

制度研究

《股权执行规定》以有限责任公司和非上市股份有限公司为蓝本，设计了一整套股权和股利的执行规则对其他营利法人投资权益的执行，没有单独作出规定，如果其他法律法规和司法解释已经有对其他营利法人投资权益执行的规范，还应当遵照执行，如果其他效力位阶更高或相同的规范性文件未作出规定，参照适用对有限责任公司、非上市股份有限公司股权的执行规定。

从投资权益所在的市场主体看，厘清"其他营业法人"的概念和外延，探究"其他营业法人"的投资权益与公司股权之间的联系，对准确适用本条、明晰其他营利法人投资权益的执行程序，具有重要意义。

一、"其他营利法人"的外延

《民法典》构建了由营利法人、非营利法人和特别法人组成的法人体系制度。其中营利法人包括有限责任公司、股份有限公司和其他企业法人等。更准确地说,还包括非企业营利法人。[①] 两相对照,《股权执行规定》中所指的"其他营利法人"对应的是《民法典》第76条所指的其他企业法人和非企业营利法人。非企业营业法人较少,如营利性民办学校等。

企业法人可以理解为具备法人资格的企业。企业并非独立的法律概念,也不是独立的民事法律主体类型,而是被包容、交叉或涵摄于其他法律概念之中。[②]《民法通则》(已废止)中的企业法人包括全民所有制企业、集体所有制企业、中外合资经营企业、中外合作经营企业和外资企业(合称三资企业)。当时传统计划经济体制下的立法思路是按照企业投资者性质和国籍分别立法。随着经济发展,取而代之的是以企业组织形式和投资者责任形态分别立法的思维。[③] 现今,公司已成为企业法人最主要的形态。

目前,《全民所有制工业企业法》《城镇集体所有制企业条例》《乡村集体所有制企业条例》《乡镇企业法》等仍适用,并未废止。全民所有制企业、城镇集体所有制企业、乡村集体所有制企业、乡镇企业虽然被不断改造为公司制企业法人,未完成改造的企业,也参与市场经济活动。随着《外商投资法》的出台,三资企业相关法律规范均被废止,中外合资企业、中外合作企业、外商独资企业必须在五年内完成企业组织形式的改造,到2025年三资企业将成为一个历史概念。

二、投资权益的界定

与公司不同的是,非公司企业法人不存在股东和注册资本的概念,如全民所有制企业的投资不划分成等额股份,仍属于全民所有。城镇或乡村集体所有制企业实行的是按劳分配,但允许投资者以入股分红的形式参与分配。乡镇企业使用的是投资的概念,财产权属投资者所有。因非公司企业法人所依托的法律或政策并未使用股东及股权的概念,实践中通常将出资人对非公司企业法人因出资所享有的权益称为投资权益。

---

① 参见最高人民法院民法典贯彻实施工作领导小组主编:《中华人民共和国民法典总则编理解与适用》(上),人民法院出版社2020年版,第391页。

② 参见黎桦:《民法典第76条"其他企业法人"的规范解释与制度续造》,载《西南民族大学学报(人文社会科学版)》2022年第10期。

③ 参见刘俊海:《现代公司法》(上册)(第3版),法律出版社2015年版,第32页。

三、参照适用的法理基础

现行法律对于有限责任公司、股份有限公司，公司法对股东权利、公司治理、公司资本、公司解散等的规定较为完善，并基于公司的营利性特征建立了相应的法律制度，而对于公司之外的营利法人缺乏系统性规定，因营利法人具有共性，公司法关于公司营利性的规定可以类推适用于其他营利法人。[①] 基于此，对被执行人在其他营利法人投资权益的执行，参照对股权的执行，也具有民商事实体法上的依据。

理解与适用

非公司企业法人类型多样，与特定时期的社会经济发展有密切关联。这类企业包括国有企业、集体企业设立的，也包括民营或私营企业设立的，可能称作公司，也可能不以公司形式体现。

一、全民所有制企业

全民所有制企业是指生产资料归全体劳动所有的企业类型。《全民所有制工业企业法》第 2 条第 2 款规定："企业的财产属于全民所有，国家依照所有权和经营权分离的原则授予企业经营管理。企业对国家授予其经营管理的财产享有占有、使用和依法处分的权利。企业依法取得法人资格，以国家授予其经营管理的财产承担民事责任。"

二、集体所有制企业

城镇集体所有制企业和乡村集体所有制企业，二者在所有权和经营权结构方面存在差异，实践中需要辨别。

（一）城镇集体所有制企业

《城镇集体所有制企业条例》第 4 条第 1 款规定："城镇集体所有制企业（以下简称集体企业）是财产属于劳动群众集体所有、实行共同劳动、在分配

---

① 参见最高人民法院民法典贯彻实施工作领导小组主编：《中华人民共和国民法典总则编理解与适用》（上），人民法院出版社 2020 年版，第 394 页。

方式上以按劳分配为主体的社会主义经济组织。”第 5 条规定:“集体企业应当遵循的原则是:自愿组合、自筹资金、独立核算、自负盈亏,自主经营、民主管理,集体积累、自主支配,按劳分配、入股分红。”而对于股权和分红,该条例第 40 ~48 条规定,职工股金归职工个人所有,集体企业外的单位和个人的投资归投资者所有。职工股金和集体企业吸收的各种投资,投资者可以依法转让或者继承。集体企业的税后利润,由企业依法自主支配。企业应当按照国家规定确定公积金、公益金、劳动分红和股金分红的比例,并在企业盈利情况下按股分红。因此,对被执行人在城镇集体所有制企业有投资收益的,包括股金以及股金分红,即可参照《股权执行规定》的对应条款执行。同时在冻结和拍变卖之前,应该注意该企业股金转让是否有明确的集体成员身份限制和是否经主管机关审批。

(二)乡村集体所有制企业

乡村集体所有制企业是指在农村区域,由农民自愿集资开办或农业集体经济组织投资开办的集体企业,大部分是由过去的社队企业演化而来。《乡村集体所有制企业条例》第 18 条明确了乡村集体所有制企业的产权归属,“企业财产属于举办该企业的乡或者村范围内的全体农民集体所有,由乡或者村的农民大会(农民代表会议)或者代表全体农民的集体经济组织行使企业财产的所有权。企业实行承包、租赁制或者与其他所有制企业联营的,企业财产的所有权不变”;同时在第 6 条第 2 款、第 3 款中规定:“乡村集体所有制企业实行多种形式的经营责任制。乡村集体所有制企业可以在不改变集体所有制性质的前提下,吸收投资入股。”即该类企业的投资权益主体是乡或村的农民大会、代表农民的集体经济组织以及投资入股的其他主体。而对于企业利润分配,在第 32 条中规定:“企业税后利润,留给企业的部分不应低于 60%,由企业自主安排,主要用作增加生产发展基金,进行技术改造和扩大再生产,适当增加福利基金和奖励基金。企业税后利润交给企业所有者的部分,主要用于扶持农业基本建设、农业技术服务、农村公益事业、企业更新改造或者发展新企业。”虽然没有对投资分红作出规定,实践中会通过各类协议来确定投资方的投资收益分配方式。

(三)农民股份合作企业

《农民股份合作企业暂行规定》第 2 条规定:“本暂行规定所称农民股份

合作企业,是指由三户以上劳动农民,按照协议,以资金、实物、技术、劳力等作为股份,自愿组织起来从事生产经营活动,接受国家计划指导,实行民主管理,以按劳分配为主,又有一定比例的股金分红,有公共积累,能独立承担民事责任,经依法批准建立的经济组织。”第10条第1款设定了企业的收益分配方式,“企业实行按劳分配和按股分红相结合以按劳分配为主的分配方式”。第19条规定了股份权利和转让等事项,“股份是投资入股者在企业财产中所占的份额。为保证企业稳定发展,企业必须加强股份管理。入股者一般不得退股。个别因特殊情况要求退股的,在注册资本不减少的前提下,经股东大会(股东代表大会)或董事会批准可以退股。股权可依法继承、转让、馈赠,但须向企业股东大会(股东代表大会)或董事会申报,并办理有关手续”。人民法院可以对被执行人在农民股份合作企业中的投资分红、股权等冻结和执行。

(四)农民专业合作社

《农民专业合作社法》第2条规定:“本法所称农民专业合作社,是指在农村家庭承包经营基础上,农产品的生产经营者或者农业生产经营服务的提供者、利用者,自愿联合、民主管理的互助性经济组织。”成员除了农民,还包括具有民事行为能力的公民,以及从事与农民专业合作社业务直接有关的生产经营活动的企业、事业单位或者社会组织,能够利用农民专业合作社提供的服务,承认并遵守农民专业合作社章程,履行章程规定的入社手续的,可以成为农民专业合作社的成员。而且农民专业合作社的成员中,农民至少应当占成员总数的80%。农民专业合作社成员可以用货币、实物、知识产权、土地经营权、林权等可以用货币估价并可以依法转让的非货币财产,以及章程规定的其他方式作价出资。在投资收益上,农民专业合作社可以按照章程规定或者成员大会决议从当年盈余中提取公积金,在弥补亏损、提取公积金后的当年盈余,为农民专业合作社的可分配盈余,并主要按照成员与本社的交易量(额)比例返还。同时,该法还规定了成员退社的权利,以及成员出资的转让、继承事项由社章程规定的内容。农民专业合作社中成员投资收益的形式类似城镇集体所有制企业。

(五)农村集体所有者的乡镇企业

乡镇企业,是指以农村集体经济组织或者农民投资为主,在乡镇(包括所辖村)举办的承担支援农业义务的各类企业。该企业的特点是农村集体经济组织或者农民投资超过50%，或者虽不足50%，但能起到控股或者实际支配作用。农村集体经济组织投资设立的乡镇企业，其企业财产权属于设立该企业的全体农民集体所有。农村集体经济组织与其他企业、组织或者个人共同投资设立的乡镇企业，其企业财产权按照出资份额属于投资者所有。农民合伙或者单独投资设立的乡镇企业，其企业财产权属于投资者所有。因此，在参照《股权执行规定》对被执行人在乡镇企业中的投资权益进行执行时，首先要厘清被执行人具体的出资身份及出资额。如果是以农村集体经济组织为出资主体的，则不能说该被执行人直接享有乡镇企业的投资权益，而只能执行被执行人在农村集体经济组织中享有的收益。

（六）供销合作社和农村信用社

供销合作社最初是由农民自愿筹集股金组织起来的集体所有制性质的合作商业组织；农村信用社是农民自愿组织起来的集体所有制性质的合作金融组织，资金主要源于社员的股金、吸收的存款和国家银行提供的贷款。两类企业虽然性质上多为集体所有制，但在组织结构和经营上已经类公司化，对其投资收益的处置可以更直接地参照《股权执行规定》中的相关条款。

三、外商投资企业

《外商投资法》施行后，《中外合资经营企业法》《中外合作经营企业法》《外资企业法》废止，而按照《外商投资法实施条例》第44条的要求，《外商投资法》施行前依照《中外合资经营企业法》《外资企业法》《中外合作经营企业法》设立的外商投资企业（以下简称现有外商投资企业），在外商投资法施行后5年内，可以依照《公司法》和《合伙企业法》等法律的规定调整其组织形式、组织机构等，并依法办理变更登记，也可以继续保留原企业组织形式、组织机构等。但自2025年1月1日起，对未依法调整组织形式、组织机构等并办理变更登记的现有外商投资企业，市场监督管理部门不予办理其申请的其他登记事项，并将相关情形予以公示。同时《外商投资法》第46条规定："现有外商投资企业的组织形式、组织机构等依法调整后，原合营、合作各方在合同中约定的股权或者权益转让办法、收益分配办法、剩余财产分配办法等，可以继续按照约定办理。"

实务操作中，对新设外商投资企业以及现有外商投资企业按照《公司法》

和《合伙企业法》变更组织形式、机构的,可按照公司、合伙企业的情形执行被执行人在其中的投资收益;而对于现有外商投资企业中没有进行变更登记的,可按照前期对中外合资、合作企业的规定精神予以执行,即可以对其投资股息、分红、股权进行冻结和提取,也可以对股权实施拍卖、变卖,但应当保护合资他方的优先购买权。鉴于2008年《执行规定》第55条已经删除,在实施上述执行行为时,可以直接适用《民事诉讼法》第253条、第254条。但在实施中,要注意《外商投资法》第28条第1款、第2款设定的外商投资的负面清单,即外商投资准入负面清单禁止投资的领域,外国投资者不得投资。外商投资准入负面清单规定限制投资的领域,外国投资者进行投资应当符合负面清单规定的条件。在对可能涉及负面清单限制条件的股权处置时,股权竞买人要与相关主管机关沟通取得资格审批。

操作指引

非法人企业主要包括独资企业、合伙企业。独资企业,亦称个人企业,是指由单独一人出资设立,由一人拥有和控制并由一人承担无限责任的企业。独资企业不具备独立的法律人格和法人地位。合伙作为一种企业形式时,是合伙人组成的团体组织,是营利性的商事主体,同样不具备法律人格和法律地位。[①] 目前,独资企业和合伙企业也是非常活跃的市场主体,但并未纳入《股权执行规定》的规制范围,有必要对被执行人在非法人企业享有的投资权益的执行进行梳理。

一、关于独资企业投资收益的执行

独资企业作为被执行人的,不能清偿债务时,可以追加投资人为被执行人,投资人为被执行人的,可以直接执行独资企业的财产。个人独资企业不能清偿债务的情况下,除了追加现投资人为被执行人,能否继续追加原投资人为被执行人,争议较大。如广东省高级人民法院在(2015)粤高法民三终字第525号案中认为,被执行人企业债务形成于转让投资之前,前投资人并不因为

---

① 参见赵旭东主编:《公司法学》(第4版),高等教育出版社2015年版,第17~18页。

转让投资而免除对前期债务的清偿责任；根据《民法典》的规定，债务人将合同义务转让给第三人的，应当经债权人同意，转让投资系投资人内部约定，不能对抗申请执行人。

二、关于合伙企业份额的执行

合伙企业属于非法人组织。被执行人在合伙企业中的份额作为权益类财产，属于合伙人财产，具有可执行性。合伙企业分为普通合伙企业和有限合伙企业，普通合伙形态下的合伙收益、财产份额的执行，合伙人首先以自己在合伙企业中的收益清偿个人债务，在不足清偿的情况下可以强制执行合伙份额，但为了保障合伙企业的人合性，法律规定其他合伙人的转让否决权以及同意转让下的优先购买权。不同意转让又不同意购买该份额的，合伙企业需要为被执行人办理退伙或者办理削减该合伙人相应财产份额的结算。有限合伙与普通合伙的差别就是有限合伙的其他合伙人只有优先购买权，没有转让否决权。实践中，对普通合伙份额的执行，买受人即新合伙人对合伙企业前期债务承担无限责任，故在份额评估过程中应予考虑。

审判前沿

北京新元知识产权代理有限公司与北京市同力制冷设备公司保证合同纠纷执行案

【裁判要旨】

被拍卖股权所在企业属于集体所有制企业，股权或投资权益受让主体应符合相关法律法规的规定，以满足集体所有制企业中劳动群众集体所有的财产占主导地位的限制性规定。买受人不具备法律规定的竞买资格，当事人、利害关系人提出异议请求撤销拍卖的，人民法院应予支持。

【案例索引】

（2016）最高法执监53号

【基本案情】

北京市第一中级人民法院（以下简称北京一中院）在执行申请人北京

新元知识产权代理有限公司(以下简称新元公司)与被执行人北京市同力制冷设备公司(以下简称同力公司)保证合同纠纷案中,冻结了同力公司持有的北京长城华人怀思堂(以下简称怀思堂)全部投资及收益,并经评估拍卖后由新元公司以2086万元竞买成功。之后同力公司向北京一中院提出异议,其认为新元公司不具备购买同力公司持有的怀思堂投资权益的主体资格,且拍卖公告中未公告竞买人须具备特殊主体资格,并认为拍卖公告中存在对其他重大瑕疵未予公示和披露,属于重大瑕疵未公告的情形,要求撤销拍卖。经异议、复议后,北京市高级人民法院撤销了拍卖。新元公司不服,向最高人民法院申请执行监督。

【裁判观点】

关于新元公司是否具备购买怀思堂全部投资权益及收益的主体资格问题,《城镇集体所有制企业条例》第4条规定:"城镇集体所有制企业(以下简称集体企业)是财产属于劳动群众集体所有、实行共同劳动、在分配方式上以按劳分配为主体的社会主义经济组织。前款所称劳动群众集体所有,应当符合下列中任一项的规定:(一)本集体企业的劳动群众集体所有;(二)集体企业的联合经济组织范围内的劳动群众集体所有;(三)投资主体为两个或者两个以上的集体企业,其中前(一)、(二)项劳动群众集体所有的财产应当占主导地位。本项所称主导地位,是指劳动群众集体所有的财产占企业全部财产的比例,一般情况下应不低于51%,特殊情况经过原审批部门批准,可以适当降低。"根据上述规定,劳动群众集体所有的财产一般情况下应不低于企业全部财产的51%,特殊情况经过原审批部门批准,可以适当降低。本案中,同力公司、怀思堂均系集体所有制企业。同力公司经拍卖取得了怀思堂项目,并于1998年7月16日与八达岭实业公司签订了协议书。该协议书约定的转让内容包括:(1)怀思堂所属国有土地使用权;(2)地上各类建筑物及附属建筑的所有权;(3)包括现存各类设施在内的全部固定资产等。北京一中院裁定将同力公司持有的怀思堂全部投资及收益归企业性质为自然人投资的有限责任公司的新元公司所有,违反了上述规定中关于集体所有制企业中劳动群众集体所有的财产占主导地位的限制性规定。根据2015年《异议复议规定》第21条第1款第2

项的规定，买受人不具备法律规定的竞买资格的，当事人、利害关系人提出异议请求撤销拍卖的，人民法院应予支持。北京一中院撤销拍卖并无不当。

【要点评析】

执行过程中对集体所有制企业投资权益处置，对竞买人的资格应按照相关法律规定进行审查，在未经原企业审批部门批准的情况下，不能突破集体股份的限制性规定。特殊类型企业，如全民所有制企业、集体企业，在对其股权或投资权益进行处置时，务必遵循该企业关于权益转让是否有限制性规定，并在拍卖公告中予以披露和揭示。

第十九章　上市公司股票的执行

股票已经成为市场主体重要财产类型。与其他财产相比,对股票的执行除适用《民事诉讼法》《民事诉讼法解释》《拍卖变卖规定》《网络拍卖规定》《执行规定》《查扣冻证券和证券交易结算资金通知》《冻结上市公司质押股票意见》《冻结证券资金通知》《网络查冻证券通知》《善意文明执行意见》等法律和司法解释外,也受《上市公司股东、董监高减持股份的若干规定》(以下简称《减持新规》)、《深圳证券交易所上市公司股东及董事、监事、高级管理人员减持股份实施细则》(以下简称《深交所减持细则》)、《上海证券交易所上市公司股东及董事、监事、高级管理人员减持股份实施细则》(以下简称《上交所减持细则》)等金融规章及实施细则的约束。《上海金融法院处置股票规定》以及《深圳中院股票执行指引》对股票执行也具有积极的参考意义。

第一节　股票的查询与冻结

法律依据

《公司法》第 120 条　本法所称上市公司,是指其股票在证券交易所上市交易的股份有限公司。

《股权执行规定》第 1 条　本规定所称股权,包括有限责任公司股权、股份有限公司股份,但是在依法设立的证券交易所上市交易以及在国务院批准的其他全国性证券交易场所交易的股份有限公司股份除外。

《网络查冻证券通知》第 3 条　人民法院通过网络执行查控系统提交的冻结请求,同一批次冻结请求以系统提交时的自然排序作为执行顺序,不同批次冻结请求之间以系统提交的时间先后作为执行顺序。

在同一交易日，对同一被执行人的证券，既有法定有权机关通过证券公司或者中国结算的业务柜台提交冻结或者扣划请求，又有人民法院通过网络执行查控系统提交冻结请求的，以人民法院通过网络执行查控系统提交的冻结请求排序作为当日最后到达的冻结请求。

人民法院通过网络执行查控系统提交的冻结被执行人证券的请求，与其他法定有权机关的书面冻结请求具有同等法律效力，适用《最高人民法院　最高人民检察院　公安部　中国证监会关于查询、冻结、扣划证券和证券交易结算资金有关问题的通知》（法发〔2008〕4号）关于冻结的有关规定。本通知有关人民法院通过网络查询、冻结被执行人证券的相关规定与法发〔2008〕4号文件规定不一致的，以本通知为准。

人民法院与其他法定有权机关就执行被执行人证券产生争议的，由最高人民法院与最高人民检察院、公安部等依法协调解决。争议协调解决期间，中国结算控制发生执行争议的相关证券，不协助任何一方执行。争议协调解决完成，中国结算按照最高人民法院与最高人民检察院、公安部等协商的最终结论处理。

人民法院在查询、冻结被执行人证券的具体执行工作中，应当符合中国结算依法制定的协助执行有关业务规则，维护证券登记结算系统的安全稳定运行、维护登记结算工作的正常秩序。

《查冻扣证券和证券交易结算资金通知》第1条　人民法院、人民检察院、公安机关在办理案件过程中，按照法定权限需要通过证券登记结算机构或者证券公司查询、冻结、扣划证券和证券交易结算资金的，证券登记结算机构或者证券公司应当依法予以协助。

《查冻扣证券和证券交易结算资金通知》第9条　在证券公司托管的证券的冻结、扣划，既可以在托管的证券公司办理，也可以在证券登记结算机构办理。不同的执法机关同一交易日分别在证券公司、证券登记结算机构对同一笔证券办理冻结、扣划手续的，证券公司协助办理的为在先冻结、扣划。

冻结、扣划未在证券公司或者其他托管机构托管的证券或者证券公司自营证券的，由证券登记结算机构协助办理。

《查冻扣证券和证券交易结算资金通知》第11条　已被人民法院、人民检察院、公安机关冻结的证券或证券交易结算资金，其他人民法院、人民检察院、公安机关或者同一机关因不同案件可以进行轮候冻结。冻结解除的，登记在先的轮候冻结自动生效。

轮候冻结生效后，协助冻结的证券登记结算机构或者证券公司应当书面通知做出该轮候冻结的机关。

《冻结质押股票意见》第2条 人民法院冻结质押股票时，在协助执行通知书中应当明确案件债权额及执行费用，证券账户持有人名称(姓名)、账户号码，冻结股票的名称、证券代码，需要冻结的数量、冻结期限等信息。

前款规定的需要冻结的股票数量，以案件债权额及执行费用总额除以每股股票的价值计算。每股股票的价值以冻结前一交易日收盘价为基准，结合股票市场行情，一般在不超过20%的幅度内合理确定。

《善意文明执行意见》第7条第1款 严格规范上市公司股票冻结。为维护资本市场稳定，依法保障债权人合法权益和债务人投资权益，人民法院在冻结债务人在上市公司的股票时，应当依照下列规定严格执行：

(1)严禁超标的冻结。冻结上市公司股票，应当以其价值足以清偿生效法律文书确定的债权额为限。股票价值应当以冻结前一交易日收盘价为基准，结合股票市场行情，一般在不超过20%的幅度内合理确定。股票冻结后，其价值发生重大变化的，经当事人申请，人民法院可以追加冻结或者解除部分冻结。

(2)可售性冻结。保全冻结上市公司股票后，被保全人申请将冻结措施变更为可售性冻结的，应当准许，但应当提前将被保全人在证券公司的资金账户在明确具体的数额范围内予以冻结。在执行过程中，被执行人申请通过二级市场交易方式自行变卖股票清偿债务的，人民法院可以按照前述规定办理，但应当要求其在10个交易日内变卖完毕。特殊情形下，可以适当延长。

(3)已质押股票的冻结。上市公司股票存在质押且质权人非本案保全申请人或申请执行人，目前，人民法院在采取冻结措施时，由于需要计入股票上存在的质押债权且该债权额往往难以准确计算，尤其是当股票存在多笔质押时还需指定对哪一笔质押股票进行冻结，为保障普通债权人合法权益，人民法院一般会对质押股票进行全部冻结，这既存在超标的冻结的风险，也会对质押债权人自行实现债权造成影响，不符合执行经济原则。

制度研究

股票作为有价证券，是股份公司为筹集资金而发行给各个股东作为持股凭证并借以取得股息和红利的一种有价证券。早期的股票是纸质的样式，股票的权属可直接通过纸质股票判断，记名股票上会登记持有人姓名，不记名股票则不登记持有人。后期随着交易软件的推广，股票采用电子数据的方式通过登记结算机构进行登记和清算。因股票系由上市公司发行，上市公司理论上应当记录有其所有股东的持股信息，查询股票权属应当通过上市公司进行查询。但随着股票托管制度的推行，发行与交易环节分离，上市公司对股票首次发行之前的股东有登记，对上市之后的股东登记则由托管机构负责，清算机构负责股票交割清算，上市公司也需要通过询问登记结算机构才能掌握股东的详细持股信息。故对于股票的查询，根据《查扣冻证券和证券交易结算资金通知》及《网络查冻证券通知》，人民法院可以向中国证券登记结算机构或者证券公司营业部查询，查询范围包括"证券账户、证券交收账户和资金交收账户内已完成清算交收程序的余额、余额变动、开户资料等内容"。全国法院网络执行查控系统与证券登记结算公司联网，执行法院通过查控系统可以查询被执行人所持股票，再通过证券营业部或证券登记结算机构进一步查询被执行人所有证券账户内所有股票及资金。

根据《上市公司信息披露管理办理》的规定，上市公司大股东、董事、监事、高管的持股信息应当如实披露。对于普通股东，上市公司无询问或披露代持之责任，普通股东也无申报股票代持之义务。上市公司股票可以由具备合法经营资质的托管机构名义持有，故对于此类股票的权属应该按照该机构登记的实际投资人账户名称判断。股票登记者与他人之间是否有代持协议，则应当另行通过诉讼或其他途径解决。

理解与适用

一、股票的查询

查询股票有三种渠道：一是线上查询。全国法院网络查控系统支持对自然人、境内一般法人机构和境内非法人机构所持的不超过总股本5%数量的无瑕疵、无限售流通A股的查询,但无法查询股票质押和冻结情况。二是线下查询,到中国证券登记结算分公司或其被执行人股票托管证券公司营业部查询被执行人名下股票名称、数量、质押、冻结状况(在开户证券营业部可以查询到资金账号、资金数额、交易记录)。此外,还可以到股票所在公司查询大股东持股详情及股息、红利分配结果(一般只适用于查询大股东股票代持、股息或红利的分配)。三是法院责令被执行人向法院报告持股情况。

以上查询途径各有优劣,全国法院网络执行查控系统仅能查询到被执行人名下持股名称、持股数量、参与结算机构、可冻结数量、证券账户信息,无法查询股票具体的质押、资金账户及余额、冻结信息等。向证券登记结算机构申请查询,难以查明被执行人全部的开户资金账号、资金余额、交易记录,无法查询该结算机构未参与结算的股票。从被执行人股票开户营业部调查的结果更为全面、准确,但如果被执行人在多个不同的证券公司开户,则需要在多个证券公司进行查询,其查询结果又不如证券登记结算机构全面。

实践中,证券登记结算机构可以提供异地查询,但不提供异地冻结、扣划。部分证券公司已经允许执行人员非现场查控、冻结、集中竞价处置股权(如北京一中院可以通过中信证券北京某营业部,指令被执行人在上海开户的中信证券某营业部,对被执行人名下的股票进行查询、冻结、抛售)。

证券登记结算机构或证券公司应就股票的开户、持有、变更、质押、冻结情况向法院提供查询,反馈被执行人持股的股票性质、股票数量、托管券商、冻结信息、司法标记、轮候法院情况、质押情况(包括出质份额、质押权人、场内质押或场外质押)。

二、股票的冻结

(一)上市公司股票冻结的方式

人民法院在执行中冻结上市公司股票,应当向股票托管的证券公司营业部或证券登记结算机构送达冻结裁定书与协助执行通知书。冻结未在证券公司托管或证券公司自营的上市公司股票,应当向对应的证券登记结算机构送达冻结裁定书与协助执行通知书。因此,实践中冻结股票的方式共有三种:通过被执行人证券开户营业部冻结被托管的股票、通过全国查控系统冻结被执行人名下股票、通过中登分公司冻结在中登分公司参与登记结算的股票。

对于被执行人名下的股票冻结，选择证券公司营业部或证券登记结算机构作为送达对象，其冻结方式和范围是不一样的。选择被执行人的开户证券公司营业部，可冻结该被执行人在该营业部开户的所有资金账户内资金、股票，以及上市公司可转债、ETF[①] 股票基金、证券投资基金（包括 QDII[②]、QFII[③]）、期权、权证等其他金融衍生品，也可一并冻结股息或红利，以及冻结期间的送股、转增股。但对被执行人不在该营业部开户的股票、资金、可转债等其他金融衍生品则不可查询，更不可冻结。选择到中登分公司进行股票冻结，则一般仅限于该中登分公司参与结算的股票与上市公司债券，也可一并冻结股息或红利，以及冻结期间的送股、转增股、利息。到中登上海分公司办理冻结，仅限于冻结沪市主板和科创板的股票与债券；在中登深圳分公司冻结，则限于深市中小板与创业板的股票与债券，且不能对未参与结算的基金进行冻结。利用全国法院网络执行查控系统进行冻结，目前可以冻结被执行人在中登所有分公司结算的股票，但不能冻结基金及其他金融衍生品，不能冻结股息或红利，支持办理不超过总股本 5% 数量的无限售流通 A 股的初始冻结/解冻/续冻（仅限经系统查询后反馈的股票信息），不支持司法冻结质押股票，也不支持轮候冻结。

股票冻结需送达的法律文书一般包括执行裁定书、协助执行通知书及执法人员工作证及其复印件，具体文书按照各证券登记结算机构出具的协助执法指南的要求提供，冻结文书应区分冻结与轮候冻结，轮候冻结的生效时间为转为正式冻结之日，股票冻结期限最长为 3 年。

（二）上市公司股票冻结的范围

对股票的冻结只能及于股票的自益权，即包括限制对股票的卖出、转让、变更、质押，而对于股息的冻结则因实际操作路径不同而成为可选项冻结。

根据前述股权冻结范围，上市公司作为特殊的股份有限公司，对于股票的冻结同样不会直接及于股票所在公司自身的财产，不会直接干扰股票所在公司的正常生产经营，不会影响被执行人共益权的行使（如投票权、表决权、提

① 交易型开放式指数基金。

② 合格境内机构投资者。

③ 合格境外机构投资者。

案权）。因上市公司属于全国性公众公司，已经有一整套的上市规定对上市公司自主经营行为进行合规性约束，故法院对被执行人名下股票完成冻结后，股票所在公司可以依法依规正常实施增资、减资、合并、分立等市场行为，既无向法院报告的义务，申请执行人也不能因此获得相应的诉权，如其行为侵犯了中小股民、债权人等主体的权益，自当受到证监会、交易所等部门的约束和惩罚。

根据《执行规定》第 36 条、第 38 条之规定，对于股权的冻结，应当一并冻结股息或红利，但对于股票并没有明确规定应当一并冻结股息或红利。在《冻结质押股票意见》附件中，提供了协助冻结通知书参考样式，该样式中对于股票孳息的冻结是可选的，即（含/不含孳息）。同样，在中登各分公司提供的协助冻结文书模板中，对于股票孳息的冻结也是为（含/不含孳息）。执行法院在通过全国法院网络执行查控系统冻结被执行人名下股票时，冻结的范围只能及于股票，即限制股票转让和质押，不能及于冻结后续派发的股息。但在《深圳中院股票执行指引》第 7 条规定中指出“上市公司股票冻结的效力及于股票产生的股息、红利、红股等孳息，但因上市公司增发、配售新股而新增的股票，应当另行依法冻结”，意在约束执行人员在冻结股票时，应当一并勾选（含孳息），但对后续因为被执行人自行认购而产生的增股、配股，应当另行冻结。

实践中，因股息、红利的发放方式不同，现金红利是可以直接打到股民的个人资金账户，股票红利（如高送转股票）则是分红股进股票账户。因此，执行实践中经常会出现有的执行法院通过全国法院网络执行查控系统冻结了被执行人所持股票，有的执行法院通过被执行人证券营业部冻结了被执行人的资金账户和证券账户。这样通过全国法院网络执行查控系统冻结股票的法院只是获得了股票的处置权，而冻结资金账户和证券账户的法院则获得了资金账户内所有资金（包括现金分红）和证券账户内所有未冻结股票（包括股票红利）的处置权。因此，我们认为对于股票的冻结并不一定必然及于股息和红利，关键要看执行人员选择的冻结路径和冻结范围。

关于上市公司股票冻结是否超标的的判断标准如下：

1. 超债权额冻结幅度以不超过 20% 为宜

《善意文明执行意见》第 7 条第 1 项规定，冻结上市公司股票，应当以其价值足以清偿生效法律文书确定的债权额为限。股票价值应当以冻结前一交易日收盘价为基准,结合股票市场行情,一般在不超过20%的幅度内合理确定。

在《冻结质押股票意见》第2条第2款中,对于冻结是否超标的的幅度再次予以明确,“前款规定的需要冻结的股票数量,以案件债权额及执行费用总额除以每股股票的价值计算。每股股票的价值以冻结前一交易日收盘价为基准,结合股票市场行情,一般在不超过20%的幅度内合理确定”。

2. 股票价值参照收盘价的80%

《深圳中院股票执行指引》第10条中规定:“冻结上市公司股票,应当以其价值足以清偿法律文书确定的债权额及执行费用为限……股票价值原则上参照冻结前一交易日收盘价的80%确定。”此处如执行标的为100元,股票面值为10元,则冻结数量为12.5股。

3. 考虑拍卖折价幅度

根据《网络拍卖规定》,要求起拍价不得低于评估价或者市价的70%,要求再次拍卖的起拍价降价幅度不得超过前次起拍价的20%。考虑到拍卖原则上只有两次降价幅度,故根据网络拍卖降价幅度来确定股票冻结的数量,即在充分利用网络拍卖后流拍抵债的情形下可以冻结的最大幅度。

4. 其他判断标准

因股票的波动性极大,特别是限售流通股、大股东持股、被风险警示的股票(如带星ST和ST)等,导致股票查封时的股价并不能真实反映其市场价值。因此,判断股票是否被超标的查封的判断权一般是由执行裁判庭行使,有的则是以执行异议审查时是否超标的作为判断标准。如执行标的为100元,冻结时股票价值为200元,异议审查时已经跌至90元,则不能认为执行法院超标的冻结。

如股票被案外人设立质押、被他人在先冻结、股票上他人设立有优先权的,此类有质押、有冻结、有优先权的股票都可不列入查封标的计算范围。

(三)冻结顺位

根据《查冻扣证券和证券交易结算资金通知》第9条、第11条的规定,不同的执法机关同一交易日分别在证券公司、证券登记结算机构对同一笔证券办理冻结扣划手续的,证券公司协助办理的为在先冻结、扣划。已经被公检法冻结的证券或证券交易结算资金，其公检法机关或同一机关因不同案件可进行轮候冻结。依据《深圳中院股票执行指引》第8条的规定，“不同执行案件在同一交易日分别在证券公司、证券登记结算机构对同一笔上市公司股票办理冻结，对冻结顺序产生争议的，证券公司协助办理的为在先冻结”。《善意文明执行意见》第7条也作出了类似规定，“……两个以上国家机关冻结同一质押股票的，按照在证券公司或中国结算公司办理股票冻结手续的先后确定冻结顺位，依次满足各国家机关的冻结需求。两个以上国家机关在同一交易日分别在证券公司、中国结算公司冻结同一质押股票的，在先在证券公司办理股票冻结手续的为在先冻结……”根据《网络查冻证券通知》第3条第2款的规定，在同一交易日，对同一被执行人的证券，既有通过证券公司，又有通过中国结算的业务柜台，还有通过网络执行查控系统提交冻结请求的，以执行查控系统提交的冻结请求排在最后。

以证券公司协助办理的为在先冻结，因为证券公司作为被执行人的证券开户机构，与被执行人签订一系列股票运行、托管合同，其对于被执行人证券账户内的股票与资金权限甚至要大于被执行人自身，属于股票托管业务的最前台，中国结算公司是在后台进行股票资金结算业务。故执行法院在证券公司进行的冻结，相当于直接接管了被执行人的证券账户，在操作顺序上具有优先性，其同一交易日的冻结效力应当优先于在中国结算公司的冻结效力。

操作指引

一、可售性冻结

考虑到上市公司股票价格波动大、变化快的特点，《善意文明执行意见》提出了可售性冻结，目的是避免法院的冻结措施使股票丧失流通性导致价值贬损。但《善意文明执行意见》未对可售性冻结的具体适用条件、审查标准以及实施流程作出进一步的规定。

（一）可售性冻结的申请

可售性冻结的本质是改变财产查控措施，申请执行人、被执行人均可申请。虽然《善意文明执行意见》第7条规定的申请可售性冻结的主体是被保全人,但申请执行人同样有提出该申请的正当性和必要性。首先,财产查控措施是依申请执行人的申请启动的,申请执行人如若同意,要求解除对被执行人财产的查控措施也并无不可,举重以明轻,申请执行人申请变更财产查控措施并无不当。其次,考虑到股价的不确定性,申请执行人也有申请可售性冻结的需求。在诉讼保全中,申请保全人更是要考虑到败诉承担申请保全错误责任的风险。

(二)可售性冻结的审查

法院在收到可售性冻结的申请后,需要审查是否符合条件,包括冻结的上市股票是否为流通股,是否属于首次冻结。中登北京分公司、上海分公司、深圳分公司均出台《协助执法业务指南》对可售性冻结的适用作出规定。例如,北京分公司的业务指南规定,B 类股份不适用可售性冻结,只能进行不可售冻结。上海分公司则规定,不限制卖出冻结仅适用于沪市采取多变净额结算的无限售流通证券(限于 A 股、债券、基金)。除满足上述条件外,还须提供被执行人或被保全人在证券公司买卖该股票的资金账户信息以及其他程序性材料。

关于法院审查可售性冻结申请是否需要征得债权人同意,目前并无明确规定,从《善意文明执行意见》的规定来看,法院对此有裁量权。从平衡各方当事人利益以及保障执行效率的角度,法院可征求债权人意见,但并不以债权人同意为前提。也是基于此,若债权人对法院决定将不可售冻结调整为可售性冻结有异议的,可通过提起执行行为异议进行救济。当事人对可售性冻结达成共识的,为避免实施过程中发生争议,可通过笔录或协议的形式对可售性冻结股票的期限或抛售价格作出约定。

(三)可售性冻结的实施

法院经审查决定采取可售性冻结措施后,应根据财产保全裁定或执行裁定将被保全人(或被执行人)在证券公司的资金账户在具体数额范围内予以冻结。需要注意的是,中登公司不直接受理可售性冻结业务。北京分公司规定,无论是将原在托管证券公司办理的冻结变更为可售性冻结还是将在中登分公司柜台或最高人民法院网络查控系统办理的不可售冻结转为可售性冻结,均由托管证券公司办理或代为向中登北京分公司申请办理。上海分公司则要求由控制客户资金账户的证券公司受理。深圳分公司也规定有关机关应通过托管证券公司向其申请可售调整,协助执行通知书应包括以下内容:原冻结案件号,证券账户持有人名称(姓名)、证券账户号码,可售调整的证券简称、证券代码,可售调整的证券数量及红利金额,控制资金账户,联系人姓名、电话等。

可售性冻结的实施流程可总结为,法院向托管证券公司发送冻结裁定及协助执行通知书,要求调整为可售性冻结。证券公司冻结资金账户,并将裁定、协助执行通知及其他结算中心要求的材料递交给结算中心。结算中心调整股票为可售状态。

(四)可售冻结与不可售冻结的转换

若认为可售性冻结对债权实现不利的,法院也可依职权或依申请将可售性冻结调整为不可售性冻结,仍通过托管证券公司办理。

二、冻结质押股票

《冻结质押股票意见》创设了"司法标记"的新型冻结方式,在不影响质押权人作为优先权人处置股票的情况下,保障首封债权人可就解除质押的股票及时受偿。

司法标记不同于正式冻结,也非轮候冻结。根据该意见第9条关于"在系统中被标记的任意一部分质押股票解除质押的,协助冻结的证券登记结算机构或者证券公司应当将该部分股票调整为冻结状态"的规定可知,标记不等同于一般意义上的冻结,是允许变价的可售性冻结。经标记的质押股票,既可以由质押权人申请法院通过集中竞价、大宗交易、协议转让变价,也可由法院强制变价。当被司法标记的股票解除质押后,司法标记即调整为正式冻结。

人民法院实施司法标记与普通股票冻结一样,要向证券登记结算机构或者证券公司送达协助执行通知,证券登记结算机构或者证券公司受理人民法院的协助冻结要求后,应当在系统中对质押股票进行标记,标记的期限与冻结的期限一致。其他人民法院或者其他国家机关要求对已被标记的质押股票进行冻结的,证券登记结算机构或者证券公司按轮候冻结依次办理。

审判前沿

上海在绪投资中心(有限合伙)申请执行上海威都实业发展有限公司借款合同纠纷执行案

【裁判要旨】

执行法院可以通过全国查控系统直接冻结被执行人名下股票,但此种冻结为不可售冻结。将不可售冻结改为可售冻结,执行法院需要指令被执行人开户营业部进行冻结方式的变更。

【案例索引】

(2018)京01民初605号;(2020)京01执140号

【基本案情】

上海在绪投资中心(有限合伙)与上海威都实业发展有限公司、第三人融创投资基金管理有限公司借款合同纠纷案,北京市第一中级人民法院(以下简称北京一中院)判决上海威都实业发展有限公司向上海在绪投资中心(有限合伙)偿还借款本金7150万元及对应的利息。因上海威都实业发展有限公司不履行生效法律文书确定的义务,上海在绪投资中心(有限合伙)申请执行,北京一中院于2020年1月5日以(2020)京01执140号立案执行。

执行中查明上海威都实业发展有限公司持有华统股份等股票(其中华统股份,股份性质无限售流通股,共155,680股),北京一中院通过全国法院网络执行查控系统对上海威都实业发展有限公司名下所持股票进行冻结,并前往执行法院附近的中信证券紫竹院营业部查明被执行人的开户营业部是在中信证券上海东方路证券营业部。

2020年5月,执行法院经与中信证券紫竹院营业部、中信证券上海东方路证券营业部、中信证券北京分公司多次协商,上海东方路证券营业部同意以紫竹院营业部为协助执行业务中介,由紫竹院营业部对北京一中院执行人员身份信息、协助执行文书信息进行现场审查,经核实无误后,将所有文件扫描上传至上海东方路证券营业部,由上海东方路证券营业部直接办理协助执行业务。将上海威都实业发展有限公司持有华统股份等股票由原在全国法院网络执行查控系统办理的不可售冻结变为可售冻结。

【裁判观点】

小额股票的变现主要依靠集中竞价的方式，并不适用网络拍卖的处置方式。因此，查明被执行人名下股票的开户营业部，并通过开户营业部改变冻结方式，进而要求营业部限期内完成股票抛售。

【要点评析】

冻结被执行人名下股票的途径有多种，通过全国法院网络执行查控系统对被执行人名下股票先行冻结，可以避免被执行人转移财产，但该种冻结为不可售性冻结。若需调整为可售性冻结的，根据中登公司北京分公司《协助执法业务指南》的规定，执行机关要求托管证券公司协助将全国法院网络执行查控系统办理的不可售冻结转为可售性冻结，托管证券公司受理后应当填写《冻结方式变更申请表》，并附上法律文书提交至中登公司北京分公司办理。

第二节　股票的评估与处置

法律依据

《财产处置价规定》第 2 条　人民法院确定财产处置参考价，可以采取当事人议价、定向询价、网络询价、委托评估等方式。

《证券法》第 63 条　通过证券交易所的证券交易，投资者持有或者通过协议、其他安排与他人共同持有一个上市公司已发行的有表决权股份达到百分之五时，应当在该事实发生之日起三日内，向国务院证券监督管理机构、证券交易所作出书面报告，通知该上市公司，并予公告，在上述期限内不得再行买卖该上市公司的股票，但国务院证券监督管理机构规定的情形除外。

投资者持有或者通过协议、其他安排与他人共同持有一个上市公司已发行的有表决权股份达到百分之五后，其所持该上市公司已发行的有表决权股份比例每增加或者减少百分之五，应当依照前款规定进行报告和公告，在该事实发生之日起至公告后三日内，不得再行买卖该上市公司的股票，但国务院证券监督管理机构规定的情形除外。

投资者持有或者通过协议、其他安排与他人共同持有一个上市公司已发行的有表决权股份达到百分之五后，其所持该上市公司已发行的有表决权股份比例每增加或者减少百分之一，应当在该事实发生的次日通知该上市公司，并予公告。

违反第一款、第二款规定买入上市公司有表决权的股份的，在买入后的三十六个月内，对该超过规定比例部分的股份不得行使表决权。

《公司法》第141条　发起人持有的本公司股份，自公司成立之日起一年内不得转让。公司公开发行股份前已发行的股份，自公司股票在证券交易所上市交易之日起一年内不得转让。

公司董事、监事、高级管理人员应当向公司申报所持有的本公司的股份及其变动情况，在任职期间每年转让的股份不得超过其所持有本公司股份总数的百分之二十五；所持本公司股份自公司股票上市交易之日起一年内不得转让。上述人员离职后半年内，不得转让其所持有的本公司股份。公司章程可以对公司董事、监事、高级管理人员转让其所持有的本公司股份作出其他限制性规定。

《善意文明执行意见》第7条第1款第2项　……在执行过程中，被执行人申请通过二级市场交易方式自行变卖股票清偿债务的，人民法院可以按照前述规定办理，但应当要求其在10个交易日内变卖完毕……

《冻结扣划证券和证券交易结算资金通知》第5条第2款　人民法院执行流通证券，可以指令被执行人所在的证券公司营业部在30个交易日内通过证券交易将该证券卖出，并将变卖所得价款直接划付到人民法院指定的帐户。

制度研究

股票流通性强、涉及面广，处置方式的选择受债权实现需求、市场承受能力、金融监管政策等多重因素的交叉影响，在传统的司法处置措施外，资本市场常规的股票流通机制，如集中竞价、大宗交易也被应用到股票的司法变现程序中。实践中股票处置的方式方法也在不断创新，以满足兼顾处置效率和维护市场稳定的执行需求。目前,上市公司股票处置方式主要有集中竞价、大宗交易、网络司法拍卖、被执行人自行卖出、以股抵债、非交易过户强制卖出、大宗股票司法协助执行,其中集中竞价、大宗交易和网络司法拍卖最为普遍。执行法院根据处置股票的数量或金额、股票的流通性、其处置对股票市场产生的影响等区分不同情况选择适用不同的处置方式。但因股票价格变化速度快、幅度大,采取网络司法拍卖方式处置的,评估也很少作为处置价的确定方式。

理解与适用

一、处置方法

目前上市公司股票的处置方法总体来说主要有五种,包括协商处置、集中竞价、大宗交易、网络司法拍卖、大宗股票司法协助执行。

(一)协商处置

协商处置充分体现当事人意思自治,具体包括被执行人限期内自行处置股票、双方当事人协商以股抵债等处置方法。在《善意文明执行意见》中第7条第1款第2项中便明确规定了“……在执行过程中,被执行人申请通过二级市场交易方式自行变卖股票清偿债务的,人民法院可以按照前述规定办理,但应当要求其在10个交易日内变卖完毕……”《上海金融法院处置股票规定》第14条也作出了类似的规定,允许被执行人自行卖出或以股抵债的方式处置股票。

允许被执行人自行卖出要做好股票变现款的控制性工作,包括冻结被执行人资金账户以控制股票变价款、对股票的冻结调整为可售冻结等措施。以股抵债是在不损害其他债权人利益和公共利益的情况下,将被执行人所持股票以非交易过户的方式直接划转到申请执行人名下。若被执行人所持股票为限售流通股的,还可以采取司法划转的方式,即先将限售流通股强制扣划至申请执行人账户,待办理解禁手续转为非限售流通股之后再通过二级市场处置。在实践中亦有法院对非限售流通股采取司法划转的处置方式。①

① 参见广东省高级人民法院执行裁定书,(2013)粤高法执复字第39号。

（二）集中竞价

集中竞价是在执行法院的指令要求下由证券营业部限期内在二级市场抛售被执行人名下股票。根据《冻结证券资金通知》第5条第2款的规定，“人民法院执行流通证券，可以指令被执行人所在的证券公司营业部在30个交易日内通过证券交易将该证券卖出，并将变卖所得价款直接划付到人民法院指定的帐户”。《上海金融法院处置股票规定》第16条也作出了类似的规定，对待处置股票数量不到上市公司股份总数的1%且不受减持限制的股票，可以在二级市场通过集中竞价方式进行处置。另根据《深圳中院股票执行指引》第14条之规定，对不符合大宗交易条件或大宗交易后剩余的股票，可以指令负责托管的证券公司营业部在30个交易日内通过集中竞价的方式卖出。集中竞价适用于拟处置数量较少、流通性强，不会对该股票价格产生较大影响的股票。

需要注意的是，以集中竞价方式处置股票不仅受证监会《减持新规》《上市公司创业投资基金股东减持股份的特别规定》的约束，还受上交所、深交所相关减持细则的约束。执行法院在处置大股东（持股5%以上）、董监高、创投基金所持股票时，不仅要事前通知被执行人，以方便其事先发布相应的减持公告（如被执行人不及时发布公告将可能收到上交所、深交所、北交所的问询函，如减持行为发生在年报或季报减持窗口期，被执行人也可能会受到上交所、深交所、北交所的处分），还要注意减持的比例不能超过《公司法》及证券监管部门关于减持规定的要求。

人民法院指令证券公司通过集中竞价方式处置股票的，协助执行通知书应载明在多长期限内卖出被执行人持有的多少股票。卖出期限一般为10～30日，也可双方协商。如股票已被冻结，需在冻结被执行人资金账户后，将股票变更为可售性冻结。

（三）大宗交易

大宗交易适用于处置股票数量大或者价值高，其处置可能造成股价波动的股票。《深圳证券交易所交易规则》规定采用大宗方式交易的门槛是A股单笔交易数量不低于30万股，或者交易金额不低于200万元人民币。大宗交易与集中竞价的区别在于大宗交易是在二级市场集中交易的盘后完成（一般为交易日的15：00—15：30），以最大限度地减少对二级市场的冲击，且稳定股票市场价格。[①] 但大宗交易因其处置股票数量较大，买受人在一定期限内被限制交易，难以如集中竞价一样快速变现。

大宗交易与集中竞价同样都受到减持相关规定的约束，被执行人可被减持的股票按照减持规定的约束分阶段分批解禁，大宗交易的买受人也须承诺不违反减持规定。此外，由于大宗交易可能导致上市公司实际控制人、大股东发生变更，也有可能导致上市公司董监高被动减持，因此，执行法院应当在股票过户的同时及时通知上市公司或交易所。

（四）网络司法拍卖

拍卖平台主要包括淘宝网、京东网、公拍网、工行融 e 购、北京产权交易所、中国拍卖行业协会网、人民法院诉讼资产网等，上述网络拍卖平台在执行人民法院网络拍卖时均受《网络拍卖规定》的约束。对于流通性较差的股票或者股权分置改革未完成的上市公司的股票，可以采取司法拍卖的方式。如在中华人民共和国境内注册的发行人在境外公开发行的上市公司股票、“新三板”股票或其他流通性较差的股票，优先适用网络司法拍卖。对于上市公司限售流通股、存托凭证，也可以选择适用网络司法拍卖。

1. 网络司法拍卖处置价的确定方式

（1）当事人议价

根据《财产处置价规定》第 2 条的规定，“人民法院确定财产处置参考价，可以采取当事人议价、定向询价、网络询价、委托评估等方式”。在执行过程中需要处置财产时，当事人议价处于最优先序列。对于被查封的股票，申请执行人与被执行人可以议定股票的数量与价格作为公开拍卖的底价，执行法院对于当事人的议价结果，只要合理，就应当予以尊重并作为公开拍卖的底价（对于当事人议价作为底价进行拍卖的，执行法院可一并向申请执行人提出要求，经多次拍卖流拍的，申请执行人应接受以股抵债）。实践中，因股票价格波动幅度较大，双方当事人对于股票价格的预期往往差距较大，达成议价结果的可能性偏低。这时就需要执行法院进行合理的引导，也可设计一个股票若干日的均价计算方式以供当事人选择，促成当事人完成议价。

① 大宗交易并非完全对股价不产生影响。

(2)委托评估公司评估

执行法院在处置非流通股(国家股、社会法人股)时,根据《国有股和法人股规定》第9条、第10条之规定,应当委托具有证券从业资格的资产评估机构对股权价值进行评估。资产评估机构由债权人和债务人协商选定。不能达成一致意见的,由人民法院召集债权人和债务人提出候选评估机构,以抽签方式决定。对于此类法定要求评估公司评估的,执行法院应当严格按照相应程序委托评估公司按照评估公司的评估结果确定处置保留价。

此外,执行法院在处置限售流通股时,如距离解除限售期时较长,因股票价格波动较大,价格难以达成一致预期,执行法院也会倾向于委托评估机构对待处置的股票进行评估,并以评估价为作为拍卖参考价格。实践中也有因股票长期停牌导致股价失真而委托评估的,特别是有的股票前期经过长期非理性上涨或下跌导致股份严重背离公司或行业基本面的,此类股票的处置保留价也通过委托评估来确定。

实践中,执行法院较少选择委托评估的方式对于待处置股票进行定价,一是因为评估费一般都较为高昂,评估公司对于股票的评估是以股票所在公司作为评估对象,工作量庞大,所需材料众多,评估费多在数十万元左右;二是评估周期较长,正因对于股票的评估是以上市公司基本面作为依据,一方面费时费力,另一方面也需要上市公司配合,还需要恰当的时间节点(如上市公司披露经审计的季节、中报、年报),影响执行效率;三是评估报告送达后的异议程序会挤压执行时限,针对评估报告送达后可能产生的各项异议、异议答复、专业技术评审程序,将严重影响执行时限;四是股票委托评估产生的评估价格对比其他价值评估方法更加具有滞后性。考虑到委托评估所需要的各项流程及较长周期,当评估结果完成送达时,其价格已经较市场价格具有滞后性了。

(3)收盘平均价

此处的参照市价并非指完全按照市价进行公开拍卖,而是以若干交易日股票的均价作为股票拍卖保留价。不同区域法院拍卖层级授权不一样,有的法院以开拍日前90个交易日收盘价的平均值为起拍价,有的以开拍前最后一个交易日股票收盘价作为起拍价,根据《深圳中院股票执行指引》第20条第2项之规定,"无限售流通股以拍卖日前二十个交易日的平均收盘价确定财产处置参考价，并书面通知当事人、质押权人及上市公司”。《上海金融法院处置股票规定》第31条也作出了类似的规定，即对无限售流通股的处置保留价以竞买日或竞拍日的前二十个交易日的收盘平均价90%为依据。这样直到开始拍卖的前一交易日才确定股票拍卖保留价。上述法院在拍卖公告中常公告拍卖保留价的具体算法而不确定具体的拍卖保留价。部分地区法院因对拍卖系统拍卖保留价的修改权限并没有下放至中基层执行法院，这就导致有的法院是以拍卖公告日之前的二十个交易日的收盘平均价为依据，股票的拍卖保留价是在拍卖公告中直接确定了具体数额。比较起来，第一次拍卖公告日一般距离竞拍开始日约一个月。因此，竞拍日的前二十个交易日交易均价作为参考底价更为合理。股票第一次及第二次拍卖保留价确定的折扣也并不一样，一般情况下，对于第一次拍卖的股票是按照其涨跌幅度来确定其拍卖底价，如沪市股票（科创板除外）涨跌幅为10%，第一次拍卖打九折，科创板股票涨跌幅为20%，第一次拍卖打八折（如上海金融法院）。有的法院则按照处置参考价的标准第一次打七折，第二次拍卖打八折（如深圳中院）。

实践中，以收盘平均价确定处置价的做法均较为普遍，一是现有的交易软件（如东方财富交易软件中的“区间统计”可迅速计算任何交易日区间内的均价）可以方便计算出拍卖日之前二十个交易日的均价，并不存在计算的难度；二是此项定价方式属于参照市价，不属于当事人议价、定向询价、网络询价、委托评估范畴，在适用《财产处置价规定》时，既不适用定向询价、网络询价、委托评估的报告送达和异议条款，也不适用专业技术评审条款，可以极大地节省时间，提高执行质效；三是实践中此种定价方式当事人容易接受。

2. 分拆处置模式

当需要处置的标的物数量较多且可内部分拆时，一些司法拍卖平台进行技术创新，设置了分拆处置模式，该模式率先在股票处置方面得到应用。例如，拟处置的股票为60万股，可在内部拆分为500股一份，竞买人可自由选择申报数量，但不得少于一份即500股。申报数量在保证金订单提交后不可修改，竞买人无法获知其他竞买人的申报数量。拍卖结束时，按照价格优先 > 数量优先 > 时间优先的原则自动匹配成交结果。同样出价18.17元/股的竞买人，A申报数量是55万股，B申报数量是10万股，处置数量少于两者申报数量之和时，按照价格相同数量优先的原则，A获拍55万股，B获拍5万股。即同一标的物支持多人获拍,实际获拍数量以标的物的处置数量以及所有竞买人最后一次出价金额、出价数量和出价时间而定,在标的物剩余处置数量少于最后一个获拍人申报数量的情况下会出现获拍数量少于申报数量的成交情况。分拆处置模式相较于整体处置,降低了竞买门槛,提升了成交概率,让标的物的价值能够得到较为充分的体现。相较于将大量股票拆分为几个或几十个标的拍卖,分拆处置又避免了竞买人需要同时参与几个甚至几十个拍卖的烦琐局面。该模式在整体和拆分之间自由切换的同时,有效地提升了处置效率,也使标的物得到充分的竞价,对以司法拍卖形式处置股票起到积极的推动作用。

3. 网络司法拍卖不受《减持新规》约束

关于网络司法拍卖上市公司股票是否受《减持新规》的影响,多数司法案例持否定意见。[①] 主要理由是《减持新规》系规范性文件,效力低于法律规定,不能对抗人民法院的强制执行行为。经向深交所问函并经深圳等多地法院实证,执行法院对股票进行网络公开拍卖,如持股人是公司大股东、实际控制人、董事、监事、高级管理人员,对其股票的处置不受证监会《减持新规》等规定的约束。司法拍卖因其处置过程不需要通过在二级市场完成,且竞买人继承了公司大股东的地位,仍适用减持约束,故网络拍卖不适用于减持规定,应当允许法院拍卖的股票超出允许大股东可减持的数量(对于《公司法》第 141 条与《证券法》第 63 条之规定仍应当遵守)。如果买受人竞拍的股票占上市公司总股本的 5% 以上,则要遵守减持规定的约束,而买受人在竞买成功后的 6 个月内减持的,并不受《证券法》第 44 条“禁止短线交易”的限制(这里不能将买受人的最初竞买行为视为买入)。一般来说,如果竞买人拍下的无限售流通股票占上市公司股本比低于 5%,其可在股票完成过户后立即将股票予以抛售。

执行法院在处置大股东、实际控制人、董事、监事、高级管理人员等人员所持股票时,也需要注意股票减持窗口期(一般是上市公司公布重大事件和信息披露之前的 20 天,执行法院要注意的一般是上市公司年报窗口期),尽量避

① 深圳市福田区人民法院执行裁定书,(2018)粤 0304 执异 1 号;上海金融法院执行裁定书,(2022)沪 74 执异 84 号;北京市高级人民法院执行类判决书,(2022)京执复 72 号。

免在窗口期处置上市公司关键人员所持股票。

(五)大宗股票司法协助执行

大宗股票司法协助执行是由上海金融法院创设的新型股票处置方式,通过与证券交易所约定的信息渠道发布大宗股票司法处置公告,依托证券交易所提供的大宗股票司法协助执行平台,完成竞买申报、竞买匹配、结果公示等相关事项。如果拟处置的股票在股票二级市场强制卖出可能对该股票价格产生较大影响的,为了避免二级市场交易对股价产生重大影响,一般采取大宗股票司法协助执行方式。此外,处置上市公司限售流通股、存托凭证,根据限售条件、解禁条件、案件情况亦可选择适用大宗股票司法协助执行方式。

《上海金融法院处置股票规定》对大宗交易股权的第一次处置保留价和第二次处置的保留价作出了规定。通过大宗交易处置股票时首先要确定处置的保留价。具体分为无限售流通价和限售流通价。无限售流通股的处置保留价首次不低于该股票竞买日前 20 个交易日收盘均价(M20)的 90%,第二次不低于 M20 的 81%,第三次不低于 M20 的 72%。科创板上市公司无限售流通股处置保留价,首次不低于 M20 的 80%,第二次不低于 M20 的 72%,第三次不低于 M20 的 63%。若连续三次处置均告失败,应按第三次处置保留价折价抵偿给申请执行人。限售流通股处置保留价不低于评估价的 70%。"新三板"股票的处置保留价,若在 3 个月内有成交的,则不低于最近一次成交价的 90%;若在 3 个月内无成交,则不低于评估价的 70%。目前,参照上海金融法院的做法,其他法院适用大宗交易的情形较以往更为频繁。

二、上市公司股票处置的税费

执行法院在处置上市公司股票时所涉及的税费一般有:证券过户手续费、证券印花税、证券过户个人(企业)所得税。证券过户手续费一般是给证券公司的,又称交易佣金,收费比例不一,总体是在成交金额的 1‰~3‰,每笔交易佣金一般最低是 5 元(也有的可能会更低)。证券印花税在卖出时收取,是成交金额的 1‰。一般的个人股东在二级市场通过集中竞价的方式处置非限售股票,主要就涉及上述的手续费与印花税。

这里比较复杂的是证券过户个人(企业)所得税,此种所得税的缴纳各地法院做法不一,因无统一规定,在实践中也给执行人员带来一定的执业风险。对于法人股东,其在转让股票时应当缴纳企业所得税(此种转让无论是自行转让还是司法强制执行),应纳税所得额等于股票转让收入减去股票计税成本后的余额,税率根据企业性质为15%～25%。对于个人股东,如个人所持股票是从二级市场购买来的,则在处置过程中无须缴纳个人所得税,只有个人在转让限售股(包括股改限售股、新股限售股、其他途径获得限售股,此种转让包括协议转让、大宗交易、司法拍卖)时才涉及缴纳个人所得税,应纳税所得额=限售股转让收入-(限售股原值+合理税费),税率适用20%的比例计征个人所得税。

对于证券过户个人(企业)所得税的缴纳方式,各地做法不一。有的上海法院在对股票进行司法拍卖时,直接在拍卖公告中规定由买受人预先垫付,待股票完成过户后,由买受人向执行法院提供代缴税费单据,执行法院向买受人退还其代缴的所得税。此种做法的好处是充分保障了税收的利益,本应由被执行人主动缴纳的税款,通过买受人代缴的方式及时足额完成缴纳。不足之处至少有两点:一是当被执行人所持股票的处置款不足以覆盖申请执行人权益时,由买受人垫付并向买受人退还税款将减少申请执行人的权益;二是从买受人交完全款,至为其办理股票过户,再到向其退还垫付税款,时间至少1个月以上,导致向申请执行人发还案款期限过长,间接损害了申请执行人的权益。深圳及北京地区有的法院做法则是在拍卖公告中规定税费依照法律规定各自承担,股票所得税部分由被执行人自行向税收征管部门缴纳。执行法院在为买受人办理股票过户时,协助执行文书上记载法院将督促被执行人及时缴纳所得税。此种做法的好处是可以迅速办理股票过户和向申请执行人发还案款,且充分保障了申请执行人的权益,确保股票处置款项可以足额向申请执行人偿付。此种做法的风险之处在于执行法院应当及时书面督促被执行人主动向税收征管部门缴纳所得税,当被执行人无法联系或执行法院忘记通知被执行人时,则可能因妨碍税收征管为执行人员带来执业风险。因此,当待处置的股票涉及缴纳所得税,且被执行人下落不明时,执行法院应当慎重选择处置方式。

操作指引

一、上市公司股票司法拍卖公告注意事项

1. 提示起拍价变动

若起拍价的基准是起拍日前的收盘价，则需要对此作出明显提示，告知竞买人目前所标示的价格并非实际起拍价格，在起拍前相应的起拍价、保证金和增价幅度都可能进行调整。

2. 明确竞买人资格

流通性股票一般对竞买人无须设置资质要求，但对于流通性受限的股票或非流通性股票，以及法律、行政法规对主要股东有特殊主体资格要求的上市公司股票，人民法院应在拍卖公告中明确提示竞买人。此外，如竞买人的竞买行为触发要约收购的，应按照《证券法》的相关规定办理，此时法院拍卖程序中止。

3. 提示市场风险

人民法院在拍卖公告中须提示竞买人，竞买上市公司股票应承担的市场交易风险，起拍价/成交价高于或低于该股票市值，以及后续该上市公司经营状况、股票价格走向，都不影响拍卖效力。

4. 提示税费承担

拍卖公告中应明确提示是否需要竞买人补缴税费，办理股权变更过户的税费承担以及(可能的)退税条件及流程。

二、股票变更过户注意事项

股票变更过户至买受人或接受以股抵债的债权人名下，法院作出的过户裁定需明确解除质押和查封。实践中，股票的解押和冻结遵循质押地解押，冻结地解冻的原则。协助解除冻结和质押的文书应注明质押登记编号或冻结文书号。

三、监管协助义务

《上海金融法院股票处置规定》规定了人民法院的协助监管披露义务。

采用股票二级市场集中竞价方式强制卖出、大宗股票司法协助执行、网络司法拍卖方式处置股票,可能导致上市公司实际控制人、大股东、董事、监事、高级管理人等减持股份或者上市公司实际控制人、大股东等发生变更的,应在股票过户后3日内将相关处置信息告知证券监管部门、证券交易所、证券登记结算机构,由其进行金融监管的合规性审查。

审判前沿

案例1　方正证券股份有限公司与代某仲裁执行异议案

【裁判要旨】

大宗股票司法协助执行方式处置股票,通过公开市场发现价格的方式免去了司法评估的烦琐程序,减轻了被执行人的费用负担,不会损害被执行人的合法权利,并不违反法律、司法解释的相关规定。

【案例索引】

(2021)沪74执26号

【基本案情】

上海金融法院在执行申请执行人方正证券股份有限公司(以下简称方正证券)与被执行人刘某1、刘某2、代某、王某仲裁案中,就被执行人代某持有的上海××股份有限公司(以下简称××股份公司)3,190,000股股票(证券简称:*ST游久,证券代码:6×××2)(以下简称涉案股票)发布(2021)沪74执26号司法处置股票公告,载明:上海金融法院将于2021年10月22日在上海证券交易所大宗股票司法协助平台对涉案股票进行司法处置。

异议人代某提出异议,请求中止对异议人持有的案涉股票的司法处置。主要理由如下:(1)起拍价的确定未参照评估价,亦未征询被执行人意见,违反《网络拍卖规定》,司法处置股票公告中起拍价设定为2021年10月22日前二十个交易日收盘价平均价的90%,该设定没有法律与司法解释的依据,以该计算方式设定起拍价极可能对其造成重大损失。(2)司法处置股票公告未明确合格投资者条件,竞拍条件的含糊不清导致处置无法实现充分的市场竞争,违反了《网络拍卖规定》第12条第2款的规定。

根据该规定拍卖公告应当将竞买人条件详细告知，以便于竞买人在充分享有知情权的情况下决定是否参与竞买。然而在司法处置股票公告中，仅表述了“竞买人应符合本次处置股票对应的合格投资者条件”，而对“合格投资者条件”具体内容避而不谈。这就导致了竞买者无法知道自己是否符合竞买条件，实际上将导致大量本可以参加竞拍的竞买人望而却步，将使处置标的无法在拍卖中获得充分的市场竞争，进而导致异议人利益受损。(3)司法处置股票公告未明确本次处置是否产生税费、税费由哪方承担。将竞买者购买的实际成本处于不确定的状态，势必会影响其投资竞买意愿。

上海金融法院经审查，驳回了异议人的异议请求。

【裁判观点】

上海金融在全国范围内率先探索大宗股票司法协助执行方式，即通过与证券交易所约定的信息渠道发布大宗股票司法处置公告，依托在证券交易所的大宗股票司法借助执行平台，完成竞买申报、竞价匹配、结果公示等询价竞买相关事项的大宗股票强制变价措施。具体机制设计时建立了更为专业的处置信息发布机制，按照价格优先—数量优先—时间优先的原则自动匹配成交，有效保障标的物价值最大化，完善了当事人和竞买人权益保护机制，该机制也得到了资本市场的高度认可。采用大宗股票司法协助执行方式处置股票，并不会损害被执行人的合法权利，通过公开市场发现价格的方式也免去了司法评估的烦琐程序，减轻了被执行人的费用负担，符合法律规定。法院在通过大宗股票司法协助执行方式处置涉案股票过程中，严格执行《上海金融法院处置股票规定》和《大宗股票司法协助执行平台操作规范》，并不违反法律、司法解释的相关规定。

【要点评析】

本案例涉及的是《财产处置价规定》《网络拍卖规定》等司法解释与《上海金融法院处置股票规定》《深圳中院股票执行指引》等地方司法文件的冲突适用问题。需要明确的是，上市公司股票作为执行财产的特殊性，其在处置方式和处置价格的确定上有别于其他财产，对执行财产的处置进行高度统一概括性规制的司法解释不能生搬硬套地应用于上市公司股票的执行。实践中,人民法院需要对上市公司股票采取强制执行措施的,一般采取二级市场集中竞价、大宗股票司法协助平台和司法拍卖交易三种处置方式。执行法院可以根据处置股票的数量或金额、股票的流通性、其处置对股票市场产生的影响等区分不同情况选择适用不同的处置方式:对于股票数量较小或交易金额较小、处置该股票不会对该股票价格产生较大影响的,采取二级市场集中竞价方式进行处置;如果拟处置的股票在股票二级市场强制卖出可能对该股票价格产生较大影响的,为了避免二级市场交易对股价产生重大影响,一般采取大宗股票司法协助执行方式,即本案例中所采取的。此外,处置上市公司限售流通股、存托凭证,根据限售条件、解禁条件、案件情况亦可选择适用大宗股票司法协助执行方式。对于流通性较差的股票或者股权分置改革未完成的上市公司的股票,可以采取司法拍卖的方式,此时即需要遵守《网络拍卖规定》的相关规定。

案例2　孟某、中信证券股份有限公司保证合同纠纷执行异议案

【裁判要旨】

证券监管部门发布的《减持新规》等部门规章,效力低于法律规定,不能对抗人民法院的执行,司法拍卖处置上市公司股票不受减持规则的约束。

【案例索引】

(2018)粤0304执异1号

【基本案情】

中信证券股份有限公司与孟某实现担保物权纠纷案,福田区人民法院(2015)深福法民二担字第6号民事裁定书已发生法律效力,该院已立案执行,案件编号为(2015)深福法执字第8881号。执行中,福田区人民法院依法冻结并拟拍卖被执行人孟某名下的中科云网科技集团股份有限公司(以下简称中科云网公司)的股票18,156万股(以下简称涉案股票)。被执行人对拍卖行为提出异议。主要理由有三:(1)根据《减持新规》,上市公司或者大股东因涉嫌证券期货违法犯罪,在被中国证监会立案调查或者被司法机关立案侦查期间,以及在行政处罚决定、刑事判决作出之后未满6个月的,上市公司大股东不得减持股份,包括以司法强制执行的形式减持。(2)若继续执行拍卖涉案股票,法院应依法对涉案股票进行评估。(3)若继续执行拍卖涉案股票,法院应依法将涉案股票的拍卖交由深圳证券交易所实施,由证券交易所设立的司法拍卖机构依照相关法律法规、司法解释和交易规则进行。

福田区人民法院经审查驳回了被执行人的执行异议申请。

【裁判观点】

首先,法院采用在淘宝网拍平台上整体处分涉案股票,拍卖成交的买受人将取得涉案股票的所有权益,包括大股东的身份及控股权,不属于减持的情形。且中国证监会发布的《减持新规》系规范性化文件,效力低于法律规定,异议人不得以此为由要求暂缓执行。其次,根据《拍卖变卖规定》,对于财产价值较低或者价格依照通常方法容易确定的,可以不进行评估。而涉案股票系无限售流通股,已有公开市场交易价格,因此,法院可参照市场公开交易价格确定该股票拍卖的起拍价,而无须再委托评估机构进行评估确定。最后,涉案股票虽为流通股股份,但已被证券交易所采取了限制交易措施,且证监会、证交所对上市公司大股东通过集中竞价交易或大宗交易的方式有时间和比例的限制,无法通过集中竞价交易或大宗交易的方式进行变价。同时,考虑被执行人所持股份为控股股份(22.7%),控股权在股票变价时有较大的溢价可能,分批变价可能对二级市场产生的不良影响和价值贬损;而证券交易场所不具有拍卖股票的相关配套流程及机构,证券公司进行分批变价也不具有现实可操作性。因此,为了充分保护申请执行人及被执行人的合法权益,法院采用在淘宝网拍平台上整体公开拍卖的方法对涉案股票进行处置,符合法律法规的相关规定。

【要点评析】

无论是通过集中竞价、大宗交易、网络司法拍卖还是网络司法拍卖,如涉及对上市公司大股东、实际控制人或董事、监事、高级管理人员所持股票进行司法强制执行,都会导致其所持股票在客观上出现减持,而减持行为在监管层面受到《上交所减持细则》《深交所减持细则》的限制和约束。由此,引发了关于"对上市公司股票采取司法强制执行是否需要受到《减持新规》约束"的疑问,目前该问题在法律层面尚无定论。从《〈上海证券交易所上市公司股东及董事、监事、高级管理人员减持股份实施细则〉问题解答(一)》第8条及《关于就〈深圳证券交易所上市公司股东及董事、监事、高级管理人员减持股份实施细则〉有关事项答投资者问(二)》第9条的规定来看,司法强制执行应按照具体执行方式分别适用实施细则,其列举的主要的司法强制执行方式包括集中竞价、大宗交易及司法扣划、划转,并未涉及司法拍卖。①

案例3　中国银河证券股份有限公司与杨某某、罗某公证债权文书执行案

【裁判要旨】

执行法院在处置股票过程中因选择集中竞价的方式而要求申请执行人解除股票质押权,并不代表申请执行人放弃了对于股票的优先受偿权,此种解除质押权是被包含在执行法院的处置过程中,属于对股票的变现措施,其他权益人不能据此要求对解除质押的股权行使参与分配权。执行法院在股票过户过程中,可以选择股票过户手续费、印花税由买受人承担,对限售股应征所得税可以要求由限售股转出方承担,但执行法院要采取一定的督促措施。执行法院在通过集中竞价、大宗交易处置股票过程中应当注意股票减持比例、减持窗口期等限制,合理保障被执行人的合法权益。执行法院在处置大股东持股时,如采用集中竞价、大宗交易的方式,则要受证监会的减持规定,交易所相关减持细则的约束。执行法院如采用公开拍卖的方式处置股票,买受人(非股票所有公司大股东)可以竞买成功并完成后续过户后,大股东的减持行为不受相关减持规定影响。

① 实践中,涉嫌证券期货违法犯罪被司法机关立案侦查期间的上市公司实际控制人因被司法强制执行拍卖上市公司股票,被证监会以违反《减持新规》第6条第1项的规定给予通报批评。参见2020年1月3日深圳证券交易所发布的关于对刘某群给予通报批评处分的决定。

【案例索引】

(2018)京精诚内经证字第02505号公证书;(2019)京精诚执字第00058号;(2019)京01执1038号;(2021)京01执恢197号。

【基本案情】

中国银河证券股份有限公司与杨某某、罗某公证债权文书案,北京市精诚公证处作出(2018)京精诚内经证字第02505号公证书及(2019)京精诚执字第00058号执行证书。因杨某某、罗某未履行生效法律文书确定的义务,中国银河证券股份有限公司向北京市第一中级人民法院(以下简称北京一中院)申请强制执行。

执行中,北京一中院于2019年11月26日以(2019)京01执1038号执行裁定书,轮候冻结了杨某某所持有的北京飞利信科技股份有限公司股票共计4675万股。经查,广东省高级人民法院于2018年7月19日以(2018)粤财保10号、11号民事裁定书冻结了上述股票,属于首轮查封。2019年12月11日,北京一中院向广东省高级人民法院出具《商请移送执行函》,商请其将杨某某持有的北京飞利信科技股份有限公司股票共计4675万股移送执行。广东省高级人民法院同意将上述股票移送执行。

2020年11月,申请执行人向北京一中院申请对杨某某名下约1400万股股票通过二级市场集中竞价的方式进行处置。因此前对杨某某名下股票的冻结方式为不可售冻结,改为可售冻结的前提是需要申请执行人中国银河证券解除对应1400万股的质押。申请执行人向中国证券登记深圳分公司申请解除对1400万股的质押,并向北京一中院申请尽快推进对1400万股的抛售。但在中登公司完成解除质押后,因1400万股未进行标记,与杨某某剩余的已查封但未质押股票混同,无法进行抛售。平安信托公司向北京一中院申请对上述股票参与分配,理由是中国银行证券自行放弃优先受偿权,被北京一中院予以驳回。

2021年3月21日,申请执行人中国银河证券股份有限公司向北京一中院提出申请,将杨某某名下的约1400万股股票进行司法拍卖。执行法院经研究决定,以拍卖公告日前二十个交易日股票的均价为基准价,第一次拍卖在基准价的基础上打九折作为起拍价。2021年6月21日,北京一中院依法在淘宝网司法拍卖平台对杨某某所持有的北京飞利信科技股份有限公司约1400万股股票进行公开拍卖。2021年6月22日，刘某某以最高价竞得上述股票。此次司法拍卖中，执行法院明确规定股票的过户费用、印花税由买受人承担，股票转让所得税由股票转出人承担。在办理股票过户过程中，买受人自行缴纳了股票的过户费用、印花税，执行法院在请求中国证券登记结算深圳分公司协助办理股票过户的文书中载明由执行法院督促被执行人杨某某尽快向税务机关自行缴纳所得税。此后，执行人员现场告知杨某某尽快缴纳所得税，杨某某自收到通知后在合理期限内缴纳完所得税。

2021年7月27日，申请执行人中国银河证券股份有限公司向北京一中院提出申请，要求将被执行人杨某某所持飞利信股票440万股通过集中竞价方式进行处置。根据申请执行人申请，上述股票于2021年8月中旬完成抛售。根据申请执行人申请，北京一中院对杨某某所持有的剩余飞利信股票约2800万股进行公开拍卖(上述股票被拆分为三个包，每个包约900万股)。至此，北京一中院将从广东省高级人民法院商请移送来的4675万股全部完成处置。

【裁判观点】

当待处置股票的数量超过近二十个交易日的日均成交量时，执行法院如继续要求营业部在二级市场进行抛售，则极易对股价造成巨大冲击。因此，当待处置股票达1000万股以上时，应当考虑通过大宗交易、网络公开拍卖的方式处置股票，降低对二级市场股份的冲击。本案在处置过程中既有网络公开拍卖，也有集中竞价，整个处置周期约10个月，既充分考量了待处置股票数额巨大，不可一蹴而就；也尽可能降低对市场的冲击，单个股票拍卖包从未超过1500万股。

【要点评析】

被执行人杨某某作为公司大股东，其待处置的股票除本案中的4675万股外，另有约5000万股的质押权人同样是中国银河证券股份有限公司。在执行过程中，申请执行人的利益诉求与杨某某的利益诉求多次发生冲突。申请执行人希望尽快将所有已经质押的股票变现，被执行人则希望尽可能拉长处置周期,尽可能少处置股票以保住对上市公司的控制权。最终,执行法院通过多次协调,本案通过股票处置结案,另一案通过和解结案,杨某某最终仍保持住对上市公司的控制权,申请执行人的权益也得以保障;本院对大宗股票执行可供参考的实务操作要点如下:一是对于大额股票尽量通过网络公开拍卖方式完成处置,以降低对于二级市场股价的冲击。二是通过集中竞价的方式处置股票时可尽量选择在股价上涨时抛售,这是因为股价上涨时不仅价格上涨,成交量一般也会同比不断增长,此时抛售既可减少对市场的冲击,也可尽量提升处置价值。三是申请执行人为通过集中竞价方式处置股权而解除质押的,此时虽然执行法院仍处于首轮冻结地位,申请执行人从表面上看似乎放弃了优先受偿权,但这并不代表其他权利主体可以申请对解除质押的股票参与分配,解除质押的行为是为了配合法院完成股票抛售的技术行为,不代表申请执行人放弃了优先受偿权。四是通过二级市场集中竞价方式减持大股东持股时,要注意股票减持窗口期,即在上市公司年报、半年报公告,公告业绩预告和业绩快报前特定时间内不得转让或买卖公司股票。遇有此类减持窗口期,被执行人提出异议的,执行法院有一定程度的审查义务,并根据实际情况决定是否继续处置。五是从执行实践看,大股东所持股票如通过网络公开拍卖的方式进行处置,所拍卖股票的数量(如拍卖股数总占比达3%)不受中国证券监督管理委员会减持规定、交易所相关减持细则的约束,买受人可以完成股票过户,且买受人如总持股占比低于5%,其减持行为仍然不受相关减持规定的约束。

第二十章　对上市公司国有股和社会法人股的执行

法律依据

《国有股和法人股规定》第4条　人民法院在审理案件过程中，股权持有人或者所有权人作为债务人，如有偿还能力的，人民法院一般不应对其股权采取冻结保全措施。

人民法院已对股权采取冻结保全措施的，股权持有人、所有权人或者第三人提供了有效担保，人民法院经审查符合法律规定的，可以解除对股权的冻结。

《国有股和法人股规定》第6条　冻结股权的期限不超过一年。如申请人需要延长期限的，人民法院应当根据申请，在冻结期限届满前办理续冻手续，每次续冻期限不超过6个月。逾期不办理续冻手续的，视为自动撤销冻结。

《国有股和法人股规定》第7条　人民法院采取保全措施，所冻结的股权价值不得超过股权持有人或者所有权人的债务总额。股权价值应当按照上市公司最近期报表每股资产净值计算。

股权冻结的效力及于股权产生的股息以及红利、红股等孳息，但股权持有人或者所有权人仍可享有因上市公司增发、配售新股而产生的权利。

《国有股和法人股规定》第8条　人民法院采取强制执行措施时，如果股权持有人或者所有权人在限期内提供了方便执行的其他财产，应当首先执行其他财产。其他财产不足以清偿债务的，方可执行股权。

本规定所称可供方便执行的其他财产，是指存款、现金、成品和半成品、原材料、交通工具等。

人民法院执行股权，必须进行拍卖。

股权的持有人或者所有权人以股权向债权人质押的，人民法院执行时也应当通过拍卖方式进行，不得直接将股权执行给债权人。

《国有股和法人股规定》第9条 拍卖股权之前，人民法院应当委托具有证券从业资格的资产评估机构对股权价值进行评估。资产评估机构由债权人和债务人协商选定。不能达成一致意见的，由人民法院召集债权人和债务人提出候选评估机构，以抽签方式决定。

《国有股和法人股规定》第11条 人民法院收到资产评估机构作出的评估报告后，须将评估报告分别送达债权人和债务人以及上市公司。债权人和债务人以及上市公司对评估报告有异议的，应当在收到评估报告后7日内书面提出。人民法院应当将异议书交资产评估机构，要求该机构在10日之内作出说明或者补正。

《国有股和法人股规定》第13条 股权拍卖保留价，应当按照评估值确定。

第一次拍卖最高应价未达到保留价时，应当继续进行拍卖，每次拍卖的保留价应当不低于前次保留价的90%。经三次拍卖仍不能成交时，人民法院应当将所拍卖的股权按第三次拍卖的保留价折价抵偿给债权人。

人民法院可以在每次拍卖未成交后主持调解，将所拍卖的股权参照该次拍卖保留价折价抵偿给债权人。

《国有股和法人股规定》第15条 国有股权竞买人应当具备依法受让国有股权的条件。

《国有股和法人股规定》第16条 股权拍卖过程中，竞买人已经持有的该上市公司股份数额和其竞买的股份数额累计不得超过该上市公司已经发行股份数额的30%。如竞买人累计持有该上市公司股份数额已达到30%仍参与竞买的，须依照《中华人民共和国证券法》的相关规定办理，在此期间应当中止拍卖程序。

制度研究

我国证券市场是在由计划经济向市场经济体制转轨的过程中，上市公司股本构成分为国有股、社会法人股和社会公众股。[①] 资本市场建立之初，上市的国有企业的控股股东主要是国家或者代表国家的各级国有资产管理部门，为了防止国有股自由转让可能带来的国有企业私有化风险，对国家股和国有法人股作出了不上市交易的安排。[②] 国有股在立法可追溯到1994年《股份有限公司国有股权管理暂行办法》（已废止），将国家股和国有法人股统称为国有股权。国家股是指有权代表国家投资的机构或部门向股份公司出资形成或依法定程序取得的股份。在股份公司股权登记上记名为该机构或部门持有。国有法人股是指具有法人资格的国有企业、事业及其他单位以其依法占用的法人资产向独立于自己的股份公司出资形成或依法定程序取得的股份。在股份公司股权登记上记名为该国有企业或事业及其他单位持有。所谓社会法人股是指企业法人或具有法人资格的事业单位和社会团体以其依法经营的资产向公司非上市流通股权部分投资所形成的股份。社会公众股是指我国境内个人和机构，以其合法财产向公司可上市流通股权部分投资形成的股份。国有股和社会法人股无法上市流通，出现了“同股不同权，同股不同利”的现象。2005年8月23日，中国证监会、国资委、财政部、中国人民银行、商务部联合发布《关于上市公司股权分置改革的指导意见》。同年9月4日，中国证监会发布《上市公司股权分置改革管理办法》，开启股权分置改革。《上市公司股权分置改革管理办法》第27条规定了改革后原非流通股股份的出售限制。

2001年《国民经济和社会发展第十个五年计划纲要》就深化国有企业改革等问题提出了要求，国有资本退出部分领域和产业的过程中，如何保证国有资产不流失，成为人民法院审理和执行涉及国有股和法人股相关案件必须考虑的因素。同年，国务院颁布《减持国有股筹集社会保障资金管理暂行办法》（已废止），确定了国有股依据市场定价通过存量发行、回购、协议转让和配售等四种减持方法。在这样的背景下，公司的上市、退市、国有股减持过程以及其他民事活动中，人民法院受理上市公司相关的国有股权的民事纠纷案件、社会法人股方面民事纠纷案件呈上升趋势，股权作为人民法院案件审理的标的

---

① 参见《如何理解和适用〈关于冻结、拍卖上市公司国有股和社会法人股若干问题的规定〉——最高人民法院民二庭负责人答本报记者问》，载《人民法院报》2001年9月30日，第2版。

② 参见刘凯湘、刘晶：《我国股东会中心主义的历史成因——以国有企业改革为线索》，载《法学论坛》2021年第6期。

物和执行的标的物出现的概率大增,最高人民法院制定《国有股和法人股规定》。①

《国有股和法人股规定》是我国证券市场发展历史上阶段性的特殊产物,随着国家对国有股减持任务的完成和法人股的全面流通,以及我国证券市场逐步与国际接轨,该司法解释将逐步丧失其存在的价值。随着有关法律、法规、司法解释的修改,执行理念与执行规则也在不断变化,司法解释之间存在冲突和不协调。由于《股权执行规定》的适用范围仅限于有限责任公司和非上市股份有限公司(在"新三板"交易的也不适用),故《国有股和法人股规定》中的上市公司国有股和社会法人股执行不适用《股权执行规定》,仍适用《国有股和法人股规定》。

理解与适用

从上市公司国有股和社会法人股历史演进看,其产生的特殊时代背景决定了其执行规则不同于一般股权或上市公司流通股。如流通股由于可以在证券市场交易,有较为公开透明的市场价格,但无法进入市场流通的国有股和社会法人股则通过通常方法很难确定价值。随着相关执行司法解释出台、修改,关于《国有股和法人股规定》与其他司法解释在冻结期限、冻结范围、保留价确定、评估、拍卖等方面规定不一致的问题如何协调,是执行实务中必须明确的问题。相较于一般股权,国有股和社会法人股的特殊执行规则主要体现在以下几方面:

一、冻结期限

2004 年《查扣冻规定》第 29 条首次规定了人民法院查封、扣押、冻结被执行人财产的期限:冻结被执行人的银行存款及其他资金的期限不得超过 6 个月,查封、扣押动产的期限不得超过 1 年,查封不动产、冻结其他财产权的期限不得超过 2 年,但法律、司法解释另有规定的除外。《国有股和法人股规定》

① 参见《如何理解和适用〈关于冻结、拍卖上市公司国有股和社会法人股若干问题的规定〉——最高人民法院民二庭负责人答本报记者问》,载《人民法院报》2001 年 9 月 30 日,第 2 版。

规定，对上市公司国有股和社会法人股股权的冻结，最长不得超过1年。[①] 故尽管《查扣冻规定》已经对人民法院对被执行人财产采取控制性措施作出了一般性规定，但《国有股和法人股规定》本身作为对特别事项作出的司法解释，仍应予以适用。从文义上看，《查扣冻规定》的查封期限排除了对上市公司国有股和社会法人股的适用。2015年《民事诉讼法解释》第487条[②]对查封期限进行了修改，将银行存款的冻结期限从不得超过6个月改为不得超过1年；将查封、扣押动产的期限从不得超过1年改为不得超过2年；将其他资金归类为其他财产权，将查封不动产、冻结其他财产权的期限从不得超过2年改为不得超过3年。取消了《查扣冻规定》第29条中"但书"的规定，即《民事诉讼法解释》第487条生效后统一了各类财产的查封期限。2020年修订后的《查扣冻规定》，删除了2004年《查扣冻规定》第29条关于查封期限的规定。故此后冻结上市公司国有股和社会法人股的，应适用《民事诉讼法解释》第485条中关于冻结其他财产权不得超过3年的规定，《国有股和法人股规定》第6条关于上市公司国有股和社会法人股冻结期限的规定，不再适用。

二、冻结效力是否及于孳息

《查扣冻规定》第20条规定人民法院查封、扣押的效力及于查封、扣押物的从物和天然孳息。即人民法院查封、扣押效力不能自然及于查封、扣押物的法定孳息。主要理由是，法定孳息通常是基于某种法律关系而产生的收益，如出租房屋获得的租金。法定孳息往往涉及所有权人和第三人之间的法律关系，特别是该孳息是否已届支付期限、孳息有无以及孳息多少等问题，涉及第三人合法权益保障。从充分保障第三人合法权益的角度出发，不宜规定查封效力及于法定孳息，人民法院需要控制该法定孳息的，可以在查明后单独采取执行措施。股息、红利等收益属于股权的法定孳息。因为股息、红利等收益的分配，通常涉及被执行人股东与股权所在公司之间的法律关系，相对比较复杂，且公司向股东分配股息、红利等收益本质上是股东对公司享有的债权，按

① 最高人民法院民法典贯彻实施工作领导小组办公室编著：《最高人民法院新民事诉讼法司法解释理解与适用（下册）》，人民法院出版社2022年版，第1094页。

② 现《民事诉讼法解释》第485条。

债权的规则执行有利于保护公司的合法权益。为此,《股权执行规定》明确了股息、红利等收益应当按照收益的规则执行,故人民法院对股息、红利等收益应当单独采取执行措施,仅冻结股权的效力不能及于股息、红利等收益。但上市公司国有股和社会法人股作为一种特殊的股权,冻结上市公司国有股和社会法人股的冻结效力及于股权产生的股息以及红利、红股等孳息。

三、评估

由于上市公司国有股和社会法人股的限制流通性质,决定了其不像上市公司股票一样有相对透明公开的市场交易价格,人民法院在处置上市公司国有股和社会法人股前,需要通过一个科学的方法确定处置参考价。《国有股和法人股规定》第 9 条规定,人民法院拍卖上市公司国有股和社会法人股前,应当委托具有证券从业资格的资产评估机构对股权价值进行评估,并规定了评估的具体程序。2005 年《拍卖变卖规定》第 4 条第 1 款规定,对拟拍卖的财产,人民法院应当委托具有相应资质的评估机构进行价格评估。对于财产价值较低或者价格依照通常方法容易确定的,可以不进行评估,与《国有股和法人股规定》第 9 条基本保持一致。2009 年《委托评估拍卖规定》第 7 条规定了人民法院选择评估机构应当在人民法院委托评估机构名册内采取公开随机的方式选定,取消了《拍卖变卖规定》中当事人协商选定评估机构的规定,规定统一随机选择机构,主要是为了防止当事人之间相互串通协商选定评估机构,恶意损害第三人的合法权益。2018 年《财产处置价规定》改变了长久以来人民法院对拟处置财产相对单一的评估手段,明确了人民法院可以通过当事人议价、定向询价、网络询价、委托评估等方式。但在确定财产处置参考价方式适用上,未因财产类型做区别对待,那么《财产处置价规定》是否适用于上市公司国有股和社会法人股?

我们认为,对上市公司国有股仍应适用《国有股和法人股规定》第 9 条的规定,应当由具备相关资质的评估机构进行评估。《财产处置价规定》第 14 条规定了法律、行政法规规定必须委托评估的,人民法院应当委托评估。尽管《国有股和法人股规定》不属于法律、行政法规,但《资产评估法》第 3 条第 2 款规定,涉及国有资产或者公共利益等事项,法律、行政法规规定需要评估的,应当依法委托评估机构评估。《资产评估法》第 3 条规定即属于《财产处置价规定》第 14 条规定的法律规定必须评估的情形。需要注意的是,《资产评估法》第 3 条第 2 款法定评估的两个条件必须同时具备,即不但涉及国有资产或者公共利益等事项,同时又有法律、行政法规规定需要评估。《公司法》《证券法》《公路法》《企业国有资产法》等,均已经规定了涉及国有资产产权转让和抵押、股东出资、股票和债券发行、房地产交易等业务,必须要进行评估。此外,《国有土地上房屋征收与补偿条例》《国有资产评估管理办法》等 16 部行政法规规定对涉及房屋征收补偿、矿产资源开采、金融机构抵押贷款、金融机构撤销等多种业务,必须要进行评估。其中《国有资产评估管理办法》第 3 条规定,国有资产占有单位有资产拍卖、转让行为的,应当进行资产评估。社会法人股不涉及国有资产,采取何种方式确定财产处置参考价,仅应考虑该股权是否涉及公共利益,且法律、行政法规是否明确规定必须评估。如果不涉及公共利益,或者虽然涉及公共利益但没有法律、法规明确要求必须进行评估,则社会法人股可以适用《财产处置价规定》的方式。但实务中,目前对于限制流通的股权难以通过定向询价、网络询价确定其价值,故实际只能适用当事人议价和评估,但如果通过当事人议价,需注意不能损害其他债权人、股权所在公司的合法权益和社会公共利益。上市公司国有股,包括国家股和国有法人股,均涉及国有资产,考虑准确体现国有资产价值,且《国有资产评估管理办法》也有相关要求,故《财产处置价规定》生效后,当事人议价、定向询价、网络询价这三种确定财产处置参考价的方式不能适用于上市公司国有股,对上市公司国有股仍应适用《国有股和法人股规定》第 9 条的规定,应当由具备相关资质的评估机构进行评估。

四、评估异议的处理

《财产处置价规定》第 22 条、第 23 条对评估异议分情况规制了不同的处理程序。当事人、利害关系人对评估报告的参照标准、计算方法或者评估结果等不影响评估报告合法性的异议的,人民法院应当在 3 日内交评估机构予以书面说明。评估机构在 5 日内未作说明或者当事人、利害关系人对作出的说明仍有异议的,人民法院应当交由相关行业协会在指定期限内组织专业技术评审,并根据专业技术评审出具的结论认定评估结果或者责令原评估机构予以补正。当事人、利害关系人是对评估程序或评估人员资质等影响评估报告合法性提出的异议，由人民法院审查并作出裁定，异议成立的，应更换评估机构重新进行评估。《国有股和法人股规定》第11条规定了债权人和债务人以及上市公司对评估报告有异议的，应当在收到评估报告后7日内书面提出，人民法院应当将异议书交资产评估机构，要求该机构在10日之内作出说明或者补正。

两相比较，对上市公司国有股和法人股的评估报告异议的处理，有三点主要差别：一是提出异议的主体更明确。上市公司的股东尤其是大股东作为债务人时，其股东被冻结和拍卖对上市公司而言是重大事项，评估结果在某种意义上是对上市公司的经营业绩、价值和现状的评价，拍卖结果可能导致股东或管理层变动，上市公司是特殊的案外人。因此，《国有股和法人股规定》明确了上市公司应当享有对股权被采取司法行为的知情权和对评估报告的异议权。[①] 二是不区分异议的内容和性质，统一是交由资产评估机构作出说明或者补正。三是未明确若对资产评估机构的说明或补正仍有异议应如何处理，缺少专业评审环节的监督。

五、拍卖公告

人民法院在施行网络司法拍卖之前，主要是委托依法成立的拍卖机构进行拍卖。1997年《拍卖法》第二节专门对拍卖公告与展示进行了规定，要求拍卖人应当在拍卖日7日前发布拍卖公告，且拍卖公告应当通过报纸或者其他新闻媒介发布。此后直至2015年《拍卖法》的修改，上述规定均无变化。《国有股和法人股规定》第14条规定要求拍卖日前10天在《中国证券报》等专业性报纸上进行公告。2005年《拍卖变卖规定》第11条基本沿袭了《拍卖法》上述规定，同样要求人民法院拍卖应当先期公告，拍卖动产的，应当在拍卖7日前公告，与《拍卖法》的规定一致。拍卖不动产的，考虑不动产拍卖涉及实地看样等问题，要求在拍卖15日前公告。同时，《拍卖变卖规定》第12条对拍卖公告发布范围做了更加灵活的规定，可以由当事人协商，协商不成的，由人民法院确定。但拍卖财产具有专业属性的，应当同时在专业性报纸上进行公告。

---

① 参见贾纬等：《〈关于冻结、拍卖上市公司国有股和社会法人股若干问题的规定〉的理解与适用》，载《人民司法》2001年第11期。

《拍卖变卖规定》关于拍卖公告的规定在2020年修正时没有变化。《网络拍卖规定》第12条延续了拍卖必须先期公告的原则,对拍卖公告除要求通过法定途径发布外,还要求在网络司法拍卖平台发布,同时重新修改了先期公告的期限,要求动产应当在拍卖15日前公告,拍卖不动产或者其他财产权的,应当在拍卖30日前公告,有利于将拍卖信息充分向公众展示,促进拍卖成交。

实务中,人民法院对上市公司国有股和社会法人股进行网络司法拍卖的,仍需要在专业性报纸进行公告。《网络拍卖规定》第12条规定,拍卖公告除通过法定途径发布外,还应同时在网络司法拍卖平台发布。《国有股和法人股规定》第14条作为对专业属性较强的上市公司国有股和社会法人股的特别要求,即属于《网络拍卖规定》第12条规定中的"法定途径"。

六、拍卖降价幅度

关于上市公司国有股和社会法人股的拍卖程序,《国有股和法人股规定》第12条、第13条规定了人民法院在处置被执行人持有的上市公司国有股和社会法人股,应当委托依法成立的拍卖机构进行拍卖,可以拍卖三次,第一次拍卖必须达到保留价才能成交,第二次、第三次拍卖的保留价不得低于前次保留价的90%。2005年《拍卖变卖规定》第8条规定人民法院对不动产或者其他财产权可以进行三次拍卖,第一次拍卖的保留价不得低于评估价或者市价的80%,第二次、第三次拍卖的保留价不得低于前次拍卖保留价80%。随着信息化水平不断发展,为了解决传统拍卖透明度低、效率较低、费用较高的问题,2016年《网络拍卖规定》第2条规定,人民法院以拍卖方式处置财产的,应当采取网络司法拍卖方式,但法律、行政法规、司法解释规定必须通过其他途径处置,或者不宜采取网络拍卖方式处置的除外。同时,《网络拍卖规定》第10条、第26条改变了传统拍卖的次数和降价幅度规则。即在网络司法拍卖中,人民法院对拟拍卖财产,可以进行两次拍卖,第一次拍卖的起拍价不得低于评估价或者市价的70%,再次拍卖的起拍价不得低于前次拍卖起拍价的80%。

由此可见,《国有股和法人股规定》对拍卖降价幅度的规定与《拍卖变卖规定》《网络拍卖规定》均有所不同,本书分析三者的适用规则如下:

第一,2005年《拍卖变卖规定》第33条已明确排除适用于上市公司国有股和社会法人股,故人民法院通过传统拍卖处置上市公司国有股和社会法人股时,仍应当适用《国有股和法人股规定》第 13 条规定。

第二,《网络拍卖规定》第 2 条规定的例外情形中的其他途径是指必须通过拍卖以外的方式处置财产或者不宜采用网络司法拍卖的,如期货。期货交易有固定交易场所,即期货交易应当在期货交易所进行,实践中通常是通知期货经纪公司强行平仓进行执行。再如,金银及其制品,由于金银及其制品有公开透明的市场价格,可以直接按照该价格变卖,效率更高,无须通过拍卖。故《网络拍卖规定》第 2 条的"除外"情形,是指法律、行政法规和司法解释规定通过其他方式进行变价,如期货的二级市场直接变价或者金银制品的直接变卖。《国有股和法人股规定》第 12 条规定要求委托依法成立的拍卖机构进行拍卖,即传统的委托拍卖。但《网络拍卖规定》第 37 条第 2 款规定了委托拍卖机构通过互联网平台实施网络拍卖的,参照《网络拍卖规定》执行。《国有股和法人股规定》要求变价必须通过拍卖方式,目的是公开竞价,防止相关财产被低价处置。而对上市公司国有股和社会法人股通过网络拍卖进行变价不违背立法目的,仅仅是拍卖的具体形式从传统委托拍卖改为网络拍卖,但本质还是拍卖。相反,为了确保上市公司国有股和社会法人股处置时价值最大化,网络司法拍卖相较于传统拍卖,其透明度、公开程度都更高,更加符合对上市公司国有股和社会法人股进行特别规范的目的。故人民法院拍卖上市公司国有股和社会法人股,可以考虑采用网络司法拍卖方式进行。但对拍卖次数和降价幅度的规定应遵循《国有股和法人股规定》的规定。

七、竞买人资质要求

《国有股和法人股规定》第 15 条要求竞买人应当具备依法受让国有股权的条件,第 17 条规定拍卖成交后,竞买人除出示成交确认书外,还应当出具财政主管部门对股权性质的界定等有关文件。《拍卖变卖规定》第 12 条第 1 款亦要求,法律、行政法规对竞买人资格或者条件有特殊规定的,竞买人应当具备规定的资格或者条件。《网络拍卖规定》第 14 条将法律、行政法规和司法解释对买受人资格或者条件有特殊规定的,竞买人应当具备规定的资格或者条件作为拍卖特别提示事项之一,第 31 条将竞买人不符合法律、行政法规和司法解释规定的竞买资格的作为撤销拍卖的法定事由之一。《股权执行规定》也提出,若股权变更应当由相关部门批准的,人民法院应当在拍卖公告中载明。拍卖成交后,人民法院应根据批准手续作出拍卖成交裁定书;买受人未在合理期限内取得批准手续的,应当重新对股权进行拍卖。《国有股和法人股规定》对上市公司国有股和社会法人股拍卖中买受人资格的特别要求,与其他执行规范保持一致。故人民法院在通过网络司法拍卖处置被执行人持有的上市公司国有股时,应当对《国有股和法人股规定》第 15 条规定的内容通过网络司法拍卖平台予以特别提示。

八、拍卖触发要约收购

《国有股和法人股规定》第 16 条规定,竞买人累计持有该上市公司股份数额已达到 30% 仍参与竞买的,要通过要约方式收购。实务中,竞买人在参与竞买上市公司国有股和社会法人股之前,可能已经持有一定比例该上市公司的流通股,这样就可能竞买成功后累计持有该公司的股份之和已达 30%。按照《证券法》的有关规定,投资者持有或者通过协议、其他安排与他人共同持有一个上市公司已发行的有表决权股份达到 30% 时,继续进行收购的,应当依法向该上市公司所有股东发出收购上市公司全部或者部分股份的要约。考虑国家对证券监管的相关要求,如竞买人累计持有该上市公司股份数额已达到 30% 仍参与竞买的,须依照《证券法》的相关规定办理,在此期间应当中止拍卖程序。

操作指引

效率原则是执行程序的基本原则之一,在不违背法律规定的情况下,人民法院应尽量选择更便于处置的财产,从而缩短执行周期、降低执行成本,高效实现债权人经生效法律文书确定的债权,这也是诉讼经济原则在执行程序中的体现。特别是作为上市公司,其大股东的稳定性对公司经营状况有直接影响作用,且上市公司通常偿债能力相对较好。在这种情况下,人民法院在选择执行标的物时,应体现效率原则,首先选择执行效率更高、对上市公司影响更小的财产优先执行。执行程序这一基本原则,在其他司法解释中缺乏明确规定。《国有股和法人股规定》第 8 条第 1 款明确了股权执行劣后原则,即人民法院采取强制执行措施时,如果被执行人在限期内提供了方便执行的其他财产,如存款、现金、交通工具等,此时应当首先执行其他方便执行的财产。只有在其他财产不足以清偿债务的,方可执行被执行人持有的上市公司国有股或者社会法人股股权。

另外需要强调的是,上市公司的股东特别是大股东,其持有的上市公司股权被冻结,属于上市公司重大事项,上市公司要按照有关规定对此进行披露。故实践中,人民法院冻结或者解除冻结被执行人持有的该类股权,除应当将法律文书送达负有协助执行义务的单位外,还应当按照《国有股和法人股规定》第5条的规定,在作出冻结或者解除冻结裁定后7日内,将法律文书送达股权持有人或者所有权人并书面通知上市公司。

审判前沿

案例1　冠生园(集团)有限公司申请执行汉骐集团有限公司国有法人股案

【裁判要旨】

法院在执行国有法人股时,只要被执行人有其他财产可供执行,就应当优先执行其他财产。

【案例索引】

(2003)沪二中执字第183号

【基本案情】

冠生园(集团)有限公司(以下简称冠生园公司)与汉骐集团有限公司(以下简称汉骐公司)因借款担保问题发生纠纷而涉讼。2002年8月23日,上海市第二中级人民法院(以下简称上海二中院)作出(2002)沪二中民三(商)初字第147、148、149、150号民事调解书,确定汉骐公司应偿付冠生园公司人民币1.1亿余元。因被告未自动履行调解书确定的义务,冠生园公司遂向上海二中院申请强制执行,要求拍卖汉骐公司持有上市公司上海丰华(集团)股份有限公司(以下简称丰华股份公司)3100万股国有法人股,所得款项偿还债务。

2003年7月29日,丰华股份公司向上海二中院书面表示愿意将其持有的北京红狮涂料有限公司（以下简称红狮公司）70%的股权交法院拍卖，用以替汉骐公司偿债。上海二中院遂决定暂缓拍卖汉骐公司持有的丰华股份公司的股份，改拍红狮公司的股权。但在进一步的调查中发现，被冻结的红狮公司的股权因其他纠纷涉讼，不适于拍卖变现。此后，上海二中院根据汉骐公司的请求，准备拍卖其在武汉市蔬菜集团有限公司的股权，但经核查发现该股权仍不适于拍卖。

由于汉骐公司未能在限期内再提供其他可供执行的财产，2003年12月15日上海二中院召集双方当事人抽签，决定委托上海黄浦拍卖行拍卖上述3100万股丰华股份。但拍卖前丰华股份公司再次对评估报告提出异议，称上海立信资产评估有限公司（以下简称立信公司）对股权价值评估过低，严重损害了丰华股份公司和汉骐公司的合法利益，如拍卖将造成国有资产流失，要求立即中止拍卖程序。

【裁判观点】

针对丰华股份公司提出的异议，上海二中院进行了公开听证，征询了有关单位和争议各方的意见。通过调查上海二中院发现，由于立信公司错误理解了法院的评估要求，且采用了不当的评估方法，致使评估出的股权价值低于其真实价值。于是，上海二中院再次决定暂缓拍卖，并要求立信公司按相关司法解释的要求对拍卖股权的价值重新进行评估。新的评估报告显示股权的总价值为人民币5425万元，比第一次评估高出1000多万元。但丰华股份公司还是以股权评估价值偏低、评估方法不对为由对该评估结果提出异议。上海二中院经再次审查认为新的评估结果符合要求，遂驳回丰华股份公司的异议。2004年3月16日，3100万股丰华股份国有法人股被顺利拍卖成交，所得款项人民币5425万元全部发还申请执行人冠生园公司。

【要点评析】

本案中，丰华股份公司主动向法院提供红狮股权供拍卖，有其自身的利益考虑，但其作为案外人请求替汉骐公司还债，并不损害冠生园公司债权的实现。从维护上市公司的利益角度考虑，法院在此情况下停止拍卖国有法人股转而先执行红狮股权，符合《国有股和法人股规定》第8条的精神，因此应准许丰华股份公司的缓拍申请。对于异议人提供的其他公司的股权是否属于“其他财产”，实践中有不同的意见。有人认为，既然执行的是公司股权，那其他的公司股权就不能算作“其他财产”，且《国有股和法人股规定》第8条第2款明确，“本规定所称可供方便执行的其他财产，是指存款、现金、成品和半成品、原材料、交通工具等”，未包括其他股权。对此，上海二中院认为，被执行人合法持有的其他公司的股权应属其合法的财产权益，当其应予强制执行的公司股权不能或不便执行时，应当事人及有关人员（如本案中的丰华股份公司）申请，法院可以转而执行其他易于实现的公司股权。但应当注意的是，《国有股和法人股规定》第8条第2款立法本意是更方便执行的财产，在本案中，汉骐公司和华丰股份公司提供的其他股权，执行法院经调查后均发现无法处置，此时该股权即不属于更方便执行的其他财产，故最终处分了案涉的国有法人股。实践中，如被执行人有其他更方便执行的财产，执行法院仍应优先执行其他财产。

案例2　关于陕西省高级人民法院就《最高人民法院关于冻结、拍卖上市公司国有股和社会法人股若干问题的规定》第8条第3款如何适用问题的请示案

【裁判要旨】

执行程序中人民法院处分上市公司国有股和社会法人股必须进行拍卖，并适用《国有股和法人股规定》。

【案例索引】

〔2005〕执他字第10号

【基本案情】

2002年8月8日，被执行人明威公司与申请执行人签订借款合同，约定借款金额为3000万元人民币，借款期限1年，并约定该合同经公证机关公证后即具有强制执行效力。同日，被执行人万鼎公司与申请执行人签订保证合同，万鼎公司愿意为明威公司的借款提供连带责任保证，同时也约定该合同经公证机关公证后即具有强制执行效力。2003年8月9日，西安市莲湖区公证处对上述借款合同和保证合同进行了公证。之后,借款合同约定的还款期限届满后,借款人未履行还款义务。2003年8月15日,申请执行人向莲湖区公证处申请执行证书,并在法定期限内向陕西省高级人民法院(以下简称陕西高院)申请执行。

陕西高院立案后,于2003年9月9日依法冻结了万鼎公司持有的长安信息产业集团股份有限公司(以下简称长安信息公司)1000万股社会法人股。后该案中止执行。2004年10月,该案恢复执行后,陕西高院委托资产评估机构对上述股权进行了评估,股权评估价值1570万元。陕西高院依照有关规定,将评估报告分送申请执行人、被执行人及股权所属公司,三方对评估结果均无异议。陕西高院依照《国有股和法人股规定》第5条第2款的规定,决定拍卖上述股权,并将拍卖裁定书送达万鼎公司,同时书面通知长安信息公司。长安信息公司和万鼎公司向陕西高院提出,如果拍卖该股权,有可能对上市公司的股权结构、经营和股价造成影响,而股权结构的变化可能导致公司股东大会和董事会的权力格局和人事格局的变化,从而影响长安信息公司和持股人的信誉,造成其在社会上的负面影响。如果可以不进行拍卖,长安信息公司或者第三人愿以评估价1570万元代被执行人万鼎公司偿还该债务,既满足了申请执行人的偿债请求,又不影响被执行人的利益,且社会效果也比较好。因此,长安信息公司和万鼎公司请求不进入拍卖程序。同时申请执行人也向陕西高院表示,考虑上述方式快捷、方便、降低成本,同意不进行拍卖。

后陕西高院向最高人民法院请示,本案在双方当事人达成一致意见后,对上市公司国有股和社会法人股,是否可以不进行拍卖而变卖给长安信息公司。陕西高院对此问题有两种意见:第一种意见认为,本案可以不经拍卖直接变卖。理由是:(1)《国有股和法人股规定》第8条规定,人民法院采取强制执行措施时,如果股权持有人或者所有权人在限期内提供了方便执行的其他财产,应当首先执行其他财产;本规定所称可供方便执行的其他财产,是指存款、现金等。同时,1998年《执行规定》第48条(现第33条)规定,被执行人申请对人民法院查封的财产自行变卖的,人民法院可以准许,但应当监督其按照合理价格在指定的期限内进行,并控制变卖的价款。因此,本案中既然双方当事人及股权所属公司均同意不进行拍卖,这是在执行程序中当事人意思自治原则的具体体现,也符合《民事诉讼法》第13条的精神,应予支持。(2)如果不进行拍卖,不仅符合快捷、简便的执行原则,降低执行成本,且与民事执行中贯彻当事人自治原则相一致,法律效果和社会效果也比较好,有利于保护当事人利益。第二种意见认为,《国有股和法人股规定》第8条第3款规定,人民法院执行股权,必须进行拍卖。该规定的目的是通过市场竞争机制实现拍卖股权的真实价值,提高债权人的受偿率,所以,应当按照该规定,对冻结的股权通过拍卖程序变现。

【裁判观点】

最高人民法院执行工作办公室作出《关于执行案件中如何适用最高人民法院〈关于冻结、拍卖上市公司国有股和社会法人股若干问题的规定〉第8条第3款的请示的答复》(〔2005〕执他字第10号)。《国有股和法人股规定》第8条第3款明确规定,人民法院执行股权,必须进行拍卖。你院应严格按照该规定执行。

【要点评析】

在该案中,执行法院冻结被执行人持有的社会法人股,经评估后拟予以处置。但对社会法人股如何处置在实务中产生了争议。一种意见认为,既然各方当事人达成合意,可以不经评估直接变卖。另一种意见认为,社会法人股的执行有特别规定,必须按照规定进行拍卖。上述不同意见的争议,本质上反映了在上市公司国有股和社会法人股执行中,当针对特别事项的《国有股和法人股规定》规则与《执行规定》《拍卖变卖规定》等针对一般事项的规则不一致时,司法解释应如何适用的问题。特别是《网络拍卖规定》《财产处置价规定》等司法解释相对于《国有股和法人股规定》生效时间在后,属于新司法解释。与此同时,《国有股和法人股规定》虽然是旧司法解释,但适用的是上市公司国有股和社会法人股这一特别领域。这些司法解释均系最高人民法院作出,当这些司法解释新的一般规定与旧的特别规定不一致时,应当由最高人民法院裁决,故陕西高院在本案中就有关问题向最高人民法院请示,最高人民法院予以答复。尽管这种情况下的规范冲突需要由最高人民法院裁决，但不影响本章对有关司法解释新旧规则进行分析研究，为执行实务额外提供一种思路和视角。

案例3　云南富邦科技实业股份有限公司申请执行天津市华麟行投资有限公司国有法人股案

【裁判要旨】

法院在执行上市公司国有法人股时，应当通过拍卖的方式进行变价。在没有明文规定的情况下，对企业国有产权的变动，人民法院的执行程序不能替代有关规范性文件要求的行政审批程序。

【案例索引】

〔2005〕执他字第6号

【基本案情】

天津市塘沽区人民法院（以下简称塘沽法院）在云南富邦科技实业股份有限公司（以下简称富邦公司）与天津市华麟行投资有限公司（以下简称华麟行公司）支付令执行案中，被执行人华麟行公司自愿以该公司持有的新疆众和股份有限公司（以下简称众合股份公司）的国有法人股2608.7万股抵偿申请执行人富邦公司的债权8300万元。

2003年2月20日，塘沽法院作出（2003）塘执字第312号民事裁定书，对双方的上述自愿抵偿内容予以确认，并向中国证券登记结算有限公司上海分公司发出协助执行通知书，办理了持有人过户变更手续。众和股份有限公司也确认了双方的抵债行为。

2003年9月，云南省财政厅以云财企函（2003）37号确认富邦公司持有的国有法人股的股权性质应变更为社会法人股。2004年4月云南省工商行政管理局出具说明，富邦公司为非国有控股的股份有限公司。据此，富邦公司于2004年8月向塘沽法院提出申请，请求执行法院向证券登记机关发出协助执行通知书，将该2608.7万股国有法人股变更为社会法人股。

塘沽法院认为现有法律、司法解释和政策未有规定，执行没有依据，请求天津市高级人民法院(以下简称天津高院)协调解决。天津高院向中国证券监督管理委员会、中国证券登记结算有限公司及其上海分公司进行咨询并要求予以协助执行,均以没有法律和政策依据为由,不予协助执行。

天津高院认为,《国有股和法人股规定》和《国有股冻结拍卖通知》均未涉及上市国有法人股股权性质变更问题,请求最高人民法院与有关部门协调解决该类案件的执行并作出相应司法解释。

【裁判观点】

最高人民法院对天津市高级人民法院的请示作出答复函(〔2005〕执他字第6号),其认为,关于上市公司国有法人股股权转让和性质界定的有关事宜,2004年2月1日《企业国有产权转让管理暂行办法》(已废止),2001年11月2日《国有股冻结拍卖通知》和2000年5月19日《财政部关于股份有限公司国有股权管理工作有关问题的通知》(已修改)等规范性文件有明确规定。按照上述文件的规定,对企业国有产权的转让必须经过有关机关的行政审批。因此,在没有明文规定的情况下,对企业国有产权的变动,人民法院的执行程序不能替代前述规范性文件要求的行政审批程序。你院请示的问题应按有关规定的要求办理。

【要点评析】

《国有股和法人股规定》第8条第3款明确规定,人民法院执行上市国有股和社会法人股,必须进行拍卖。在本案中,被执行人自愿用其持有的国有法人股抵偿申请执行人的债权,本质上属于执行和解,系当事人自愿协商后的自主转让股权行为。如果是自主交易行为,当事人之间的交易行为应当受有关政策的规制,要向国有资产监督管理机关报批其交易行为。在审批中,要对买受人资质的审查,对国有股权性质的转变进行确认等。最终根据国有股权监督管理机关的审批文件,按照当事人双方的转让协议,到股权登记机关办理股权过户和性质变更手续。

本案中,在被执行人自行以其持有的国有法人股抵偿申请执行人债权,执行法院以裁定形式确认以物抵债,与《国有股和法人股规定》第8条第3款"人民法院执行股权,必须进行拍卖"的规定不符。实践中,在未经公开拍卖程序及国有资产监管机构审批的情况下处分国有法人股,不利于国有资产价值的最大化变现。此外，本案中被执行人自行以其持有的国有法人股抵偿债务，属于自主交易行为，应当按照有关规定履行报批程序。执行法院在这种情况下直接裁定以物抵债，容易造成司法权与行政权的冲突，不利于国有资产监管部门履行监管职责。

第二十一章　基于股权执行的异议之诉

人民法院冻结股权遵循形式判断标准，既可以根据股权所在公司的章程、股东名册等资料，也可以根据公司登记机关的登记、备案信息或者企业信用信息公示系统的公示信息进行冻结。但股东名册、公司章程中记载的股东信息与登记机关登记的股东信息、对外公示的公示信息可能存有差异，另因股权代持、股权转让、股权让与担保等事实，出现实际股东与名义股东分离现象，当股权存在共有时，共有权人亦有可能对股权主张实体权利，引发执行异议之诉。结合司法实务来看，因强制执行股权引起的执行异议之诉，比较常见的主要有以下四类：一是股权受让人基于股权转让行为提出的排除执行的异议；二是隐名投资人基于实际出资、对被执行股权主张有实体权利提起的异议；三是让与担保的情况下，股权的实际权利人（让与人）要求排除对该股权的强制执行；四是股权的共有权人基于共有关系要求排除对股权的强制执行。

第一节　基于股权转让的异议之诉

法律依据

《民事诉讼法》第238条　执行过程中，案外人对执行标的提出书面异议的，人民法院应当自收到书面异议之日起十五日内审查，理由成立的，裁定中止对该标的的执行；理由不成立的，裁定驳回。案外人、当事人对裁定不服，认为原判决、裁定错误的，依照审判监督程序办理；与原判决、裁定无关的，可以自裁定送达之日起十五日内向人民法院提起诉讼。

《异议复议规定》第25条　对案外人的异议，人民法院应当按照下列标

准判断其是否系权利人:

(一)已登记的不动产,按照不动产登记簿判断;未登记的建筑物、构筑物及其附属设施,按照土地使用权登记簿、建设工程规划许可、施工许可等相关证据判断;

(二)已登记的机动车、船舶、航空器等特定动产,按照相关管理部门的登记判断;未登记的特定动产和其他动产,按照实际占有情况判断;

(三)银行存款和存管在金融机构的有价证券,按照金融机构和登记结算机构登记的账户名称判断;有价证券由具备合法经营资质的托管机构名义持有的,按照该机构登记的实际出资人账户名称判断;

(四)股权按照工商行政管理机关的登记和企业信用信息公示系统公示的信息判断;

(五)其他财产和权利,有登记的,按照登记机构的登记判断;无登记的,按照合同等证明财产权属或者权利人的证据判断。

案外人依据另案生效法律文书提出排除执行异议,该法律文书认定的执行标的权利人与依照前款规定得出的判断不一致的,依照本规定第二十六条规定处理。

《公司法》第32条　有限责任公司应当置备股东名册,记载下列事项:

(一)股东的姓名或者名称及住所;

(二)股东的出资额;

(三)出资证明书编号。

记载于股东名册的股东,可以依股东名册主张行使股东权利。

公司应当将股东的姓名或者名称向公司登记机关登记;登记事项发生变更的,应当办理变更登记。未经登记或者变更登记的,不得对抗第三人。

《公司法》第73条　依照本法第七十一条、第七十二条转让股权后,公司应当注销原股东的出资证明书,向新股东签发出资证明书,并相应修改公司章程和股东名册中有关股东及其出资额的记载。对公司章程的该项修改不需再由股东会表决。

《公司法》第139条　记名股票,由股东以背书方式或者法律、行政法规规定的其他方式转让;转让后由公司将受让人的姓名或者名称及住所记载于股东名册。

股东大会召开前二十日内或者公司决定分配股利的基准日前五日内，不得进行前款规定的股东名册的变更登记。但是，法律对上市公司股东名册变更登记另有规定的，从其规定。

《公司法》第140条 无记名股票的转让，由股东将该股票交付给受让人后即发生转让的效力。

制度研究

执行过程中对于股权权属的判断原则以登记为准。根据《企业信息公示暂行条例》第10条的规定，企业应当将“有限责任公司股东或者股份有限公司发起人认缴和实缴的出资额、出资时间、出资方式等信息；有限责任公司股东股权转让等股权变更信息”通过企业信用信息公示系统向社会公示。因此，国家企业信用信息公示系统只公示有限责任公司股东和股份有限公司发起人信息，而且市场监督管理局登记的内容也只是有限责任公司股东和股份有限公司发起人，所以对于有限责任公司的股东，可以通过公司登记机关或者国家企业信息信用公示系统进行查询，但是对于股份有限公司的股东，还需要通过公司的章程、股东名册等资料进行确认。为与之相匹配，《股权执行规定》也规定了不同的股权权属判断标准。

法院遵循形式判断原则认定股权权属并采取执行措施，但实践中存在名实不符的各种情况，存在案外人主张实体权利或者排除执行权益的可能，因此，案外人可依《民事诉讼法》第238条提起案外人异议以及执行异议之诉。

理解与适用

针对基于股权转让事实引起的案外人异议和异议之诉，一般存在两种情形，如果人民法院根据公司登记机关的登记和企业信用信息公示系统公示的信息对股权进行冻结，涉及股权受让人向人民法院提起异议，以其已经实际受让案涉股权为由请求排除执行；如果人民法院以根据股权所在公司的章程、股东名册等资料对股权冻结，此时案涉股权可能仍登记在案外人名下，但被执行人作为股权受让人已经在公司章程或股东名册中，只是尚未变更股权登记信息或公示信息，此时作为股权出让人的案外人仍可能以其为公司登记股东为由向法院请求排除执行。

一、股权转让中案外人异议的审查标准

《异议复议规定》第25条中对股权权属的判断标准为公司登记机关的登记和企业信用信息公示系统公示的信息，《股权执行规定》增加了股权所在公司的章程、股东名册等资料的判断标准。在股权转让中，无论案外人是股权受让人还是出让人，如果案外人基于上述判断标准之外的事由提出排除执行异议，根据案外人异议审查中的形式判断标准，对案外人异议原则上不予支持；如果案外人基于上述规定的不同的权属判断标准提出异议，因登记信息或公示信息具有较强的公示性，所以原则上以登记信息或公示信息进行权属判断，若案涉股权登记、公示在被执行人名下，则对案外人的异议请求不予支持，若案涉股权登记、公示在案外人名下，则应中止对案涉股权的执行。

二、股权转让中案外人执行异议之诉的审查标准

执行异议程序中以形式审查为主，是强调异议程序对效率价值的追求。但执行异议之诉的基本功能在于通过实体审查程序判断案外人对执行标的享有的权利与申请执行的金钱债权谁更具有优先性，所以应有别于执行异议程序中以形式审查为主的标准。对执行标的权利的归属，不能简单地仅根据权利外观及程序性法律或者司法解释的规定加以判断，而应坚持实质审查原则，通过权属认定，对权利性质可否阻却执行进行判断。

在异议之诉中，对于案外人是股权受让人，但股权仍登记、公示在被执行人名下的情形，司法实践基本形成了较为统一的裁判规则，即在满足下列条件的情况下，股权受让人得以排除对案涉股权的执行：

第一，受让人与被执行人应当在人民法院查封之前签订真实有效的转让合同。根据《查扣冻规定》第24条第1款的规定，被执行人就已经查封、扣押、冻结的财产所作的移转、设定权利负担或者其他有碍执行的行为，不得对抗申请执行人。因此，如果转让合同签订于查封之后，则该转让行为不能对抗申请执行人，案外人享有的权利亦不能排除强制执行。

第二，受让人在人民法院查封之前已经实际行使股东权利，如已完成公司

股东名册的变更,并可依据股东名册向公司主张股东权利。根据《查扣冻规定》第15条的规定,被执行人将其所有的需要办理过户登记的财产出卖给第三人但尚未办理产权过户登记手续的,第三人的权利能够排除执行的一个重要条件就是实际占有。受让人在没有实际占有或者控制执行标的情况下,其所享有的权利仅是请求被执行人交付执行标的的债权请求权,根据债权的平等性,该权利不能对抗其他债权人对执行标的的强制执行。但如果受让人已经合法占有了该标的,则享有了占有、使用、收益权,具有了对该财产排除执行的可能性。股权作为股东基于其股东身份和地位而享有从公司获取经济利益并参与公司经营管理的权利①,根据《公司法》第32条的规定,记载于股东名册的股东可以依股东名册主张行使股东权利。基于股权的特性,完成股东名册的变更则可认定受让人实际占有或者控制该标的。当然,如果受让人提供的公司章程或其他公司文件等证据能够证明其已经实际行使股东权利的,亦应认定已对股权实际占有或者控制。

第三,受让人已足额支付转让价款或已依约支付部分价款且将剩余价款按照人民法院的要求交付执行。在股权转让中,股权转让人负有交付股权的义务,而股权受让人负有支付股权对价款的义务,二者互负对待给付义务。股权原本作为被执行人的责任财产成为执行标的,股权转让款作为股权形态的转化,只有受让人足额支付转让价款或已依约支付部分价款且将剩余价款按照人民法院的要求交付执行,才能有效避免被执行人责任财产的不当减少从而损害债权人的合法权益。

第四,非因案外人自身原因未办理股权登记。根据《公司法》第32条第3款的规定,公司应当将股东的姓名或者名称向公司登记机关登记;登记事项发生变更的,应当办理变更登记。未经登记或者变更登记的,不得对抗第三人。根据该规定,对于股权转让未在公司登记机关变更登记的,原则上不得对抗第三人,亦不能对抗人民法院的强制执行。但如果未办理变更登记非因受让人自身原因,其对此不存在过错,让受让人承担由此产生的风险将显失公平。因执行异议之诉的一项基本价值在于平衡申请执行人与案外人之间的权利以实现公平,故在审理过程中应当考虑受让人的过错因素。

---

① 参见施天涛:《公司法论》(第3版),法律出版社2014年版,第254页。

对于案外人是股权出让人，被执行人为股权受让人的情形，根据《查扣冻规定》第 17 条的规定，“被执行人购买需要办理过户登记的第三人的财产，已经支付部分或者全部价款并实际占有该财产，虽未办理产权过户登记手续，但申请执行人已向第三人支付剩余价款或者第三人同意剩余价款从该财产变价款中优先支付的，人民法院可以查封、扣押、冻结”。在被执行人受让股权的情况下，如果股东名册已经完成变更，被执行人可以依据股东名册主张行使股东权利，或者公司章程等其他公司文件能够证明被执行人已经实际行使股东权利的，则可认定被执行人对股权完成了实际占有或者控制。人民法院根据公司章程、股东名册等资料对股权进行查封后，如果股权出让人作为案外人提出异议要求排除执行，经查被执行人已经支付全部股权转让款（或申请执行人已向股权转让人支付剩余价款），即使股权仍登记在案外人名下，其据此要求排除执行的亦不予支持。

需要强调的是，股权转让是否已经生效，还需结合其他法律的相关规定综合判断，比如《商业银行法》第 24 条第 1 款第 5 项规定，变更持有资本总额或者股份总额 5% 以上的股东，应当经国务院银行业监督管理机构批准。转让股权需经批准才生效的合同，未经批准的，因合同尚未生效，受让人排除执行的诉讼请求不予支持①。

在基于股权转让提起的执行异议之诉中，还会出现名为股权转让，实为让与担保的情形，此时需要对被执行人与案外人之间的法律关系进行实质审查。如果二者之间系让与担保的法律关系，则要根据让与担保的规则审查案外人的权利能否排除执行。

操作指引

一、股权登记在被执行人名下，案外人作为股权受让人提起的执行异议之诉

目前，部分高级人民法院根据司法实践自行出台了执行异议之诉审理指

① 参见范向阳主编：《执行异议之诉的规则与裁判》，人民法院出版社 2019 年版，第 346 页。

南,针对股权登记在被执行人名下、案外人作为股权受让人提起执行异议之诉的情形,审查标准基本一致,即必须满足在股权查封前签订有效合同、已实际行使股东权利、已支付全部价款、案外人无过错四个条件。案外人在法院查封之前应当对执行标的享有客观真实的权利。案外人与被执行人在法院查封之前签订真实有效的转让合同,基于该合同取得对执行标的的权利是其异议能够成立的前提条件。对于“已实际行使股东权利”的理解,各地法院意见不一。吉林高院在指导意见中认为,“已经公司其他股东半数以上同意并记载于股东名册”;江苏高院在地方审理指南中认为,“案外人提供的股东名册、公司章程或其他公司文件等证据能够证明其已经实际行使股东权利”。股权不是具体的物,无法实行具体的占有和控制,因此在对这一要件进行审查时应当考虑股权的基本特性。股权是股东或出资人对公司所享有的包括资产收益、参与重大决策等权利,其权利行使的对象是公司。根据《公司法》的相关规定,股东名册是股东行使股东权利的依据,受让人能够行使股权的前提是公司股东登记已经变更、受让人作为股东登记载于股东名册。案外人在法院查封之前已经足额支付股权转让价款或者按约支付部分价款并将剩余价款按照人民法院的要求交付执行是案外人能够排除执行的必要条件。在股权未办理变更登记上案外人应当无过错,即非因案外人自身原因未办理股权登记。

二、股权由被执行人购买,但未登记在被执行人名下,案外人作为股权出让人提出的执行异议之诉

在金钱债权执行中,申请执行人请求对被执行人购买但尚未办理登记的股权强制执行,而出让人作为股权登记人就案涉股权提出权属主张的,吉林高院在指导意见中认为,同时满足以下三个条件时,人民法院对于申请执行人继续执行的请求应当予以支持:(1)被执行人与出让人签订了合法有效的股权转让合同;(2)经公司其他股东半数以上同意并已经记载于股东名册;(3)被执行人已经支付了全部价款或按照合同约定支付了部分价款但出让人同意剩余价款从案涉股权的变价款中优先向其支付。该指导意见在遵循了《查扣冻规定》第 17 条规定的基础上,对其中“实际占有”的条件作出进一步规定,即需要经公司其他股东半数以上同意并已经记载于股东名册。

审判前沿

案例1 厦门双润投资管理有限公司与黄某某、丰禾(中国)有限公司案外人执行异议之诉案

【裁判要旨】

股权查封后,股权受让人提出执行异议之诉排除执行的成立要件应当包括:其一,受让人与被执行人应当在人民法院查封之前签订真实有效的转让合同;其二,受让人应在人民法院查封之前完成公司股东名册的变更,其可依据股东名册向公司主张股东权利;其三,受让人在查封之前已足额支付转让价款或已依约支付部分价款且将剩余价款按照人民法院的要求交付执行。在股权受让人不能证明其在查封之前已足额支付转让价款的情况下主张排除案涉股权的执行,人民法院应不予支持。

【案例索引】

(2019)最高法民终1946号

【基本案情】

2017年12月12日,福建省高级人民法院(以下简称福建高院)根据黄某某的申请,作出(2017)闽民初133号民事裁定和(2017)闽执保102号协助执行通知书,要求惠安县农村信用合作联社(以下简称惠安农信社)及惠安县市场监督管理局协助执行冻结丰禾(中国)有限公司(以下简称丰禾公司)持有的惠安农信社4.2%的股权(出资额3306.5476万元)。惠安农信社在福建高院(2017)闽执保102号送达回证上签注:股权于2017年12月11日转让给厦门双润投资管理有限公司(以下简称双润投资公司),截至2017年12月12日,丰禾公司在我社无股权,无法冻结。后双润投资公司对上述股权保全措施提出异议,福建高院于2018年2月23日作出(2018)闽执异1号执行裁定,驳回双润投资公司的异议申请。双润投资公司不服该裁定,提起本案诉讼。

福建高院认为,本案争议焦点是双润投资公司对案涉股权是否具有阻却执行的实体权利,能否对抗法院的执行行为。综合本案双方当事人提交的证据,双润投资公司与丰禾公司签订的股权转让协议书,体现双方当事

人的真实意思表示,合法有效。双润投资公司已依约支付股权转让款,取得案涉股权的所有权,对案涉股权享有足以对抗执行的实体权利。黄某某并非就案涉股权与丰禾公司发生交易,不是案涉股权的善意取得人,其无权以案涉股权仍登记在丰禾公司名下为由,对抗股权所有人的实体权利主张。双润投资公司的诉讼请求依据充分,应予以支持。黄某某不服福建高院的判决,向最高人民法院提起上诉。最高人民法院认为,本案不符合有关股权转让款支付要件,双润投资公司对案涉股权并不具有足以排除强制执行的实体权利。因此,双润投资公司提出不得执行案涉股权,并解除对案涉股权查封冻结手续的诉讼请求,不能成立。遂判决撤销福建高院一审判决,驳回双润投资公司的诉讼请求。

【裁判观点】

执行中,人民法院应当以登记信息作为判断股权权利人的依据。一审法院于 2017 年 12 月 12 日对案涉惠安农信社 4.2% 的股权采取保全措施时,该股权仍然登记在被保全人丰禾公司名下,故该院依据(2017)闽民初 133 号民事裁定,查封案涉股权符合法律规定。本案争议焦点为:(1)股权被依法查封后,受让人提出执行异议之诉的成立要件;(2)双润投资公司是否符合股权受让人提出执行异议之诉的成立要件。

一、关于股权被依法查封后,受让人提出执行异议之诉的成立要件

执行异议之诉的基本功能在于通过实体审理程序判断金钱债权申请执行人基于生效裁判对执行标的享有的权利与异议人对执行标的享有的权利,谁更具有优先性。申请执行人基于对被执行人享有合法债权,而对被执行人名下的执行标的具有请求人民法院依法处置,所得价款用于清偿其债权的权利。执行异议之诉制度的基本价值取向是基于公平原则,给予符合特定条件的异议人优于普通债权人的特别保护。基于执行异议之诉基本功能与价值取向,除存在法定优先权情形下,受让人提出对执行标的具有优先性因而可以排除强制执行的,一般应当具备以下要件。

1. 受让人对执行标的的权利应当是真实的,且该权利早在人民法院查封之前已客观存在。真实性是受让人提出的执行异议能够成立的前提条件,如受让人对执行标的的权利为虚假,则无保护之必要,遑论优先保护。

人民法院查封之后，任何针对执行标的的处分行为均应属无效，故受让人的权利在人民法院查封之前已客观存在亦属于其异议能够成立的前提条件。因此，受让人与被执行人应当在人民法院查封之前签订真实有效的转让合同。

2. 受让人已实际占有或控制执行标的。在受让人没有实际占有或者控制执行标的的情况下，其所享有的仅是请求被执行人依约交付执行标的的权利，该权利属于债权请求权，而债权具有平等性，不能对抗强制执行。在受让人因被执行人的履约行为已实际取得对执行标的的占有或控制后，受让人已经可以对执行标的进行占有、使用、收益，而被执行人对执行标的不再享有上述权益。人民法院在执行程序中对被执行人所采取的强制执行措施，应当以其实际享有的财产或财产性权益为限。在被执行人因丧失对执行标的的占有或控制而对该执行标的不再享有任何权益之时，即具有将该财产排除强制执行的可能，也即受让人实际占有或控制执行标的是赋予其优先保护的实质要件。在转让对象系股权的情况下，在认定受让人实际控制执行标的要件时应当考虑到股权的基本特性。股权是股东或出资人对公司所享有的资产收益、参与重大决策和选择管理者等权利，该权利行使的对象是公司。《公司法》第 32 条第 1 款、第 2 款规定：“有限责任公司应当置备股东名册，记载下列事项：(一)股东的姓名或者名称及住所；(二)股东的出资额；(三)出资证明书编号。记载于股东名册的股东，可以依股东名册主张行使股东权利”。据此，股东名册是股东行使股东权利的依据。受让人能够实际行使股权的前提应当是公司股东名册已经变更、受让人已经作为股东记载于股东名册。故受让人应在人民法院查封之前完成公司股东名册的变更，其可依据股东名册向公司主张股东权利。

3. 被执行人的责任财产没有因转让行为而不当减少。首先，执行标的原本属于被执行人的责任财产，系债权人可以请求人民法院依法处置，用于清偿债务的对象。受让人取得对执行标的的占有或控制是基于转让合同，而在该合同的法律关系中，被执行人转让执行标的的目的是获得转让价款。被执行人转让执行标的与受让人支付价款构成对待给付关系，两者相互依存，相互构成受领给付的基础。在受让人已经实际支付转让价款或者已依约支付部分价款且将剩余价款交由人民法院执行的情形下，被执行人名下财产由该执行标的转化为转让价款，其责任财产范围并没有因转让行为而不当减少。考虑受让人依约履行支付价款等合同主要义务的情况下，其有权继续保持受领给付状态，可以赋予其排除强制执行的权利。而在受让人未按照合同约定支付转让对价的情况下，受让人因未履行对待给付义务，缺乏对执行标的继续占有的基础，在该执行标的被人民法院依法查封时，即不应赋予受让人排除执行的权利。其次，执行异议之诉基本价值系公平原则。在受让人未支付价款且不愿意将剩余价款交付人民法院执行的情况下，如赋予受让人优先对执行标的采取查封措施、已支付对价的债权人特别保护则有悖于执行异议之诉制度的基本价值。最后，现行司法解释关于受让人能够排除执行的规定中均将转让价款的支付作为核心要件之一。《查扣冻规定》第 15 条规定："被执行人将其所有的需要办理过户登记的财产出卖给第三人，第三人已经支付部分或者全部价款并实际占有该财产，但尚未办理产权过户登记手续的，人民法院可以查封、扣押、冻结；第三人已经支付全部价款并实际占有，但未办理过户登记手续的，如果第三人对此没有过错，人民法院不得查封、扣押、冻结。"《异议复议规定》第 28 条规定："金钱债权执行中，买受人对登记在被执行人名下的不动产提出异议，符合下列情形且其权利能够排除执行的，人民法院应予支持：(一)在人民法院查封之前已签订合法有效的书面买卖合同；(二)在人民法院查封之前已合法占有该不动产；(三)已支付全部价款，或者已按照合同约定支付部分价款且将剩余价款按照人民法院的要求交付执行；(四)非因买受人自身原因未办理过户登记。"《异议复议规定》第 28 条基本延续了《查扣冻规定》第 15 条的规定，只是将价款支付条件放宽至"已支付全部价款，或者已按照合同约定支付部分价款且将剩余价款按照人民法院的要求交付执行"。甚至，在基于生存权系最优先权利而对消费者购房予以最优保护的《异议复议规定》第 29 条中仍将购房人"已支付的价款超过合同约定总价款的百分之五十"作为排除执行的要件之一。在执行异议之诉中，股权受让人不应取得比购房人更优越的地位。因此，股权受让人在查封之前已足额支付转让价款或已依约支付部分价款且将剩余价款按照人民法院的要求交付执行亦应属于其能够排除执行的必要条件之一。双润投资公司提出仅办理股权名册变更即可对抗强制执行的观点不能成立。

二、关于双润投资公司是否具有股权受让人提出执行异议之诉的成立要件

根据上述分析，股权转让款的支付系股权被依法查封后，是股权受让人提出执行异议之诉成立的要件之一，也即双润投资公司应当在查封之前已足额支付转让价款或已依约支付部分价款且将剩余价款按照人民法院的要求交付执行才能对抗强制执行。双润投资公司认为其分两笔足额支付案涉6000万元股权转让款；第一笔是其于2017年12月5日向高迅达公司转账4512万元，其中4500万元系股权转让款；第二笔是其于2018年1月30日向高迅达公司转账1500万元。黄某某认为上述两笔付款均不应视为案涉股权转让款的有效支付，双润投资公司未支付任何股权转让款。对此分析认定如下：

1. 关于双润投资公司于2017年12月5日向高迅达公司转账4512万元。首先，从付款时间来看，该笔付款日期为2017年12月5日，早于案涉股金转让协议书签订的时间。根据惠安农信社章程规定，案涉股权转让应当取得惠安农信社理事会审批同意方能进行。在尚未签订股权转让协议书且惠安农信社理事会尚未审批同意股权转让的情况下，双润投资公司即支付大部分股权转让款缺乏合理性。其次，从合同约定来看，案涉股金转让协议书签订在后，但该协议并未记载双润投资公司已经支付大部分股权转让款，反而约定6000万元的股权转让款在合同生效后支付。虽然双润投资公司辩称惠安农信社要求采用该社提供的格式本文，但双方同样可以在协议相关条款处备注股权转让款已大部分支付的事实。且从双方在签订股金转让协议书的同时签订一份确认书的事实来看，双方是可以另行签订协议对股金转让协议书部分条款进行变更，但该确认书中亦未注明股权转让款已大部分支付至高迅达公司的关键事实。再次，从款项支付对象来看，该笔付款支付至高迅达公司账户，而不是支付至转让方丰禾公司账户。虽然丰禾公司在2017年12月11日的股份转受让非柜台现金交易完成声

明书中称其已足额收到全部股权转让款，但该陈述与双润投资公司主张2018年1月30日才支付1500万元的事实不符，明显虚假。双润投资公司称其与丰禾公司、高迅达公司三方协商一致将股权转让款直接支付给高迅达公司用于清偿丰禾公司拖欠高迅达公司的债务。对于该陈述，双润投资公司并未提交任何证据予以证明，不予采信，即现有证据不能反映丰禾公司曾经委托双润投资公司将其应得的股权转让款支付给高迅达公司用于偿还丰禾公司债务。最后，从款项用途来看，在没有合同依据的情况下，双润投资公司转款时也仅备注“往来款”，而未注明系代丰禾公司支付股权转让款。且根据二审查明事实，双润投资公司与高迅达公司属于同一实际控制人控制的关联公司，双方之间常有大额款项往来，在其没有注明款项性质的情况下，不能认定该笔款项与本案具有关联性。故从现有证据来看，双润投资公司于2017年12月5日向高迅达公司支付的4512万元不能视为其向丰禾公司支付的股权转让款。

2. 关于双润投资公司于2018年1月30日向高迅达公司转账1500万元。首先，双润投资公司该笔付款对象同样不是丰禾公司。在缺乏证据证明丰禾公司授权双润投资公司向高迅达公司支付款项的情况下，该笔付款亦不能视为向丰禾公司支付的股权转让款。其次，双润投资公司的该笔付款是在人民法院依法查封案涉股权之后支付，不能成为阻却执行的依据。2017年12月26日，惠安农信社向双润投资公司发出函告书，明确告知其已收到一审法院送达的保全案涉股权的通知书，双润投资公司最迟于此时知晓案涉股权被人民法院依法查封的事实。双润投资公司称惠安农信社在该函中确认其股东权利，但惠安农信社在该案中不仅未确认双润投资公司享有股东权利，反而提示该公司可能存在的法律风险，且案涉股权被查封后，惠安农信社亦不具备认定案涉股权归属的权力。双润投资公司在收到函告书后，应当知道案涉股权无法办理后续股权变更手续，其受让股权可能存在法律障碍。但双润投资公司并不顾及可能存在的风险，继续向高迅达公司支付股权转让款，以其行为明确拒绝将股权转让款交付人民法院执行。再次，双润投资公司虽辩称由于一审法院未向其发出停止付款的协助执行通知书，其有权继续支付股权转让款，但人民法院对案涉股权采取保全措施的目的就是有效控制被执行人财产，避免该财产被转移。如将双润投资公司在查封之后的付款视为有效，因该笔付款超出人民法院控制范围，将会导致人民法院保全目的落空。最后，双润投资公司在提出执行异议之后，亦应知晓如其提出的异议申请获得人民法院支持，则人民法院尚可以保全股权转让款的方式保障申请人的合法权益；而如其继续向高迅达公司支付股权转让款，在人民法院支持其异议申请后则无剩余股权转让款可保全，将会损害申请人合法权益。鉴于双润投资公司上述付款对象不是丰禾公司，付款时间在案涉股权被查封之后，且该付款本身损害申请人的合法权益，故该笔付款不能视为其向丰禾公司有效支付股权转让款，不能成为其阻却执行的事由。

因此，黄某某提出上述两笔付款不能视为双润投资公司向丰禾公司有效支付股权转让款的主张具有事实依据。一审法院认定双润投资公司已支付全部股权转让款错误，应予纠正。一审法院依据生效保全裁定，查封登记于丰禾公司名下的案涉惠安农信社4.2%的股权，符合法律规定。在案涉股权被依法查封的情形下，双润投资公司作为股权受让人，提出的执行异议成立必须具有前述三项要求，其中之一即是“在查封之前已足额支付转让价款或已依约支付部分价款且将剩余价款按照人民法院的要求交付执行”。从现有证据来看，双润投资公司在人民法院查封之前并未向丰禾公司支付股权转让款。在得知人民法院查封之后，双润投资公司继续向高迅达公司支付款项，并未提出要将股权转让款交付人民法院执行。且从双润投资公司诉讼行为来看，其随意摘取自身与关联公司的一次款项往来作为本案股权转让款的支付证据，试图逃避股权转让款支付义务。上述行为均表明双润投资公司拒绝将股权转让款交付至人民法院执行。鉴于双润投资公司未有效支付股权转让款，导致丰禾公司责任财产不当减少，本案不符合有关股权转让款支付要件，双润投资公司对案涉股权并不具有足以排除强制执行的实体权利。因此，双润投资公司提出不得执行案涉股权，并解除对案涉股权查封、冻结手续的诉讼请求，不能成立。在双润投资公司不具有对案涉股权排除强制执行的实体权利的情况下，其提出确认案涉股权归其所有的诉讼请求，更不能成立。

【要点评析】

本案为案外人作为股权买受人提出的执行异议之诉，一审、二审法院的审查标准基本一致，都依据《异议复议规定》第28条进行审查，但针对买受人是否已经足额支付股权转让价款这一事实，二审法院认为，这一标准产生的根本目的是防止被执行人的责任财产因转让行为而不当减少，故在审理过程中，应当重点审查案外人提供的证据是否能够证明其转让价款的行为不会导致被执行人的责任财产不当减少。本案中，在案外人得知人民法院查封案涉股权之后，未将剩余股权转让款交付人民法院执行，导致被执行人责任财产不当减少，故本案不符合有关股权转让款的支付要件，案外人对案涉股权并不具有足以排除强制执行的实体权利。

案例2　云南滇资生物产业有限公司与孙某、临沧临翔沪农商村镇银行股份有限公司、临沧凌丰产业（集团）有限公司案外人执行异议之诉案

【裁判要旨】

执行异议之诉案件审理，有别于执行异议程序中以形式审查为主的标准，对执行标的权利的归属，应当以民事实体法的相关规定为依据进行实质审查。针对案涉股权的权属问题，应当依照法律对股份有限公司股份转让的规定，结合转让案涉股权的交易事实、股权名册的记载、股权证的颁发、股东行使股东权利及履行相应义务等事实进行实质性判断。

【案例索引】

(2020)最高法民再324号

【基本案情】

因孙某与临沧凌丰产业（集团）有限公司（以下简称凌丰公司）民间借贷纠纷，昆明市中级人民法院（以下简称昆明中院）于2017年7月11日向云南省临沧市工商局发出(2017)云01执保267号、268号协助执行通知书，冻结了凌丰公司所有的临沧临翔沪农商村镇银行股份有限公司（以下简称临沧临翔沪农商行）的股份。云南滇资生物产业有限公司（以下简称滇资公司）以其为标的股份所有人为由，向昆明中院提出执行异议，请求中止执行标的股份，昆明中院于2018年2月27日作出(2018)云01执异33号执行裁定，驳回滇资公司的异议请求，滇资公司遂提起诉讼。

昆明中院查明，2017年4月1日，滇资公司与被执行人凌丰公司签订了股权转让协议，以200万元受让凌丰公司在临沧临翔沪农商行的普通股200万股。2017年4月13日，滇资公司向凌丰公司转账支付了200万元转让款。2017年4月22日，临沧临翔沪农商行向滇资公司出具了股权证，在临沧临翔沪农商行2017年度股东名册中记载了滇资公司持有其200万股股份。临沧临翔沪农商行在国家企业信用信息公示系统中显示滇资公司股权变更日期为2017年4月22日，公示日期为2017年10月19日。

昆明中院认为，滇资公司从凌丰公司受让的诉争临沧临翔沪农商行的股份未在工商行政管理机关进行变更登记，且2017年7月11日云南高院对诉争股份采取查封措施时该股份转让亦未在国家企业信用信息公示系统中予以公示。故滇资公司与凌丰公司的股权转让不能对抗第三人，也不符合《异议复议规定》第25条第4项中的法律要件。依据上述法律规定，一审法院对诉争股权的查封行为符合法律规定，并无不当。滇资公司要求确认其享有所有权，并解除查封措施的诉讼请求依法不能成立，不予支持。

云南高院认为，首先，本案滇资公司与凌丰公司进行股权转让后，临沧临翔沪农商行未在工商管理部门办理变更登记，其在国家企业信用信息公示系统进行公示的日期为2017年10月19日。因孙某与凌丰公司民间借贷纠纷案，一审法院根据孙某的申请，于2017年7月11日查封凌丰公司在临沧临翔沪农商行的200万股股份，查封时该200万股股份仍登记在凌丰公司名下。根据《规范执行与协助执行通知》第10条“人民法院对从工商行政管理机关业务系统、企业信用信息公示系统以及公司章程中查明属于被执行人名下的股权、其他投资权益，可以冻结”及《异议复议规定》第25条第1款第4项“对案外人的异议，人民法院应当按照下列标准判断其是否系权利人：(四)股权按照工商行政管理机关的登记和企业信用信息公示系统公示的信息判断”的规定，一审法院的查封行为未违反法律规定，上述规定并未明确仅适用于执行异议和执行复议案件，本案系执行异议之诉案件，也应适用上述规定。其次，滇资公司主张临沧临翔沪农商行系股份有限公司，其股权转让无须办理工商变更登记。云南高院认为，《公司法》第32条第3款规定："公司应当将股东的姓名或者名称向公司登记机关登记；登记事项发生变更的，应当办理变更登记。未经登记或者变更登记的，不得对抗第三人。"该条法律并未明确股份有限公司股权转让不需办理工商变更登记，依法进行登记的股东具有对外公示的效力。滇资公司及临沧临翔沪农商行提交的证据均不能证明上述主张，不予采信。昆明中院查封时虽然未通知临沧临翔沪农商行，但不导致查封行为无效。云南高院判决驳回上诉，维持原判。滇资公司不服云南高院判决，向最高人民法院申请再审。最高人民法院裁定提审，经审查，最高人民法院认为，滇资公司已经实际享有案涉股份权利，足以排除强制执行，判决撤销一审、二审判决，确认案涉股份归滇资公司所有，不得执行案涉股份。

【裁判观点】

一、关于案涉股份是否为滇资公司所有的问题

执行异议之诉案件审理中，对执行标的权利的归属，不能简单地仅根据权利外观及程序性法律或者司法解释的规定加以判断，而是应当以民事实体法的相关规定为依据进行实质审查。本案中，对于案涉股份是否属于滇资公司所有，则应当依照法律对股份有限公司股份转让的规定，结合凌丰公司向滇资公司转让案涉股权的交易事实、股权名册的记载、股权证的颁发、股东行使股东权利及履行相应义务等事实进行实质性判断。

1. 滇资公司和凌丰公司于2017年4月1日签订了股权转让协议书。一审法院向云南省临沧市工商局发出冻结案涉股份(2017)云01执保267号、268号协助执行通知书的日期为2017年7月11日，故股权转让协议书的签订在案涉强制执行措施实施之前，孙某没有提交证据证明滇资公司和凌丰公司签订该协议书存在恶意串通的情形，该协议书系双方的真实意思表示，内容不违反法律、行政法规的强制性规定，应当认定合法有效。虽然在签订股权转让协议书前，云南省临沧市中级人民法院在执行魏某某与凌丰公司借款合同纠纷案中冻结了凌丰公司持有的案涉股份，但是依照

2008 年《执行规定》第 54 条[①]第 3 款“人民法院也可允许并监督被执行人自行转让其投资权益或股权，将转让所得收益用于清偿对申请执行人的债务”的规定，云南省临沧市中级人民法院于 2017 年 4 月 13 日向滇资公司出具情况说明，证实滇资公司受让凌丰公司持有的临沧临翔沪农商行股份系在云南省临沧市中级人民法院允许和监督下完成，此时案涉股份尚未被孙某申请强制执行，滇资公司受让案涉股份之时已尽基本审慎注意义务，孙某关于凌丰公司自行组织变卖股权的辩解理由与事实不符。

2. 滇资公司依照股权转让协议书的约定向凌丰公司支付了案涉股权转让对价。根据情况说明的内容，滇资公司于 2017 年 4 月 13 日按照云南省临沧市中级人民法院的指示，向凌丰公司转账支付了协议项下的全部 200 万元转让款，将案涉股份转让款 200 万元支付至法院的指定账户，后该 200 万元作为凌丰公司的财产被强制执行。由此可见，滇资公司合法受让案涉临沧临翔沪农商行的股份后，按照约定支付了对价。同时，法律没有规定在人民法院强制执行过程中进行股份变卖时必须审查股权交易行为的真实性及股权交易价格，而孙某没有提交充分的证据证明股权交易价格不真实、不合理，依照《民事诉讼法解释》第 108 条第 2 款“对一方当事人为反驳负有举证证明责任的当事人所主张事实而提供的证据，人民法院经审查并结合相关事实，认为待证事实真伪不明的，应当认定该事实不存在”的规定，孙某关于股权交易价格过低的辩解理由不能成立。

3. 案涉股份已经完成权属转移，滇资公司也已实际行使股东权利。股份系股东对公司享有各种权利的集合，主要权利为基于股东资格所获得的对公司享有的财产利益和管理权利。《公司法》第 139 条第 1 款规定：“记名股票，由股东以背书方式或者法律、行政法规规定的其他方式转让；转让后由公司将受让人的姓名或者名称及住所记载于股东名册。”第 130 条第 1 款规定：“公司发行记名股票的，应当置备股东名册，记载下列事项：（一）股东的姓名或者名称及住所；（二）各股东所持股份数；（三）各股东所持股票的编号；（四）各股东取得股份的日期。”因此，非上市股份有限公

① 现《执行规定》第 39 条。

司股份权属的转移,应当自背书完成或记载于股东名册时发生效力。就本案而言,临沧临翔沪农商行的股份持有采取了股权证形式,股权证是证明股东持有该行股份的书面凭证,在案涉强制执行措施作出前的2017年4月22日,临沧临翔沪农商行已经向滇资公司出具了股权证,临沧临翔沪农商行2017年度股东名册中也记载了滇资公司持有其200万股股份,案涉股份的权利已经转移给滇资公司。而且,案涉股份权利转移后不久,临沧临翔沪农商行即提出由滇资公司法定代表人黄某某担任该行监事的建议,结合临沧临翔沪农商行提交的2017年、2018年召开股东大会的签到表和股东大会决议所载滇资公司参加股东大会及行使表决权的事实,应当认定临沧临翔沪农商行已认可滇资公司的股东身份,滇资公司也完成了法律所要求的案涉股份权属转移的要件,合法继受取得了案涉股份。

《商业银行法》第24条第1款规定:“商业银行有下列变更事项之一的,应当经国务院银行业监督管理机构批准:……(五)变更持有资本总额或者股份总额百分之五以上的股东……”《中国银保监会农村中小金融机构行政许可事项实施办法》(已废止)第61条第2款规定:“农村商业银行、农村合作银行、农村信用合作联社、农村信用联社、村镇银行和农村资金互助社变更持有股本总额1%以上、5%以下的单一股东(社员),由法人机构报告地市级派出机构或所在城市省级派出机构;持有股本总额5%以上、10%以下的单一股东(社员)的变更申请,由地市级派出机构或所在城市省级派出机构受理、审查并决定。”结合上述规定,滇资公司所持临沧临翔沪农商行的股份低于5%时,只需临沧临翔沪农商行向地市级派出机构报备即可,临沧临翔沪农商行在本院再审审理中提交的补充证据材料已证明其就滇资公司受让凌丰公司股份向中国银监会临沧监管分局提出了报告,滇资公司已经具备成为案涉股东的法定要件。

滇资公司已经实际享有案涉股份权利,案涉股份为滇资公司所有。

二、关于滇资公司对案涉股份是否享有足以排除强制执行的民事权益的问题

强制执行债权系对被执行人(债务人)享有的债权经申请由人民法院对债务人财产采取强制执行措施,故强制执行的财产范围原则上应以被执

行人(债务人)的责任财产为限,而不应扩展至非属被执行人(债务人)的财产。本案中,如前所述,在强制执行措施采取之前,案涉股份已非被执行人凌丰公司的财产,而是已经归属滇资公司所有,孙某申请对凌丰公司的强制执行,应以凌丰公司的财产为限,故其主张对案涉股份强制执行,显然与这一原则相悖。

1. 根据孙某在再审庭审中的陈述,其系通过受让方式取得对被执行人凌丰公司民间借贷的债权,这一权利属于普通债权。

2. 孙某辩称,其系基于凌丰公司为临沧临翔沪农商行在国家企业信用信息公示系统公示的发起人和股东具有债务履行能力才受让债权。但就本案情况而言,在国家企业信用信息公示系统公示股权变更信息既非未上市股份有限公司的股份权属转移生效的法定要件,亦非滇资公司的义务,即使不具备案涉股份冻结之前在国家企业信用信息公示系统公示股权受让信息这一权利外观,孙某的执行权益也并不因此具有优先性。同时,作为民间借贷债权的执行申请人,孙某也并非法律所规定股权交易中的基于信赖权利外观而需要保护的民事法律行为的善意第三人。故其该项辩解理由不能成立。

3. 股份有限公司股份的转让并不属于必须进行登记的事项。其一,《公司登记管理条例》(已废止)第 9 条规定:"公司的登记事项包括:(一)名称;(二)住所;(三)法定代表人姓名;(四)注册资本;(五)公司类型;(六)经营范围;(七)营业期限;(八)有限责任公司股东或者股份有限公司发起人的姓名或者名称。"第 34 条第 3 款规定:"有限责任公司的股东或者股份有限公司的发起人改变姓名或者名称的,应当自改变姓名或者名称之日起 30 日内申请变更登记。"依照前述规定,股份有限公司的发起人的姓名或者名称属于必须进行登记的事项,而股份转让导致的股东及股权结构变化并非法律规定的登记事项,无须到公司登记机关办理变更登记。其二,根据前引《公司法》第 139 条规定第 1 款等规定可知,股权不是物权,是复合型权利。股份公司的特点是股东的股份偏向财产性,更具有流通性,股份有限公司的股票转让便捷,仅需背书或者交付即可转让,股东变更频率高,如果每次股权转让均需进行公司股东变更登记,显然不符合股份有限公司股权转让便捷性的要求。因此,虽然《商业银行股权管理暂行办法》、《村镇银行管理暂行规定》(已废止)等规定了商业银行及其股东应当充分披露相关股权信息,但作为股份有限公司,并未有法律明确规定对股权转让必须进行登记变更。其三,滇资公司与凌丰公司在股权转让协议书第4条约定,凌丰公司应当在股权转让获批之日起5个工作日内将其持有的股权证送交临沧临翔沪农商行,并由双方出具股权过户确认书,交由临沧临翔沪农商行办理股权过户、股东名称变更登记等手续。但是,该协议并未约定"变更登记"为工商变更登记,故孙某关于案涉股权应当进行工商变更登记的抗辩理由没有法定和约定依据,不能成立。

滇资公司对案涉股份享有足以排除强制执行的民事权益。

【要点评析】

对执行标的权利的归属,不能简单地仅根据权利外观及程序性法律或者司法解释的规定加以判断,而是应当以民事实体法的相关规定为依据进行实质审查。

第二节　基于股权代持的异议之诉

法律依据

《民事诉讼法》第238条　执行过程中,案外人对执行标的提出书面异议的,人民法院应当自收到书面异议之日起十五日内审查,理由成立的,裁定中止对该标的的执行;理由不成立的,裁定驳回。案外人、当事人对裁定不服,认为原判决、裁定错误的,依照审判监督程序办理;与原判决、裁定无关的,可以自裁定送达之日起十五日内向人民法院提起诉讼。

《股权执行规定》第4条　人民法院可以冻结下列资料或者信息之一载明的属于被执行人的股权:

(一)股权所在公司的章程、股东名册等资料;

(二)公司登记机关的登记、备案信息;

（三）国家企业信用信息公示系统的公示信息。

案外人基于实体权利对被冻结股权提出排除执行异议的，人民法院应当依照民事诉讼法第二百二十七条的规定进行审查。

《异议复议规定》第25条　对案外人的异议，人民法院应当按照下列标准判断其是否系权利人：

（一）已登记的不动产，按照不动产登记簿判断；未登记的建筑物、构筑物及其附属设施，按照土地使用权登记簿、建设工程规划许可、施工许可等相关证据判断；

（二）已登记的机动车、船舶、航空器等特定动产，按照相关管理部门的登记判断；未登记的特定动产和其他动产，按照实际占有情况判断；

（三）银行存款和存管在金融机构的有价证券，按照金融机构和登记结算机构登记的账户名称判断；有价证券由具备合法经营资质的托管机构名义持有的，按照该机构登记的实际出资人账户名称判断；

（四）股权按照工商行政管理机关的登记和企业信用信息公示系统公示的信息判断；

（五）其他财产和权利，有登记的，按照登记机构的登记判断；无登记的，按照合同等证明财产权属或者权利人的证据判断。

案外人依据另案生效法律文书提出排除执行异议，该法律文书认定的执行标的权利人与依照前款规定得出的判断不一致的，依照本规定第二十六条规定处理。

《公司法》第32条　有限责任公司应当置备股东名册，记载下列事项：

（一）股东的姓名或者名称及住所；

（二）股东的出资额；

（三）出资证明书编号。

记载于股东名册的股东，可以依股东名册主张行使股东权利。

公司应当将股东的姓名或者名称向公司登记机关登记；登记事项发生变更的，应当办理变更登记。未经登记或者变更登记的，不得对抗第三人。

《公司法解释（三）》第24条　有限责任公司的实际出资人与名义出资人订立合同，约定由实际出资人出资并享有投资权益，以名义出资人为名义股东，实际出资人与名义股东对该合同效力发生争议的，如无法律规定的无效情形,人民法院应当认定该合同有效。

前款规定的实际出资人与名义股东因投资权益的归属发生争议,实际出资人以其实际履行了出资义务为由向名义股东主张权利的,人民法院应予支持。名义股东以公司股东名册记载、公司登记机关登记为由否认实际出资人权利的,人民法院不予支持。

实际出资人未经公司其他股东半数以上同意,请求公司变更股东、签发出资证明书、记载于股东名册、记载于公司章程并办理公司登记机关登记的,人民法院不予支持。

《公司法解释(三)》第25条 名义股东将登记于其名下的股权转让、质押或者以其他方式处分,实际出资人以其对于股权享有实际权利为由,请求认定处分股权行为无效的,人民法院可以参照民法典第三百一十一条的规定处理。

名义股东处分股权造成实际出资人损失,实际出资人请求名义股东承担赔偿责任的,人民法院应予支持。

《民法典》第65条 法人的实际情况与登记的事项不一致的,不得对抗善意相对人。

《民法典》第311条 无处分权人将不动产或者动产转让给受让人的,所有权人有权追回;除法律另有规定外,符合下列情形的,受让人取得该不动产或者动产的所有权:

(一)受让人受让该不动产或者动产时是善意;

(二)以合理的价格转让;

(三)转让的不动产或者动产依照法律规定应当登记的已经登记,不需要登记的已经交付给受让人。

受让人依据前款规定取得不动产或者动产的所有权的,原所有权人有权向无处分权人请求损害赔偿。

当事人善意取得其他物权的,参照适用前两款规定。

制度研究

针对隐名股东基于股权代持关系提出的执行异议之诉,其权利是否能够排除执行,目前实务界存在两种截然不同的观点。一种观点是肯定说,即隐名股东请求对名义股权排除执行的，应当予以支持；另一种观点是否定说，即认为隐名股东对名义股权享有的权益不能排除执行。处理隐名股东执行异议的直接依据为《公司法》第 32 条，该条规定是外观主义原则在公司法领域的具体体现。在《民法总则》（已废止）之前，外观主义原则在其他传统民商事领域中，既有昭示性的原则，也有具体化的规则，如《物权法》（已废止）第 6 条规定的物权公示原则和第 106 条规定的善意取得，《合同法》（已废止）规定的表见代理等。而在《公司法》中，对外观主义仅有前述原则性的规定，缺乏更加具体的规范。实务中争议的两种观点，其焦点问题即在于对《公司法》第 32 条中"不得对抗第三人"应当如何理解。

肯定说认为，外观主义保护的是第三人对权利外观的信赖和商事交易安全，执行程序并非交易过程，申请执行人对股权归属缺乏足够的信赖和期待，不能适用外观主义否定隐名股东的主张。因此《公司法》第 32 条规定的"第三人"并非泛指隐名股东和显名股东之外的一切主体，而应仅指与显名股东发生交易的合同相对人。该观点以最高人民法院张勇健法官为代表，其在 2018 年 4 月 18 日"贯彻落实党的十九大精神　开创巡回区民商事审判工作新局面——第一巡回法庭民商事审判工作座谈会"上的讲话中提出，执行异议之诉是审判程序，而非执行程序，应当与执行异议审查适用不同的标准。执行异议审查以形式审查为原则，以实质审查为例外。而执行异议之诉作为审判程序，使实质审查具备了可能性。在名义权利人与实际权利人不一致的情况下，如果进行实质审查能够确定真正的权利人，在不损害他人利益的情况下，应当保护实质权利人的权利。适用外观主义原则的目的在于减少交易成本、维护交易安全，其适用的结果是对实际权利人利益的伤害，因此应当谨慎使用。一般债权人仅对特定标的主张清偿债务，并无交易安全保护之价值，不能适用外观主义寻求保护。人民法院针对登记在被执行人名下的有限责任公司股权实施强制执行，案外人有证据证明其系实际股东，与被执行人存在隐名持股关系，其他股东对隐名持股关系不表示反对的，人民法院可以判决排除执行。除此之外，肯定说的成立还暗含着两个理论前提：一是责任财产理论，即用于清偿债务的责任财产必须是真正属于债务人的；二是认可隐名股东的股东地位,即将其权利定性为股权[①]。司法实践中,黑龙江省高级人民法院对股权代持的意见采肯定说。

否定说的核心观点认为,股权作为执行标的时,在权属判断上应将权利公示方法所彰显的权利外观作为判断标准,股权代持协议只能约束协议双方当事人[②]。故而,对于《公司法》第32条第3款所称的第三人,无须也不应当进行限缩解释,只要出现“名实不符”的情形,即按照有利于第三人的原则进行解释。否定说观点还从多个角度论证了其解释思路的合理性:(1)股权代持行为具有可归责性。登记不实的权利往往本身具有违法性或不当性,行为人本身对登记不实的事实负有过错,应当自担风险[③];(2)代持关系本身不是一种正常的持股关系,与公司登记制度、社会诚信体系等制度相背离,股东之间恣意创造权利外观,导致登记权利人和实际权利人不一致,在给隐名股东提供便利的同时,放任显名股东对外释放虚假资产繁荣信号,给公司的法律关系、登记信息带来混乱,增加社会的整体商业风险和成本,该风险和成本应当由隐名股东自行承担;(3)根据《公司法解释(三)》第24条的规定,隐名股东与显名股东之间是合同关系,隐名股东能否最终成为显名股东受其他股东态度的影响,因此在隐名股东依照该司法解释规定完成显名之前,不能认定其对公司享有股权。司法实践中,吉林省、江苏省、山东省、江西省高级人民法院发布的指导意见中,对股权代持均持否定说。

《民法典》施行后,能否从中看出立法机关对股权代持的态度?《民法总则》(已废止)制定过程中,立法机关围绕“法人的实际情况与其登记的事项不一致的,不得对抗善意第三人”,应当采用“善意相对人”还是“善意第三人”的表述展开讨论,最终认为:民法上的相对人是指合同对方当事人,而民法上的第三人是指合同双方当事人之外的、与一方存在某种关系的特定主体。其中,《合同法》(已废止)中的第三人是指连续交易合同中后一合同的受让人,《物

① 刘洋:《从“第三人”到“相对人”:民法典语境下实际出资人与名义股东债权人执行争议的裁判路径研究》,载《山东法官培训学院学报》2021年第3期。

② 参见肖建国:《执行标的实体权属的判断标准——以案外人异议的审查为中心的研究》,载《政法论坛》2010年第3期。

③ 肖建国、庄诗岳:《论案外人执行异议之诉中足以排除强制执行的民事权益——以虚假登记财产的执行为中心》,载《法律适用》2018年第15期。

权法》(已废止)上的第三人是指重复交易(一物多卖)合同中后一合同的受让人。最终,三次审议稿将"不得对抗善意第三人"修改为"不得对抗善意相对人",并表决通过①。《民法典》第65条规定:"法人的实际情况与登记的事项不一致的,不得对抗善意相对人。"无论是《合同法》(已废止)意义上还是《物权法》(已废止)意义上,只有存在两个交易关系,才存在第三人的问题。但就股权代持而言,其权利外观与真实权利不一致并非由交易关系所导致,因此在股权代持中不存在合同法上的连续交易,亦不属于《物权法》(已废止)上的重复交易,一般只有一个交易关系,自然不存在《合同法》(已废止)和《物权法》(已废止)意义上的第三人,只可能存在交易中的"相对人",故使用"善意相对人"的表述更为严谨。但是立法表述上的修改,并不能得出将"查封债权人"排除在保护的范围之外的结论,恰恰因为股权代持中没有所谓的"第三人",此时的查封债权人实质上就是此处的善意相对人。

自2016年以来,在最高人民法院的司法实践中,否定说一直占据主流地位,最高人民法院制定的司法解释亦有体现。《民法典担保解释》第67条规定,在所有权保留买卖、融资租赁等合同中,出卖人、出租人的所有权未经登记不得对抗的"善意第三人"的范围及其效力,参照本解释第54条的规定处理,即其他债权人向人民法院申请保全或者执行抵押财产,人民法院已经作出财产保全裁定或者采取执行措施的,该债权人属于"善意第三人"的范围,保留所有权的出卖人和融资租赁的出租人的所有权如果未经登记,不能对抗该债权人。该规定明确了查封债权人"善意第三人"的地位,确立了未经公示的权利人不能对抗查封债权人的规则。参照此规定,股权代持中未经登记、公示的权利人,亦不能对抗查封债权人。《股权执行规定》虽然没有直接对隐名股东权利是否可以排除执行作出具体规定,但该解释第4条在规定股权权属认定标准时,仍采取了外观主义原则。在该条规定下,对于他人代被执行人持有的股权,由于公司的章程、股东名册等资料未记载其股东身份,亦未在公司或公司登记机关登记,人民法院不得据此认定股权属于被执行人并采取冻结措施。反之,对于案外人隐名持有被执行人名下的股权,同样不能认定属于案外人以

---

① 参见石宏主编:《中华人民共和国民法总则条文说明、立法理由及相关规定》,北京大学出版社2017年版,第138～139页。

排除强制执行，除非能够证明申请执行人明知股权代持的事实。

需要注意的是，根据《异议复议规定》第26条的规定，如在人民法院查封之前，隐名股东已经过法定程序显名化，或已经取得生效判决确定对案涉股权享有实际权益，实际出资人的股权外观已经得到补正，此时可突破代持股协议的相对性原理，足以对抗名义股东的金钱债权人。

理解与适用

股权代持主要发生在有限责任公司之中，是根据实际出资人与名义股东双方之间的合意，由实际出资人（隐名股东）出资并享有实际投资收益，而将股权登记在名义出资人（显名股东）名下的一种股权安排方式。隐名出资在现实中较为常见，在股权实际出资人与登记的股东出现分歧的情况下，一方面是债权人为实现债权向法院申请强制执行作为执行标的的股权；另一方面是隐名股东以其为股权实际权利人而向法院提起异议之诉以排除执行。不同法院的正义天平在衡量这两者权益时出现了不同方向的倾斜，产生向左或向右同案不同判的尴尬。[①] 基于股权代持引发的执行异议之诉是实践中最为典型的针对同一财产同时存在名义权利人与实际权利人的情形。在此种情形中，金钱债权的申请执行人在强制执行被执行人名下股权时，委托持股人以被执行人系为其代持股权为由主张其为标的股权的真实权利人，并以此提出案外人执行异议，主张排除对标的股权的执行。

隐名股权的强制执行问题，从逻辑上进行分析，应当包括两个层面：隐名股权能否强制执行以及隐名股权如何强制执行。前者已经不存在争议，因为公司股权可以作为强制执行的标的早已经成为学界和实务界的共识，隐名股权自然不例外。[②] 隐名股权的强制执行在实践中主要体现为由隐名股权强制执行纠纷引起的诉讼，诉讼双方通常为名义股东的债权人和实际出资人，涉及

---

① 参见陈林莉：《外观或事实：隐名股东执行异议之诉的裁判标准》，载贺荣主编：《深化司法改革与行政审判实践研究——全国法院第28届学术讨论会获奖论文集》（下），人民法院出版社2017年版。

② 参见陈光：《论隐名股权的强制执行——以案外人执行异议之诉的裁判分歧为视角》，载《南湖法学》2021年第1期。

名义股东、实际出资人、名义股东的债权人三方主体，争议最大的地方在于对案外人执行异议之诉的裁判，存在两种对立的裁判结果。如何判断隐名股东权利足以排除强制执行，首先，应当依法审查案外人的起诉是否符合案外人执行异议之诉的受理条件；其次，应审查案外人主张的民事权益是否真实、合法、有效；最后，综合判断案外人主张的民事权益能否排除法院对涉案执行标的物的强制执行。

根据《公司法》第32条的规定，我国股权权属适用“记载（股东名册）生效+登记对抗”模式，此模式下公司登记仅具有对抗效力。为与“记载（股东名册）生效+登记对抗”模式相适应，司法实践中，法院就股权归属问题普遍采取“内外有别”的裁判思路。即在名义股东与实际出资人的内部关系上，法院一般依代持协议，认定股权归属于实际出资人。但当争议涉及第三人时，在名义股东与实际出资人的外部关系上，法院大多依据公司登记外观，认定股权归属于名义股东。

另外，法院在实际裁判中也会综合考虑影响股权归属的其他因素。如根据《九民纪要》第28条的规定：“实际出资人能够提供证据证明有限责任公司过半数的其他股东知道其实际出资的事实，且对其实际行使股东权利未曾提出异议的，对实际出资人提出的登记为公司股东的请求，人民法院依法予以支持。公司以实际出资人的请求不符合公司法司法解释（三）第24条的规定为由抗辩的，人民法院不予支持。”因此，如存在实际出资人实际行使股东权利、参与公司经营管理、其他过半数股东知情或同意情形的，法院多认定争议股权归属于实际出资人。综合来看，执行法院冻结登记在被执行人名下的股权，受让人以其已经受让该股权为由，提出执行异议之诉请求排除执行，符合以下条件的可予支持：（1）受让人与被执行人在股权冻结前已签订合法有效的书面股权转让合同；（2）有限公司的其他股东半数以上同意其受让股权，或知晓其出资事实且未提出异议；（3）受让人在股权冻结前已足额支付股权转让价款；（4）受让人提供的股东名册、公司章程等文件能证明其已实际行使股东权利。当然，《九民纪要》不是司法解释，在司法实践中，不能直接将其作为裁判依据进行援引，而只能在具体分析法律适用的理由时，根据《九民纪要》的相关规定进行说理。因此，《九民纪要》的内容有待法律或者司法解释的吸收。

操作指引

针对隐名权利人以其为实际出资人为由请求排除强制执行的,目前的立法及司法解释并未给出统一的答案,在司法实践中,应注意各地出台的关于执行异议之诉的指导意见以及相应案例,以此明确各地区对隐名股东排除执行的倾向性意见。目前,结合各地对于隐名股东权利能否排除执行有肯定说与否定说两种观点。

否定说认为,隐名股东权利不得排除执行。《最高人民法院关于审理执行异议之诉案件适用法律问题的解释(一)(向社会公开征求意见稿)》中关于隐名权利人提起的执行异议之诉的处理问题,方案一采否定说的观点,认为案外人借用被执行人名义对有限责任公司出资,其主张系被执行股权的实际出资人要求排除执行的,人民法院不予支持。

肯定说认为,隐名股东权利可以排除强制执行。《最高人民法院关于审理执行异议之诉案件适用法律问题的解释(一)(向社会公开征求意见稿)》中关于隐名权利人提起的执行异议之诉的处理问题,方案二采肯定说的观点,认为案外人借用被执行人名义对有限责任公司出资,其系被执行股权的实际出资人,如果不违反法律、行政法规强制性规定,亦不违背公序良俗的,其权利可以排除对股权的执行。有的高院认为,在商事审判的背景下,所谓的外观主义原则是指名义权利人的行为所表现出来的或者有关权利公示所表现出来的构成某种法律关系的外观,导致第三人对该种法律关系产生信赖,并出于此信赖而为某种民事法律行为时,使有关法律关系的真实状况与第三人主观信赖的状况不符,只要该第三人的主观信赖合理,其据以作出的民事法律行为效力受法律的优先保护。商事外观主义实际上是一项在特定场合权衡实际权利人与外部第三人之间利益冲突所应遵循的原则,而外部第三人则应限定为与名义权利人存在实际的交易关系的第三人,其在此基础上方可产生对应的信赖利益。申请执行人不存在与被执行人协议股权转让、质押等交易关系,仅因未了债务而寻查被执行人财产时,其并无信赖利益保护之需要,因此无权申请法院强制执行股权。

审判前沿

案例1　贵州雨田集团实业有限公司与逸彭(上海)投资管理合伙企业(有限合伙)、付某案外人执行异议之诉案

【裁判要旨】

公司的登记对社会具有公示公信效力,善意第三人有权信赖公司登记机关的登记文件,公司登记表现的权利外观应作为认定股权权属的依据。案外人与被执行人签订的代持股权协议仅在协议签订双方之间具有法律效力,对外不具有公示效力,不能对抗第三人,亦不能排除人民法院的强制执行行为。另外关于案外人提交的生效仲裁裁决书,因系在法院查封之后作出的,不能作为排除案涉股权强制执行的依据。

【案例索引】

(2020)最高法民终845号

【基本案情】

甘肃省高级人民法院(以下简称甘肃高院)在执行逸彭(上海)投资管理合伙企业(有限合伙)(以下简称逸彭企业)与贵州源达顺韦健康体检管理有限公司、开阳县强臣房地产开发有限公司、贵州强臣房地产开发有限公司、朱某某、胡某某、付某借款合同纠纷案中,依据最高人民法院(2016)最高法民终619号民事调解书作出(2017)甘执14号执行裁定,于2017年6月8日冻结了付某持有的贵州雨田集团投资有限公司(以下简称雨田投资公司)10%的价值1000万元的股权。贵州雨田集团实业有限公司(以下简称贵州雨田公司)对甘肃高院(2017)甘执14号执行裁定提出异议,甘肃高院于2019年9月6日作出(2019)甘执异180号执行裁定,驳回了贵州雨田公司的异议请求,贵州雨田公司遂提起本案诉讼。

甘肃高院查明,2016年8月10日,贵州雨田公司(甲方)与付某(乙方)签订了代持股协议书,主要约定:鉴于:2013年1月13日,甲乙双方及朱某某共同签署合作协议、公司并购协议,乙方、朱某某将其持有的原贵州韦顺达源投资有限公司100%的股份全部转让给甲方。股权转让后,原贵州韦顺达源投资有限公司更名为雨田投资公司。原贵州韦顺达源投资有

限公司所属资产也应当相应更名至雨田投资公司名下。为便于开展相关证照、资质的办理及更名工作,甲方委托乙方代为持有雨田投资公司10%的股权。为明确双方权利义务,甲乙双方签订如下股份代持协议:(1)为便于相关证照、资质的办理及更名,甲方委托乙方为其代持雨田投资公司10%的股权,乙方所代持的股权只为了便于乙方以股东身份办理合作协议、公司并购协议履行过程中相关证照、资质的办理及更名,除以股东身份办理有关证照、资质的办理及更名外,在代持股期间乙方不享有并不得行使任何股东权利,也不承担任何实质意义上的股东义务和责任。(2)为办理乙方代持10%的股权而向工商、税务等部门出具的相关文件(包括但不限于股东会决议、股权转让协议等),并非甲乙双方的真实意思表示,也无实际的股权交易和任何现金交割,不得作为乙方及任何第三方权利诉求、法律诉讼的依据。

2019年1月23日,贵阳仲裁委员会依据贵州雨田公司的仲裁申请,对贵州雨田公司与付某代持股协议纠纷案作出(2019)贵仲裁字第0074号裁决书,裁决:(1)确认贵州雨田公司与付某于2016年8月10日签订的代持股协议书有效;(2)确认付某持有的雨田投资公司10%的股权为贵州雨田公司实际所有。另查明,根据雨田投资公司的《企业信用信息公示报告》,付某持有雨田投资公司10%的股权。

甘肃高院认为,本案争议的主要焦点是贵州雨田公司对案涉股权是否享有排除执行的民事权益。《异议复议规定》第25条第1款第4项规定:"对案外人的异议,人民法院应当按照下列标准判断其是否系权利人:(四)股权按照工商行政管理机关的登记和企业信用信息公示系统公示的信息判断。"《公司法》第32条第3款规定:"公司应当将股东的姓名或者名称向公司登记机关登记;登记事项发生变更的,应当办理变更登记。未经登记或者变更登记的,不得对抗第三人。"由于企业在公司登记机关的登记信息对外具有公示效力,从雨田投资公司的登记资料来看,付某持有雨田投资公司10%的股权,即该股权属于付某所有。虽然贵州雨田公司主张该股权由其受让后委托付某代持,但贵州雨田公司与付某签订的代持股协议书仅在其双方之间具有法律效力,对外不具有公示效力,不能对抗第三人。逸彭企业作为申请执行人有理由相信工商行政管理机关的登记和企业信用信息公示系统公示的信息是真实的，贵州雨田公司不能以其与付某之间的代持股关系排除人民法院的执行行为。至于贵州雨田公司、付某提出逸彭企业对案涉股权是付某代持一事知情的问题，贵州雨田公司提供的(2014)甘民二初字第65号民事判决仅能证明逸彭企业曾经变更过诉讼请求，付某提供的逸彭企业出具的承诺函亦仅能证明逸彭企业同意给予付某执行宽限期，均无法据此得出逸彭企业对付某代持股权一事知情的结论。关于贵州雨田公司能否依据贵阳仲裁委员会作出的(2019)贵仲裁字第0074号裁决书主张排除执行的问题。《异议复议规定》第25条第2款规定："案外人依据另案生效法律文书提出排除执行异议，该法律文书认定的执行标的权利人与依照前款规定得出的判断不一致的，依照本规定第二十六条规定处理。"第26条第2款规定："金钱债权执行中，案外人依据执行标的被查封、扣押、冻结后作出的另案生效法律文书提出排除执行异议的，人民法院不予支持。"一审法院冻结付某持有的雨田投资公司10%的股权的日期是2017年6月8日，早于贵阳仲裁委员会作出裁决书的时间，一审法院冻结股权后贵阳仲裁委员会作出的裁决书不能排除对该股权的执行。综上所述，贵州雨田公司的诉讼请求不能成立。贵州雨田公司不服甘肃高院一审判决，向最高人民法院上诉。

【裁判观点】

公司登记对社会具有公示公信效力，善意第三人有权信赖公司登记机关的登记文件，登记表现的权利外观应作为认定股权权属的依据。本案中，2016年8月10日，贵州雨田公司与付某签订代持股协议书，约定付某代贵州雨田公司持有雨田投资公司10%的股权。雨田投资公司的《企业信用信息公示报告》显示，付某持有雨田投资公司10%的股权。贵州雨田公司在二审中提交两组证据，证明其与付某之间存在股权转让关系，贵州雨田公司按照股权转让协议的安排支付了对价。最高人民法院认为，该两组证据仅能证明贵州雨田公司与付某之间进行了股权转让，但双方关于股权转让的约定和案涉代持股协议书均仅在协议签订双方之间具有法律效力，对外不具有公示效力，不能对抗第三人。在诉争股权仍然登记在付某名下的情形下,逸彭企业作为申请执行人有理由相信工商行政管理机关的登记和企业信用信息公示系统公示的信息是真实的。因此,不论贵州雨田公司是否支付对价,均不能以其与付某之间的代持股关系排除人民法院的强制执行行为。故最高人民法院对贵州雨田公司二审中提交的两组证据的关联性不予认定。贵州雨田公司关于逸彭企业并非本案善意相对人,对登记不存在信赖利益的主张,缺乏事实和法律依据,最高人民法院不予支持。综上所述,一审认定贵州雨田公司对案涉股权不享有足以排除强制执行的民事权益,该认定并无不当,最高人民法院予以维持。

关于贵州雨田公司能否依据贵阳仲裁委员会作出的(2019)贵仲裁字第0074号裁决书主张排除执行的问题。《异议复议规定》第25条第2款规定:“案外人依据另案生效法律文书提出排除执行异议,该法律文书认定的执行标的权利人与依照前款规定得出的判断不一致的,依照本规定第二十六条规定处理。”第26条第2款规定:“金钱债权执行中,案外人依据执行标的被查封、扣押、冻结后作出的另案生效法律文书提出排除执行异议的,人民法院不予支持。”本案中,一审法院依据最高人民法院(2016)最高法民终619号民事调解书作出(2017)甘执14号执行裁定,于2017年6月8日冻结了付某持有的雨田投资公司10%的股权。2019年1月23日,贵阳仲裁委员会依据贵州雨田公司的仲裁申请,作出(2019)贵仲裁字第0074号裁决书,确认付某持有的雨田投资公司10%的股权为贵州雨田公司实际所有。一审法院查封、冻结案涉股权的时间早于贵阳仲裁委员会作出裁决书的时间。一审根据前述法律规定和事实认定,案涉股权冻结后贵阳仲裁委员会作出的裁决书不能排除对案涉股权的强制执行,该认定并无不当,最高人民法院予以维持。

【要点评析】

代持股协议书仅在协议签订双方之间具有法律效力,对外不具有公示效力,不能对抗第三人。该第三人并不限于善意相对人,在诉争股权仍然登记在被执行人名下的情形下,申请执行人有理由相信公司登记机关的登记和企业信用信息公示系统公示的信息是真实的,故案外人不能排除案涉股权的执行。

案例2　黄某、李某与皮某、广元市蜀川矿业有限责任公司案外人执行异议之诉案

【裁判要旨】

作为具有完全民事行为能力的自然人,应当具有预知法律风险的能力,基于对风险的认知,当事人仍选择被执行人作为代持股权人系其对自身权利的处分,发生的不利后果也应由其承担。另根据商事外观主义原则,有关公示体现出来的权利外观,导致第三人对该权利外观产生信赖,即使真实状况与第三人信赖不符,只要第三人的信赖合理,第三人的民事法律行为效力即应受到法律的优先保护。因此,名义股东的非基于股权处分的债权人亦应属于法律保护的"第三人"范畴。

【案例索引】

(2019)最高法民再45号

【基本案情】

皮某与广元市蜀川矿业有限责任公司(以下简称蜀川公司)民间借贷纠纷案,四川省德阳市中级人民法院(以下简称德阳中院)冻结了蜀川公司持有的成都市新津融金小额贷款有限公司(以下简称新津小贷公司)5%的案涉股权。黄某、李某向德阳中院提出执行异议,德阳中院于2016年12月9日作出(2016)川06执异37号民事裁定书驳回黄某、李某的异议请求,黄某、李某遂提起本案诉讼。

德阳中院查明,黄某、李某是夫妻关系。黄某原系蜀川公司的股东并兼任公司法定代表人,后黄某将其持有的蜀川公司的全部股份转让给权某某并退出公司,蜀川公司现任法定代表人为权某某。2012年2月13日,蜀川公司与四川广达建筑安装工程集团有限公司及其他16位自然人股东发起设立新津小贷公司,公司注册资本为10,000万元。2011年12月19日,黄某通过中国工商银行广元分行营业部将现金500万元转入蜀川公司指定的银行账户,该转账凭证上载明:支付黄某成都投资款。2011年12月20日,蜀川公司将黄某转入的500万元投资款再转入新津小贷公司的银行账户。蜀川公司名义上向新津小贷公司投资500万元,占公司5%的股权。国家企业信用信息公示系统显示,蜀川公司系新津小贷公司的登记股东，投资额为500万元，占公司5%的股权。2012年5月31日，黄某、李某与蜀川公司签订《确认书》，载明：2011年12月19日黄某向蜀川公司转账500万元，2011年12月20日以蜀川公司名义向新津小贷公司出资500万元，占公司5%的股权；现各方确认该股份实际系黄某出资，股份归黄某所有，其股东权利义务由黄某享有和承担；蜀川公司只是名义上的持股人，不实际享有公司股东权利和承担股东义务；公司股份在具备过户条件时，按照法律规定过户给黄某，在未过户前，该股份由黄某行使股东权利和履行股东义务，若需要变更过户手续由蜀川公司提供。2011年12月27日，新津小贷公司召开第一次股东会，黄某作为蜀川公司的委派代表参加会议并被选举为公司监事。在以后新津小贷公司召开的多次股东会会议中，黄某、李某作为蜀川公司的委派代表或者以新津小贷公司的股东身份参加会议并行使表决权；在多次监事会会议中，黄某、李某以监事身份参加会议并行使表决权。2015年4月3日，新津小贷公司通过中国工商银行将2012年度和2013年度的股东分红共41万元直接转入黄某指定的银行账户。2017年1月17日，新津小贷公司出具证明：黄某、李某以蜀川公司名义成为公司股东，出资500万元，占公司5%的股份；黄某、李某全程参与公司筹建，直接参加公司的股东会议、董事会议和监事会议，行使股东权利和监事权利；公司的利润分配是直接打入黄某、李某的银行账户，公司知晓黄某、李某是蜀川公司所持股份的实际出资人。

德阳中院判决确认登记在蜀川公司名下的新津小贷公司5%的股权属于黄某、李某所有，并不得执行登记在蜀川公司名下的新津小贷公司5%的股权。

四川省高级人民法院（以下简称四川高院）认为，关于黄某、李某作为新津小贷公司的实际投资人是否具有排除强制执行的民事权利。

首先，黄某、李某请求确认案涉股权归其所有的前提为：(1)黄某系案涉股权的实际投资人；(2)李某与黄某系夫妻关系，基于夫妻财产共有制，案涉股权属于夫妻共同所有。对此，四川高院认为，黄某通过蜀川公司向新津小贷公司出资500万元，在案涉股权被查封之前，黄某以股东身份参与了新津小贷公司的经营管理，新津小贷公司一半以上的股东均知晓其系新津小贷公司案涉股权的实际投资人，并认可其股东身份，且黄某从新津小贷公司处收取了股权对应的分红，其股东身份还得到了新津小贷公司的认可，黄某的确是新津小贷公司的实际投资人，在案涉股权被查封之前，依照《公司法解释（三）》第24条关于“有限责任公司的实际出资人与名义出资人订立合同，约定由实际出资人出资并享有投资权益，以名义出资人为名义股东，实际出资人与名义股东对该合同效力发生争议的，如无法律规定的无效情形，人民法院应当认定该合同有效。前款规定的实际出资人与名义股东因投资权益的归属发生争议，实际出资人以其实际履行了出资义务为由向名义股东主张权利的，人民法院应予支持。名义股东以公司股东名册记载、公司登记机关登记为由否认实际出资人权利的，人民法院不予支持。实际出资人未经公司其他股东半数以上同意，请求公司变更股东、签发出资证明书、记载于股东名册、记载于公司章程并办理公司登记机关登记的，人民法院不予支持”的规定，黄某既基于股权代持关系享有案涉股权对应的投资权益，也基于半数以上股东认可其实际股东身份的事实享有请求确认投资权益所对应的案涉股权归其所有、确认其股东身份，使其就案涉股权所享有的投资权益转化为对外宣示的股权的债权请求权。但是，当案涉股权被法院查封后，根据2008年《查扣冻规定》第26条①的第1款关于“被执行人就已经查封、扣押、冻结的财产所作的移转、设定权利负担或者其他有碍执行的行为，不得对抗申请执行人”的规定，执行标的物在强制执行阶段的权属状态变动和处分将受到强制执行措施的限制，执行标的物在强制执行行为发生时的权属状态具有优先性，在强制执行行为实施后，如果当事人针对执行标的物提出的权利主张导致标的物权属状态发生变动，进而与强制执行行为实施时标的物权属状态发生冲突的，不能得到法律支持，不能对抗申请执行人。具体到本案，在案涉股权被查封后，黄某所提出的“确认蜀川公司所持的新津小贷公司5%的股权属于黄某”的诉讼请求旨在要求“投资权益显名化”，该项诉讼请求将会导致黄某在案涉股权查封前就案涉股权所享有的债权性投资权益以及“投资权益显名

① 现《查扣冻规定》第24条。

化”的债权请求权直接转变为对案涉股权的所有权，进而与案涉股权在查封时的权属状态产生根本性冲突，其实质是变相请求对处于查封状态下的案涉股权权属进行变更和处分。在案涉股权处于查封状态的情况下，黄某提出的关于确认其享有案涉股权的诉讼请求，缺乏法律依据，不能对抗执行申请人，四川高院依法不予支持。同理，黄某、李某基于夫妻共同财产制，请求确认共同享有案涉股权的诉讼请求亦不能成立，四川高院依法亦不予支持。

其次，依照《公司法》第 32 条第 3 款关于“公司应当将股东的姓名或者名称向公司登记机关登记；登记事项发生变更的，应当办理变更登记。未经登记或者变更登记的，不得对抗第三人”的规定，新津小贷公司应将黄某、李某作为股东，进行登记。本案中，新津小贷公司的登记信息记载的股东为蜀川公司，就风险预知与风险控制的角度而言，黄某、李某系具有完全民事行为能力的一般理性人，作为新津小贷公司的实际投资人，明知新津小贷公司的登记股东与实际投资人不一致，其既有能力预见由此所导致的包括案涉股权因蜀川公司对外债务可能被法院查封乃至执行在内的各类交易风险，也完全有能力、有机会要求新津小贷公司将登记股东变更为自己，改变此种权利外观与实际状况不一致的情况，确保自身对新津小贷公司的投资权益能够对抗第三人，从而消除前述交易风险。但是黄某、李某却放任产生新津小贷公司实际投资人与登记股东不一致的情况且该种情况持续存在，黄某、李某对案涉股权外观与实际情况不一致存在过错，由此所导致的各类交易风险应由其自行承担。

最后，作为参与商事交易的主体，公司系以自身的全部资产对所有的商事交易承担责任。公司对外所展示的包括股权登记信息在内的资产状况，从整体上构成了与之交易的善意相对人判断公司是否具备履约能力的资信基础。换言之，登记信息作为公司对外公示的权利外观的一部分，构成了善意相对人判断公司综合商业能力的信赖外观，登记信息作为具有公示公信效力的资产信用外观，系善意相对人与公司进行交易时的合理信赖和考量因素，善意相对人对公司的登记具有法律上的信赖利益。因此，《公司法》第 32 条第 3 款关于“公司应当将股东的姓名或者名称向公司登记机关登记；登记事项发生变更的，应当办理变更登记。未经登记或者变更登记的，不得对抗第三人”的规定中的“第三人”应当是指基于登记而信赖公司具有履约能力，从而与公司进行商业交易的善意无过失的第三人，而不应仅限于基于权利外观的信赖与登记股东发生股权交易的第三人。具体到本案，登记公示信息显示蜀川公司对新津小贷公司享有5%的股权，该信息是蜀川公司对外公示的权利外观，显然构成蜀川公司所展示的履约能力的资产信用保证。皮某作为与蜀川公司进行交易的第三人，对蜀川公司享有新津小贷公司5%的股权的权利外观存在合理的信赖利益，本案中，并无证据证明皮某明知实际享有新津小贷公司5%的股权的利益主体是黄某和李某，却仍与蜀川公司进行交易，皮某在与蜀川公司交易中系善意无过错的相对人，依照《公司法》第32条第3款关于“公司应当将股东的姓名或者名称向公司登记机关登记；登记事项发生变更的，应当办理变更登记。未经登记或者变更登记的，不得对抗第三人”的规定，实际投资人黄某和李某就案涉股权所享有的利益不能对抗皮某就案涉股权所享有的信赖利益，即皮某就案涉股权所享有的信赖利益应当受到法律的优先保护，蜀川公司因未清偿到期债务被列为被执行人，皮某有权依照登记信息载明的股权归属申请对蜀川公司享有的新津小贷公司5%的股权强制执行，黄某、李某不能基于其对案涉股权所享有的利益排除法院的强制执行。

【裁判观点】

本案的焦点问题为黄某、李某对案涉股权享有的实际权益，能否阻却其他债权人对名义股东名下持有的案涉股权的执行。

首先，关于投资权益显名化其实质是否为变相请求对处于查封状态下的案涉股权权属进行变更和处分的问题。根据2008年《查扣冻规定》第26条[①]的规定：“被执行人就已经查封、扣押、冻结的财产所作的转移、设定权利负担或者其他有碍执行的行为，不得对抗申请执行人。”而本案系因代持股权引发的纠纷，投资权益显名化的核心是确认代持股权的法律关

① 现《查扣冻规定》第24条。

系,并非对已查封股权的处分和转移,仅仅是恢复事物的本来面目,进而保护实际出资人对案涉股权享有的实际权益。故对黄某、李某的该项主张,本院予以采纳。二审法院对该部分的理解有误,本院予以纠正。但仅该项理由成立,并不能引起本院对案件实质结果的改变。

其次,根据已查明的事实不足以证明新津小贷公司至少需要一家企业法人作为出资人的强制性规定,且在新津小贷公司的出资人中蜀川公司并非唯一的企业法人。同时,在股权锁定期届满后,黄某、李某也未举示证据证明其曾积极督促蜀川公司进行股权变更登记,黄某、李某作为具有完全民事行为能力的自然人,应当具有预知法律风险的能力,基于对风险的认知黄某、李某仍选择蜀川公司作为代持股权人系其对自身权利的处分,发生的不利后果也应由其承担。对于黄某、李某称因债务纠纷导致蜀川公司下落不明,无法办理股权变更的意见,因自股权锁定期届满至股权被查封前,黄某仍担任蜀川公司的法定代表人长达一年多的时间,其陈述蜀川公司下落不明无法办理股权变更的意见明显不成立,本院不予采信。且按照一般的商事裁判规则,动态利益和静态利益之间产生权利冲突时,原则上优先保护动态利益。本案所涉民间借贷关系中债权人皮某享有的利益是动态利益,而黄某、李某作为隐名股东享有的利益是静态利益。根据权利形成的先后时间,如果代为持股形成在先,则根据商事外观主义,债权人的权利应当更为优先地得到保护;如果债权形成在先,则没有商事外观主义的适用条件,隐名股东的实际权利应当得到更为优先的保护。因案涉股权代持形成在先,诉争的名义股东蜀川公司名下的股权可被视为债务人的责任财产,债权人皮某的利益应当得到优先保护。故黄某、李某的该项再审理由不成立,本院不予支持。

最后,关于《公司法》第32条的理解与适用问题。该条规定:"公司应当将股东的姓名或者名称向公司登记机关登记;登记事项发生变更的,应当办理变更登记。未经登记或者变更登记的,不得对抗第三人。"登记是对股权情况的公示,与公司交易的善意第三人及登记股东之债权人有权信赖工商机关登记的股权情况并据此作出判断。其中"第三人"并不限缩于与显名股东存在股权交易关系的债权人。根据商事外观主义原则,有关公示体现出来的权利外观，导致第三人对该权利外观产生信赖，即使真实状况与第三人信赖不符，只要第三人的信赖合理，第三人的民事法律行为效力即应受到法律的优先保护。基于上述原则，名义股东的非基于股权处分的债权人亦应属于法律保护的“第三人”范畴。本案中，李某、黄某与蜀川公司之间的股权代持关系虽真实有效，但其仅在双方之间存在内部效力，对于外部第三人而言，股权登记具有公信力，隐名股东对外不具有公示股东的法律地位，不得以内部股权代持关系有效为由对抗外部债权人对显名股东的正当权利。故皮某作为债权人依据登记记载的股权归属，有权向人民法院申请对该股权强制执行。二审法院的认定并无不当。

综上所述，虽然黄某、李某再审申请理由部分成立，但本院经审理后认为，二审法院对投资权益显名化的实质理解有误，但其裁判结果与本院审理的客观结果一致，对皮某权利并未构成实质性影响，故此问题不足以影响本院对案件的实体处理。黄某、李某的再审请求不成立，应予驳回。

【要点评析】

如隐名股东具有主观可归责性，案外人不得依据股权代持关系排除强制执行。动态利益和静态利益之间产生权利冲突时，原则上优先保护动态利益。本案所涉民间借贷关系中债权人享有的利益是动态利益，而案外人作为隐名股东享有的利益是静态利益。从这一角度，债权人的利益亦应当得到优先保护。动态利益和静态利益之间产生权利冲突时，原则上优先保护动态利益。本案所涉民间借贷关系中债权人享有的利益是动态利益，而案外人作为隐名股东享有的利益是静态利益。从这一角度论述，债权人的利益亦应当得到优先保护。

第三节　基于股权让与担保的异议之诉

法律依据

《民法典担保解释》第68条　债务人或者第三人与债权人约定将财产形

式上转移至债权人名下,债务人不履行到期债务,债权人有权对财产折价或者以拍卖、变卖该财产所得价款偿还债务的,人民法院应当认定该约定有效。当事人已经完成财产权利变动的公示,债务人不履行到期债务,债权人请求参照民法典关于担保物权的有关规定就该财产优先受偿的,人民法院应予支持。

债务人或者第三人与债权人约定将财产形式上转移至债权人名下,债务人不履行到期债务,财产归债权人所有的,人民法院应当认定该约定无效,但是不影响当事人有关提供担保的意思表示的效力。当事人已经完成财产权利变动的公示,债务人不履行到期债务,债权人请求对该财产享有所有权的,人民法院不予支持;债权人请求参照民法典关于担保物权的规定对财产折价或者以拍卖、变卖该财产所得的价款优先受偿的,人民法院应予支持;债务人履行债务后请求返还财产,或者请求对财产折价或者以拍卖、变卖所得的价款清偿债务的,人民法院应予支持。

债务人与债权人约定将财产转移至债权人名下,在一定期间后再由债务人或者其指定的第三人以交易本金加上溢价款回购,债务人到期不履行回购义务,财产归债权人所有的,人民法院应当参照第二款规定处理。回购对象自始不存在的,人民法院应当依照民法典第一百四十六条第二款的规定,按照其实际构成的法律关系处理。

制度研究

《民法典担保解释》第68条对让与担保的概念、效力以及实行方式作出了规定,在一定程度上填补了让与担保法律制度的空白。但让与担保不同于典型的担保物权类型,其以所有权转让的方式来实现对债权的担保,造成公示效果和担保目的之间的背离,继而容易引发担保权人、担保人与第三人之间的权利冲突。在执行程序中,基于股权让与担保所产生的执行异议、执行异议之诉的类型主要有两种情形:

一种情形是申请执行人执行登记在被执行人名下的股权,案外人依据让与担保中的股权转让协议主张实体权利,要求排除执行。此种情形下,让与担保以股权转让的外在形式出现,即法院查封登记在被执行人名下的股权后,案外人主张其与被执行人之间系股权转让关系,从而提出执行异议之诉。审查中，需要对被执行人与案外人之间的法律关系进行实质审查，如果二者之间是让与担保的法律关系，案外人的法律地位则为债权人而非股东，此时如果支持案外人的主张相当于认可了股权归案外人所有，与《民法典担保解释》第 68 条第 2 款关于让与担保中禁止流质或流押的规定相违背。因此，即使案外人已经依据股权转让协议行使了股东权利，亦不能排除对股权的强制执行，应驳回案外人的诉讼请求。

另一种情形则是申请执行人执行登记在被执行人名下的股权，该股权系案外人提供的担保并登记至被执行人名下，案外人对此主张实体权利，要求排除执行。在此情形下审查案外人的异议，关键问题在于申请执行人对股权的信赖利益与担保人对股权的实际权利，谁更具有优先保护性。在股权代持关系中，隐名股东的权利是不能排除强制执行的。同样地，在股权让与担保关系中，申请执行人对案涉股权登记存有信赖利益，根据商事外观主义原则，其信赖利益更应优先得到保护，故担保人对股权享有的权利仍然不能排除强制执行。此外，与一般股权代持不同的是，在股权让与担保中，名义股东的债权人申请对股权强制执行，相当于以担保人的股权估价清算后提前清偿所担保的债务，在申请执行人的执行利益存在不测风险的情况下，通过以担保人的股权估价提前清偿所欠被执行人债务的方式实现申请执行人的利益，可能存在申请执行人执行利益落空的风险①。值得讨论的是，担保人如主动选择通过提前清偿债务的方式取回股权，能否获得排除强制执行的权利。对于这一问题，目前并没有明确的法律规定，亦无相关的司法实践，对此可以参照《查扣冻规定》第 14 条关于所有权保留的规则进行处理。该条规定，被执行人将其财产出卖给第三人，第三人已经支付部分价款并实际占有该财产，但根据合同约定被执行人保留所有权的，人民法院可以查封、扣押、冻结；第三人要求继续履行合同的，向人民法院交付全部余款后，裁定解除查封、扣押、冻结。该条是所有权保留制度中关于被执行人保留所有权财产执行的规定，所有权保留制度与让与担保制度同为非典型担保制度，同样是通过实体权利的让渡以担保债权的实现，在担保人主动清偿债务的情况下，通过权利让渡担保的主债权已经实

① 参见司伟、陈泫华：《股权让与担保效力及内外部关系辨析——兼议〈民法典担保制度解释〉第 68 条、第 69 条》，载《法律适用》2021 年第 4 期。

现,此时应当回归到权利原本状态。况且,担保人主动清偿债务后,相当于通过执行被执行人的到期债权替代了涉案股权,对申请执行人的权利影响相对较小,故此时可以认定担保人获得了排除强制执行的权利。

理解与适用

根据《民法典担保解释》第 68 条第 1 款之规定,债务人或者第三人与债权人约定将财产形式上转移至债权人名下,债务人不履行到期债务,债权人有权对财产折价或者以拍卖、变卖该财产所得价款偿还债务的,人民法院应当认定该约定有效。结合《九民纪要》第 71 条的相关内容,"股权让与担保"是指债务人或第三人将其所持有的公司股权,形式上转让至债权人名下作为担保财产的非典型担保。在股权让与担保中,需要原股东与债权人进行形式上的股权转让,将债权人变更为标的公司的名义股东。如此,原股东便难以"绕过"债权人处置公司股权,如对外转让股权、为股权设立新的质权等,从而确保了债权人对该项财产的控制力——如债务到期清偿,则债权人将该股权返还至原股东;如债务未能如约清偿,则债权人可请求对拍卖、变卖该股权所得的价款优先受偿。

《民法典担保解释》以及《九民纪要》均认可让与担保中的担保效力,但是其中约定构成流质条款的,该约定本身无效。"禁止流质"旨在避免债权人滥用其优势地位压低担保财产的价值以谋取不当利益,但总体评价来说并不影响担保的意思表示效力,即原股东仍应承担担保责任。在股权让与担保中,由于股权外观与实际股东的"错位",导致当名义股东陷入债权纠纷,其债权人向法院申请执行时,根据登记记载,公司股权登记于名义股东名下,故可能存在名义股东的债权人请求人民法院查封、执行该股权的情况。该债权人因作为执行财产的涉案股权归属人与原股东之间产生争议时,原股东可以提起执行异议之诉进行权利救济。正如前文分析,让与担保中并不因权利登记变动而直接产生所有权转移的效果,该股权并非名义股东实际所有的财产,因此原股东可以通过执行异议之诉来保障其自身权利,并在执行异议之诉中提出确认股东资格的诉讼请求。

操作指引

《民法典担保解释》第68条基本源自《九民纪要》第71条，共同反映出关于让与担保的司法态度：一方面，尊重当事人意思自治，认可让与担保合同的效力；另一方面，以典型担保物权的法律框架构建让与担保的法律规则，在完成权利变动公示的情况下，赋予其担保物权效力，但不支持担保权人的所有权主张，不认可流押条款、流质条款的效力，担保权的实行方式准用抵押、质押的法律规定。因此，案外人如系股权让与担保关系中的债权人，其并不能根据让与担保合同主张所有权，故其不享有排除法院强制执行的权利；同理，若被执行人为股权让与担保关系中的债权人，在案外人清偿债务后，即使股权登记在被执行人名下，被执行人也不实际享有股权，此时案外人得以排除对股权的执行。

股权让与担保在对外效力上既然涉及外部第三人，则不可避免地会产生与相关执行债权人的关系问题。若担保人兼实际股东的其他债权人对股权申请强制执行，则让与担保权人可提出执行异议，由于执行程序采用外观主义判断财产权利人，故一般情况下担保人兼实际股东的执行债权人难以就登记在担保权人名下的股权申请执行。但在有确切证据证明担保人是股权的实际权利人时，其他债权人仍然可就股权申请强制执行。而基于让与担保的担保属性，法院在执行过程中只需保障担保权人对股权拍卖、变卖所得价款的优先受偿地位，即不损害让与担保权人的实体权益。此时让与担保权人不能以其名义股东的身份主张排除强制执行，否则将有损申请执行人的合法权益。让与担保权人认为其优先受偿权受到损害的，可以通过执行分配方案异议之诉予以救济。①

① 参见司伟、陈泫华：《股权让与担保效力及内外部关系辨析——兼议〈民法典担保制度解释〉第68条、第69条》，载《法律适用》2021年第4期。

审判前沿

汉宸国际工程设计集团有限公司、中航信托股份有限公司等案外人执行异议之诉案

【裁判要旨】

股权转让双方的真实意思表示是为了转让股权取得对价，还是以转让股权的方式为债务提供担保，可以结合是否存在被担保的主债权债务关系，是否存在股权回购条款，股东是否享有并行使股东权利等内容考察判断。认定股权让与担保关系成立的可以排除执行。申请执行人申请追加该名义股东为被执行人的，人民法院应当不予支持。

【案例索引】

(2022)鲁01民终899号

【基本案情】

济南腾骐置业有限公司(以下简称济南腾骐公司)系一人有限责任公司，其股东为山东腾骐公司。2015年2月，中航信托股份有限公司(以下简称中航信托公司)作为受托人，设立了706号信托计划，并与山东腾骐公司签订了股权转让与回购合同，根据上述两份文件，山东腾骐公司将其持有的济南腾骐公司100%股权以5000万元的价格全部转让给中航信托公司，用于改善济南腾骐公司下属及关联公司财务结构，回购支付期限为18个月，山东腾骐公司应当于信托计划届满前的5日内或提前回购日一次性足额支付标的股权回购基本价款和最后期行权费。同日，济南腾骐公司修改了公司章程并于2015年3月10日进行了工商变更登记，将其股东变更为中航信托公司，中航信托公司为济南腾骐公司的法人独资股东。致同会计师事务所和中审众环会计师事务出具的2015~2019年中航信托公司的历年审计报告表明，中航信托公司的信托财产与中航信托公司的固有财产分别管理、分别记账、分别核算，未列入中航信托公司财务报表。

济南市历下区人民法院(以下简称一审法院)于2019年9月5日作出(2019)鲁01民终55号民事判决，判令济南腾骐公司向汉宸国际工程设计集团有限公司(以下简称汉宸设计公司)支持设计费220万元及违约金。

案件执行过程中，一审法院根据汉宸设计公司的申请作出(2020)鲁002执异61号执行裁定书，以中航信托公司不能证明济南腾骐公司的财产独立于自己的财产为由，追加中航信托公司为被执行人，承担(2019)鲁0102民初55号民事判决书判定的义务。中航信托公司不服提起执行异议，后一审法院于2021年6月3日作出(2021)鲁0102民初2488号民事判决书，判令不予追加原告中航信托公司为被执行人。汉宸设计公司不服提起上诉，济南市中级人民法院(以下简称济南中院)于2021年8月19日作出(2021)鲁01民终6832号民事裁定书，将本案发回重审。一审法院作出(2021)鲁0102民初10812号民事判决，汉宸设计公司不服向济南中院上诉，济南中院于2022年3月18日作出(2022)鲁01民终899号判决，驳回汉宸设计公司上诉，维持原判。

【裁判观点】

一审法院认为，本案案外人执行异议之诉纠纷。本案争议焦点为中航信托公司是否为济南腾骐公司的真实股东。

中航信托公司主张其与山东腾骐公司签订的股权转让与回购合同，明确约定了山东腾骐公司负有回购义务，且回购价格为股权转让价款加上相当于利息的行权费。中航信托公司并不参与济南腾骐公司的经营管理，未行使股东权利。双方的真实意思是以案涉股权为706号信托计划出借给山东腾骐公司的5000万元贷款提供担保。原告中航信托公司名义上取得的股权，本质为债权，即“明股实债”，主张双方实际上是债权债务关系。因此，要解决本案争议焦点问题，首先应理清中航信托公司与山东腾骐公司之间的法律关系。

一审法院认为，本案的信托计划中，中航信托公司是受托人，委托人为受益人。而要分辨基于信托合同产生的济南腾骐公司股权变更的行为系公司法上的股权转让行为还是中航信托公司所述称的股权让与担保行为，一审法院认为，认定某一交易是股权转让还是以股权转移至债权人名下的方式为债务履行提供了担保，应当从两者的本质区别出发，识别股权转让双方的真实意思表示是为了转让股权取得对价，还是以转让股权的方式为债务提供担保，通常情况下，可以从以下几个因素加以考察：是否存在被担保的主债权债务关系，是否存在股权回购条款，股东是否享有并行使股东权利等内容。结合本案中的《信托计划》《回购合同》《资金保管合同》的内容来看，该交易的实质内容是中航信托公司出于到期收取固定收益的目的，而为山东腾骐公司进行的一种融资借款行为，属于信托公司的正常经营活动。该股权转让关系的实质是济南腾骐公司通过股权转让并办理变更登记，使中航信托公司获得名义股东地位，在债务不能清偿时，中航信托公司可依其股东身份取得资产处置的主动权。《九民纪要》第89条规定，信托公司在资金信托成立后，以募集的信托资金受让特定资产或者特定资产收益权，属于信托公司在资金依法募集后的资金运用行为，由此引发的纠纷不应当认定为营业信托纠纷。如果合同中约定由转让方或者其指定的第三方在一定期间后以交易本金加上溢价款等固定价款无条件回购的，无论转让方所转让的标的物是否真实存在、是否实际交付或者过户，只要合同不存在法定无效事由，对信托公司提出的由转让方或者其指定的第三方按约定承担责任的诉讼请求，人民法院依法予以支持。当事人在相关合同中同时约定采用信托公司受让目标公司股权、向目标公司增资方式并以相应股权担保债权实现的，应当认定在当事人之间成立让与担保法律关系。当事人之间的具体权利义务，根据本纪要第71条的规定加以确定。因此，山东腾骐公司与中航信托公司的股权转让行为，事实上系以涉案股权为标的进行的让与担保，中航信托公司并非实际股东。有限公司的股权职能中包括财产权及社员权，而股权让与担保本身仅涉及其中的财产权部分，但不影响实际股东社员权的行使，山东腾骐公司并不因此完全丧失股东权利。

【要点评析】

本案中，中航信托公司与山东腾骐公司的股权转让行为系股权让与担保，济南腾骐公司的股权变更登记后，中航信托公司并不掌握其实际控制权。济南腾骐公司所有经营活动实际仍由其原股东山东腾骐公司控制，中航信托公司不干涉济南腾骐公司一切正常经营活动。根据《民法典担保解释》第69条的规定，在股权让与担保情形下，不适用股权登记的外观主义，因此不能追加中航信托公司为被执行人。

第四节　基于股权共有的异议之诉

法律依据

《民法典》第 303 条　共有人约定不得分割共有的不动产或者动产，以维持共有关系的，应当按照约定，但是共有人有重大理由需要分割的，可以请求分割；没有约定或者约定不明确的，按份共有人可以随时请求分割，共同共有人在共有的基础丧失或者有重大理由需要分割时可以请求分割。因分割造成其他共有人损害的，应当给予赔偿。

《民法典》第 304 条　共有人可以协商确定分割方式。达不成协议，共有的不动产或者动产可以分割且不会因分割减损价值的，应当对实物予以分割；难以分割或者因分割会减损价值的，应当对折价或者拍卖、变卖取得的价款予以分割。

共有人分割所得的不动产或者动产有瑕疵的，其他共有人应当分担损失。

《民法典》第 1062 条　夫妻在婚姻关系存续期间所得的下列财产，为夫妻的共同财产，归夫妻共同所有：

（一）工资、奖金、劳务报酬；

（二）生产、经营、投资的收益；

（三）知识产权的收益；

（四）继承或者受赠的财产，但是本法第一千零六十三条第三项规定的除外；

（五）其他应当归共同所有的财产。

夫妻对共同财产，有平等的处理权。

《查扣冻规定》第 12 条　对被执行人与其他人共有的财产，人民法院可以查封、扣押、冻结，并及时通知共有人。

共有人协议分割共有财产，并经债权人认可的，人民法院可以认定有效。查封、扣押、冻结的效力及于协议分割后被执行人享有份额内的财产；对其他共有人享有份额内的财产的查封、扣押、冻结，人民法院应当裁定予以解除。

共有人提起析产诉讼或者申请执行人代位提起析产诉讼的，人民法院应当准许。诉讼期间中止对该财产的执行。

制度研究

《民法典》第 303 条、第 304 条规定了共有物的分割请求权，但未在《物权法》（已废止）的基础上进一步明确民事主体应如何行使共有物分割请求权以及该权行使后的法律效果。[①] 股权作为法人这一民事主体的商事权利，虽然《民法典》对民事主体可以依法享有股权等投资性权利予以确认，但股权共有并未明确规定在《民法典》以及《公司法》之中。尽管最高人民法院曾在《公司法解释（三）（征求意见稿）》第 35 条对于共有股权行使规则进行了规定：两个或者两个以上的民事主体共同持有公司股份，公司、股东或者公司债权人主张股份共有人承担连带缴纳股款责任的，人民法院应予支持。两个或者两个以上的民事主体共同持有公司股份的，共有人应当确定代表人行使股权。股份共有人没有确定行使股权代表人，公司主张对其中一人发出的通知或者分配，效力及于全体共有人，其中一人行使股权的效力及于全体共有人的，人民法院应予支持。但这一规定在 2011 年正式颁布的《公司法解释（三）》时被删除，现行法律及司法解释中没有关于“共有股权”之表述。在夫妻共同财产的认定上，尽管《民法典》第 1062 条并未明确股权属于夫妻共同财产中的“生产、经营、投资的收益”，但一般来说执行程序中共有股权也属于可被执行财产。执行共有股权的过程中申请执行人与共有权人之间极易引发共有权人提起的执行异议之诉以及析产诉讼，如何平衡二者之间的权益是困扰实务界的难题。

理解与适用

基于股权共有关系提起的执行异议之诉，主要存在两种情形：一种情形是被执行人与案外人基于合同关系形成的共有；另一种情形是被执行人与案外人基于特殊的身份关系形成的共有，常见于夫妻共同共有。

---

① 参见刘宇：《论共有物分割请求权的性质及行使方式》，载《财经法学》2021 年第 6 期。

(一)基于合同关系形成的共有

被执行人与案外人基于合同关系对股权形成共有关系,二者对案外人所享有的部分股权实质上形成了股权代持关系,此时案外人提出执行异议,应当参照基于股权代持提起的执行异议之诉的处理方式。

(二)基于身份关系(夫妻关系)形成的共有

被执行人的配偶对股权提起执行异议之诉,主要存在两种类型:一类是被执行人配偶以案涉股权为夫妻共同财产为由,请求法院排除执行;另一类则是被执行人配偶根据双方之间达成的财产分割协议,主张对案涉股权享有实际权利,从而向法院提起执行异议,要求排除对股权的执行。

对于第一种情形,主流观点认为,应当参照其他类型夫妻共同财产的处置方式,允许被执行人配偶得以排除一半份额的执行;另有少数观点认为,根据商事外观主义原则,被执行人配偶作为隐名股东,其权利不能对抗申请执行人对股权登记的信赖利益,故不能排除案涉股权的执行。但值得注意的是,夫妻财产共有关系导致配偶的隐名与股权代持关系导致实际出资人的隐名的性质完全不同。首先,前者的可归责性明显低于后者,股权代持协议中显名股东与隐名股东存在制造虚假登记外观的故意,而夫妻之间并不存在此种故意,夫妻共有股权登记在一方名下是我国目前的商事登记规范所导致①。其次,股权代持关系中隐名股东对股权享有的实际权利系源于其与显名股东之间的股权代持合同,此种合同关系往往具有隐秘性,除合同当事人之外的第三人一般不易得知,因此在商事交易活动中,更倾向于保护善意第三人对股权登记的信赖利益。但夫妻一方对股权享有的共有权系源于法律的规定,且夫妻关系经过婚姻登记具有一定的公示效力,因此申请执行人对股权登记信赖利益的优先保护性明显减弱。基于以上两点,在被执行人配偶享有的股权共有权与申请执行人享有的债权博弈中,应更倾向于保护被执行人配偶享有的股权共有权,即应允许被执行人配偶得以排除股权一半份额的执行。

需要注意的是,股权与不动产等其他财产的一个显著区别是,股权便于进行分割,而不动产等其他财产一般不宜分割。在执行不动产等其他财产时,因

---

① 参见冉克平、侯曼曼:《〈民法典〉视域下夫妻共有股权的单方处分与强制执行》,载《北方法学》2020 年第 5 期。

财产本身不宜实物分割，故即使存在共有关系，司法实践中也一般进行整体处分，然后为共有人保留一半的变价款。股权则不同，其本身便于分割，那么执行时能否仅变价共有股权中的50%呢？我们认为，如果仅变价其中50%的股权，意味着认可其他50%的股权属于配偶所有。但股权作为财产权的一种，是诸多权利束的集合①，兼具财产属性与人身属性，股东的配偶仅享有股权收益权，而其他管理性权能仅能由股东本人独立行使。若直接认可50%股权归配偶所有，不仅是对股权人身属性的突破，也会影响公司以及其他股东的利益。因此，在案外人执行异议之诉中，不宜直接认定其中50%的股权属于配偶，从而可以排除对该份额股权的执行；配偶享有的权利只能是对变价款中属于其份额部分的财产权，因而配偶只能对变价款的相应部分排除执行。

对于第二类案件，则需要区分财产分割协议形成的时间点。如果财产分割协议形成于法院查封股权之后，则该协议自然不能对抗申请执行人，即使按照分割协议股权全部归配偶所有，亦不能排除对股权的执行。此时如查明案涉股权为夫妻关系存续期间的共有财产，则可以允许案外人得以排除股权一半份额的执行。如果财产分割协议形成于法院查封股权之前，则就该协议效力能否对抗申请执行人，司法实践中并未形成统一的观点。但此情形类似于股权转让，在有证据证明被执行人配偶已经根据财产分割协议实际行使股东权利，同时被执行人配偶对尚未办理股权变更登记不存在过错的，应倾向于认定配偶的权利足以排除强制执行。

操作指引

根据《民法典》第303条与《查扣冻规定》第12条的规定，如果案外人及被执行人均未提起析产诉讼，申请执行人亦未代位提起析产诉讼，法院在确认被执行人享有案涉房产份额的前提下，可以对案涉房产采取查封、扣押、冻结，以及所延伸出的强制拍卖等执行行为，但必须及时通知共有人，并从强制拍卖所获得的执行款中保留案外人的共有财产份额。从地方司法实践看，山东省高级人民法院在《关于审理执行异议之诉案件若干问题的解答》中允许对共

① 参见梅夏英：《民法上"所有权"概念的两个隐喻及其解读——兼论当代财产权法律关系的构建》，载《中国人民大学学报》2002年第1期。

有财产整体处分，案外人可在执行程序中通过执行标的物变现后分割价款或行使优先购买权实现其权利。该文件中明确，当事人对执行标的物属共有财产没有争议，共有份额可以明确区分，且标的物可以分割的，案外人可以就相应份额请求排除执行。执行标的物不可分割或者分割会导致价值明显减损的，不能排除执行，案外人可在执行程序中通过执行标的物变现后分割价款或行使优先购买权实现权利。

析产诉讼与执行异议之诉同为共有权人的救济路径，共有股权被查封后，案外人可以提起执行异议之诉析产或直接提起析产诉讼主张权利，通过审判程序确定其份额。如果共有人怠于提起析产诉讼，也未进行协议分割或者债权人不同意协议分割方案的，应当允许对共有财产执行，并按照执行异议之诉中认定的共有份额保留相应的变现款项。另外需要注意的是，赋予申请执行人可以代位提起析产诉讼权利旨在保障执行程序能够顺利推进，提高执行效率。执行共有股权不以协议分割或提起析产诉讼为前提，只需要在执行程序中保留其他共有人份额内的变现价款即可。

审判前沿

曹某与张某、杨某某案外人执行异议之诉案

【裁判要旨】

夫妻关系存续期间以一方名义在有限责任公司的出资额是夫妻共同财产。基于案涉股权系夫妻共同财产，案外人对被执行人持有的一半股权享有足以排除强制执行的民事权益。但因案涉股权已经整体执行完毕，故案外人请求中止对案涉股权执行的诉讼请求，依法不能成立，案外人应当另案主张权利。

【案例索引】

(2019)渝民终335号

【基本案情】

张某诉杨某某等民间借贷纠纷案，重庆市第五中级人民法院（以下简称重庆五中院）于2015年6月4日冻结了杨某某持有的遵义兴茂房地产

开发有限公司(以下简称兴茂地产公司)24%的股权。该案进入执行程序后,杨某某的配偶曹某向重庆五中院提出执行异议,主张杨某某持有的兴茂地产公司24%的股权中12%的股权系曹某的个人财产,请求停止对杨某某持有的兴茂地产公司24%的股权中12%的股权的执行。重庆五中院于2018年5月29日,裁定驳回了曹某的异议申请。曹某不服该裁定,遂提起本案诉讼。

重庆五中院查明,杨某某与曹某系夫妻关系。国家企业信用信息公示系统显示杨某某系兴茂地产公司的股东,其持有该公司24%的股权。

重庆五中院认为,杨某某持有的兴茂地产公司24%的股权系在其与曹某婚姻关系存续期间投资取得,应属杨某某与曹某的夫妻共同财产。故对曹某要求确认杨某某截至2018年6月25日持有的兴茂地产公司24%的股权属于夫妻共同财产的诉讼请求,予以支持。但曹某请求停止执行杨某某持有的兴茂地产公司12%的股权的诉讼请求不能成立。法院在对曹某与杨某某夫妻共同财产进行拍卖时,应在夫妻共有财产范围内对杨某某所享有的财产份额进行处分,不得损害曹某的财产份额。

【裁判观点】

一、杨某某持有的兴茂地产公司24%的股权属于杨某某、曹某夫妻共同财产

1.《婚姻法》(已废止)第17条第1款规定:"夫妻在婚姻关系存续期间所得的下列财产,归夫妻共同所有:(一)工资、奖金;(二)生产、经营的收益;(三)知识产权的收益;(四)继承或赠与所得的财产,但本法第十八条第三项规定的除外;(五)其他应当归共同所有的财产。"本案中,因无证据证明杨某某享有的兴茂地产公司24%股权的出资系杨某某一方的婚前个人财产,也无证据证明杨某某与曹某在夫妻关系存续期间有财产归属的约定,故该股权系以夫妻共同财产出资形成。因股权能够带来收益,且公司解散、破产后的剩余财产归属于股东,故股权的财产属性符合"其他应当归共同所有的财产"的规定,属于夫妻共同财产。

2.虽然在《婚姻法》(已废止)第17条中没有明确列举夫妻在婚姻关系存续期间取得的股权归夫妻共同所有,但是根据《最高人民法院关于适

用〈中华人民共和国婚姻法〉若干问题的解释(二)》(已废止)第16条“人民法院审理离婚案件,涉及分割夫妻共同财产中以一方名义在有限责任公司的出资额,另一方不是该公司股东的,按以下情形分别处理……”之规定,可以认定在夫妻关系存续期间以一方名义在有限责任公司的出资额是夫妻共同财产的一部分,而非持有公司股权一方的个人财产。虽然该规定适用的情形是夫妻离婚时的财产分割,但是该情形不影响婚姻关系存续期间取得的股权属于夫妻共同财产的性质认定。

3. 未显名的夫妻一方是否享有公司股权与股权是否属于夫妻共同财产是两个不同性质的问题。依据《公司法》,只有具备股东资格的人才能享有和行使股东权利,而是否具备股东资格应当根据法律规定和公司文件来认定。不具备公司股东身份的人不能享有和行使表决权、知情权、利润分配权、转让出资等股东权利。本案中,杨某某系兴茂地产公司的显名股东,而曹某并非该公司登记的股东,故其不能与杨某某共同共有股权。在婚姻法层面,用夫妻共同财产出资获得的股权是夫妻共同财产的一种形式,在夫妻没有对婚姻关系存续期间财产分配进行约定的前提下,除法律另有规定外,均属夫妻共同财产。因此,未显名的股东与名义股东能否共同共有股权的问题与股权是不是夫妻共同财产的问题并无关联。综上所述,杨某某持有的兴茂地产公司24%的股权属于夫妻共同财产。张某的上诉请求不能成立,一审法院对股权性质的认定并无不当,应予维持。

二、关于曹某对杨某某持有的兴茂地产公司24%的股权是否享有足以排除强制执行的民事权益的问题

依据杨某某持有的兴茂地产公司24%的股权属于夫妻共同财产的事实,曹某对杨某某持有的兴茂地产公司12%的股权享有足以排除强制执行的民事权益,但因杨某某持有的兴茂地产公司24%的股权已经执行完毕且已转让给他人并完成交付,故曹某可以另案主张权利。

1. 遵义市播州区市场监督管理局出具的《企业信息查询单》上载明的内容显示,根据重庆五中院(2016)渝05执210号、212号,(2017)渝05执936号以物抵债裁定书,杨某某持有的兴茂地产公司的24%的股权已经于2018年6月25日办理登记至债权人张某名下,并于次日再次变更登记到

第三人宋某某名下,杨某某持有的兴茂地产公司24%的股权已经整体执行完毕。

2. 2015年《民事诉讼法解释》第315条第1款规定:"案外人执行异议之诉审理期间,人民法院不得对执行标的进行处分。申请执行人请求人民法院继续执行并提供相应担保的,人民法院可以准许。"本案中,根据张某陈述,在曹某提起案外人执行异议之诉之后,张某提供了相应担保,执行法院依据前述规定对执行标的进行了处分,并作出(2016)渝05执210号、212号,(2017)渝05执936号执行裁定书。因执行法院系依据法律规定作出上述裁定,且上述执行行为与本案的执行行为并非同一执行行为,故曹某请求撤销上述裁定的诉讼请求缺乏法律依据。曹某可根据前述规定以及执行的具体情况另案主张权利。

3. 2015年《民事诉讼法解释》第314条①第1款规定:"对案外人执行异议之诉,人民法院判决不得对执行标的执行的,执行异议裁定失效。"如前所述,虽然曹某对杨某某持有的兴茂地产公司12%的股权享有排除强制执行的民事权益,但是因杨某某持有的兴茂地产公司24%的股权已经执行完毕且已转让给他人并完成交付,故曹某可以另案主张权利,其在本案中要求停止执行12%的股权的上诉请求依法不予支持,同时对其请求撤销(2018)渝05执异223号执行裁定书的上诉请求亦不予支持。

【要点评析】

关于夫妻关系存续期间登记在一方名下的股权为夫妻共同财产,虽然未显名方与显名方在公司法层面,无法共同行使股东权利,但并不影响对股权系夫妻共同财产的认定。

关于案外人是否可以因案涉股权为夫妻共同财产而排除法院强制执行,一审、二审法院意见并不一致。二审法院虽然最终驳回了案外人的上诉请求,但其主要理由是因案涉股权已经执行完毕,无法停止执行,若案涉股权尚未执行完毕,则案外人得以排除法院的强制执行。我们认为,股权作为一项特殊的财产权,除具有财产权益内容外,还具有与股东个人的社

① 现《民事诉讼法解释》第312条。

会属性及其特质密不可分的人格权、身份权等身份权内容。如无特别约定，就自然人股东而言，股权仍属于商法规范内的私权范畴，其各项具体权能应由股东本人独立行使，不受他人干涉。曹某不能当然地以其为杨某某持有的兴茂地产公司24%的股权的共有人为由要求分得其中12%的股权。因此，在执行过程中，执行法院可以依法处置涉案股权，但变现后，应为曹某保留相应份额。

第五节　基于股息红利的异议之诉

法律依据

《民法典》第321条　天然孳息，由所有权人取得；既有所有权人又有用益物权人的，由用益物权人取得。当事人另有约定的，按照其约定。

法定孳息，当事人有约定的，按照约定取得；没有约定或者约定不明确的，按照交易习惯取得。

《民法典》第630条　标的物在交付之前产生的孳息，归出卖人所有；交付之后产生的孳息，归买受人所有。但是，当事人另有约定的除外。

《公司法解释(四)》第14条　股东提交载明具体分配方案的股东会或者股东大会的有效决议，请求公司分配利润，公司拒绝分配利润且其关于无法执行决议的抗辩理由不成立的，人民法院应当判决公司按照决议载明的具体分配方案向股东分配利润。

《公司法解释(四)》第15条　股东未提交载明具体分配方案的股东会或者股东大会决议，请求公司分配利润的，人民法院应当驳回其诉讼请求，但违反法律规定滥用股东权利导致公司不分配利润，给其他股东造成损失的除外。

《股权执行规定》第9条　人民法院冻结被执行人基于股权享有的股息、红利等收益，应当向股权所在公司送达裁定书，并要求其在该收益到期时通知人民法院。人民法院对到期的股息、红利等收益，可以书面通知股权所在公司向申请执行人或者人民法院履行。

股息、红利等收益被冻结后,股权所在公司擅自向被执行人支付或者变相支付的,不影响人民法院要求股权所在公司支付该收益。

《国有股和法人股规定》第7条 人民法院采取保全措施,所冻结的股权价值不得超过股权持有人或者所有权人的债务总额。股权价值应当按照上市公司最近期报表每股资产净值计算。

股权冻结的效力及于股权产生的股息以及红利、红股等孳息,但股权持有人或者所有权人仍可享有因上市公司增发、配售新股而产生的权利。

《执行规定》第36条 对被执行人从有关企业中应得的已到期的股息或红利等收益,人民法院有权裁定禁止被执行人提取和有关企业向被执行人支付,并要求有关企业直接向申请执行人支付。

对被执行人预期从有关企业中应得的股息或红利等收益,人民法院可以采取冻结措施,禁止到期后被执行人提取和有关企业向被执行人支付。到期后人民法院可从有关企业中提取,并出具提取收据。

制度研究

一、案外人基于股息红利提起异议之诉的权利基础

股利是指公司依照法律或章程的规定,按期以一定的数额和方式分配给股东的利润。有的将股利区分为股息和红利,并将股息定义为股东定期从公司取得的固定比率的利润;红利为股息分配后仍有盈余而另按一定比例分配的利润。我国因公司法及会计制度未对股息和红利加以区分,都通称股利。①

公司有可分配利润时,载明具体分配方案的股东会决议作出后,抽象性的利润分配请求权即转化为具体性的利润分配请求权,从股东的成员权转化为独立于股东权利的普通债权。股东要求公司分配利润,就必须提交载明具体分配方案的股东会决议。此时的利润分配请求权已经是具体利润分配请求权,是确定性的权利,性质上是该股东对公司享有的普通债权。从权利变动看,股东转让股权时,抽象性的利润分配请求权随之转让,而具体的利润分配

① 参见赵旭东主编:《公司法学》(第4版),高等教育出版社2015年版,第341页。

请求权除合同中有明确约定外并不随股权转让而转让。当分配利润时间届至而公司未分配时，权利人可以直接请求公司按照决议载明的具体分配方案给付利润。根据《公司法解释（四）》的规定，对没有股东会利润分配决议的抽象利润分配请求权，不予支持，但如果股东滥用权利导致公司不分配利润的，股东可提起诉讼，要求法院判决公司作出分配决议或直接要求公司向股东分配利润。[①]

股息与红利虽然属于股权的法定孳息，附属于股权，但公司作出分配决议后，股息与红利即脱离股权而独立存在，变现为股息红利的所有权人对公司的未到期或已到期债权。因公司作出分配决议的滞后性和不确定性，导致股息红利在与股权有关的不同交易模式中，权属判断标准差异较大，因此，基于股息红利提出的案外人异议和异议之诉情形较为复杂，主要有股权拍卖成交后竞买人对竞买之前股权产生的股息红利主张实体权利、股权转让后受让人对转让前的股息红利主张实体权利、代持股权法律关系中股权的实际权利人对分配于名义股东名下的股息红利主张实体权利、让与担保法律关系中担保权人作为被执行人时其申请执行人要求法院执行让与担保期间的股息红利等四种典型情形。

二、有权提起异议之诉的主体

有权提起异议之诉的主体不包括股权所在的公司。分配决议作出后的股息红利作为权利人对公司的债权，公司处于次债务人的地位，根据《民事诉讼法解释》第 501 条的规定，次债务人不享有提出案外人异议的法律权利，同时，尽管法律将股息红利作为对公司的债权，但公司却不享有次债务人的异议权，公司只能向申请执行人支付股利或由人民法院强制提取股利。由此可知，对于股息红利的执行不等同于对到期债权的执行，基于股息红利提起异议之诉的主体也不包含负有支付股利义务的公司。

三、分配决议对基于股息红利异议之诉的影响

根据《民法典》第 321 条的规定，在私法关系中，如果在股权转让时已经

---

① 参见张双根：《论股权的法律性质——以成员权之法教义学构造为中心》，载《中外法学》2023 年第 3 期。

对股息、红利归属作出明确约定,则按约定执行。该私法规则在强制执行程序中如何适用,现行程序法并未明确规定。如果对股息红利未做约定,分配决议滞后于人民法院的执行措施,公司决议机关何时作出分配决议,对于股息红利归属的判断具有实质性影响。

股利分配请求权是股东基于其股东身份,按出资或者所持股份取得股利,向公司要求分配公司盈余的权利。该请求权在股东大会决议分配利润前是一种期待权,只有在股东大会作出分配决议后才转化为现实的给付请求权。所以股东能否实际分配到利润要看公司是否盈利以及股东是否作出分配决议。股东大会在没有作出分配决议前,该部分未分配的利润仍然是公司财产,如果公司在股权权属变动之前未作出分配决议,股权权属变动后才对未分配利润作出决议的,继受股东就有权主张股息红利归其所有,据此要求排除强制执行的,人民法院应予支持。如果股权权属变动前,股东会通过利润分配方案,作出分配决议,股东抽象的股利分配请求权转为给付请求权,股息红利已经与股权完成分离,股东在分配范围内对公司享有的是债权而非期待权,该债权可以与股权分离而独立存在,并不当然附随股权一并转移。即使被执行人的股权被拍卖或者被转让,原股东虽然已经丧失股东资格,但由于拍卖前已经对利润作出分配决议,被执行人对公司请求分配股息红利的债权并未随股权转移,因此仍然可以要求公司给付。根据《民法典》第630条的规定,交付之前产生的股息红利归被执行人所有。

理解与适用

一、司法拍卖程序中竞买人主张排除申请执行人执行股利问题

被执行人的股权被司法拍卖,申请执行人与股权买受人之间就被执行人持股期间产生的股息红利归属产生争议引发执行异议之诉,包括股权买受人所提案外人异议未得到支持引发的案外人执行异议之诉,以及股权买受人所提案外人异议得到支持引发的申请执行人许可执行异议之诉。此类案件的争议焦点是,股权买受人是否对案涉股息红利享有足以排除执行的权益。从上

述分析可知，股权分红请求权专属于作出利润分配决议时的股东，[①]故审查的重点是公司作出利润分配决议的时间以及股权权属变动的时间。

司法拍卖中，拍卖、变卖成交裁定或以物抵债裁定送达买受人或承受人的时间决定股权归属，股权亦是如此。有限公司股权变动后，公司内部还要履行一系列的相关手续，包括变更股东名册、换发出资证明书、变更公司章程等。关于股权转让情形下，股权变动的生效要件，有三种模式：第一种是债权形式主义模式，股权转让合同生效，仅在转让人与受让人之间产生债的关系，公司完成某个行为，如变更股东名册或完成公司登记，才是股权变动的生效要件。此模式与不动产登记、动产交付，异曲同工。第二种模式是纯粹的意思主义模式，股权转让合同生效即发生股权变动的效果，受让人即为股东。第三种是修正的意思主义模式，基本机理类似于民法上的债权转让，股权转让协议生效，在转让人与受让人之间发生股权变动效果，但唯有通知公司并取得公司认可，受让人才得对公司主张股权，这是由公司法作为组织法的特性所决定的。[②]但司法拍卖属于非基于法律行为发生的物权变动，以最大限度地实现拍卖标的物所蕴含的经济价值，使债权人的债权得到充分满足为目的，基于此，拍卖物所有权转移有其特殊的规则设定。2004 年《拍卖变卖规定》第 29 条规定，动产拍卖或抵债后，所有权自动产交付时起转移，与动产以交付为物权变动要件的原理一致，不动产、有登记的特定动产或者其他财产拍卖成交或者抵债的，所有权自拍卖成交或抵债裁定送达买受人或者承受人时转移。《拍卖变卖规定》在 2020 年修正时统一了动产、不动产及其他财产在司法拍卖程序中的权属转移规则，与《民法典》第 229 条“因人民法院、仲裁机构的法律文书或者人民政府的征收决定等，导致物权设立、变更、转让或者消灭的，自法律文书或者征收决定等生效时发生效力”的规定保持一致。《公司法》主要规范的是民商事活动的自主交易行为，而股权的强制执行是公法行为，除有特别规定外，不在《公司法》规范范围内。股权拍卖成交裁定或抵债裁定送达受让人或承受人时，即发生股权变动，且无须取得公司认可，受让人或承受人可持裁定向公司主张股权。

---

① 参见陆朦璐：《股权拍卖成交后确定的上年度股权分红的权属认定——舟山中院判决某建材公司诉某电子公司等执行异议之诉案》，载《人民法院报》2023 年 6 月 8 日，第 7 版。

② 参见李建伟：《公司法学》（第 5 版），中国人民大学出版社 2022 年版，第 251 ~ 255 页。

基于上述分析，以拍卖成交裁定或抵债裁定送达买受人或承受人时为界：（1）裁定送达前，公司作出利润分配决议的，股东即享有一项针对公司、数额确定的债权，并且该债权可与股权相分离，当法院拍卖股东持有的股权时，拍卖财产的范围并不及于股息红利，股息红利仍属于被执行人的财产，故股权买受人或承受人对股息红利主张权利请求排除执行的，不予支持；（2）裁定送达后，公司作出利润分配决议的，此时公司派发的股息红利归属于现有股东，即股权买受人或承受人，即使派发的股息红利产生于原股东持股期间，如2020年12月31日送达拍卖成交裁定，2021年1月1日公司决议分配2019年度的利润，也不影响该股息红利归属于现有股东，因为原股东享有的抽象的股利分配请求权已经随股权的变更转移至受让股东。需要注意的是，是否完成过户登记并不影响股权权属的认定，如分配利润的决议是在裁定送达后、完成过户登记前作出的，该股息红利属于决议作出时的股东，即买受人或承受人。此种情况下，买受人或承受人主张对股息红利的权利，请求排除执行的，应予支持。较为特殊的情形是，法院或受让人或承受人未将股权变动情况告知公司，公司在裁定送达生效后作出利润分配决议且已向被执行人支付的，被执行人有义务将股利返还给买受人或承受人，买受人或承受人要求返还的权利属债权性质的请求权，无法排除执行。

二、基于股权转让主张排除对股息红利的执行问题

（一）受让人主张排除转让股东的债权人对股息红利的执行问题

被执行人协议转让股权时未对转让前尚未分配的股息红利的归属作出约定的，股权转让后公司作出利润分配决议，人民法院对被执行人依据分配决议享有的股息红利进行执行，受让人主张排除执行的处理方式，与司法拍卖程序中竞买人主张排除对股息红利的执行并无不同，股东转让股权时，抽象性的利润分配请求权随之转让，故股权转让后公司作出分配决议的，受让人享有对股息红利的请求权，[①]其排除执行的主张应予支持。

---

① 最高人民法院民事判决书，（2016）最高法民再240号。该判决认为，股权项下全部权益随着股权转移，权益理所当然归属受让方，这既符合合同目的，亦符合股权交易规定和交易习惯。最高人民检察院关于“在没有特别约定的情况下，转让股票当然包含股票项下的全部财产权益，即转让的股权包含股息、红利以及其他衍生孳息”的理由成立。

股权转让前公司作出利润分配决议，被执行人协议转让股权时，将公司尚未支付的股息红利一并转让给受让人的，其后该股息红利作为被执行人的财产并法院查封，受让人主张排除执行的，应予支持。因该股息红利在被查封之前已经作为一项对公司的债权被处分给了受让人，申请执行人认为该处分行为具有无效、可撤销情形的，应通过另诉寻求救济。但若被执行人协议转让股权时未明确将对股息红利的债权一并随股权转让的，因具体性的利润分配请求权并不随股权转让而转让，故受让人对股息红利主张权利请求排除执行的，不予支持。

(二)转让人主张排除受让股东的债权人执行问题

被执行人协议受让股权时约定，转让前未分配的股息红利归转让人所有，公司在股权转让后对转让前的未分配利润作出分配决议的，人民法院将拟派发的股息红利作为被执行人的财产予以查封，转让人依据股权转让协议请求排除执行的，能否予以支持？有观点认为，股息红利属法定孳息。根据《民法典》第321条第2款的规定，法定孳息，当事人有约定的，按照约定取得；没有约定的或者约定不明确的，按照交易习惯取得。在公司法语境中，股息红利作为股权所生之孳息，归属于股东。也有观点认为，法定孳息的本质是用益他人财产（有体物和无形财产）的对价，[①]股利是基于股权而产生的股权分红也并非单纯的财产性权利，股权分红往往依赖公司的经营状况，与股东的经营、决策行为息息相关，而且分红比例也取决于股东大会共同决议，故股权分红并不符合用益对价特征，不属于法定孳息。[②] 但无论是否将股息红利定义为法定孳息，转让人依据协议对被执行人享有的是请求支付股息红利的普通债权，强制执行程序中，普通债权不足以排除法院的强制执行。

三、代持股权的实际出资人主张排除名义股东的债权人执行问题

股权代持情形中，名义股东作为被执行人，法院冻结公司应向名义股东支付的股息红利，实际出资人能否排除执行的问题，可以分以下两种情况讨论。

---

① 参见隋彭生：《法定孳息的本质——用益的对价》，载《社会科学论坛（学术研究卷）》2008年第6期。

② 参见陆朦璐：《股权拍卖成交后确定的上年度股权分红的权属认定——舟山中院判决某建材公司诉某电子公司等执行异议之诉案》，载《人民法院报》2023年6月8日，第7版。

第一种情形，实际出资人以其系股权的实际持有人对股息红利主张权利排除执行的。从公司的角度，股息红利就是公司依照法律、章程的规定，以一定的数额和方式分配给股东的税后利润；从股东的角度，股息红利就是股权投资收益。[①] 即股息红利在财产形式上虽可以独立于股权，但其源于股权，当股东名实分离时，要解决实际出资人能否排除对股权和股息红利执行问题的核心，认定谁是股东。《公司法解释（三）》对此问题的立场较为明确，除非实际出资人完成了显名，否则名义股东就是股东，实际出资人不是股东，采彻底的商法外观主义。[②] 在实际出资人排除执行引发的异议之诉中，同样存在外观主义和实质主义的激烈争论。主流裁判观点认为，案外人以其系真实股东或实际出资人为由提出执行异议，请求排除执行或一并提出确认其股东资格的，通常不予支持，但案外人提供的证据能够充分证明申请执行人明知或应知其是实际出资人的，法院应予支持。[③] 通常情况下，法院认定谁是股东，则股息红利应归属于谁。即案外人以其系实际出资人为由提出排除对股息红利的执行，也不应得到支持。[④]

第二种情形，实际出资人不对股权主张权利，而是以代持协议中关于股息红利等投资收益的约定请求排除执行的。名义股东与实际出资人约定由名义股东行使股权，但由实际出资人享有投资权益，这属于双方间的意思自治，根据缔约自由的精神，如无其他违法情形，约定有效，实际出资人可依照合同约定向名义股东主张相关权益，但该请求权系普通的金钱债权，无法排除法院的强制执行。

在某些股权代持协议被确认无效的情形下，法院判决股权归名义股东所有，但代持期间所产生的股息红利等收益可能基于委托投资关系无效后的损益分配，全部或部分归属于实际出资人，此种情况下，实际出资人享有的仍是对名义股东请求支付投资收益的债权，如前述分析，案外人（实际出资人）对

① 参见李建伟：《公司法学》（第5版），中国人民大学出版社2022年版，第212页。

② 参见李建伟：《公司法学》（第5版），中国人民大学出版社2022年版，第232页。

③ 参见曹凤国主编：《执行异议之诉裁判规则理解与适用》（第2版），法律出版社2023年版，第608页。

④ 参见湖北省高级人民法院民事判决书，（2018）鄂民终890号；吉林省延边朝鲜族自治州中级人民法院民事判决书，（2021）吉24民终1088号。

名义股东的普通债权，不足以排除法院的强制执行。

四、让与担保的债务人或第三人主张排除债权人的执行问题

让与担保是指债务人或者第三人为担保债务的履行，将标的物转移给他人，于债务人不履行时，该他人可就标的物受偿的一种非典型担保。转让人实质是担保人，受领标的物的他人实质是担保权人。在股权让与担保情形下，排除对股息红利执行引发的异议之诉主要有以下几种情形：

第一，股权让与担保期间，公司作出利润分配决议，担保权人所分得的股息红利被法院冻结，担保人主张排除执行的，能否得到支持？

在股权让与担保情形下，要完成股权的变动公示，需要公司及其他股东的配合，转让人将让与担保的真实意思告知了公司及其他股东，即使担保权人在股东名册上进行了记载，也仅是名义股东，并不享有股东的权利，即既不享有股权中的财产权，也不享有股权中的成员权。担保权人无法基于股东身份获得股息红利，即股息红利仍归属于实际股东担保人。已经完成公示的股权让与担保在效力上类似于股权质押。[①] 根据《民法典》第 430 条关于质权人有权收取质押物孳息的规定，担保权人可基于质权人的身份收取股息红利，作为债权的担保。此处的收取孳息指的就是担保人对公司股息红利的债权享有优先受偿的权利。也有观点认为，股息红利并不属于法定孳息，担保权人对股息红利并不享有优先受偿的权利。但无论是否将股息红利认定为孳息，股息红利都不属于被执行人即担保权人的责任财产，担保人主张排除执行的，应予支持。

第二，公司及其他股东知晓让与担保事实，公司作出利润分配决议，向担保人分配股息红利。但法院认定让与担保不成立，判决担保权人承担股东责任。已分配给担保人的股息红利是否归担保权人所有？担保权人的债权人申请冻结该股息红利的，能否准允？法院冻结后，担保人请求排除执行的，是否应予支持？若股息红利作为担保人的财产被查封，担保权人主张排除执行的，如何处理？

① 参见最高人民法院民事审判第二庭：《最高人民法院民法典担保制度司法解释理解与适用》，人民法院出版社 2021 年版，第 573 页。

股权让与担保情形下，担保权人仅为名义股东，根据《公司法解释（三）》第26条的规定，股东以其仅为名义股东对承担出资义务进行抗辩的，不予支持。① 但该规定预设时并未考虑股权让与担保的情形，《民法典担保制度解释》第69条明确了构成让与担保的情况下，作为名义股东的债权人不承担出资义务、抽逃出资等股东责任。② 让与担保的成立，一定程度上突破了内外有别的处理原则。实践中，若人民法院否定当事人之间成立股权让与担保，而是构成股权转让的，债权人作为公司的股东，享有对股息红利的请求权。股息红利已经实际支付给债务人的，债权人可向其主张返还不当得利；股息红利尚未支付的，债权人系股息红利的权利人，有权向公司主张支付。债权人申请冻结该股息红利的，人民法院可按照债权或股息红利采取相应的冻结措施，向债务人或公司发送协助执行通知。债务人请求排除执行的，不予支持。基于此，若股息红利作为债务人的财产被查封，债权人主张排除执行的，因债权人为股息红利的实际权利人，其请求应得到支持。

第三，担保人并未告知公司及其他股东实情，公司及其他股东认为是真实的股权转让，公司向担保权人分配股息红利，法院将股息红利作为担保权人的财产予以查封，担保人请求排除执行的，能否得到支持？

担保人未告知公司及其他股东真实情况，而仅告知是股权转让，一旦担保权人在股东名册进行了记载，其即可行使股东权利，包括财产权和成员权。公司作出利润分配决议，此时担保权人可凭借股东身份获取股息红利的分配请求权。担保人以其是实际股东为由请求排除对股息红利的执行，与实际出资人请求排除对名义股东所持股权的强制执行并无本质区别，按照商事外观主义原则，应当优先保护信赖登记的申请执行人的利益，原则上不得排除执行，除非申请执行人明知被执行人系担保权人或存在未尽到合理注意义务、存在重大过失等不存在合理信赖的情况。

---

① 《公司法解释（三）》第26条第1款：公司债权人以登记于公司登记机关的股东未履行出资义务为由，请求其对公司债务不能清偿的部分在未出资本息范围内承担补充赔偿责任，股东以其仅为名义股东而非实际出资人为由进行抗辩的，人民法院不予支持。

② 参见最高人民法院民事审判第二庭：《最高人民法院民法典担保制度司法解释理解与适用》，人民法院出版社2021年版，第574页。

操作指引

实践中需要注意的是，股利产生的前提是满足公司法规定的利润分配条件，并且按照公司章程的规定经过了公司权力机关的决议。债权人仅依据公司资产负债表“未分配利润”科目有余额，申请法院冻结股利的，不予支持。因为“未分配利润”科目反映的是源于公司实现的净利润，且经提取各项盈余公积和发放的股利后剩余的利润，与通常所说的已经股东会或股东大会作出利润分配决议但尚未支付给股东的股利，并非同一概念。也就是说，“未分配利润”中的余额仍然是公司的资产，股东仅享有抽象的请求权。原则上，是否分配利润属于公司、股东、经理人的商业判断范畴，司法一般不予干预。在股东未提交载明具体分配方案给股东会或者股东大会决议的情况下，股东请求公司分配利润，原则上应当不予支持。[①] 除非违反法律规定滥用股东权利导致公司不分利润，给其他股东造成损失的，此时才有司法介入的空间，但仍然要通过诉讼进行主张。执行程序中，法院不能突破审执分离的界限，代替公司进行利润分配进而执行股利。

公司已作出利润分配决议但尚未支付给股东的股利，通常体现在资产负债表中“其他应付款”项下的“应付股利”。申请执行人可通过申请法院调取公司的资产负债表，查询被执行人是否有可供执行的股利。

审判前沿

案例1　泊头市天润纺织有限公司与李某、迁西县燕东化工有限公司案外人执行异议之诉案

【裁判要旨】

企业的经营利润在公司未依法作出利润分配决议前，属公司财产，不是股东的个人资产。被执行人名下股权被拍卖后，公司作出利润分配决议，无论该利润产生于拍卖前还是拍卖后，均归属于股权买受人。

① 杜万华主编，最高人民法院民事审判第二庭编著：《最高人民法院公司法司法解释（四）理解与适用》，人民法院出版社2017年版，第327页。

【案例索引】

(2022)冀02民终1214号

【基本案情】

李某与迁西县燕东化工有限公司(以下简称燕东化工)、蒋某喜、王某艳民间借贷纠纷案,诉讼过程中,迁安市人民法院(以下简称迁安法院)依法查封了燕东化工持有的财达证券1000万股股权及收益,查封期限为2015年7月2日至2017年7月1日,并于2015年10月15日作出(2015)安民初字第3468号民事判决,判令由蒋某喜偿还李某借款765万元及相应利息,燕东化工、王某艳承担连带保证责任。该案进入执行程序后,上述股权由唐山市中级人民法院(以下简称唐山中院)依法续封。

2019年6月27日,泊头市天润纺织有限公司(以下简称天润公司)通过司法拍卖方式以1.088亿元竞得燕东化工持有的财达证券4000万股的股权。

2019年7月13日,泊头市人民法院(以下简称泊头法院)作出(2015)泊执字第383－7号执行裁定,裁定该股权及相关收益归买受人天润公司所有,股权完成变更过户。

2020年6月19日,财达证券召开2019年度股东大会,通过利润分配议案。

2021年7月7日,唐山中院作出(2016)冀02执5280号之七执行裁定书,提取燕东化工在财达证券享有的收益484,931.51元至唐山中院,并向财达证券送达协助执行通知书。天润公司提出执行异议,迁安法院于2021年9月22日作出(2021)冀02执异113号执行裁定,裁定中止执行。李某不服,遂提起执行异议之诉。

迁安法院于2021年12月30日作出(2021)冀0283民初6086号民事判决,判决许可继续执行(2016)冀02执5280号之七执行裁定,提取燕东化工在财达证券享有的收益484,931.51元至唐山中院。天润公司不服提起上诉,唐山中院于2022年6月8日作出(2022)冀02民终1214号民事判决,判决撤销(2021)冀0283民初6086号民事判决。

【裁判观点】

本案的争议焦点为天润公司对案涉收益是否享有足以排除强制执行的民事权益。

迁安法院认为，案涉收益为财达证券2019年1月1日至6月27日经营利润，在此期间天润公司尚未取得股东身份，亦未实际参与证券公司经营，故天润公司主张收益归其所有理据不足，不予支持。

唐山中院认为，本案的焦点在于财达证券派发的案涉股权2019年度现金红利是否应归属于天润公司。首先，现金红利是由公司经营利润而来，无论经营利润产生于什么时间段，公司经营利润在没有分配前属于公司所有，不属于股东所有。只有在公司依照合法程序确定分配方案后，相应的公司财产才能转化为股东所有。其次，现金红利属于股权孳息，关于孳息的归属，《合同法》（已废止）第163条[①]规定“标的物在交付之前产生的孳息归出卖人所有；交付之后产生的孳息归买受人所有”。财达证券于2020年6月19日召开2019年度股东大会确定分红方案，诉争的现金红利产生在股权交付之后，应当归买受人天润公司所有。最后，《公司法》第4条规定：“公司股东依法享有资产收益、参与重大决策和选择管理者等权利。”2019年7月13日，泊头法院已作出拍卖成交裁定，确认天润公司取得了4000万股股权及相关权益，上述权益包括基于股东身份取得股权收益的权利。天润公司取得股权在先，财达证券决定对2019年度利润进行分配在后，在股权已不再属于燕东化工的情况下，财达证券分派的现金红利应属于天润公司所有，而非燕东化工所有。综上所述，天润公司对于诉争款项享有足以排除强制执行的民事权益，执行机构不得执行案涉股权在财达证券的现金红利484,931.54元。

【要点评析】

股利分配请求权在股东大会决议分配利润前是一种期待权，当股东会或股东大会对有关利润分配事项作出决定后，才转化为股利分配请求权，成为股东对公司享有的数额确定的债权。无论是通过协议还是司法拍卖

---

① 现《民法典》第630条。

实现股权变更，受让后公司作出利润分配决议的，公司利润分配方案的对象是现有股东，因此只有受让股东才能向公司主张股利分配请求权。即使利润产生于原股东持股期间，但因该利润在未被决议分配前仍属于公司财产，原股东对利润的抽象请求权随着股权转让由受让人享有，无法再向公司主张。

案例2　泊头市天润纺织有限公司与李某、迁西县燕东化工有限公司案外人执行异议之诉案

【裁判要旨】

公司作出利润分配的决议后，股权产生的现金红利属于法定孳息，股权被拍卖前产生的现金红利未在拍卖公告中明确包含在拍卖标的内的，因股权红利产生在先，股权拍卖、交付在后，现金红利应当被认定为被执行人的责任财产。

【案例索引】

（2022）冀02民终1213号

【基本案情】

李某与燕东化工、蒋某喜、王某艳民间借贷纠纷案，诉讼过程中，迁安法院依法查封了燕东化工持有的财达证券1000万股股权及收益，查封期限为2015年7月2日至2017年7月1日，并于2015年10月15日作出（2015）安民初字第3468号民事判决，判令由蒋某喜偿还李某借款765万元及相应利息，燕东化工、王某艳承担连带保证责任。该案进入执行程序后，上述股权由唐山中院依法续封。

2019年6月27日，天润公司通过司法拍卖方式以1.088亿元竞得燕东化工持有的财达证券4000万股股权。

2019年7月13日，泊头法院作出（2015）泊执字第383－7号执行裁定，裁定该股权及相关收益归买受人天润公司所有，股权完成变更过户。

2019年6月20日，财达证券举行2018年度股东大会，并于当日形成股东大会会议决议，通过了2018年度利润分配方案，财达证券应向燕东化工派发现金红利600万元。

2019年11月13日，唐山中院作出(2016)冀02执5280号之二执行裁定，划拨燕东化工在财达证券应得的2018年度收益150万元至唐山中院指定账户，并向财达证券送达了协助执行通知。天润公司提出执行异议，迁安法院于2021年9月22日作出(2021)冀0283执异114号执行裁定，中止对天润公司所有的原燕东化工在财达证券应得收益150万元的执行。李某不服，遂提起执行异议之诉。迁安法院于2021年12月30日作出(2021)冀0283民初6087号民事判决，判决支持原告李某的诉讼请求，准许执行(2016)冀02执5280号之二执行裁定，划拨燕东化工在财达证券应得收益150万元至唐山中院指定账户。天润公司不服，提起上诉。唐山中院于2022年8月18日作出(2022)冀民终1213号民事判决，判决驳回天润公司的上诉，维持原判。

【裁判观点】

本案的焦点问题为被告天润公司对案涉150万元收益是否享有足以排除民事强制执行的权益。

迁安法院认为，股权产生的现金红利属于法定孳息，依据法律规定，标的物交付前产生的孳息归出卖人所有；交付后产生的孳息归买受人所有。天润公司竞得股权的时间为2019年7月13日，而财达证券已于2019年6月20日通过利润分配方案向燕东化工派发2018年现金红利，该笔现金红利已实际产生，应属于燕东化工所有。并且，天润公司竞拍案涉股权时的资产评估报告中评估基准日为2017年12月31日，天润公司主张评估股权价格包含2018年分红，不应予以支持。遂判决支持李某的诉讼请求，准许执行燕东化工所有的应得收益150万元。

唐山中院认为，天润公司不能取得财达证券2018年度的现金红利。现金红利属于股权孳息，财达证券于2019年6月20日召开股东大会，形成了2018年度利润分配方案决议，分红的对象是当时的在册股东，而天润公司竞买股权的行为发生在2019年6月27日，完成股权过户登记的时间为2019年8月20日。即案涉股权在交付前已经产生了孳息收益。泊头法院在拍卖4000万股股权时，拍卖公告中没有明确指出拍卖标的包括

2018年度的股权红利。在没有特别约定的情况下，孳息的归属问题，应按照当时施行的《合同法》(已废止)第163条[①]的规定判断，即“标的物在交付之前产生的孳息，归出卖人所有；交付之后产生的孳息归买受人所有”。因股权红利产生在先，股权拍卖、交付在后，故案涉股权2018年度的现金红利属于原股东燕东化工的责任财产。关于天润公司提出拍卖标的和评估报告均包含2018年度的现金红利的上诉理由，本案的评估、拍卖对象为燕东化工持有的财达证券4000万股股权，评估机构在进行股权评估时并不能预计2018年度的分红方案。且2018年度的股权红利在司法拍卖前已经确定，即红利与股权已完成了分离，天润公司只有在成为股东后，通过行使利润分配请求权取得持股后的红利，而不能通过司法拍卖取得在其持股之前的红利。天润公司上诉请求理由不足，不予支持。遂判决驳回上诉，维持原判。

【要点评析】

本案与案例1均系因股权拍卖引发的股利归属争议，两案中公司作出利润分配决议的时间不同，导致了不同的裁判结果。法理上，在公司作出利润分配决定后，股东享有的具体的利润分配请求权具有的既得权性、可脱离股权被单独转让的特点决定了股息红利可以独立于股权单独存在，和股权并列成为不同的责任财产形式。本案中，公司在案涉股权被拍卖前已经作出利润分配决议，此时被执行人享有股权和请求公司分配股息红利的债权。人民法院拍卖的是被执行人的股权，并不及于已经与股权分离的股息红利，股息红利仍属于被执行人的财产，因此，股权受让人无权主张对股息红利的所有权。结合案例1，公司作出利润分配决议时谁是股东则谁享有派发的股息红利。若公司是在股权拍卖成交后办理过户登记前作出的利润分配决议，根据《网络拍卖规定》和《拍卖变卖规定》的相关规定，股权自拍卖成交或者抵债裁定送达买受人或者承受人时起转移，即在裁定送达前作出分配决议的，股息红利属于被执行人；裁定送达后作出分配决议的，即使未办理过户登记，股息红利也属于买受人或承受人。

---

① 现《民法典》第630条。

附　录

一、法律和司法解释关于股权和有价证券执行的相关规定

最高人民法院关于人民法院强制执行股权若干问题的规定

（2021年12月20日　法释〔2021〕20号）

（2021年11月15日　最高人民法院审判委员会第1850次会议通过）

第1条　本规定所称股权，包括有限责任公司股权、股份有限公司股份，但是在依法设立的证券交易所上市交易以及在国务院批准的其他全国性证券交易场所交易的股份有限公司股份除外。

第2条　被执行人是公司股东的，人民法院可以强制执行其在公司持有的股权，不得直接执行公司的财产。

第3条　依照民事诉讼法第二百二十四条的规定以被执行股权所在地确定管辖法院的，股权所在地是指股权所在公司的住所地。

第4条　人民法院可以冻结下列资料或者信息之一载明的属于被执行人的股权：

（一）股权所在公司的章程、股东名册等资料；

（二）公司登记机关的登记、备案信息；

（三）国家企业信用信息公示系统的公示信息。

案外人基于实体权利对被冻结股权提出排除执行异议的，人民法院应当依照民事诉讼法第二百二十七条的规定进行审查。

第5条　人民法院冻结被执行人的股权，以其价额足以清偿生效法律文书确定的债权额及执行费用为限，不得明显超标的额冻结。股权价额无法确定的，可以根据申请执行人申请冻结的比例或者数量进行冻结。

被执行人认为冻结明显超标的额的，可以依照民事诉讼法第二百二十五

条的规定提出书面异议，并附证明股权等查封、扣押、冻结财产价额的证据材料。人民法院审查后裁定异议成立的，应当自裁定生效之日起七日内解除对明显超标的额部分的冻结。

第6条 人民法院冻结被执行人的股权，应当向公司登记机关送达裁定书和协助执行通知书，要求其在国家企业信用信息公示系统进行公示。股权冻结自在公示系统公示时发生法律效力。多个人民法院冻结同一股权的，以在公示系统先办理公示的为在先冻结。

依照前款规定冻结被执行人股权的，应当及时向被执行人、申请执行人送达裁定书，并将股权冻结情况书面通知股权所在公司。

第7条 被执行人就被冻结股权所作的转让、出质或者其他有碍执行的行为，不得对抗申请执行人。

第8条 人民法院冻结被执行人股权的，可以向股权所在公司送达协助执行通知书，要求其在实施增资、减资、合并、分立等对被冻结股权所占比例、股权价值产生重大影响的行为前向人民法院书面报告有关情况。人民法院收到报告后，应当及时通知申请执行人，但是涉及国家秘密、商业秘密的除外。

股权所在公司未向人民法院报告即实施前款规定行为的，依照民事诉讼法第一百一十四条的规定处理。

股权所在公司或者公司董事、高级管理人员故意通过增资、减资、合并、分立、转让重大资产、对外提供担保等行为导致被冻结股权价值严重贬损，影响申请执行人债权实现的，申请执行人可以依法提起诉讼。

第9条 人民法院冻结被执行人基于股权享有的股息、红利等收益，应当向股权所在公司送达裁定书，并要求其在该收益到期时通知人民法院。人民法院对到期的股息、红利等收益，可以书面通知股权所在公司向申请执行人或者人民法院履行。

股息、红利等收益被冻结后，股权所在公司擅自向被执行人支付或者变相支付的，不影响人民法院要求股权所在公司支付该收益。

第10条 被执行人申请自行变价被冻结股权，经申请执行人及其他已知执行债权人同意或者变价款足以清偿执行债务的，人民法院可以准许，但是应当在能够控制变价款的情况下监督其在指定期限内完成，最长不超过三个月。

第11条 拍卖被执行人的股权，人民法院应当依照《最高人民法院关于人民法院确定财产处置参考价若干问题的规定》规定的程序确定股权处置参考价，并参照参考价确定起拍价。

确定参考价需要相关材料的，人民法院可以向公司登记机关、税务机关等部门调取，也可以责令被执行人、股权所在公司以及控制相关材料的其他主体提供；拒不提供的，可以强制提取，并可以依照民事诉讼法第一百一十一条、第一百一十四条的规定处理。

为确定股权处置参考价，经当事人书面申请，人民法院可以委托审计机构对股权所在公司进行审计。

第12条　委托评估被执行人的股权，评估机构因缺少评估所需完整材料无法进行评估或者认为影响评估结果，被执行人未能提供且人民法院无法调取补充材料的，人民法院应当通知评估机构根据现有材料进行评估，并告知当事人因缺乏材料可能产生的不利后果。

评估机构根据现有材料无法出具评估报告的，经申请执行人书面申请，人民法院可以根据具体情况以适当高于执行费用的金额确定起拍价，但是股权所在公司经营严重异常，股权明显没有价值的除外。

依照前款规定确定的起拍价拍卖的，竞买人应当预交的保证金数额由人民法院根据实际情况酌定。

第13条　人民法院拍卖被执行人的股权，应当采取网络司法拍卖方式。

依据处置参考价并结合具体情况计算，拍卖被冻结股权所得价款可能明显高于债权额及执行费用的，人民法院应当对相应部分的股权进行拍卖。对相应部分的股权拍卖严重减损被冻结股权价值的，经被执行人书面申请，也可以对超出部分的被冻结股权一并拍卖。

第14条　被执行人、利害关系人以具有下列情形之一为由请求不得强制拍卖股权的，人民法院不予支持：

（一）被执行人未依法履行或者未依法全面履行出资义务；

（二）被执行人认缴的出资未届履行期限；

（三）法律、行政法规、部门规章等对该股权自行转让有限制；

（四）公司章程、股东协议等对该股权自行转让有限制。

人民法院对具有前款第一、二项情形的股权进行拍卖时，应当在拍卖公告中载明被执行人认缴出资额、实缴出资额、出资期限等信息。股权处置后，相关主体依照有关规定履行出资义务。

第15条 股权变更应当由相关部门批准的,人民法院应当在拍卖公告中载明法律、行政法规或者国务院决定规定的竞买人应当具备的资格或者条件。必要时,人民法院可以就竞买资格或者条件征询相关部门意见。

拍卖成交后,人民法院应当通知买受人持成交确认书向相关部门申请办理股权变更批准手续。买受人取得批准手续的,人民法院作出拍卖成交裁定书;买受人未在合理期限内取得批准手续的,应当重新对股权进行拍卖。重新拍卖的,原买受人不得参加竞买。

买受人明知不符合竞买资格或者条件依然参加竞买,且在成交后未能在合理期限内取得相关部门股权变更批准手续的,交纳的保证金不予退还。保证金不足以支付拍卖产生的费用损失、弥补重新拍卖价款低于原拍卖价款差价的,人民法院可以裁定原买受人补交;拒不补交的,强制执行。

第16条 生效法律文书确定被执行人交付股权,因股权所在公司在生效法律文书作出后增资或者减资导致被执行人实际持股比例降低或者升高的,人民法院应当按照下列情形分别处理:

(一)生效法律文书已经明确交付股权的出资额的,按照该出资额交付股权;

(二)生效法律文书仅明确交付一定比例的股权的,按照生效法律文书作出时该比例所对应出资额占当前公司注册资本总额的比例交付股权。

第17条 在审理股东资格确认纠纷案件中,当事人提出要求公司签发出资证明书、记载于股东名册并办理公司登记机关登记的诉讼请求且其主张成立的,人民法院应当予以支持;当事人未提出前述诉讼请求的,可以根据案件具体情况向其释明。

生效法律文书仅确认股权属于当事人所有,当事人可以持该生效法律文书自行向股权所在公司、公司登记机关申请办理股权变更手续;向人民法院申请强制执行的,不予受理。

第18条 人民法院对被执行人在其他营利法人享有的投资权益强制执行的,参照适用本规定。

第19条 本规定自2022年1月1日起施行。

施行前本院公布的司法解释与本规定不一致的,以本规定为准。

中华人民共和国民法典（节选）

（2020年5月28日　中华人民共和国主席令第45号）

（2020年5月28日　第十三届全国人民代表大会第三次会议通过）

第63条　法人以其主要办事机构所在地为住所。依法需要办理法人登记的，应当将主要办事机构所在地登记为住所。

第67条　法人合并的，其权利和义务由合并后的法人享有和承担。

法人分立的，其权利和义务由分立后的法人享有连带债权，承担连带债务，但是债权人和债务人另有约定的除外。

第76条　以取得利润并分配给股东等出资人为目的成立的法人，为营利法人。

营利法人包括有限责任公司、股份有限公司和其他企业法人等。

第118条　民事主体依法享有债权。

债权是因合同、侵权行为、无因管理、不当得利以及法律的其他规定，权利人请求特定义务人为或者不为一定行为的权利。

第120条　民事权益受到侵害的，被侵权人有权请求侵权人承担侵权责任。

第125条　民事主体依法享有股权和其他投资性权利。

第146条　行为人与相对人以虚假的意思表示实施的民事法律行为无效。

以虚假的意思表示隐藏的民事法律行为的效力，依照有关法律规定处理。

第154条　行为人与相对人恶意串通，损害他人合法权益的民事法律行为无效。

第229条　因人民法院、仲裁机构的法律文书或者人民政府的征收决定等，导致物权设立、变更、转让或者消灭的，自法律文书或者征收决定等生效时发生效力。

第303条　共有人约定不得分割共有的不动产或者动产，以维持共有关系的，应当按照约定，但是共有人有重大理由需要分割的，可以请求分割；没有约定或者约定不明确的,按份共有人可以随时请求分割,共同共有人在共有的基础丧失或者有重大理由需要分割时可以请求分割。因分割造成其他共有人损害的,应当给予赔偿。

第304条 共有人可以协商确定分割方式。达不成协议,共有的不动产或者动产可以分割且不会因分割减损价值的,应当对实物予以分割;难以分割或者因分割会减损价值的,应当对折价或者拍卖、变卖取得的价款予以分割。

共有人分割所得的不动产或者动产有瑕疵的,其他共有人应当分担损失。

第311条 无处分权人将不动产或者动产转让给受让人的,所有权人有权追回;除法律另有规定外,符合下列情形的,受让人取得该不动产或者动产的所有权:

(一)受让人受让该不动产或者动产时是善意;

(二)以合理的价格转让;

(三)转让的不动产或者动产依照法律规定应当登记的已经登记,不需要登记的已经交付给受让人。

受让人依据前款规定取得不动产或者动产的所有权的,原所有权人有权向无处分权人请求损害赔偿。

当事人善意取得其他物权的,参照适用前两款规定。

第321条 天然孳息,由所有权人取得;既有所有权人又有用益物权人的,由用益物权人取得。当事人另有约定的,按照其约定。

法定孳息,当事人有约定的,按照约定取得;没有约定或者约定不明确的,按照交易习惯取得。

第535条 因债务人怠于行使其债权或者与该债权有关的从权利,影响债权人的到期债权实现的,债权人可以向人民法院请求以自己的名义代位行使债务人对相对人的权利,但是该权利专属于债务人自身的除外。

代位权的行使范围以债权人的到期债权为限。债权人行使代位权的必要费用,由债务人负担。

相对人对债务人的抗辩,可以向债权人主张。

第538条 债务人以放弃其债权、放弃债权担保、无偿转让财产等方式无偿处分财产权益,或者恶意延长其到期债权的履行期限,影响债权人的债权实现的,债权人可以请求人民法院撤销债务人的行为。

第 539 条　债务人以明显不合理的低价转让财产、以明显不合理的高价受让他人财产或者为他人的债务提供担保，影响债权人的债权实现，债务人的相对人知道或者应当知道该情形的，债权人可以请求人民法院撤销债务人的行为。

第 630 条　标的物在交付之前产生的孳息，归出卖人所有；交付之后产生的孳息，归买受人所有。但是，当事人另有约定的除外。

第 1165 条　行为人因过错侵害他人民事权益造成损害的，应当承担侵权责任。

依照法律规定推定行为人有过错，其不能证明自己没有过错的，应当承担侵权责任。

中华人民共和国公司法(节选)

(2018 年 10 月 26 日　中华人民共和国主席令第 15 号)

(1993 年 12 月 29 日　第八届全国人民代表大会常务委员会第五次会议通过　根据 1992 年 12 月 25 日第九届全国人民代表大会常务委员会第十三次会议《关于修改〈中华人民共和国公司法〉的决定》第一次修正　根据 2004 年 8 月 28 日第十届全国人民代表大会常务委员会第十一次会议《关于修改〈中华人民共和国公司法〉的决定》第二次修正　2005 年 10 月 27 日第十届全国人民代表大会常务委员会第十八次会议修订　根据 2013 年 12 月 28 日全国人民代表大会常务委员会第六次会议《关于修改〈中华人民共和国海洋环境保护法〉等七部法律的决定》第三次修正　根据 2018 年 10 月 26 日第十三届全国人民代表大会常务委员会第六次会议《关于修改〈中华人民共和国公司法〉的决定》第四次修正)

第 3 条　公司是企业法人，有独立的法人财产，享有法人财产权。公司以其全部财产对公司的债务承担责任。

有限责任公司的股东以其认缴的出资额为限对公司承担责任；股份有限公司的股东以其认购的股份为限对公司承担责任。

第 4 条 公司股东依法享有资产收益、参与重大决策和选择管理者等权利。

第 22 条 公司股东会或者股东大会、董事会的决议内容违反法律、行政法规的无效。

股东会或者股东大会、董事会的会议召集程序、表决方式违反法律、行政法规或者公司章程,或者决议内容违反公司章程的,股东可以自决议作出之日起六十日内,请求人民法院撤销。

股东依照前款规定提起诉讼的,人民法院可以应公司的请求,要求股东提供相应担保。

公司根据股东会或者股东大会、董事会决议已办理变更登记的,人民法院宣告该决议无效或者撤销该决议后,公司应当向公司登记机关申请撤销变更登记。

第 25 条 有限责任公司章程应当载明下列事项:

(一)公司名称和住所;

(二)公司经营范围;

(三)公司注册资本;

(四)股东的姓名或者名称;

(五)股东的出资方式、出资额和出资时间;

(六)公司的机构及其产生办法、职权、议事规则;

(七)公司法定代表人;

(八)股东会会议认为需要规定的其他事项。

股东应当在公司章程上签名、盖章。

第 28 条 股东应当按期足额缴纳公司章程中规定的各自所认缴的出资额。股东以货币出资的,应当将货币出资足额存入有限责任公司在银行开设的账户;以非货币财产出资的,应当依法办理其财产权的转移手续。

股东不按照前款规定缴纳出资的,除应当向公司足额缴纳外,还应当向已按期足额缴纳出资的股东承担违约责任。

第 30 条 有限责任公司成立后,发现作为设立公司出资的非货币财产的实际价额显著低于公司章程所定价额的,应当由交付该出资的股东补足其差额;公司设立时的其他股东承担连带责任。

第 32 条　有限责任公司应当置备股东名册，记载下列事项：

（一）股东的姓名或者名称及住所；

（二）股东的出资额；

（三）出资证明书编号。

记载于股东名册的股东，可以依股东名册主张行使股东权利。

公司应当将股东的姓名或者名称向公司登记机关登记；登记事项发生变更的，应当办理变更登记。未经登记或者变更登记的，不得对抗第三人。

第 33 条　股东有权查阅、复制公司章程、股东会会议记录、董事会会议决议、监事会会议决议和财务会计报告。

股东可以要求查阅公司会计账簿。股东要求查阅公司会计账簿的，应当向公司提出书面请求，说明目的。公司有合理根据认为股东查阅会计账簿有不正当目的，可能损害公司合法利益的，可以拒绝提供查阅，并应当自股东提出书面请求之日起十五日内书面答复股东并说明理由。公司拒绝提供查阅的，股东可以请求人民法院要求公司提供查阅。

第 43 条　股东会的议事方式和表决程序，除本法有规定的外，由公司章程规定。

股东会会议作出修改公司章程、增加或者减少注册资本的决议，以及公司合并、分立、解散或者变更公司形式的决议，必须经代表三分之二以上表决权的股东通过。

第 71 条　有限责任公司的股东之间可以相互转让其全部或者部分股权。

股东向股东以外的人转让股权，应当经其他股东过半数同意。股东应就其股权转让事项书面通知其他股东征求同意，其他股东自接到书面通知之日起满三十日未答复的，视为同意转让。其他股东半数以上不同意转让的，不同意的股东应当购买该转让的股权；不购买的，视为同意转让。

经股东同意转让的股权，在同等条件下，其他股东有优先购买权。两个以上股东主张行使优先购买权的，协商确定各自的购买比例；协商不成的，按照转让时各自的出资比例行使优先购买权。

公司章程对股权转让另有规定的，从其规定。

第 72 条　人民法院依照法律规定的强制执行程序转让股东的股权时，应当通知公司及全体股东，其他股东在同等条件下有优先购买权。其他股东自人民法院通知之日起满二十日不行使优先购买权的，视为放弃优先购买权。

第73条 依照本法第七十一条、第七十二条转让股权后，公司应当注销原股东的出资证明书，向新股东签发出资证明书，并相应修改公司章程和股东名册中有关股东及其出资额的记载。对公司章程的该项修改不需再由股东会表决。

第74条 有下列情形之一的，对股东会该项决议投反对票的股东可以请求公司按照合理的价格收购其股权：

（一）公司连续五年不向股东分配利润，而公司该五年连续盈利，并且符合本法规定的分配利润条件的；

（二）公司合并、分立、转让主要财产的；

（三）公司章程规定的营业期限届满或者章程规定的其他解散事由出现，股东会会议通过决议修改章程使公司存续的。

自股东会会议决议通过之日起六十日内，股东与公司不能达成股权收购协议的，股东可以自股东会会议决议通过之日起九十日内向人民法院提起诉讼。

第80条 股份有限公司采取发起设立方式设立的，注册资本为在公司登记机关登记的全体发起人认购的股本总额。在发起人认购的股份缴足前，不得向他人募集股份。

股份有限公司采取募集方式设立的，注册资本为在公司登记机关登记的实收股本总额。

法律、行政法规以及国务院决定对股份有限公司注册资本实缴、注册资本最低限额另有规定的，从其规定。

第93条 股份有限公司成立后，发起人未按照公司章程的规定缴足出资的，应当补缴；其他发起人承担连带责任。

股份有限公司成立后，发现作为设立公司出资的非货币财产的实际价额显著低于公司章程所定价额的，应当由交付该出资的发起人补足其差额；其他发起人承担连带责任。

第103条 股东出席股东大会会议，所持每一股份有一表决权。但是，公司持有的本公司股份没有表决权。

股东大会作出决议，必须经出席会议的股东所持表决权过半数通过。但是，股东大会作出修改公司章程、增加或者减少注册资本的决议，以及公司合并、分立、解散或者变更公司形式的决议，必须经出席会议的股东所持表决权的三分之二以上通过。

第 104 条　本法和公司章程规定公司转让、受让重大资产或者对外提供担保等事项必须经股东大会作出决议的，董事会应当及时召集股东大会会议，由股东大会就上述事项进行表决。

第 121 条　上市公司在一年内购买、出售重大资产或者担保金额超过公司资产总额百分之三十的，应当由股东大会作出决议，并经出席会议的股东所持表决权的三分之二以上通过。

第 130 条　公司发行记名股票的，应当置备股东名册，记载下列事项：

（一）股东的姓名或者名称及住所；

（二）各股东所持股份数；

（三）各股东所持股票的编号；

（四）各股东取得股份的日期。

发行无记名股票的，公司应当记载其股票数量、编号及发行日期。

第 138 条　股东转让其股份，应当在依法设立的证券交易场所进行或者按照国务院规定的其他方式进行。

第 139 条　记名股票，由股东以背书方式或者法律、行政法规规定的其他方式转让；转让后由公司将受让人的姓名或者名称及住所记载于股东名册。

股东大会召开前二十日内或者公司决定分配股利的基准日前五日内，不得进行前款规定的股东名册的变更登记。但是，法律对上市公司股东名册变更登记另有规定的，从其规定。

第 140 条　无记名股票的转让，由股东将该股票交付给受让人后即发生转让的效力。

第 141 条　发起人持有的本公司股份，自公司成立之日起一年内不得转让。公司公开发行股份前已发行的股份，自公司股票在证券交易所上市交易之日起一年内不得转让。

公司董事、监事、高级管理人员应当向公司申报所持有的本公司的股份及其变动情况，在任职期间每年转让的股份不得超过其所持有本公司股份总数的百分之二十五；所持本公司股份自公司股票上市交易之日起一年内不得转让。上述人员离职后半年内,不得转让其所持有的本公司股份。公司章程可以对公司董事、监事、高级管理人员转让其所持有的本公司股份作出其他限制性规定。

第147条 董事、监事、高级管理人员应当遵守法律、行政法规和公司章程,对公司负有忠实义务和勤勉义务。

董事、监事、高级管理人员不得利用职权收受贿赂或者其他非法收入,不得侵占公司的财产。

第151条 董事、高级管理人员有本法第一百四十九条规定的情形的,有限责任公司的股东、股份有限公司连续一百八十日以上单独或者合计持有公司百分之一以上股份的股东,可以书面请求监事会或者不设监事会的有限责任公司的监事向人民法院提起诉讼;监事有本法第一百四十九条规定的情形的,前述股东可以书面请求董事会或者不设董事会的有限责任公司的执行董事向人民法院提起诉讼。

监事会、不设监事会的有限责任公司的监事,或者董事会、执行董事收到前款规定的股东书面请求后拒绝提起诉讼,或者自收到请求之日起三十日内未提起诉讼,或者情况紧急、不立即提起诉讼将会使公司利益受到难以弥补的损害的,前款规定的股东有权为了公司的利益以自己的名义直接向人民法院提起诉讼。

他人侵犯公司合法权益,给公司造成损失的,本条第一款规定的股东可以依照前两款的规定向人民法院提起诉讼。

第152条 董事、高级管理人员违反法律、行政法规或者公司章程的规定,损害股东利益的,股东可以向人民法院提起诉讼。

第166条 公司分配当年税后利润时,应当提取利润的百分之十列入公司法定公积金。公司法定公积金累计额为公司注册资本的百分之五十以上的,可以不再提取。

公司的法定公积金不足以弥补以前年度亏损的,在依照前款规定提取法定公积金之前,应当先用当年利润弥补亏损。

公司从税后利润中提取法定公积金后,经股东会或者股东大会决议,还可以从税后利润中提取任意公积金。

公司弥补亏损和提取公积金后所余税后利润,有限责任公司依照本法第三十四条的规定分配；股份有限公司按照股东持有的股份比例分配，但股份有限公司章程规定不按持股比例分配的除外。

股东会、股东大会或者董事会违反前款规定，在公司弥补亏损和提取法定公积金之前向股东分配利润的，股东必须将违反规定分配的利润退还公司。

公司持有的本公司股份不得分配利润。

中华人民共和国证券法（节选）

（2019 年 12 月 28 日　中华人民共和国主席令第 37 号）

（1998 年 12 月 29 日　第九届全国人民代表大会常务委员会第六次会议通过　根据 2004 年 8 月 28 日第十届全国人民代表大会常务委员会第十一次会议《关于修改〈中华人民共和国证券法〉的决定》第一次修正　2005 年 10 月 27 日第十届全国人民代表大会常务委员会第十八次会议第一次修订　根据 2013 年 6 月 29 日第十二届全国人民代表大会常务委员会第三次会议《关于修改〈中华人民共和国文物保护法〉等十二部法律的决定》第二次修正　根据 2014 年 8 月 31 日第十二届全国人民代表大会常务委员会第十次会议《关于修改〈中华人民共和国保险法〉等五部法律的决定》第三次修正　2019 年 12 月 28 日第十三届全国人民代表大会常务委员会第十五次会议第二次修订）

第 63 条　通过证券交易所的证券交易，投资者持有或者通过协议、其他安排与他人共同持有一个上市公司已发行的有表决权股份达到百分之五时，应当在该事实发生之日起三日内，向国务院证券监督管理机构、证券交易所作出书面报告，通知该上市公司，并予公告，在上述期限内不得再行买卖该上市公司的股票，但国务院证券监督管理机构规定的情形除外。

投资者持有或者通过协议、其他安排与他人共同持有一个上市公司已发行的有表决权股份达到百分之五后，其所持该上市公司已发行的有表决权股份比例每增加或者减少百分之五，应当依照前款规定进行报告和公告，在该事实发生之日起至公告后三日内，不得再行买卖该上市公司的股票，但国务院证券监督管理机构规定的情形除外。

投资者持有或者通过协议、其他安排与他人共同持有一个上市公司已发行的有表决权股份达到百分之五后，其所持该上市公司已发行的有表决权股份比例每增加或者减少百分之一，应当在该事实发生的次日通知该上市公司，并予公告。

违反第一款、第二款规定买入上市公司有表决权的股份的，在买入后的三十六个月内，对该超过规定比例部分的股份不得行使表决权。

第 82 条 发行人的董事、高级管理人员应当对证券发行文件和定期报告签署书面确认意见。

发行人的监事会应当对董事会编制的证券发行文件和定期报告进行审核并提出书面审核意见。监事应当签署书面确认意见。

发行人的董事、监事和高级管理人员应当保证发行人及时、公平地披露信息，所披露的信息真实、准确、完整。

董事、监事和高级管理人员无法保证证券发行文件和定期报告内容的真实性、准确性、完整性或者有异议的，应当在书面确认意见中发表意见并陈述理由，发行人应当披露。发行人不予披露的，董事、监事和高级管理人员可以直接申请披露。

中华人民共和国市场主体登记管理条例

（2021 年 7 月 27 日　中华人民共和国国务院令第 746 号）

（2021 年 4 月 14 日　国务院第 131 次常务会议通过）

第一章　总　　则

第 1 条 为了规范市场主体登记管理行为，推进法治化市场建设，维护良好市场秩序和市场主体合法权益，优化营商环境，制定本条例。

第 2 条 本条例所称市场主体，是指在中华人民共和国境内以营利为目的从事经营活动的下列自然人、法人及非法人组织：

（一）公司、非公司企业法人及其分支机构；

（二）个人独资企业、合伙企业及其分支机构；

（三）农民专业合作社（联合社）及其分支机构；

（四）个体工商户；

（五）外国公司分支机构；

（六）法律、行政法规规定的其他市场主体。

第3条　市场主体应当依照本条例办理登记。未经登记，不得以市场主体名义从事经营活动。法律、行政法规规定无需办理登记的除外。

市场主体登记包括设立登记、变更登记和注销登记。

第4条　市场主体登记管理应当遵循依法合规、规范统一、公开透明、便捷高效的原则。

第5条　国务院市场监督管理部门主管全国市场主体登记管理工作。

县级以上地方人民政府市场监督管理部门主管本辖区市场主体登记管理工作，加强统筹指导和监督管理。

第6条　国务院市场监督管理部门应当加强信息化建设，制定统一的市场主体登记数据和系统建设规范。

县级以上地方人民政府承担市场主体登记工作的部门（以下称登记机关）应当优化市场主体登记办理流程，提高市场主体登记效率，推行当场办结、一次办结、限时办结等制度，实现集中办理、就近办理、网上办理、异地可办，提升市场主体登记便利化程度。

第7条　国务院市场监督管理部门和国务院有关部门应当推动市场主体登记信息与其他政府信息的共享和运用，提升政府服务效能。

第二章　登记事项

第8条　市场主体的一般登记事项包括：

（一）名称；

（二）主体类型；

（三）经营范围；

（四）住所或者主要经营场所；

（五）注册资本或者出资额；

（六）法定代表人、执行事务合伙人或者负责人姓名。

除前款规定外，还应当根据市场主体类型登记下列事项：

（一）有限责任公司股东、股份有限公司发起人、非公司企业法人出资人的姓名或者名称；

（二）个人独资企业的投资人姓名及居所；

（三）合伙企业的合伙人名称或者姓名、住所、承担责任方式；

（四）个体工商户的经营者姓名、住所、经营场所；

（五）法律、行政法规规定的其他事项。

第9条 市场主体的下列事项应当向登记机关办理备案：

（一）章程或者合伙协议；

（二）经营期限或者合伙期限；

（三）有限责任公司股东或者股份有限公司发起人认缴的出资数额，合伙企业合伙人认缴或者实际缴付的出资数额、缴付期限和出资方式；

（四）公司董事、监事、高级管理人员；

（五）农民专业合作社（联合社）成员；

（六）参加经营的个体工商户家庭成员姓名；

（七）市场主体登记联络员、外商投资企业法律文件送达接受人；

（八）公司、合伙企业等市场主体受益所有人相关信息；

（九）法律、行政法规规定的其他事项。

第10条 市场主体只能登记一个名称，经登记的市场主体名称受法律保护。

市场主体名称由申请人依法自主申报。

第11条 市场主体只能登记一个住所或者主要经营场所。

电子商务平台内的自然人经营者可以根据国家有关规定，将电子商务平台提供的网络经营场所作为经营场所。

省、自治区、直辖市人民政府可以根据有关法律、行政法规的规定和本地区实际情况，自行或者授权下级人民政府对住所或者主要经营场所作出更加便利市场主体从事经营活动的具体规定。

第12条 有下列情形之一的，不得担任公司、非公司企业法人的法定代表人：

（一）无民事行为能力或者限制民事行为能力；

（二）因贪污、贿赂、侵占财产、挪用财产或者破坏社会主义市场经济秩序被判处刑罚，执行期满未逾 5 年，或者因犯罪被剥夺政治权利，执行期满未逾 5 年；

（三）担任破产清算的公司、非公司企业法人的法定代表人、董事或者厂长、经理，对破产负有个人责任的，自破产清算完结之日起未逾 3 年；

（四）担任因违法被吊销营业执照、责令关闭的公司、非公司企业法人的法定代表人，并负有个人责任的，自被吊销营业执照之日起未逾 3 年；

（五）个人所负数额较大的债务到期未清偿；

（六）法律、行政法规规定的其他情形。

第 13 条　除法律、行政法规或者国务院决定另有规定外，市场主体的注册资本或者出资额实行认缴登记制，以人民币表示。

出资方式应当符合法律、行政法规的规定。公司股东、非公司企业法人出资人、农民专业合作社（联合社）成员不得以劳务、信用、自然人姓名、商誉、特许经营权或者设定担保的财产等作价出资。

第 14 条　市场主体的经营范围包括一般经营项目和许可经营项目。经营范围中属于在登记前依法须经批准的许可经营项目，市场主体应当在申请登记时提交有关批准文件。

市场主体应当按照登记机关公布的经营项目分类标准办理经营范围登记。

第三章　登 记 规 范

第 15 条　市场主体实行实名登记。申请人应当配合登记机关核验身份信息。

第 16 条　申请办理市场主体登记，应当提交下列材料：

（一）申请书；

（二）申请人资格文件、自然人身份证明；

（三）住所或者主要经营场所相关文件；

（四）公司、非公司企业法人、农民专业合作社（联合社）章程或者合伙企业合伙协议；

（五）法律、行政法规和国务院市场监督管理部门规定提交的其他材料。

国务院市场监督管理部门应当根据市场主体类型分别制定登记材料清单和文书格式样本，通过政府网站、登记机关服务窗口等向社会公开。

登记机关能够通过政务信息共享平台获取的市场主体登记相关信息，不得要求申请人重复提供。

第17条 申请人应当对提交材料的真实性、合法性和有效性负责。

第18条 申请人可以委托其他自然人或者中介机构代其办理市场主体登记。受委托的自然人或者中介机构代为办理登记事宜应当遵守有关规定，不得提供虚假信息和材料。

第19条 登记机关应当对申请材料进行形式审查。对申请材料齐全、符合法定形式的予以确认并当场登记。不能当场登记的，应当在3个工作日内予以登记；情形复杂的，经登记机关负责人批准，可以再延长3个工作日。

申请材料不齐全或者不符合法定形式的，登记机关应当一次性告知申请人需要补正的材料。

第20条 登记申请不符合法律、行政法规规定，或者可能危害国家安全、社会公共利益的，登记机关不予登记并说明理由。

第21条 申请人申请市场主体设立登记，登记机关依法予以登记的，签发营业执照。营业执照签发日期为市场主体的成立日期。

法律、行政法规或者国务院决定规定设立市场主体须经批准的，应当在批准文件有效期内向登记机关申请登记。

第22条 营业执照分为正本和副本，具有同等法律效力。

电子营业执照与纸质营业执照具有同等法律效力。

营业执照样式、电子营业执照标准由国务院市场监督管理部门统一制定。

第23条 市场主体设立分支机构，应当向分支机构所在地的登记机关申请登记。

第24条 市场主体变更登记事项，应当自作出变更决议、决定或者法定变更事项发生之日起30日内向登记机关申请变更登记。

市场主体变更登记事项属于依法须经批准的，申请人应当在批准文件有效期内向登记机关申请变更登记。

第25条 公司、非公司企业法人的法定代表人在任职期间发生本条例第十二条所列情形之一的，应当向登记机关申请变更登记。

第 26 条　市场主体变更经营范围，属于依法须经批准的项目的，应当自批准之日起 30 日内申请变更登记。许可证或者批准文件被吊销、撤销或者有效期届满的，应当自许可证或者批准文件被吊销、撤销或者有效期届满之日起 30 日内向登记机关申请变更登记或者办理注销登记。

第 27 条　市场主体变更住所或者主要经营场所跨登记机关辖区的，应当在迁入新的住所或者主要经营场所前，向迁入地登记机关申请变更登记。迁出地登记机关无正当理由不得拒绝移交市场主体档案等相关材料。

第 28 条　市场主体变更登记涉及营业执照记载事项的，登记机关应当及时为市场主体换发营业执照。

第 29 条　市场主体变更本条例第九条规定的备案事项的，应当自作出变更决议、决定或者法定变更事项发生之日起 30 日内向登记机关办理备案。农民专业合作社（联合社）成员发生变更的，应当自本会计年度终了之日起 90 日内向登记机关办理备案。

第 30 条　因自然灾害、事故灾难、公共卫生事件、社会安全事件等原因造成经营困难的，市场主体可以自主决定在一定时期内歇业。法律、行政法规另有规定的除外。

市场主体应当在歇业前与职工依法协商劳动关系处理等有关事项。

市场主体应当在歇业前向登记机关办理备案。登记机关通过国家企业信用信息公示系统向社会公示歇业期限、法律文书送达地址等信息。

市场主体歇业的期限最长不得超过 3 年。市场主体在歇业期间开展经营活动的，视为恢复营业，市场主体应当通过国家企业信用信息公示系统向社会公示。

市场主体歇业期间，可以以法律文书送达地址代替住所或者主要经营场所。

第 31 条　市场主体因解散、被宣告破产或者其他法定事由需要终止的，应当依法向登记机关申请注销登记。经登记机关注销登记，市场主体终止。

市场主体注销依法须经批准的，应当经批准后向登记机关申请注销登记。

第 32 条　市场主体注销登记前依法应当清算的，清算组应当自成立之日起 10 日内将清算组成员、清算组负责人名单通过国家企业信用信息公示系统公告。清算组可以通过国家企业信用信息公示系统发布债权人公告。

清算组应当自清算结束之日起30日内向登记机关申请注销登记。市场主体申请注销登记前,应当依法办理分支机构注销登记。

第33条 市场主体未发生债权债务或者已将债权债务清偿完结,未发生或者已结清清偿费用、职工工资、社会保险费用、法定补偿金、应缴纳税款(滞纳金、罚款),并由全体投资人书面承诺对上述情况的真实性承担法律责任的,可以按照简易程序办理注销登记。

市场主体应当将承诺书及注销登记申请通过国家企业信用信息公示系统公示,公示期为20日。在公示期内无相关部门、债权人及其他利害关系人提出异议的,市场主体可以于公示期届满之日起20日内向登记机关申请注销登记。

个体工商户按照简易程序办理注销登记的,无需公示,由登记机关将个体工商户的注销登记申请推送至税务等有关部门,有关部门在10日内没有提出异议的,可以直接办理注销登记。

市场主体注销依法须经批准的,或者市场主体被吊销营业执照、责令关闭、撤销,或者被列入经营异常名录的,不适用简易注销程序。

第34条 人民法院裁定强制清算或者裁定宣告破产的,有关清算组、破产管理人可以持人民法院终结强制清算程序的裁定或者终结破产程序的裁定,直接向登记机关申请办理注销登记。

第四章 监督管理

第35条 市场主体应当按照国家有关规定公示年度报告和登记相关信息。

第36条 市场主体应当将营业执照置于住所或者主要经营场所的醒目位置。从事电子商务经营的市场主体应当在其首页显著位置持续公示营业执照信息或者相关链接标识。

第37条 任何单位和个人不得伪造、涂改、出租、出借、转让营业执照。

营业执照遗失或者毁坏的,市场主体应当通过国家企业信用信息公示系统声明作废,申请补领。

登记机关依法作出变更登记、注销登记和撤销登记决定的,市场主体应当缴回营业执照。拒不缴回或者无法缴回营业执照的,由登记机关通过国家企业信用信息公示系统公告营业执照作废。

第 38 条　登记机关应当根据市场主体的信用风险状况实施分级分类监管。

登记机关应当采取随机抽取检查对象、随机选派执法检查人员的方式，对市场主体登记事项进行监督检查，并及时向社会公开监督检查结果。

第 39 条　登记机关对市场主体涉嫌违反本条例规定的行为进行查处，可以行使下列职权：

（一）进入市场主体的经营场所实施现场检查；

（二）查阅、复制、收集与市场主体经营活动有关的合同、票据、账簿以及其他资料；

（三）向与市场主体经营活动有关的单位和个人调查了解情况；

（四）依法责令市场主体停止相关经营活动；

（五）依法查询涉嫌违法的市场主体的银行账户；

（六）法律、行政法规规定的其他职权。

登记机关行使前款第四项、第五项规定的职权的，应当经登记机关主要负责人批准。

第 40 条　提交虚假材料或者采取其他欺诈手段隐瞒重要事实取得市场主体登记的，受虚假市场主体登记影响的自然人、法人和其他组织可以向登记机关提出撤销市场主体登记的申请。

登记机关受理申请后，应当及时开展调查。经调查认定存在虚假市场主体登记情形的，登记机关应当撤销市场主体登记。相关市场主体和人员无法联系或者拒不配合的，登记机关可以将相关市场主体的登记时间、登记事项等通过国家企业信用信息公示系统向社会公示，公示期为 45 日。相关市场主体及其利害关系人在公示期内没有提出异议的，登记机关可以撤销市场主体登记。

因虚假市场主体登记被撤销的市场主体，其直接责任人自市场主体登记被撤销之日起 3 年内不得再次申请市场主体登记。登记机关应当通过国家企业信用信息公示系统予以公示。

第 41 条　有下列情形之一的，登记机关可以不予撤销市场主体登记：

（一）撤销市场主体登记可能对社会公共利益造成重大损害；

（二）撤销市场主体登记后无法恢复到登记前的状态；

（三）法律、行政法规规定的其他情形。

第 42 条 登记机关或者其上级机关认定撤销市场主体登记决定错误的，可以撤销该决定，恢复原登记状态，并通过国家企业信用信息公示系统公示。

第五章 法律责任

第 43 条 未经设立登记从事经营活动的，由登记机关责令改正，没收违法所得；拒不改正的，处 1 万元以上 10 万元以下的罚款；情节严重的，依法责令关闭停业，并处 10 万元以上 50 万元以下的罚款。

第 44 条 提交虚假材料或者采取其他欺诈手段隐瞒重要事实取得市场主体登记的，由登记机关责令改正，没收违法所得，并处 5 万元以上 20 万元以下的罚款；情节严重的，处 20 万元以上 100 万元以下的罚款，吊销营业执照。

第 45 条 实行注册资本实缴登记制的市场主体虚报注册资本取得市场主体登记的，由登记机关责令改正，处虚报注册资本金额 5% 以上 15% 以下的罚款；情节严重的，吊销营业执照。

实行注册资本实缴登记制的市场主体的发起人、股东虚假出资，未交付或者未按期交付作为出资的货币或者非货币财产的，或者在市场主体成立后抽逃出资的，由登记机关责令改正，处虚假出资金额 5% 以上 15% 以下的罚款。

第 46 条 市场主体未依照本条例办理变更登记的，由登记机关责令改正；拒不改正的，处 1 万元以上 10 万元以下的罚款；情节严重的，吊销营业执照。

第 47 条 市场主体未依照本条例办理备案的，由登记机关责令改正；拒不改正的，处 5 万元以下的罚款。

第 48 条 市场主体未依照本条例将营业执照置于住所或者主要经营场所醒目位置的，由登记机关责令改正；拒不改正的，处 3 万元以下的罚款。

从事电子商务经营的市场主体未在其首页显著位置持续公示营业执照信息或者相关链接标识的，由登记机关依照《中华人民共和国电子商务法》处罚。

市场主体伪造、涂改、出租、出借、转让营业执照的，由登记机关没收违法所得，处 10 万元以下的罚款；情节严重的，处 10 万元以上 50 万元以下的罚款,吊销营业执照。

第49条　违反本条例规定的,登记机关确定罚款金额时,应当综合考虑市场主体的类型、规模、违法情节等因素。

第50条　登记机关及其工作人员违反本条例规定未履行职责或者履行职责不当的,对直接负责的主管人员和其他直接责任人员依法给予处分。

第51条　违反本条例规定,构成犯罪的,依法追究刑事责任。

第52条　法律、行政法规对市场主体登记管理违法行为处罚另有规定的,从其规定。

第六章　附　则

第53条　国务院市场监督管理部门可以依照本条例制定市场主体登记和监督管理的具体办法。

第54条　无固定经营场所摊贩的管理办法,由省、自治区、直辖市人民政府根据当地实际情况另行规定。

第55条　本条例自2022年3月1日起施行。《中华人民共和国公司登记管理条例》、《中华人民共和国企业法人登记管理条例》、《中华人民共和国合伙企业登记管理办法》、《农民专业合作社登记管理条例》、《企业法人法定代表人登记管理规定》同时废止。

最高人民法院关于适用《中华人民共和国外商投资法》若干问题的解释

(2019年12月16日　法释〔2019〕20号)

(2019年12月16日　最高人民法院审判委员会第1787次会议通过)

为正确适用《中华人民共和国外商投资法》,依法平等保护中外投资者合法权益,营造稳定、公平、透明的法治化营商环境,结合审判实践,就人民法院审理平等主体之间的投资合同纠纷案件适用法律问题作出如下解释。

第1条　本解释所称投资合同,是指外国投资者即外国的自然人、企业或者其他组织因直接或者间接在中国境内进行投资而形成的相关协议,包括设立外商投资企业合同、股份转让合同、股权转让合同、财产份额或者其他类似权益转让合同、新建项目合同等协议。

外国投资者因赠与、财产分割、企业合并、企业分立等方式取得相应权益所产生的合同纠纷,适用本解释。

第2条 对外商投资法第四条所指的外商投资准入负面清单之外的领域形成的投资合同,当事人以合同未经有关行政主管部门批准、登记为由主张合同无效或者未生效的,人民法院不予支持。

前款规定的投资合同签订于外商投资法施行前,但人民法院在外商投资法施行时尚未作出生效裁判的,适用前款规定认定合同的效力。

第3条 外国投资者投资外商投资准入负面清单规定禁止投资的领域,当事人主张投资合同无效的,人民法院应予支持。

第4条 外国投资者投资外商投资准入负面清单规定限制投资的领域,当事人以违反限制性准入特别管理措施为由,主张投资合同无效的,人民法院应予支持。

人民法院作出生效裁判前,当事人采取必要措施满足准入特别管理措施的要求,当事人主张前款规定的投资合同有效的,应予支持。

第5条 在生效裁判作出前,因外商投资准入负面清单调整,外国投资者投资不再属于禁止或者限制投资的领域,当事人主张投资合同有效的,人民法院应予支持。

第6条 人民法院审理香港特别行政区、澳门特别行政区投资者、定居在国外的中国公民在内地、台湾地区投资者在大陆投资产生的相关纠纷案件,可以参照适用本解释。

第7条 本解释自2020年1月1日起施行。

本解释施行前本院作出的有关司法解释与本解释不一致的,以本解释为准。

最高人民法院关于审理外商投资企业纠纷案件若干问题的规定(一)

(2020 年 12 月 29 日　法释〔2020〕18 号)

(2010 年 5 月 17 日最高人民法院审判委员会第 1487 次会议通过　根据 2020 年 12 月 23 日最高人民法院审判委员会第 1823 次会议通过的《最高人民法院关于修改〈最高人民法院关于破产企业国有划拨土地使用权应否列入破产财产等问题的批复〉等二十九件商事类司法解释的决定》修正)

为正确审理外商投资企业在设立、变更等过程中产生的纠纷案件,保护当事人的合法权益,根据《中华人民共和国民法典》《中华人民共和国外商投资法》《中华人民共和国公司法》等法律法规的规定,结合审判实践,制定本规定。

第 1 条　当事人在外商投资企业设立、变更等过程中订立的合同,依法律、行政法规的规定应当经外商投资企业审批机关批准后才生效的,自批准之日起生效;未经批准的,人民法院应当认定该合同未生效。当事人请求确认该合同无效的,人民法院不予支持。

前款所述合同因未经批准而被认定未生效的,不影响合同中当事人履行报批义务条款及因该报批义务而设定的相关条款的效力。

第 2 条　当事人就外商投资企业相关事项达成的补充协议对已获批准的合同不构成重大或实质性变更的,人民法院不应以未经外商投资企业审批机关批准为由认定该补充协议未生效。

前款规定的重大或实质性变更包括注册资本、公司类型、经营范围、营业期限、股东认缴的出资额、出资方式的变更以及公司合并、公司分立、股权转让等。

第 3 条　人民法院在审理案件中,发现经外商投资企业审批机关批准的外商投资企业合同具有法律、行政法规规定的无效情形的,应当认定合同无效;该合同具有法律、行政法规规定的可撤销情形,当事人请求撤销的,人民法院应予支持。

第4条 外商投资企业合同约定一方当事人以需要办理权属变更登记的标的物出资或者提供合作条件,标的物已交付外商投资企业实际使用,且负有办理权属变更登记义务的一方当事人在人民法院指定的合理期限内完成了登记的,人民法院应当认定该方当事人履行了出资或者提供合作条件的义务。外商投资企业或其股东以该方当事人未履行出资义务为由主张该方当事人不享有股东权益的,人民法院不予支持。

外商投资企业或其股东举证证明该方当事人因迟延办理权属变更登记给外商投资企业造成损失并请求赔偿的,人民法院应予支持。

第5条 外商投资企业股权转让合同成立后,转让方和外商投资企业不履行报批义务,经受让方催告后在合理的期限内仍未履行,受让方请求解除合同并由转让方返还其已支付的转让款、赔偿因未履行报批义务而造成的实际损失的,人民法院应予支持。

第6条 外商投资企业股权转让合同成立后,转让方和外商投资企业不履行报批义务,受让方以转让方为被告、以外商投资企业为第三人提起诉讼,请求转让方与外商投资企业在一定期限内共同履行报批义务的,人民法院应予支持。受让方同时请求在转让方和外商投资企业于生效判决确定的期限内不履行报批义务时自行报批的,人民法院应予支持。

转让方和外商投资企业拒不根据人民法院生效判决确定的期限履行报批义务,受让方另行起诉,请求解除合同并赔偿损失的,人民法院应予支持。赔偿损失的范围可以包括股权的差价损失、股权收益及其他合理损失。

第7条 转让方、外商投资企业或者受让方根据本规定第六条第一款的规定就外商投资企业股权转让合同报批,未获外商投资企业审批机关批准,受让方另行起诉,请求转让方返还其已支付的转让款的,人民法院应予支持。受让方请求转让方赔偿因此造成的损失的,人民法院应根据转让方是否存在过错以及过错大小认定其是否承担赔偿责任及具体赔偿数额。

第8条 外商投资企业股权转让合同约定受让方支付转让款后转让方才办理报批手续,受让方未支付股权转让款,经转让方催告后在合理的期限内仍未履行,转让方请求解除合同并赔偿因迟延履行而造成的实际损失的,人民法院院应予支持。

第9条　外商投资企业股权转让合同成立后，受让方未支付股权转让款，转让方和外商投资企业亦未履行报批义务，转让方请求受让方支付股权转让款的，人民法院应当中止审理，指令转让方在一定期限内办理报批手续。该股权转让合同获得外商投资企业审批机关批准的，对转让方关于支付转让款的诉讼请求，人民法院应予支持。

第10条　外商投资企业股权转让合同成立后，受让方已实际参与外商投资企业的经营管理并获取收益，但合同未获外商投资企业审批机关批准，转让方请求受让方退出外商投资企业的经营管理并将受让方因实际参与经营管理而获得的收益在扣除相关成本费用后支付给转让方的，人民法院应予支持。

第11条　外商投资企业一方股东将股权全部或部分转让给股东之外的第三人，应当经其他股东一致同意，其他股东以未征得其同意为由请求撤销股权转让合同的，人民法院应予支持。具有以下情形之一的除外：

（一）有证据证明其他股东已经同意；

（二）转让方已就股权转让事项书面通知，其他股东自接到书面通知之日满三十日未予答复；

（三）其他股东不同意转让，又不购买该转让的股权。

第12条　外商投资企业一方股东将股权全部或部分转让给股东之外的第三人，其他股东以该股权转让侵害了其优先购买权为由请求撤销股权转让合同的，人民法院应予支持。其他股东在知道或者应当知道股权转让合同签订之日起一年内未主张优先购买权的除外。

前款规定的转让方、受让方以侵害其他股东优先购买权为由请求认定股权转让合同无效的，人民法院不予支持。

第13条　外商投资企业股东与债权人订立的股权质押合同，除法律、行政法规另有规定或者合同另有约定外，自成立时生效。未办理质权登记的，不影响股权质押合同的效力。

当事人仅以股权质押合同未经外商投资企业审批机关批准为由主张合同无效或未生效的，人民法院不予支持。

股权质押合同依照民法典的相关规定办理了出质登记的，股权质权自登记时设立。

第 14 条　当事人之间约定一方实际投资、另一方作为外商投资企业名义股东,实际投资者请求确认其在外商投资企业中的股东身份或者请求变更外商投资企业股东的,人民法院不予支持。同时具备以下条件的除外:

(一)实际投资者已经实际投资;

(二)名义股东以外的其他股东认可实际投资者的股东身份;

(三)人民法院或当事人在诉讼期间就将实际投资者变更为股东征得了外商投资企业审批机关的同意。

第 15 条　合同约定一方实际投资、另一方作为外商投资企业名义股东,不具有法律、行政法规规定的无效情形的,人民法院应认定该合同有效。一方当事人仅以未经外商投资企业审批机关批准为由主张该合同无效或者未生效的,人民法院不予支持。

实际投资者请求外商投资企业名义股东依据双方约定履行相应义务的,人民法院应予支持。

双方未约定利益分配,实际投资者请求外商投资企业名义股东向其交付从外商投资企业获得的收益的,人民法院应予支持。外商投资企业名义股东向实际投资者请求支付必要报酬的,人民法院应酌情予以支持。

第 16 条　外商投资企业名义股东不履行与实际投资者之间的合同,致使实际投资者不能实现合同目的,实际投资者请求解除合同并由外商投资企业名义股东承担违约责任的,人民法院应予支持。

第 17 条　实际投资者根据其与外商投资企业名义股东的约定,直接向外商投资企业请求分配利润或者行使其他股东权利的,人民法院不予支持。

第 18 条　实际投资者与外商投资企业名义股东之间的合同被认定无效,名义股东持有的股权价值高于实际投资额,实际投资者请求名义股东向其返还投资款并根据其实际投资情况以及名义股东参与外商投资企业经营管理的情况对股权收益在双方之间进行合理分配的,人民法院应予支持。

外商投资企业名义股东明确表示放弃股权或者拒绝继续持有股权的,人民法院可以判令以拍卖、变卖名义股东持有的外商投资企业股权所得向实际投资者返还投资款,其余款项根据实际投资者的实际投资情况、名义股东参与外商投资企业经营管理的情况在双方之间进行合理分配。

第 19 条　实际投资者与外商投资企业名义股东之间的合同被认定无效,

名义股东持有的股权价值低于实际投资额，实际投资者请求名义股东向其返还现有股权的等值价款的，人民法院应予支持；外商投资企业名义股东明确表示放弃股权或者拒绝继续持有股权的，人民法院可以判令以拍卖、变卖名义股东持有的外商投资企业股权所得向实际投资者返还投资款。

实际投资者请求名义股东赔偿损失的，人民法院应当根据名义股东对合同无效是否存在过错及过错大小认定其是否承担赔偿责任及具体赔偿数额。

第 20 条　实际投资者与外商投资企业名义股东之间的合同因恶意串通，损害国家、集体或者第三人利益，被认定无效的，人民法院应当将因此取得的财产收归国家所有或者返还集体、第三人。

第 21 条　外商投资企业一方股东或者外商投资企业以提供虚假材料等欺诈或者其他不正当手段向外商投资企业审批机关申请变更外商投资企业批准证书所载股东，导致外商投资企业他方股东丧失股东身份或原有股权份额，他方股东请求确认股东身份或原有股权份额的，人民法院应予支持。第三人已经善意取得该股权的除外。

他方股东请求侵权股东或者外商投资企业赔偿损失的，人民法院应予支持。

第 22 条　人民法院审理香港特别行政区、澳门特别行政区、台湾地区的投资者、定居在国外的中国公民在内地投资设立企业产生的相关纠纷案件，参照适用本规定。

第 23 条　本规定施行后，案件尚在一审或者二审阶段的，适用本规定；本规定施行前已经终审的案件，人民法院进行再审时，不适用本规定。

第 24 条　本规定施行前本院作出的有关司法解释与本规定相抵触的，以本规定为准。

最高人民法院关于适用《中华人民共和国公司法》若干问题的规定(三)(节选)

(2020年12月29日　法释〔2020〕18号)

(2010年12月6日　最高人民法院审判委员会第1504次会议通过　根据2014年2月17日最高人民法院审判委员会第1607次会议《关于修改关于适用〈中华人民共和国公司法〉若干问题的规定的决定》第一次修正　根据2020年12月23日最高人民法院审判委员会第1823次会议通过的《最高人民法院关于修改〈最高人民法院关于破产企业国有划拨土地使用权应否列入破产财产等问题的批复〉等二十九件商事类司法解释的决定》第二次修正)

第24条　有限责任公司的实际出资人与名义出资人订立合同,约定由实际出资人出资并享有投资权益,以名义出资人为名义股东,实际出资人与名义股东对该合同效力发生争议的,如无法律规定的无效情形,人民法院应当认定该合同有效。

前款规定的实际出资人与名义股东因投资权益的归属发生争议,实际出资人以其实际履行了出资义务为由向名义股东主张权利的,人民法院应予支持。名义股东以公司股东名册记载、公司登记机关登记为由否认实际出资人权利的,人民法院不予支持。

实际出资人未经公司其他股东半数以上同意,请求公司变更股东、签发出资证明书、记载于股东名册、记载于公司章程并办理公司登记机关登记的,人民法院不予支持。

第25条　名义股东将登记于其名下的股权转让、质押或者以其他方式处分,实际出资人以其对于股权享有实际权利为由,请求认定处分股权行为无效的,人民法院可以参照民法典第三百一十一条的规定处理。

名义股东处分股权造成实际出资人损失,实际出资人请求名义股东承担赔偿责任的,人民法院应予支持。

最高人民法院关于适用《中华人民共和国公司法》若干问题的规定(四)(节选)

(2020年12月29日　法释〔2020〕18号)

(2016年12月5日　最高人民法院审判委员会第1702次会议通过　根据2020年12月23日最高人民法院审判委员会第1823次会议通过的《最高人民法院关于修改〈最高人民法院关于破产企业国有划拨土地使用权应否列入破产财产等问题的批复〉等二十九件商事类司法解释的决定》修正)

第14条　股东提交载明具体分配方案的股东会或者股东大会的有效决议,请求公司分配利润,公司拒绝分配利润且其关于无法执行决议的抗辩理由不成立的,人民法院应当判决公司按照决议载明的具体分配方案向股东分配利润。

第15条　股东未提交载明具体分配方案的股东会或者股东大会决议,请求公司分配利润的,人民法院应当驳回其诉讼请求,但违反法律规定滥用股东权利导致公司不分配利润,给其他股东造成损失的除外。

最高人民法院关于适用《中华人民共和国公司法》若干问题的规定(五)

(2020年12月29日　法释〔2020〕18号)

(2019年4月22日　最高人民法院审判委员会第1766次会议审议通过　根据2020年12月23日最高人民法院审判委员会第1823次会议通过的《最高人民法院关于修改〈最高人民法院关于破产企业国有划拨土地使用权应否列入破产财产等问题的批复〉等二十九件商事类司法解释的决定》修正)

为正确适用《中华人民共和国公司法》,结合人民法院审判实践,就股东权益保护等纠纷案件适用法律问题作出如下规定。

第1条 关联交易损害公司利益，原告公司依据民法典第八十四条、公司法第二十一条规定请求控股股东、实际控制人、董事、监事、高级管理人员赔偿所造成的损失，被告仅以该交易已经履行了信息披露、经股东会或者股东大会同意等法律、行政法规或者公司章程规定的程序为由抗辩的，人民法院不予支持。

公司没有提起诉讼的，符合公司法第一百五十一条第一款规定条件的股东，可以依据公司法第一百五十一条第二款、第三款规定向人民法院提起诉讼。

第2条 关联交易合同存在无效、可撤销或者对公司不发生效力的情形，公司没有起诉合同相对方的，符合公司法第一百五十一条第一款规定条件的股东，可以依据公司法第一百五十一条第二款、第三款规定向人民法院提起诉讼。

第3条 董事任期届满前被股东会或者股东大会有效决议解除职务，其主张解除不发生法律效力的，人民法院不予支持。

董事职务被解除后，因补偿与公司发生纠纷提起诉讼的，人民法院应当依据法律、行政法规、公司章程的规定或者合同的约定，综合考虑解除的原因、剩余任期、董事薪酬等因素，确定是否补偿以及补偿的合理数额。

第4条 分配利润的股东会或者股东大会决议作出后，公司应当在决议载明的时间内完成利润分配。决议没有载明时间的，以公司章程规定的为准。决议、章程中均未规定时间或者时间超过一年的，公司应当自决议作出之日起一年内完成利润分配。

决议中载明的利润分配完成时间超过公司章程规定时间的，股东可以依据民法典第八十五条、公司法第二十二条第二款规定请求人民法院撤销决议中关于该时间的规定。

第5条 人民法院审理涉及有限责任公司股东重大分歧案件时，应当注重调解。当事人协商一致以下列方式解决分歧，且不违反法律、行政法规的强制性规定的，人民法院应予支持：

（一）公司回购部分股东股份；

（二）其他股东受让部分股东股份；

（三）他人受让部分股东股份；

（四）公司减资；

（五）公司分立；

（六）其他能够解决分歧，恢复公司正常经营，避免公司解散的方式。

第 6 条　本规定自 2019 年 4 月 29 日起施行。

本规定施行后尚未终审的案件，适用本规定；本规定施行前已经终审的案件，或者适用审判监督程序再审的案件，不适用本规定。

本院以前发布的司法解释与本规定不一致的，以本规定为准。

股权出质登记办法

（2008 年 9 月 1 日　国家工商行政管理总局令第 32 号）

（根据 2016 年 4 月 29 日国家工商行政管理总局令第 86 号修订
根据 2020 年 12 月 31 日国家市场监督管理总局令第 34 号修改）

第 1 条　为规范股权出质登记行为，根据《中华人民共和国民法典》等法律的规定，制定本办法。

第 2 条　以持有的有限责任公司和股份有限公司股权出质，办理出质登记的，适用本办法。已在证券登记结算机构登记的股份有限公司的股权除外。

第 3 条　负责出质股权所在公司登记的市场监督管理部门是股权出质登记机关（以下简称登记机关）。

各级市场监督管理部门的企业登记机构是股权出质登记机构。

第 4 条　股权出质登记事项包括：

（一）出质人和质权人的姓名或名称；

（二）出质股权所在公司的名称；

（三）出质股权的数额。

第 5 条　申请出质登记的股权应当是依法可以转让和出质的股权。对于已经被依法冻结的股权，在解除冻结之前，不得申请办理股权出质登记。

第 6 条　申请股权出质设立登记、变更登记和注销登记，应当由出质人和质权人共同提出。申请股权出质撤销登记，可以由出质人或者质权人单方提出。

申请人应当对申请材料的真实性、质押合同的合法性有效性、出质股权权能的完整性承担法律责任。

第7条 申请股权出质设立登记，应当提交下列材料：

（一）申请人签字或者盖章的《股权出质设立登记申请书》；

（二）记载有出质人姓名（名称）及其出资额的有限责任公司股东名册复印件或者出质人持有的股份公司股票复印件（均需加盖公司印章）；

（三）质押合同；

（四）出质人、质权人的主体资格证明或者自然人身份证明复印件（出质人、质权人属于自然人的由本人签名，属于法人的加盖法人印章，下同）；

（五）国家市场监督管理总局要求提交的其他材料。

指定代表或者共同委托代理人办理的，还应当提交申请人指定代表或者共同委托代理人的证明。

第8条 出质股权数额变更，以及出质人、质权人姓名（名称）或者出质股权所在公司名称更改的，应当申请办理变更登记。

第9条 申请股权出质变更登记，应当提交下列材料：

（一）申请人签字或者盖章的《股权出质变更登记申请书》。

（二）有关登记事项变更的证明文件。属于出质股权数额变更的，提交质押合同修正案或者补充合同；属于出质人、质权人姓名（名称）或者出质股权所在公司名称更改的，提交姓名或者名称更改的证明文件和更改后的主体资格证明或者自然人身份证明复印件。

（三）国家市场监督管理总局要求提交的其他材料。

指定代表或者共同委托代理人办理的，还应当提交申请人指定代表或者共同委托代理人的证明。

第10条 出现主债权消灭、质权实现、质权人放弃质权或法律规定的其他情形导致质权消灭的，应当申请办理注销登记。

第11条 申请股权出质注销登记，应当提交申请人签字或者盖章的《股权出质注销登记申请书》。

指定代表或者共同委托代理人办理的，还应当提交申请人指定代表或者共同委托代理人的证明。

第12条 质押合同被依法确认无效或者被撤销的，应当申请办理撤销登记。

第 13 条　申请股权出质撤销登记，应当提交下列材料：

（一）申请人签字或者盖章的《股权出质撤销登记申请书》；

（二）质押合同被依法确认无效或者被撤销的法律文件。

指定代表或者委托代理人办理的，还应当提交申请人指定代表或者委托代理人的证明。

第 14 条　登记机关对登记申请应当当场办理登记手续并发给登记通知书。通知书加盖登记机关的股权出质登记专用章。

对于不属于股权出质登记范围或者不属于本机关登记管辖范围以及不符合本办法规定的，登记机关应当当场告知申请人，并退回申请材料。

第 15 条　登记机关应当将股权出质登记事项在企业信用信息公示系统公示，供社会公众查询。

因自身原因导致股权出质登记事项记载错误的，登记机关应当及时予以更正。

第 16 条　股权出质登记的有关文书格式文本，由国家市场监督管理总局统一制定。

第 17 条　本办法自 2008 年 10 月 1 日起施行。

最高人民法院关于人民法院执行工作若干问题的规定（试行）（节选）

（2020 年 12 月 29 日　法释〔2020〕21 号）

（1998 年 6 月 11 日　最高人民法院审判委员会第 992 次会议通过　根据 2020 年 12 月 23 日最高人民法院审判委员会第 1823 次会议通过的《最高人民法院关于修改〈最高人民法院关于人民法院扣押铁路运输货物若干问题的规定〉等十八件执行类司法解释的决定》修正）

33. 被执行人申请对人民法院查封的财产自行变卖的，人民法院可以准许，但应当监督其按照合理价格在指定的期限内进行，并控制变卖的价款。

36. 对被执行人从有关企业中应得的已到期的股息或红利等收益，人民法院有权裁定禁止被执行人提取和有关企业向被执行人支付，并要求有关企业直接向申请执行人支付。

对被执行人预期从有关企业中应得的股息或红利等收益，人民法院可以采取冻结措施，禁止到期后被执行人提取和有关企业向被执行人支付。到期后人民法院可从有关企业中提取，并出具提取收据。

37. 对被执行人在其他股份有限公司中持有的股份凭证（股票），人民法院可以扣押，并强制被执行人按照公司法的有关规定转让，也可以直接采取拍卖、变卖的方式进行处分，或直接将股票抵偿给债权人，用于清偿被执行人的债务。

38. 对被执行人在有限责任公司、其他法人企业中的投资权益或股权，人民法院可以采取冻结措施。

冻结投资权益或股权的，应当通知有关企业不得办理被冻结投资权益或股权的转移手续，不得向被执行人支付股息或红利。被冻结的投资权益或股权，被执行人不得自行转让。

39. 被执行人在其独资开办的法人企业中拥有的投资权益被冻结后，人民法院可以直接裁定予以转让，以转让所得清偿其对申请执行人的债务。

对被执行人在有限责任公司中被冻结的投资权益或股权，人民法院可以依据《中华人民共和国公司法》第七十一条、第七十二条、第七十三条的规定，征得全体股东过半数同意后，予以拍卖、变卖或以其他方式转让。不同意转让的股东，应当购买该转让的投资权益或股权，不购买的，视为同意转让，不影响执行。

人民法院也可允许并监督被执行人自行转让其投资权益或股权，将转让所得收益用于清偿对申请执行人的债务。

40. 有关企业收到人民法院发出的协助冻结通知后，擅自向被执行人支付股息或红利，或擅自为被执行人办理已冻结股权的转移手续，造成已转移的财产无法追回的，应当在所支付的股息或红利或转移的股权价值范围内向申请执行人承担责任。

最高人民法院关于人民法院民事执行中拍卖、变卖财产的规定（节选）

（2020年12月29日　法释〔2020〕21号）

（2004年10月26日　最高人民法院审判委员会第1330次会议通过　根据2020年12月23日最高人民法院审判委员会第1823次会议通过的《最高人民法院关于修改〈最高人民法院关于人民法院扣押铁路运输货物若干问题的规定〉等十八件执行类司法解释的决定》修正）

第4条　对拟拍卖的财产，人民法院可以委托具有相应资质的评估机构进行价格评估。对于财产价值较低或者价格依照通常方法容易确定的，可以不进行评估。

当事人双方及其他执行债权人申请不进行评估的，人民法院应当准许。

对被执行人的股权进行评估时，人民法院可以责令有关企业提供会计报表等资料；有关企业拒不提供的，可以强制提取。

最高人民法院关于人民法院办理执行异议和复议案件若干问题的规定（节选）

（2020年12月29日　法释〔2020〕21号）

（2004年10月26日　最高人民法院审判委员会第1330次会议通过　根据2020年12月23日最高人民法院审判委员会第1823次会议通过的《最高人民法院关于修改〈最高人民法院关于人民法院扣押铁路运输货物若干问题的规定〉等十八件执行类司法解释的决定》修正）

第25条　对案外人的异议，人民法院应当按照下列标准判断其是否系权利人：

（一）已登记的不动产，按照不动产登记簿判断；未登记的建筑物、构筑物及其附属设施，按照土地使用权登记簿、建设工程规划许可、施工许可等相关证据判断；

（二）已登记的机动车、船舶、航空器等特定动产，按照相关管理部门的登记判断；未登记的特定动产和其他动产，按照实际占有情况判断；

（三）银行存款和存管在金融机构的有价证券，按照金融机构和登记结算机构登记的账户名称判断；有价证券由具备合法经营资质的托管机构名义持有的，按照该机构登记的实际出资人账户名称判断；

（四）股权按照工商行政管理机关的登记和企业信用信息公示系统公示的信息判断；

（五）其他财产和权利，有登记的，按照登记机构的登记判断；无登记的，按照合同等证明财产权属或者权利人的证据判断。

案外人依据另案生效法律文书提出排除执行异议，该法律文书认定的执行标的权利人与依照前款规定得出的判断不一致的，依照本规定第二十六条规定处理。

最高人民法院办公厅、中国资产评估协会、中国土地估价师与土地登记代理人协会、中国房地产估价师与房地产经纪人学会、中国矿业权评估师协会、中国珠宝玉石首饰行业协会关于印发《人民法院委托评估工作规范》的通知

（2018年12月10日　法办〔2018〕273号）

各省、自治区、直辖市高级人民法院，解放军军事法院，新疆维吾尔自治区高级人民法院生产建设兵团分院；各全国性评估行业协会、地方性评估行业协会；各有关评估机构：

为全面落实《最高人民法院关于人民法院确定财产处置参考价若干问题的规定》（以下简称参考价规定）（法释〔2018〕15号），依法规范人民法院委托

评估工作,提高委托评估工作效率,保护当事人、利害关系人的合法权益,最高人民法院与中国资产评估协会、中国土地估价师与土地登记代理人协会、中国房地产估价师与房地产经纪人学会、中国矿业权评估师协会、中国珠宝玉石首饰行业协会联合研究制定了《人民法院委托评估工作规范》,现予印发,请遵照执行。

最高人民法院办公厅
中国资产评估协会
中国土地估价师与土地登记代理人协会
中国房地产估价师与房地产经纪人学会
中国矿业权评估师协会
中国珠宝玉石首饰行业协会
2018 年 12 月 10 日

人民法院委托评估工作规范

为依法规范人民法院委托评估工作,提高委托评估工作的效率,保护当事人、利害关系人的合法权益,根据《最高人民法院关于人民法院确定财产处置参考价若干问题的规定》(以下简称参考价规定)的规定,制定本规范。

一、最高人民法院根据中国资产评估协会、中国土地估价师与土地登记代理人协会、中国房地产估价师与房地产经纪人学会、中国矿业权评估师协会、中国珠宝玉石首饰行业协会等全国性评估行业协会推荐的评估机构名单建立人民法院涉执财产处置司法评估机构名单库。

按评估专业领域和评估机构的执业范围在名单库下设资产、土地、房地产、矿业权、珠宝玉石首饰等名单分库;在分库下根据行政区划设省、市两级名单子库;市级行政区划内的评估机构满三家的,设市级名单子库;除青海、西藏两地省级行政区划内的评估机构满五家即设省级名单子库外,其他省级行政区划内的评估机构满十家的,设省级名单子库。

二、中国资产评估协会、中国土地估价师与土地登记代理人协会、中国房地产估价师与房地产经纪人学会、中国矿业权评估师协会、中国珠宝玉石首饰行业协会等全国性评估行业协会自行制定本行业推荐入选名单库的标准。

因违反资产评估法或者评估行业监督管理办法被有关部门处罚的评估机构，五年内不得推荐入选名单库。

评估机构的收费标准高于所属全国性评估行业协会各评估机构平均收费标准10%的，不得推荐入选名单库。

三、最高人民法院应当将入选名单库的评估机构及其评估专业人员的基本信息，以及评估机构在其所属全国性评估行业协会报备的收费标准，在中国执行信息公开网上进行公示。

已入选名单库的评估机构变更名称、法定代表人、注册地址、联系人、联系电话、评估专业人员的，该评估机构所属全国性评估行业协会应当及时函告最高人民法院。

最高人民法院应当及时更新中国执行信息公开网上公示的相关信息。

四、已入选名单库的评估机构具有下列情形之一的，该评估机构所属全国性评估行业协会应当及时函告最高人民法院，将其除名：

（一）被纳入失信被执行人名单的；

（二）因违反资产评估法或者评估行业监督管理办法被有关部门处罚的；

（三）已办理企业注销登记的；

（四）已被市场监管部门吊销营业执照的；

（五）违反所属行业协会自律管理规定，受到严重惩戒的。

最高人民法院应当根据各全国性评估行业协会的建议，将相关评估机构从名单库中除名，并函告全国性评估行业协会，同时建议全国性评估行业协会五年内不得再推荐该评估机构入选名单库。

五、已入选名单库的评估机构具有下列情形之一的，最高人民法院应当函告该评估机构所属的全国性评估行业协会，将其除名，五年内不得再推荐该评估机构入选名单库：

（一）无正当理由拒绝进行司法评估的；

（二）存在弄虚作假情形的；

（三）具有第四条第一款规定情形之一，但全国性评估行业协会未函告最高人民法院的；

（四）未按照在所属全国性评估行业协会报备的收费标准计算评估费用的。

全国性评估行业协会应当及时回复意见，最高人民法院根据全国性评估行业协会的回复意见，将相关评估机构从名单库中除名，并函告全国性评估行业协会。

六、最高人民法院应当将除名的评估机构名单在中国执行信息公开网上进行公示。

七、最高人民法院每年将名单库中评估机构的评估工作情况向其所属的全国性评估行业协会通报一次。

各全国性评估行业协会每年根据最高人民法院通报的已入选名单库和新申请加入名单库的评估机构的情况，重新向最高人民法院推荐入选名单库的评估机构名单。

八、最高人民法院建设全国法院询价评估系统（以下简称询价评估系统），各全国性评估行业协会建设本协会全国司法评估管理系统/平台（以下简称评估管理系统/平台），询价评估系统与评估管理系统/平台，通过最高人民法院与各全国性评估行业协会之间专线进行对接，实现对推荐入选名单库的评估机构及其评估专业人员和收费标准的信息共享，以及最高人民法院与各全国性评估行业协会、人民法院与评估机构之间委托评估数据和相关材料的传输。

九、具有下列情形之一，人民法院应当委托评估机构进行评估：

（一）涉及国有资产或者公共利益等事项的；

（二）企业国有资产法、公司法、合伙企业法、证券法、拍卖法、公路法等法律、行政法规规定必须委托评估的；

（三）双方当事人要求委托评估的；

（四）司法网络询价平台不能或者在期限内均未出具网络询价结果的；

（五）法律、法规有明确规定的。

十、委托评估的，人民法院应当通知双方当事人在指定期间内从人民法院指定的名单分库中协商确定三家评估机构及顺序。

双方当事人未在人民法院指定的期间内，在名单分库中一致确定三家评估机构及顺序，或者因一方当事人下落不明无法进行协商的，人民法院应当及时在询价评估系统中采取摇号方式随机确定三家评估机构及顺序。财产所在地设有市级名单子库的，应当在市级名单子库中随机确定；财产所在地未设市级名单子库,但设有省级名单子库的,应当在省级名单子库中随机确定;财产所在地未设名单子库的,应当根据财产类型,在名单分库中随机确定。

十一、最高人民法院应当将当事人协商或者通过摇号方式确定的评估机构名称在中国执行信息公开网上进行公示。

十二、评估机构确定后,人民法院应当及时通过询价评估系统向顺序在先的评估机构发送评估委托书,评估委托书应当附财产清单。

人民法院应当按照本规范附件中列明的各项评估需要提供的材料清单,将查明的材料扫描上传至询价评估系统。本规范附件评估材料清单中列明的委托评估必须提供的材料,人民法院未能调取到或实际不存在的,应当在评估委托书中注明。图纸、账册等无法扫描的,人民法院应当在评估委托书中注明。

十三、评估机构应当及时通过系统接收人民法院的评估委托书。

人民法院通过询价评估系统向评估机构成功发出评估委托书后,评估机构三个工作日内未接收的,人民法院应当通知评估机构接收,全国性评估行业协会应当督促评估机构接收。评估机构接到通知后三个工作日内仍未接收的,人民法院应当撤回对该评估机构的委托,并另行委托下一顺序的评估机构重新进行评估。

十四、评估机构接收人民法院评估委托书后,认为有下列情形之一的,应当在三个工作日内向人民法院说明情况,提出不承接委托评估申请:

(一)其与当事人或者评估财产有利害关系;

(二)已办理注销登记或者被市场监管部门吊销营业执照;

(三)依法不能进行评估的其他情形。

人民法院经审查,认为评估机构申请不承接委托评估的理由成立的,应当在三日内撤回对该评估机构的委托,并另行委托下一顺序的评估机构重新进行评估;认为评估机构申请不承接委托评估的理由不成立的,应当在三日内通知评估机构。

评估机构未在规定期限内向人民法院提出不承接委托评估申请的,视为接受委托。

十五、最高人民法院应当将评估机构不承接委托评估的理由进行公开。

当事人协商或者通过摇号方式确定的三家评估机构不承接委托评估的理

由均成立的，人民法院应当通过原方式重新确定评估机构；当事人不能协商确定三家评估机构的，人民法院应当通过摇号方式确定。

十六、评估机构接受委托或者其不承接委托评估的理由不成立的，人民法院应当将扫描上传至询价评估系统的材料发送给评估机构；图纸、账册等材料无法扫描的，应当及时邮寄或者直接交付给评估机构。

十七、评估机构收到评估委托书和相关材料后，应当及时确定评估专业人员，并通过系统将评估专业人员的信息发送给人民法院。

因违反资产评估法或者评估行业监督管理办法被有关部门处罚不满一年，以及与当事人或者评估财产有利害关系的评估专业人员，不得参与司法委托评估工作。

十八、评估机构确定评估专业人员后，应当及时开展评估工作。

需要现场勘验的，评估机构应当及时通知人民法院组织进行。

十九、人民法院未按本规范附件中列明的委托评估需要提供的材料清单提供全部材料，评估机构认为无法进行评估或者影响评估结果的，应当及时告知人民法院。人民法院应当告知当事人，并要求当事人提供材料或材料线索。

当事人不提供或未能提供，以及根据当事人提供的材料线索无法提取到相关材料的，人民法院应当通知评估机构根据现有材料进行评估，并告知当事人因缺乏材料可能影响评估结果的风险。

二十、评估机构应在收到评估委托书和相关材料后三十日内出具评估报告，并通过系统发送给人民法院。人民法院通过询价评估系统发送委托评估材料的，询价评估系统提示成功发送的时间为评估机构收到的时间；人民法院邮寄或者直接交付委托评估材料的，以评估机构签收的时间为收到时间。

二十一、评估机构认为不能在期限内出具评估报告的，应当在期限届满五日前通过系统向人民法院发送书面的延期申请。申请书中应当说明不能按期完成评估的原因，以及申请延长的期限，但期限不得超过十五日。

人民法院收到评估机构的延期申请后，应当在三日内决定是否延期，并通过系统通知评估机构。决定延期的，应当确定延长的期限；决定不延期的，应当说明理由。

评估机构在人民法院确定的延长期限内，仍不能出具评估报告的，应当按照第一款的要求向人民法院再次提出一次延期申请。对于评估机构的延期申请，人民法院应当按照第二款的要求办理。

二十二、评估机构未在收到评估委托书和相关材料后三十日内或者未在人民法院确定的第一次延长期限内出具评估报告，亦不向人民法院申请延期的，人民法院应当撤回对该评估机构的委托，告知其在三日内退回委托评估的材料，并另行委托下一顺序的评估机构重新进行评估。

二十三、人民法院认为评估报告具有参考价规定第二十条规定的情形之一的，应当通过系统向评估机构发出通知书，要求评估机构在三日内予以说明或者补正。通知书应当载明评估报告存在的问题，需要说明或者补正的事项。

评估机构未在期限内按照人民法院的要求进行说明或者补正的，人民法院应当通知该评估机构在三日内退回委托评估的材料，并另行委托下一顺序的评估机构重新进行评估。

二十四、人民法院应当在收到评估报告或者书面说明、补正材料后，按照参考价规定第二十一条的规定向当事人、利害关系人发送。

二十五、当事人、利害关系人认为评估报告存在参考价的规定第二十二条第一款第一、二项情形，在收到评估报告后五日内提出书面异议，人民法院经审查，裁定异议成立的，人民法院应当在三日内交评估机构予以书面说明或者补正。

评估机构在五日内未作说明或者补正的，人民法院应当撤回对该评估机构的委托，告知其在三日内退回委托评估的材料，并另行委托下一顺序的评估机构重新进行评估。

二十六、当事人、利害关系人认为评估报告存在参考价规定第二十二条第一款第三、四项情形，在收到评估报告后五日内提出书面异议，人民法院经审查，裁定异议成立的，人民法院应当通知该评估机构在三日内退回委托评估的材料，并另行委托下一顺序的评估机构进行评估。

二十七、当事人、利害关系人收到评估报告后五日内对评估报告的参照标准、计算方法或者评估结果等提出书面异议的，人民法院应当在三日内交评估机构予以书面说明。评估机构在五日内未作说明或者当事人、利害关系人对作出的说明仍有异议的，人民法院应当交该评估机构所属全国性评估行业协会组织进行专业技术评审。全国性评估行业协会可以根据实际情况，指定省级评估行业协会进行专业技术评审。

省级评估行业协会或者全国性行业协会应当在人民法院指定的期限内出具评审意见。

二十八、人民法院依据参考价规定第二十八条决定暂缓委托评估的，应当通过系统向评估机构发送暂缓委托评估通知书。

暂缓情形消失后，人民法院应当及时通过系统向评估机构发送恢复委托评估通知书。

二十九、人民法院依据参考价规定第二十九条撤回委托评估的，应当通过系统及时向评估机构发送撤回委托评估通知书。通知书应当载明撤回委托评估的原因，以及指定期限要求评估机构出具因评估已实际支出费用的说明，并附相关凭证。

三十、评估机构应当按照其在所属全国性评估行业协会报备的收费标准，并依据参考价规定第三十二条的规定收取委托评估费用。

三十一、评估机构应当根据评估报告中的评估价和在所属全国性评估行业协会报备的收费标准计算预估评估费，并出具预估评估费交纳通知书与评估报告一并提交给人民法院。人民法院应当按照预估评估费用的50%通知申请执行人垫付。

人民法院应当将申请执行人交纳的评估费支付给评估机构，并注明实际评估费用按照参考价规定第三十二条的规定计算，多退少补。申请执行人以签订保险合同的方式垫付评估费的，人民法院应当告知评估机构。

三十二、人民法院通过系统向评估机构成功发送退回委托评估材料的通知，即视为终止委托评估。

评估机构是否接收前款规定的通知，以及是否退回委托评估的材料，不影响人民法院另行委托评估机构重新进行评估。

人民法院通过线下发送给评估机构的评估材料，评估机构未在期限内退回的，人民法院可以强制提取。对妨碍强制提取的，人民法院可以参照民事诉讼法第一百一十一条、第一百一十四条的规定处理。

三十三、最高人民法院与各全国性评估行业协会建立司法委托评估工作协调和处理机制工作小组，负责名单库的推荐与除名，以及解决人民法院与评估机构间因委托评估发生的相关事宜。

三十四、最高人民法院与各全国性评估行业协会协商确定的《人民法院委托评估需要提供的材料清单》作为本规范附件。

附件:人民法院委托评估需要提供的材料清单(略)

最高人民法院办公厅、中国资产评估协会、中国土地估价师与土地登记代理人协会、中国房地产估价师与房地产经纪人学会、中国矿业权评估师协会、中国珠宝玉石首饰行业协会关于印发《人民法院委托评估专业技术评审工作规范》的通知

(2019 年 11 月 22 日　法办〔2019〕364 号)

各省、自治区、直辖市高级人民法院,解放军军事法院,新疆维吾尔自治区高级人民法院生产建设兵团分院;各全国性评估行业协会、地方性评估行业协会;各有关评估机构:

为全面落实《最高人民法院关于人民法院确定财产处置参考价若干问题的规定》(以下简称参考价规定)(法释〔2018〕15 号),依法规范人民法院委托评估专业技术评审工作,确保专业技术评审公开、公平、公正、高效,维护当事人、利害关系人的合法权益,最高人民法院与中国资产评估协会、中国土地估价师与土地登记代理人协会、中国房地产估价师与房地产经纪人学会、中国矿业权评估师协会、中国珠宝玉石首饰行业协会联合研究制定了《人民法院委托评估专业技术评审工作规范》,现予印发,请遵照执行。

最高人民法院办公厅
中国资产评估协会
中国土地估价师与土地登记代理人协会
中国房地产估价师与房地产经纪人学会
中国矿业权评估师协会
中国珠宝玉石首饰行业协会
2019 年 11 月 22 日

人民法院委托评估专业技术评审工作规范

为依法规范人民法院委托评估专业技术评审工作，确保专业技术评审公开、公平、公正、高效，维护当事人、利害关系人的合法权益，根据《最高人民法院关于人民法院确定财产处置参考价若干问题的规定》（以下简称参考价规定），制定本规范。

一、专业技术评审由专业技术评审人员组成专家组进行；专家组成员人数应为单数。

二、全国性评估行业协会负责对协会所属评估机构出具的评估报告进行专业技术评审的，应当建立本评估行业全国专业技术评审人员名单库。

省级评估行业协会具备专业技术评审条件的，全国性评估行业协会可以指定其负责对所属评估机构出具的评估报告进行专业技术评审；省级评估行业协会不具备专业技术评审条件的，全国性评估行业协会可以自行或指定其他具有专业技术评审条件的省级评估行业协会负责对该协会所属评估机构出具的评估报告进行专业技术评审。

省级评估行业协会负责专业技术评审工作的，应当建立省级专业技术评审人员名单库。

专业技术评审人员名单库应当向社会公开。

三、全国性评估行业协会建立本评估行业全国专业技术评审人员名单库的，由全国性评估行业协会开展专业技术评审人员的入库和除名工作；省级评估行业协会建立本评估行业省级专业技术评审人员名单库的，由省级评估行业协会根据全国性评估行业协会制定的标准开展专业技术评审人员的入库和除名工作。

四、专业技术评审人员应当从本评估行业的评估专业人员或行业专家中择优选入，具体入库标准由全国性评估行业协会自行制定，但具有下列情形之一的，不得入选专业技术评审人员名单库：

（一）评估专业人员连续执业不满五年的；

（二）行业专家不具备高级职称或从事本行业管理、研究工作不满十年的；

（三）曾因违反《中华人民共和国资产评估法》等法律法规被相关行政管理部门予以警告、责令停止从业、没收违法所得，或构成犯罪，被依法追究刑事责任的；

（四）曾被判处过刑罚的；

（五）近五年曾因违反所属行业协会自律管理规定，受到过自律惩戒的；

（六）曾被人民法院依法纳入失信被执行人名单的。

五、专业技术评审人员有下列情形之一的，应当从专业技术评审人员名单库中除名，且五年内不得再次入库：

（一）专业技术评审期间就评审事项与当事人、利害关系人、出具评估报告的评估机构或参加评估的人员不正当接触的；

（二）泄露专业技术评审意见及专业技术评审工作情况的；

（三）利用评审事项谋取私利或为他人谋取利益的；

（四）串通表决或诱导表决的；

（五）应当回避而未主动申请回避的；

（六）违反所属行业协会自律管理规定，受到自律惩戒的。

专业技术评审人员有下列情形之一的，应当从专业技术评审人员名单库中除名，不得再次入库：

（一）因违反《中华人民共和国资产评估法》等法律法规被相关行政管理部门予以警告、责令停止从业、没收违法所得，或构成犯罪，被依法追究刑事责任的；

（二）被判处刑罚的；

（三）被人民法院依法纳入失信被执行人名单的。

最高人民法院应当向社会公开除名情况。

六、当事人、利害关系人提供证据证明专家组成员具有本规范第五条第一款规定情形的，应当向人民法院书面提出申请。

经查证属实的，人民法院应当函告负责专业技术评审工作的行业协会更换专家组成员重新进行专业技术评审和将该人从专业技术评审人员名单库中除名。相关行业协会不予更换的，人民法院应当撤回委托评审工作，另行委托下一顺序的评估机构重新进行评估。经查证不属实的，人民法院应当书面通知申请人。

七、人民法院依据参考价规定第二十三条第一款规定需要进行专业技术评审的，应当通知评估机构在五个工作日内提交评估技术报告或评估工作底稿。

人民法院收到评估机构提交的评估技术报告或评估工作底稿，应当在五个工作日内制作专业技术评审委托书，连同评估报告、当事人或利害关系人的书面异议和提交的证明材料，以及委托评估时提交的相关材料、评估机构的书面说明、评估技术报告或工作底稿，交评估机构所属全国性或省级评估行业协会。

评估机构未按期提交评估技术报告或工作底稿的，不影响人民法院委托进行专业技术评审。

八、人民法院未按照参考价规定第二十三条第一款和本规范规定委托专业技术评审的，全国性或省级评估行业协会可以退回委托。

九、全国性或省级评估行业协会应当自收到人民法院专业技术评审委托后五个工作日内在全国或省级专业技术评审人员名单库中随机确定不少于三人组成专家组进行专业技术评审。

评估机构未在期限内向人民法院提交评估技术报告或工作底稿的，全国性或省级评估行业协会应当责令其在五个工作日内提交；评估机构在期限内仍未提交的，全国性或省级评估行业协会应当将情况函复人民法院。人民法院收到复函后，应当参照参考价规定第十九条第三款规定，另行委托下一顺序的评估机构重新进行评估。

全国性评估行业协会应当对未在期限内提交评估技术报告或工作底稿的评估机构进行行业自律惩戒，同时函告最高人民法院将该评估机构从人民法院涉执财产处置司法评估机构名单库中除名。

十、专家组成员有下列情形之一的，应当回避：

（一）是本案当事人、利害关系人、诉讼代理人或当事人、利害关系人、诉讼代理人近亲属的；

（二）与本案当事人、利害关系人、诉讼代理人有其他关系，可能影响专业技术评审的；

（三）与本案有利害关系的；

（四）与评估对象有利害关系的；

（五）除受行政部门委托外，近五年曾参与过对评估对象的评估工作的；

（六）本人或所在评估机构在过去五年曾为当事人、利害关系人提供过评估服务的；

（七）近五年曾经或现登记、注册在出具评估报告的评估机构的；

（八）与评估报告署名的评估人员有近亲属关系，或有其他关系可能影响专业技术评审的；

（九）可能影响专业技术评审的其他情形。

当事人、利害关系人提供证据证明专家组成员具有前款规定情形的，应当向人民法院书面提出申请。人民法院应当按照本规范第六条第二款规定办理。

十一、专业技术评审应通过集中评审的方式进行，实行少数服从多数的原则。

十二、专家组应当自组建的次日起十个工作日内完成专业技术评审，并出具专业技术评审报告。专业技术评审报告应当由专家组成员署名。

专业技术评审报告应当载明：专业技术评审工作开展情况、对有关评估报告的概括性描述、对当事人和利害关系人提出的书面异议中涉及参照标准、计算方法或评估结果等问题逐一进行回复，并列示法律法规或者相关准则依据，以及专业技术评审结论。

十三、专家组认为不能在指定的期限内完成评审工作的，应在期限届满前五个工作日通过所属全国性或省级评估行业协会向人民法院提出书面延期申请，说明延期理由和延长期限，延长期限不得超过十个工作日。

十四、专家组在评审工作中应当形成专业技术评审工作底稿，并由专家组成员签字。专业技术评审工作底稿应如实记载专业技术评审情况和专家组成员的个人评审意见，并附专业技术评审报告及相关材料。

专业技术评审工作结束后，全国性或省级评估行业协会应当将专业技术评审报告和专业技术评审工作底稿一并提交给人民法院。

十五、专业技术评审可以收取评审费用。收费标准由全国性评估行业协会自行制定，但不得违反法律、法规、规范性文件的规定。

评审费用由异议人垫付。人民法院根据专业技术评审结论认定评估结果，一人提出异议的，评审费用由异议人承担；多人提出异议的，评审费用由异议人平均分担。人民法院根据专业技术评审结论责令原评估机构予以补正的,评审费用由评估机构承担,从评估费用中扣除。

人民法院依照本规范第八条第二款规定另行委托评估机构重新进行评估的,应当依照参考价规定第三十二条第三款规定对原评估机构不计付评估费用。

当事人或利害关系人对评估报告提出书面异议,依法需要进行专业技术评审的,人民法院应当暂缓向评估机构支付预估评估费用,待专业技术评审后,按照前两款规定计付。

人民法院依照本规范第六条、第十条规定,撤回委托专业技术评审的,不得计付评审费用。

十六、本规范所述相关通知、报告等材料应当通过全国法院询价评估系统与全国性评估行业协会的系统实现数据交互;全国法院询价评估系统与全国性评估行业协会的系统未对接完毕或材料无法通过线上传输的,人民法院应当将上述材料通过邮寄或直接送达的方式交全国性或省级评估行业协会。

十七、全国性评估行业协会可以根据本规范制定本行业专业技术评审细则。全国性评估行业协会应当将其制定的本行业专业技术评审细则向最高人民法院报备。

全国性评估行业协会制定的专业技术评审细则与参考价规定、《人民法院委托评估规范》(以下简称委托评估规范)和本规范规定的内容相抵触的,最高人民法院可以要求全国性评估行业协会进行修正;全国性或省级评估行业协会未按照参考价规定、委托评估规范和本规范开展专业技术评审工作的,最高人民法院可以函告该协会进行纠正。全国性评估行业协会未按照最高人民法院的要求对专业技术评审细则进行修正,以及全国性或省级评估行业协会未按照最高人民法院的要求纠正或开展专业技术评审工作,最高人民法院可以将上述情况函告相关部门或监察部门,同时将该全国性评估行业协会推荐入人民法院涉执财产处置司法评估机构名单库的评估机构予以除名,且不再接收该全国性评估行业协会推荐的评估机构入选人民法院涉执财产处置司法评估机构名单库。

最高人民法院、国家工商总局关于加强信息合作规范执行与协助执行的通知

（2014年10月10日　法〔2014〕251号）

一、进一步加强信息合作

1.各级人民法院与工商行政管理机关通过网络专线、电子政务平台等媒介，将双方业务信息系统对接，建立网络执行查控系统，实现网络化执行与协助执行。

2.人民法院与工商行政管理机关要积极创造条件，逐步实现人民法院通过企业信用信息公示系统自行公示相关信息。

3.已建立网络执行查控系统的地区，可以通过该系统办理协助事项。

有关网络执行查控系统要求、电子文书要求、法律效力等规定，按照《最高人民法院关于网络查询、冻结被执行人存款的规定》（法释〔2013〕20号）执行。通过网络冻结、强制转让股权、其他投资权益（原按照法释〔2013〕20号第九、十条等规定执行）的程序，按照本通知要求执行，但协助请求、结果反馈的方式由现场转变为通过网络操作。

4.未建成网络执行查控系统的地区，工商行政管理机关有条件的，可以设立专门的司法协助窗口或者指定专门的机构或者人员办理协助执行事务。

5.各级人民法院与工商行政管理机关通过网络专线、电子政务平台等媒介，建立被执行人、失信被执行人名单、刑事犯罪人员等信息交换机制。工商行政管理机关将其作为加强市场信用监管的信息来源。

二、进一步规范人民法院执行与工商行政管理机关协助执行

6.人民法院办理案件需要工商行政管理机关协助执行的，工商行政管理机关应当按照人民法院的生效法律文书和协助执行通知书办理协助执行事项。

人民法院要求协助执行的事项，应当属于工商行政管理机关的法定职权范围。

7. 工商行政管理机关协助人民法院办理以下事项：

（1）查询有关主体的设立、变更、注销登记，对外投资，以及受处罚等情况及原始资料（企业信用信息公示系统已经公示的信息除外）；

（2）对冻结、解除冻结被执行人股权、其他投资权益进行公示；

（3）因人民法院强制转让被执行人股权，办理有限责任公司股东变更登记；

（4）法律、行政法规规定的其他事项。

8. 工商行政管理机关在企业信用信息公示系统中设置“司法协助”栏目，公开登载人民法院要求协助执行的事项。

人民法院要求工商行政管理机关协助公示时，应当制作协助公示执行信息需求书，随协助执行通知书等法律文书一并送达工商行政管理机关。工商行政管理机关按照协助公示执行信息需求书，发布公示信息。

公示信息应当记载执行法院，执行裁定书及执行通知书文号，被执行人姓名（名称），被冻结或转让的股权、其他投资权益所在市场主体的姓名（名称），股权、其他投资权益数额，受让人，协助执行的时间等内容。

9. 人民法院对股权、其他投资权益进行冻结或者实体处分前，应当查询权属。

人民法院应先通过企业信用信息公示系统查询有关信息。需要进一步获取有关信息的，可以要求工商行政管理机关予以协助。

执行人员到工商行政管理机关查询时，应当出示工作证或者执行公务证，并出具协助查询通知书。协助查询通知书应当载明被查询主体的姓名（名称）、查询内容，并记载执行依据、人民法院经办人员的姓名和电话等内容。

10. 人民法院对从工商行政管理机关业务系统、企业信用信息公示系统以及公司章程中查明属于被执行人名下的股权、其他投资权益，可以冻结。

11. 人民法院冻结股权、其他投资权益时，应当向被执行人及其股权、其他投资权益所在市场主体送达冻结裁定，并要求工商行政管理机关协助公示。

人民法院要求协助公示冻结股权、其他投资权益时，执行人员应当出示工作证或者执行公务证，向被冻结股权、其他投资权益所在市场主体登记的工商行政管理机关送达执行裁定书、协助公示通知书和协助公示执行信息需求书。

协助公示通知书应当载明被执行人姓名（名称），执行依据，被冻结的股权、其他投资权益所在市场主体的姓名(名称),股权、其他投资权益数额,冻结期限,人民法院经办人员的姓名和电话等内容。

工商行政管理机关应当在收到通知后三个工作日内通过企业信用信息公示系统公示。

12. 股权、其他投资权益被冻结的,未经人民法院许可,不得转让,不得设定质押或者其他权利负担。

有限责任公司股东的股权被冻结期间,工商行政管理机关不予办理该股东的变更登记、该股东向公司其他股东转让股权被冻结部分的公司章程备案,以及被冻结部分股权的出质登记。

13. 工商行政管理机关在多家法院要求冻结同一股权、其他投资权益的情况下,应当将所有冻结要求全部公示。

首先送达协助公示通知书的执行法院的冻结为生效冻结。送达在后的冻结为轮候冻结。有效的冻结解除的,轮候的冻结中,送达在先的自动生效。

14. 冻结股权、其他投资权益的期限不得超过两年。申请人申请续行冻结的,人民法院应当在本次冻结期限届满三日前按照本通知第 11 条办理。续冻期限不得超过一年。续行冻结没有次数限制。

有效的冻结期满,人民法院未办理续行冻结的,冻结的效力消灭。按照前款办理了续行冻结的,冻结效力延续,优先于轮候冻结。

15. 人民法院对被执行人股权、其他投资权益等解除冻结的,应当通知当事人,同时通知工商行政管理机关公示。

人民法院通知和工商行政管理机关公示的程序,按照本通知第 11 条办理。

16. 人民法院强制转让被执行人的股权、其他投资权益,完成变价等程序后,应当向受让人、被执行人或者其股权、其他投资权益所在市场主体送达转让裁定,要求工商行政管理机关协助公示并办理有限责任公司股东变更登记。

人民法院要求办理有限责任公司股东变更登记的,执行人员应当出示工作证或者执行公务证,送达生效法律文书副本或者执行裁定书、协助执行通知书、协助公示执行信息需求书、合法受让人的身份或资格证明,到被执行人股权所在有限责任公司登记的工商行政管理机关办理。

法律、行政法规对股东资格、持股比例等有特殊规定的,人民法院要求工商行政管理机关办理有限责任公司股东变更登记前,应当进行审查,并确认该公司股东变更符合公司法第二十四条、第五十八条的规定。

工商行政管理机关收到人民法院上述文书后,应当在三个工作日内直接在业务系统中办理,不需要该有限责任公司另行申请,并及时公示股东变更登记信息。公示后,该股东权利以公示信息确定。

17. 人民法院可以对有关材料查询、摘抄、复制,但不得带走原件。

工商行政管理机关对人民法院复制的书面材料应当核对并加盖印章。人民法院要求提供电子版,工商行政管理机关有条件的,应当提供。

对于工商行政管理机关无法协助的事项,人民法院要求出具书面说明的,工商行政管理机关应当出具。

18. 工商行政管理机关对按人民法院要求协助执行产生的后果,不承担责任。

当事人、案外人对工商行政管理机关协助执行的行为不服,提出异议或者行政复议的,工商行政管理机关不予受理;向人民法院起诉的,人民法院不予受理。

当事人、案外人认为人民法院协助执行要求存在错误的,应当按照民事诉讼法第二百二十五条之规定,向人民法院提出执行异议,人民法院应当受理。

当事人认为工商行政管理机关在协助执行时扩大了范围或者违法采取措施造成其损害,提起行政诉讼的,人民法院应当受理。

19. 人民法院冻结股权、其他投资权益的通知在 2014 年 2 月 28 日之前送达工商行政管理机关、冻结到期日在 2014 年 3 月 1 日以后的,工商行政管理机关应当在 2014 年 11 月 30 日前将冻结信息公示。公示后续行冻结的,按照本通知第 11 条办理。

冻结到期日在 2014 年 3 月 1 日以后、2014 年 11 月 30 日前,人民法院送达了续行冻结通知书的,续行冻结有效。工商行政管理机关还应当在 2014 年 11 月 30 日前公示续行冻结信息。

人民法院对股权、其他投资权益的冻结未设定期限的,工商行政管理机关应当在 2014 年 11 月 30 日前将冻结信息公示。从公示之日起满两年,人民法院未续行冻结的,冻结的效力消灭。

各高级人民法院与各省级工商行政管理局可以根据本通知,结合本地实际,制定贯彻实施办法。对执行本通知的情况和工作中遇到的问题,要及时报告最高人民法院、国家工商行政管理总局。

最高人民法院、最高人民检察院、公安部、中国证券监督管理委员会关于查询、冻结、扣划证券和证券交易结算资金有关问题的通知

（2008 年 1 月 10 日　法发〔2008〕4 号）

一、人民法院、人民检察院、公安机关在办理案件过程中,按照法定权限需要通过证券登记结算机构或者证券公司查询、冻结、扣划证券和证券交易结算资金的,证券登记结算机构或者证券公司应当依法予以协助。

二、人民法院要求证券登记结算机构或者证券公司协助查询、冻结、扣划证券和证券交易结算资金,人民检察院、公安机关要求证券登记结算机构或者证券公司协助查询、冻结证券和证券交易结算资金时,有关执法人员应当依法出具相关证件和有效法律文书。

执法人员证件齐全、手续完备的,证券登记结算机构或者证券公司应当签收有关法律文书并协助办理有关事项。

拒绝签收人民法院生效法律文书的,可以留置送达。

三、人民法院、人民检察院、公安机关可以依法向证券登记结算机构查询客户和证券公司的证券账户、证券交收账户和资金交收账户内已完成清算交收程序的余额、余额变动、开户资料等内容。

人民法院、人民检察院、公安机关可依法向证券公司查询客户的证券账户和资金账户、证券交收账户和资金交收账户内的余额、余额变动、证券及资金流向、开户资料等内容。

查询自然人账户的,应当提供自然人姓名和身份证件号码;查询法人账户的,应当提供法人名称和营业执照或者法人注册登记证书号码。

证券登记结算机构或者证券公司应当出具书面查询结果并加盖业务专用章。查询机关对查询结果有疑问时,证券登记结算机构、证券公司在必要时应

当进行书面解释并加盖业务专用章。

四、人民法院、人民检察院、公安机关按照法定权限冻结、扣划相关证券、资金时，应当明确冻结、扣划证券、资金所在的账户名称、账户号码、冻结期限，所冻结、扣划证券的名称、数量或者资金的数额。扣划时，还应当明确拟划入的账户名称、账号。

冻结证券和交易结算资金时，应当明确冻结的范围是否及于孳息。

本通知规定的以证券登记结算机构名义建立的各类专门清算交收账户不得整体冻结。

五、证券登记结算机构依法按照业务规则收取并存放于专门清算交收账户内的下列证券，不得冻结、扣划：

（一）证券登记结算机构设立的证券集中交收账户、专用清偿账户、专用处置帐户内的证券。

（二）证券公司按照业务规则在证券登记结算机构开设的客户证券交收账户、自营证券交收账户和证券处置账户内的证券。

六、证券登记结算机构依法按照业务规则收取并存放于专门清算交收账户内的下列资金，不得冻结、扣划：

（一）证券登记结算机构设立的资金集中交收账户、专用清偿账户内的资金。

（二）证券登记结算机构依法收取的证券结算风险基金和结算互保金。

（三）证券登记结算机构在银行开设的结算备付金专用存款账户和新股发行验资专户内的资金，以及证券登记结算机构为新股发行网下申购配售对象开立的网下申购资金账户内的资金；

（四）证券公司在证券登记结算机构开设的客户资金交收账户内的资金。

（五）证券公司在证券登记结算机构开设的自营资金交收账户内最低限额自营结算备付金及根据成交结果确定的应付资金。

七、证券登记结算机构依法按照业务规则要求证券公司等结算参与人、投资者或者发行人提供的回购质押券、价差担保物、行权担保物、履约担保物，在交收完成之前，不得冻结、扣划。

八、证券公司在银行开立的自营资金账户内的资金可以冻结、扣划。

九、在证券公司托管的证券的冻结、扣划，既可以在托管的证券公司办理，也可以在证券登记结算机构办理。不同的执法机关同一交易日分别在证券公司、证券登记结算机构对同一笔证券办理冻结、扣划手续的，证券公司协助办理的为在先冻结、扣划。

冻结、扣划未在证券公司或者其他托管机构托管的证券或者证券公司自营证券的，由证券登记结算机构协助办理。

十、证券登记结算机构受理冻结、扣划要求后，应当在受理日对应的交收日交收程序完成后根据交收结果协助冻结、扣划。

证券公司受理冻结、扣划要求后，应当立即停止证券交易，冻结时已经下单但尚未撮合成功的应当采取撤单措施。冻结后，根据成交结果确定的用于交收的应付证券和应付资金可以进行正常交收。在交收程序完成后，对于剩余部分可以扣划。同时，证券公司应当根据成交结果计算出等额的应收资金或者应收证券交由执法机关冻结或者扣划。

十一、已被人民法院、人民检察院、公安机关冻结的证券或证券交易结算资金，其他人民法院、人民检察院、公安机关或者同一机关因不同案件可以进行轮候冻结。冻结解除的，登记在先的轮候冻结自动生效。

轮候冻结生效后，协助冻结的证券登记结算机构或者证券公司应当书面通知做出该轮候冻结的机关。

十二、冻结证券的期限不得超过二年，冻结交易结算资金的期限不得超过六个月。

需要延长冻结期限的，应当在冻结期限届满前办理续行冻结手续，每次续行冻结的期限不得超过前款规定的期限。

十三、不同的人民法院、人民检察院、公安机关对同一笔证券或者交易结算资金要求冻结、扣划或者轮候冻结时，证券登记结算机构或者证券公司应当按照送达协助冻结、扣划通知书的先后顺序办理协助事项。

十四、要求冻结、扣划的人民法院、人民检察院、公安机关之间，因冻结、扣划事项发生争议的，要求冻结、扣划的机关应当自行协商解决。协商不成的，由其共同上级机关决定；没有共同上级机关的，由其各自的上级机关协商解决。

在争议解决之前，协助冻结的证券登记结算机构或者证券公司应当按照争议机关所送达法律文书载明的最大标的范围对争议标的进行控制。

十五、依法应当予以协助而拒绝协助，或者向当事人通风报信，或者与当事人通谋转移、隐匿财产的，对有关的证券登记结算机构或者证券公司和直接责任人应当依法进行制裁。

十六、以前规定与本通知规定内容不一致的，以本通知为准。

十七、本通知中所规定的证券登记结算机构，是指中国证券登记结算有限责任公司及其分公司。

十八、本通知自2008年3月1日起实施。

最高人民法院、中国证券监督管理委员会关于试点法院通过网络查询、冻结被执行人证券有关事项的通知

（2016年3月4日　法〔2016〕72号）

北京、上海、浙江、福建、广东省（市）高级人民法院，中国证券登记结算有限责任公司，北京、上海、浙江、福建、广东证监局：

为协助人民法院提高执行效率、依法保护被执行人合法权益，最高人民法院、中国证券监督管理委员会（以下简称中国证监会）决定建立网络执行查控系统，开展人民法院通过网络查询、冻结被执行人证券的试点工作。现将有关事项通知如下：

一、建立网络查控工作机制

最高人民法院与中国证监会建立“总对总”的网络执行查控工作机制。最高人民法院和中国证监会负责协调解决建立网络执行查控系统及网络查控试点阶段有关的重大问题。建立和通过网络执行查控系统查询、冻结证券的具体工作由最高人民法院执行局和中国证券登记结算有限责任公司（以下简称中国结算）负责。

中国结算与最高人民法院之间建立网络查控专线联接。试点法院通过最高人民法院网络执行查控系统提出查询、冻结（含初次冻结、续冻、轮候冻结、解除冻结）被执行人证券的请求。中国结算按照人民法院的请求完成相应的协助执行事项，并将查询、冻结结果反馈最高人民法院。最高人民法院通过网

络执行查控系统将查询、冻结结果反馈提出查询、冻结请求的试点法院。

二、坚持依法查控、依法保密原则

人民法院通过网络执行查控系统查询、冻结被执行人证券的，应当坚持"一案一查一冻一用原则"，即只查询、冻结执行案件中被执行人证券及相关信息，不得查询、冻结被执行人以外的非执行义务主体的证券及相关信息；查询、冻结所获被执行人证券相关信息只用于该案件的执行工作，不得用于该案件执行以外的其他任何用途。

人民法院应当将所获得的被执行人证券相关信息作为内部办案信息予以保护，做好信息处理、传输、接收、使用中的信息保护工作，切实防范相关信息被违规泄露、扩散。

被执行人持有证券的市值总额信息可以提供给申请执行人等与案件执行直接相关的人员，但被执行人持有证券的品种、数量、价格等敏感、明细信息的反馈结果不得提供给法院办案人员以外的其他任何人。

网络查控涉及的与被执行人证券信息有关的单位和个人，应当遵守证券市场有关信息披露、禁止内幕交易等法律法规和业务规则。

三、规范冻结执行顺序及执行争议的处理

人民法院通过网络执行查控系统提交的冻结请求，同一批次冻结请求以系统提交时的自然排序作为执行顺序，不同批次冻结请求之间以系统提交的时间先后作为执行顺序。

在同一交易日，对同一被执行人的证券，既有法定有权机关通过证券公司或者中国结算的业务柜台提交冻结或者扣划请求，又有人民法院通过网络执行查控系统提交冻结请求的，以人民法院通过网络执行查控系统提交的冻结请求排序作为当日最后到达的冻结请求。

人民法院通过网络执行查控系统提交的冻结被执行人证券的请求，与其他法定有权机关的书面冻结请求具有同等法律效力，适用《最高人民法院 最高人民检察院 公安部 中国证监会关于查询、冻结、扣划证券和证券交易结算资金有关问题的通知》（法发〔2008〕4 号）关于冻结的有关规定。本通知有关人民法院通过网络查询、冻结被执行人证券的相关规定与法发〔2008〕4 号文件规定不一致的，以本通知为准。

人民法院与其他法定有权机关就执行被执行人证券产生争议的，由最高人民法院与最高人民检察院、公安部等依法协调解决。争议协调解决期间，中国结算控制发生执行争议的相关证券，不协助任何一方执行。争议协调解决完成，中国结算按照最高人民法院与最高人民检察院、公安部等协商的最终结论处理。

人民法院在查询、冻结被执行人证券的具体执行工作中，应当符合中国结算依法制定的协助执行有关业务规则，维护证券登记结算系统的安全稳定运行、维护登记结算工作的正常秩序。

四、提交有效、规范的法律文书

人民法院通过网络执行查控系统查询、冻结被执行人证券的，应当分别提交盖章的协助查询通知书、协助冻结通知书和执行裁定书的电子版，并附两名执行人员公务证件复印件的扫描件。

五、规范查询、冻结的具体操作

人民法院应当在中国结算相关业务系统工作时间内通过网络执行查控系统提交协助查询、冻结请求。

人民法院应当按照网络执行查控系统规定的相关项目和格式，准确、完整地填写查询、冻结请求及相关信息，做到查询、冻结请求明确、具体、可执行。

中国结算接收到人民法院通过网络执行查控系统提交的协助查询、冻结请求后进行合规性核对。核对无误的，协助查询、冻结并通过网络执行查控系统将协助查询、冻结的结果反馈最高人民法院；核对后存在查询、冻结请求不明确、不具体、不可执行等情形的，予以退回并提示退回原因。人民法院可以在补充完善后重新发出查询、冻结请求，相关冻结请求按照再次提交的时间重新排序。

法律、行政法规以及最高人民法院、中国证监会规定不得被强制执行的证券或者资金，依法依规不予实施冻结，并在查询结果中予以标识。此类不予实施冻结的证券或者资金，由中国结算负责依据有关规定在网络执行查控系统中以清单方式具体列明，并根据有关规定的变动及时更新。

通过网络执行查控系统查询、冻结被执行人证券的具体范围、法律文书必备要素和格式、查控系统工作时间段等具体事项，由最高人民法院执行局与中国结算商定后另行规定。

六、网络查控系统技术安全保障及故障处理

网络执行查控系统与中国结算的证券登记结算业务技术系统之间应当实现有效隔离，确保各自技术系统的运行安全，切实防范各自技术系统的运行风险。

因技术故障导致网络执行查控系统无法正常运行的，发现故障一方应当立即通知另一方，故障一方应当及时排除故障。因技术系统故障或者不可抗力而未能及时办理查询、冻结请求的，最高人民法院执行局与中国结算均不承担任何法律责任。

七、试点工作相关安排

通过网络查询、冻结被执行人证券的试点区域包括北京、上海、浙江、福建、广东等省、市高级人民法院及其辖区各级人民法院。

试点期间，网络执行查控系统先上线开通查询被执行人证券信息的功能。经过一段时间的查询试点，待条件成熟后，再行上线开展通过网络冻结被执行人证券的试点工作。网络执行查控系统查询、冻结功能上线开通的具体时间由最高人民法院执行局与中国结算另行通知。

经过试点，待条件成熟后，将网络查控工作机制推广到其他地区。

最高人民法院关于在执行工作中进一步强化善意文明执行理念的意见（节选）

（2019 年 12 月 16 日　法发〔2019〕35 号）

7. 严格规范上市公司股票冻结。为维护资本市场稳定，依法保障债权人合法权益和债务人投资权益，人民法院在冻结债务人在上市公司的股票时，应当依照下列规定严格执行：

（1）严禁超标的冻结。冻结上市公司股票，应当以其价值足以清偿生效法律文书确定的债权额为限。股票价值应当以冻结前一交易日收盘价为基准，结合股票市场行情，一般在不超过 20% 的幅度内合理确定。股票冻结后，其价值发生重大变化的，经当事人申请，人民法院可以追加冻结或者解除部分冻结。

（2）可售性冻结。保全冻结上市公司股票后，被保全人申请将冻结措施变更为可售性冻结的，应当准许，但应当提前将被保全人在证券公司的资金账户在明确具体的数额范围内予以冻结。在执行过程中，被执行人申请通过二级市场交易方式自行变卖股票清偿债务的，人民法院可以按照前述规定办理，但应当要求其在10个交易日内变卖完毕。特殊情形下，可以适当延长。

（3）已质押股票的冻结。上市公司股票存在质押且质权人非本案保全申请人或申请执行人，目前，人民法院在采取冻结措施时，由于需要计入股票上存在的质押债权且该债权额往往难以准确计算，尤其是当股票存在多笔质押时还需指定对哪一笔质押股票进行冻结，为保障普通债权人合法权益，人民法院一般会对质押股票进行全部冻结，这既存在超标的冻结的风险，也会对质押债权人自行实现债权造成影响，不符合执行经济原则。

最高人民法院经与中国证券监督管理委员会沟通协调，由中国证券登记结算有限公司（以下简称中国结算公司）对现有冻结系统进行改造，确立了质押股票新型冻结方式，并在系统改造完成后正式实施。具体内容如下：

第一，债务人持有的上市公司股票存在质押且质权人非本案保全申请人或申请执行人，人民法院对质押股票冻结时，应当依照7（1）规定的计算方法冻结相应数量的股票，无需将质押债权额计算在内。冻结质押股票时，人民法院应当提前冻结债务人在证券公司的资金账户，并明确具体的冻结数额，不得对资金账户进行整体冻结。

第二，股票冻结后，不影响质权人变价股票实现其债权。质权人解除任何一部分股票质押的，冻结效力在冻结股票数量范围内对解除质押部分的股票自动生效。质权人变价股票实现其债权后变价款有剩余的，冻结效力在本案债权额范围内对剩余变价款自动生效。

第三，在执行程序中，为实现本案债权，人民法院可以在质押债权和本案债权额范围内对相应数量的股票采取强制变价措施，并在优先实现质押债权后清偿本案债务。

第四，两个以上国家机关冻结同一质押股票的，按照在证券公司或中国结算公司办理股票冻结手续的先后确定冻结顺位，依次满足各国家机关的冻结需求。两个以上国家机关在同一交易日分别在证券公司、中国结算公司冻结同一质押股票的，在先在证券公司办理股票冻结手续的为在先冻结。

第五,人民法院与其他国家机关就冻结质押股票产生争议的,由最高人民法院主动与最高人民检察院、公安部等部门依法协调解决。争议协调解决期间,证券公司或中国结算公司控制产生争议的相关股票,不协助任何一方执行。争议协调解决完成,证券公司或中国结算公司按照争议机关协商的最终结论处理。

第六,系统改造完成前已经完成的冻结不适用前述规定。案件保全申请人或申请执行人为质权人的,冻结措施不适用前述规定。

最高人民法院、最高人民检察院、公安部、中国证券监督管理委员会关于进一步规范人民法院冻结上市公司质押股票工作的意见

(2021 年 3 月 1 日　法发〔2021〕9 号)

为进一步规范人民法院冻结上市公司质押股票相关工作,强化善意文明执行理念、依法维护当事人、利害关系人合法权益,依照民事诉讼法,结合执行工作实际,提出以下意见。

第 1 条　人民法院要求证券登记结算机构或者证券公司协助冻结债务人持有的上市公司股票,该股票已设立质押且质权人非案件保全申请人或者申请执行人的,适用本意见。

人民法院对前款规定的股票进行轮候冻结的,不适用本意见。

第 2 条　人民法院冻结质押股票时,在协助执行通知书中应当明确案件债权额及执行费用,证券账户持有人名称(姓名)、账户号码,冻结股票的名称、证券代码,需要冻结的数量、冻结期限等信息。

前款规定的需要冻结的股票数量,以案件债权额及执行费用总额除以每股股票的价值计算。每股股票的价值以冻结前一交易日收盘价为基准,结合股票市场行情,一般在不超过 20% 的幅度内合理确定。

第 3 条　证券登记结算机构或者证券公司受理人民法院的协助冻结要求后,应当在系统中对质押股票进行标记,标记的期限与冻结的期限一致。

其他人民法院或者其他国家机关要求对已被标记的质押股票进行冻结的，证券登记结算机构或者证券公司按轮候冻结依次办理。

第4条　需要冻结的股票存在多笔质押的，人民法院可以指定某一笔或者某几笔质押股票进行标记。未指定的，证券登记结算机构或者证券公司对该只质押股票全部进行标记。

第5条　上市公司依照相关规定披露股票被冻结的情况时，应当如实披露人民法院案件债权额及执行费用、已在系统中被标记股票的数量，以及人民法院需要冻结的股票数量、冻结期限等信息。

第6条　质押股票在系统中被标记后，质权人持有证明其质押债权存在、实现质押债权条件成就等材料，向人民法院申请以证券交易所集中竞价、大宗交易方式在质押债权范围内变价股票的，应当准许，但是法律、司法解释等另有规定的除外。人民法院将债务人在证券公司开立的资金账户在质押债权、案件债权额及执行费用总额范围内进行冻结后，应当及时书面通知证券登记结算机构或者证券公司在系统中将相应质押股票调整为可售状态。

质权人申请通过协议转让方式变价股票的，人民法院经审查认为不损害案件当事人利益、国家利益、社会公共利益且在能够控制相应价款的前提下，可以准许。

质权人依照前两款规定自行变价股票的，应当遵守证券交易、登记结算相关业务规则。

第7条　质权人自行变价股票且变价款进入债务人资金账户或者人民法院指定的账户后，向人民法院申请发放变价款实现质押债权的，应予准许，但是法律、司法解释等另有规定的除外。

第8条　在执行程序中，人民法院可以对在系统中被标记的质押股票采取强制变价措施。

第9条　在系统中被标记的任意一部分质押股票解除质押的，协助冻结的证券登记结算机构或者证券公司应当将该部分股票调整为冻结状态，并及时通知人民法院。

冻结股票的数量达到人民法院要求冻结的数量后，证券登记结算机构或者证券公司应当及时通知人民法院。人民法院经审查认为冻结的股票足以实现案件债权及执行费用的,应当书面通知证券登记结算机构或者证券公司解除对其他股票的标记和冻结。

第 10 条 轮候冻结转为正式冻结的,或者对在本意见实施前已经办理的正式冻结进行续冻的,依当事人或者质权人申请,人民法院可以通知证券登记结算机构或者证券公司依照本意见办理。

第 11 条 上市公司股票退市后,依照本意见办理的冻结按照相关司法冻结程序处理,冻结股票的数量为证券登记结算机构或者证券公司在系统中已标记的股票数量。

第 12 条 其他国家机关在办理刑事案件过程中,就质押股票处置变价等事项与负责执行的人民法院产生争议的,可以协商解决。协商不成的,报各自的上级机关协商解决。

第 13 条 本意见自 2021 年 7 月 1 日起实施。

最高人民法院关于冻结、扣划证券交易结算资金有关问题的通知

(2004 年 11 月 9 日　法〔2004〕239 号)

为了保障金融安全和社会稳定,维护证券市场正常交易结算秩序,保护当事人的合法权益,保障人民法院依法执行,经商中国证券监督管理委员会,现就人民法院冻结、扣划证券交易结算资金有关问题通知如下:

一、人民法院办理涉及证券交易结算资金的案件,应当根据资金的不同性质区别对待。证券交易结算资金,包括客户交易结算资金和证券公司从事自营证券业务的自有资金。证券公司将客户交易结算资金全额存放于客户交易结算资金专用存款帐户和结算备付金帐户,将自营证券业务的自有资金存放于自有资金专用存款帐户,而上述帐户均应报中国证券监督管理委员会备案。因此,对证券市场主体为被执行人的案件,要区别处理:

当证券公司为被执行人时,人民法院可以冻结、扣划该证券公司开设的自有资金存款帐户中的资金,但不得冻结、扣划该证券公司开设的客户交易结算

资金专用存款帐户中的资金。

当客户为被执行人时,人民法院可以冻结、扣划该客户在证券公司营业部开设的资金帐户中的资金,证券公司应当协助执行。但对于证券公司在存管银行开设的客户交易结算资金专用存款帐户中属于所有客户共有的资金,人民法院不得冻结、扣划。

二、人民法院冻结、扣划证券结算备付金时,应当正确界定证券结算备付金与自营结算备付金。证券结算备付金是证券公司从客户交易结算资金、自营证券业务的自有资金中缴存于中国证券登记结算有限责任公司(以下简称登记结算公司)的结算备用资金,专用于证券交易成交后的清算,具有结算履约担保作用。登记结算公司对每个证券公司缴存的结算备付金分别设立客户结算备付金帐户和自营结算备付金帐户进行帐务管理,并依照经中国证券监督管理委员会批准的规则确定结算备付金最低限额。因此,对证券公司缴存在登记结算公司的客户结算备付金,人民法院不得冻结、扣划。

当证券公司为被执行人时,人民法院可以向登记结算公司查询确认该证券公司缴存的自营结算备付金余额;对其最低限额以外的自营结算备付金,人民法院可以冻结、扣划,登记结算公司应当协助执行。

三、人民法院不得冻结、扣划新股发行验资专用帐户中的资金。登记结算公司在结算银行开设的新股发行验资专用帐户,专门用于证券市场的新股发行业务中的资金存放、调拨,并按照中国证券监督管理委员会批准的规则开立、使用、备案和管理,故人民法院不得冻结、扣划该专用帐户中的资金。

四、人民法院在执行中应当正确处理清算交收程序与执行财产顺序的关系。当证券公司或者客户为被执行人时,人民法院可以冻结属于该被执行人的已完成清算交收后的证券或者资金,并以书面形式责令其在7日内提供可供执行的其他财产。被执行人提供了其他可供执行的财产的,人民法院应当先执行该财产;逾期不提供或者提供的财产不足清偿债务的,人民法院可以执行上述已经冻结的证券或者资金。

对被执行人的证券交易成交后进入清算交收期间的证券或者资金,以及被执行人为履行清算交收义务交付给登记结算公司但尚未清算的证券或者资金,人民法院不得冻结、扣划。

五、人民法院对被执行人证券帐户内的流通证券采取执行措施时,应当查明该流通证券确属被执行人所有。

人民法院执行流通证券,可以指令被执行人所在的证券公司营业部在30个交易日内通过证券交易将该证券卖出,并将变卖所得价款直接划付到人民法院指定的帐户。

六、人民法院在冻结、扣划证券交易结算资金的过程中,对于当事人或者协助执行人对相关资金是否属客户交易结算资金、结算备付金提出异议的,应当认真审查;必要时,可以提交中国证券监督管理委员会作出审查认定后,依法处理。

七、人民法院在证券交易、结算场所采取保全或者执行措施时,不得影响证券交易、结算业务的正常秩序。

八、本通知自发布之日起执行。发布前最高人民法院的其他规定与本通知的规定不一致的,以本通知为准。

最高人民法院关于冻结、拍卖上市公司国有股和社会法人股若干问题的规定

(2001年9月21日　法释〔2001〕28号)

(2001年8月28日　最高人民法院审判委员会第1188次会议通过)

为了保护债权人以及其他当事人的合法权益,维护证券市场的正常交易秩序,根据《中华人民共和国证券法》、《中华人民共和国公司法》、《中华人民共和国民事诉讼法》,参照《中华人民共和国拍卖法》等法律的有关规定,对人民法院在财产保全和执行过程中,冻结、拍卖上市公司国有股和社会法人股(以下均简称股权)等有关问题,作如下规定:

第1条　人民法院在审理民事纠纷案件过程中,对股权采取冻结、评估、拍卖和办理股权过户等财产保全和执行措施,适用本规定。

第2条　本规定所指上市公司国有股、包括国家股和国有法人股。国家股指有权代表国家投资的机构或部门向股份有限公司出资或依据法定程序取得的股份;国有法人股指国有法人单位,包括国有资产比例超过50%的国有

控股企业，以其依法占有的法人资产向股份有限公司出资形成或者依据法定程序取得的股份。

本规定所指社会法人股是指非国有法人资产投资于上市公司形成的股份。

第3条　人民法院对股权采取冻结、拍卖措施时，被保全人和被执行人应当是股权的持有人或者所有权人。被冻结、拍卖股权的上市公司非依据法定程序确定为案件当事人或者被执行人，人民法院不得对其采取保全或执行措施。

第4条　人民法院在审理案件过程中，股权持有人或者所有权人作为债务人，如有偿还能力的，人民法院一般不应对其股权采取冻结保全措施。

人民法院已对股权采取冻结保全措施的，股权持有人、所有权人或者第三人提供了有效担保，人民法院经审查符合法律规定的，可以解除对股权的冻结。

第5条　人民法院裁定冻结或者解除冻结股权，除应当将法律文书送达负有协助执行义务的单位以外，还应当在作出冻结或者解除冻结裁定后7日内，将法律文书送达股权持有人或者所有权人并书面通知上市公司。

人民法院裁定拍卖上市公司股权，应当于委托拍卖之前将法律文书送达股权持有人或者所有权人并书面通知上市公司。

被冻结或者拍卖股权的当事人是国有股份持有人的，人民法院在向该国有股份持有人送达冻结或者拍卖裁定时，应当告其于5日内报主管财政部门备案。

第6条　冻结股权的期限不超过一年。如申请人需要延长期限的，人民法院应当根据申请，在冻结期限届满前办理续冻手续，每次续冻期限不超过6个月。逾期不办理续冻手续的，视为自动撤销冻结。

第7条　人民法院采取保全措施，所冻结的股权价值不得超过股权持有人或者所有权人的债务总额。股权价值应当按照上市公司最近期报表每股资产净值计算。

股权冻结的效力及于股权产生的股息以及红利、红股等孳息，但股权持有人或者所有权人仍可享有因上市公司增发、配售新股而产生的权利。

第8条　人民法院采取强制执行措施时，如果股权持有人或者所有权人在限期内提供了方便执行的其他财产，应当首先执行其他财产。其他财产不足以清偿债务的，方可执行股权。

本规定所称可供方便执行的其他财产，是指存款、现金、成品和半成品、原材料、交通工具等。

人民法院执行股权，必须进行拍卖。

股权的持有人或者所有权人以股权向债权人质押的，人民法院执行时也应当通过拍卖方式进行，不得直接将股权执行给债权人。

第 9 条 拍卖股权之前，人民法院应当委托具有证券从业资格的资产评估机构对股权价值进行评估。资产评估机构由债权人和债务人协商选定。不能达成一致意见的，由人民法院召集债权人和债务人提出候选评估机构，以抽签方式决定。

第 10 条 人民法院委托资产评估机构评估时，应当要求资产评估机构严格依照国家规定的标准、程序和方法对股权价值进行评估，并说明其应当对所作出的评估报告依法承担相应责任。

人民法院还应当要求上市公司向接受人民法院委托的资产评估机构如实提供有关情况和资料；要求资产评估机构对上市公司提供的情况和资料保守秘密。

第 11 条 人民法院收到资产评估机构作出的评估报告后，须将评估报告分别送达债权人和债务人以及上市公司。债权人和债务人以及上市公司对评估报告有异议的，应当在收到评估报告后 7 日内书面提出。人民法院应当将异议书交资产评估机构，要求该机构在 10 日之内作出说明或者补正。

第 12 条 对股权拍卖，人民法院应当委托依法成立的拍卖机构进行。拍卖机构的选定，参照本规定第九条规定的方法进行。

第 13 条 股权拍卖保留价，应当按照评估值确定。

第一次拍卖最高应价未达到保留价时，应当继续进行拍卖，每次拍卖的保留价应当不低于前次保留价的 90%。经三次拍卖仍不能成交时，人民法院应当将所拍卖的股权按第三次拍卖的保留价折价抵偿给债权人。

人民法院可以在每次拍卖未成交后主持调解，将所拍卖的股权参照该次拍卖保留价折价抵偿给债权人。

第 14 条 拍卖股权，人民法院应当委托拍卖机构于拍卖日前 10 天，在

《中国证券报》、《证券时报》或者《上海证券报》上进行公告。

第 15 条　国有股权竞买人应当具备依法受让国有股权的条件。

第 16 条　股权拍卖过程中，竞买人已经持有的该上市公司股份数额和其竞买的股份数额累计不得超过该上市公司已经发行股份数额的 30%。如竞买人累计持有该上市公司股份数额已达到 30% 仍参与竞买的，须依照《中华人民共和国证券法》的相关规定办理，在此期间应当中止拍卖程序。

第 17 条　拍卖成交后，人民法院应当向证券交易市场和证券登记结算公司出具协助执行通知书，由买受人持拍卖机构出具的成交证明和财政主管部门对股权性质的界定等有关文件，向证券交易市场和证券登记结算公司办理股权变更登记。

上市公司股东、董监高减持股份的若干规定

（2017 年 5 月 26 日　中国证券监督管理委员会公告〔2017〕9 号）

第 1 条　为了规范上市公司股东及董事、监事、高级管理人员（以下简称董监高）减持股份行为，促进证券市场长期稳定健康发展，根据《公司法》《证券法》的有关规定，制定本规定。

第 2 条　上市公司控股股东和持股 5% 以上股东（以下统称大股东）、董监高减持股份，以及股东减持其持有的公司首次公开发行前发行的股份、上市公司非公开发行的股份，适用本规定。

大股东减持其通过证券交易所集中竞价交易买入的上市公司股份，不适用本规定。

第 3 条　上市公司股东、董监高应当遵守《公司法》《证券法》和有关法律、法规，中国证监会规章、规范性文件，以及证券交易所规则中关于股份转让的限制性规定。

上市公司股东、董监高曾就限制股份转让作出承诺的，应当严格遵守。

第 4 条　上市公司股东、董监高可以通过证券交易所的证券交易卖出，也可以通过协议转让及法律、法规允许的其他方式减持股份。

因司法强制执行、执行股权质押协议、赠与、可交换债换股、股票权益互换

等减持股份的,应当按照本规定办理。

第5条 上市公司股东、董监高减持股份,应当按照法律、法规和本规定,以及证券交易所规则,真实、准确、完整、及时履行信息披露义务。

第6条 具有下列情形之一的,上市公司大股东不得减持股份:

(一)上市公司或者大股东因涉嫌证券期货违法犯罪,在被中国证监会立案调查或者被司法机关立案侦查期间,以及在行政处罚决定、刑事判决作出之后未满6个月的。

(二)大股东因违反证券交易所规则,被证券交易所公开谴责未满3个月的。

(三)中国证监会规定的其他情形。

第7条 具有下列情形之一的,上市公司董监高不得减持股份:

(一)董监高因涉嫌证券期货违法犯罪,在被中国证监会立案调查或者被司法机关立案侦查期间,以及在行政处罚决定、刑事判决作出之后未满6个月的。

(二)董监高因违反证券交易所规则,被证券交易所公开谴责未满3个月的。

(三)中国证监会规定的其他情形。

第8条 上市公司大股东、董监高计划通过证券交易所集中竞价交易减持股份,应当在首次卖出的15个交易日前向证券交易所报告并预先披露减持计划,由证券交易所予以备案。

上市公司大股东、董监高减持计划的内容应当包括但不限于:拟减持股份的数量、来源、减持时间区间、方式、价格区间、减持原因。减持时间区间应当符合证券交易所的规定。

在预先披露的减持时间区间内,大股东、董监高应当按照证券交易所的规定披露减持进展情况。减持计划实施完毕后,大股东、董监高应当在两个交易日内向证券交易所报告,并予公告;在预先披露的减持时间区间内,未实施减持或者减持计划未实施完毕的,应当在减持时间区间届满后的两个交易日内向证券交易所报告,并予公告。

第9条 上市公司大股东在3个月内通过证券交易所集中竞价交易减持股份的总数,不得超过公司股份总数的1%。

股东通过证券交易所集中竞价交易减持其持有的公司首次公开发行前发行的股份、上市公司非公开发行的股份，应当符合前款规定的比例限制。

股东持有上市公司非公开发行的股份，在股份限售期届满后 12 个月内通过集中竞价交易减持的数量，还应当符合证券交易所规定的比例限制。

适用前三款规定时，上市公司大股东与其一致行动人所持有的股份应当合并计算。

第 10 条　通过协议转让方式减持股份并导致股份出让方不再具有上市公司大股东身份的，股份出让方、受让方应当在减持后 6 个月内继续遵守本规定第八条、第九条第一款的规定。

股东通过协议转让方式减持其持有的公司首次公开发行前发行的股份、上市公司非公开发行的股份，股份出让方、受让方应当在减持后 6 个月内继续遵守本规定第九条第二款的规定。

第 11 条　上市公司大股东通过大宗交易方式减持股份，或者股东通过大宗交易方式减持其持有的公司首次公开发行前发行的股份、上市公司非公开发行的股份，股份出让方、受让方应当遵守证券交易所关于减持数量、持有时间等规定。

适用前款规定时，上市公司大股东与其一致行动人所持有的股份应当合并计算。

第 12 条　上市公司大股东的股权被质押的，该股东应当在该事实发生之日起 2 日内通知上市公司，并予公告。

中国证券登记结算公司应当统一制定上市公司大股东场内场外股权质押登记要素标准，并负责采集相关信息。证券交易所应当明确上市公司大股东办理股权质押登记、发生平仓风险、解除股权质押等信息披露内容。

因执行股权质押协议导致上市公司大股东股份被出售的，应当执行本规定。

第 13 条　上市公司股东、董监高未按照本规定和证券交易所规则减持股份的，证券交易所应当视情节采取书面警示等监管措施和通报批评、公开谴责等纪律处分措施；情节严重的，证券交易所应当通过限制交易的处置措施禁止相关证券账户 6 个月内或 12 个月内减持股份。

证券交易所为防止市场发生重大波动，影响市场交易秩序或者损害投资者利益，防范市场风险，有序引导减持，可以根据市场情况，依照法律和交易规则，对构成异常交易的行为采取限制交易等措施。

第 14 条 上市公司股东、董监高未按照本规定和证券交易所规则减持股份的，中国证监会依照有关规定采取责令改正等监管措施。

第 15 条 上市公司股东、董监高未按照本规定和证券交易所规则披露信息，或者所披露的信息存在虚假记载、误导性陈述或者重大遗漏的，中国证监会依照《证券法》第一百九十三条的规定给予行政处罚。

第 16 条 上市公司股东、董监高减持股份超过法律、法规、中国证监会规章和规范性文件、证券交易所规则设定的比例的，依法予以查处。

第 17 条 上市公司股东、董监高未按照本规定和证券交易所规则减持股份，构成欺诈、内幕交易和操纵市场的，依法予以查处。

第 18 条 上市公司股东、董监高违反本规定和证券交易所规则减持股份，情节严重的，中国证监会可以依法采取证券市场禁入措施。

第 19 条 本规定自公布之日起施行。《上市公司大股东、董监高减持股份的若干规定》（证监会公告〔2016〕1 号）同时废止。

最高人民法院关于股权冻结情况下能否办理增资扩股变更登记的答复

（2013 年 11 月 14 日 〔2013〕执他字第 12 号）

山东省高级人民法院：

你院（2013）鲁执监字第 82 号《关于济南迅华传媒广告有限公司与威海海澄水务有限公司股权确认纠纷一案中涉及法律问题的请示》收悉。经研究，答复如下：

原则上同意你院审判委员会意见。在人民法院对股权予以冻结的情况下，公司登记机关不得为公司或其他股东办理增资扩股变更登记。本案在按判决执行股权时，应向利害关系人释明，作为案外人的其他股东可以提出执行异议，对异议裁定不服，可以提起异议之诉，要注意从程序上对案外人给予必要的救济。

最高人民法院执行局关于法院能否以公司证券登记结算地为财产所在地获得管辖权问题的复函

（2010年7月15日　〔2010〕执监字第16号函）

广东省高级人民法院：

关于唐山钢铁集团有限责任公司执行申诉一案，你院《关于深圳中院执行中华乐业有限公司与唐山钢铁集团有限责任公司仲裁裁决一案的情况报表》收悉。经研究，答复如下：

经核查，唐山钢铁集团有限责任公司作为上市公司，其持有的证券在上市交易前存管于中国证券登记结算有限责任公司深圳分公司，深圳市中级人民法院（以下简称深圳中院）以此认定深圳市为被执行人的财产所在地受理了当事人一方的执行申请。本院认为，证券登记结算机构是为证券交易提供集中登记、存管与结算服务的机构，但证券登记结算机构存管的仅是股权凭证，不能将股权凭证所在地视为股权所在地。由于股权与其发行公司具有密切的联系，因此，应当将股权的发行公司住所地认定为该类财产所在地。深圳中院将证券登记结算机构所在地认定为上市公司的财产所在地予以立案执行不当。

请你院监督深圳中院依法撤销案件及相关法律文书，并告知申请人依法向有管辖权的人民法院申请执行。同时，鉴于深圳中院对被执行人的股权已采取冻结措施，为防止已冻结财产被转移，请你院监督深圳中院做好已控被执行人财产与新的执行法院的衔接工作，避免申请执行人的权益受到损害。

最高人民法院关于有限责任公司以股份出质但没有履行相应的登记、备案等公示手续该质押合同不能对抗第三人的问题的答复

（2004年4月14日 〔2003〕执他字第34号）

北京市高级人民法院：

你院京高法〔2003〕320号《关于中国长城工业总公司申请执行中国租赁有限公司一案中全资子公司投资收益质押是否有效问题的请示》收悉。经研究，现答复如下：

虽然有关法律和相关司法解释对全资子公司的股权质押是否应当公示以及应当如何进行公示尚没有作出具体规定，但根据《担保法》第六十四条、第七十八条之规定和我院《关于适用担保法若干问题的解释》第一百零三条之规定，有限责任公司以股份出质的，质押合同自股份出质记载于股东名册之日起生效。本案中，中国租赁有限公司与中信实业银行总行营业部签订的质押合同发生在《担保法》生效后，如果质押合同没有履行相应的登记、备案等公示手续，该质押合同不能对抗第三人。

最高人民法院关于被执行人以其全部资产作股本与外方成立合资企业的应当如何执行问题的复函

（1992年9月7日 法函〔1992〕114号）

湖南省高级人民法院：

你院湘高法经〔1992〕1号请示报告收悉。经研究，答复如下：

鉴于被执行人于1990年12月31日与浙江省绍兴县轻工业公司、美国桦品企业有限公司合资成立浙江钻石制衣厂有限公司，业经注册登记，该公司领取了中华人民共和国企业法人营业执照，具有法人资格，故不宜直接执行该公

司的财产。为有利于改革开放,可将被执行人绍兴县第二衬衫厂在合资企业中享有的部分股权(相当于应当偿还的债务),在征得合资对方同意后予以转让,转让时合资对方享有优先受让权;合资对方不同意转让股权的,可分期分批执行被执行人从合资企业分得的红利及其他收益。必要时可以裁定采取保全措施,限制被执行人支取到期应得的部分或全部收益,同时通知(附裁定书副本)有关单位协助执行。

此复

最高人民法院执行工作办公室关于上市公司发起人股份质押合同及红利抵债协议效力问题请示案的复函

(2004 年 4 月 15 日　〔2002〕执他字第 22 号)

江苏省高级人民法院:

你院《关于上市公司发起人以其持有的法人股在法定不得转让期内设质押担保在可转让时清偿期届满的债权其质押合同效力如何确认等两个问题的请示报告》收悉。经研究,答复如下:

一、关于本案发起人股份质押合同效力的问题,基本同意你院的第二种意见。《公司法》第 147 条规定对发起人股份转让的期间限制,应当理解为是对股权实际转让的时间的限制,而不是对达成股权转让协议的时间的限制。本案质押的股份不得转让期截止到 2002 年 3 月 3 日,而质押权行使期至 2005 年 9 月 25 日才可开始,在质押权人有权行使质押权时,该质押的股份已经没有转让期间的限制,因此不应以该股份在设定质押时依法尚不得转让为由确认质押合同无效。

二、关于本案中三方当事人达成的以股份所产生的红利抵债的协议(简称三方抵债协议),我们认为:首先,该协议性质上属于三方当事人之间的连环债务的协议抵消关系。在协议抵消的情况下,抵消的条件、标的物、范围,均由当事人自主约定。《合同法》第 100 条关于双方当事人协议抵消的规定,并不排除本案中三方当事人协议抵消的做法。其次，该协议属于预定抵消合同。根据这种合同，当事人之间将来发生可以抵消的债务时，无须另行作出抵消的意思表示，而当然发生抵消债务的效果。这种协议并不违反法律的强制性规定，应予以认可。本案中吴江工艺织造厂（以下简称织造厂）在中国服装股份有限公司（以下简称服装公司）中的预期红利收益处于不确定状态，符合这种预定抵消合同的特点。

三、关于股份质押协议与三方抵债协议的关系问题，因本案股份质押权的行使附有期限，故质押的效力只能及于质押权行使期到来（即2005年9月25日）之后该股份产生的红利，质押权人中国银行吴江支行（以下简称吴江支行）不能对此前的红利行使质押权。因此，对于织造厂于2001年6月9日从服装公司分得的该期红利，吴江支行不能以股份质押合同有效而对抗服装公司依据三方抵债协议所为的抵消。

四、织造厂在服装公司的红利一旦产生，按照三方抵债协议的约定，服装公司给付织造 厂的红利即时自动抵消面料厂对服装公司的债务，不需要实际支付。因此，在宜兴市人民法院向服装公司送达协助执行通知时，被执行人织造厂在服装公司的红利债权已经消灭，不再有可供执行的债权。宜兴市人民法院从服装公司划拨红利的执行是错误的，应予纠正。

最高人民法院执行工作办公室关于中国重型汽车集团公司股权执行案的复函

（2001年4月13日 〔2001〕执协字第16号）

上海市、安徽省、四川省、陕西省、新疆维吾尔自治区、天津市、北京市、福建省高级人民法院：

近日，联合证券有限责任公司（以下简称联合公司）向我院反映，有多家法院冻结了中国重型汽车集团公司（以下简称重汽公司）所持其公司的股权，冻结股权的数额已超出重汽公司所有的份额，影响了其正常的经营活动，请求本院协调处理。

经查，联合公司反映的情况属实。重汽公司只拥有联合公司 8000 万股股权，价值 9220.8 万元人民币，1998 年 12 月至 2000 年 7 月，上海二中院、安徽高院、四川眉山中院、陕西西安中院、新疆高院、天津一中院、北京二中院等 7 家法院在执行以重汽公司为债务人的生效判决过程中，却先后裁定冻结了联合公司的股权共 12334 万股，超出被执行人拥有的股权份额。按照《最高人民法院关于人民法院执行工作若干问题的规定（试行）》第 88 条的规定，本案各债权人对执行标的物均无担保物权，应当按照执行法院采取执行措施的先后顺序受偿。在采取执行措施的时间顺序上，各家法院均无争议，依次为上海二中院、安徽高院、四川眉山中院、陕西西安中院、新疆高院、天津一中院、北京二中院。但天津一中院、北京二中院提出，上海二中院和四川眉山中院虽然在先向联合公司送达了冻结股权的相关法律文书，但没有在工商机关办理登记手续，应视其冻结措施无效，不能对抗在后既向联合公司送达了相关法律文书，又在工商机关办理了登记手续的法院所采取的冻结措施。

我们认为，根据《最高人民法院关于人民法院执行工作若干问题的规定（试行）》第 53 条的规定，人民法院冻结被执行人在有限责任公司、其他法人企业的投资权益或股权的，只要依法向相关有限责任公司、其他法人企业送达了冻结被执行人投资权益或股权的法律文书，即为合法有效。因此，本案中上海二十院、四川眉山中院实施的冻结重汽公司股权的措施是合法有效的。天津一中院、北京二中院关于既向联合公司送达冻结股权的法律文书，又到工商管理机关进行登记才发生冻结效力的主张，并无法律规定，故不能否定上海二中院、四川眉山中院冻结股权的效力。天津一中院、北京二中院冻结股权的措施，实际上是在重汽公司已无股权可供执行的情况下进行的，当属无效，应当解除。两院可依法执行被执行人的其他财产。

此外，厦门中院关于重汽公司不承担有关民事责任的判决已经发生法律效力，应当解除该院在审判过程中对重汽公司股权冻结的保全措施。接此函后，请天津、北京、福建省高级人民法院监督所辖相关法院立即解除对重汽公司的股权冻结措施，以保证本案执行工作的顺利进行。

最高人民法院关于涉外股权质押未经登记在执行中质押权人是否享有优先受偿权问题的复函

（2003年10月9日 〔2003〕执他字第6号）

江苏省高级人民法院：

你院（2002）苏执监字第114号报告收悉，经研究，答复如下：

同意你院审判委员会第一种意见。（香港）越信隆财务有限公司（以下简称悬信隆）与香港千帆投资有限公司（以下简称香港千帆）于1995年7月13日签订的《抵押契约》所涉及的质押物，是香港千帆在南京千帆房地产开发有限公司（以下简称南京千帆）持有的65%股权。虽然我国法律对涉外动产物权的法律适用没有明确的规定，但根据《民法通则》第142条第3款规定的精神，本案可参照世界各国目前普遍采用的物之所在地法原则。因南京千帆系在中华人民共和国注册成立的有限责任公司，故该公司股权的质押是否有效，应根据中华人民共和国的法律法规来认定。上述《抵押契约》订立时，《中华人民共和国担保法》已经全国人大常委会通过并颁布，且于1995年10月1日实施。《担保法》实施后，越信隆应当按照该法第78条第3款的规定，将香港千帆在南京千帆持有的65%股权在内地办理股份出质记载手续，但越信隆未办理股份出质登记。因此，其抵押权不具有对抗第三人的效力。鉴于香港千帆所持南京千帆65%股权已经南京有关行政主管部门批准转让，非经法定程序不得撤销。

此复

最高人民法院执行办公室
关于执行股份有限公司发起人股份问题的复函

（2000 年 1 月 10 日　〔2000〕执他字第 1 号）

福建省高级人民法院：

你院报我办的〔1998〕闽经初执字第 19 号请示收悉。经研究，答复如下：

同意你院的意见。《公司法》第一百四十七条①中关于发起人股份在 3 年内不得转让的规定，是对公司创办者自主转让其股权的限制，其目的是为防止发起人借设立公司投机牟利，损害其他股东的利益。人民法院强制执行不存在这一问题。被执行人持有发起人股份的有关公司和部门应当协助人民法院办理转让股份的变更登记手续。为保护债权人的利益，该股份转让的时间应从人民法院向有关单位送达转让股份的裁定书和协助执行通知书之日起算。该股份受让人应当继受发起人的地位，承担发起人的责任。

---

① 本批复所引用《公同法》第 147 条为 1999 年 12 月 25 日修订后的版本，第 147 条具体规定为：发起人持有的本公司股份，自公司成立之日起 3 年内不得转让。公司董事、监事、经理应当向公司申报所持有的本公司的股份，并在任职期间内不得转让。现行有效的《公司法》为 2018 年 10 月 26 日修订后的版本，关于发起人和公司董事、监事、经理转让所持本公司股份的限制的规定为第 141 条，第 141 条具体规定为：发起人持有的本公司股份，自公司成立之日起 1 年内不得转让。公司公开发行股份前已发行的股份，自公司股票在证券交易所上市交易之日起 1 年内不得转让。公司董事、监事、高级管理人员应当向公司申报所持有的本公司的股份及其变动情况，在任职期间每年转让的股份不得超过其所持有本公司股份总数的 25%；所持本公司股份自公司股票上市交易之日起 1 年内不得转让。上述人员离职后半年内，不得转让其所持有的本公司股份。公司章程可以对公司董事、监事、高级管理人员转让其所持有的本公司股份作出其他限制性规定。

最高人民法院关于对中外合资企业股份执行问题的复函

（1998年8月26日 〔1998〕执他字第1号）

宁夏回族自治区高级人民法院：

你院〔1998〕宁法执字第05号《关于中外合资企业外商股份能否执行及如何办理转股手续的请示报告》收悉，经研究答复如下：

根据我院《关于人民法院执行工作若干问题的规定（试行）》第五十五条规定，中外合资企业的外商股份可以作为执行标的，依法转让。你院将被执行人香港太嘉勋发有限公司在天津温泉大酒店有限公司中的30%股份执行转让给申请执行人中国包装进出口宁夏公司，并无不当，应依据有关规定办结相关手续，其中需要天津市对外经济贸易委员会协助执行的事宜，你院应主动联系，请其按你院协助执行通知书依法处理。

二、地方各级法院关于股权和有价证券执行的规范性意见

上海市高级人民法院、上海市市场监督管理局关于进一步规范协助执行机制的会议纪要

（2020年12月14日 沪高法〔2020〕583号）

为进一步规范人民法院与市场监督管理部门的执行协作，上海市高级人民法院与上海市市场监督管理局召开了执行工作协作会，并形成如下纪要：

1. 关于未上市股份公司股权冻结

人民法院冻结非上市股份公司股权的，应当向该股份公司登记地市场监督管理部门送达协助公示通知书等法律文书，市场监督管理部门应当对人民法院要求冻结的股权予以公示。

2. 关于批量送达协助文书时冻结顺序的确定

人民法院冻结股权的，应当以首先向市场监督管理部门送达协助公示通知书的冻结为生效冻结。

同一法院向同一市场监督管理部门一次送达多份协助公示通知书要求冻结同一股权的，应当向市场监督管理部门明确多份协助公示通知书的顺序，市场监督管理部门依此确定冻结顺序。

3. 关于股权冻结后限制目标公司股权变更

市场监督管理部门根据人民法院的协助执行要求，对已被冻结全部股权或者控股股权的被执行人所投资的目标公司，应暂停受理目标公司办理出资比例变更、增资、扩股等业务申请。

人民法院应在协助执行文书内容上列明具体要求协助的事项。

4. 关于股权的轮候冻结

人民法院轮候冻结股权的，自轮候冻结转为正式冻结之日起计算冻结期限。除轮候冻结列明起止期限的，冻结期限至列明的结束时间为止外，轮候冻结期间不需要办理续行冻结手续。

5. 关于限制公司登记机关变更

市场监督管理部门根据人民法院的协助执行要求，对于被执行人为公司的，应暂停办理公司登记机关变更的业务。

6. 关于限制随意变更法定代表人和高级管理人员

市场监督管理部门根据人民法院的协助执行要求，对于已被人民法院纳入失信被执行人名单的公司，应暂停办理变更法定代表人和高级管理人员的业务。

7. 关于协助执行前的先行审查

人民法院强制转让被执行人的股权、其他投资权益，要求市场监督管理部门协助公示并办理股东变更登记时，法律、行政法规等对股东资格、持股比例、任职资格等有特殊规定的，人民法院要求市场监督管理部门协助执行前应当进行审查，确认该公司股东变更符合公司法第二十四条、第五十八条等的规定。

8. 关于明确协助人民法院办理变更登记（备案）和撤销情形

市场监督管理部门协助人民法院办理的变更登记（备案）和撤销情形包括：办理公司法定代表人变更登记，以及董事、监事、经理等高级管理人员变动备案;办理合伙企业合伙人、执行事务合伙人或其委派代表变更登记;办理撤销公司股东、法定代表人变更登记,以及董事、监事、经理等高级管理人员变动备案,恢复至变更(动)前的状态;办理撤销合伙企业合伙人、执行事务合伙人或其委派代表变更登记,恢复至变更前的状态等。

因协助人民法院执行,导致对相关登记申请案以及登记(备案)等事项(如企业类型、注册资本等)造成实质性影响的,由市场监督管理部门依法一并作出变更或撤销的登记决定。

9. 关于协助执行的责任

本纪要执行过程中,市场监督管理部门对按人民法院要求协助执行产生的后果,不承担责任。当事人、案外人对市场监督管理部门协助执行的行为不服,向人民法院起诉的,人民法院不予受理。

10. 关于加强沟通协作机制

人民法院与市场监督管理部门加强日常协助执行业务的沟通。市高院执行局和市市场监督管理局法规处作为对口职能部门,对本纪要规定事项及其他协助事宜,定期双向沟通,协调处理,不断完善合作交流机制。

依照本纪要协助执行所需提交材料及信息公示程序等方面的要求,参照《最高人民法院 国家工商总局关于加强信息合作规范执行与协助执行的通知》(法〔2014〕251 号)的有关规定执行。

本纪要自 2021 年 1 月 1 日起实施。

上海金融法院关于执行程序中处置上市公司股票的规定

(2021 年 1 月 4 日　沪金融法〔2021〕1 号)

(2019 年 11 月 18 日　上海金融法院审判委员会第 7 次会议通过　2020 年 12 月 29 日　上海金融法院审判委员会第 9 次会议审议修订)

第一章　总　　则

第 1 条　为了进一步规范本院在执行程序中对上市公司股票的处置,防范金融风险,优化营商环境,根据《中华人民共和国民事诉讼法》、《中华人民共和国证券法》等法律法规和相关司法解释,制定本规定。

第2条　本规定所称上市公司股票,是指上市公司在证券交易市场公开发行、交易的无限售流通股、限售流通股。在全国中小企业股份转让系统挂牌股票(简称"新三板"股票)、存托凭证的处置可以参照本规定。

第3条　本规定所称的处置是指取得上市公司股票处置权后,当事人协商自行交易、和解以股抵债以及法院在二级市场以集中竞价方式强制卖出、大宗股票司法协助执行、网络司法拍卖等强制变价措施。

大宗股票司法协助执行是指根据执行案件的需要,通过与证券交易所约定的信息渠道发布大宗股票司法处置公告,依托证券交易所提供的大宗股票司法协助执行平台,完成竞买申报、竞买匹配、结果公示等询价竞买相关事项的大宗股票强制变价措施。

第二章　处置原则

第4条　上市公司股票的处置应以法律法规和相关司法解释为依据。证券监管部门和证券交易所经法定程序制定的与股票交易、登记、过户等有关的部门规章、规范性法律文件和业务规则,在执行中可以参照适用。

第5条　上市公司股票的处置应尽可能降低对证券市场的影响,有效维护证券市场稳定,防范市场风险。

第6条　上市公司股票的处置应符合证券产品交易特点,遵循证券市场交易方式,追求标的物价值最大化,降低处置成本,提高处置效率。

第7条　上市公司股票的处置过程中,应积极保护当事人的合法权益,妥善维护投资者、上市公司的合法利益。

第8条　上市公司股票处置时,应督促当事人履行信息披露义务。及时与证券监管部门、证券交易所、证券登记结算机构等相关部门保持信息互通,便于相关部门实施监管。

第9条　上市公司股票处置时,不得向其他无关人员泄露对涉及上市公司经营、财务或者对该公司证券的市场价格有重大影响的尚未公开的信息。本院工作人员及其亲属等利益相关方不得竞买或委托他人代为竞买拟处置的股票。

第三章 处置前期工作

第10条 上市公司股票处置前,应查明被执行人可供执行的其他财产,听取各方当事人对股票处置的意见,综合评估处置的必要性及市场风险。

第11条 被执行人提供其他方便执行的财产,且可抵偿申请执行的主要债权的,应当优先处置其他财产,包括但不限于银行存款、存单、理财产品、其他有价证券等易于处置和变价的财产。

第12条 上市公司股票处置前,应向证券交易所、证券登记结算机构查明拟处置股票的权属、数量、性质、来源、限制信息、权利负担等内容。

第13条 拟处置股票的价值明显超过被执行人债务金额的,应当按照已查明或评估的价值确定股票处置范围。股票价值虽未超过被执行人债务金额,分拆处置更有利于变价的,可以分拆处置。

第四章 处置方式的确定

第14条 选择上市公司股票的处置方式时,应首先听取当事人的意见。当事人达成一致意见以被执行人、执行担保人自行卖出或以股抵债方式处置股票,且符合法律法规、司法解释、部门规章、证券交易所规则,不损害其他债权人、投资者合法权益和社会公共利益的,应当准许其自行交易,但须告知当事人自行办理过户相关手续。

第15条 当事人就股票处置方式无法达成一致意见的,应根据拟处置股票数量、股票性质、对证券市场的影响程度以及处置效率等因素选择相应的强制变价措施。

第16条 拟处置的上市公司股票数量不到上市公司股份总数的1%,且不受减持限制,可以通过二级市场集中竞价方式售出的,优先选择在二级市场以集中竞价方式强制卖出,卖出期限原则上不超过30个交易日。

第17条 拟处置的上市公司股票数量超过上市公司股份总数的1%,或虽不到1%但受到减持限制无法通过二级市场集中竞价方式售出的,优先选择适用大宗股票司法协助执行方式。

第18条 拟处置的上市公司股票数量超过上市公司股份总数的1%,或虽不到1%但受到减持限制,既无法通过二级市场集中竞价方式售出,也不宜通过大宗股票司法协助执行方式处置的，应选择网络司法拍卖方式处置。

处置上市公司限售流通股、存托凭证，根据限售条件、解禁条件、案件情况可选择适用大宗股票司法协助执行方式或网络司法拍卖方式。

采用网络司法拍卖的处置方式处置上市公司股票，根据案件情况确有必要的，可以依法委托拍卖辅助机构协助进行处置。

第19条　处置在中华人民共和国境内注册的发行人在境外公开发行的上市公司股票、“新三板”股票或其他流通性较差的股票优先选择适用网络司法拍卖方式。

第五章　大宗股票司法协助执行方式

第20条　以大宗股票司法协助执行方式处置上市公司股票前，应根据拟处置股票的数量、性质、市场价格、持股比例等相关因素确定是否分拆处置及分拆后的最小竞买申报数量。除特殊情况外，每份原则上不得超过股份总数的1%。

第21条　以大宗股票司法协助执行方式处置上市公司股票的，应在大宗股票司法协助执行平台发布司法处置公告。公告拟处置股票的名称、证券代码、数量、权属、性质、保证金支付期限、处置起始单价、最小竞买申报数量、竞买时间等相关内容。

公告发布、竞买和竞买结果公布的日期为国家法定节假日或证券交易所公告的休市日的前一个交易日。

司法处置公告、竞买结果应于当日交易结束后予以发布。

第22条　司法处置公告通过证券交易所司法执行平台、官方网站“司法服务”栏目与会员专区、官方行情推送渠道及本院确定的其他渠道予以发布。

司法处置公告应于竞买日之前至少15个自然日予以发布。

第23条　竞买人应符合当次处置股票对应的合格投资者条件，且成交后应遵守上市公司股票减持、限售等相关规定，并按要求履行信息披露义务。受让股票为限售股的，应当在剩余期限内继续遵守限售规定。

竞买限售流通股的，司法处置公告虽已公示法院查明的限售原因和解禁条件，竞买人仍应自行查询限售的原因、解禁条件、解禁时间等信息，并承担股票过户后的相关风险。

证券交易所会员在接受竞买人委托、提交竞买申报时,应当核实竞买人是否符合相应合格投资者条件。竞买人不符合相应合格投资者条件参与竞买的,应当自行承担一切后果。

第24条 参加竞买的竞买人必须在本院司法处置公告指定的日期前向指定账户支付保证金。保证金以拟处置股票的最小竞买申报数量为基数,根据司法处置公告日前二十个交易日收盘均价的10% -20%确定。竞买人支付的保证金金额应当与其拟竞买的最大申报数量相匹配。

保证金支付采用汇款方式,需在汇款备注栏注明实际竞买人的相关信息(包括联系人及联系方式、证券账户号码、证券账户名称、拟竞买的申报数量)。未支付或未足额支付保证金的竞买出价无效。

在竞买人按照司法处置公告的要求缴纳保证金后,应按照保证金支付情况确认竞买人资格及竞买申报数量,将确认具有资格的竞买人名单(证券账户号码、证券账户名称、竞买申报数量)输入司法执行平台,以便在竞价匹配阶段筛选有效竞价。本院按照保证金支付备注信息与竞买人单独确认其资格,在竞价匹配结束前不公开合格竞买人名单。

第25条 证券交易所会员、自有或者租用交易单元的投资者可以通过配置的账户登录大宗股票司法协助执行平台或通过证券交易所指定的报盘通道提交竞买申报。具有新股网下申购资格的投资者可以通过配置的账户登录大宗股票司法协助执行平台进行竞买申报。其他竞买人可以委托证券交易所会员代为提交竞买申报。

竞买申报应当注明证券账户号码、证券账户名称、竞买股票的单价和竞买申报数量。每个竞买人在每次股票处置的有效竞买时间内的最后一次出价为最终有效出价。

采用大宗股票司法协助执行方式处置人民币特种股票(B股)的,应当按照外汇管理相关规定办理。

第26条 大宗股票司法协助执行方式采用询价竞买模式,按照价格优先—数量优先——时间优先的原则自动匹配成交,并在大宗股票司法协助执行平台公布竞买结果。

采用大宗股票司法协助执行方式成交的股票价格不得低于该次股票处置的保留价。

第 27 条　在竞买匹配结果确认前,保证金支付情况、询价竞买情况均不得公开。竞买结果公布后,有效参与竞买的竞买人可以查询保证金支付情况及询价竞买情况。

第 28 条　买受人应在竞买结果公布后五个工作日内将成交价款差额(扣除保证金)付至指定账户。逾期未支付,视为该部分股票本次处置失败,安排再次处置或采取后续处置措施。该买受人支付的保证金不予退还,且不得参与再次处置或后续处置。

未确认成交的竞买人所支付的保证金,应在竞买结果公布后五个工作日内按原付款方式退还。保证金均不计利息。

第 29 条　大宗股票司法协助执行方式处置股票不收取交易费用,由买受人向证券登记结算机构自行付清。

第 30 条　大宗股票司法协助执行方式处置股票因无人竞买或其他原因失败的,可以再次处置,除处置保留价外,再次处置应当按照上述规定执行。

第六章　处置保留价的确定

第 31 条　采用大宗股票司法协助执行方式或网络拍卖方式处置上市公司股票的,无限售流通股的处置保留价为不低于该上市公司股票前二十个交易日收盘平均价的 90%。科创板、创业板上市公司无限售流通股处置保留价为不低于该上市公司股票前二十个交易日收盘平均价的 80%。限售流通股的处置保留价为不低于评估价的 70%。拟处置的“新三板”股票在三个月内有成交的,其处置保留价为不低于最近一次成交价的 90%。在三个月内无成交的,其处置保留价为不低于评估价的 70%。

上述前二十个交易日指竞买日或竞拍日前的二十个交易日。

第 32 条　采用大宗股票司法协助执行方式处置无限售流通股失败需要再次处置的,第二次处置保留价不得低于该上市公司股票前二十个交易日收盘平均价的 81%。第三次处置保留价不得低于该上市公司股票前二十个交易日收盘平均价的 72%。科创板、创业板上市公司无限售流通股第二次处置保留价为不低于该上市公司股票前二十个交易日收盘平均价的 72%。第三次处置保留价为不低于该上市公司股票前二十个交易日收盘平均价的 63%。

采用大宗股票司法协助执行方式处置限售流通股失败或采用网络拍卖方

式流拍需要进行再次处置的,再次处置保留价不得低于前次处置保留价的80%。

第33条 变卖上市公司无限售流通股的价格不得低于第三次处置的保留价。变卖限售流通股和“新三板”股票的价格一般不得低于第二次处置的保留价,确因特殊原因造成变卖不成的,可以降低价格变卖,但最低的变卖价不得低于评估价的二分之一。

第34条 处置限售流通股或三个月内无成交记录的“新三板”股票,应当委托具有证券从业资格的资产评估机构对股票价值进行评估。

第七章 后续处置工作

第35条 采用大宗股票司法协助执行方式、网络司法拍卖方式任何一次处置失败的,申请执行人均可申请直接抵偿,但其抵偿的股票价格不得低于该次处置的保留价。

第36条 采用大宗股票司法协助执行方式三次处置失败的,应当将处置的股票按第三次处置的保留价折价抵偿给申请执行人。

第37条 采用网络司法拍卖的处置方式经两次拍卖流拍的,应当将处置的股票按第二次拍卖的保留价折价抵偿给申请执行人。

第38条 申请执行人拒绝接受或者依法不能接受抵偿的,本院可发出变卖公告。变卖按照司法解释的相关规定办理。

第39条 处置上市公司股票,应将司法查封、处置结果等信息及时通知证券监管部门、证券交易所、证券登记结算机构,方便监管部门对股票处置结果是否符合相关规定履行监管职责。

第40条 通过大宗股票司法协助执行、网络司法拍卖处置股票在过户时产生的印花税、手续费等,由出让人与买受人按照相关规定自行承担。

通过大宗股票司法协助执行、网络司法拍卖等强制变价措施处置股票成交或抵偿给申请执行人的,应当出具相应的法律文书,在确认成交或确定抵偿之日起十五日内完成过户,并将相关法律文书送达被执行人或执行担保人。

通过大宗股票司法协助执行处置成交的股票,过户至竞买成交的股票账户内。

第41条 采用二级市场集中竞价方式强制卖出、大宗股票司法协助执行、网络司法拍卖方式处置股票，可能导致上市公司实际控制人、大股东、董事、监事、高级管理人等减持股份或者上市公司实际控制人、大股东等发生变更的，应在股票过户后三日内将相关处置信息告知证券监管部门、证券交易所、证券登记结算机构，由其进行金融监管的合规性审查。

买受人或因抵偿协议取得股票的申请执行人在股票过户后处置上市公司股票的，应遵守法律法规、司法解释和证券监管部门规章、规范性法律文件、证券交易所规则中关于股票限售、股票减持等相关规定。

第八章　附　　则

第 42 条　本规定由本院审判委员会负责解释。

第 43 条　本规定自公布之日起施行。

广东省深圳市中级人民法院关于强制执行上市公司股票的工作指引（试行）

（2019 年 11 月 7 日　深圳市中级人民法院审判委员会民事执行专业委员会第 12 次会议通过　2020 年 4 月 9 日　深圳市中级人民法院审判委员会民事执行专业委员会第 3 次会议修订）

为规范对上市公司股票的强制执行，维护证券市场的正常交易结算秩序，提高执行效率，保护当事人的合法权益，依据《中华人民共和国证券法》《中华人民共和国公司法》《中华人民共和国民事诉讼法》等法律及最高人民法院司法解释及规范性文件的相关规定，参照证券行政法规的相关规定及证券交易规则，结合深圳法院执行工作实际，制定本指引。

一、本指引所称上市公司股票，是指被执行的财产系在上海证券交易所和深圳证券交易所上市交易的股票，包括沪市主板、科创板、深市主板、中小板及创业板股票。

二、被执行的财产系上市公司股票的，在确定执行管辖法院时应当以该上市公司住所地为《中华人民共和国民事诉讼法》第二百二十四条所规定的“被执行的财产所在地”，不能以存管该上市公司股票的证券登记结算机构所在地为“被执行的财产所在地”。

三、强制执行上市公司股票，应当查明该股票的下列情况：

（一）权属状况、股份性质及股票数量、持股比例；

（二）质押登记、信用交易、限售条件等权利负担及司法冻结情况；

（三）托管的证券公司及被执行人的证券账户、资金账户等情况。

四、下列情形的上市公司股票，依法不得强制执行：

（一）证券登记结算机构依法按照业务规则设立的证券集中交收账户、专用清偿账户、专用处置账户内的上市公司股票；

（二）证券公司依法按照业务规则在证券登记结算机构开设的客户证券交收账户、自营证券交收账户和证券处置账户内的上市公司股票；

（三）证券登记结算机构依法按照业务规则要求证券公司等结算参与人、投资者或发行人提供的、交收完成之前的回购质押券、价差担保物、行权担保物、履约担保物等作为担保物的上市公司股票。

五、除第四条规定情形外的下列上市公司股票，依法可以强制执行：

（一）证券公司托管或证券登记结算机构登记的被执行人证券账户内的上市公司股票；

（二）第三人证券账户内的上市公司股票，第三人书面确认该股票属于被执行人的；

（三）依据《物权法》第二十八条、第二十九条规定判断属于被执行人的上市公司股票；

（四）案外人依法提供执行担保的上市公司股票；或者执行担保的保证人持有的上市公司股票；

（五）其他依法可以强制执行的上市公司股票。

六、冻结上市公司股票，应当向托管的证券公司营业部或者证券登记结算机构送达执行裁定和协助执行通知书。

冻结未在证券公司托管或证券公司自营的上市公司股票，应当向证券登记结算机构送达执行裁定和协助执行通知书。

七、上市公司股票冻结的效力及于股票产生的股息、红利、红股等孳息，但因上市公司增发、配售新股而新增的股票，应当另行依法冻结。

八、不同执行案件在同一交易日分别在证券公司、证券登记结算机构对同一笔上市公司股票办理冻结，对冻结顺序产生争议的，证券公司协助办理的为在先冻结。

九、冻结被执行人在证券公司开立的信用证券账户、信用资金账户，应当允许证券公司先予处分担保物，实现因被执行人融资融券所产生的债权。

十、冻结上市公司股票，应当以其价值足以清偿法律文书确定的债权额及执行费用为限，不得明显超标的额冻结。股票价值原则上参照冻结前一交易日收盘价的80%确定。

执行过程中，若上市公司股票价值发生重大变化的，可以应当事人的申请或者依职权进行追加冻结或者解除部分冻结。

十一、在证券登记结算机构对现有股票冻结系统改造完成前，如果上市公司股票存在质押权且质押权人非本案申请执行人的，可以在扣除质押担保的债权数额后，参照本指引第十条的标准确定冻结的股票数量。

在证券登记结算机构对现有股票冻结系统改造完成后，按最高人民法院确立的质押股票新型冻结方式办理，即无需扣除质押担保的债权数额，直接参照本指引第十条的标准确定冻结的股票数量，并应当以相应债权数额为限事先冻结被执行人的资金账户。

十二、被执行人或股票持有人就已冻结的上市公司股票所作的转移、设定权利负担、延长限售期限、延长锁定期限或者增加限售条件等其他有碍执行的行为，不得对抗执行。

十三、有下列情形之一的，应当解除对上市公司股票的冻结：

（一）案外人对已冻结的上市公司股票提出异议，经审查案外人异议成立，当事人在法定期限内未提起执行异议之诉的；

（二）对申请执行人提起的执行异议之诉，判决驳回诉讼请求的；或者对案外人提起的执行异议之诉，判决不得执行该上市公司股票的；

（三）申请执行人撤回执行申请或者放弃债权的；

（四）债务已经清偿的；

（五）被执行人提供担保且申请执行人同意解除冻结的；

（六）当事人达成和解协议，申请执行人申请解除冻结的；

（七）其他依法应当解除冻结的情形。

十四、冻结上市公司股票或者取得上市公司股票处分权后，应当及时作出变价裁定，并采取相应的变价措施。

采取变价措施时，应当综合考虑拟变价股票的数量、持股比例、股份性质等因素，合理确定变价方式及期限。

十五、非上市公司董事、监事和高级管理人员所持有的无限售流通股，按照如下方式进行变价：

（一）拟变价股票数量占上市公司总股本比例为5%以上（含本数），或者股票长期停牌（六个月以上），采取网络司法拍卖方式进行变价；

（二）拟变价股票数量占上市公司总股本比例为5%以下（不含本数），符合大宗交易条件的，可以指令所托管的证券公司营业部在合理期限内以大宗交易的方式卖出；不符合大宗交易条件或者大宗交易后的剩余股票，可以指令所托管的证券公司营业部在三十个交易日内通过集中竞价方式卖出。

采取第（二）项变价措施前，应当先冻结被执行人在证券公司所开立的资金账户，并通知证券公司或证券登记结算机构将拟变价股票的冻结调整为可售冻结。

十六、对于能够通过证券交易系统变价的无限售流通股股票，被执行人申请自行通过大宗交易或集中竞价方式变卖清偿债务的，可以准许，但应当要求其在十个交易日内完成；特殊情形，可以延长至二十个交易日。

准许被执行人自行变卖股票前，应当以相应债权数额为限，事先冻结其在证券公司所开立的资金账户，并将拟变价股票的冻结调整为可售冻结。

十七、因未在证券公司托管或无法调整为可售冻结等特殊情形而不能通过被执行人证券账户进行变价的无限售流通股，可将拟变价股票强制划拨至申请执行人或其指定的证券账户，采取大宗交易或集中竞价方式进行变价，并应当控制变价所得价款。

十八、依据《中华人民共和国公司法》第一百四十一条第二款的规定，上市公司董事、监事、高级管理人员在任职期间每年转让的股份不得超过其所持有本公司股份总数的25%；所持本公司股份自公司股票上市交易之日起一年内不得转让；上述人员离职后半年内不得转让其所持有的本公司股份。执行中可以向上市公司、证券公司或证券登记结算机构查询该董事、监事、高级管理人员的可用额度，执行时应以该可用额度为限。

在董事、监事、高级管理人员可用额度内的上市公司股票，按照本指引第十五条进行变价。

十九、执行上市公司限售流通股，一般应当采取网络司法拍卖方式进行变价。

上市公司限售流通股不因强制执行而改变其股份性质，但属于本指引第十二条规定的情形除外。

二十、以网络司法拍卖方式变价上市公司股票，按如下方式确定财产处置参考价：

（一）限售流通股可以由当事人议价确定财产处置参考价；当事人议价不成或不能，具备网络询价条件的，通过网络询价方式确定财产处置参考价；网络询价不成或不能的，采取委托评估方式确定财产处置参考价。

采取当事人议价方式的，应当将议价结果书面通知上市公司；采取网络询价、委托评估方式的，应当将网络询价、委托评估、说明补正等报告发送给当事人、质押权人及上市公司。

（二）无限售流通股以拍卖日前二十个交易日的平均收盘价确定财产处置参考价，并书面通知当事人、质押权人及上市公司。

二十一、网络司法拍卖第一次拍卖起拍价参照财产处置参考价确定，不得低于财产处置参考价的70%。

第一次拍卖流拍的，可以在十日内询问申请执行人或者其他执行债权人是否接受以该次拍卖的起拍价抵债。申请执行人或其他执行债权人不接受抵债或者依法不能接受抵债的，应当在三十日内在同一网络司法拍卖平台再次拍卖。再次拍卖的起拍价降价幅度不得超过前次起拍价的20%。

再次拍卖流拍的，可以在十日内询问申请执行人或者其他执行债权人是否接受以再次拍卖的起拍价抵债。申请执行人或其他执行债权人不接受抵债或者依法不能接受抵债的，应当于再次拍卖流拍之日起十五日内在同一网络司法拍卖平台进行变卖。

网络司法变卖不成，申请执行人或其他执行债权人不接受以物抵债的，应当解除对标的股票的冻结，将标的股票退还被执行人，但申请执行人或其他执行债权人属于法律、行政法规等规定禁止持有上市公司股票的情形除外。

二十二、以网络司法拍卖、变卖方式变价上市公司股票的，除应当在网络司法拍卖、变卖平台和人民法院诉讼资产网发布拍卖、变卖公告外，还应当在

《中国证券报》或者《证券时报》或者《上海证券报》上发布公告，并应当通知上市公司。

二十三、拍卖、变卖公告中应当对竞买人条件作如下特别提示：

（一）法律及行政法规等禁止持有、买卖上市公司股票的法人或者自然人不得参加竞买；

（二）法人或者自然人具有法律、行政法规规定及证监会认定的不得收购上市公司情形的，不得参加竞买；

（三）竞买人及其一致行动人已经持有的该上市公司股票数量和其竞买的股份数量累计不得超过该上市公司已经发行股份数量的30%。

如竞买人及其一致行动人累计持有该上市公司股份数额已达到30%仍参与竞买的，竞买人应当按照《中华人民共和国证券法》及中国证券监督管理委员会《上市公司收购管理办法》的相关规定办理，并向执行法院书面报告，在此期间应当中止拍卖程序。

二十四、拍卖、变卖成交或者因流拍而抵债后，应当作出拍卖、变卖成交或者抵债裁定，送达双方当事人及买受人，并向证券登记结算机构或者托管的证券公司送达裁定及协助执行通知书，通知其办理过户手续。

法律、行政法规对上市公司股票变更规定有信息披露要求的，买受人应当依法履行信息披露义务。

二十五、金钱给付类案件执行过程中，当事人达成以上市公司股票抵债执行和解协议的，不得依据该协议作出以物抵债裁定。

生效法律文书确定以上市公司股票抵债并要求一方当事人配合办理变更登记手续的，应当按照行为类案件执行，一般不得直接作出过户裁定。

因继承、离婚或公司合并、分立而取得的上市公司股票，可以作出过户裁定和协助执行通知书，送达相应的证券登记结算机构办理非交易过户手续。

二十六、在办理涉及上市公司股票执行案件过程中，如发现当事人涉嫌以司法强制执行方式逃避证券法律法规监管情形的，应当中止对标的股票的执行，并转交证券监督管理机构和证券交易所依法处理。

二十七、通过证券交易系统交易的债券、证券投资基金份额等其他有价证券的强制执行，可参照本指引中关于无限售流通股执行的内容，按照相关证券交易规则进行强制变价，并应当控制变价所得款项。

二十八、在新三板挂牌交易的股票，符合全国中小企业股份转让系统中竞价转让、做市转让条件的，可以指令主办券商在合理期限内通过全国中小企业股份转让系统进行强制变价，并应当控制变价所得款项。

不能通过全国中小企业股份转让系统进行强制变价的，应当采取网络司法拍卖的方式进行变价。财产处置参考价的确定以及网络司法拍卖、变卖及抵债参照本指引中的相关内容执行。

二十九、法律或司法解释对上市公司股票及其他有价证券的执行有明确规定的，按照法律或司法解释的规定执行。

三十、本指引适用于深圳市两级法院。

三十一、本指引由本院审判委员会负责解释。

三十二、本指引自2019年11月15日起试行。

江苏省高级人民法院
关于进一步规范股权冻结等执行行为的通知

（2016年9月9日　苏高法电〔2016〕622号）

各市中级人民法院、徐州铁路运输法院、各基层人民法院：

为加强各级法院与工商行政管理部门的信息合作，规范执行与协助执行，2014年10月10日，最高人民法院、国家工商总局联合下发了《关于加强信息合作规范执行与协助执行的通知》（法〔2014〕251号）。2015年1月4日，省法院与省工商行政管理局联合下发了《关于贯彻〈最高人民法院、国家工商总局关于加强信息合作规范执行与协助执行的通知〉若干问题的意见》（苏高法〔2015〕4号）。上述文件对人民法院要求工商行政管理部门办理协助执行事项时的要求作出明确具体规定。但实践中，仍有不少法院在要求工商行政管理部门办理协助执行事项时存在不规范的地方。现根据上述文件要求，就股权冻结等执行行为再次重申以下几点：

一、人民法院要求工商行政管理部门办理协助执行事项时，应至少派两名执行人员，执行人员应出示工作证或执行公务证。不得由一人同时携带两人工作证或执行公务证办理。

二、人民法院要求工商行政管理机关协助冻结、解除冻结股权、其他投资权益的，应同时要求协助公示冻结、解除冻结信息。要求协助执行时，除送达执行裁定书、协助执行通知书外，还应同时送达协助公示通知书、协助公示执行信息需求书。

三、人民法院要求工商行政管理部门协助执行事项的范围不得随意扩大，但人民法院可以要求工商行政管理部门协助限制被执行人法定代表人的变更。相关要求参照冻结股权的执行。

四、人民法院要求工商行政管理部门协助冻结股权、其他投资权益，要求限制被执行人法定代表人变更的，应依法明确冻结、限制的期限。

五、其他事宜，人民法院应严格按照《最高人民法院、国家工商总局关于加强信息合作规范执行与协助执行的通知》（法〔2014〕251 号）及《江苏省高级人民法院、江苏省工商行政管理局关于贯彻〈最高人民法院、国家工商总局关于加强信息合作规范执行与协助执行的通知〉若干问题的意见》（苏高法〔2015〕4 号）的规定执行。

特此通知。